미로를 찾아서

2024년 9월 25일 제1판 제1쇄 발행

글쓴이 | 김성동
펴낸이 | 강봉구

펴낸곳 | 도서출판 작은숲
등록번호 | 제406-2013-000081호
주소 | 10892 경기도 파주시 와석순환로 307, 1107-101
전화 | 070-4067-8560
팩스 | 0505-499-8560

홈페이지 | http://www.littleforestpublish.co.kr
이메일 | littlef2010@naver.com

ISBN 979-11-6035-157-6   03910

스마트폰으로 QR코드를 스캔해 보세요.
작은숲출판사 도서목록이 담긴 온라인 도서목록으로 연결됩니다.

김성동 유고 역사 에세이

미륵을 찾아

작은숲

목차

1부 미륵뫼 전사前史

2부 미륵뫼와 개화파

3부 미륵뫼 의병

4부 미륵뫼의 김성숙

5부 미륵뫼의 여운형

부록

뒷이야기

군소리

이 책을 쓰게 된 것은 우습게도 '야바위꾼' 덕분이다. '마지막 위원장'이었던 어머니가 열반하시고 용문을 떠나려는데, 전세금을 돌려주지 않는 것이었다. 떠올리기도 끔찍한 재판을 끌 수밖에 없었고, 전세금을 돌려받기까지 꼭 이태가 걸렸던 것이다.

그 이태 동안 이 중생이 막막한 심정으로 숨쉬던 용문산에 대한 생각을 간추려 본 것이 이 책이다. 이 중생이 쓴 원고를 가져다가 유튜브와 페이스북에 올려준 갑장 동무가 있었다. 용문산 토박이인 윤형로(尹亨老) 동무가 없었다면 이 책은 나올 수 없었다. 아울러 많이 모자라는 글을 인터넷에 퍼뜨리는 데 곁부축해 준 하현주(河賢珠) 국수(國手)께도 고마움을 드린다.

이 중생이 쓴 오죽잖은 글을 세계만방이 본다는 사실을 알고 많이 놀랐으니, 「목탁조」를 쓰기 바로 앞인 74년 여름쯤 만났던 글지 손용상(孫龍相)이 북아메리카에서 보낸 문자를 받기도 하였던 것이다. 이 책에 실린 글이 인터넷에 오를 적마다 기십 명 독자들이 있었고, 그 가운데 몇은 꼭 독후감을 올리기도 함으로써 힘이 되어 주었는데, 컴맹인 이 중생으로서는 처음 맛보는 일이었다.

　미륵뫼에 발자국을 남긴 역사적 인물 가운데 궁예 황제와 리항로 선생과 김백선 장군은 『염불처럼 서러워서』에도 나오고, 여운형 선생과 김성숙 선생은 다시 썼다. 1959년까지 미륵뫼에서 제국주의 졸개들과 싸우다 사라져 가신 당취들 이름자를 밝혀낼 수 없었음에 찢어지는 가슴이다. 유명짜한 지리 큰뫼 남부군이 무너진 다음에도 대엿해를 더 버텼다는 역사적 사실만 적어 두는 것으로 용서를 비는 마음 애홉어라.
　'조선의 별'이었던 김삼룡 선생 옛살라비인 충주에 바랑을 푼 지도 한 해가 되어 간다. 충주 얼안 해방동무들과 '역사기행'을 하려면 무엇보다도 먼저 허기진 뱃속부터 채우고 볼 일이다. 마하미륵보살 마하살.

2022년 6월 충주에서

前中居士 金聖東 손곧춤

1부

미륵뫼 전사 前史

미륵뫼를 바라보며

맴돌아1 산이다. 눈물 같은 멧그리메2 말등 덮는 산길 걸으며 '사람'이라는 이름으로 살아가는 하늘 밑에 벌레3들이 살아온 발자취를 떠올려 본다.

울며 매달리시던 홀어머니 손 뿌리치고 신새벽 산길 이슬방울 훔치며 허위단심4 극터듬어5 올라갔던 것이 55년 전인데, 먼 길 돌아 다시 왔다. 김해 신어산 백룡암, 영동 천태산 영국사, 설악산 백담사, 너브내6 나루터 닷곱방7, 남양주 대궐터 봉영사, 광릉수목원 곁 봉선사, 광릉내 곁 우사암(牛舍庵)8, 양평 고읍내(古邑內) 까대기9, 오대산 진부 토굴, 그리고 다시 양평 청운면 우벗고개 비사란야(非寺

---

1 맴돌아: 결국. 끝내.
2 멧그리메: 산 그림자.
3 하늘 밑에 벌레: 사람.
4 허위단심: 허우적거리고 무척 애를 씀.
5 극터듬다: 간신히 붙잡고 기어 오르다
6 너브내: 홍천(洪川). 광탄(廣灘).
7 닷곱방: 아주 작은 방.
8 우사암(牛舍庵): 소 우릿간에 들인 방에 살게 된 글쓴이가 지은 이름.
9 까대기: 무엇에 임시로 붙여서 만든 의짓간. 건조물.

용문산 전경.

蘭若)10, 용문산자락 덕촌리(德村里). 되곱쳐11 가출한 25년 동안 꼭 열한 군데를 풍타낭타(風打浪打)12하였으니, 이 중생은 여태도 삼일수하(三日樹下)13 나그네인가.

용문산 본디 이름은 미륵뫼이다. 아니, 미르오름이다. 진서(眞書)로 미지산(彌智山)이니, 산 → 뫼 → 오름이었던 것이다.

미륵이란 무엇인가?

'용신앙'이라는 것이 있었다. 우리 겨레가 농사를 지어 살게 되

---

10 비사란야(非寺蘭若) : '절 아닌 절'이라는 뜻으로 글쓴이가 붙였던 이름임.
11 되곱쳐 : 또다시.
12 풍타낭타(風打浪打) : 일정한 주의주장없이 그저 흐름에 따라 움직임을 가리키는 말. 풍타죽(風打竹), 낭타죽(浪打竹).
13 삼일수하(三日樹下) 나그네 : '한 나무 아래 사흘을 머무르지 않는다'는 것으로, 예전 수행자들 몸가짐이었음. 집착하지 말라는 것.

면서부터였다. 농사짓는 데 가장 대모14한 것이 날씨이다. 비 때
비 오시고 바람 불어야 할 때 바람 불며 눈 때 눈 오셔야 씨 뿌린
곡식들이 잘 자라기 때문이다. 날씨에 맞춰 차례를 정하였던 까닭
이 여기에 있다. 시방도 마찬가지지만 자연현상과 함께 갔던 것
이 농사였다.

'두 손으로 조개껍데기를 쥐고 밭을 갈다'가 '농(農)' 자 꼴 뜻이
다. 예나 이제나 농사를 지으려면 먼저 잡풀을 뽑아내야 한다. 풀
뽑는 연장으로 썼던 것이 조개껍데기였던 것이다. 농사라는 것은
먹을거리를 장만한다는 점에서만 정치적 뜻이 있는 것이 아니다.
농사라는 것은 짓는 동안 딸린 보람을 낳으니, 이것이 나라를 다
스리는 데 매우 종요로운15 것이다. 농사짓는 일 그것이 곧 백성
을 길들이고 힘부림16을 다지르는17 이데올로기적 구실18을 해내
고 있는 것이다. 농사는 그럼으로 다스림의 밑뿌리가 되고 있다.
『여씨춘추(呂氏春秋)』라는 책에 이런 구절이 보인다.

백성들이 농업에 몸붙이면 수더분19해지고, 수더분하면 부려 쓰기
가 쉬워지며, 부려 쓰기가 쉬우면 변두리땅에 자리잡고 임금 자리
가 높아진다.

---

14 대모하다: 얼추 줄거리가 되게 종요롭다.
15 종요롭다: 없어서는 아니 될 만큼 긴요하다.
16 힘부림: 권력.
17 다지르다: 강조하다.
18 구실: 제가 마땅히 해야 될 일. '역할(役割)'은 왜말임.
19 수더분하다: 성질이 까다롭지 아니하여 순하고 소박하다.

"용이 올라갔다"

물이 하나도 없을 때 하던 말이었다. '용 가는 데 구름 간다'는 속담이 있듯 용은 물을 뜻한다. 농본주의였던 우리 겨레가 가장 상서로운 동물로 여겼던 것이 용이었다. 보잘것없는 처지에서 출세한 사람을 가리켜 "용 됐다." "개천에서 용 났다."는 말을 썼다.

아득한 옛날 빙하기 앞으로 올라가면 어쨌는지 모르지만 용이라는 동물은 있지 않다. 그런데도 용을 가장 상서로운 동물로 꼽았다는 것은 무엇을 말해 주는 것일까?

한마디로 '그리움'이다. '그림'을 그려 보는 것이다. '그리움'이 줄어 '그림'이 되었으니, 사람들은 늘 그림을 그린다. 마침내 이루어 내고자 하는 누리20를 말이다.

평등과 자유가 남김없이 이루어진 옹골진21 누리를 만들어 내야 한다는 겨레 꿈을 담아내고 있다. 그렇게 옹골진 누리를 맡아 다스리는 사람 또는 그런 뒤뜻으로 그려졌던 것이 용이었다. 가장 아름답고 훌륭한 누리로 꼽는 것이 용궁(龍宮)이다. 용궁을 다스리는 것은 용왕(龍王)이다. 임금이 앉는 자리를 가리켜 용상(龍床)이라 하고, 임금이 입는 갖춘차림을 곤룡포(袞龍袍)라고 하는 것도 다 여기서 비롯된다.

용을 우리 본딧말로 '미리' 또는 '미르'라고 한다. 미르가 바뀌어 미륵이 되었다. 박아무개라는 이가 대통령자리에 있을 적 만들

---

20 누리: 세상.
21 옹골진: 완전한.

었다는 무슨 단체 이름이 <미르재단>이다. 박아무개가 태어난 해가 임진년(壬辰)이니, 용띠이다. 미륵세상을 가리켜 용화세계라 하고, 미륵님 길라잡이를 용녀(龍女)라고 한다. 조선 왕조 숙종 때 있었던 '여환(呂還)22의 란' 때 길라잡이23로 나섰던 용녀부인이 있는데, 『장길산(張吉山)』24에 원향(元香)으로 나오는 무녀가 바로 용녀인 것이다.

용이 곧 미륵인 것이다. 임금이 앉는 자리를 가리켜 용상으로 불렀다는 것은 미륵세상을 만들어 달라는 애타는 꿈을 말한다. 그런데 용상에 틀고 앉은 임금은 가짜 용이었다. 가짜 미륵이었던 것이다. 그래서 일떠섰던 것이 민란이라는 이름 인민봉기였다. 민란 때마다 빠지지 않고 나오는 것이 '미륵패'이다. 갑오농민전쟁 때 '미륵패'라는 독립된 승려부대가 있었다. 일해대사(一海大師) 서장옥(徐璋玉)25이 거느리는 특공대였다.

바댕이26 쪽으로 흐르는 용문산 자락을 미좇아27 가보면 두물머

---

22 여환(呂還): 강원도 통천(通川) 출신 중으로 경기도 양주목 청송면에 바탕을 두고 미륵도를 모아 한양으로 쳐들어갔다가 숙종 14년인 1688년 8월 1일 미륵떼 11명과 함께 처형되었던 혁명승려. 그가 지었다는 예언서 한 구절임. "7월에 큰비가 퍼붓 듯 쏟아지리라. 그러면 큰 산도 무너지고 서울도 재난을 입어 쑥대밭이 되리라. 그해 8월이나 10월에 군사를 일으켜 서울로 쳐들어가라. 대궐 한가운데 보좌를 차지하리라."
23 길라잡이: 길을 이끄는 사람. 길앞잡이.
24 『장길산(張吉山)』: 글지(갑오왜란 때까지 썼던 말로, '작가'는 왜말임.) 황석영(黃晳暎)이 「여환의 란」을 바탕삼아 1984년 펴낸 장편소설.
25 서장옥(徐璋玉 1851~1900): 미륵세상을 열고자 동학(東學) 그늘대 밑에서 미륵패로 꾸려진 당취부대를 이끌었던 불교혁명가.
26 바댕이: 팔당(八堂).
27 미좇다: 뒤미처 좇다.

리28가 나온다. 정선 아우라지에서 흐르는 수캉인 동강(東江)과 평창서 흐르는 암캉인 서강(西江)이 영월에서 합수쳐 내려오는 남한강과, 금강산 너머에서 금화, 화천, 춘천, 가평으로 흘러오는 북한강이 만나는 곳인데, 떠오르는 것은 선종(善宗) 스님이다. 원주를 노른자로 강원·충청·경기 태안을 줌 안에 넣고 견훤(甄萱)과 맞먹는 황제 등극 채비하던 양길(梁吉) 주력군을 깨뜨려 후고구리 깃발을 꽂게 한 곳이었다. 두물머리 어름에 있던 '비뢰성'이다. 한갓 수원승도(隨院僧徒)29에 지나지 않던 선종을 궁예라는 이름으로 역사에 등장시킨 '비뢰성'을 학자라는 이들은 원주 옆 문막 어름으로 보는 모양인데, 나는 두물머리 어름으로 본다. 그때는 물길을 손에 넣은 사람이 천하를 손에 넣을 수 있었던 까닭에서이다.

호족연합 세력인 왕건(王建) 4인방한테 밀려 미륵대제국 꿈이 무너졌던 선종 스님 궁예는 그렇다고 하더라도 양길 장군은 어떻게 되었을까? 호족연합 세력 쿠데타로 권세자루 쥔 왕건(王建)에 기대어 궁예가 '나쁜 놈'이 되었듯 역사라는 이름 비정한 강물은 패자(敗者)를 기억해 주지 않는다.

여기서 잠깐, '미륵뫼'를 '용문산'으로 바꾼 것은 리성계(李成桂)였다. 양길군을 깨뜨리고 나서 미륵뫼 상봉 올라 천제(天祭)를 올린 다음 스스로 '미륵'이 되었던 궁예를 우리 겨레 역사에서 지워 버리

---

28 두물머리: 양수리(兩水里).
29 수원승도(隨院僧徒): 일통신라 때 왕족과 육두품 위 귀족 출신 승려들 밑에 딸려 있던 아래치 승려.

고자 함에서였으니, 고구리와 신라 다름이었다. 궁예가 기댔던 것은 고구리30였고, 리성계가 뒷배 삼았던 것은 신라였던 것이다. 고구리와 백제 역사를 빈틈없이 지워 버렸던 조선 왕조였다.

용문산을 보면 떠오르는 사람이 있다. 유대치(劉大痴)31. 본 이름 홍기(鴻基), 수여(隨如) 또는 여여거사(如如居士)라고 하였다. 백의정승(白衣政丞) 소리 듣던 초야 인물로 김옥균(金玉均)을 비롯한 개화파들 목대잡이였다.

대치 선생은 본디 역관집에 태어났으나 의술을 업으로 하였고 깊이 불교를 믿어 도는 높고 품성은 청백하였다. 변설은 유창하였고 신체는 장대, 홍안백발, 늘 생기에 넘쳐 행동하였다.

『김옥균전』에 나오는 대목이다.

여여거사한테서 불교사상을 배우게 된 김옥균은 500년 동안 절대적 유일사상이었던 주자 이데올로기에 대단히 비판적이었다. 무위도식에 음풍농월이나 하면 왈리왈기(曰理曰氣)나 일삼는 양반 계급을 없애야 나라가 바로 설 수 있다며 중인·무변·상민·부상(負商) 곧 등짐장수·승려들과 손잡고 혁명을 일으키는 급진 개혁자가 되었다. 범어사(梵魚寺) 출신 리동인(李東仁)32 스님과 백담사(百潭寺) 출신

---

30 고구리(高句麗): '麗'는 '나라이름 리'로 읽고 써야 됨.
31 유대치(劉大痴): 유홍기(劉鴻基, 1831~?). 중인 출신 한의로 개화파들 지도자였음. 33인이었던 위창(葦滄) 오세창(吳世昌, 1864~1953) 아버지인 역관 오경석(吳慶錫, 1831~1879)과 동갑 친구로 오경석이 청나라에서 가져다주는 서구 쪽 신간 서적과 선진 문물로 다져진 안목으로 개화파 선비들을 이끎으로 백의정승 소리 듣던 진보적 먹물이었음.
32 리동인(李東仁 ?-1881): 범어사 출신으로 서울 신촌 새절[奉元寺]에 머물며 개화파 사람

20

무불(無不)33 스님을 일본에 몰래 보내어 신문물과 세계정세에 대한 정보를 모아오게 하고 서울 화계사(華溪寺) 출신으로 김옥균을 따라 왜국에 갔다 온 환속승 차홍식(車弘植)34과 기운이 장사였던 거인궁녀 고대수(顧大嫂)35를 혁명 행동대원으로 내세웠으니, 이 모든 것들이 죄 불교에서 배운 만민 평등사상에 따른 것으로 유학(儒學)에는 없는 것이었다. 여여거사한테서 불교사상을 배운 다음부터는 유가서적을 덮고 불가서적만 읽으며 참선으로 몸과 마음을 다잡았던 김옥균이었다.

여여거사 유홍기는 갑신거의가 삼일천하로 막을 내리자 중인 계급이 살던 광교(廣橋) 관철동 집을 나와 산으로 갔다고 한다. 한양 유씨(漢陽劉氏) 집안에서는 그가 지평(祗平) 용문산(龍門山)으로 들어갔다고 말한다. 용문산 깊은 산속에 토굴을 묻고 좌선(坐禪)으로 여생을 보냈다고 말한다. 갑신혁명을 목대잡았던 여여거사는 왜 하필이면 용문산으로 갔을까? 그 숱한 명산을 다 제쳐두고 용문산으로

들과 너나들이하였던 개화승. 유대치를 만나 개화사상을 갖게 되었으나 팔천 하나였던 중 신분으로 사회적 제약을 받다가 통리아문(統理衙門) 참획관(參劃官) 리원회(李元會)와 참모관(參謀官) 신분으로 군함을 사러 왜국으로 가려다 사라졌으니, 1881년 3월 15일 앞뒤였음. 1880년 7월 동경에서 김홍집(金弘集) 수신사(修信使)를 만나 살별처럼 정계에 나선 지 꼭 여덟 달만으로 서른 안팎 피끓는 나이였음.

33 무불(無不 ?~1884)스님: 백담사(百潭寺) 출신 개화승려 탁정식(卓挺埴). 1884년 2월 왜국 고오베[神戶]에서 병사.

34 차홍식(車弘植): 환속한 개화승.

35 고대수(顧大嫂): 엄청나게 큰 어처구니로 어지간한 남자 대여섯 명을 집어던질 만큼 기운이 장사였던 궁녀 리우석(李禹石)으로 짐작됨. 사람들이 죄 돌아본대서 붙은 딴이름이 '고대수'였음. 민중전 곁을 지키던 특수 경호원이었는데 갑신거의 때 임금 내외 굴림방이 있는 창덕궁 통명전(通明殿) 쇠를 따놓아 거의를 이루게 하였으나, 삼일천하 뒤 처형장인 시구문(尸口門) 밖으로 끌려가던 길에 수구파한테 끌려나온 뭇사람 돌팔매에 온몸이 걸레쪽 되었던 여자 천하장사였음.

갔다는 것은 '궁예전설'을 알고 있었기 때문 아닐까?

허물없이 지내는 벗이었던 역관 오경석(吳慶錫)과 동갑이었으니 1831년생이다. 용문산으로 들어간 것은 54살 때가 된다. 박영효 36·서광범37·리종원·리정환·박제형·오경석 3형제·김영한 형제·한세진·리희목 같은 갑신혁명 주체들이 죄 불자(佛子)였다. 일본 영사 앞잡이로 전봉준·최경선·손화중·김덕명·성두한 장군한테 사형 판결을 내린 재판장 '케네스 서'가 된 서광범(徐光範)과 왜노 졸개로 호의호식하며 천수를 누렸던 박영효(朴泳孝) 같은 불치인류(不齒人類)38도 있으나, 그때는 그러하였다.

갑신거의 때 죽어간 사람들은 모두 얼마나 될까?

먼저 개화파를 뺀 희생자만 보더라도 조선인 140인, 중국인 10인, 왜인 38인, 모두 188인이 된다. 개화당 쪽은 100여 명보다 훨씬 더 많았다니 양쪽 합해서 300여 명이 넘는다고 봐야겠다.

---

36 박영효(朴泳孝 1861~1939): 13살 때 철종(哲宗) 사위 금릉위(金陵尉)가 되어 갑신거의 좌절 뒤 외국으로 망명. 야마자끼(山琦永春)로 이름 바꿔 살다가 갑오왜란 때 돌아와 제2차 김홍집 내각 내무대신이 되었다가 다시 외국으로 망명했음. 리완용(李完用) 내각 궁내대신(宮內大臣)이 되었다가 1910년 한일합방이 되자 외국 후작(侯爵)이 되고 중추원(中樞院) 고문 거쳐 외국 귀족원의원이 되었음.

37 서광범(徐光範 1859~?): 참판 상익(相翊) 아들로 고종 17년인 1880년 증광문과(增光文科) 병과(丙科)로 급제, 승지(承旨)·참판(參判)을 지냈음. 1882년 수신사(修信使) 박영효(朴泳孝) 수행원으로 도일, 1883년 우리나라 최초 견미(遣米)사절인 민영익(閔泳翊) 전권대사 종사관(從事官)으로 미국에 갔다와 갑신거의에 들었음. 왜국에 망명했다가 제2차 김홍집(金弘集) 내각 법부대신(法部大臣)이 되었다가 주미공사(駐米公使)로 갔음.

38 불치인류(不齒人類): 이가 솟기 전이니 아직 '사람'이 못되었다는 뜻에서 사람 같지 않은 물건을 보면 썼던 말임.

리동인 스님은 김홍집(金弘集) 동아리한테 죽임당한 것으로 보이고, 무불 스님은 동경에서 병사하였다는데, 차홍식 전 중은 어찌 되었는지 알 수가 없다. 백이면 백 수구파 칼 끝에 열반하였을 것이다.

여여거사가 참말로 용문산에 토굴을 묻고 좌선삼매에 든 것이라면 63살이었을 갑오봉기 때는 무슨 일을 하였고, 명성황후 시해와 단발령을 반대하여 일떠섰던 을미의병 때는 무슨 구실을 하였는지, 76살 때 맞았을 1907년 8월 용문산 의승병연합 싸움 때는? 김백선(金伯善)39 장군과는 만나보았는지? 좌선으로 한 소식하였다고 보면 용문사·상원사·사나사에서 승병과 의병들이 왜적과 싸우던 때는? 천년 고찰인 용문산 삼사가 죄 불탄 다음 살아남은 승병들은 어디로 갔을까? 혜목산(慧目山) 고달사(高達寺)에서 왜적과 멱치기싸움 끝에 살아남은 승병들과 만났을 여여거사는 그때 무엇을 했을까?

혜목산 깊은 골에 박혀 있는 고달사는 고리 때 이름 높은 대가람이었다. 그런데 언제인가 불타 버려 자취만 남아 있다. 깨뜨려진 빗돌만 쓸쓸히 뒹굴고 있는 '옛 절터'이다. 과연 그럴까?

화서 선생이 20대 젊은 시절 고달사에서 책을 읽었다고 하니, 1800년대 첫 때까지는 말짱했다는 말이 된다. 그렇다면 그 뒤로 불탔다는 말인데, 누가 왜 불을 질렀다는 말인가?

용문산 삼사가 무너진 다음 살아남은 승병들이 마지막으로 버

---

39 김백선(金伯善 1848~1895): 용문산 총댕이(포수) 도꼭지(우두머리)였던 항왜 의병장.

텄던 데가 바로 고달사였을 것이다. 그래서 그렇게 속속들이 불태우고 부숴 버렸던 것이다. 이런 역사적 참모습 하나 제대로 밝혀내지 못하는 것이 나라인가?

혜목산 고달사는 그리고 저 신라 적 범문(梵文)이 새 세상 깃발을 올렸던 데가 아닌가. 할아버지 주원(周元)과 아버지 김헌창(金憲昌) 뜻을 받아 새 나라를 열고자 수신(壽神) 같은 농군들과 양주땅에 도읍을 세우고자 북한산성으로 쳐들어갔던 데가 아닌가.

김헌창이 세운 새 나라 이름이 '장안(長安)'이었고 년호가 '경운(慶雲)'이었으니, 신라 천년에 오직 하나뿐이었던 새 나라였다.

여기서 떠오르는 것이 김성숙(金星淑) 선생이다. '용문산에서 온 붉은 승려'로 유명짜한 태허(太虛)스님 운암(雲巖) 김성숙 선생이 중이 된 것은 용문사였다는데 그들은 만났을까? 당취(黨聚)들 본바닥 가운데 한 곳이 용문사였다는데, 여여거사와 당취들 이음고리는? 오늘까지 이어지고 있는 이른바 보수우익의 정신적 뿌리인 화서(華西) 리항로(李恒老)40와 용문산? 용문산 도일봉(道一峰)에서 왜적한테 최후를 맞은 백백교(百百敎) 전해룡(全海龍)41 대원(大圓)님은? 1940년대 들어 몽양이 용문산에서 얽었던 농민동맹 참모습은?

---

40 리항로(李恒老 1792~1868): 위정척사(衛正斥邪)를 내세웠던 성리학자. 주자학만이 진리임을 내세웠던 중화주의자였음.
41 전해룡(全海龍 ?~1937): 평안북도 영변 출신 종교 지도자. 용문산 도일봉(道一峰)에서 400여 명 신도를 죽이고 자진(自盡)한 것으로 발표되었는데, 독립운동과 이음고리를 끊어내고자 왜제가 꾸며낸 조작 사건이었음. 전해에 무너뜨린 차천자(車天子) 보천교(普天敎)와 마찬가지였음. '음란한 조선여성' 본보기로 명월관 기생 명월(明月)이 생식기와 함께 조선 사람 범죄형 두뇌 본보기로 전해룡 두개골을 국립과학수사연구소에 보관하는 어처구니없는 일이 있었으니, 왜노들 손짓 따라 춤추는 어릿광대인 이 나라는 과연 어떤 나라인가?

이른바 '역사'라는 것은 승자의 기록이라고 한다. 승자들이 꾸려가는 역사가 바로 오늘 이 현실인 것이라면, 역사의 패자들은 무엇을 해야 하는가? 패자의 남겨진 자식들은 말이다. 잘못된 역사를 탄식만 하고 있을 것인가? 마침내는 그리하여 '비단할아버지에 거적자손'이 되고 말 것인가?

아니다. 그렇지 않다. 우리는 적어도 역사에서 밀려난 우리 할아버지들이 이루고자 하였던 세상이 어떤 세상이었는지는 알아야 한다. 그 아름답고 훌륭한 세상을 이루고자 어떻게 움직이다가 어떻게 그리고 왜 쓰러지게 되었는가 하는 '역사의 진실'만큼은 알아야 하지 않겠는가. 그것이 자손된 도리가 아니겠는가. 이런 생각에서 해 보는 이야기이다. 역사에 관심 있는 이들 가르침과 꾸짖음을 기다리며 역사를 생각해 보는 마음 애잡짤하고녀42.

군소리 한마디.

사람이 가장 먼저 해야 될 일이 있으니, 역사를 궁리하는 것이다.

우리는 지금 잘못된 역사만 알고 있다.

반쪽 역사는 죄 지워 버렸기 때문이다.

역사외곡43 죄는 당대로 끝나지 않으니, 그 폐해가 후대로 이어지기 때문이다.

---

42 애잡짤하다: 가슴이 미어지게 안타깝다.
43 외곡(歪曲): 요즘 '왜곡(歪曲)'으로 읽고 쓰는 '歪' 자는 '비뚤어짐'과 '그릇됨'을 나타낼 때 쓰는 자로 본디 음이 '외'임. 8·15를 맞아 좌익에서는 '외'를, 우익에서는 '왜'를 내대었는데, 좌익들이 거진 북으로 올라가고 우익들이 남조선을 다스리게 되면서 '왜'로 굳어졌음.

'사람'은 진서44로 '史覽'으로 쓰니, 역사를 볼 줄 알아야 마침내 '사람'일 수 있다는 말이다.

---

44 진서(眞書): 훈민정음이 만들어지면서 한자(漢字)를 가리키던 말임.

궁예 카르마

업(業)이라는 것이 있다고 한다.

우리가 흔히 쓰는 이 업이라는 말은 아득한 옛날 인도사람들이 쓰던 산스크리트말 '카르마'에서 온 것으로, 낱낱 사람들이 짓는 신구의(身口意) 삼업(三業)을 말한다. 풀어 말해서 말과 뜻과 움직임으로 일으키는 이 세 가지 업에는 크게 나누어 선업(善業)과 악업(惡業)이 있다고 한다. 좋은 업과 나쁜 업 말이다.

골칫거리는 악업이다. 그 본디 밑바탕 뿌리까지 녹여 없애버리지 않고서는 천년이 가고 만년이 가도 없어지지 않는 것이 악업이라고 한다. 이 악업에는 낱낱 사람들 사이에 맺어지는 '개인업(個人業)'과 동아리와 동아리 사이에 맺어지는 '집단업(集團業)'이 있다. 그리고 겨레와 겨레 사이에 맺어지는 '겨레업', 그러니까 다시 말해서 '민족업(民族業)'이 있다. 이것이 무섭다.

이 누리45에서 일어나는 모든 다툼, 곧 싸움 밑바탕에는 이 얽히

---

45 누리: 세상.

고설킨 업이 때없이 서로 부딪쳐 일어나는 불꽃이 담겨 있는 것이니, 이른바 역사의 인과관계로 된다.

업이라는 것은 풀어 말해서 인과율의 원리를 말한다. 작용과 반작용의 법칙을 가리키는 것이다. 우리가 나날살이[46]에서 생각하고 말하고 움직여서 일어나는 모든 일은 반드시 결과를 낳게 된다. 열매를 맺게 되는 것이다. 그 열매는 다시 다른 사건 곧 사달[47]에 대한 실마리 곧 원인으로 작용하게 된다는 것이다.

이른바 업의 법칙을 말한다. 원인과 결과가 끝없이 맞물려 돌아가니, 업의 쇠사슬이 된다. 이른바 윤회(輪廻)가 되는 것이다. 이것을 벗어나자는 것이 불교이다.

우리 겨레 밑뿌리를 말할 때 사람들은 흔히 '고조선(古朝鮮)'이라고 하는데, '고조선'은 무엇인가? <중국동북조선민족교육출판사>에서 1989년 펴낸 『어원사전』 「고조선」 편을 보자. (맞춤법과 띄어쓰기는 사전에 나오는 대로임.)

조선 사람의 조상으로 된 고대종족들가운데서 가장 앞선 종족이였던 예족이 세운 조선의 첫 노예제소유자국가의 이름이다.

《고조선》의 원래명칭은 《조선》이였으나 후세의 력사가들이 만왕조의 조선 및 리씨조선과 구별하기 위하여 《옛조선》이라는 뜻에서 《고조선》이라고 불렀다.

후세의 조선과 구별하기 위하여 《고조선》이라고 부르게 된 이 《조

---

46 나날살이: 일상생활(日常生活).
47 사달: 사건(事件).

선》은 예족을 중심으로 하여 친족적인 종족동맹을 맺었던 주민들로 이루어졌다. 이들을 《고조선족》이라고 하는데 고조선족은 조선 사람 형성에서 중심적인 구실을 논 고대종족의 하나였다.

단군은 고조선 왕조의 시조가 아니라 고조선국가형성 이전단계에서 수장 명칭으로 된다.

저 고조선을 밑뿌리로 하는 우리 겨레는 세계사에서도 그 보기를 찾을 수 없을 만큼 거세찬 안팎걱정 속에서 소용돌이치는 물너울48처럼 빠르게 살아왔다. 살고 있다.

다른 겨레가 쳐들어왔던 것이 엄청나니, 사국49시대부터 8·15 해방까지 따져 보면 9백 31회라고 한다. 조선 왕조 때만 꼽아 봐도 360회라고 한다. 창칼 든 병대가 말 타고 쳐들어온 것만을 넣은 것일 터인데, 1969년 동경 공마서방(筑摩書房)에서 김달수(金達壽)가 펴낸 장편소설 『태백산맥(太白山脈)』에 나온다. 『삼국사기』와 『고리사』와 『고리사절요』 그리고 『조선왕조실록』 같은 책에서 뽑아낸 것이라고 한다. 1945년 8월부터 1946년 10월까지 남조선에서 일어나는 여러 가지 정치적 사달 중심으로 서술되는 이 소설을 쓴 글지50 김달수는 1919년 경상남도에서 태어나 1930년 일본으로 건너갔다고 한다. 해방된 조국을 인민주체 민주국가로 만들고자 신 벗을 틈 없었던 사회 진보세력과 대미예속 식민국가로 만들고

---

48 물너울: 파도(波濤).

49 사국(四國): 고구라·백제·신라·가야.

50 글지: 갑오왜란 때까지 썼던 말로, 글짓는 사람에서 '이'가 떨어져 나갔음. '작가'는 왜말임.

자 온갖 짓을 다 했던 수구반동세력들 움직임을 보여 주는 이 소설은 10월항쟁에서 끝난다. 그 다음에 벌어질 일들은 읽는 이들 력사적 상상력에 맡긴다는 뜻일까?

그렇게 수많은 침략을 당했지만 우리 겨레는 쓰러지지 않았다. 동이족(東夷族)은 사라지지 않았다. 그들이 쓰러졌다. 남땅에 처들어왔던 그들이 죄 사라져버리었다. 저 고구리 때 대수제국과 대당제국, 고리 때 대료제국, 대금제국, 대송제국, 대원제국, 조선 왕조 때 대명제국, 대청제국, 대일본제국, 그리고 시방 대미제국이다. 대미제국을 어떻게 할 것인가?(여기서 잠깐 '고구리'와 '고리'에 대해서 말하겠다. 고구리에서 '麗'는 '고울 려'가 아니라 '나라이름 리'로 읽고 써야 하니, '고구리'요 '고리'가 맞는 것이다.)

오늘이 2016년 11월이니, 1945년 8·15 해방부터 따져 71년째이다. 줄기차게 이어져 왔던 항쟁의 력사였다. 항쟁과 반동의 력사였다. 혁명과 반혁명의 력사였다.

가짜해방이었던 8·15 뒤 맨 처음 터져나온 항쟁이 대구 10월항쟁이었다. 한 달 앞서 있었던 9월 총파업에 대한 미군정의 야수적 탄압에 대한 반작용으로 터져나온 것이 10월항쟁이었다. 다른 말로 '쌀폭동'이었던 10월항쟁으로 죽거나 사라져버린 이들이 대구·경북에서만 6,000명이 넘고 통국적으로 3만 명이 넘는다. 공식적 발표로는 그 100분의 1이나 될까. 그 34년 뒤 일어난 광주항쟁 때 죽거나 사라진 이들이 3,000명이 넘는데, '공식'된 죽음은 그 10분의 1쯤 될까. 갑오농민전쟁과 의병전쟁 같은 지난 세기 항쟁 때 사라져 간 꽃잎들은 그만두고, 8·15 뒤부터만 꼽아 보더라도 숨 막혀 말이 안 나오니 - 10월항쟁, 려순항쟁, 4·3항쟁, 지리산 항쟁, 태백산 항쟁, 6·25 상잔, 보련 학살, 산내 학살, 4·19 혁명, 5·16 군사반란, 10·26 혁명, 5·17 군사 반란, 광주 항쟁, 6월항쟁, 그리고 오늘 촛불항쟁….

자본주의와 공산주의로 나눠졌던 세계였다. 쏘비에트와 북미 합중국이라는 힘센 나라들 틈바구니에 끼어 같은 겨레끼리 서로 죽이고 죽는 끔찍한 력사를 이어가고 있는 것이었다. 이어가고 있다. 쏘비에트가 뜯어헤쳐졌다고 해서 세계 모순이 끝난 것일까? 민족 모순이 풀리지 않았으므로 세계 모순은 더 깊어졌다고 봐야 한다. 창과 방패는 더 날카로워진 것이다.

왜 이렇게 된 것일는지?

여러 가지 언턱거리51가 있겠으나 이 중생은 크게 두 가지 '카르마'에 그 진티52가 있다고 보니 - '백제 카르마'와 '궁예 카르마'가 그것이다.

겨레 살매53를 아퀴짓는54 것이 이른바 외인(外因)과 내인(內因), 곧 '테밖진티'와 '테안진티' 두 가지라면 '백제 카르마'는 테밖진티가 되고, '궁예 카르마'는 테안진티가 되겠다. 제대로 된 세계사에 그 이름을 올리고자 할진대 무엇보다도 먼저 '백제 카르마'가 풀어져야 할 것이다. '백제 카르마'를 이야기하기 앞서 '궁예 카르마'부터 살펴보는 것이 맞겠다.

---

51 언턱거리: 이유(理由).
52 진티: 원인(原因).
53 살매: 운명(運命).
54 아퀴짓다: 결정(決定)하다.

미륵이다. 궁예미륵. 궁예가 미륵뫼 올라 미륵세상을 이루겠노라 하냥다짐[55]쳤던 천 년 전부터 내려온 미륵정신이었는데, 백 년 전만해도 그렇다. 우리 조선 사람 정신세계를 사로잡았던 것은 오직 미륵이었던 것이니 – 미륵사상이 유가(儒家) 두루마기를 걸쳤던 것이 '동학(東學)' 아닌가. 선가(仙家) 관을 썼던 것이 '증산도(甑山道)'요, 불가(佛家) 목탁을 두드렸던 것이 '원불교(圓佛敎)' 아닌가.

海月先生 時代에 徐璋玉 號 一海라는 사람이 있어 道中 儀制 等 모든 것을 많이 만들었었다. 그사람은 本來가 佛道에 있어 三十餘年間 많은 修養이 있던 禪客으로 이름이 있는 사람이라. 그의 사람됨이 身體는 비록 조그만하나 容貌가 異常하여 사람으로 하여금 敬畏之心을 일으키게 하였다. 그 사람은 異人이라거니, 道人이라거니, 窮賊이라거니 世人의 批評은 한참동안 많이 있었다. 그러자 甲午亂時를 當하여 南接이라고 指目을 받는 全琫準과 서로 相通이 있다 하여 한참 동안은 「斯門之亂賊이오 國家之逆賊이라」는 성토를 받아 온 일이 있었다.

海月先生 時代에는 佛徒인 徐一海와 儒道인 徐丙鶴, 尹成和等이 先生 앞에 있어 道의 庶事를 많이 議論하여 왔음으로 하여 그 時代의 儀式과 制度는 正當한 東學道에서 나온 그 式이 아니오, 거진 半이나 佛道의 退物이나 儒道의 糟粕으로써 주워대기로 骨董飯格으로 하여 온 것도 속이지 못할 事實이었다. 海月先生은 自心에

---

55 하냥다짐: 목벨내기.

『동학사』본문(왼쪽, 東學亂과 古阜陷落 부분)과 저자 오지영(1940년 영창서관 출판본). 오지영은 동학도로 동학농민혁명에 직접 참여했다.

無限한 道德이 있는 것이지마는 文字에 識見이 없고 또는 制度와 儀式에 苟苟한 생각이 없고 다만 混然 天性만을 修養함에 專主를 하고 있었던 때임으로 하여 所謂 制度와 儀式이라는 것은 別로 關心치 않고 남이 하자는 대로만 따라 할 뿐이었었다. 이 말도 옳고 저 말도 옳다 하여 한참동안은 春風샌님이라고 하는 批評을 들어온 일도 있었다.

갑오농민전쟁 당시 지도부 한 사람이었던 오지영(吳知泳)[56]이 남긴 『동학사(東學史)』에 나오는 한 대목으로 서장옥 내력과 사람됨을 엿볼 수 있는 오직 하나뿐인 적바림[57]이다. 서장옥 이야기는 잠깐

---

56 오지영(吳知泳, 1867~1950): 전라북도 익산(益山) 출신으로 갑오봉기에 들어 『동학사(東學史)』를 썼고 천도교 혁신운동 지도자로 갑오봉기 정신을 현대화하고자 애썼던 민족혁명가였음.
57 적바림: 기록(記錄).

덮어 두고 오지영을 보자. 오지영에 대한 기사는 두 번 더 나온다. 먼저 <조선인민보> 1946년 8월 3일치.

【獨立爲해宗派도超越】
"東學黨聯盟"結成
　　四日·準備委員會를開催

甲午革命과 三一運動에서 國家를 爲하여 人民을爲하여 많은피를 흘린東學黨은 其後分裂狀態로 今日에이르렀다 天道敎革新派로 꾸준히싸워온 吳知泳氏를비롯하여 李君五 柳志薰 金道卿 李團 諸氏外多數同志들은 民主主義獨立國家를 指向하는 現下朝鮮에 있어依然分裂狀態를繼續함은民族的수치이며 한거름나가서 昔日의反日獨立精神을復活發揮하자고 宗派를超越한 各派의 大同團結體『東學黨聯盟』을結成하기로決定 그結果準備委員會를 四日午前十時부터 天道敎大講堂에서開催하기로되었다한다 ◀吳知泳氏略歷(七十九歲) 二十四歲에 東學道에入道 李朝末世亂國에人民과함께鬪爭 二十六歲時 釜山民亂에自願出戰 死境을 넘어 甲午年에는政局革命戰에歐치 同年九月에는 三南大軍과 같이 京城에同進途中 公州戰에서敗北 그後十餘年間流浪 乙巳年間天道敎中央總部에 重職을歷任 各派를連絡 龍潭淵源聯合會組織 三一運動時에는內務를擔當 被逮苦楚 그後天道敎自體의 革新運動 壬戌年朝鮮內各宗派를連絡 우리親睦會發起 그後二次渡滿하였으나 歸朝後東學合同運動에怒力中 今般天道敎各派의同意와 東學各派의好意로同聯盟의誕生을보게된것이다.

1946년 6월 3일치(월요일)에 실린 오지영 글이다.

天道敎는 어디로?
新社會에 適合토록 나가라!

　　吳知泳

나는自身이 未來天道敎에 한사람이니만치내가아는 天道敎의 眞理와所經歷史를 말하는同時따라서 나의抱負의一端을 말하고저 하는바이다

天道敎眞理는(人乃天)「사람이 곳한울이라고」하는데있다 사람과한울은 하나이오 둘이아니며 한울님이사람밖에 따로있는것이 아니나 사람이 한울님의뜻대로 사람의일을잘하여써이世上을 天國化하는데 잇는 것이다

天道敎의 辭義를 大略으로말하면 이러하다 사람은靈肉一致로써 사라야한다고하였다 德을天下에펴고 蒼生을널니건지고 나라를 안보하고 백성을편안케한다고 하엿스며 父不父 子不子 君不君 臣不臣 夫不夫 婦不婦의 이世上을 다시뜻어곳처 더낳은 새世上을만든다고 하였다

이眞理의實踐을위하야 水雲先生은맛침내 大邱將대에서斬刑을 當하고마럿다 그담에와서는 貪官汚吏와富豪土族輩의 惡行을懲罰코저 倡義旗를이르키였으니 이것이곳甲午東學革命이다 東學革命運動은全琫準先生의主唱으로서 나도또한그義軍에하나이었었다 그後甲辰年斷髮期를지나 乙巳年에天道敎로일홈하든 처음에 나도또한 天道中央總部義部數에 하나로나왔섯다 그때는마침

우리나라가 倭敵의손에 빠키어드러가든 時代이기도하야 가진苛
酷은 이루다말할수가없었다 己未年에 義庵先生이 나라를찾자고
하는運動에 天道教의中心人物이 많히投獄되였음으로 왜놈의監
視下에 教會가一時困難狀態에있었다
이때에있어서 나는 國內에잇는各宗派團體와 손을맞잡고 親和運
動을發起하였다 그것은獨立運動反面에 었더한偏黨的思想이 있
을 것을 걱정한것이었다 그後辛酉年에 나는天道教革新運動을主
唱하였다 이것은天道教가人乃天主義에不合理한 迷惑式인 淸
水와 祈禱等이며 分身的인組織體와宗派的인 淵源制等을廢止하
자는데있어서 數十萬의教徒의議決로써 또는義庵先生이하諸頭
領이며 諸幹部의許諾으로써 完全한改革이되여 날근天道教는
새天道教로되여 天道教의眞面目과 義庵先生의英斷을 各新聞
紙에 社會輿論은자못컷섯다 그리하든 것이 中間에反動分子로말
미아마 天道教는마침내 新舊兩派로난우엇다 이것은辛酉壬戌兩
年間 粉爭으로서우리革新派는 天道教聯合會라는看板으로서 잇
는것이오 저復舊派는그前날儀式그대로 도라가고마럿다
요새에드르니 저復舊派에서 또다시 分裂이 낫다고 하는데 그것
은 그派의自體에 派爭뿐이아니라 最近國家社會에對한思想의 差
異로써나온것이라고한다 하나는保守그대로 또하나는進步的으로
나가자고하는데 있다고한다 나는그네의 是非如何보다도 오직나
의 將來를 말코저한다 道自體로써보나 舊習을바리고 新社會에 適
合하도록 나가야 할것을 明言하는바이다 다시말하면 날근世上을
새世上으로 變하는데는 새마음을가진 民主主義的인 새사람이아

니면 아니된다고하는말이다 내가말하는天道敎는 普通宗敎類와
갓타도 先天的宗敎類가 아니며 普通政治團體와갓터도 先天的政
治類가 아니오 오직今古不聞不呢의 새道德새政治이라고 하는바
이다

오지영 선생 이야기는 더 이만 나오지 않는다. 피끓던 스물일
곱 나이로 갑오봉기에 들었던 일흔아홉 살 늙은 갑오싸울아비가
발을 들여놓을 해방공간은 너무도 낯선 것이었으니, 조선말 '정
사(政事)'를 왜말 '정치(政治)'로 바뀌 쓴다고 해서 될 일이 아니었다.
이른바 세상이 바뀐 것이었다. 조선총독부를 밀어내고 들어선 미
군정청이었다.
　천도교가 신파와 구파로 쪼개지게 된 것은 1925년 11월이었다.
이른바 민족 개량주의자들을 신파라 하고, 비타협적 민족운동자
들을 구파라고 한다. 좌우합작체인 신간회(新幹會)에 들어간 것은
구파였다. 양파가 다시 합쳐진 것은 1931년 6월 신간회는 뜯어헤
쳐지게 된다. 사회주의자인 진영철(陳榮喆)과 윤형식(尹亨植)이 신간
회 해체를 보고 한 말이다.

　천도교를 비롯한 크리스트교와 불교세력들은 종교적 의식(儀式)에
서 신도들이 행하던 의식을 말살하면서 민족 개량주의사업을 용이
하게 하기 위해 힘의 분산을 감행하고 있다.

　다음은 그때 민족해방운동 이론가들이 했던 말이다.

종교는 자본주의호위기관으로 백해무익한 존재이다. 따라서 인간 해방을 이루기 위해서 모든 기성종교는 폐멸(廢滅)하지 않으면 안 되는데, 더구나 크리스트교는 제국주의 앞잡이로 영토확장을 위한 소약민족 정복 전위부대인 인간해방의 주적이다.

- 조선일보사 배성룡(裵成龍)58

조선민족의 철천지원쑤인 크리스트교는 유치한 미신집단이므로 조선민족의 정신을 흐리게 하는 증산교(甑山敎)와 함께 물리쳐야 한다.

- 고려공산청년동맹 책임비서 박헌영(朴憲永)59

종교파괴운동은 계급해방운동의 하나인 것과 동시에 인간 자체를 미신적 관념으로부터 해방하는 자기혁명이다.

- 조선인민공화국 보건부장(대리) 리정윤(李廷允)60

반종교운동이 반크리스트교운동에만 그칠 게 아니라 다른 일반종

---

58 배성룡(裵成龍 1896~1964): 경북 성주(星州) 출신. 니혼대학 사회과 졸업 경제평론가. 조선일보·중앙일보·조선중앙일보 정치부장·경제부장. 중도계열 민족자주연맹 대표 일원으로 남북협상 참가. 1950년 뒤로 한국일보 논설위원. 『조선경제론』 『자주조선의 지향』 등이 있음.
59 박헌영(朴憲永, 1900~1956): 충남 예산 출신 비운의 혁명가.
60 리정윤(李廷允, 1897~?): 전북 순창(淳昌) 출신 혁명가. 와세다대학 정치경제과를 다녔음. 고려공산청년동맹(장안파) 책임비서. 5년 징역을 살았음. 박헌영 중앙에 반대하다가 조선공산당에서 제명됨. 1948년 뒷녘 조선 민주주의 인민공화국으로 올라갔으나 자리를 못 잡아 1949년 다시 서울로 왔다가 중부경찰서에 붙잡혀 서대문형무소에 수감되었다가 1950년 6월 28일 인민군 손에 풀려나 평양으로 갔음.

교에도 똑같이 적용되어야 할 것이다.

- 3·1 운동 학생대표, 중공 하북성위(河北省委) 서기 한위건(韓偉健)61

신간회가 뜯어 헤쳐졌을 때 한말씀했던 윤형식은 조선공산당
'3대 미남' 가운데 한 사람이었다. 그때 세상 사람들이 꼽았던 조
선공산당 3대 미남이다. 윤형식, 김광수(金光洙), 안영달(安永達). 김광
수(1903년~?)는 전북 부안(扶安) 대지주 셋째아들로 유명한 공산주의
자 김철수(金綴洙, 1893~1986)와 김창수(金昌洙1901~?) 아우로 남조선노동
당 총무부장과 조선 민주주의 인민공화국 상업성 부상을 지내었
고, 안영달은 김삼룡(金三龍),리주하(李舟河) 선생 비트를 서울시경 특
경대한테 쏘개질했다는 이상야릇한 인물이다. 아래는『한국사회
주의운동 인명사전』에 나오는 윤형식(생몰년 미상) 약력이다.

윤형식(청총 중앙집행위원장) 전북 출신으로 경성제국대학 법문학부를
졸업했다. 1930년 6월 '상춘원(常春園) 사건'에 연루되어 한때 일본
경찰에 구금되었다. 7월 철원 불이농장(不二農場)의 농민조합운동
방침을 지도했다. 이 무렵 전남지역의 농민운동을 지도했다. 11월

---

61 한위건(韓偉健, 1896~1937): 함남 홍원(洪原) 출신 민족운동가. 경성의학전문학교에 다
니며 3·1 운동 학생대표였음. 와세다대학 정치경제과를 다녔고, 서울과 동경에서 독립
운동을 벌였음. 1926년 조선공산당에 입당 중앙위원이 되었음. 1930년대 북경에서 중
국공산당에 입당하였고, 하북성(河北省) 위원희 선전부장이 되어 중공당원 장수암(張秀
巖)과 혼인. 1936년 봄 중공 북방국 서기로 천진(天津)에 온 유소기(劉少奇)에 의해 하
북성위 서기 겸 천진시위 서기가 되었음. 1937년 3월 연안(延安)에서 열린 쏘비에뜨구
역 당대표회의에 나갔으나 건강이 나빠져 연안요양소에서 열반하였음. 1940년 중국공
산당 중앙에서 한위건 중국이름인 이철부(李鐵夫)가 내단 「철부로선(鐵夫路線)」이 올발랐
음이 승인되었음.

조선청년총동맹 중앙집행위원장으로 선출되었다. 12월 신임 중앙
집행위원 간담회에서 합법운동으로의 방향전환을 선언하려 했으
나 반대파 회원들의 반발로 무산되었다. 1932년 2월 「위기에 직면
한 영제국」을 <혜성>에 게재했다. 해방직후 건국준비위원회 결성
에 참여하고 건설부를 맡았다. 조선공산당 기관지 <해방일보> 영
업국장이 되었고 <노력인민> 편집국에서 일했다. 1948년 8월 해
주에서 열린 남조선인민대표자 대회에서 제1기 최고인민회의 대
의원으로 선출되었다. 1953년 8월 조선로동당 중앙위원, 1955년
5월 재정부 부상(副相), 1958년 1월 조소(朝蘇)친선협회 중앙감사위
원, 1962년 10월 제3기 최고인민회의 대의원(개성시 용산), 1964년 12
월 로동당 개성시 위원장을 지냈다.

일해대사一海大師 서장옥徐璋玉

　일해대사 서장옥 선생 이야기로 비롯해서 왜제시대 사회주의
운동가들 이야기를 하다 보니, 들려오는 성음(聲音)이 있다. 시나브
로62 떨려나오던 할아버지 목소리이다. 어즈버63 일흔해 가까운
세월이 흘렀으니, '육니오새변' 바로 뒤였다. 일송삼십(日誦三十)하
는 둔재(鈍才)로 한 달만에야 겨우 『백수문(白首文)』을 떼었을 때였다.
1951년 정월 끝무렵.
　"독서지유환지시(讀書之有患之始)니 　절학무우(絶學無憂)라. 　이누리에

62　시나브로: 모르는 사이 조금씩.
63　어즈버: 아!

서 일어나는 온갖 근심걱정은 죄 책을 읽는 데서부터 비롯되니, 배움을 없애지 않고서는 마침내 근심걱정은 사라지지 않을 것"이라면서도 '천지현황(天地玄黃)'과 '우주홍황(宇宙洪荒)' 이치를 가르쳐 주시는 늙은 유생(儒生)이었다. 뒷동산 묵뫼64 위로 목화송이 같은 함박눈이 쌓여 있을 때였다.

"연하추망이로구나."

조선 왕조 때 천재들 이야기 끝에 탄식처럼 내뱉던 말씀이었으니, 연하추망(燕霞秋亡)이었다. 글은 연암(燕巖)65에 이르러 망했고, 시는 자하(紫霞)66에 이르러 망했으며, 글씨는 추사(秋史)67에 이르러 망했다는 것이었다. 망했다는 것은 글과 시와 글씨에서 세 사람 같은 천재는 더 이만 나오지 않았다는 말이었다. 여기서 이 중생은 한 사람 더 붙이고 싶으니, 일해대사 서장옥이다. 할아버지 말투를 빌리자면 이렇게 되겠다.

"연하추일망(燕霞秋一亡)이라. 글은 연암에 이르러 망했고 시는 자하에 이르러 망했으며 글씨는 추사에 이르러 망했다면, 불교는 일해대사 서장옥에 이르러 망했구나."

일해대사 서장옥이 자리개미당한 지 100년이 넘는 오늘까지 일

---

64 묵뫼: 묵정무덤.

65 연암(燕巖): 박지원(朴址源, 1737~1805). 독창적 사실적 문체로 『열하일기(熱河日記)』를 비롯 10편 한문소설을 써 고루한 양반과 무능한 위정자를 꼬집은 실사구시(實事求是) 학파 우두머리였음.

66 자하(紫霞): 신위(申緯, 1769~1845). 시로써 시를 꿰뚫어매긴 평론가이기도 하였던 시서화(詩書畵) 삼절(三絕)이었음.

67 추사(秋史): 김정희(金正喜, 1786~1856). 역대 명필들 장점만 모아서 독특한 '추사체(秋史體)'를 이룬 명필로 금석학(金石學)과 고증(考證)에 조예가 깊은 대학자였음. 제주도 유배시절 그린 「세한도(歲寒圖)」가 유명함.

해대사만 한 미륵당취, 그러니까 다시 말해서 혁명승려는 나오지
않는 것이다.

삼전대사(三田大師) 이야기를 들었던 것은 반백 년도 지난 1960년
대 끝무렵이었다. 무문관(無門關)68에서 면벽수행(面壁修行) 중인 노장
(老長)님 슬하 떠나 지리큰뫼에서 가리산지리산할 때였다. 토끼
봉 밑 불가득굴(不可得窟)69에서 망상번뇌 풀밭을 헤매던 20대 첫
때였다.

신유갑파(申由甲派) 도꼭지로 지리큰뫼를 울리던 서장옥이었다고
하였다. 미륵패 사이에서 변말처럼 떠돌던 비기(祕記)였다. 서북 농
민항쟁 도꼭지였던 평서대원수(平西大元帥) 홍경래(洪景來) 장군이 전
망(戰亡)한 백 년 뒤까지 떠돌던 홍경래 생존설과 같은 말이었으니,
그리움이었다.

그리움이란 무엇인가? '그리움'이 줄어들어 '그림'이 된 것은
알겠는데, 그것으로 그만인가. 아니다. 그렇지 않다. 우리는 무엇
보다도 먼저 그 말이 가지고 있는 본디 참뜻을 알아야겠다. 삼배(
三拜)를 저쑵고 나서 다시 한 번 묻겠다. '그리움'이란 무엇인가? 무
엇이관대 백 년이 가고 천 년이 가도 사라지지 않는 철퇴가 되어
이 조그만 머리통을 옥죄어 오는가. 무엇인가? 애잡짤한 이 마음
이 가닿았는가. 허공에서 들려오는 소리가 있으니 - <'그리움'이
란 '손으로 만져질 수 없으므로 죽도록 보고 싶어 애끓는 마음'>

---

68 무문관(無門關): 서울 도봉산 만장석봉(萬丈石峯) 밑에 있던 수행처로, 불타 석가모
니 6년 설산수행을 본받아 6년 두문불출 좌선수행하였던 곳으로, 1965년 세워졌음.
69 불가득굴(不可得窟): '불가득(不可得)'이란 '얻을 수 없음'을 이르는 말로 '공교(空敎)' 곧
불교 다른말임. '공을 얻고자 하는 곳'이라는 말임.

이다.

신유갑(申由甲)이란 성명삼자를 보자. 두루 같은 점이 있다. 밭전 (田) 자 세 개로 이루어졌다. 왜 밭전 자를 세 개씩이나 썼을까? 여 기서 떠오르는 것 또한 할아버지 성음이다.

"이재전전도하지(利在田田稻下止)니, 벼아래 그쳐라. 그칠 지 자 있 는 데가 사는 데니, 죄 밭을 얘기햇구나. 녕사를 져야 된다넌 말 이구나."

할아버지는 여기까지만 말씀하시고 나서 망망연한 눈길로 파 리똥이 더뎅이져 있는 보꾹을 올려다보시는 것이었으니, '토지개 혁(土地改革)'이었다. 그렇다. 밭 가는 농군들한테 그 땅을 돌려주어 야 하는 것이었다.

"우리도 평양처럼 하자!"고 아우성치는 서울 쪽, 그러니까 남조 선 사람들이었다. 남조선 사람들 가운데 진보적 생각을 가진 사 람들이었다.

8·15해방 여섯 달 만에 평양 쪽에서는 토지개혁을 해마쳤는데, 서울 쪽에서는 무엇을 하고 있는 것이냐는 아우성이었지만, 꼼짝 도 하지 않는 남조선이었다. 남조선 인민들 먹줄을 틀어쥐고 있는 미군정이었다. 그 이태 반 뒤 남조선 단독정부가 세워졌지만, 쇠 귀에 경 읽기였다. 미군정 뒷배 받아 정권을 틀어쥔 리승만이었으 므로 그것은 너무도 마땅한 일이었다.

그러나 울근불근하는 인민대중 아우성을 못 본 체 할 수만 없었 던 꼭두각시정권이었으니, 평양 쪽 흉내를 내는 것이었다. 49년 들어서야 첫코떼서 6·25 때까지 '농지개혁'이라는 이름으로 평양

쪽 시늉만 내다 말았던 것이다. 그것도 리승만정권에서 민족진영을 아울렀다는 구색을 갖추고자 농림부장관으로 입각시킨 원로 공산주의자 조봉암(曺奉巖)70이 발벗고 나서는 바람에 이루어진 농지개혁이었다. '토지개혁'이 아니라 '농지개혁'이었다. 10년 거치 20년 상환이라는 이른바 '유상몰수 유상분배'.

그러나 그 시늉만 제한적 농지개혁일망정 제 땅 맛을 보게 된 농군들이었으므로, 인민군이 내려왔을 때 멀거니 구경만 했던 것이다. 그래서 그 덤터기, 그러니까 다시 말해서 '조국해방전쟁' 실패에 대한 책임을 뒤집어쓰고 형장의 이슬로 사라져 가게 된 '조선의 레닌'이 아니었던가. "인민병대가 내려밀면 남조선노동당원 30만이 두 손 들어 손뼉쳐 맞을 것"이라고 큰소리쳤다는 것이었다. 이 대목의 옳음과 그름에 대해서는 속속들이 밝혀져야 할 일이겠고, 여기서 이른바 '사교육문제'가 나온다. 유상몰수일망정 업청나게 많은 땅을 지니고 있던 조선조말부터 대지주들이 서둘러 각종 교육기관을 세웠던 것이다. 이것 또한 저 고리시대에 유행했던 불의한 부사들 재산은닉 수단이었던 문화사업, 곧 온갖

---

70 **조봉암(曺奉巖 1898~1959)**: 호 죽산(竹山). 강화도에서 빈농 둘째아들로 태어나 3·1운동에 들었다가 1년 징역을 살았고, 1923년 모스크바 동방노력자공산대학을 나와 1925년 4월 17일 조선공산당 창립대회에서 검사위원이 되었음. 1926년 6월 조공만주총국 책임비서가 되었고, 상해에서 독립운동을 하다가 왜경에 잡혀 신의주형무소에서 7년간 복역. 1945년 1월 왜군 헌병사령부에 예비검속 되었다가 8·15와 함께 출옥하였다. 인천에서 건준 인천지부와 민전 인천지부 위원장이 되었다가 조공과 결별하였음. 좌우합작운동을 하다가 1948년 5·10선거에 들어 제헌의원이 되었고, 리승만정권 초대 농림부장관이 되어 '농지개혁'을 이끌었음. 민의원 부의장에 재선되었고, 1955년 진보당 당수가 되어 1956년 5월 대통령선거에서 216만여 표를 얻어 '낙선한 것으로 발표되었음'. 1958년 10월 간첩죄로 사형선고 되어 1959년 7월 처형당하였음.

이름 '보(寶)' 내림줄기를 미좇는 것이었다. 역사를 더 줄밑걸어 올라가 보면 일통신라 때까지 이르니, 그 때 신라사회를 틀어쥐고 있던 서른다섯 군데 재벌인 '금입댁(金入宅)'에 가닿게 되는데, 유명한 김유신(金庾信)장군 또한 금입댁이었다. 금입댁이란 거두어들이는 쌀만 3,000섬 위에, 일하는 계집사내종만 3,000이고, 먼 섬에 풀어 먹이는 가축만 3,000마리 위이며, 집과 재물을 지켜주는 사사로운 병정이 3,000명 위인 집을 가리키는 말이었으니, 요즈막 말로 하자면 35대 재벌이었던 것이다.

평양 쪽 사람들, 그러니까 다시 말해서 청년장군이 거느리는 88여단 쪽 사람들이 눈 깜짝할 새 해마쳤던 토지개혁이었다. 1946년 3월 5일 비롯했던 토지개혁이 참으로는 580년 전인 1366년 고리 공민왕 15년 변조대화상(遍照大和尙) 신돈존자(辛旽尊者)가 했던 전민변정도감(田民辨正都監) 주장 토지해방을 본보기 삼은 것이었다. 그리고 그것을 귀띔해 준 이는 성대 트로이카였던 최용달(崔容達) 선생이었고, 그 속발기71를 짜준 이는 박문규(朴文圭) 선생이었다. 한 가지 다른 점이 있다면 그 빠르기였으니 – 신돈개혁이 개경은 15일 외방은 40일 말미였던 것을 빨치산개혁에서는 평양과 지방을 가리지 않고 몰밀어72 열흘 안에 마감하였던 자진신고였다. 이른바 혁명이란 이런 것이라는 것을 보여 준 전광석화였다. 도대체가 앙버티고 자시고 할 틈이 없는 빠르기였으니, 38선을 넘어 남조선으로 내려올 수밖에 없는 지주요, 자본가요, 기독교들이었다. 빨치산정

---

71 속발기: 세목(細目).
72 몰밀어: 한꺼번에 죄.

권 쪽에서 보면 손 안 대고 코를 푼 것이었다. 신돈개혁 때 제 땅을
갖게 된 사람들이 길길이 뛰어오르며 손뼉쳐 부르짖는 바람에 개
경 하늘이 보이지 않았다는 것이었으니 –

"미륵부처님이 나오셨다!"

집집이 1.35정보, 그러니까 4,000평 넘게 제 땅을 갖게 된 평양
쪽 농군들이 발을 굴러 뛰어오르며 손뼉쳐 부르짖었으니 –

"청년장군 만세!"

박문규.

박문규(朴文圭, 1906~1971) 경북 경산(慶山)에서 대지주 둘째아들로 태어났음. 대구고등보통학교와 경성제국대학 법문학부를 나왔음. 1933년 경성제국대학 교수 논문집에 덧두리로 붙여 발표된 「농촌사회 분화의 거점으로서의 토지조사사업에 대하여」라는 논문이 '조선 맑스주의 학계를 일약 세계적 수준으로 끌어올린 노작'이라는 극찬을 받았음. 1944년 8월 비밀결사인 조선건국동맹에 들었고, 해방이 되면서 건준 기획부장이 되었음. 1945년 9월 조선인민공화국 재정부장 대리가 되어 농업·농민문제에 대한 조선공산당 이론과 방침을 대변하였음. 무상몰수 무상분배에 대한 이론적 정당성을 뒷받침하는 논문을 쓰면서 북조선토지개혁을 지도하였음. 1947년 3월 조선노동조합전국평의회가 주도한 24시간 총파업 주동혐의로 미군정에 잡혀 징역을 살다가 1948년 조카와 함께 평양으로 갔음. 제1기 최고인민회의 대의원이 되었고, 초대 농림상, 1950년 6·25때 서울에 와서 「남반부토지개혁 지도위원장」이 되었고, 1952년 농업상, 1956년 조선로동당 중앙위원, 국가검열상, 지방행정상, 국토관리상, 내무상, 최고인민위원회 상임위원회 서기장, 조국평화통일위원회 부위원장을 지내다가 1971년 11월 열반하였음. 박문규가 남로당 출신이면서도 승승장구할 수 있었던 것은 정치쪽에는 한눈길도 주지 않고 오직 농업 전문가로서만 살았던 때문이었음. 남조선에서 올라가 북조선 체제에서 천수를 누렸던 드문 경우로는 홍명희(洪命憙)가 있으니, 같은 경우였음.

최용달(崔容達, 1903~?) 강원도 양양(襄陽) 출신으로 함흥고등보통학교와 경성제국대학 법문학부를 나왔음. 1931년 9월 경성제대 동기인 리강국(李康國)·박문규(朴文圭)와 「조선 사회실정연구소」를 세웠고, 1932년 4월 보성전문학교 교수가 되었음. 8·15해방이 되면서 건국준비위원회 선전부장·치안부장, 조선인민공화국 중앙상임위원 겸 보안부장 대리가 되었음. 평양으로 올라가 5도정치위원회 사법부차장이 되었고, 1946년 2월 북조선임시인민위원회 사법국장, 1948년 8월 제1기 최고인민위원회의 대의원이 되었음. 북조선인민위원회 외무국장을 지냈고, 1953년 1월 산업성에 딸린 일반제품 수입상사 사장으로 있다가 '박헌영 그룹 일원'으로 지목되어 사라져버렸음.

최용달.

궁예는 누구인가?

　궁예는 신라 사람이니 성은 김씨이다. 아버지는 제47대 헌안왕
이요, 어머니는 헌안왕 후궁이었는데, 그 성씨와 이름은 전해지지
않는다. 어떤 이는 궁예가 48대 경문왕 응렴 아들이라고도 한다.
그는 5월 5일에 외가에서 났는데 그때에 지붕에 무지개와 같은 흰
빛이 있어 위로 하늘에 닿았었다. 하늘에 있는 온갖 것들이 움직
이는 것을 살펴보는 공다리가 아뢰기를 "이 아이가 오 자가 거듭
된 날[重五]에 낳고 나면서 이가 있으며 또 야릇한 빛이 서리었으니
앞날 나라에 이롭지 못할까 두려우므로 기르지 말아야 됩니다."
하였다. 왕이 나인을 시켜 그 집에 가서 그를 죽여 버리라 하였는
데, 심부름꾼이 아이를 포대기 속에서 꺼내어 다락 밑으로 던졌더
니 젖 먹이던 종이 그 아이를 몰래 받다가 잘못하여 손으로 눈을
다치어 한 눈이 멀었다. 종이 아이를 안고 줄달음쳐 숨어서 힘들
게 길러 내었다.

　그야말로 저주받은 운명으로 태어났다는 말인데, 먼저 궁예라
는 이름자부터가 아리송하기만 하다. '궁예(弓裔)'라는 이름은 '활

48

잘 쏘는 사람 뒷자손'이라는 뜻이니, 고구리를 세웠다는 고주몽이 태어날 적 이야기와 똑같다. '주몽(朱蒙)'은 고구리 말로 '활 잘 쏘는 사람'이라고 한단다. 이름자가 지니고 있는 뜻만 똑같은 것이 아니라 태어날 때부터 내려오는 이야기도 똑같으니, 중국 사람들이 제 나라 역사를 적바림하였다는 『삼국지』라는 책 「위지(魏志) 동이전(東夷傳)」에 이렇게 적혀 있단다.

고구리 태조대왕은 이름이 궁(宮)인데, 나면서 눈을 뜨고 사물을 볼 줄 알아서 나랏사람들이 이를 싫어하였다. 참으로 감사나워 자주 쳐들어 왔다.

김부식이 슬갑도적질한 것이 바로 이 동강인 듯,

이 아이가 오 자가 거듭된 날에 낳고 나면서 이가 있으며 또 야릇한 빛이 서리었으니 앞으로 나라에 이롭지 못할까 걱정되므로 기르지 않아야 됩니다.

「동이전」이나 『삼국사기』나 똑같으니, 윗글은 '고구리 공포'에 숨죽였던 한족 마음을 드러낸 것이고, 뒷글은 '궁예 공포'에 숨죽였던 왕건 마음을 드러낸 것이다.

날 때부터 눈을 뜨고 세상 만물을 바라보았다는 것이나 날 때부터 이가 솟아 있어 먹을거리를 씹어 먹을 수 있었다는 것이나 똑같으니, 남다르게 빼어난 된사람이라는 말이다. 언짢은 날에 태어

낳으므로 내다 버려야 한다는 것도 그렇다. 오 자가 거듭된 중오일이라는 것은 5월 5일을 말하는데, 5월 5일은 수릿날이다. 설·칠석·한가위와 함께 신라 적부터 4대 명절로 여겨 수리취로 떡을 빚어 산천과 천지신명께 저쑵고 창포물에 머리 감으며 그네 뛰고 씨름하며 노는 즐거운 날이다.

'궁예 공포'가 얼마나 컸으면 겨레 모두가 즐겁게 노는 좋은 날인 수릿날을 언짢은 날이라고 하면서까지 궁예를 깎아내릴 수밖에 없었던 왕건 동아리였다. 우리 겨레가 지나온 자취 가운데 그 태어난 날과 자연현상까지 명토박힌 임금은 오직 궁예 하나뿐이니, 그만큼 '궁예 카르마'가 두껍다는 말이 되겠다. 그리고 '궁예'라는 이름이 '활 잘 쏘는 사람'을 뜻하는 것이 아니라 우리말 '큰 아이'에서 온 것이라는 말도 있다. '큰 아이' 곧 '큰 애'가 바뀌어 '궁예'가 되었다고 보는 것인데, 기운차고 날랜 몸으로 빼어난 무예를 지녔던 난사람이었다는 것만은 틀림없겠다.

종이 아이를 안고 뺑소니쳐 숨어서 힘들게 길러 내었다. 궁예 나이 여남은 살이 되어 장난을 몹시 하였으므로 그 종이 이르기를 "네가 났을 적에 나라한테 버림을 받았으므로 내가 차마 보지 못하여 오늘까지 몰래 길러 오는데 네 장난이 이와 같으니 반드시 남들이 알게 될 것이다. 그렇게 되면 나와 너는 어떻게 하겠는가?" 궁예가 울면서 말하기를 "만일 그렇다면 내가 떠나가서 어머니한테 근심이 되지 않게 하겠습니다." 곧 세달사로 갔는데 이제 흥교사가 그곳이다. 그가 머리를 깎고 중이 되어 선종이라고 이름하였다. 그가 자라나게 되어서는 중 계율에 얽매이지 않고 건들건들하여 배짱이 있었다.

궁예가 태어나서 자란 밑절미를 보여 주는 것은『삼국사기』와 『제왕운기(帝王韻記)』두 군데인데, 비슷하다. 고리 고종 때 글지 리승휴(李承休)가 우리나라 여러 대 지나온 자취를 칠언시(七言詩)로 적바림한『제왕운기』하권「후고구리기」이다.

신라임금 경문왕이 속속곳아이[73]를 낳았더니 이가 두겹이라 목소리도 겹치겠네.
얼굴이 임금한테 좋지 않다고 내쫓느니 중노릇하며 몰래 돌아다녔네.

궁예가 정말 헌안왕(憲安王, 임금노릇 한 때 857~861)이나 경문왕(景文王, 임금노릇 한 때 861~875)이 낳은 속속곳아이었을까? 먼저 헌안왕에서 사위 경문왕으로 임금자리가 이어지는데, 박터지는 싸움이 없었다. 경문왕에서 헌강왕(憲康王)으로 넘어가는 대목에서도 마찬가지였고. 진골(眞骨) 귀족 사이에 임금 자리를 둘러싼 다툼이 아주 없었던 것은 아니지만 후궁들한테서 낳은 여러 배다른 자식들 가운데 하나였다면 그렇게 한쪽 눈을 잃으면서까지 뺑소니쳐야 할 까닭도 없었다.

『삼국사기』에서 궁예를 헌안왕이나 경문왕 아들이라고 한 것에는 이른바 '정치공작' 내음이 난다. 김알지 핏줄 받은 신라 왕손

---

73 속속곳아이: 숨긴 아이. 사생아(私生兒).

임에도 서라벌을 쳐서 없애 버려야 할 '멸도'라고 부르며 신라를 불구대천 원수 삼았던 궁예였다. 그러나 왕건은 그런 신라를 끌어 안은 바탕 위에서 후삼국일통을 이뤄낸 거룩한 난사람이었다는 것을 그루박고자 궁예를 굳이 신라 왕족으로 만든 것이라는 생각 이다. 별볼일 없는 출신 성분이지만 훌륭한 새나라를 세우겠다는 거룩한 뜻에 감동해서 손잡았으나 끔찍하게 사나운 정치를 하는 것을 보다 못해서 '구국의 일념'으로 일으킨 혁명이었다는 것을 깍듯하게 비다듬고자74 신라 왕손설을 만들어 낸 것으로 말이다.

그렇다면 궁예 진짜 '출신 성분'은 어떻게 되는 것일까? 두려움 없이 말하자면 신라 끝 무렵 들불처럼 일어났던 농민반란군 가운 데 한 사람 자식으로 보인다. 내남적없이 똑고르게 살 수 있는 고 루살이 평등세상을 만들고자 애태웠던 그 삶으로 봐서 그렇다. 아 마도 지리산을 두리75로 해서 일떠섰던 적고적(赤袴賊) 곧 '붉은바 지 농민군' 자식이었을 것이다. 썩고 병든 신라왕국을 둘러엎고 새 세상을 열어젖히고자 일떠선 아버지 미좇아 다니며 관군한테 돌팔매에 이징가미76라도 날리고 화살낱이라도 나르다가 토벌대 한테 쫓기던 끝에 한 눈을 잃었을 것이며. 그래서 지리산과는 멀 리 떨어진 이제 강원도 영일 사자산(獅子山) 자락에 있던 세달사(世達 寺)라는 절로 숨어 들어갔던 것이겠다. 세달사는 구산선문(九山禪門) 도 아니었고, 왕실 뒷배 받는 무슨 장자(長字) 붙은 불교계 우두머리

---

74 비다듬다: 장식하다. 꾸미다.
75 두리: 둘레.
76 이징가미: 질그릇 조각.

나 조사(祖師)·선사(禪師)·강사(講師)·율사(律師)·법사(法師)들이 금물 번쩍이는 좌복 위에 가부좌 틀고 앉아 법어(法語) 날리는 유명짜한 절도 아니었다. 언저리 굴산사(崛山寺)에 개청(開淸) 같은 미륵패 중들이 있는 치외법권 바닥이었다.

그때 지리산 두리에서 신라 천년왕국을 둘러엎고자 일떠섰던 농군들이 붉은 바지를 입었던 까닭이 무엇일까? 그때 농투산이들은 삼으로 짠 베로 옷을 지어 입었는데, 바지에 붉은 물을 들여 입었다는 것은 무엇인가를 말하고자 하는 뜻이 있었을 것이다. 연변 조선교육도서출판사에서 펴낸 『어원사전』에 나오는 '붉은기' 어섯을 보자. (맞춤법과 띄어쓰기는 원문대로.)

<붉은기>

붉은기는 혁명과 해방투쟁의 상징으로 되여오고 있다. 이미 8세기에 붉은 기발밑에 인민봉기가 진행되었다. 778년~779년에 이란에서 있은 농민폭동에서도 농민들은 붉은기를 들고 싸웠다. 16세기에는 독일에서 붉은 기발밑에 농민들이 폭동을 일으켰으며 1792년 7월에는 프랑스인민들이 붉은기를 들고 왕정을 반대하여 싸웠다. 1882년 6월 5~6일의 빠리폭동때부터 붉은기는 인민들이 흘린 피의 상징으로서의 혁명의 기치로 되었으며 1871년 빠리꼼문 후에는 프로레타리아혁명과 세계혁명적 로동운동의 기치로 되었다.
붉은기가 혁명과 해방투쟁의 기치로 된데는 그럴만한 리류가 있다. 붉은색을 놓고 말한다면 동양에서는 오랜 옛날부터 '일편단

심', '적성'(붉은 충성) 등 진실성의 상징으로서 붉은색을 썼으며 서양에서는 근로의 상징으로 붉은색을 썼다. 이리하여 동서를 막론하고 예로부터 농민들이나 노예, 로동자들의 반항운동에서는 붉은 수건 혹은 붉은 옷 등으로 붉은색이 전면에 나왔었다. 기발에 대하여 말한다면 초기에는 흔히 흰 바탕에 붉은 줄들이 그어진 기발이 리용되었는데 이것은 노예주와 자본가들에게서 매를 맞아 피줄이 간 노예와 노동자들의 등을 표현한 것이었다. 이처럼 붉은기는 오랜 옛날부터 농민, 노예, 로동자들의 자유와 해방, 인간으로서의 존엄의 상징으로 되었다.

궁예가 세달사로 가 중이 되었다지만 스스로 선종(善宗)이라고 이름하였다는 데서 알 수 있듯이 정식 중이 아니었다. 이른바 수원승도(隨院僧徒)였으니, 이름 높은 고급중들 밑에서 온갖 궂은일이나 하는 절종 비스무레한 것이었다. 불목하니77나 다름없는 자리였다. 아무나 중이 될 수 있는 것이 아니었다. 시방도 고등학교 졸업 위 되는 학력 지닌 중생 아니면 중이 될 수 없다지만 그때는 더욱 잡도리 호된 감목78을 따졌다.

시방 여러 도마다 한두 개씩 있는 본사를 비롯한 여러 유명짜한 이른바 천년고찰들은 죄 왕실과 성골·진골 같은 대귀족들이 세운 것이었다. 그들은 손목잡아79 주지를 맡거나, 주먹셈80을 같이하

---

77 불목하니: 절에서 허드렛일 하는 일꾼.
78 감목: 자격.
79 손목잡아: 손수.
80 주먹셈: 속셈. 이해관계.

는 나뉜몸[81]으로 주지를 삼아 절을 다스리게 하면서 토지와 노비를 바쳤다. 사찰 도꼭지[82]는 왕이었고 왕 분부받아 용춤 추는[83] 도마름[84]은 귀족들이었고 그들은 임금자리를 놓고 다툴 걱정이 없는 왕자나 왕 동기들을 불노(佛奴) 곧 부처님 종이라는 이름으로 출가시켜 중노릇을 하게 하기도 하였고, 부귀공명에도 난집난[85] 공주나 왕 어미들이 절로 가 중노릇을 하며 죽은 다음 극락세계로 가고자 하였다.

그들한테는 산과 내로 살피[86]를 삼을 만큼 엄청난 논밭전지와 그것을 갈아먹을 노비들이 딸려 있었으니, 이승에서 이미 극락세계를 사는 것이었다. 그들은 그리고 중생을 극락세계로 길라잡이[87]하여 줄 '성직자'였으므로 나라에 한 푼 구실도 내지 않았고 병정이 되어 싸움터로 끌려갈 일도 없었다. 그러면서 이른바 '설법'이라는 이름 아래 알쏭달쏭 귀신 씻나락 까먹는 소리만 늘어놓는 것이었으니, 불교야말로 '인민의 아편'인 것이었다.

헐수할수없게[88] 된 농군들은 다투어 절로 들어갔으니, 수원승도이다. 왕족이나 성골·진골 또는 적어도 육두품 위 되는 이들과 같이 머리 깎고 먹물옷 걸쳤으나 똑같은 중이 아니었다. 무엇보다도 먼저 중옷 옷감과 빛깔이 달랐으며, 꾀까드런 문자로 된 불경을

---

81 나뉜몸: 분신(分身).
82 도꼭지: 우두머리.
83 용춤 추다: 시키는 대로 하다.
84 도마름: 우두머리 마름.
85 난집나다: 싫증나다.
86 살피: 경계(境界).
87 길라잡이: 안내인.
88 헐수할수없다: 어쩔 수 없다.

읽을 재주도 없고 또 배워 볼 틈도 없었다. 엄청난 논밭전지가 절 것이 되고 농군들은 절종이 되어 나라 구실이 줄어드는 것은 그리하여 지극히 마땅한 일이 되는 것이었다.

그래서 마음대로 절에 논밭을 바치지 못하게 하고, 마음대로 절을 못 짓게 하며, 또 마음대로 중이 되지 못하게 하는 무슨 특별조치법을 때려 보았지만, 잘 안되는 것이었다. 모든 논밭과 천량[89]을 면세특구인 절에 바친다는 구실로 짱박아 두고 더욱 천량을 불려나가는 기득권 세력들이 갖은 꾀를 다 써서 나랏법을 어겨대니, 나랏살림이 쪼그라드는 것은 너무도 마땅한 일로 되었다. 이에 핏종발이나 있는 농군들은 저마다 초적(草賊)이 되어 들불처럼 온 나라를 불태우니, 나라 안이 죄 싸움마당이 된 것이었다. 사찰은 그대로 권력기관이었고 승려는 권력자였다.

이 댁 시주님을 하느님이 늘 돌보아 주시어 하나를 보시하면 만곱절 잇속을 얻게 하고 걱정없고 즐거우며 목숨줄이 오래오래 이어지게 하여 주소서.

어떤 동냥중이 한 말이었다. 서라벌 시내에서 돈놀이를 하는 복안(福安)이라는 돈놀이꾼한테서 베 50필을 시주받은 동냥중은 바로 수원승도였다. 선종이었는지도 모른다.

그때에 서라벌에는 17만 8천 936호에 이르는 사람들이 살고 있

---

89 천량: 전량(錢糧). 재산.

었단다. 세계 제국이었던 대당제국 서울 장안(長安)이 30만 호였다니, 서라벌은 장안에 버금가는 국제도시였다. 멀리 비단길 따라 온 동로마제국과 아라비아·페르시아에서 갖은 물화가 들어오고, 중앙아시아 여러 나라와 몽골·대진국·왜국·인도·동남아시아 여러 나라 물화들이 땅길·뱃길 따라 넘쳐나게 들어오고 있었다.

서라벌 시내에는 세계 여러 나라에서 온 상인·유학생·승려·정치인·연예인·국제 논다니들이 모여들고, 세계 여러 나라 심부름꾼과 그 데림사람90들이 뻔질나게 드나드는 세계적 도시였다.

궁예가 수원승도로 있으며 "중 계율에 얽매이지 않고 건들건들하여 배짱이 있"게 돌아다니며 무엇을 보았을까? 수원승도 선종은 이름난 고급중들 뒷바라지하는 틈틈새새로 동냥중 곧 탁발승이 되어 저잣거리를 드나들었을 것이다. 저잣거리 중생들이 울고 웃고 사랑하고 또 미워하며 그리고 탐내고 성내고 어리석게 살아가는 모습을 짯짯이 살펴보았겠다. 그때에 서라벌에는 초가집은 한 채도 없고 죄 기와집이었는데, 숯을 태워 먹을거리를 장만했단다. 아름다이 빛나는 궁전과 드넓은 절집 사찰이며 가멸진 귀족들 궁궐 같은 호화주택들이 즐느런한데 노래와 풍악 소리가 그치지 않았다고 한다.

"내가 들으매 이제 민간에서는 집을 기와로 잇고 짚으로 잇지 않으며 밥을 숯으로 짓고 나무로 짓지 않는다 하니 과연 그러하냐?"

---

90 데림사람: 수행원(隨行員).

서력기원 880년 9월 9일 국추절(菊秋節)에 헌강왕이 신하들을 데리고 대궐 월상루(月上樓)에 올라 네 둘레를 둘러보며 물었을 때, 이제 국무총리 턱인 시중(侍中) 김민공(金敏恭)이 대답하기를,

　"저도 일찍이 이러하다는 말을 들었습니다."

　하고 이어 말하기를,

　"왕께서 위에 오르신 뒤로부터 음양이 고르롭고 바람과 비가 잘 풀려서 때는 여름 좋고 백성들은 먹을 것이 넉넉하며 나라 변두리가 자리잡히고 저잣거리는 즐거움에 들끓으니 이것은 오로지 마마 어진 덕에 따라서 이루어진 것이오이다."

　하니 왕이 기쁜 얼굴로 말하기를,

　"이는 그대들이 도와준 힘이지 짐한테 무슨 덕이 있음이겠느냐?"

　하였다.

　그때에 서라벌에 있던 39군데 금입댁(金入宅)을 비롯한 지배계급에서는 하나같이 돈놀이를 하였으며 애옥살이 농투산이들한테 곡식을 빌려주었다가 제때에 본밑91과 길미92를 갚지 못하면 종을 삼았다고 한다. 만여 마리에 이르는 집짐승을 기르고 드넓은 논밭에서는 해마다 수만 석이 넘는 곡식을 거둬들여 가난뱅이 농투산이들한테 장리쌀을 놓고 또 달러이자 놀이까지 하였다니, 요즈막 재벌들과 하나도 다르지 않구나. 금입댁 39집에서 3천 명씩 무장부대를 거느렸다면 모두 10만이 넘는 큰 병력이니, 일통신라 260

91 　본밑: 원금(元金).
92 　길미: 이자(利子).

년은 그대로 바오달93 나라가 되는구나.

금입댁 이야기 말고 속속들이 알 수 있는 적바림은 없지만, 요즈막과 마찬가지로 10대 90 아니 0.1대 99.9로 나뉘어진 이른바 '양극화 현상'이 얼마나 깊고 넓었던 것인가를 알 수 있다. 39 금입댁에서 문어발 뻗치는 장리쌀 장리빚에 쪼들리던 잣단지주94들은 배메기95 농군으로 떨어지고, 배메기 농군은 또 종놈·종년으로 떠다박질려지는 꼴이 눈에 보이는 듯하다. 금입댁에 매인 병력만 10만이면 그 식구들까지 쳐서 일통신라시대 노예들은 적어도 40~50만은 된다고 봐야겠다. 그리고 이들이 바로 붉은바지도적이 되고 초적이 되고 수원승도가 되었던 것이다.

풍년이 들어서야 겨우 입에 풀칠이나 하던 농군들은 흉년이 들면 떠돌뱅이 비렁뱅이가 되고, 굶어 죽고 병들어 죽고, 처자식을 곡식 몇 되에 팔아먹고, 지어 사람이 사람을 잡아먹기까지 하다가 구메도적이 되고, 마침내 이윽고 반란을 일으켰다는 이야기가 여러 군데 나오니….

발부러진 솥단지 하나뿐인 찰가난 속에서 장가도 못 간 임지머리 꽃두루96로 홀어머니 받들어 뫼시다가 병대 끌려가 졸병노릇 하던 끝에 출가해서 큰스님이 되었다는 진정법사(眞定法師), 고리사 채업자인 복안집에서 식모살이 하여 주고 겨우 몇 뙈기 밭 얻어 입에 풀칠하였다는 모량리 가난뱅이 아낙 경조(慶組), 흉년을 만나 홀

---

93 바오달: 병영(兵營).
94 잣단지주: 중소지주(中小地主).
95 배메기: 반타작. 병작(竝作).
96 꽃두루: 총각.

로 된 아비를 먹일 길 없어 거의 굶어죽게 되자 제 넓적다리를 베어먹였는데 그 끔찍한 효성 이야기를 듣게 된 경덕왕이 벼 500석과 밭뙈기 조금과 보금자리 한 채를 주었다는 이제 충청남도 공주 땅 농군 향덕(向德), 늙고 병든 어미한테 남의살을 잡숫게 할 셈평이 없어 제 넓적다리살을 베어 드렸다는 이야기 듣고 왕이 벼 300석을 내렸다는 성각(聖覺)이라는 중, 남의집 고공살이로 늙으신 어머니 모시고 처자식을 거느리는데 철없는 아이가 장 할머니 잡숫는 것을 채뜨려 먹으므로 자식은 또 얻을 수 있으나 어머니는 다시 모실 수 없다 하여 내외가 그 자식을 산속에 파묻으려고 땅을 파다가 쇠북을 얻게 되자 자식을 다시 업고 집으로 돌아와 쇠북을 들보에 걸고 쳐보았는데 그 맑게 울려퍼지는 소리를 듣게 된 경덕왕이 보금자리 한 채와 해마다 쌀 50석을 주었다는 모량리 사람 손순(孫順) 이야기가 있는데, 무슨 대단한 자랑거리라고 대당제국 황제한테 사뢰기까지 하였다는 이른바 '효종랑(孝宗郎) 설화'라는 것은 기콧구멍이 다 막힐 지경이다.

서라벌 앞산 가녘에 지은(知恩)이라는 큰애기가 살고 있었단다. 일찍 아비를 여의고 앞 못 보는 늙은 어머니와 찰가난 속에 사느라 30살이 되도록 시집도 못 가는 긴머리 늙은꽃두레[97]였다. 품팔이도 하고 앵벌이도 해서 겨우 늙은 어머니를 받들어 모시던 가운데 흉년을 만나 앵벌이를 못하게 되자 어떤 가멸진 집에 종으로 들어가게 된다. 몸을 팔아 받게 된 쌀 10여 가마를 항것[98] 집에 맡겨 두

---

97 늙은꽃두레: 노처녀(老處女).
98 항것: 상전(上典).

고 진종일 궂은일을 도맡아 하다가 날이 저물면 맡겨 둔 쌀을 조금씩 가져다가 어미밥을 지었다.

"전에는 비록 거친 음식이라도 마음이 편해서 맛이 달더니, 요새는 좋은 음식을 주나 마음이 칼로 찌르는 듯 아프니 무슨 까닭이냐?"

사나흘 지났을 때 어미가 물었고, 곧은불림을 듣게 된 어미가, "늙고 병든 나로 말미암아 너를 남의집 종이 되게 하였으니, 죽어 없어지느니만 못하다."며 모녀는 서로를 끌어안고 소리쳐 슬피 울었다.

이 가슴 아픈 모습을 마침 지나가다 보게 된 화랑 효종랑이 제 집으로 가 부모님께 말씀 드려 좁쌀 100석과 옷가지를 갖다주고 또 지은이를 산 항것과 흥정해서 도로 양민이 되게 하였다. 이것을 알게 된 효종랑과 한동아리인 화랑무리 1천여 명이 저마다 1석씩을 거둬서 모두 1,000여 석을 실어다 주었다. 이 말을 들은 헌강왕은 보금자리 한 채와 벼 500석을 보내면서 지은이 모녀가 사는 동네를 효종방(孝宗坊)이라 이름 붙이고, 도적들이 벼를 빼앗아갈까 걱정돼서 병정들을 보내 지키게 하였다고 한다.

김부식(金富軾)을 우두머리로 한 고리 가운데 때 신라주의 먹물들은 화랑무리가 벌인 '거룩한 자선사업'을 『삼국사기』에 올려 입에 침이 마르게 기리고 있는데, 아니다. 그처럼 낱낱 사람들이 '도덕적 결단'으로 벌이는 '자선행위'로는 골칫거리가 풀어지지 않는다. 아니, 오히려 더 깊어진다. 모둠살이 틀거리 골칫거리는 천 년 전이나 이제나 똑같으니, 나라 권세자루 잡았다는 이가 입안에 혀

같은 제 앞방석·곁방석99들 데리고 저자바닥 누비며 떡볶이를 사 먹고, 권세자루100 잡으려는 이른바 '선거전략'으로 끌어다 쓴 노릇바치101인 '욕쟁이 할머니 집'에 들러 '서민음식'을 사먹는 시늉 하며 "장사 잘되게 잘 도와드려라."고 앞방석·곁방석들한테 분부 때리고 있다.

『삼국사기』에 오른 이들은 그야말로 아홉 마리 소 가운데 한 터럭에 지나지 않는 것이고, 인민대중 가운데 열에 아홉은 지옥 같은 삶을 죽지 못해 살아가고 있었으니, 10대 90 모둠살이102였다. 아니, 0.1 대 99.9 모둠살이였다. 그리고 화랑이라는 것은 이미 그 본디 내림줄기103에서 많이 벗어나 있었다. 당제국이라는 외간것104 끌어들여 어거지 삼국통합을 이룬 신라에서 권세자루 잡은 무리들은 화랑두럭이 권세자루에 앙버틸 것을 걱정하여 그 힘을 빼 버렸던 것이다. '신라화랑단체총연합회'라는 것을 얽어 나라에서 나오는 운영비를 우두머리 화랑 몇이서 '분빠이' 해먹는 이른바 '관변'단체로 떨어졌던 것이다. '효종랑 설화'에서 볼 수 있듯이 화랑이라는 이름 지닌 두럭은 남아 있었지만 권세자루 잡은 무리들을 비다듬는 노리갯감이 되었던 것이다. 갖은 치렛거리로 멋부린 백마 위에서 노릇바치 옆에 끼고 '가무음곡' 즐기며 이따금 '심심풀이 선행'이나 베풀어 <계림신문>·<서라벌일보>·<신라

---

99 앞방석·곁방석: 비서(祕書).
100 권세자루: 권력(權力).
101 노릇바치: 배우(俳優).
102 모둠살이: 사회(社會).
103 내림줄기: 전통(傳統).
104 외간것: 외세(外勢).

일보>·<신신라신문>에 대서특필 되는 동아리로 굴러떨어졌다, 이런 말이다. 이들 가운데 저 단제(檀帝) 할아버지 적부터 내려오는 우리 겨레만이 지니고 있는 얼뼈대인 선가(仙家)법통 지켜 내려던 이들은 고리왕조가 들어서면서 낭가(郎家)로 그 이름을 바꾸게 된다.

"사람한테는 위아래가 있고 자리에는 높낮이가 있어 서로 구실이 다르므로 옷차림이 또한 다르거늘, 요즈막 삶꼴이 되양되양하여105인민이 지나치게 치레하고 빛나고 아름다운 것을 서로 다투어 오직 딴 것(외래물)의 야릇하게 아름다운 것만을 떠받들고 제바닥 것을 촌스럽다고 싫어해서 위아래가 서로 바뀌어지기에 이르렀으니 본데(예의)에 맞지 않노라."

834년 흥덕왕이 '호화생활 규제에 관한 특별조치법'이라는 것을 때리며 왕실 대변인 시켜 읽게 한 특별 담화문이란다. 0.1퍼센트 귀족계급과 그 귀족계급 삶꼴을 붙좇아 가는 중산계급을 겨냥한 것이었다. 임금이 몸소 나서서 점잖은 말로 미리 깨우쳐 주고 있는데, 따논자리를 지켜 내려는 지배계급들 분에 넘치는 치렛바람은 설마를 넘는 것이었으니, 그로부터 60~70년 뒤인 궁예 적에는 더 말할 것도 없겠다.

"큰방 길이와 너비는 24척을 넘을 수 없고, 처마를 높게 들여 올릴 수 없고, 네 귀퉁이에 물고기 모양을 만들어 달 수 없고, 금·은·놋쇠와 다섯 가지 빛깔로 비다듬을 수 없고, 눈부시게 새김질한 섬돌을 놓을 수 없고, 세 겹 층층다리 놓은 높다란 집을 가질 수 없

---

105 **되양되양하다**: 하는 짓이나 말이 무게가 없이 가볍다.

고, 담장에는 기둥과 들보를 쓸 수 없고, 횟가루를 바를 수 없다."

나라에서 내린 금령 곧 '호화주택 제한법'이니, 그때 기득권 세력에서 하였던 집치레가 얼마나 눈부시게 으리으리한 것이었나 알 수 있다. 온갖 아름다운 꽃과 푸나무며 는실난실106한 돌들 깔린 동산에는 사슴·공작새 뛰놀고, 붉은흙 다져 구운 뜨락 위 꽃무늬 수놓여진 섬돌 올라 옥 같은 화강암 층층다리 위로 은금과 청황적백흑 오채 먹여 올린 드넓게 높다란 지붕에는 당기와 또는 청기와 덮여 있는 궁궐을 흉내내지 못하게 하자는 것이었다.

신라 바탕자리 인민들이 만들어 낸 삼베·청올치베·모시는 싫어하고 악 소리 나게 비싼 돈 주고 들여온 당제 비단만 좋아하는 지배계급이었다. 임금이 특별조치법을 내려야 할 만큼 0.1퍼센트 기득권 세력이 누리는 호화생활은 왕실 못지않은 것이었으니, 당나라와 아라비아·페르시아·동로마제국·인도·동남아 여러 나라와 왜국에서 들여온 온갖 아름다운 비단과 털실로 짠 옷치레로, 제비집 삶은 '수프' 마시고 상어 지느러미에 낙타 골로 배채운 다음 페르시아에서 들여온 유리잔에 동로마에서 들여온 '와인' 마시며 당나라와 페르시아에서 온 노릇바치들과 밤낮없이 '파티'를 때리는 것이었으니, 요즈막 10퍼센트 기득권 세력들이 계약재배한 무공해쌀로 지은 밥 먹고 북미 합중국 자본가들이 약초만 먹여 키운 송아지살 요리만 먹어 느끼해진 속을 한 병에 몇 천만 원씩 하는 몇백 년 묵은 '와인'으로 달래고 록키산맥 만년설에서 뽑

---

106 는실난실하다: 이상(異常)하다. 야릇하다.

아온 생수만 마시는 것과, 인도에서 들여온 천년 묵은 침향목으로 만든 수레 타고 동로마에서 들여온 공작새 꼬리로 만든 합죽선으로 부채질하며 '에스라인' 미녀들과 '파티' 때리는 것과 하나도 다를 게 없었다.

신문왕이 682년 어떤 큰애기를 후궁 가운데 하나로 데려오면서 큰애기 집에 보낸 납폐(納幣), 곧 물선이 붉고 푸른 비단만 15수레에 쌀·술·기름·꿀·메주·얇게 저미어서 갖은 양념해서 말린 고기조각·소금에 절인 물고기가 135수레에, 벼 150수레였다. 성덕왕이 716년 왕후와 갈라서면서 위자료조로 준 것이 – 무늬 놓은 비단 500필, 밭 200결, 벼 1만석, 호화주택 한 두럭이었고. 9세기 첫 때 왕자 보천·효명 동기는 저마다 화랑무리 1,000여 인을 데리고 명산대천 따라 돌아다니다가 난집나자 오대산으로 들어가 중이 되었단다. 이때는 벌써 화랑들이 지배계급 '보디가드' 그러니까 사설경호원으로 굴러떨어졌다는 것을 알 수 있다. 화랑 제 몸이 바로 지배계급 자식이었던 것이다.

'불한당'이 된 '불컨당'

김구(金九)가 김진사(金進士)라는 '삼남불한당' 괴수를 만난 것은 인천(仁川) 감리영(監理營)에 딸린 감옥에서였다. 감리영에 딸린 감옥. 해주감옥에서 옮겨온 지 한 서너 달 되었을 때였다.

여기서 한 가지 밝혀 둘 것이 있으니, '불한당'이다.『리희승 국어대사전』에 나오는 '불한당' 대문이다.

불한당(不汗黨) ① 떼를 지어 돌아다니는 강도. 명화적(明火賊). 화적(火賊). 한당(汗黨). ② 떼를 지어 다니며 행패를 부리는 사람.

서울에서 나온『국어대사전』만이 아니다. 평양에서 나온『조선말대사전』도 연변에서 나온『조선말사전』도 몰밀어107 똑같으니, 죄 동경에서 나온 일본어대사전인『대언해(大言海)』를 베낀 것이기 때문이다. 지어108 2008년 서울에서 역사의식 있는 이른바 '운동

---

107 몰밀다 : 모두, 밀다.
108 지어 : '심지어' 본딧말.

66

권 사람들'이 펴냈다는 『국어사전』도 똑같은 데는 할 말이 없다. 서울에서는 동경 것을 베끼고, 평양에서는 서울 것을 베끼고, 연변에서는 평양 것을 베꼈는데, 이른바 '운동권 사람들'마저 똑같은 짓을 했다는 이야기이다. 한마디로 민족사에 씻을 수 없는 반만족적 범죄를 저지른 것이다.

'불한당'은 본디 '불컨당'에서 비롯된 말이다. 어두운 세상을 밝혀 새 세상을 만들겠다며 대낮에도 횃불을 들고 다니며 탐관오리와 악지주들 재물 빼앗아 가난한 이들한테 나눠주었으니, 이른바 의적(義賊)이었다. 불현당 → 불컨당 → 불한당으로 그 부르는 소리가 바뀌게 된 것이다. '당취'가 '땡초'가 되고 '벌대총(伐大驄)'이 '벌때추니'와 말괄량이'가 된 것과 똑같은 경우이다.

땅이 없어 농사지을 수 없는 농군, 곧 무토불농지민(無土不農之民)이 생겨나게 된 것은 18세기 첫 때였다. 이른바 사유재산제도라는 것이 생겨난 뒤로 어느 때도 그렇지 않은 시대는 없었지만, 서력기원 1700년대에 들어서면서 더욱 심해졌다는 말이겠다.

농업기술에도 혁명적인 발전이 있었으니, '부종법(付種法)'에서 '이앙법(移秧法)'으로 바뀐 것이 그것이다. 물을 채운 논에 곧바로 볍씨를 뿌리는 부종, 곧 직파법에서 못자리에서 키운 볏모종을 논에 옮겨심는 이앙법은 엄청난 수확량 증대를 가져왔다. 무엇보다도 먼저 끝없이 들던 일손을 7할쯤 줄일 수 있어 그만큼 다른 일에 손을 돌리게 된 농민들은 만세를 불렀다. 늘어난 농작물을 장시에 내다 팔아 큰돈을 쥐게 된 광작농(廣作農)이 늘어났다. 17세기 뒷녘이 되면서는 하삼도(下三道) 농군 거의 모두가 이앙법으로 농사를 짓게 되었다.

그런데 양지가 있으면 음지가 있게 마련인 것이 사바세계의 이치련가. 제 땅이 없는 농군들이 양반지주들 밑에 들어가 품을 팔거나 머슴을 사는 고용농(雇傭農)이 되거나 농토를 떠나 다른 수단으로 생계를 꾸려가게 되었던 것이다.

숙종(肅宗) 31년(1705년) 7월 8일치 실록을 보자.

경상감사가 장계를 올려 말하기를 "도내에 토지 없어 굶주리는 백성이 통틀어 따져서 5만 3,021명으로 인구는 많고 곡식은 적으니, 살아갈 길이 없다고 합니다."

12년 뒤인 숙종 43년(1717년) 3월 8일치 실록이다.

충청감사 윤헌주(尹憲柱, 1661~1729)가 말하기를 "도내에 땅이 없어 굶주리는 백성이 10만3,000여 구(口)나 되는데, 진자(賑資)는 피곡(皮穀) 18만 석(石)과 쌀 1,000여 석에 지나지 않습니다. 이것으로는 진구(賑救)를 이어갈 수 없으므로, 뒤에 조목조목 벌려 적어서 장문(狀聞)하겠습니다." 하니 임금이 말하기를,
"농사꾼이 밭에서 힘써 일하며 농사지어야 또한 풍성한 가을때도 수확이 있을 것이므로, 굶주림을 진구하는 것을 진실로 늦출 수 없으나, 씨앗을 주는 것도 긴급하니, 유의하지 않을 수 없다. 또 여러 가지 백성의 고통을 내가 행궁에 있을 때에 낱낱이 장문하여 변통하는 것이 마땅하다." 하였다.

윤현주가 도내 큰 고을 오래 체납된 군포(軍布)를 적당히 탕감하기를 청하니, 임금이 묘당(廟堂)에 명하여 품처(稟處)하게 하였다. 임금이 여러 고을에 굶주리는 백성과 죽은 수를 두루 묻고, 또 농사를 권과(勸課)하고 진정(振政)에 마음을 다하라고 입시(入侍)한 수령들한테 경계하여 이르고, 모든 폐막(弊瘼)을 도신(道臣)과 상의하여 구획하여 아뢰라고 명하였다. 임금이 또 조태채(趙泰采)한테 앞으로 나오라고 명하여 묻기를,

"지난번 대관(臺官) 상소로 해서 하교한 것이 있었는데, 어떻게 조치하였는지 알려고 같이 들어오게 하였다."

하였는데, 조태채가 말하기를,

'경성(京城)에 굶주리는 백성이 5,000여 명이나 되고, 이 뒤에 또한 얼마나 되는지 모르는데, 이것으로 미루어 보면 외방(外方)도 알 만합니다. 일전에 진위(振威) 작문(作門) 밖에 모여 온 걸인이 매우 많으므로, 신(臣)이 본현(本縣) 진미(賑米) 수십 두(斗)를 가져다가 나누어 주었습니다. 을사년(乙巳年, 1665년, 현종 6년) 선조(先朝)에서 온정(溫井)에 거동하셨을 적에 행궁 근처에 모여 온 굶주린 백성한테 죽미(粥米)를 나누어 준 일이 있으므로, 미처 성지(聖旨)를 내리기 전에 온양(溫陽) 인근 너댓 고을에서 받아들인 대동미(大同米)를 이미 받아두게 하였습니다. 그리고 하교를 받고서 경청(京廳) 쌀을 바야흐로 배로 청주별창(淸州別倉)으로 나르는 쌀 1,000여 석을 본도에서 가져다 쓰고자 하였으나, 묘당에서 이 염려 탓에 또한 허락하지 않았습니다. 호서 열읍(列邑)에 기근은 어느 곳인들 그렇지 않겠습니까마는, 그 가운데에서 태안(泰安)·보령(保寧) 같은 고을이 더욱 참혹하니, 이것

은 도신과 상의하여 참작해서 옮겨 주어야 하겠습니다."

하니, 임금이 옳게 여겼다.

이때부터 생겨나게 된 유민(流民)이었다. 유민이라는 것은 난리를 만나거나 그악한 공다리109들 홀태질110에 견디지 못하고 옛살라비111 떠나 난데112를 떠도는 백성을 말하는데, 유맹(流氓)이라고도 부른다. 그 유민들이 산으로 들어가면 산적(山賊)이 되었고, 물가로 나가면 수적(水賊)이 되었던 것이다. 명화적(明火賊), 거사패(居士牌), 향도계(香徒契), 사당패(寺·社黨牌), 유발승(有髮僧), 산대당(山臺黨), 괴뢰패(鬼儡牌) 같은 이름으로 도적떼가 되었으니, 이른바 활빈당(活貧黨)이었다. 도적질한 물건으로 제 한몸 제 한 무리 배나 불리는 것이 산적이고 수적이라면, 가난한 사람들한테 나눠주는 것은 의적(義賊)이었으니, 이른바 활빈당이었다. 조선 왕조 5백 19년 동안 3대 의적, 다시 말해서 3대 활빈당으로 꼽는 것이 홍길동(洪吉童)과 림꺽정(林巨正)과 장길산(張吉山)이다.

활빈당이 처음 일어났던 것은 충청남도 내포(內浦)113 바닥이었다. 이들은 갑오봉기가 꺾여진 다음부터, 그러니까 1895년부터 1905년 을사늑약(乙巳勒約)까지 충청도와 전라도 두멧구석, 그리고 낙동강 아랫녘에서 대개 움직였으니 ─ 이 바닥이 양반 지배계급

---

109 공다리 : 못된 관공리(官公吏), 공무원.
110 홀태질 : 벼.보리 등 곡식을 훑어서 떠는 일.
111 옛살라비 : 고향.
112 난데 : 바깥, 타향.
113 내포(內浦) : 갯가나 냇가 안쪽.

이 갈퀴질·홀태질하는 것이 다른 데보다 호되었고 농군갈피가 찢겨졌던 탓이었다.

1900년 3월 20일치 〈황성신문〉을 보자.

雜報

○南道活貧黨 洪州連山等地의 來信을 接한즉近日에 所謂活貧黨이라하는人이 騎馬帶銃하고 富民家에 亂入하야或錢或穀을隨意要索하야貧民을分給하는대 該黨類가數千名이라더라

활빈당으로 유명짜한 양대 두럭114이 있었으니 ― 충청·경기도와 지리산 언저리에서 기운차게 움직이던 「맹감역파」와 낙동강 동쪽 「마중군파」였다. 그들이 지닌 병장기는 화승대와 육혈포, 그리고 창·칼·궁시(弓矢) 같은 고병기(古兵器)였다. 깊은 산속토굴이나 절집에 몸을 숨기고 여러 고장을 넘나드는 게릴라였다. 활빈당이 알린 「선언서」 어섯115이다.

저 간악한 왜놈이 와서 개화를 빙자하여 우리 조정의 간사한 무리와 부동하고 궁궐을 침범하고 난을 일으켜도 사직을 보필하려는 사람이 없으니, 통탄할 노릇이 어찌 이보다 더 하리까! 무릇 세계 각국 오랑캐들과 수교한 이래로 전국 각지의 중요한 이익은 모두 저들에게 약탈되는 바가 되고, 게다가 온갖 폐단이 일어나, 삼천리

---

114 두럭 : 집단(集團).
115 어섯 : 부분(部分).

금수강산 수많은 인민이 흩어지고 원성이 계속 이어지니 억울하고 원망스러움이 이보다 더 클 수 있겠습니까!

선언서와 함께 그들은 13개 조 행동강령을 내걸었는데 – 인민대중 삶을 무너뜨리는 악법을 없애고 올바른 법을 세울 것, 빈부차이를 없앨 것, 외간것들이 쳐들어 오는 것을 막아 내고 우리 주권을 지킬 것, 소상품 생산자와 유통업자 보호, 세금제도를 뜯어고칠 것, 그리고 이 모든 것들을 이루기 위하여 나라 짜임새 자체를 새로 짤 것을 내대었으니 – 고루살이116 모둠살이117를 이루자는 것이었다.

활빈당이 무너지게 된 것은 왜제가 휘두르는 식민지 권력 때문이었다. 청일전쟁과 러일전쟁에서 이긴 왜세는 활빈당을 비롯한 모든 민족자주세력을 그 뿌리째 뽑아 버렸던 것이다. 그들이 그리하여 의병전쟁과 독립전쟁 그리고 그 뒷몸인 인민유격대 곧 이른바 세상에서 말하는 바 빨치산 싸울아비118가 되어 꽃도 피지 않고 새도 울지 않는 조국산천을 누비게 되는 것은 너무도 마땅한 일로 된다. 반봉건·반외세 투쟁사이기도 했던 활빈당 투쟁이 역사라는 이름 비정한 강물 속으로 잦아들게 된 것은, 1953년 7월 27일 이른바 '휴전협정'이 맺어지면서였다. (왜제가 조선을 식민지로 만들

---

116 고루살이 : 평등세상.
117 모둠살이 : 사회.
118 싸울아비 : 전사(戰士).

고자 썼던 두 가지 핵심사업이 있으니, 종교와 교육이었다. 종교
는 조선 전통 비구승(比丘僧)을 왜국 전래 대처승(帶妻僧)으로 만든 것
과, 황국신민 앞잡이로 만들고자 서당을 없애고 '국민학교'를 세
운 것이었음.)

당취부대119

    조선혁명 고갱이120는 '토지'에 있다는 것을 꿰뚫어 봤던 것이 서장옥이었다. 조선을 사람 사는 세상으로 만들기 위해서는 무엇보다도 먼저 신돈 전배121가 530년 앞서 해 마치었던 토지개혁을 제대로 다시 해내야 된다고 믿었던 서장옥이었다. 550여 년 앞서 신돈 전배가 첫코떼었던122 불교 비밀결사체인 '당취'들만으로 해내기에는 힘이 부치므로 '동학'이라는 큰나무 그늘대 밑으로 들어갔던 것이다. 개남장(開南將)부대·손화중(孫化中)부대에는 혁명승려들만으로 짜여진 '당취부대'가 있었다고 한다. 1960년대 끝무렵 당취부대 출신이었던 나간이123 극로비구(極老比丘)들한테 들었던 이야기이

119　당취부대: 부대(部隊)는 얼추 일개 연대 그러니까 1,500명쯤으로 꾸려지나, '당취부대'는 100명에서 300명쯤 되었다고 함. 갑오봉기 때 당취부대 병력은 300명에서 900명까지였다고 봄.

120　고갱이: 핵심(核心).

121　전배: '선배(先輩)'는 왜말임.

122　첫코떼다: 비롯하다.

123　나간이: 병신(病身). '불구자(不具者)'는 왜말임.

다. 좌포(坐布)로 불리우던 최해월(崔海月)124 북접(北接)에 맞서 기포(起布)로 불리우던 남접(南接) 도꼭지125 서장옥이었다.

여기서 잠깐, 당취(黨聚)란 무엇인가? 주자 이데올로기에 맞서 짜여졌던 불교 비밀결사체로 혁명승려 동아리였다. 오늘날 못된중을 일컫는 말로 된 땡초 말밑이 되니 ─ 당취 → 당추 → 땡추 → 땡초로 그 말이 바뀌어진 것이다. 머리칼을 기르고 조선 활 아기살126 멘 미륵당취 서장옥 모습을 그려 본 적이 있다.

한껏 시위를 당기고 나서 깍짓손 막 떼려는 활 모양 성긴 수염 돋은 턱쪽이 넓고 위로 올라갈수록 조붓하여지는 얼굴이 똑 분 바른 계집사람 그것처럼 희기만 한데, 주사(朱砂)를 찍은 듯 붉은 입술이며 고집스레 비틀리며 우뚝 솟은 코에다가, 그리고 깊은 이랑이 파여진 이마며가 우선 데면데면127하여 보이지 않지만, 무엇보다도 그 눈 속에 박혀 있는 망울이니, 겹망울. 광대뼈 쪽으로 주욱 찢어져 올라가면서 화등잔만하게 큰 눈에는 온통 안개가 낀 듯 아지랑이가 어린 듯 당취 맑은 기운이라고는 하나 없이 똑 땡감 우려내는 뜨물빛깔로 온통 부우옇기만 한데, 쏟아져 나오는 눈빛은 또 혼불처럼 파란 인불빛이 나는가 하면 금방이라도 닭의 똥 같은 눈물이 뚝뚝 떨어질 듯 물무늬처럼 아아라하기만128 한 것이어서 까닭

최해월(崔海月 1827~1898): 동학 제2대 교주 최시형(崔時亨) 호.
125 도꼭지: 우두머리.
126 아기살: 살이 작아서 붙여진 이름으로 '편전(片箭)'을 말함. 길이가 8치로 1백 30보 나갔는데, 대나무통에 넣고 쏘면 1,000보 위로 날아가며, 갑옷도 꿰뚫었다고 함.
127 데면데면하다: 버성기고 낯설어하다.
128 아아라하다: 아득하게 멀다.

모르게 무서우면서도 우러러 보여 두려움 없이 그 빛을 마주 받기
가 어려워….

서장옥은 으레 열반한 것으로 알았다. 이름 모를 숱한 장삼이사
(張三李四) 농투산이들처럼 갑오년에 벌어졌던 어떤 싸움터에서 사
바하(娑婆詞)129를 불렀을 것으로 짐작하고 있었다. 그런데 살아 있
었다. 1900년 9월 20일 왜적한테 잡혀 자리개미130 당할 때까지 놀
랍게도 살아 있었으니 옹근131 6년이 된다.

　궁금하기 짝이 없는 것이 서장옥 발자취이다. 1894년 갑오봉기
에서부터 1900년 여름 충청도 어딘가에서 붙잡혀 미륵세상을 열
꿈이 접힐 때까지 발자취를 알 수가 없다. 개남장이 무너지면서
최해월이 목대잡는132 북접 동학주의를 넘어설 수 있는 오직 하나
뿐인 남접 혁명주의 도꼭지임에도 아무런 발자취를 찾을 수 없는
것이다. 미륵세상 꿈나라를 열어젖히고자 신 벗을 틈 없던 혁명
가로서 6년 동안 어딘가에 몸을 숨긴 채 밥만 먹고 잠만 잤을 리
는 없다. 그것은 하늘이 낸 혁명가에 대한 씻을 수 없는 업신여김
으로 된다.

　여기서 눈이 번쩍 떠지게 하는 이들이 있으니, 서정만(徐定萬)·정
해룡(鄭海龍)이다. 1900년 3월 4일 속리산(俗離山) 속에서 하늘에 제사

---

129 사바하(娑婆訶): 어서 빨리 이루어지기를 바란다는 뜻에서 부르던 후렴구로 '아멘'
과 같은 말임.
130 자리개미: 목졸림.
131 옹근: 완전한. 꽉찬.
132 목대잡다: 앞장서 이끌다.

를 드리는 의식(儀式)을 하다가 왜경한테 뽕나[133] 버렸던 것이다. 서정만과 정해룡이 이끄는 300여 무리가 소백산(小白山)에 모여 속리산이 있는 보은(報恩)으로 움직였다고 한다. 이들은 그리고 죄 상복(喪服)차림이었으니 국모(國母) 원수를 갚겠다는 것이었다. 그들은 속리산에서 가장 높은 천왕봉(天王峯)에 올라 하늘에 제사를 드린 다음 한양으로 짓쳐올라가 국모 원수를 갚고 아울러 최보따리[134] 애매한 죽음을 풀어내고자 하였다. 그들은 그리고 3백여 명이 아니라 수천 명이라고도 하였다. 제갈공명 같은 재주를 가진 서정만이고, 정해룡은 양옆구리에 사람을 끼고 성벽을 뛰어넘는 천하장사였다는 말이 소백산과 속리산 얼안에 떠돌았으니, 새 세상을 기다리는 풀잎사람[135]들 슬픈 꿈이 담긴 것이었다. 그리고 그들을 뒤에서 채잡은 이가 바로 서장옥이었다고 보는 것이다.

이 많은 모자라는 중생이 좌절한 혁명가들 삶 발자취를 더듬어보게 되면서 가장 아쉬운 것은 '정보'가 없다는 것이다. 외국어를 해독할 힘이 없어 북미 합중국과 러시아와 중화 인민공화국과 왜국이며 불란서, 독일 같은 서구라파 쪽 문헌을 살필 수 없는 것이야 어쩔 수 없다고 하더라도, 그래서 더구나 아쉬운 것이다. 그럴 힘 있는 이른바 학자라는 이들이 저희들만 아는 '정보'를 틀어쥔 채로, 줄 듯 줄 듯하면서 안 준다.[136]

---

133 뽕나다: 들키다.
134 최보따리: 봇짐 하나 둘러메고 끝없이 돌아다니며 동학을 알렸다고 해서 최해월한테 붙었던 별명임.
135 풀잎사람: 민서(民庶). 서민.
136 줄 듯 줄 듯하면서 안 준다: 애당초 줄 생각이 없으면서도 말만 준다 하고 실행은 하지 않는다는 뜻.

역사적 사실에 있어서 그 참모습을 혼자서만 알고 널리 알리지 않는다는 것은 그러므로 독장수 구구137를 넘어 범죄가 되는 것이다.

여기서 떠오르는 생각이 있으니, 할아버지한테 들었던 말씀이다. 해방 바로 뒤였다고 한다. 그때에 이 중생 아버지는 조선공산당 충청남도당에서 문화부장 일을 잠깐 맡아보고 있었는데, 중앙당에서 연락이 왔다고 한다. 당수인 이정(而丁) 선생 명 받아 문화부장인 김태준(金台俊)138 선생이 남조선 각 도에 내려보낸 것으로, 왜노들이 없앴거나 고쳤거나 바꿔치기해 버린 산천과 마을 이름이며 역사적 사실을 짯짯이139 살펴보고 그 본디 것을 적어 보내라는 것이었다. 한두 가지가 아니지만 이제도 기억되는 한 가지가 있으니, 산 이름이다. 청양군 비봉면 중묵리(中墨里)에 선산(先山)이 있는데 그 이름이 비봉산(飛鳳山)이다. 날아오르려는 봉황새가 알을 품고 있다는 비봉포란(飛鳳抱卵) 명당(明堂)이 있는 명산(名山)이었다. 그

---

137 독장수 구구: 실현성이 전혀 없는 허황한 계산을 이름.
138 김태준(金台俊, 1905~1949): 평북 운산(雲山)에서 태어나 서당교육을 받았고, 이리농림학교를 나왔음. 경성제국대학에서 중국문학과 국문학을 배웠음. 26살에 『조선소설사』를, 27살에 사적유물론을 우리나라 고전문학사에 적용한 첫 번째 책인 『조선문학사』를 펴내었음. 경성콤그룹 인민전선부를 맡아 기운차게 움직이던 1944년 3년 징역을 살고 나와 결연한 여성혁명가 박진홍(朴鎭洪)과 혼인하였음. 내외동반해서 다섯 달 동안 걸어 1945년 중국 연안(延安)으로 가 무정 장군과 조선의용군 국내진공을 협의하다 8·15를 맞아 9월 연안을 떠나 11월 하순 서울로 왔음. 조선공산당 문화부장과 민주주의민족전선 문화부 차장, 남조선노동당 문화부장·특수정보부장으로 기운차게 움직이던 1949년 7월, 리승만 졸개들한테 붙잡혀 11월 수색 육군사형장에서 돌아가셨음. 평양에 살던 김태준·박진홍 아들이 김정일 정권 '고난의 행군' 때 혁명열사 유자녀증을 빼앗긴 충격으로 눈이 멀어버렸다고 함. 김·박 내외가 서울로 올 때 엄마 박진홍 선생 뱃속에 있던 아이였음.
139 짯짯이: 빈틈없이 고루고루.

런데 그 비봉산을 비봉산(飛峰山)으로 고쳐버렸던 것이다. 봉우리가 날아가면 어찌 되는가? 왜노들 속셈 떠올리면 소름이 돋는데, 한 가지만 더 들어 보겠다. 서울 돌구멍 안 서녘에 있는 것이 인왕산(仁王山)이다. 불경에 나오는 인로왕 보살(引路王菩薩)에서 따온 것이다. 그런데 이 인왕산에서 임금 왕 자를 왕성할 왕 자로 바꿔 버렸다. 인왕산(仁旺山). 왕(旺)자는 파자(破字)하면 일본왕이 되니, 어진 일본왕이 산 밑 경복궁에 있는 조선왕을 굽어보고 있다는 뜻이 되는 것이다. 서울에 있는 유명짜한140 인왕산이야 그렇다고 하더라도 이름 없는 351미터짜리 시골 야산에 지나지 않는 비봉산에까지 그 이름자에 쓰인 진서(眞書)141를 바꿔 버렸으니, 그 나머지 것들이야 말해 무엇하겠는가. 무섭다는 말밖에. 왜노들이 조선을 식민지로 만들고자 들이고 짜낸 뇌 크기를 알 수 있지 않은가.

말이 나온 김에 왜노들이 바꿔 버린 우리 본딧말 두 가지만 들어 보겠다. 계삼탕(鷄蔘湯)을 삼계탕으로, 부보상(負褓商)을 보부상(褓負商)으로 바꿔버린 왜제였다. 왜식으로 바꾸기 곤란한 것들은 앞뒤 순서를 바꿔 버렸던 것이다. 장시(場市)를 시장으로, 소약(小弱)을 약소로, 물선(物膳)을 선물로, 납상(納上)을 상납으로, 난피(亂避)를 피란으로, 당해(當該)를 해당(該當)으로, 직숙(直宿)을 숙직(宿直)으로 하는 식이다. 인삼보다 닭이 주가 되므로 '계삼탕'이고, 봇짐보다 등짐에 더 귀한 것이 들었으므로 '부보상'이었던 것이다. 앞서 말했던 '비봉산(飛鳳山)'을 '비봉산(飛峰山)'으로 '인왕산(仁王山)'을 '仁旺山'으로 다

---

140 유명짜한: '유명한'을 힘주어 말한 것.
141 진서(眞書): 훈민정음이 만들어졌을 때 한자를 가리켰던 말임.

른 뜻글자로 바꾸는 따위, 보기를 들기로 하면 한도 없고 끝도 없으니 — 이제 우리가 쓰고 있는 말 90퍼센트가 왜노들이 바꿔버린 말인 것이다. 이른바 '학자'라는 이들은 무엇을 하는 사람들인지, 당최 모르겠다. 제나라 말을 잃어버린 겨레한테 희망이 있는가?

뒤이어 떠오르는 불치인류(不齒人類)142가 있으니, 조병갑(趙秉甲)이다. 성난 농군들 짚신발에 짓밟혀 마땅히 땅보탬 되었을 것으로 믿어 의심치 않았던 만고역적 조병갑이가 살아 있었다는 것이다. 살아도 그냥 목숨이나 지탱하고 있는 것이 아니라 우리나라 맨 처음 고등재판소 판사가 되어 해월 선생을 좌도난정률에 걸어 교(絞), 곧 목졸라 죽이게 함으로써 제딴에는 원수를 갚았다는 것이었다. 그 놀라운 사실을 알게 된 것은 우습게도 <월간조선>이라는 극우 잡지에서였다. 더구나 놀라운 사실은 조기숙(趙己淑)이라는 이화여자대학교 사회학과 교수가 조병갑이 증손녀인데, 노무현 정권 때 청와대 홍보수석을 지냈다는 것이었다. <월간조선>이라는 잡지가 노무현 정권과 척을 진 조선일보에서 내는 잡지이므로 여느 사람들은 알 수 없는 그런 역사적 사실을 발기잡아 낸 것이었다. 그런데 더구나 기가 막히는 것은 제 증조할아버지한테는 아무런 죄도 없었다며 왜노 법전 들어 뻗대다가 갑오년에 돌아가신 이들 뒷자손들 아우성에 밀려 마지못해 사과 시늉을 했다는 것이었다. 그 여자는 시방도 어떤 정치적 사달이 터지면 브라운관에 나와 날카로운 쇳소리로 '정치평론'을 하고 있는데, 이러한 현실을 어떻게

---

142 불치인류(不齒人類): 사람값에 못 든다는 뜻.

봐야 할 것인지. 증조할아버지가 민족사에 씻을 수 없는 악업을 저지른 만고역적이므로 그 핏줄 받은 증손녀 또한 죄인이라는 말이 아니다. 없어져야 할 악법인 '연좌제'를 말하는 것이 더구나 아니니, 최소한 양식과 양심의 문제 아닌가. 가만히 엎드려 증조할아버지 죄업을 참회해야 되는 것이다. 그것이 최소한 사람으로서 도리일 것이니, 사단(四端)을 말한다.

사단이란 무엇인가?

네 가지 실마리를 말하니, 사람들 본디 성품에서 우러나오는 네 가지 마음씨를 말한다. 인(仁), 곧 어진 마음에서 우러나오는 측은지심(惻隱之心)과, 의(義)에서 우러나오는 수오지심(羞惡之心)과, 예(禮)에서 우러나오는 사양지심(辭讓之心)과 지(智)에서 우러나오는 시비지심(是非之心)이다. 자유지정(自有之情)이라고도 하니, 모름지기 사람이라면 저마다 지니고 있는 본디 성품인 것이다.

그 여자 이름은 조기숙(趙己淑)이다. 1959년생, 이 많이 모자라는 한낱 글지가 무슨 재주로 그 이름자며 내력을 알겠는가. 쇠물레 백과사전인 '인터넷'에 나와 있다. 태종(太宗) 리방원(李芳遠) 손발로 형조·병조판서를 지냈고 세종 때 영중추원사(領中樞院事)였던 조말생(趙末生) 20대손이고, 경종(景宗)때 노론 4대신으로 사사(賜死)된 조태채(趙泰采) 9대손이다. 그 뒤로는 두드러진 인물이 없다가 증조할아버지 대에 와서 그만 끝장이 나버리고 말았던 것이다.

『한국인명대사전』조병갑 대문이다.

조병갑(趙秉甲) 조선 탐관(貪官). 본관은 양주. 1893년(고종 30) 고부군

수(古阜郡守)로 부임. 만석보(萬石洑)를 증축하여 수세(水稅)를 징수 착복하고 무고한 사람에게 죄목을 씌워 재산을 착취하는 한편, 전 태인 군수(泰仁郡守)인 자기 아버지의 비각(碑閣)을 세운다고 금품을 강제징수하는 등 갖은 학정을 자행했다. 이에 군민들의 항의를 받았으나 듣지 않고 오히려 학정을 가중, 이듬해 동학혁명을 유발한 직접 원인을 만들었다. 전봉준(全琫準)이 봉기할 때 습격을 받았으나 도피, 뒤에 파면당하고 섬에 안치(安置)되었다.

- 高宗記事, 東學亂記錄, 大韓季年史, 陰晴史.

'도임(到任)'을 왜말 '부임(赴任)'으로 쓰고, 갑오봉기를 기획·집행한 김개남(金開南) 장군 이름을 빼버린 것이야 그렇다 하더라도 왜 노들 압력으로 유배지에서 풀려나 고등재판소 판사가 되어 최시형 선생한테 사형선고를 내렸다는 사실을 숫제 모른 체한 것을 보노라면 벌어지는 입이 다물어지지 않을 뿐. 평양 쪽에서 펴낸 『조선통사(하)』에 나오는 「농민전쟁의 시초」를 보자.

1893년 12월에 전라도 고부, 태인, 익산, 전주 등지에서 일제히 농민봉기가 일어났는 바 그 중에서도 고부(古阜)의 농민봉기는 그후 일대 폭동으로 전환되어 실로 1894년 갑오농민전쟁 폭발의 시초로 되었다. 당시 고부군수 조병갑(趙秉甲)은 대표적인 탐관오리의 한사람이었다. 그는 온갖 명목으로 인민의 재산을 약탈하였던 까닭에 인민들로부터 철천의 원한을 사고 있었다. 특히 1893년도에 고부, 태인 지방 농민들의 불만을 격발시킨 것은 부당한 만석보 수

세 징수 사건이었다. 조병갑은 이 만석보의 구보(舊洑)가 온전한 데도 불구하고 농민들을 강제 동원하여 새 보(新洑)를 만들어 놓고 억지 행세로 매년 농민들로부터 비싼 수세를 징수하여 사복을 채웠다. 그런데 1883년은 흉년임에도 불구하고 이 수세를 강징하였다. 농민들은 수차 군수에게 수세 면감을 진정하였으나 조병갑은 도리어 진정하려 간 농민들을 난민(亂民)이라 하여 그 대표들을 잡아 가두고 악형에 처하였다. 농민들의 분노는 절정에 달하여 그 이상 참을 수 없게 되었다. 1894년 1월 10일(양력 2월 15일) 격분한 고부, 태인지방 농민 수천 명은 드디어 고부군 관아를 습격하고 무기고를 점령하였다. 군수 조병갑은 불의의 습격을 받고 도주하였다. 궐기한 농민들은 토지문서와 노비문서 등 공문서를 소각하고 악질관리들과 지주, 토호들을 처단 또는 추방하였으며 옥문을 열어 투옥되었던 무고한 인민들을 석방하고 창고를 헤쳐 부당하게 징수한 수세미를 농민들에게 도루[로] 내어주었다. 그리고 문제의 새 보까지 파괴해 버렸다.

인민들한테 하늘에 가닿을 원한을 사던 만고역적 자손들이 닐리리 지화자를 부르며 '아름다운 세상'을 노래할 때 그 만고역적한테 죽임당하거나 죽지 못해 죽음보다 못한 삶을 살던 이들 자손들은 어떻게 되었을까? 세상에서 말하는 바 '붉은 씨앗' 곧 좌익쪽 독립운동가 자식들은 비행기를 탈 수 없는 신분이 되어 근근이 목숨이나 부지하고 있었으니 ─ 그들이 갈 수 있는 길은 두 가지밖에 없었다. 값싼 화학주나 마시다가 알콜 중독자가 되어 시나브로 사라져 가거나, 소소한 구메도적질로 목숨을 버팅기는 전과자로 살아가다가 형무소나 쪽방 또는 반지하 사글세방에서 숟가락을 놓는 것이었다. 아니, 한 가지가 더 있으니, 중이다. 머리 깎고 중이 되어 목탁이나 두드리며 뜻도 모를 염불을 되뇌이다 열반하는 것이다.

'붉은 씨앗'들이 그렇게 숨죽이며 비공식적인 '부차적 삶'을 살고 있을 때 조병갑이 증손녀 되는 이는 증조할아버지가 홀태질한 돈으로 도일유학·도미유학·도구유학을 해서 따온 박사학위 목패 차고 남조선단독정부 최고 통치기관 홍보수석이 되고 여성교육 대표 대학에서 교수가 되어 학생들한테 '사회학(社會學)'을 가르치면서 겨를일 삼아 브라운관에 나와 '정치평론'을 하고 있는 사실을 어떻게 볼 것인가?

이 대목에서 어쩔 수 없이 이 중생 이야기를 해야겠다. 김아무개라는 낱사람 이야기가 아니라 저 갑오왜란부터 꼽아 8·15 가짜 해방까지, 그리고 촛불혁명이 일어나고 있는 2016년 11월 오늘까지 122년 동안 숨죽이고 살아온 역사에서 지워진 할아버지 남겨진 자식들 이야기 말이다.

이 중생 증조할아버지가 조선 왕조 마지막 과거인 갑오년 생진회시(生進會試)에서 진사(進士)를 하신 것은 1894년 2월(양력 3월)이었다. 840명 가운데 3등으로 입격(入格)한 충청도 예산(禮山) 천재 김 창(昌)자 규(圭)자 증조할아버지 춘추 약관(弱冠)에도 못 미친 열다섯 때였다. 본디는 항렬자인 고를 균(均)자 쓰는 창자 균자였으나, 한 항렬 일가(一家)인 고균(古均) 김옥균(金玉均) 선생이 대역부도죄인(大逆不

道罪人)으로 몰려 시신효수(屍身梟首) 되는 바람에 쌍토 규(홀규, 圭) 자로 항렬자까지 바꾼 증조할아버지께서는 성균관(成均館) 거재유생(居齋儒生)으로 문과채비(文科差備)를 하셨는데, 갑오왜란이라는 날벼락을 맞아 낙향(落鄕)한 다음 시서(詩書)와 술로 날을 보내시었다. 그리고 그 열한 해 뒤 을사늑약(乙巳勒約)이라는 날강도를 맞자 서실(書室) 대들보에 목을 매었으나 식구들한테 들키는 바람에 욕된 삶을 이어가게 되었다. 그 다섯 해 뒤, 그러니까 1910년 8월 29일 경술국치(庚戌國恥)를 당했을 적에 보시던 서책과 시문이며 글씨들을 죄 태워버린 다음 서실 방문 안쪽에서 철장을 질러 버리신 것이었다. 광무황제(光武皇帝) 계신 경복궁 쪽으로 북향사배(北向四拜)한 다음 곡기를 끊기 달소수만에 이뉘를 버리셨으니, 마지막 조선선비 향수(享壽) 서른하나였다. 마지막 부르짖음 곧 절창(絶唱)이 있으니 일곱자였다. "사륭칠월(四隆七月) 이화락(李花落)이라. 융희 4년 7월에 오얏꽃이 떨어졌구나." 조선 왕조 리씨왕가(李氏王家)가 27대 519년에 그 막을 내리게 되었다는 말이었다.

우리 집안이 괴롭고 힘든 외톨이 애옥살이로 굴러떨어지게 된 것은 그때부터였다. 경제적 곤궁, 그러니까 알아듣기 쉬운 말로 해서 먹고사는 일이야 세 끼를 두 끼로 줄이고 두 끼를 또 한 끼로 줄여서 어떻게든 버팅겨 내면 되는 것이었다. 정작으로 힘든 것은 왜적들 눈초리였다. 왜적보다 더 왜적 같은 조선말 하는 왜놈인 토왜(土倭)놈들 괴롭힘이었다. 우리집은 그러니까 그때 말로 '불령선인(不逞鮮人)' 딱지붙은 '교화불가(敎化不可) 조센징'이었다. 삼순구식(三旬九食)으로 연명하며 주경야독(晝耕夜讀)하던 우리집이 그야말로 '궤멸적 타격'

김봉한. 김성동 작가 아버지. 박헌영의 비선실세로 전국농민동맹충청남도 본부 위원장이었다. 사진은 『눈물의 골짜기』(작은숲출판사).

을 입게 된 것은 1936년 늦가을이었다. 증조할아버지 맏손자, 그러니까 내 아버지가 약관 스무 살 나이로 조선공산당에 입당, 대전·충남 야체이카가 되면서였으니 - 조전손전(祖傳孫傳)인가. 아버지가 그때 조선공산당 입당원서에 붙이고자 찍었던 손톱만 한 증명사진 한 장이 오직 하나뿐인 사진이니, 예나 이제나 '운동가'들은 죽어도 사진을 남기지 않기 때문이다.

　　조병갑 문제를 어떻게 볼 것인가? 조병갑 증손녀 조기숙 전 청와대 홍보수석·현 이화여자대학교 사회학과 교수 문제를 어떻게 볼 것인가? 이것을 다만 개인 문제로 볼 것인가? 개인의 재능을 바탕으로 한 역량문제로 볼 것인가? 증조할아버지·할아버지·아버지가 나라를 팔아먹고 받은 왜왕 은사금과 백성들 등골을 빼먹은 돈으로 도일유학·도미유학·도구유학을 가서 박사가 되고 이른바 전문가가 되어 극우반동 반민족 세력 이론가 행세를 하는 이 현상을 어떻게 볼 것인가?

　맴돌아 문제는 친왜파 곧 민족 반역자 문제를 어떻게 할 것인가로 모아지니, 이 나라는 여태도 독립된 자주국가가 아닌 것이다. 1866년 7월 일어난 북미 합중국 해적배 제너럴 서면호 침략부터 꼽아 미제 침탈 150년(2016년 이제)이고 1876년 2월 맺어진 강화왜란부터 꼽아 왜제 침탈 140년이다. 북미 합중국이라는 나라를 '혈맹의 우방'으로 불러서는 안 되는 까닭이 여기에 있다. 여기서 드는 생각인데 '주체의 나라'임을 힘주어 내대는 조선 민주주의 인민 공화국 사람들이 제너럴 셔먼호는 왜 복원시키지 않는 것인지 영 그 까닭을 모르겠다. 제너럴 셔먼호가 불태워지면서 24명 해적들이 처단당한 때로부터 102년 뒤 쳐들어 왔다가 원산(元山) 앞바다에서 사로잡힌 염알이배143 푸에블로호는 대동강가에 전시하면서 제너럴 셔먼호는 왜 본디대로 해서 펼쳐 보이지 않는지?

서먼호에 통역으로 왔던 27살 토마스 목사는 경기도 용인에 있는 '한국기독교순교자기념관'에 개신교 최초 순교자로 기려지는데, 목숨이 끊어지는 순간까지 '무지몽매한 어린양'인 조선 인민들한테 성경을 나누어 주었다고 적혀 있다. 이것은 그러나 역사적 사실과는 팔팔결144로 다르니 - 기찰 나갔던 평안감영 중군한테서 빼앗은 인신(印信)을 창끝에 걸어 바치면서 살려 달라고 눈물로 비라리치다145가 성난 평양성 주민들한테 짓밟혀 죽었던 것이다. 여기서 제너럴 셔먼이라는 북군 장군이 남군 인민들을 무차별로 학살한 살인마였다는 사실은 굳이 말할 필요조차 없겠다. 학살자 이름 내건 배를 몰고 소약한 나라에 쳐들어와 해적질을 했던 것이 '제너럴 셔먼호 사건' 본질이라는 것도. 제너럴 셔먼호를 불태워 버릴 때 평안감사는 연암(燕巖) 박지원(朴趾源) 선생 손자였다.

---

143 염알이배: 간첩선.
144 팔팔결: 엄청나게 어긋나는 일이나 꼴.
145 비라리치다: 구구하게 사정하며 남한테 무엇을 바라다.

여기서 잠깐 해둘 말이 있으니, 민족 반역자 처단 문제이다. 자그만치 142년 동안 짓밟혔던 나라에서는 단 한 명도 처단하지 못하였는데, 다만 4년 동안 시달림받았던 프랑스에서는 친독반역자 11만 2,000명을 인민재판에 걸어 즉결심판으로 처단하였다. 이른바 공식 발표로는 그 10분의 1에도 못 미치는 1만 명도 안되니, 2~30만 명이 죽임당한 '보런학살' 때 '공식적'으로 죽임당한 이는 기천 명에 지나지 않는다고 발표하는 이 나라보다는 '선진국'이어서 그러한가.

　말이 나온 김에 한마디만 더 하겠다. 노르웨이라는 나라이다. 10만 명당 평균 374명으로 프랑스보다 여섯 배를 처단하였다니, 바이킹 뒷자손이기 때문인가. 노르웨이·덴마크·네덜란드·벨기에에 견주면 프랑스쪽이 가장 약했던 것이라고 하니, 다만 벌어지는 입이 다물어지지 않을 뿐이다. 민족 반역세력이 다시는 사회 주류로 올라서지 못하게끔 한 프랑스였다. 이념적으로 우파였던 드골이 좌파 레지스탕스들과 손잡고 파리를 해방시킴으로써 미국의 점령 기도를 날려 버렸던 것이다.

목탁을 던지고 칼을 잡다

    궁예라는 이름이 인민 가슴 속에 돋을새김146되어진 것은 이제 강릉인 하슬라 곧 명주(溟州)에 들어가면서부터였으니, 894년이었다. 600명 병력으로 3천 명 위쪽이 지키는 큰성에 별다른 싸움도 없이 들어갔으니, 그야말로 피 한 방울 흘리지 않고 두려빼는147 무혈입성(無血入城)이었다. 목탁을 집어던지고 세달사(世達寺)를 나와 칼과 활 쥐고 떠돌기 3년 만이었다.

    궁예가 처음 찾아갔던 곳은 이제 경기도 안성(安城)인 죽주(竹州)를 한허리148로 한 경기도 테두리 안에서 힘을 떨치고 있던 기훤(箕萱) 진터149였다. 「궁예전」에 나오는 많지 않은 난사람150 가운데 하나인 것으로 보더라도 기훤은 매우 센 호족이었다. 죽주로 갔을 때 궁예는 그리고 혼자가 아니었다. 종간(宗侃)과 은부(狁鈇)를 비롯

---

146 돋을새김: 양각(陽刻).
147 두려빼다: 무너뜨리다. 함락(陷落)시키다.
148 한허리: 중심(中心).
149 진터: 진영(陣營).
150 난사람: 인물(人物).

해서 세달사에서부터 뜻을 같이하던 수원승도들과 함께였으니, 한무리 승군(僧軍)이었다. 그들은 이미 더불어 함께 힘을 모아 미륵세상을 세우자고 하냥다짐151한 평생동무들이었다. 세달사에 있는 수원승도들 힘만으로는 미륵세상을 열어젖히기에 힘이 부쳤으므로 기훤이라는 힘센 호족 그늘대152 속으로 들어가 힘을 기르며 때를 기다릴 속셈이었던 것이다. 그 법통과 솜씨를 이어받았던 것이 그로부터 1천여 년 뒤 동학이라는 그늘대 속으로 들어가 미륵세상을 열어젖히고자 거세차게 움직였던 일해대사(一海大師) 서장옥(徐璋玉)이었다.

어느 만큼 무장력 갖춘 승병 무리를 데리고 갔으므로 기꺼이 맞아줄 것이라고 생각하였던 궁예는 꿈이 깨어지게 되니, 푸대접을 받았던 것이다. 예사롭지 않은 궁예 서슬을 잡도리153하고자 하는 여기지름154일 수도 있고, 그저 그런 대단찮은 전(前)중으로 여겨 하찮게 보았을 수도 있다. 그러나 그것은 기훤이 저지른 가장 큰 잘못이었으니, 그 뒤로 기훤이라는 이름은 역사에서 사라져버리게 되는 것이다. 싹수가 없다는 것을 안 궁예는 기훤 그늘대를 떠난다. 그런데 그냥 떠나는 것이 아니라 해방동무로 사귀게 된 원회(元會)·신훤(申煊)과 함께였다. 붉은 바지 농민반란군 출신으로 들어갔으나 기훤이 지닌 횟손155에 꿈이 깨져 있던 원회·신훤을 비롯

---

151 하냥다짐: 목벨내기.
152 그늘대: 영향력(影響力).
153 잡도리: 잘못되지 않도록 단단히 일깨워 다룸. '단도리'는 왜말임.
154 여기지르다: 남 예기를 꺾다. 예기지르다.
155 횟손: ①남을 휘어잡아 잘 부리는 솜씨. ②일을 휘어잡아 잘 갈망할 솜씨.

한 한 무리였을 것이다.

궁예가 두 번째로 찾아간 곳은 양길(梁吉) 진터였다. 양길은 이제 강원도 원주(原州)인 북원(北原)과 충청북도 충주(忠州)인 국원(國原)을 근터구156로 30여 성 위를 차지하고 있던 아주 센 호족이었다. 오소경(五小京) 가운데 두 군데인 북원경과 국원경을 손아귀에 넣고 있는 강원·충청 그리고 경기도 한도막157 테안158 우두머리 호족이었다. 호남쪽에 차고앉아 황제등극 채비하던 진훤 장군과 맞먹는 영걸(英傑)이었다. 신라 왕실에서는 삼국일통을 한 다음 차고앉은 땅 인민들을 다스리기 위한 구멍수159 가운데 하나로 오소경을 두었는데, 고구리 남은 백성들이 세웠던 보덕국(報德國) 사람들을 옮겨 살게 한 데가 남원소경이고, 가야 백성들을 옮겨 살게 한 데가 국원경이며, 북원경과 서원경은 백제 사람들을 옮겨 살게 하였던 데였다.

그때에 사람과 물화(物貨)가 오고가는 데 가장 종요로운 것은 물길이었다. 나랏살림에서 고갱이160가 되는 구실인 곡식과 베와 물고기와 땔감을 실어나르는 조운(漕運)을 위한 여러 물화를 갈무리하여 두는 곳간을 조창(漕倉)이라고 하였는데, 북한강을 낀 북원에는 흥원창(興元倉)이 있고 남한강을 낀 국원에는 덕흥창(德興倉)이 있었다. 이처럼 긴한목인 고장 두 곳을 쥐락펴락하는 양길은 아리

---

156 근터구: 근거지(根據地). 터전.
157 한도막: 일부분(一部分).
158 테안: 테두리 안.
159 구멍수: 꾀.
160 고갱이: 핵심(核心).

수 언저리에서 큰소리치는 호족들 우두머리였다. 흩된 농민반란
군 도꼭지[161]가 아니라 썩어문드러진 신라 왕실을 뒤엎고 새로운
나라를 세우고자 애썼던 영웅 가운데 하나였다는 말이다. 물리쳐
야 될 맞수 가운데 하나인 기훤한테서 떨어져 나온 궁예를 기꺼이
맞아들여 손아래 장수로 삼은 까닭이다. 진훤이 전라도 무진주에
서 백제를 다시 일으켜 황제가 되는 것을 본 양길은 나라를 세울
뜻을 더욱 다졌을 것이다.

892년 이때 진훤 나이는 26살이고 왕건은 16살인데, 궁예는 몇
살쯤 되었을까? 『삼국사기』 적바림대로 문성왕 아들이라면 36살
이고 순천 김씨 족보대로 신무왕 아들이라면 43살이 되는데, 진훤
과 견주어 보더라도 나이가 너무 많지 않은가? 세달사라는 절에
숨어들어 절종 비스무레한 수원승도가 된 것이 여남은 살 적이었
다면, 절집에서 잔뼈 여물리며 큰 뜻을 세웠던 때를 헤아려 20대
중후반으로 보인다. 진훤과 비슷한 나이로 적어도 30살을 넘지는
않았을 것으로 본다.

양길 밑에서 기병(騎兵) 100명을 거느리는 부장(部將)이 된 궁예가
맨 처음 말을 달려간 데는 북원경 동쪽에 있는 치악산(雉嶽山) 석남
사(石南寺)였다. 양길 분부에 따른 것일 터인데 치악산에는 양길이
쌓았다는 영원산성(鴒願山城)이 있으니, 어쩌면 양길 분부받아 궁예
가 쌓았는지도 모른다. 영원산성 안침에 있는 석남사를 근터구 삼
은 궁예는 농군을 머리로 한 인민대중 등골 뽑아먹는 언저리 신라

---

161 도꼭지: 우두머리.

외방(外方) 공다리들 쳐부수며 그 발길을 이어 강원도 영월·평창, 그리고 박정희 군사반란 정권 때 경상북도가 된 강원도 울진으로 성골·진골들 앞잡이인 절들을 불태우며 영동 태안을 거의 줌 안에 넣었다. 영동 태안 여러 절집에 있던 수원승도들이 궁예가 떨치는 힘 밑바탕이었음은 물론이다. 수원승도만이 아니라 수원승도를 내보낸 농군 대중 뒷받침이 바로 궁예가 떨치는 힘 밑바탕이었다. 농군 대중 뒷받침 받아 2만 5,000리 대장정(大長征)을 이뤄냄으로써 마침내 중화 인민공화국이라는 일통중국을 세웠던 모택동(毛澤東)이 떠오르는 대목이다.

어느 때 남쪽으로 돌아다니다가 홍주 부석사에 이르러 벽에 그려진 신라왕 화상을 보고 칼을 뽑아 쳤는데, 아직도 그 칼자국이 남아 있다.

「궁예전」에 나오는 대문으로, 궁예라는 사람 됨됨이가 사납고 거칠다는 것을 말할 때면 꼭 본보기로 들고는 하는데, 이제 경북 영주(榮州)에 있는 부석사(浮石寺)는 676년 의상대사(義湘大師)가 세운 절로 그때 화엄종(華嚴宗) 본찰(本刹)이었다. 그때에 화엄사상(華嚴思想)이라는 것은 임금을 우주만물을 다스린다는 전륜성왕(轉輪聖王) 자리에 놓아 인민대중 삶을 마음대로 할 수 있는 종교·철학적 버팀목이었으니, 부석사는 곧 전제왕권 대변자였다.

이름난 설이 다 그러하였지만 부석사에는 절을 지켜 내기 위한 힘센 무장력, 곧 승군 두럭162이 있던 긴한목163이었다. 이런 권력기관에 100여 명에 지나지 않는 싸울아비164들 이끌고 들어가 임금 얼굴그림에 칼질을 했다는 것은 그곳을 옹골차게 차고앉아 있지 않고서는 이루어질 수 없는 일이다. 부석사에 있던 수원승도들과 언저리 농군들이 궁예와 뜻을 같이 하지 않고서는 이루어질 수 없는 일이다. 궁예가 신라 왕실 종교·철학적 상징이었던 화엄종찰 부석사에 들어가 임금 얼굴이 그려진 벽그림을 칼로 쳤다는 것은, 천 년을 두고 내려온 신라왕권에서 벗어나겠다는 해방선언이었던 것이다. 홑되게 모지락스러운 마음바탕 지닌 사람이 성질부린 것이 아니었다는 이야기이다. 신라를 다스리는 임금 얼굴에 칼질을 하였다는 것은 해방신라를 널리 알리는 극적 의식이었다고 봐야 한다. 여기에는 물론 종간·은부 같은 세달사 적부터 궁예 동무들 마음과 몸을 다한 선전선동 공작이 안받침되었을 것이다.

부석사에서 신라 해방 선포식을 한 궁예는 북쪽 하슬라로 발길을 돌린다. 이제 강릉(江陵), 곧 명주(溟州)다. 멀지 않은 서라벌까지 짓쳐들어가 신라 왕조를 둘러엎고 미륵대제국을 세우고 싶은 마음이야 굴뚝같았지만 아직은 때가 아닌 것이었다. 부석사를 손에 넣으면서 600여 명으로 병력이 늘어났다지만 서라벌이 가까워질수록 반(反)신라적 기운이 엷어지면서 무엇보다도 그리고 서라벌에는 아직도 힘센 정부군이 천년 왕국을 지켜 내고 있는 것

---

162 두럭: 집단(集團).
163 긴한목: 요처(要處).
164 싸울아비: 전사(戰士). 왜말 '사무라이' 말밑.

이었다.

건녕 원년 명주로 들어가서 무리 3,500인을 14대로 나누었다.

명주 입성을 알려주는 기사인데, '명주에 들어갔다.'고 하였다. 그런데 이 '입명주(入溟州)'라는 '입'이 뜻깊다. 궁예가 두려뺀 고장을 말할 때 『삼국사기』를 쓴 이는 꼭 싸워서 빼앗았다는 뜻인 '격파(擊破)' 또는 스스로 손들고 나오는 '귀부(歸附)' 같은 말을 쓰지 '들어갔다'는 뜻인 '입(入)'을 쓰는 경우는 명주 한 군데밖에 없다. 그리고 600여 병력으로 들어간 궁예가 '3,500인을 14대로 나누었다'면 3천 인은 명주성에 있던 병력으로 봐야 한다.

3,000여 병력이 지키고 있는 큰 성을 600여 병력으로 물리치고 '들어갈' 수가 있을까? 어느 곳을 쳐들어가기 위해서는 지키는 병력보다 적어도 세 곱 위 되는 병력이 아니면 안 된다는 것이 병법 상식이다. 아프카니스탄과 이라크에 쳐들어간 북미 합중국은 이른바 '컴퓨터 전쟁'이라면서도 잇달아서 많은 병력을 보내고 있는데, 성을 빼앗거나 지켜 내는 것으로 판가리[165]하였던 예전 싸움에서는 더구나 그러하다. 그런데 거세찬 싸움도 없이 그냥 '들어간'다. 이것은 성을 지켜 내는 사람들이 손뼉 처 맞아들이지 않고는 이루어질 수 없는 일이니, 궁예가 쳐들어온다는 소문 듣고 명주는 이미 해방되었던 것으로 봐야 한다. 궁예와 사회·경제적 처

---

165 판가리 : 판가름. 끝판. 결판(決判).

지를 같이하는 계급들이 일떠서 명주를 다스리던 지배계급을 쫓아냈다는 이야기가 되겠다. 그리고 이들 농군 대중들을 반(反)신라세력으로 묶어세우는 고리구실을 한 것이 미륵세상을 그리워하는 수원승도였다고 봐야겠다.

명주 얼안에서 사북이 되는 절은 굴산사(崛山寺)였다. 구산선문(九山禪門) 하나인 굴산사는 889년 산문(山門)을 처음 연 범일(梵日)이 열반한 다음 개청(開淸)이 이끌고 있었는데, 잇달아서 쳐들어오는 농민반란군 때문에 산문을 버텨 내기가 어려웠다고 하니, 들불처럼 일떠서는 농민반란군 서슬을 알 만하다.

호족들 뒷배받던 굴산사에도 수원승도들이 있었고 그들이 일떠서166 굴산사를 궁예 쪽으로 세웠다고 봐야 하며, 어쩌면 개청이라는 중이 궁예가 지닌 미륵사상과 뜻을 같이하는 미륵패였는지도 모른다. 명주성에서 힘을 떨치던 김순식(金順式) 아버지가 허월(許越)인데, 이 허월이 바로 수원승도였다. 궁예가 나라를 세우면서 황궁 안에 만든 미륵사상연구소 턱인 내원(內院)에서 궁예가 펼치는 미륵세상을 안받침하여 주던 허월·순식 부자는 왕건 쿠데타가 이루어진 다음에도 오랫동안 왕건세력한테 앙버티다가 왕건한테 왕씨 성을 받으면서 무릎꿇게 되지만 궁예 정권을 안받침한 일급 참모로 미륵사상 이론가였던 허월이었다. 허월은 그 뒤 대관령을 지키는 서낭신이 되어 천 년이 지난 시방도 몰리고 쏠려 헐수할수없게167 된 밑바닥 인민들 비나리를 받고 있다.

---

166 일떠서다: 봉기(蜂起)하다.
167 헐수할수없다: 이럴 수도 저럴 수도 없다.

인민대중이 발을 굴러 뛰어오르며 손뼉 치는 가운데 명주성으로 들어간 궁예는 '장군'이 됨으로써 드디어 그 이름을 역사에 올리게 된다. 3천 5백여 명으로 늘어난 병력을 14대로 나누었다는 것은 제대로 뼈대 짜인 병대 얼개를 갖추었다는 말이고, 장군이 되었다는 것은 여러 호족들과 맞먹는 자리에 올라섰다는 말이 된다. 무엇보다도 종요로운 것은 그리고 그 장군이 인민대중한테 떠받들려 올라간 자리라는 것이었다. 「열전」에서는 떠받들려 장군이 되었다 하고, 「본기」에서는 스스로 장군을 일컬었다고 하는데, 그동안 궁예가 걸어온 자취를 볼 때 떠받들려 올라간 장군으로 봐야 할 것이다. 본디 '장군'이라는 자리는 신라 벼슬자리에서 가장 높은 무관(武官)자리였으나 중앙정부가 다스리는 힘이 약해지면서 호족들마다 성주(城主) 또는 장군으로 불리게 되었는데, 가장 먼저 장군 소리를 듣게 된 것이 궁예였다. '남돌석·북백선'으로 기려지는 신돌석(申乭石)·김백선(金伯善) 장군이나 김개남(金開南)·전봉준(全琫準) 장군처럼, 그리고 김원봉(金元鳳) 장군이나 무정(武亭) 장군, 또 백마 탄 여장군 김명시(金命時)나 지리산 여장군 정순덕(鄭順德)처럼 그 이름자 뒤에 붙는 '장군'이라는 것은 인민대중이 바치는 가장 아름다운 메꽃다발이었던 것이다.

이때부터 궁예는 양길 그늘에서 벗어나 홀로 선 싸움을 벌여나가니, 미륵세상 꿈나라를 만들겠다는 비원(悲願) 세우고 세달사를 내려온 지 3년만이었다. 궁예가 죽어 마땅한 '나쁜 놈'이라는 것

을 그루박고자168 왕건 앞방석169들이 엮은 『삼국사기』 렬전 제
10 「궁예」 대목을 보자. 궁예가 왜 메꽃다발을 받았는가를 알
수 있다.

사졸들과 함께 괴로움과 즐거움을 같이하며 주고 빼앗는 일에 이
르기까지도 똑같아서 사(私)를 두지 않았다. 이러므로 여러 사람들
이 그를 마음속으로 두려워하고 사랑하여 장군으로 떠받들었다.
이에 저족(猪足), 생천(牲川), 부약(夫若), 금성(金城), 철원(鐵圓) 같은 성
을 쳐부수니 떨치는 힘이 어마어마하였으며 패서(浿西)에 있는 적
들이 선종(善宗)한테로 와서 무릎 꿇는 자가 많았다.

다직 100명에 지나지 않는 병력으로 첫코떼서 600명이 되었다
가 아이오 3,500명으로 불어난 병력이었으니 그야말로 날로 좋아
지게 된 까닭이 여기에 있었다. 내남적없이 똑고르게 먹고 마시
고 잠자며 높낮이 없이 함께 살고 함께 죽는다는 고루살이170 철
학을 안받침한 것은 미륵사상이었다. 궁예는 적어도 육두품(六頭品)
위 계급만이 될 수 있었던 '정통승려'가 아니었다. 절집에 달린 종
과 다를 게 없는 수원승도였던 궁예가 얼과 몸뚱이를 맡겼던 것은
미륵이었다. 세상에서 말하는 바 정통불교 쪽에서는 미륵불은 56
억 7천만 년 뒤 오신다는 부처님이시다. 그때를 채비하면서 저 아

---

168 그루박다: 강조(强調)하다.
169 앞방석 : 심부름꾼. 비서(祕書).
170 고루살이: 평등(平等)한 삶.

아라한 하늘나라인 도솔천(兜率天) 내원궁(內院宮)이라는 데서 때를 기다린다는 것인데, 힘껏 도머리치는171 궁예였다. 그리고 마음을 다지는 것이었다. 미륵이 오기를 기다릴 것이 아니라 스스로가 미륵이 되기로 말이다. '사졸들과 함께 괴로움과 즐거움을 같이 하며' 궁예는 이렇게 말하였을 것이다.

"하냥172 일해서 하냥 먹자. 웃으면서 일하고 웃으면서 밥을 먹고 또 노래하고 춤추면서 더불어 하냥 살 수 있는 세상을 만들자. 인민세상을 만들자. 평등세상을 만들자. 워낙은 사람세상이었고, 인민세상이었고, 평등세상이었고, 자유세상이었고, 해방세상이었는데, 한 줌도 못되는 성골·진골을 머리로 한 육두품 위쪽 권세자루 휘두르는 자들만이 잘 먹고 잘 입고 잘 자서 대를 물려가며 세세생생을 두고 닐리리 지화자로 살고자 열에 아홉 풀잎사람들 자유를 억누르고 살림살이에 쓰여지는 온갖 물건을 만들어내는 간사위173를 도차지하고 일품174을 빨아먹어서 만들어낸 것들을 긁어가는 자들을 물리쳐 사람세상을 만들어야 한다. 극락세계를 만들어야 한다. 미륵세상을 만들어야 한다. 만들 수 있다. 새 세상."

그러면서 입을 모아 『미륵하생경』을 읽었을 것이다.

---

171 도머리치다: 거부(拒否)하다.
172 하냥: 함께. 같이.
173 간사위: 수단(手段).
174 일품: 노동력(勞動力).

「전봉준공초」와 왜말

　<전봉준공초>, 그러니까 풀어 말해서 <전봉준진술조서>를 읽다가 깜짝 놀랐다. 우리가 시방 쓰고 있는 말들이 무수히 많은 때문이다. 이른바 '왜식말'들이다. 놀라지 마시라. 200자 원고지로 80장 되는 조서에 나오는 것이 360군데가 넘으니, 왜말로 뒤발하고175 있는 것이다. 왜화(倭化) 문제 뿌리를 보는 듯하여 그야말로 머리칼이 하늘로 솟구쳐 오른다. 여기에 '일인(日人)'과 '일병(日兵)'이라는 말이 나오는데, 또한 낯선 말이다. 독립운동가 집안은 너무도 마땅한 일이겠고, 역사를 제대로 보려는 사람(史覽)이라면 죽어도 쓸 수 없는 말이었다. 그때까지 사람들은 '왜노(倭奴)'와 '왜적(倭敵)'으로 불러왔으니, 임진왜란으로 사람들과 산천초목이 잣밟혀 버리면서부터였다. 왜노들은 '왜'라는 말이 구접스럽다176고 해서 '일본(日本)'과 '일본인(日本人)'이라고 쓰고 불렀으니, 그때부터였다. 이 <전봉준공초>가 그 첫 고동으로 된다.

175　뒤발하다: 무엇을 온몸에 뒤집어 써서 바르다.
176　구접스럽다: 추하다.

이 중생이 보는 것은 문학박사 리희승(李熙昇)이 엮어 민중서관에서 펴낸 『국어대사전』이다. 그런데 놀라운 일은 소화(昭和) 7년, 그러니까 1932년 1월 왜국 수도 동경 부산방(富山房) 출판사에서 펴낸 왜국어대사전인 『대언해(大言海)』와 거의 똑같다는 것이다. 더구나 놀라운 정말이 있으니, 서울에서는 동경 것을 베끼고, 평양에서는 서울 것을 베꼈으며, 연변에서는 또 평양 것을 베꼈다는 것이다.

네 나라에서 쓰는 국어사전이 몰밀어177 똑같다. 보기를 들어보겠다. '찔레꽃머리'다. "이 중생이 산으로 갔던 것은 고등학교 3학년 1학기 때인 1965년 찔레꽃머리였다."고 하는데 네 나라 국어사전 어디에도 안 나온다는 것이다. 왜국이야 너무도 마땅한 일이겠고 북미 합중국 꼭두각시에 지나지 않는 서울 또한 그렇다고 하더라도, '주체의 나라'임을 소리 높여 부르짖는 평양과 '조선얼'을 지켜간다는 연변까지 그렇다는 데는 다만 벌어지는 입이 다물어지지 않을 뿐이다. '찔레꽃머리'란 모내기 철인 음력 3월, 양력으로 5월을 말하는데, 처녀·총각을 뜻하는 '꽃두레', '꽃두루'며 외할머니·외할아버지를 일컫는 '풀솜할머니', '풀솜할아버지'가 안 나오는 것은 너무도 마땅한 일인가. 우리 겨레가 만 년 넘게 써 왔던 '아름다운 조선말'을 없애 버린 자리에 차고 들어앉은 왜말인 것이다.

황국신민 바탕자리를 길러내고자 만들어졌던 '국민학교'를 '초등

---

177 몰밀다: 모두 밀다.

학교'로 바꾼 것은 김영삼 정권이었다. 사람들은 짝짝짝 손뼉을 쳤는데, 이왜벌왜(以倭伐倭)였다. 왜색을 떨쳐 낸다고 찾아낸 '초등(初等)'이 또한 왜말이었으니, 더 이만 무슨 말을 하겠는가. 그 잘나고 똑똑하다는 400여 명 청와대 보좌관·비서관·행정관이라는 사람들은 무엇하는 사람들이란 말인가. 여기서 한가지 떠오르는 그림이 있으니, 1948년 8월 15일 대한민국이라는 반쪽짜리 단독정부가 세워졌을 때였다. 대통령 리승만이 내린 첫 번째 대통령령이었으니, '인민'이라는 말을 쓰지 말고 '국민'으로 하라는 것이었다. 경무대와 청와대에서 밥을 먹는 도일유학파·도미유학파·도구유학파 가운데 단 한 사람도 '국민'과 '초등'의 당찮음을 말하는 이가 없었으니, 그만 입을 닫겠다. '국민'이란 '황국신민' 줄임말이니 '조선 사람'이라면 죽어도 써서는 안 되는 말이다. 그때 이른바 거물 친왜파인 유진오(兪鎭午)가 했다는 말이다.

이제 우리 겨레가 누천년을 써 오던 인민이란 말이 사라지는구나.

한자를 6만 자나 안다고 흰목잦히는[178] 이른바 '세계적 석학'이라는 사람이 있다. 이 사람이 문화일보 객원기자 신분으로 노무현 대통령 당선 축하 휘호라는 것을 써 가지고 청와대로 갔는데, 노무현(盧武鉉)을 여무현(慮武鉉)이라고 썼던 것이다. 그야말로 여로불변(慮盧不辨)이었다.

---

178 흰목잦히다: 말이나 행동을 일부러 희떱게 하여 뽐내다.

도움거리 삼아 말하자면 세계에서 가장 많은 한자가 실렸다는 『강희자전(康熙字典)』이 5만 자가 못 된다. 예로부터 가장 큰 욕이 "환부역조(換父易祖)할 놈"이었다. 제 성을 바꿔 버린 것도 모르고 "홀륭한 휘호를 주셔서 고맙습니다" 머리를 조아린 대통령이라는 이는 그만두고 한자를 6만 자 안다는 이가 노(盧)씨를 여(慮)씨로 바꿔 버린 것을 어떻게 받아들여야 할까. 이런 불치인류(不齒人類)[179]들이 오늘도 국영방송 브라운관에 나와 상욕 섞어 '논설을 푸는 것'을 어떻게 받아들여야 할까.

『대언해(大言海)』를 낸 출판사 이름 부산방 부(富) 자에 머리가 없다. '유해(有害)'라고 할 때 해(害) 자도 그렇고 갓머리가 들어가는 모든 글자에 머리가 없으니, 이른바 왜식 한자인 것이다. 우리는 '노동(勞動)'이라고 하는데, 왜노들은 '노동(労働)'이라고 하니, '굼닐 동' 자라는 '働'자가 바로 왜식 한자인 것이다. 우리말 망령(妄靈)을 왜말로 '치매(癡呆)'라고 하는데, 이 '呆' 자가 바로 왜식 한자이다. 한족(漢族)한테는 없는 대표적 조선 한자가 있으니, '논 답(畓)' 자이다. 그리고 머슴 출신 의병장으로 유명짜한[180] 신돌석(申乭石) 장군 '乭' 자와 바둑 천재 리세돌(李世乭) '돌(乭)'자가 바로 조선 한자이다. 사람들은 이른바 한자(漢字) 곧 진서(眞書)는 죄 한족들이 만든 것으로 아는데, 천만의 말씀이다. 그리고 1936년 9월 1일 조선총독부 학무국장 시오하라 도카사부로[鹽原時三郎]가 「조선어한문폐지령」을 내리고 '일본어식 한문'만을 배우게 할 때까지 우리 겨레는 '진서(眞書)'

---

179 불치인류(不齒人類): 사람 축에 들지 못함.
180 유명짜하다: '유명하다'를 힘 있게 쓰는 말.

라고 불러왔지 그 전에는 지은 이 이름 좇아 그냥 '글'이었다. '진서'
도 암클인 「훈민정음(訓民正音)」이 나오면서 수클인 진짜글이라는 남
성패권주의에서 온 것이었다. 진서는 본디 우리 동이족(東夷族) 할아
버지들이 만드신 글이었다. 한족 진시황(秦始皇) 시절 산동 갈석산(碣
石山)에서 서쪽으로 만리장성을 쌓을 때였다. 몽염(蒙恬)이라는 장수
가 성 쌓는 일을 잡도리181 하는데 야릇한 글자를 써 주고받는 이
들이 있었다. 불러다 물어보니 옛살라비182에서 쓰던 글자라고 하
였다. 한족들이 쓰던 전서(篆書)보다 훨씬 숫되고183 아름다운 것이
었다. 그리하여 쓰게 된 것이 이른바 '예서(隸書)'이다. 노예로 끌려와
성 쌓는 일을 하던 고조선(古朝鮮) 백성들이었던 것이다. 이른바 해
행예전초(楷行隸篆草)라고 할 때 그 예서를 말한다.

개남아 개남아 김개남아

  갑오봉기를 얽이잡아184서 끌고나갔던 것은 개남장(開南丈·將)으
로 불리우던 김개남(金開南) 장군이었다. 그런데 〈전봉준공초〉에
는 그 이름이 딱 두 번 나온다. 그것도 새로운 세상을 열어젖히겠다
는 우람찬185 꿈을 담아 지었던 開南에서 남녘 남 자를 사내남(男) 자
로 바꿔 버린 金開男으로, 잘못 쓴 것이 아니다. 새로운 고루살

---

181 잡도리: 잘못되지 않도록 단단히 살펴 다룸. '단도리'는 왜말임.
182 옛살라비: 고향.
183 숫되다: 순진하기만 해서 물정을 잘 모르고 어수룩하다.
184 얽이잡다: 기획(企劃)하다.
185 우람차다: 웅장(雄壯)하다.

이[186]세상을 만들겠다는 생각이 마땅찮았던 왜제가 일부러 남(南)을 남(男)으로 바꿔 버렸던 것이다.

왜제가 널리 폈던 홍보자료 좇아 '전봉준 중심주의'로만 달려가는 이른바 '학자'라는 불치인류들이다. 개남장이 순창(淳昌) 회문산(回文山) 북쪽 종성리에 있는 자형 서영기(徐英基) 댁에서 친구였던 전 낙안군수(樂安郡守) 림병찬(林炳贊,1851~1916) 쏘개질[187]로 잡혔던 것은 1894년 12월 3일이었다.

왜적 부림받는 조선관군은 개남장을 뒷결박 지웠으니, 뒤로 돌린 두 팔목을 삼바로 꽁꽁 묶은 위로 두 어깨를 친친 동여매었고, 두 발목 묶어 무릎 꿇려 앉혔다. 그리고 그 얼굴에 유지뱅이[188]라고 불리우는 짚둥우리를 씌웠으니, 왜식 항새·족쇄였다. 그런 개남장을 황소가 끄는 소나무 서까래로 울 두른 달구지에 싣고 서울로 가는 것이었다. 그런 소달구지 뒤로 구름같이 좇아가는 백성들이었다. 백성들 가운데서도 죽창 쥐고 개남장 미좇던 농군들이었다. 농군들은 입을 모아 소리쳤다.

개남아 개남아 김개남아

그 많던 군사 어디다 두고

짚둥우리가 웬말이냐

짚둥우리가 웬말이냐

---

186 고루살이: 평등(平等)한 삶.
187 쏘개질: 밀고(密告).
188 유지뱅이: 짚으로 엮은 고깔꼴 싸개.

소리에는 그리고 가락이 붙어 노래가 되는 것이었다. 농군들은
또 노래를 불렀다.

새야 새야 파랑새야
녹두밭에 앉지마라
녹두꽃이 떨어지면
청포장수 울고간다

녹두꽃은 개남장이고, 파랑새는 관군이며, 청포묵장수는 백성
을 가리킨다. 구름처럼 미좇아 와서 아우성치고 노래 부르는 농군
들 서슬에 놀란 전라감사 리도재(李道宰 1848-1919)는 서울로 올려보
내야 하는 것을 곧바로 목을 잘라 버린다. 전주 남문 싸전다리 건
너 남쪽에 있는 초록바위에서였다. 전봉준 또한 믿었던 복심 김
경천(金敬天)이 쏘개질로 붙잡혔는데 아무도 미좇아 가는 백성이 없
었다. 녹두꽃이 개남장을 일컫는 말이었던 것은 개남장이 태어나
서 자란 데가 녹두를 많이 심는 상두산(象頭山) 자락 웃지금실이었
던 까닭에서였다. 전라좌도 태인현(泰仁縣) 산외면(山外面) 동곡리(東谷
里). 동골로 불리우던 동곡리에서도 북쪽 끝 깊은 산골짜기 막다
른 상두산 아래 첫 동네였다.

개남장이 고부고을을 두려뺏을 때 옛살라비쪽 사람들은 발을
굴러 뛰어오르며 손뼉을 쳤으니, 녹두밭 동네에서 녹두꽃이 피
어났다는 것이었다. 그래서 불리우게 된 '녹두장군'이었다. 그랬
던 '녹두장군'이 전봉준한테 붙여지게 된 데는 까닭이 있으니, 개

남장이 넘겨주었던 것이다. 김개남은 개남장으로 널리 불리운 데다 전봉준한테 힘을 실어 주기 위해서였다. 전봉준 부친 전창혁(全彰爀)이 농군들 부탁으로 등장(等狀)을 냈다가 곤장맞아 돌아가셨으므로 전봉준을 대장으로 해야 한다. 그래야 고부 농군들이 저희들 때문에 돌아가신 전창혁 어르신한데 진 빚을 갚고자 더 많이 따를 것이라고 보는 개남장이었으니, 조선 사람들 최고 덕목이었던 효심을 불러내자는 것이었다.

개남장은 녹두처럼 자그마한 키에 차돌맹이처럼 야무지게 생긴 사람이었다. 한 가지 땅불쑥한189것은, 앉은키가 컸다고 한다. 재미있는 것은 혁명가들 가운데, 키가 작았던 이들이 많았다는 점이다. 조선 왕조 5백 19년 동안 서울을 두려빼고190 새로운 임금을 앉혔던 오직 하나뿐인 혁명가 리괄(李适) 장군도 키가 작았다고 하였고, 장김(壯金) 60년 세도정치를 끝장내고 농공상(農工商) 나라를 만들고자 하였던 평서대원수(平西大元帥) 홍경래(洪景來) 장군이 그랬다. 네 자 다섯 치였다니, 150센티가 못된다는 말 아닌가. 1미터 36.35센티쯤 되는 아주 작은 키였다. 그야말로 밤톨만 한 사람이었던 것이다. '조선의 레닌'이었던 비운의 혁명가 이정(而丁) 선생 또한 작은 키였으니, 한 160센티 남짓이었다고 한다. 1949년 3월 스탈린과 회견하고자 크렘린 궁으로 들어서는 조선 민주주의 인민공화국 대표단 사진이 있는데, 김일성(金日成)보다 한 10센티미터 위로 작아 보인다. 홍명희(洪命憙), 김두봉(金枓奉) 선생과 비슷

---

189 땅불쑥하다: 특별하다.
190 두려빼다: 함락(陷落)시키다. 무너뜨리다.

한 키다. 참으로 야릇한 느낌이다. 무너져 가는 조선을 다시 일으켜 세우고자 외롭게 싸우다 간 홍선대원군(興宣大院君) 리하응(李昰應)도 백두산 호랑이로 불렸던 김종서(金宗瑞)도 죄 작은 키였다. 살인마에다 민족 반역자였던 악인들 가운데도 키 작은 불치인류들이 많았으니, 나폴레옹과 박정희(朴正熙)다.

갑오봉기를 목대잡았191던 것은 개남장이었고, 봉기 목적은 새로운 세상을 열어 젖히자는 것이었다. 그리고 그 새로운 세상으로 가기 위한 첫 실마리로 삼았던 것이 '집강소(執綱所)'였다. 4월 초하루날 무혈입성하였던 전주성을 비워 주고 옛살라비로 돌아간 것이 5월 9일이었는데, 혁명가들이 전라도 53고을에 세웠던 것이 집강소였다. 집강소라는 것은 봉건통치기구인 각 고을 관청과는 따로 세운 농민자치기관이었다. 51년만인 8·15 바로 뒤 조선공산당에서 세웠던 인민자치기관인 인민위원회와 같은 것이었다. 프랑스 말로 꼬뮨이고 러시아말로 쏘비에뜨였다. 민주주의 뿌리이며 첫걸음이었던이 집강소라는 것은 저 고조선 앞서부터 신라 첫 때 육촌(六村) 부족회의(部族會議) 때까지 내려오던 '화백(和白)192'이었다. 내남없이 똑고르게 살자는 고루살이었다.

'화백(和白)'은 사전적 정의로 이른바 만장일치 제도를 이른다. 다시 말해서 모든 사람이 똑고르게 넉넉살이193 하자는 '고

---

191 목대잡다: 주도(主導)하다. 이끌다.
192 화백: 신라 첫 때 육촌부족(六村部族) 사람들이 모두 모여 나랏일을 의논하던 자리. 뒤에는 진골(眞骨) 위족 귀족이나 벼슬아치 모임으로 바뀌어 경주 남산(南山)이나 영지(靈地)에 모여 임금을 뽑는 것을 비롯하여 매우 종요로운 나랏일에 뜻을 맞추었는데, 한사람이라도 거스르는 이가 있으면 그만두었다고 한다..
193 넉넉살이: 행복한 삶.

루살이'를 말한다. 우리 겨레가 비롯되면서부터 해 왔던 삶 꼴이었다. 서구라파에서 이른바 민주주의라는 것이 들어오기 앞서부터 꾸려 왔던 민주주의 본디 꼴이었다. '和白'이라는 글자가 그것을 말해 주고 있으니 - 더불어 함께 밥을 먹는 삶을 가리키고 있다.(벼 화禾 변에 입 구口로 된 和 자는 함께 밥을 먹는다는 뜻이고, 흰 백白자 본 뜻은 아룀 → 사룀 → 살이 → 삶으로 됨.)

집강소에 공포를 먹었던 왜제였다. 민주주의 뿌리인 집강소를 그 싹부터 도려내지 않고서는 조선땅에 자본주의를 옮겨심을 수 없는 때문이었다. 그래서 히로시마에서 특수 훈련 받은 미나미 19대대를 보내 '남조선대토벌작전'을 벌였던 것이다.

<전봉준공초>를 보면 개남장 성명 삼 자가 나오는 데가 딱 두 군데이다. 그것도 지나가는 말처럼 슬쩍 나온다.

問南原府使李用憲長興府使朴憲陽被害는此皆誰之所行乎

묻노니, 남원부사 리용헌과 장흥부사 박헌양이 언걸194입은 것은 누구 때문이냐?

供李用憲是金開男之所爲而朴憲陽은不知被害於何人이외다.

속속들이 말하겠나이다. 리용헌은 김개남이 저지른 것이고 박헌양은 누구한테 언걸입은 것인지 알 수 없나이다.

問其道內에無東徒之滋擾乎아

묻노니, 그 길 안에 동학무리가 없었다는데, 많이 시끄러웠다는 말

---

194 언걸: 남 일 때문에 당하는 해.

이냐?

供其是則金開男等作擾於列邑이외다.

속속들이 말하겠나이다. 그때 김개남들이 여러 읍에서 시끄럽게 하였소이다.

이게 도대체 무슨 말인가?

갑오봉기를 처음부터 얽이잡아서 해나갔던 개남장을 뭉개버리고 있다. 봉기에 들었던 여러 사람 가운데 하나로 여기고 있다. 하찮은 곁가지쯤으로 치는 것이다. 개남장이 전라좌도 수부(首府)인 남원성으로 들어가 가장 먼저 했던 일이 남원부사 리용헌이 목을 자른 것이었는데, 그냥 '언걸입은 것'으로 얼버무리고 있다. 봉기를 채잡은 도꼭지195는 그만두고 여러 우두머리 가운데 하나로도 쳐주지 않겠다는 속셈이다. 개남장을 조선혁명력사에서 숫제 지워 버리겠다는 왜제들 속셈을 웅변하여 주는 것은 김개남(金開南)이라는 이름자이다. 새로운 세상을 열어젖히겠다는 우람찬 꿈을 담아 지었던 개남(開南)을 개남(開男)으로 바꿔쳐 버렸던 것이다. 앞을 뜻하는 '南'을 장삼이사(張三李四)들이 흔히 쓰는 '男'으로 바꿔 버렸으니, 비봉산(飛鳳山)을 비봉산(飛峰山)으로 바꿔 버리는 것과 똑같은 솜씨 아닌가. 김개남(金開南)을 김개남(金開男)으로, 비봉산(飛鳳山)을 비봉산(飛峰山)으로, 인왕산(仁王山)을 인왕산(仁旺山)으로….

---

195 도꼭지: 어떤 방면에서 가장 으뜸이 되는 사람.

말이 나온 김에 한마디만 더 하겠다. 60년대 가운데 때였다. 절집에서 만났던 갑오봉기 싸울아비[196]들한테 들었던 말이다. 그들은 죄 절집에서 천덕꾸러기 신세인 '뒷방 늙은이들'이었는데, 하나같이 나간이[197]였다. 눈 한쪽이 없거나 팔다리가 하나씩 떨어져 나갔거나 손가락이 무질러진 80대 뒷녘에서 망백(望百)을 넘긴 극로승(極老僧)들이었다. 정읍(井邑)쪽으로 내려오면 갑오당년 이야기를 해주겠는데 아무도 찾아주는 이가 없었다는 것이었다. 갑오농민전쟁을 파고든다는 이른바 학자들이었다는 것이다. 한 사람한테 찾아뵙겠다는 전화가 왔던 것이 모두라고 하였다. 그랬는데 그 뒤로 쏟아져나오는 온갖 논문이며 책들이었다고 했다. 모두가 왜노들이 엮어 널리 펴내었던 이른바 공식 홍보자료인 <전봉준공초>를 보고 써낸 것들이었으니, 이른바 '이왜벌왜(以倭伐倭)'였다.

낱이삭 하나.

갑오농민전생을 갈닦아[198]서 유명짜해진 이한테 누가 물었다.

"김개남 장군 이야기는 왜 하지 않는가?"

"기록이 없다."

"전봉준공초를 만든 것이 누구인가?"

"……."

그런 그가 박원순(朴元淳) 서울시장과 뜻을 맞춰 종로거리에 전봉

---

196 싸울아비: 전사(戰士). '사무라이' 말밑.
197 나간이: 병신. '불구자'는 왜말임.
198 갈닦다: 연구(硏究)하다.

들것에 실려가는 전봉준.

준 윗몸상을 세웠다고 한다. 재판을 받으러 들것에 실려가는 모
습을 보고 빚은 것이다. 들것을 든 흰 바지저고리 차림 두 사람
은 조선인, 양옆에서 따라가는 두 사람은 검정 군복 차림 왜병이
다. 어떻게 다리가 부러진 채로 끌려가는 사진을 숫본[199]삼아 윗
몸상을 만들 수 있느냐고 했을 때 그 갑오농민전쟁 전문가로 이름
을 날린 전봉준주의자가 했다는 말이다.

"눈빛이 좋아서 그랬다."

'눈빛이 좋다'는 그 사진은 왜노들이 널리 펴고자 했던 '홍보자
료'였다. 누구든지 대일본제국에 대들면 이렇게 된다는 것을 보여
주기 위한, 으름장이었다.

199　숫본: 원본(原本).

용문산 당취

일해대사 서장옥이 거느리는 당취부대에는 세 동아리가 있었다고 하였다. 금강산당취. 지리산당취. 그리고 용문산당취. 그들은 저마다 떠나온 산문(山門) 따라 움직였는데, 그 가운데서도 엄지가락으로 꼽았던 것이 용문산에서 온 당취들이었다고 하였다. 가장 사나운 싸울아비들이었다고 하였다. 그들이 받드는 첫한아비는 궁예미륵(弓裔彌勒)이라고 하였다. 더럽고 냄새나는 화탕지옥(火湯地獄) 오탁악세(汚濁惡世)를 만다라화(曼陀羅花) 아릿다운 극락세계(極樂世界)로 만들고자 밤을 낮삼는 싸울아비들이라는 것이었다. 요즈막 말로 하면 극좌파라는 것이었다. 지리산당취였다는 그 극로비구는 체머리200를 흔들었다.

"일용문, 이금강, 삼지리였지. 왜노라면 모두 이를 갈았지만 그 중에서도 가장 사나웠던 게 용문당취였어."

갑오봉기 때 땅불쑥한 별동대(別動隊)였던 당취부대에 얽힌 이야기이다.

그때에 당취두럭201에는 양대정맥(兩大正脈)이 있었으니, 금강산두럭과 지리산두럭이다. '금강산참회'와 '지리산참회'라는 무서운 말들이 전설처럼 떠돌고 있었다. 이 중생이 다시 머리칼을 길렀던 76년 늦가을까지 '미륵패'라는 이름으로 이어졌던 '미륵당취'였다. 궁예와 묘청 거쳐 변조대화상(遍照大和尙) 신돈존자(辛旽尊者) 때부

---

200 체머리: 병적으로 저절로 흔들려지는 머리.
201 두럭: 집단(集團).

터 그 이름을 세상에 드러냈던 미륵당취 본디모습이야 많이 바뀌었지만 그 정신만큼은 살아 있었다는 얘기가 되겠다. 8·15 해방 바로 뒤 힘차게 움직이다가 점령군으로 이 땅에 들어온 미군정과 그 앞잡이 사냥개인 한민당 무리들 쌩이질202에 꺾여졌던 <조선불교혁신동맹>이 바로 사회화된 미륵당취였던 것이다.

당대 정치권력 뒷배가 되어 떡고물이나 받아 흙·나무·돌·쇠로 빚은 부처꼴에 금칠이나 하고 절집 산림(山林)과 논밭이나 늘리는 이른바 종단불교, 그러니까 다시 말해서 체제불교 채잡이들과 가멸진 악지주(惡地主)들 동여다가 혼찌검 냈던 미륵당취였다. 미륵당취 무서워 숨도 못쉬었던 따디미203들이었다.

조선 사회를 쥐락펴락하던 왜노 앞잡이들이 죄 그랬지만 더구나 쥐죽은 듯 납작 엎드려있던 친왜승려들이었다.

그 가짜 불교 모가비204들을 보쌈해다 모가지만 내놓고 몸뚱이를 몽땅 진흙 구덩이에 파묻어 시나브로 굳어 가는 진흙에 조여 열반하게 만드는 것을 가리켜 '금강산 참회'라고 하였다는 것이다. '지리산 참회'라는 것은 그 다음이니 친왜불교 모가비들이 지은바 그 죄업 크기에 따라 손가락, 발가락이나 팔다리나 눈알을 뽑아내는 것이었다고 한다. 눈알을 뽑는 것은 차마 끔찍해서 눈을 감게 되는데 - 뽑아야 될 눈 앞에 대통을 댄 다음 그 뒷통수를 마치로 쳐서 뽑혀내온 눈 뒤에 붙은 심줄을 자른 다음 따디미 죄업을 적은 종이쪽지

---

202 쌩이질: 뜻밖에 생기는 훼방.
203 따디미: 가짜중.
204 모가비 : 낮은패 우두머리.

와 함께 그 따디미가 휘어잡고 있던 절집 일주문(一柱門)에 내다 건
다는 것이었다. 용문산 당취들은 그런데 이것저것 구접스럽게 따
질 것 없이 잡아온 악지주 악승려들을 바로 파묻어 버렸다는 것
이다. 용문산당취를 가장 두려워했던 까닭이었다. 당취들은 그
리고 <참회공사(懺悔公事)>라는 것을 열었다고 하였다. 그 절에 있
는 대중만이 아니라 인저리 마을 사부대중(四部大衆)을 모아 승과(僧
科)를 보았다고 하였다.

선종(禪宗) 승려들한테는 『전등록(傳燈錄)』과 『염송(拈頌)』을, 교종(敎
宗) 승려들한테는 『화엄경(華嚴經)』과 『십지경론(十地經論)』을 외워 보라
고 했다는 것이다. 몇 줄 외우는 시늉이나 내다만 체제불교쪽 우두
머리들이 식은땀을 흘릴 때, 내리닫이로 외워 내는 것이었으니, 바
로 외고 뒤쪽으로 욀 만큼 선교양종 소의경전(所依經典)에 막힘이 없
는 당취였다는 것이다. 당취가 죄 그렇다는 말이 아니고 당취 이
론가였던 먹물당취들이 그랬다는 것이다. 체제불교쪽 대강백(大
講伯)들이 가장 두려워했던 것이 당취 이론가였다고 하였다. 경
전만이 아니라 좌선에도 일가를 이루어 결가부좌 튼 채 석달 열
흘을 배겨낸다는 것이었다. 당취 목대잡이들은 선교(禪敎)를 가리
지 않고 체제불교쪽 사람들보다 윗길이었다는 얘기다.

당취부대에서 금강산당취와 지리산당취 못지 않게 그 억센 힘
을 떨쳤던 것이 용문산당취였다고 한다. 용문산에 있는 용문사
를 말사(未寺)로 거느렸던 것이 이제도 그렇지만 남양주(南楊州)에 있
는 봉선사였는데, 봉선사가 거느렸던 곳이 북강원도 끝 원산(元
山)까지였다고 한다. 만주로 가서 독립운동을 하려던 김성숙(金星

淑) 선생이 원산에서 용문산 당취를 만나 용문사로 내려와 중노릇을 하였다는 것이 다 까닭이 있었다. 「용문산에서 온 붉은승려」가 나오게 되는 뒷그림이고, 궁예미륵 법통 받은 일해미륵이 나오게 되는 역사적 터무니205가 된다. 님 웨일즈가 쓴 『아리랑』에 보면 「금강산에서 온 붉은승려」라는 항목이 있는데, 용문산을 금강산으로 바꿔썼던 것이니, 금강산은 그때 이미 조선을 대표하는 세계적 명산이었기 때문이다.

우리가 이제도 쓰고 있는 말 가운데 백 년도 훨씬 앞서 만들어진 <전봉준공초>에 나오는 말들을 뽑아 보았다.

모두 3백 56군데이다. 이제 우리가 쓰고 있는 말들 거의 모두가 갑오왜란 때부터 비롯되었던 것이다. 앞에서 말했듯이 '찔레꽃머리' '꽃두레' '꽃두루' '풀솜할머니' '풀솜할아버지' 같은 아름다운 조선말들을 밀어낸 자리에 차고 앉은 왜말이니, 어찌 무섭지 아니한가. 프랑스 글지가 쓴 「마지막 수업」을 읽었던 것은 중학교 2학년 때였던가. 모국어를 잃어버리지 않는 한 조국을 되찾을 수 있다고 하던 프랑스 중학교 선생님 말씀이 떠오른다. 어디선가 읽었던 생각이 난다.

"이대로 왜제가 백 년만 간다면 우리 조선문화는 사라져버릴 것이다. 문학 고갱이인 말은."

그래서 쓰게 된 『림꺽정』이었다는 홍벽초(洪碧初) 선생 말씀이었다.

---

205 터무니: 근거(根據).

왜말만 해도 숨가쁜데 눈 위에 서리치기로 덮쳐오는 양말에 가슴이 터질 것 같아 써 보았던 졸작 『국수(國手)』였다. 그런데 해행문자(蟹行文字)206로 된 원서보다 더 읽기 어렵다는 것이다. 그것도 장삼이사 여느 독자들이 아니라 이른바 박사학위 가진 울대 출신 30대 첫 때 유수한 인문학 잡지사 편집위원들인 고급독자라는 이들이 하는 말이다. 아름다운 우리 조선말이 외국어보다 더 어렵다는 것이다.

홍분을 가라앉히고 <전봉준공초>로 돌아가자. <전봉준공초> 가운데 나오는 왜말로. 왜한자에 대해서는 앞서 말한 바 있고, 여기서는 딱 한 가지만 말하겠다. '민중(民衆)'이란 말이다. 이른바 진보적이라는 이들이 많이 쓰는 '민중'이란 말이 한 세기도 훨씬 넘은 갑오왜란 때부터 왜인들이 써왔던 왜말이라는 데는 다만 벌어지는 입이 다물어지지 않을 뿐이다.

사발통문

<전봉준공초> 앞에 나오는 사발통문(沙鉢通文)이다. 먼저 '사발통문'이란 무엇인지 사전적 정의를 보자.

주모자(主謀者)를 속이기 위하여, 관계자의 성명을 사발 모양으로 둥글게 뺑 돌려 적은 통문(通文).

---

206 해행문자(蟹行文字): 게걸음 치듯 옆으로 간다고 해서 '영어(英語)'를 가리키는 말.

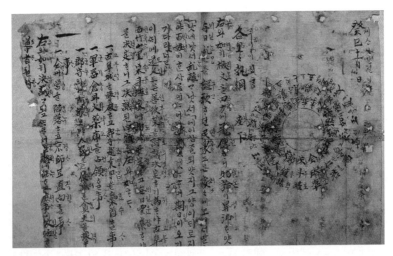

1893년의 사발통문.

   뜻을 같이 하는 동무(同務)들 이름이 뼁 둘러 적혀 있는데, 왼쪽에 한자요 그 곁 오른쪽에 훈민정음이다. 한자를 모르는 이들을 위한 마음씀이 엿보인다.

   한 가지 어지러운 것이 있으니, 이 사발통문에도 '民衆'이란 말이 나온다는 점이다. 사발통문 앞서 나온 그 어떤 책이나 문건에도 '民衆'이란 낱말은 나오는 데가 없다. '民庶'나 '人民'이란 말만 나온다. 사발통문을 만들던 호남 언저리 농군 목대잡이들한테까지 젖어들어 온 왜말이란 말인가? 갈닦는 이들 마음씀이 있어야겠다.

미륵세상 꿈나라

　갑오농민전쟁이 무너진 까닭 가운데 하나로 꼽는 것이 남·북
접 사이 옥신각신이다. 종교적 온건주의노선을 주장한 북접(北接)
은 법포(法布)를 말하고, 혁명적 투쟁주의노선을 선택한 남접(南接)
은 서포(徐布)를 가리킨다. 골칫거리 본바탕을 보는 눈길이 서로 달
랐으므로 바로놓인 자리에 맞서는 솜씨에 있어서도 늘 맞설 수밖
에 없었으니, 북접 보은(報恩)모꼬지207와 남접 원평(院坪)모꼬지로 나
타난다. 이러한 노선 다름은 농민전쟁 북새판 속에 북접이 남접
을 치겠다는 이른바 '남벌령(南伐令)'으로 나타나고, 바오달208과 왜
군 병참소(兵站所)에 최시형(崔時亨)이 글을 보내어 서장옥(徐璋玉)과 전
봉준(全琫準)들 잘못을 이야기하기까지에 이르니, 거레 살매209였던
가. 뒤늦게 뜻을 합치기는 하였으나 벌써 그 싸울 힘을 잃어버린
뒤였다.

207　모꼬지: 모임. 집회(集會).
208　바오달: 병영(兵營).
209　살매: 운명(運命).

'기포(起布)'라는 이름에서도 알 수 있듯이 서장옥 투쟁노선은 강경하면서도 수미일관한 것이었다. 삼례(參禮)와 공주(公州)모꼬지를 거치며 남접쪽 힘을 안팎에 보여 주고 맞춰 본 서장옥은 서울로 가서 대궐문 앞에 엎드려 아뢰는 복합상소(伏閤上疏)와 함께 왜노와 양이(洋夷)를 물리치자는 척왜척양(斥倭斥洋)운동을 벌인다. 서장옥 본뜻은 척왜척양 꼴을 빌려 권문간당(權門奸黨) 곧 권세자루210에 기대어 온갖 못된 짓을 하는 무리들을 쓸어냄으로써 봉건체제를 부숴버리자는 것이었다. 뜻을 같이하는 해방동무(解放同務)로 김개남(金開南)과 손을 잡은 다음 혁명을 위한 힘을 키워가던 서장옥은 1889년 1월 '이단사술(異端邪術)로 인민을 현혹시킨다'는 까탈로 왕명에 따라 붙잡힌다. 남해바다 외딴 섬에서 귀양살이를 하다가 1890년 8월 풀려난 그는 최시형을 만나 복합상소할 것을 조르지만 최시형은 '동학주의'만 내대며 자빡놓211는다.

서장옥은 그러나 이에 꺾이지 않고 동학 벙거지 쓴 혁명군들을 공주에 모이게 하니 그 머릿수가 1만여 명에 이르렀다. 장근 달소수212나 감영문 밖에 모여 충청감사 조병식(趙秉式, 1832~1907)한테 글 올려 최수운(崔水雲) 애매한 죽음을 풀어 달라고 떼쓰니, 이른바 공주모꼬지였다. 잇달아서 삼례 모꼬지로 그 싸울 힘을 보여 주고 맞춰본 남접두럭은 터져나오는 밑바닥 인민들 힘을 병장기로 하여 미적지근한 북접쪽을 끌어당기니, 복합상소와 척왜척양

---

210 권세자루: 권력.
211 자빡놓다: 거부하다.
212 달소수: 한 달이 조금 지나는 동안.

운동이다.

　남접 쪽이 벌였던 교조신원운동은 홑되게 신원운동에 그치는 것이 아니라 그때 밑바닥 인민들이 바라고 있던 사회변혁운동 실마리를 만들어가자는 것이었음은 몇 차례 모꼬지에서 뚜렷하게 드러난다. 봉건정부 조정에서는 삼남모꼬지 모가비213로 서장옥과 김개남과 전봉준 그리고 서병학(徐丙鶴)을 모집어214 잡아들이게 하니, 남접쪽 모가비들은 상주(尙州) 우복동(牛腹洞)과 지리산(智異山) 같은 데로 몸을 숨긴 채 선전선동활동 곧 널리 퍼뜨리고 바람을 일으키게 된다. 그리고 터져나온 것이 고부봉기(古阜蜂起)였다.

　여기서 우리 마음을 끌어당기는 것은 서장옥이 '30여 년간 많은 수양이 있던 선객(禪客)으로 이름이 있는 사람'이라는, 오지영(吳知泳) 글이다. 그것도 여느 선객이 아니라 도승(道僧)이요, 이인(異人)이요, 진인(眞人)이라는 소리 듣던 빼어난 선승(禪僧)이었다는 것이다. 호를 일해(一海)라고 하였다니 서장옥이 비록 향화거사(向化居士)215가 되었다고 하더라도 무슨 선비명색으로 아호(雅號)를 지었을 리 없고 보면 일해는 그대로 그 법호(法號)가 아니었을까. 이제도 향화거사가 된 전 중들이 산문에서 쓰던 법호 또는 불명(佛名)을 별호처럼 쓰는 일이 많지 않은가.

　지옥 같은 삶을 죽지 못해서 살아가는 중생들이 목타는 그리움으로 기다리는 것이 미륵님이다. 이제도 마찬가지지만 문명사

213　모가비: 낮은 패 우두머리.
214　모집다: ① 허물이나 잘못 같은 것을 뚜렷하게 가리킴. ② 모조리 잡다.
215　향화거사(向化居士): 환속(還俗)한 중.

적·인류사적으로 크게 뒤바뀌는 그 마루턱에서 허겁지겁 어리둥절하던 그때 밑바닥 인민들이 목을 매어 기다리던 것은 미륵세상이었다. 주자학(朱子學)만이 세상 모두였으므로 미륵사상이 숨쉴 자리가 아주 작기는 하였으나, 저 고조선 앞서부터 매우 센 입김을 미쳐왔던 미륵사상이 사라질 수는 없는 것이었다. 이른바 『정감록』진인출세설(眞人出世說)이나 『주역』 후천개벽설(後天開闢說)에 밀려나기는 하였으나 그 기나긴 예언사상이 파고든 곳은 밑바닥 인민 대중이었다.

저 삼한시대(三韓時代)부터 우리 할아버지들이 기다려온 것은 미륵이었다. 어디를 가든지 수더분하게 잘생긴 바위산은 미륵뫼 미륵봉이요, 허위단심216 미륵고개 올라간 할머니들이 두 손 모아 비나리217를 하는 잘생긴 바위 덩어리는 미륵바위며, 그 밑에 자리잡은 것은 미륵골이다. 아들을 얻고자 할 때나 병들어 괴로움을 받을 때나 인생살이가 서러워 울고 싶을 때나 생이별한 지아비나 자식이 보고 싶을 때마다 뒤란 장독대에 정화수(淨華水) 한 대접 모셔놓고 비나리 하는 천지신명도 죄 미륵님이다. 고리와 조선 왕조시대에 절에 가서 불공을 드리거나 무슨 하려는 일을 가지고 기도를 드렸던 것은 거지반 양반사대부집 '마님'들이었고, 밑바닥 '인민'들이 찾는 데는 들판과 멧자락이며 밭머리에 서 있는 미륵부처였다. 공양 저쑬218 돈도 없고 쌀도 없으므로 그저 두 손 모아 싹싹 부

---

216 허위단심: 허위적거리며 무척 애를 씀.
217 비나리: 빌다.
218 저쑬다: 신불(神佛)한테 메를 올리다.

비면서 마음속으로만 빌고 또 비는 것이었다.

　그런데 미륵 신앙이라는 것은 어디서부터 비롯된 것일까. 이 많이 모자라는 중생 생각으로는 본디부터 우리 겨레가 지니고 있던 믿음이었다고 본다. 저 고조선 앞서 아아라한219 옛날부터 우리 한아비들이 이루어내고자 꿈꾸어왔던 아름다운 누리220였던 것이다. 미륵이라는 이름이 앞에 붙어 있는 무수한 산이며 바위며 고개며 봉우리며 골짜기며 내며 섬이며 절이며 사람들 어렸을 적 이름이며가 이처럼 많다는 것은 그만큼 오랜 세월을 두고 꿈꾸어 왔다는 것을 말한다. 유태인들이 메시아가 오기를 굳게 믿고 기다려 왔듯이 우리 한아비221들은 미륵이 나타나기를 목을 빼고 기다려왔던 것이다. 한 가지 재미있는 것은 '미륵'이 '미르'나 '미리'와 소리내기가 비슷하다는 점이다. 용 우리말이 '미르' 또는 '미리'이다. 옛날부터 가장 좋은 낌새가 보이는 숨탄 것222으로 꼽았던 것이 용이다. 용궁. 용왕. 용상. 용안. 용포. 용종. 용틀임. 용골돌이. 용골자리. 용마룻대. 용머리. 망새를 말하는 용두와(龍頭瓦). 용알. 용꿈. 용무늬. 용무늬 돗자리. 용 꼬리. 용눈썹. 난사람을 말하는 용봉(龍鳳). 용왕도량. 용왕제(龍王祭)… 미륵과 마찬가지로 용이라는 글자가 앞뒤로 붙어 있는 이름이 무수히 많은 것 또한 그러구러 드러난 꼴이 아니다.

　봉건통치배들 모질고 사나운 갈퀴질 홀태질에 더 이만 견딜 수

219　아아라하다: 아득하게 끝 간 데 없이 멀다.
220　누리: 세계(世界).
221　한아비 : 조상(祖上).
222　숨탄 것: 하늘과 땅한테서 숨이 불어넣어졌다고 해서 "동물"을 가리킴.

없을 때 인민대중은 그야말로 벌떼처럼 들고 일어났는데, 인민
대중을 움직이게 하는 짜여진 힘을 지닌 두럭이 바로 '미륵당'이
요 '용화향도(龍華香徒)'들이었고, 그들이 믿고 받들었던 생각이 바
로 미륵사상이었다.

　이들이 보기에 용상(龍床)에 거드름스럽게 앉아 있는 임금은 진
짜 미륵→미리→용이 아니고 대가리만 용이지 꼬리는 긴짐승223
인 가짜 미륵이었던 것이다. 미륵불이 오셔서 이루어 놓을 꿈나
라가 용화세계(龍華世界)이고 그 길라잡이로 나오는 것이 용녀(龍女)
이니, 기독교식으로 말하자면 용녀는 예언자요 선지자인 셈이다.
미륵과 마찬가지로 용 또한 언제나 빼앗기고 억눌리고 짓밟히기
만 해온 밑바닥 풀잎사람224들 애타게 사무친 슬픈 바람이 담겨 있
는 것이다.

　(촛불혁명으로 대통령 자리에서 끌려 내려오게 된 여자 사람
이 대통령 자리에 있을 때 세운 장학재단이 '미르재단'이라고 한
다. 임진생(壬辰生) 용띠인 그 여자 앞방석225이 붙인 이름이라고 하
는데, '미르' 뜻을 알고 한 것일까.)

　이 땅에 불교가 들어오면서 우리 겨레만이 지니고 있는 얼뼈대
인 '용 신앙'이 불교한테 먹혀 버린 것으로들 아는데, 이 점에 대
해서도 이 중생은 생각을 달리한다. 용 신앙이 불교를 거꾸로 먹
어버린 것이다.

223　긴짐승: 배암.
224　풀잎사람: 인민(人民).
225　앞방석: 비서(秘書).

불교가 지배계급 통치 이데올로기로 그 알맹이가 바뀌어지면서 불교라는 관제종교에 절망해 버린 우리 할아버지들은 그렇다고 해서 언제까지나 한숨 쉬며 눈물만 흘리고 있지는 않았다. 근본 불교가 가지고 있는 사상 가운데서 용 신앙과 비슷한 대목을 찾아내서는 그 속으로 파고 들어갔던 것이다. 미륵 신앙 가운데서도 하생신앙 쪽을 잡아가지고 해방의 사상, 혁명의 사상으로 바꿔 버린 것이 그것이다.

양호(兩湖), 그러니까 충청도와 전라도 바닥 얼안 모두가 미륵 신앙 한결같은 거룩한 땅이라는 점도 재미있다. 미륵이 펼칠 용화세계를 저희들 나라땅 안에 세우겠다고 서원(誓願)한 것이 백제였다. 56억 7,000만년이나 되는 아아라한 뒷날 올 부처가 아니라 이제 곧바로 백제땅 안에서 이룩하겠다는 것이 무왕(武王)으로 대표되는 백제사람들 마음이었다. 미륵하생(彌勒下生) 현실화이며 속속들이 이루겠다는 실천주의 나타남이었다. 백제 부흥운동 정신적 지도이념도 미륵사상이요, 후백제를 세운 진훤장군 건국이념 또한 미륵사상이었다.

신라가 믿고 받들었던 것은 미륵상생(彌勒上生) 신앙이었다. 상생 신앙으로 여느 인민들을 어루만지면서 한편으로는 백제한테서 배워온 하생신앙을 바탕삼아 만들어 낸 바탕얼개가 화랑(花郞)이다. 화랑이 곧 미륵이다. 화랑을 가리켜 미륵선화(彌勒仙華)라고 불렀던 것도 그렇고 용화향도(龍華香徒)라고도 부르는 것들이 다 용화세계를 이뤄내고자 하는 꿈을 담아낸 말들이다. 미륵세상을 꿈꾸는 무리가 곧 용화향도인 것이다. (60년대 끝무렵 김제(金堤) 금산사(金山

寺) 미륵전 뒤에 있는 마을에 갔던 적이 있다. 용화교(龍華敎) 바탕자리가 있는 곳이었는데, 비구니(比丘尼)와 처사(處士)짜리들 여남은이 모여 있었다. 교주(敎主)였던 서백일(徐白一)이라는 이가 누이를 팔선녀(八仙女)로 바쳤던 어떤 사내와 다투다 열반했다는 신문기사를 봤을 때였다. 그들은 생식(生食)을 한다며 무슨 다라니226를 외우고 있었는데, 후렴처럼 붙는 것이 '미륵존불'이었다.)

화랑제도를 바탕얼개로 해서 다져진 사회통합력을 바탕으로 삼국통합을 이뤄낸 신라 지배계급에서는 곧바로 미타신앙(彌陀信仰)으로 신앙 대상을 바꿔 버리니, 미륵 신앙은 이미 그 쓰임새를 다한 것이었다. 현실세계에서 이미 극락을 이루었으므로 죽은 다음에도 현실에서와 똑같은 극락세계를 이어가겠다고 아미타 부처님한테로 달려가게 되는 것은 그러므로 지극히 마땅한 일이었다. 금관에 오밀조밀하게 새겨지는 금불상이며 불경이며 성골(聖骨) 진골(眞骨)들 낱낱 원찰(願刹)이며 그리고 탑이며 여러 조형물에 새겨지는 불상도 거의가 죄 아미타불이었다는 것은 무엇을 말해 주는가.

이로부터 신라불교는 귀족불교로 떨어지고 꿈과 희망을 잃어버린 인민대중들은 미륵 신앙 쪽으로 쏠리게 된다. '만불산(萬佛山)'이라는 새김몬227을 물선(物膳)받은 대당제국 황제 대종(代宗)이 "신라사람들 교(巧)는 그저 교라고만 할 수 없다. 이것은 천조(天造)다." 하며 놀라워했다는 것에서도 알 수 있듯이 사치스럽고 화려함을 다한 지배계급들 분에 넘치게 놀아남에 밀려 진흙창 똥바다에 빠

---

226 다라니: 주문(呪文).
227 새김몬: 조형물.

져 허우적거리던 인민대중들은 죽어서 서방정토 극락세계에 가기보다 살아생전 미륵세상을 보고자 하였다. 같은 미륵 신앙이라도 하생신앙 쪽으로 쏠리게 된 까닭이다. 꿈과 희망을 잃어버린 풀잎사람들이 구름처럼 모여들던 하생신앙은 곧바로 혁명사상이 되고, 이것을 꿰뚫어 봤던 것이 궁예(弓裔)였다.

리현상.

우금고개에서 조선농군을 깨뜨린 미나미 19대대는 남녘으로 내려가 지리산을 뒨장질하고 다니니, 이른바 '남조선대토벌작전'이다. 1909년 9월 1일부터 비롯해서 한두 달 동안 이어졌으니, 지리산을 사북228으로 한 삼남 테안 농군 싸울아이들 씨를 말리겠다는 것이었다. 영광·강진·장흥 앞바다에 싸움배 띄워 농군들 지리산으로 몰아넣고 기름 짜듯 조여 들어가는 왜병이었으니, 그로부터 5·60여 년 뒤 리현상229 선생이

228　사북: 중심(中心).

229　리현상(李鉉相, 1905~1953): 전라북도 금산(錦山)에서 대지주 네 아들 가운데 막내로 태어나 고창고등보통학교 2학년을 마치고 서울 중앙고등보통학교로 옮겨 졸업반인 5학년 때 경성시내 고보생들 이끌고 6·10 만세운동을 일으켰다 잡혀 6개월 감옥살이 끝에 기소유예로 풀려났을 때는 이미 어기찬 공산주의자가 되어 있었다. 제4차 조공사건 때부터 모두 13년 징역을 살다 해방과 함께 나와 남조선로동당 노동부장이 되었고 려순항쟁이 터지면서 중앙당 못박음 따라 800명 저항군 이끌고 지리산으로 들어가 남부군 곧 남조선인민유격대 총사가 된다. 지리산을 복판으로 5년 동안 결사항전 곧 항미투쟁을 벌이던 끝에 전사하셨으니, 1953년 9월 17일이었다. 그 죽음에 대한 참모습은 여태도 안개 속이다. 열 방 위로 총을 맞은 불뫼, 곧 화산(火山)이다. 주검 윗도리 주머니에서 나온 것이 있다. 보리수 열매로 꿴 백팔염주와 『볼세비키혁명사』였다. 향수 49.

거느리던 항미 빨치산들이 그러했듯이 옴치고 뛸 수 없는 농군들이었다. 미제국주의자들이 썼던 것이 '네이팜'이라는 소형 원자탄이었다면 왜제국주의자들이 썼던 것은 기관총 앞몸인 '회선포(回旋砲)'였다. '지리산 토벌'을 끝낸 왜병은 남녘으로 내려간다. 우금고개와 청주성싸움에서 살아남은 농군과 전라·경상 여러 고을에 숨어 새로운 싸움 채비하던 농군들을 남해바다 속으로 밀어넣어 '남조선대토벌작전' 마침표를 찍자는 것이었다.

마지막 젖 먹던 힘을 다하여 장흥·강진·병영·해남을 두려뺀230 농민군은 장흥 대월리에 모여 마지막 서슬을 세웠으니, 1909년 12월 8일이었다.

그러나 미나미특공대와 그 졸개인 대한제국 관군이 지닌, 세상에서도 가장 앞서가는 잠개231 앞에서는 당해낼 도리가 없는 조선 농군이었다. 크루프 회선포와 화승대는 처음부터 싸움이 되지 않는 것이었으니, 세계 최강인 북미 합중국 침략군 앞에 맥없이 무너질 수밖에 없던 요즈막 아프카니스탄·이라크 군과 똑같은 경우였다. 현대전은 '쪽수'가 아니라 '화력'이다. 제아무리 쪽수가 많다고 해도 화력에서 밀리면 쪽을 쓸 수 없다. 조선농군은 12월 15일 석대벌에서 싸우고 17일 옥산마을에서 싸웠으나 죄 몰사주검할 수밖에 없었다. 그렇게 갑오농군전쟁은 가림천232을 내렸다.

왜병·관병한테 붙잡혀 목이 잘리거나 '유지뱅이'라고 불리우던

---

230 두려빼다: 함락시키다. 무너뜨리다.
231 잠개: 병장기(兵杖器). '무기(武器)'는 왜말임.
232 가림천: 막(幕).

128

짚둥우리에 얼굴이 씌워진 채 불타 죽은 농군만 해도 강진 320명, 장흥 300명, 해남 250명, 나주 250명이다. 무안·함평·영암·광주·능주·담양·순창·운봉·영광·무장 같은 데서 죽임당한 농민군은 50명에서 100명씩이었다. 김개남포에서 고부접주였던 최경선(崔景善)은 12월 11일 이제 화순(和順)인 동복(同福)에서 잡혀 한양으로 끌려갔는데, 왜병한테 목이 잘린 최경선부대 농민군은 220명 가운데 157명이었다. 1909년 이른바 '남한대토벌작전'에서 103명 의병장과 4천 138명 의병이 살륙 또는 체포되었고, 1907년 8월부터 1909년까지 살륙당한 의병은 1만6천700여 명, 부상자는 3만6천770여 명이라고 한다.

서장옥이 자리개미233당한 1900년쯤부터는 활빈당(活貧黨) 움직임이 더욱 거세어졌는데, 그 가운데 소백산(小白山) 언저리에 둥지튼 무리들이 가장 이름 높았으니, 서정만·정해룡을 서장옥 분부 좇았거나 적어도 그 동무들 움직임으로 보는 까닭이다. 이들이 그 뒤 반외세 의병전쟁을 거쳐 만주와 시베리아 벌판 독립전쟁과 빨치산싸움으로 그 넋을 이어갔던 것이라고 생각한다면, 지나치게 수꿈 꾸는234 것일까?

갑오봉기가 무너진 다음에도 6년을 더 살며 미륵당취 길을 걸었던 서장옥이었으니, 큰산(지리산 다른 이름)을 사북으로 해서 여기저기 속달뱅이235 맞싸움이 이어졌는데, 이러한 날치싸움236 목대잡

---

233 자리개미: 교수형(絞首刑).
234 수꿈 꾸다: 상상하다.
235 속달뱅이: 작은 크기.
236 날치싸움: 유격전(遊擊戰). 게릴라전.

이237가 일해미륵이었고, 일해미륵이 채잡는238 미륵당취였다. 문학적 상상력 또는 역사적 상상력만으로 해 보는 말이 아니다.

스님 눈물 같은239 바위굴 속으로 훨씬 허리 굽혀 여남은 발짝쯤 들어가자 엄장240 큰 사람이라도 활갯짓하며 갈 만한 너비로 곧게 뚫려지다가 왼쪽으로 곱꺾어241 이어지는데, 드날목242 쪽에서 들어오던 바람이 몰록243 잔풍하여244지면서 한 사람이 겨우 지나갈 수 있게 좁좁하여245지다가 다시 또 넓어지더니 오른쪽으로 모꺾으며246 훨씬 허리 굽혀 들어가자 아이오247 총림(叢林) 퇴설당(堆雪堂)만 한 큰 방이 나타나는 것이었다. 리초(麗初) 때 대이승(大異僧) 무기선사(無己禪師)248가 금강정정(金剛正定)에 들었던 곳이라는 금대(金臺)249

237　목대잡이: 목대잡아(여러 사람을 거느리고) 일을 시키는 사람.
238　채잡다: 어떤 일을 하는데 주장이 되어 그 일을 다루다.
239　스님 눈물 같다: 어둠침침하다.
240　엄장: 겉 꼴이 드러나게 어울리는 큰 덩치.
241　곱꺾다: ①뼈마디를 꼬부렸다 폈다 하다. ②노래를 부를 때 그 꺾이는 목에 가서 소리를 낮추었다가 다시 돋구어 부드럽게 불러넘김.
242　드날목: 들어오고 나가는 곳. '출입구(出入口)'는 왜말임.
243　몰록: 문득.
244　잔풍(殘風)하다: 바람이 잔잔하여지다.
245　좁좁하다: 좁다랗게 작다.
246　모꺾다: 굽어지다.
247　아이오: 갑자기.
248　무기선사(無己禪師): 고리 때 스님. 대혼자(大昏子)라 자호(自號). 지리산에 숨어 살면서 30여 년을 누더기 하나로 지냈다. 먹는 것도 많고 적음이 한결같지 않고 한번 앉으면 10여 일씩 일어나지 않았다. 산에 70여 암자가 있었는데 한 암자에 갈 때마다 1 게송을 지었다 함.
249　금대(金臺): 경상남도 함양군 마천면 가흥리(지리산 벽송사(碧松寺) 맞은편)에 있는 암자로 신라 태종 무열왕 3년인 서력기원 656년 세워진 절로 지리산에 있는 절 가운데 가장 오래되었을 뿐 아니라 천하절경으로 이름 높음. '금대'란 『정토경(淨土經)』 중에 염불한 이가 임종할 때 아미타불 명을 받은 인로왕(引路王)보살이 금대 반야용선(般若龍船)을 가지고 와서 극락세계로 인도하는 것을 첫째라 하고, 은대(銀臺)로 접인(接引)함을 둘째라고 한 데서 비롯한 말임. 선조 31년인 1598년 왜적 500여 명이 진주(晉州)에서 지

노한주(老閑主) 말이었다. 1960년대 끝무렵이었다.

허공으로 북을 삼고 수미산(須彌山)으로 망치를 삼아 삼계(三界)를 쳐부수려는 눈 푸른 납자(衲子)한테만 그 문을 열어준다는 전설이 있는 천고(千古)의 미륵도량이라고 하였다. 신라 적 붉은바지농민 군 봉기 때와 고리 적 농군봉기며 임진왜란과 임술봉기 때는 농군 과 의병들 피란처였고, 갑오봉기 때는 일해스님 기도처였다는 그 곳은 항쟁의 려순(麗順) 다음 빨치산 채잡이들 비트로 쓰였는데, 끝 까지 뽕나지 않은 데라고 하였다. 순조(純祖) 11년인 1811년 일떠섰 던 평서대원수(平西大元帥) 홍경래(洪景來) 봉기군 후군장(後軍將)이었던 리제초(李濟初) 장군 밑에서 철갑군(鐵甲軍)으로 있다가 사송(四松)벌 싸 움 때 관군한테 무너진 다음 향산(香山)에 숨어들어 중이 된 노노(老 老) 스님한테 들었다고 하였다. 구오사미(驅烏沙彌)시절 솔거(率居) 스 님이 그린 유마상(維摩像) 모신 용추사(龍湫寺)에서 일해미륵을 시봉(侍 奉)한 적도 있다는 그 극로비구(極老比丘)는 사라져버린 역사 뒷이야 기를 많이 아는 마지막 당취였다.

일해미륵 미좇던 당취 뒷자손들은 왜제 때 큰산을 두리250로 해 서 항왜 빨치산 싸움을 벌였으니, 구구빨치이다. 남조선 단독정부 가 세워지면서 들어간 이들은 구빨치가 되고, 6·25가 터지면서 들 어간 이들은 신빨치가 되어 항미 빨치산 싸움을 벌렸으니, 모두가 헐수할수없게251 된 농군들이었다. 스무 살이 못 되는 꽃두레 꽃

리산으로 들어와 금대암 등을 뒤져 많은 사람을 살륙하였다고 하며, 6·25 때 빨치산 토벌대가 불태웠음. 그때 머물렀던 빨치산은 리현상 선생이 거느리는 '남부군'이었음.
250 두리: 둘레.
251 헐수할수없다: ① 이리도 저리도 어떻게 할 수가 없다. ② 아주 구차해서 살아

두루는 애빨치라고 하였다. 그리고 1948년 겨울 열여덟 살 새서방 찾아 천왕봉(天王峯) 올라갔던 열일곱 살 새각시가 미제국주의 병대와 미제국주의 사냥개인 군경 토벌대와 싸우다 죽은 새서방이 쓰던 38식 장총 물려받아 싸울어미로 나서니, 정순덕(鄭順德)252이다. '지리산 여장군 정순덕'이 경찰 토벌대와 싸우다가 다리에 총을 맞고 잡힌 것이 1963년 11월 12일 새벽 2시쯤으로, 남조선 마지막 농민군이었다.

"정순덕이라는 싸울어미가 영웅적으로 남조선 해방투쟁을 벌인다고 해서 <지리산 여장군>이라는 영화를 김주석 특명으로 만든 거지, 막 영화를 돌리려는 판인데 갑자기 상영 중지가 되었어. 지리산 여장군이 검정개들한테 피체되어 대북방송에 나왔거든."

6·25가 터진 뒤 입산한 신빨치였던 그 중늙은이 스님은 두 손을 입에 대더니 "우우ㅡ." 하고 외쳤다. 국란 때마다 일떠섰던 의병이며 농민반란군 그리고 저 갑오봉기 때 개남장부대와 그로부터 비롯된 빨치산 싸울아비어미들이 쓰던 군호였다고 하였다. 왜노들이 '암호'라고 바꿔 버렸는데 우리 조선 사람들은, 우리 조선싸울아비어미들은 꼭 '군호'라고 하였다는 것이다.

갈 길없이 막연하다.
252 정순덕(1932-2004): 경상남도 산청군 삼장면 내원골에서 농군 딸로 태어난 정순덕이 같은 군 시천면 사리 사는 17살 꽃두루 성석조(成石祚)한테 시집간 것은 16살 때였다. 새서방 있던 지리산 천왕봉 밑 야산대에 들어간 정순덕은 새서방이 쓰던 장총 물려받아 싸울어미로 나선다. 정순덕은 리인모 노인이 북송될 때 같이 가기를 원하였으나 받아들여지지 않았다. 경기도 광주에 있는 '나눔의 집'에서 장기수 출신 노인들 수발들던 정순덕이 이뉘를 떠난 것은 2004년이었다. 만주벌판 백마 타고 달리던 여장군 김명시(金命時) 의발 받은 지리산 여장군이 쓰러진 것은 인천에 있는 어느 손바닥만 한 쪽방에서였다.

의병전쟁을 떠올릴 적마다 애잡짤하여지는 마음이니, 왜 이렇게도 못 싸웠다는 말인가? 그러나 이내 도머리를 칠 수밖에 없으니, 갑오농군전쟁이 그 가림천을 내리게 되는 우금고개싸움 때도 그렇듯이 의병들이 지니고 있던 병장기 가운데 가장 뛰어난 것이 화승총이었다는 것을 잊고 있었던 것이다. 아프카니스탄과 이라크 그리고 리비아에서 보여 주었듯이 이제는 더구나 그러하지만 백여 년 앞 그때에도 낱낱 사람끼리가 아닌 무리싸움에서 승패를 가름하는 것은 화력(火力)이었다.

어느 쪽에서 가장 앞서가는 잠개를 지니고 있느냐에 따라 그 싸움은 판가리가 나는 것이다. "군이나 경찰 10여 명이면 의병 100여 명을 능히 이길 수 있다."고 보는 왜군경 쪽 적바림이 있다. 한마디로 현대 병장기와 고대 병장기 사이 싸움이었다. 병력 수가 많고 적음이나 어떤 싸울 꾀를 쓰느냐는 싸움 재주에 앞서는 골칫거리였던 것이니, 지배국인 영국군보다 뛰어난 힘 소총을 지녔던 식민지 미국이 독립전쟁에서 이길 수 있었던 까닭이었고, 코딱지만 한 이스라엘이 둘러싼 아랍 여러 나라들을 이겨낼 수 있는 까닭 또한 앞서가는 화력에 있는 것이다.

1907년 7월 31일 대한제국 병대를 흩뜨려 버린 왜제가 가장 먼저 해치웠던 두 가지가 있으니, 같은 해 9월 6일 널리 알린, 이른바 '총포 급 화약류 단속법'과 '성벽처리위원회 구성'이 그것이다. 화약·총알·총포류는 물론하고 궁(弓)·시(矢)·도검(刀劍)·창(槍)류와 왕조

시대 갑주(甲胄)와 투구며 방패에 이르는 모든 병장기를 덮잡기253 하는 것과 온 나라 종요로운 시읍(市邑)에 있던 성벽을 무너뜨려 버리는 것, 바로 그것이었다. 한마디로 겨레 목숨과 천량254을 지켜 낼 수 있는 울타리와 연장을 죄 없애 버린 것이었다.

우금고개싸움에서 무너진 당취부대 이끌던 일해대사 서장옥이 살아남은 용문산당취들 이끌고 올랐던 데가 지평 미륵뫼였다. 미륵뫼 상봉 올라 궁예 전배 이름 목놓아 부르던 일해대사 서장옥이었으니, 왜노들 물리칠 새로운 싸울 꾀를 짜내는 것이었다.

---

253 덮잡기: 압수(押收).
254 천량: 전량(錢糧). 살림살이에 필요한 재물.

우리 모두 미륵이 되자!

그때에 세상 사람들은 사람끼리 몸에는 크고 작은 다름이 있으나 목소리에는 다름이 없으며 똥오줌을 누고자 할 때는 땅이 저절로 열려지고, 일을 본 뒤에는 땅이 다시 합쳐지느니라. 또 그때는 논에 모를 꽂지 않아도 쌀이 저절로 생겨나는데, 껍질이 없고 향기로와서 먹은 뒤에 병들어 애쓰는 일이 없느니라. 그리고 이른바 보배라던 금·은이며 자가·마노·진주·호박이 길바닥 여기저기에 흩어져 있지만 주워 가는 사람이 하나도 없느니라. 그때 사람들은 이런 보배들을 손에 들고 이렇게 말하리라.

"옛날 사람들은 이런 것들로 말미암아 서로 싸우고 죽이며 잡혀가고 때에 (감옥에) 갇히는 등 끝없는 괴로움을 받았다더군. 이제 와서는 이런 것들이 흙이나 돌멩이나 다르지 않으므로 아끼고 탐내는 사람 없게 되었는데."

미륵사상으로 쇠덮개 두른 궁예부대는 싸우는 족족 이기는 상승부대였다. 미륵세상을 만들겠다는 사무치게 애타는 마음으로 똘똘 뭉친 그들은 상군과 졸병이 한마음으로 한몸 되어 미륵다라

135

니 모뽀리255하며 앞으로 나아갔으니, 천하무적이었다.

강원도 인제·화천·금화·금성·철원 같은 여러 성을 두려뺀 그들은 잣단256 호족들이 넘볼 수 없을 만큼 아주 센 무장력을 갖춘 것이었다. 패서(浿西), 곧 평양 이남에서 예성강 이북 사이를 차지하고 있던 호족들이 궁예 무릎 밑으로 들어왔고, 앙버티는257 황해도 연안(延安) 호족 류금순(柳金順)과 그 참모 태평(太平) 같은 이는 깨뜨려 버렸다.

이처럼 거침없이 뻗어 나가는 궁예를 가로막고 나선 것은 양길(梁吉)이었다. 호남 쪽 진훤(甄萱)과 으뜸자리 놓고 겨루던 아리수258 언저리 우두머리였던 양길로서는 거느리고 있던 손아래 장수인 궁예가 차리는 딴살림을 받아들일 수 없는 것이었다. 이제 경기 지평 용문산 아래 두물머리259 언저리에 있던 비뇌성(非腦城)에서 벌어진 싸움은 양길이 먼저 치고 들어간 것이었는데, 싱겁게 끝나고 말았다. 궁예가 지닌 힘을 낮춰보았던 양길 빈틈이라기보다 수원승도들이 물어오는 꼼꼼한 염알이260 싸움이 거둔 판막음261이라고 봐야겠으니, 곳곳 절집마다 수박씨처럼 박혀 있는 염알이꾼들이 바로 궁예를 미좇는262 수원승도들이었기 때문이다. 897년 철원성(鐵圓城)에 도읍한 다음해였다. 『삼국사기』에서는 901년 왕

---

255 모뽀리: 합창(合唱).
256 잣단: 중소(中小).
257 앙버티다: 대들다. 저항(抵抗)하다.
258 아리수: 한강(漢江).
259 두물머리: '양수리(兩水里)'는 왜노들이 만든 말임.
260 염알이: 발쇠. 엿봄. 염탐(廉探).
261 판막음: 판가리. '결승(決勝)'은 왜말임.
262 미좇다: 뒤미쳐 좇다.

이 되었다고 하고 『삼국유사』에서는 896년 왕이 되었다고 하는데, 896년이 맞는다고 본다. 왕건 집안이 무릎 꿇고 들어오는 것으로 봐서 그렇다. 26살 진훤이 백제를 다시 일으켜 황제가 된 4년 뒤였다.

고리황제 궁예는 경기도 연천·장단·개풍을 차지하고 이제 서울 강서구·양천구 얼안 모두와 김포·강화도를 손에 넣었다. 이때 개성(開城) 얼안263인 송악(松嶽)에서 해상무역으로 큰 힘을 떨치고 있던 용건(龍建)이 궁예 밑으로 들어오는 '사변적 상황'이 벌어지니, 궁예와 왕건 '운명적 만남'이 이루어지는 것이다. 궁예한테서 이제 강원도 금화(金化)인 금성태수를 받은 용건은 이렇게 아뢴다.

"대왕께서 참으로 조선과 숙신 그리고 변한 땅에서 임금노릇을 하시려면 먼저 송악에 성을 쌓는 것이 좋은데, 제 자식 놈을 성주로 삼아 주소서."

평양·원산 아랫녘만이 아니라 대진국(大震國)이 차지하고 있는 평양·원산 윗녘에서부터 만주대륙까지 손아귀에 넣는 대제국 황제가 되라는 용건 말은 궁예가 지닌 우람한 뜻을 딱 집어낸 것이었으니, 짜장264 국제무역으로 몸을 일으킨 대무역상다운 말이었다. 이에 갓 스물 난 왕건을 송악 성주로 삼아 발어참성을 쌓게하니, '빅딜'이 이루어진 것이었다.

그런데 아들을 왕으로 만든 '킹메이커' 용건이 한 해도 못되어

---

263 얼안: 테안. 테두리안.
264 짜장: 정말.

죽는 일이 일어난다. 다직265 40대에 들어섰을 한창때 사람이 갑자기 죽는다는 것은 무언가 는실난실하다266. 더구나 '큰 체수에 수염이 많았으며 틀이 커서 삼한을 일통시키려는 뜻을 가졌던' 사람이고 보면 그러하다. 아마도 송악 테안267을 주무르는 '실력자'를 그대로 놔두었다가는 두고두고 송악 천도를 비롯한 '정치 어젠다'에 걸림돌이 될 것이라고 본 종간·은부 같은 고갱이268 앞방석269들이 저지른 '정치공학적 타살'로 보인다. 이런 참모습을 어렴풋이라도 알고 있던 왕건은 그때부터 궁예를 쳐없애려는 속셈을 품게 되었을 것으로 보이고. 용건이 궁예한테 정치자금이나 대주고 잇속이나 챙기는 홀된 장사꾼이었다면 그렇게 일찍 죽지는 않았을 것이다. 몽양(夢陽)과 죽산(竹山)이 우남(雩南)한테 죽임당하고, 이정(而丁)과 약산(若山)이 금성(金星)한테 죽임당한 것이 떠오르는 대목이다.

궁예를 혼띔270하려고 벼르던 양길이 다시 군사를 일으킨 것은 899년 7월이었다. 용건이 쥐고 있던 떨치는 힘바탕을 줌271에 넣은 궁예가 송악(松嶽)으로 서울을 옮긴 다음해였다. 발밑인 아리수 아랫녘까지 밀고 들어오는 궁예를 그냥 놔두었다가는 근터구272

---

265 다직: 기껏.
266 는실난실하다: 이상(異常)하다.
267 테안: 테두리 안. 얼안.
268 고갱이: '핵심(核心)'은 왜말임.
269 앞방석: '비서(祕書)'는 왜말임.
270 혼띔: 혼냄.
271 줌: 주먹.
272 근터구: 본바닥. 본거지(本據地).

인 아리수 윗녘까지 바드러워지[273]는 것은 물론이고 무엇보다도 먼저 손아랫사람한테 영이 서지 않는 양길로서는 단판걸이 판가리[274] 싸움을 벌이지 않을 수 없었다. 그래서 먼저 덮쳐간 싸움이 었는데, 깨끗이 지고 말았으니 —

북원 도적 괴수 양길은 궁예가 저한테 두 마음을 품고 있는 것을 미워해서 북원 등 10여 성주와 함께 궁예를 칠 것을 꾀하고 비뇌성 밑으로 군사를 몰아 나갔으나 양길 군사는 흩어져 달아났다.

양길을 역사 무대에서 사라지게 만든 비뇌성(非腦城)이 있던 데는 이제 경기도 양평 땅으로 보인다. 북한강과 남한강이 합수치는 지평 용문산(龍門山) 밑 두물머리 언저리로, 이 싸움을 이겨 내면서부터 궁예는 비로소 조선반도 한복판땅 젖줄인 아리수 물길을 줌 안에 넣게 된 것이다.

고리를 세운 8년 만인 904년 나라 이름을 마진(摩震)으로 바꾸니, 698년 고구리사람 대조영(大祚榮)이 중원땅에 세웠던 대진국(大震國) 내림줄기[275]를 이어받겠다는 뜻이었다. ('마(摩)'와 '대(大)'는 같은 뜻임.)

마진제국(摩震帝國)을 세운 궁예황제 서슬은 하늘을 찌를 것 같았다. 위로는 대동강(大同江) 언저리까지, 아래로는 금강(錦江) 언저리

---

273 바드럽다: 위험(危險)하다.
274 판가리: 끝판. '결승(決勝)'은 왜말임.
275 내림줄기: '전통(傳統)'은 왜말임.

까지 뻗치는 것이었고, 진훤(甄萱)황제가 다스리는 백제(百濟)땅 나주(羅州)를 뱃길로 치고 들어가 두려빼고[276] 이제 경상남도 쪽 앞 바다까지 힘을 뻗치게 되니, 일통삼한(一統三韓)이 멀지 않은 것으로 보였다.

여기서 한 가지 밝혀둘 것이 있으니 – '고리'라는 나라 이름은 왕건이 지은 것이 아니라 궁예가 지은 것이었다. 뒷세상 '역사가' 라는 이들이 고구리와 가름하고자 '후고구려'라고 부르지만, 궁예가 지었던 어김없는 이름은 '고리'였다. 그리고 '고리'라는 이름은 '고구리'라는 이름을 두 글자로 줄인 것이 아니다. 고구리는 5세기 무렵부터 나라 이름을 고리라고 일컬었다. 5세기 뒤를 적바림한 중국과 왜국 역사책이나 금석문(金石文)에 한결같이 '고구리' 가 '고리'로 적혀 있으며 '중원고구리비'를 세운 장수왕도 '고리대왕'으로 되어 있다. 그러므로 궁예가 고리라는 나라 이름을 썼던 것은 고구리가 썼던 이름을 그대로 이어받아 썼던 것이니, 200여년 만에 고구리를 되살려 낸 것이었다. 그리고 고구리나 고리라고 할 때 '고울려·빛날려'자로 새기는 '려(麗)' 자는 '나라 이름 리'로 읽었을 것이다.

이전에 신라가 당나라에 병대를 보내달라고 해서 고구리를 깨뜨렸기 때문에 평양 옛서울이 띠풀만 다옥한[277] 묵정밭이 되었으니, 내가 반드시 그 원수를 갚겠노라.

---

276 두려빼다: 함락(陷落)시키다.
277 다옥하다: 무성(茂盛)하다.

고리, 그러니까 고구리를 다시 일으켜 세우면서 궁예가 하냥다 짐278처 한 말이었다. 그러면서 신라를 쳐서 없애야 할 도읍(都邑) 또는 반드시 없어질 도읍이라는 뜻에서 '멸국(滅國)'이 아니라 멸도(滅都)라고 낮춰 부르며 두 손 들고 들어오는 사람들(여느 백성이 아니라 지배계급 벼슬아치)은 에누리 없이 죽였다고 『삼국사기』에는 적바림279되어 있다.

감사나운 마음바탕 지닌 '모진 놈'임을 그루박고자280 지어낸 말이지만, 궁예가 신라를 미워했던 것만은 진짜였다. '활 잘 쏘는 사람'인 주몽(朱夢) 뒷자손이라는 뜻에서 이름까지 '궁예(弓裔)'로 지은 사람이 '고리'를 버리고 '마진'이라는 나라 이름을 썼다는 것은 일통삼한을 이뤄내겠다는 마음다짐을 드러낸 것으로 봐야 한다. 외곬이며 숫되게 고구리를 살려내는 것에만 매어 있는 패서 둘레 고구리 갈래 호족들 줌 안에서 벗어나야 한다는 생각을 굳히는 궁예였고, 그러기 위한 수 하나로 가려잡는 것이 905년 개경에서 철원으로 서울을 되돌리고 청주 바닥 백성 1천 호를 옮겨오게 한 것이었다. 896년 나라를 세워 918년 무너질 때까지 22년 동안 궁예는 몇 차례 나라 이름과 년호를 바꾸게 된다. 이것을 두고 역사가라는 이들은 궁예 얼꼴281이 어둡고 어지러워진 보기로 드는데, 아니다. 여기에는 다만 이어받아 살아가는 고장과 지체 바탕에만

---

278 하냥다짐: 목벨 내기.
279 적바림: '기록(記錄)'은 왜말임.
280 그루박다: 강조(强調)하다.
281 얼꼴: 정신상태(精神狀態).

따라 움직이려는 여러 힘센 호족 두럭282들을 잡도리283해서 삼한 일통을 이뤄내려는 깊은 시름이 담겨 있었던 것으로 봐야 한다.

마진이라는 이름은 마하진단을 줄인 것이다. 마하(摩訶)는 '크다'는 말이고 진단(震檀)은 '동방'이라는 말이니, '대동방국(大東方國)'이라는 말이다. 그런데 '마진'은 대조영이 나라를 세우면서 처음 썼던 말이기도 하다. 한족(漢族)들이 천년왕국이었던 고구리 남은 백성들이 대동방국이었던 고구리를 이어가겠다는 다짐에서 붙인 '마진' 대신 그 나라 앞바다 이름만 따서 '발해(渤海)'라고 낮잡아 불렀던 것이니, 죽어도 써서는 안 되는 이름이 발해인 것이다.

그런 뜻을 지닌 이름을 다시 되살려 냈다는 것은 뜻이 만주대륙, 곧 요동벌판에 있었다는 것을 웅변하여 주지 않는가(그리고 '요동(遼東)'은 이제 요동보다 훨씬 더 서쪽을 가리키는 말이었음.) 참으로 우람찬 꿈이 담겨 있는 이름이다. 대동방국이라면 고구리·백제·신라·가야를 아우른다는 말이니, 고구리 갈래 호족들이 앙버티게 되는 진티284가 된다. 그리고 여기서부터 궁예 정권이 흔들리기 비롯하니, 너무 앞서 나갔던 것이다. 년호 '무태(武泰)'는 창과 방패로 두동진285 모둠살이286 다툼이 가라앉은 태평성대(太平聖代), 곧 다툼과 근심걱정 없이 복된 세상이라는 뜻이니 ─ 더러운 땅을 뒤집어 깨끗한 땅인 극락세계(極樂世界)로 만들겠다는 애타는 꿈이

---

282 두럭: '집단(集團)'은 왜말임.
283 잡도리: 잘못되지 않도록 단단히 조심해서 다룸. '단도리'는 왜말임.
284 진티: 일이 잘못될 빌미.
285 두동지다: 모순(矛盾)되다.
286 모둠살이: '사회(社會)'는 왜말임.

담겨 있음이로구나. 마하 궁예보살 마하살.(삼설(三說))

911년 궁예는 다시 '마진'을 '태봉'으로 바꾸고 년호 또한 '수덕만세'로 바꾼다. 태봉 '태(泰)'는 주역(周易) 태괘(泰卦)에 천지가 어울려 만물을 낳고 산하(山河)가 어울려 그 뜻이 같아진다는 '태(泰)'와, 황제 땅으로 만든다는 '봉(封)'을 합뜨린 것으로, '행복한 황제 나라'라는 뜻이다. 지상락원(地上樂園), 곧 극락세계 다른 이름이다. 년호 수덕만세(水德萬歲) 또한 궁예가 지니고 있던 우람찬 혁명사상인 미륵사상을 보여 주는 것으로, 음양오행설(陰陽五行說)에서 수덕(水德)은 북녘을 말한다. 오덕(五德) 가운데 수덕에 맞았던 것이 바로 고구리였으니, 고구리 옛땅을 찾겠다는 우람찬 '다물얼'이 담겨 있다. 삼한을 일통시킨 바탕 위에서 고구리 옛땅까지 되찾아 만세토록 길이길이 이어지기를 바라는 마음에서 지은 년호가 바로 '수덕만세'인 것이다.

914년에는 다시 '정개(政開)'로 바꾸었고 무태 다음에 '성책(聖冊)'으로 바꾸기도 하였는데, 다 비슷한 뜻이다. 한마디로 나라 풍김새287를 바꾸자는 것이었다. 그때에 신라에서는 당제국이 쓰는 년호를 받아쓰고 있었는데, 궁예가 쓴 년호들은 '정개'만 빼놓고 삼한과 중국 어느 나라에서도 쓴 적이 없는 것들이었다. 줏대 짱짱한 미륵대제국이었다는 말이다.

이처럼 제 나름대로 년호를 썼던 궁예였으므로 그 이름자 뒤에 따르는 것은 마땅히 '황제'였다. 한족 황제가 내려주는 '제후'나 '

---

287 풍김새: '분위기(雰圍氣)'는 왜말임.

왕'이 아니라 한족 황제와 맞먹는 '대미륵제국 황제'였던 것이다. '마진'이라는 나라 이름이 '황제는 동방에서 나온다'는 뜻인 주역 '제출호진(帝出乎震)'에서 따온 것이니, 두말할 나위 없이 황제였다. 발해 곧 대진국을 세웠던 대조영을 비롯한 그 뒷 임금들 모두 황제였다. 그리고 궁예는 이름만 황제를 일컬었던 것이 아니었다. 당제국 제도와 풍습을 본받아 관부제도와 이름이며 옷차림까지 죄당제국 것으로 바꿔 버린 신라 것을 버리고 죄 새로운 것으로 고쳤으니, 마침내 대동방제국을 세운 것이었다. '정개(正開)'라는 년호 썼던 진훤 또한 황제였다. 대백제제국 진훤황제였다.

선종이 스스로 미륵부처라 일컬으며 머리에 금고깔 쓰고 방포(方袍)를 입었으며 맏아들을 청광보살(淸光菩薩)이라 하고 다음 아들을 신광보살(神光菩薩)이라 하였다. 선종이 나들이 할 때면 장 흰말을 타는데 비단으로 갈기와 꼬리를 비다듬고 숫보기288 사내아이와 계집아이들로 하여금 햇빛가리개와 향과 꽃을 받쳐들고 길라잡이289하게 하며, 또 비구승(比丘僧) 200여 명한테 미륵부처를 기리는 노래를 부르며 뒤따르게 하였다.

궁예황제 나들이 때 모습인데, 아마도 나라 이름을 '고리'에서 '마진'으로 바꾼 904년부터일 것으로 짐작된다. 궁예는 904년과 911년 두 차례에 걸쳐 나라를 다스리는 마을(관청) 이름과 벼슬자리 뼈대를 크게 고쳐 짰으니, 신라 골품제(骨品制)를 없애 버린 것이었다. 성골(聖骨)·진골(眞骨) 같은 핏줄을 바탕으로 하는 출신성분 체

---

288 숫보기: 숫된 사람. 꽃두레 꽃두루.
289 길라잡이: '안내인(案內人)'은 왜말임.

제에서 사람사람이 저마다 지니고 있는 깜냥290을 바탕으로 하는 실력체제로 바꾼 것이었으니, 참으로 혁명적인 것이었다. 지니고 있는 깜냥과는 아무런 이음고리291도 없이 대를 물려 가며 부귀공명을 이어 가고 있던 귀족을 비롯한 따논자리292를 차지하고 있던 0.1퍼센트 사람들은 딛고 있던 노둣돌이 빠져 버리기 비롯하였고, 궁예가 일통삼한을 이루어 말 그대로 미륵대제국이 세워진다면 툭수리찰293 수밖에 없는 호족 동아리였다.

또 스스로 불경 20여 권을 지었는데 때로는 반듯하게 앉아서 그 경을 풀어 말하기도 하였다. 중 석총(釋聰)이 말하기를 "죄 그릇된 말이요 는실난실한 이야기여서 가르칠 수 없다."고 하였더니 선종이 듣고 성내어 쇠방망이로 쳐 죽였다.

정명 원년에 부인 강씨가 옳지 못한 일을 많이 한다 해서 낯빛을 바르게 하고 잘못을 고치도록 말하니 왕이 미워하여 말하기를 "네가 다른 사람과 보쟁이294니 무슨 까닭이냐?" 강씨가 말하기를 "어찌 그런 일이 있겠는지요?" 왕이 말하기를 "나는 검님295과 통해서 보고 있다."면서 뜨거운 불에 쇠공이를 달구어 그 살꽃296을 쑤셔 죽이고 강씨가 낳은 두 아이까지 죽였다. 그 뒤로 의심이 많고 갑자

---

290 깜냥: 힘. '역량(力量)'은 왜말임.
291 이음고리 : 연관(聯關).
292 따논자리: '기득권(旣得權)'은 왜말임.
293 툭수리차다: 망하다.
294 보쟁이다: 내외가 아닌 사이에 동품하다.
295 검님: 신령님.
296 살꽃: 여성 생식기.

기 성내기를 잘하여 여러 벼슬아치와 장수며 평민에 이르기까지 죄없이 죽임을 당하는 일이 자주 있었으며 부양과 철원 사람들이 그 모지락스러움을 견뎌낼 수 없었다.

불교라는 종교를 그릇 받아들인 궁예가 분에 넘치게 날파람잡다297가 끝내 처자식까지 끔찍하게 죽여 버리는 망나니가 되었다는 것으로, '안티 궁예' 쪽 사람들이 즐겨 끌어대는 대문인데, 정말로 그러한 것일는지? 먼저 "스스로 미륵부처라 일컬으며 머리에 금고깔을 쓰고 몸에는 방포를 입었으며 맏아들을 청광보살이라고 하고 다음 아들을 신광보살이라 하였다."는 것을 가지고 마치 하늘을 쓰고 도리질하려는 과대망상중 환자쯤으로 깎아내리고 있는데, 스스로 부처임을 일컫고 보살임을 일컬었던 것은 궁예만이 아니었다.

신라를 다시 일으켜 세운 슬기로운 임금으로 기려지는 진흥왕(眞興王)과 그 손자인 진평왕(眞平王)이 그러하였다. 이 땅별 위에 있는 나라만이 아니라 수미사주(須彌四洲), 곧 태양계 안에 있는 모든 나랏사람들을 다스리는 대왕(大王)이라는 뜻인 전륜성왕(轉輪聖王)임을 내대었던 진흥왕이었다. 진흥왕 손자 진평왕은 스스로 부처라고 하였는데 그냥 부처가 아니라 부처님 아버지인 백정왕(白淨王)이라 하였으니, 궁예는 숫접은 사람이었다. 진평왕비도 부처님 어머니인 마야부인(摩耶夫人)이라 하였고, 진평왕 아우 이름도 부처님 삼촌인

---

297 날파람잡다: 흰소리 치다.

백반(白飯)이라고 하였고. 이런 역사적 사실을 두고 이른바 사학자라는 이들은 이렇게 추어올린다. "불타 권위를 빌려 왕권을 강화시키려는 고도의 통치술이었다."

스스로 부처임을 내대었던 것은 궁예나 진흥왕·진평왕이 똑같다. 석가와 미륵이라는 다름은 있지만 스스로 부처라고 일컬었던 것은 다름이 없다. 그런데 왜 한쪽은 '신라 중흥대왕'으로 기려지고 한쪽은 '과대망상증 환자'로 업신여겨지는 것일까? 이것은 석가와 미륵 다름에서 그 까닭을 찾아야 할 것이라는 생각이니, 석가모니는 현세 곧 이제 여기에 온 부처이고 미륵은 내세(來世) 곧 앞으로 오게 될 부처를 말한다. 다시 말하자면 이미 따논자리를 지켜 내려는 수구기득권 세력이 받드는 석가모니이고, 몰리고 쏠려 죽지 못해 살아가는 99.9퍼센트 인민 대중이 받드는 부처가 바로 미륵이라는 말이다.

다음으로 "선종이 출입할 때면 장 흰말을 타는데 비단으로 갈기와 꼬리를 비다듬고 숫보기 사내아이와 계집아이들로 하여금 햇빛가리개와 향과 꽃을 받쳐들고 길라잡이하게 하며 또 비구승 200여 명한테 미륵부처를 기리는 노래를 부르며 뒤따르게 하였다."는 대목은 집고 분에 넘치게 날파람잡는 게 아니었다.

어떤 대당제국 장사치가 신라에서 아주 는실난실한 것을 얻었는데, 왕족과 귀족들이 나들이할 때면 타게 되는 말꼬리에 매달아 흙먼지를 잠재우는 헝겊인 벽진건(辟塵巾)과, 침 꽂은 수건을 말꼬리에 매달아 흙먼지를 빨아들이는 벽진침(辟塵針)이라는 것이었단다.

당제국에서 엄청난 돈 주고 들여온 옷차림으로 먼지 한 톨 안 묻게 나들이하던 그들은 사절유택(四節遊宅)이라는 으리으리한 별서(別墅)298로 철따라 놀러 다니는데, 꽃 피고 새 울며 송화가루 흩날리는 봄마다 온갖 치렛거리로 비다듬은 침향목(沈香木) 수레 타고 꽃놀이 즐기던 데를 송화방(松花房)이라고 하였단다. 진표(眞表)를 비롯한 왕실 틀거지를 빛내고 윗자리에서 휘두르는 지체 높은 나으리들 만수무강 위한 이른바 통치철학 생산공장 공장바치였던 절집 큰 중들이 궁궐 나들이를 한다거나 무슨 불사(佛事) 또는 법회(法會)라는 이름으로 풀잎사람들 뼛골 빨아먹을 때 벌였던 놀음판 치레와 견줘보면 궁예는 그야말로 새발에 피에 지나지 않는다.

진흥왕은 그리고 끝무렵에 신라땅에 맨 처음 나라에서 세운 절인 흥륜사를 대왕흥륜사(大王興輪寺)라는 이름으로 바꾼 다음 스스로 머리 깎고 들어가 법운(法雲)이라는 중 이름으로 주지(住持)를 하였단다. '전륜성왕'이었던 이가 '만승의 높은 자리 폐리처럼 버리고' 중이 되었나니 놀라운 것만은 틀림없는데, 삼일수하(三日樹下) 나그네로 일의일발(一衣一鉢) 떠돌며 화두(話頭) 챙기는 납자(衲子)가 된 것이 아니라 '주지'가 되었다고 한다. 시방도 마찬가지지만 법운스님이 대왕흥륜사 주지로 간 그때에 주지는 대단한 자리였다. 그것도 이름 없는 산골 암자가 아니라 '대왕'이라는 싯누런 금관(金冠) 씌워진 대신라 제일 사찰 주지자리라면 그대로 상왕(上王) 자리였다. 그때에 신라땅에 있던 큰절들은 죄 왕실에서 세운 것으로 주지 또한 왕실 길카리거나 성골·진골 출신 귀족중들이었다. 서라벌

---

298 별서(別墅): 별장(別莊)은 왜말임.

에 있는 불국사(佛國寺)·석굴사(石窟寺)·황룡사(黃龍寺) 같은 대가람(大伽藍)은 물론하고 해인사(海印寺)·통도사(通度寺)·송광사(松廣寺)·범어사(梵魚寺) 같은 이제 대한불교조계종 본사(本寺)라는 절집을 틀어쥐고 있는 도꼭지299 또한 죄 왕실 길카리300였고 그들 분부 따라 절이라는 이름 단 권력기관을 채잡아나가는 것도 모두 그들이었다. 왕실에서는 임금자리 놓고 같은 왕족끼리 진흙밭 개싸움이 벌어질 것을 막아 보고자 임금 동기간이나 임금 자식들을 중으로 만들기도 하였고, 임금 어머니나 딸들을 비구니(比丘尼)가 되게 하기도 하였다.

이들은 절에 가서 부처님을 받들어 모시겠다는 뜻에서 '불노(佛奴)'라고 일컬었으나, 그들 삶은 왕실에 있을 때와 크게 다르지 않았으니, 입안에 혀처럼 온갖 시중 들어 줄 남녀 중들이 있었고, 지니고 간 엄청난 크기 논밭과 논밭을 일굴 농노(農奴)들이 있었다.

나라에서 끊어 주는 '중쯩' 받은 정식 중들은 지니고 있는 논밭에 매겨지는 구실 한 푼 내지 않고, 싸움터에 끌려가지도 않고 또 마을에서 벌이는 온갖 힘든 일에 끌려다니지 않아도 되었으므로, 겨우 밥이나 얻어먹으며 0.1퍼센트 귀족계급 종살이하던 사람들은 다투어 절로 들어갔다. 그러나 절로 간다고 해서 누구나 '정식 중'이 될 수 있는 것이 아니었다. 그들은 다직 '정식 중' 밑에 딸린 노비가 되거나 잘해야 수원승도가 되었다. 그리고 뼈빠지게 일하는 틈틈새새로 법문(法問)을 들었다.

유명짜한 절들마다 이른바 고승대덕(高僧大德)이라는 큰중들을 모

---

299 도꼭지: 우두머리.
300 길카리: 먼촌붙이. 일가친척(一家親戚).

셔다가 이지가지301 이름 단 '법회(法會)'라는 것을 벌였는데, 고승 대덕님들이 한결같이 부르짖는 법문이라는 것은 죄 인과응보설·윤회사상·체념사상·숙명론·은둔사상 같은 것들로, 지배계급 입맛에 딱 맞는 것들이었다. 불타 석가모니 가르침 고갱이는 평등사상이었는데, 그것을 쏙 빼버렸던 것이다. 세상에서 말하는 바 고승 대덕이라는 중들 제몸이 귀족계급이었으므로 사람은 누구나 내남적없이 똑고르게 살아야 한다는 평등사상을 말하지 않는 것이었다. 어쩌다 그런 말을 비치는 뽓뽓한302 이가 있더라도 무슨 애매한 허물을 덤터기 씌워 절집에서 길래 '퇴출'시켜 버리는 것이었다. 그렇게 석가모니 본디 가르침과는 뒤쪽으로 뇌씻김303 당한 풀잎사람들이 가장 즐겨 읽는 '베스트셀러'가 <김대성 전생담>이었다.

신문왕 때 김대성(金大城)이라는 높은 벼슬아치가 있었다. 그는 금생 부모를 위하여 불국사를 세우고 전생 부모를 위하여 석불사를 세우고, 신림(神琳)과 표훈(表訓) 두 성사(聖師)를 청해서 각각 머물러 살게 하였다. 그리고 아름다운 불상을 모시어 길러 주신 은혜를 갚았다. 한몸으로서 전생과 금생 두 부모한테 효도한 것은 옛적에도 드문 일이었다. 이러니 착한 마음으로 절집에 시줏물을 바치면 반드시 복을 받는다는 부처님 말씀을 어찌 믿지 않을 수 있겠는가?

---

301 이지가지: 이것저것.
302 뽓뽓하다: 대추씨처럼 야물다.
303 뇌씻김: 세뇌(洗腦).

복안(福安)이라는 부잣집에서 머슴살이하던 김대성이가 "보시를 좋아하면 천신(天神)이 장 지켜주실 것이며, 한 가지 물건을 보시하면 1만 곱을 얻게 되니, 흐뭇하고 즐거웁게 길이길이 살게 될 것"이라는 고승님 법문 듣고, 새경 받아 장만한 작은 밭뙈기를 절에 바친 공덕으로 금생에 큰 복을 받아 잘살게 되었다는 '김대성 발복 설화'는 밑바닥 중생들 뇌를 씻어 주는 이른바 '밀리언 롱 셀러'였다. 코딱지만 한 보시 한방으로 '인생역전'을 한 김대성이 부러워 그 보시를 '컨닝구'하게 되는 사람들은 더욱더 가난뱅이 굴레를 벗어날 수 없는 것이었고, 절은 더욱더 부자가 되는 것이었으니 '절망적 양극화'였다. 그것을 꿰뚫어 봤던 것이 궁예였다.

미륵님 세월이 오면

부인 강씨가 왕이 옳지 못한 일을 많이 한다며 낯빛을 바르게 하고 고치도록 말하니 왕이 미워하여 말하기를 "네가 다른 사람과 보쟁이니 무슨 까닭이냐?"하였다. 강씨가 말하기를 "어찌 그런 일이 있겠는지요?"하였다. 왕이 말하기를 "나는 검님과 통하여 보고 있다."고 하면서 뜨거운 불에 쇠공이를 달구어 그 살꽂을 쑤셔 죽이고 강씨가 낳은 두 아이까지 죽였다. 그 뒤로 의심이 많고 갑자기 성내기를 잘하여 여러 벼슬아치와 장수며 평민에 이르기까지 죄없이 죽임을 당하는 일이 자주 있었으며 부양과 철원 사람들이 그 모지락스러움을 견뎌낼 수 없었다.

「궁예전」에 나오는 적바림대로라면 이것은 그야말로 미치광이 짓거리이다. 김부식으로 대표되는 고리 가운데 때 사대주의자들은 왜 이런 적바림을 남겼을까? 우리는 이 글발 속에 들어 있는 역사 참모습을 곰곰이 따져 봐야만 한다.

황후 강씨(康氏)가 죽게 된 것이 역사적 사실이라면 거기에는 커다란 정치적 사달304이 있었다고 봐야 한다.

황후 강씨는 이제 황해도에 있는 신천(信川)바닥 호족 딸이다. 대동강 언저리에서부터 황해도까지를 패서바닥이라고 하였는데, 강씨라는 여성을 황후로 맞아들였다는 것은 패서바닥 호족들과 궁예가 손을 잡았다는 말이 된다. 왕건이 여러 고장 호족들과 손잡기 위한 꾀로 '공식적'으로만 29명 여성을 왕비·후비로 맞아들였던 것에서 알 수 있듯이 그때에 권세자루 잡았거나 잡으려던 이들은 거의 '정략혼인'이었다. 혼인이라는 것이 홑되게 서로 좋아하는 남자와 여자가 맺어지는 것이 아니라 남자와 여자가 딸려 있는 두럭끼리 맺어지는 것이었으니까. 계급동맹이었다. 이른바 혼맥(婚脈)이라는 것으로 맺어진 이 '계급동맹'은 천 년이 지난 이제도 오히려 더하여 권세자루·돈자루와 알음알이자루 쥔 두럭끼리 서로서로 사둔·겹사둔 고리로 이어져 있다. 이 '사둔 네트워크'는 쇠로 쌓은 성처럼 단단한 것이어서 뚫고 들어가 볼 틈이 없다. 부자는 부자끼리 가난뱅이는 가난뱅이끼리, 그리고 울대 출신은 삼화여대 출신과 맺어지는 것이다. 한마디로 유쯩은 유쯩끼리, 무쯩은 무쯩끼리 맺어지는 것이었고, 그리하여 난공불락 신계급사회는 이루어지는 것이다.

청광보살·신광보살이라고 그 이름자 밑에 '보살'을 붙여 굄305을 주었을 만큼 아끼는 두 아들을 두었던 것 보면 궁예와 강씨 사이는 그 정이 도타웠을 것으로 여겨진다. 그리고 '보살'이란 말은

---

304 사달: '사건(事件)'은 왜말임.
305 굄: 귀엽게 여겨 아끼고 위하는 것.

'부처를 이루고자 애태우는 중생'이라고 읽어 낸다면, 썩고 병든 세상을 건져내는 훌륭한 사람이 되라는 뜻에서 붙여준 아껴 보살 피는 일컬음일 수도 있다. 또한 강씨 한 사람만 부인으로 적바림 된 것으로 봐서 중 출신인 선종 스님 궁예 높은 도덕적 뻣뻣함으로 보여지기도 하고.『삼국사기』 적바림대로 강씨가 지아비 아닌 사내와 보쟁이는 일이 있었는지 왕건 쿠데타를 마땅한 것으로 비 다듬기 위한 치렛거리였는지는 알 수 없지만, 한 가지 뚜렷한 것은 홑된 남녀 사이 골칫거리가 아니라 아주 큰 정치적 사달이었다는 것이다.

여기서 한 가지 밝혀 둘 것이 있다. 궁예가 누구 자식인가 하는 궁금증인데, 아주 놀라운 적바림이 있다.『삼국사기』같은 이른바 역사책이 아니고, 족보(族譜)이다.

두 집안에서 궁예를 선조(先祖)로 삼고 있으니, 순천김씨(順天金氏)와 광산이씨(光山李氏)이다. 순천김씨 세보에 따르면 궁예는 신무왕(神武王) 다섯째 아들로 되어 있다. 1980년 박아낸 <순천김씨 철원 공파 세보>에 따르면 자신들 시조는 청광인데, 청광 아버지는 궁예라고 되어 있다. <광산이씨 세보>에도 궁예가 23대 조로 되어 있다. 광산이씨 세보에는 그리고 궁예가 경문왕(景文王) 서자(庶子)이며 그 첫째아들 청광은 순천김씨 시조이고, 둘째아들 신광은 광산이씨 시조로 적바림되어 있다. 순천김씨 중시조(中始祖)는 김종서(金宗瑞)이고 광산이씨 중시조는 리선제(李先齊)인데, 두 사람 다『고리사』를 엮어내는 데 깊은 이음고리를 맺고 있다는 점이 재미있다.

삭풍(朔風)은 나무 끝에 불고 명월(明月)은 눈 속에 찬데

만리변성(萬里邊城)에 일장검(一長劍) 짚고 서서

긴 파람 큰 한소리에 거칠 것이 없어라

장백산(長白山)에 기를 꽂고 두만강(豆滿江)에 말 씻기니

썩은 저 선비야 우리 아니 사나이냐

어떻다 능연각상(凌煙閣上)에 뉘 얼골을 그릴고

함길도(咸吉道) 관찰사가 다스리는 바오달306 있는 길주(吉州)에서 김종서가 읊은 시조인데, 푸른 서슬 피끓는 한풀307이 눈에 보이는 듯하다. 어쑵한308 무장(武將) 흐름새가 풍겨나는 이 시조를 읊은 김종서는 그러나 문인(文人)이었다. 문신 꽃이라는 이조정랑(吏曹正郎)과 정3품 당상관(堂上官)인 우승지(右承旨)를 지내다가 세종(世宗) 임금한테서 활과 화살을 받고 함길도 관찰사로 내려온 대추씨처럼 뽓뽓한 선비였다. 세종이 김종서를 길주로 내려보낸 데는 까닭이 있으니, 압록강(鴨綠江) 윗녘에 사군(四郡)을 세우고 두만강(豆滿江) 언저리에 육진(六鎭)을 일궈 여진족(女眞族) 남침을 막아 내자는 것이었다. 이에 김종서는 7년 동안 함길도에 머물며 4군 6진을 열어젖히니, 이 때부터 작은 체수로 시문(詩文)에 밝았던 문신 김종서는 '대호(大虎)'라는 딴이름을 얻게 된다. 김종서가 '장군'과 함께 '대호(大虎)'소리를 듣게 된 데에는 손아래 장수로 오른팔이었던 '대금제국(大金帝國)' 황

---

306 바오달: 병영(兵營).
307 한풀: 기운. 의기(意氣). 끈기. 투지 따위.
308 어쑵하다: 호협(豪俠)하다.

제 리징옥(李澄玉) 장군 날랜 무예(武藝)가 안받침된 것이었으니, 고리 때 윤관(尹瓘)이 두만강 너머 700리 위쪽 길림성(吉林省)에 있는 선춘 령(先春嶺) 밑에 '여기까지가 고리땅이다.'라는 빗돌 세운 구성(九城) 까지 다시 손에 넣었던 것이다. (계유정란(癸酉靖難) 쿠데타로 권세 자루 쥔 수양대군(首陽大君)이 김종서를 역사에서 빼 버렸으므로『고 리사』를 엮은이가 김종서가 아닌 정인지(鄭麟址)로 되어 있음.)

리선제(李先齊) 또한 『고리사』를 엮는 데 많은 힘을 쏟았던 사람 이다. 정도전(鄭道傳) 등이 엮은『고리사』가 역사적 사달과 다른 점 이 많다고 꼬집어 가리킴으로써 바로잡게 하였다. 호조참판(戶曹 參判)으로 정조사(正朝使)가 되어 명나라에 다녀온 세종 30년인 1448 년 집현전(集賢殿) 부제학(副提學) 정창손(鄭昌孫), 우찬성(右贊成) 김종서, 이조판서 정인지와 함께 『고리사』를 고쳐 엮는 일을 맡아봤으며 뒤에 예문관 제학(藝文館提學)을 지내었다. 김종서와 리선제는『고리 사』에서 궁예가 어떻게 적바림되었는지를 잘 알고 있었을 것이 다. 그럼에도 그 궁예를 선조로 떠받들어 향화(香火)를 사뤄 올리며 살다 갔다는 것은 무엇을 말해 주는가.

그런데 여기서 골칫거리가 하나 있으니, 나이다. 궁예가 신무왕 아들이라면 아무리 적게 잡아도 839년, 그러니까 신무왕이 죽던 해에 태어났다 쳐도 고리를 세우던 901년이면 63살이 되고, 왕건 한테 쫓겨나던 918년에는 80살이 된다. 궁예가 63살이었을 901년 에 진훤은 34살이고 왕건은 25살이 된다. 또 한 가지 놀라운 상상 력을 드러내는 이가 있으니, 『슬픈 궁예』를 쓴 리재범 교수이다.

그는 궁예가 장보고(張保皐) 외손자일 될끼309가 높다고 보는데 - 장보고 궁복(弓福)이 서라벌로 쳐들어갈 때인 846년 태어났다고 한다면 고리를 세우던 901년에는 56살이 되고, 왕건한테 쫓겨날 때인 918년에는 73살이 된다. 장보고 또한 속속들이 알 수 있는 바탕이 없으니, 다만 안타까울 뿐이다.

그때에 궁예는 철원으로 다시 서울을 옮긴 다음 청주 고장 1,000여 호를 옮겨 살게 하였다. 1,000여 호라면 집마다 식구가 셋에서 다섯쯤 딸렸다고 볼 때 3,000명에서 5,000명쯤 되는 많은 사람이었다.

신라 5소경(小京) 가운데 한 군데인 청주는 백제 내림줄기가 센 곳이었다. 장안(長安)이라는 나라 이름과 경운(慶雲)이라는 년호 쓰는 민족 자주국가를 세웠던 김헌창(金憲昌)이 무너지면서 끔찍한 시달림 겪던 청주 고장 사람들이었으므로 신라에 맞서는 기운이 셌다. 고구리를 뛰어넘어 일통삼한을 이뤄 낸 바탕에서 미륵대제국을 세우고자 하였던 궁예였으므로, 반신라적이고 비고구리적인 사람들이 무엇보다도 아쉬웠던 궁예가 쓴 삼한일통을 위한 앞길 다지기 '프로젝트'였다.

청주 인민들 5,000여 명이 들어옴으로써 궁예한테 끼치는 힘이 떨어지게 된 패서 호족들은 뒤집기에 나서게 되었고, 이러한 권력다툼 끝에 터져나온 것이 '강씨 통간사건'이었던 것이다. 강씨로 상징되는 패서 호족들이 떨어져 나감으로써 궁예는 권세자루

---

309 될끼: '가능성(可能性)'은 왜말임.

한 귀퉁이가 무너져 내렸고, 그때부터 궁예는 비탈길에 서게 된다. '성대벌(城大閥) 중심 콤그룹 독재'라는 꼬집힘을 받게 되면서부터 이정(而丁) 휫손310에 금이 가기 비롯하였고, 마침내는 동만 빨치산 두럭한테 깨질 수밖에 없었던 남로당 살매가 떠오르는 대목이다. 궁예황제가 천길 벼랑 끝에 선 나뭇가지 잡고 매달리게 되는 그림을 보겠다.

6월 을묘에 이르러 기장(騎將) 홍유(洪儒)·배현경(裵玄慶)·신숭겸(申崇謙)·복지겸(卜智謙)들이 몰래 짝짜꿍이311 하고 오밤중에 태조집에 가서 다 같이 떠받들 뜻을 말하니 태조가 굳게 왼고개쳐312 들어주지 않는지라 부인 류씨가 손수 갑옷을 들어 태조한테 입히고 여러 장수가 부축해서 밖으로 나와서….

군사반란을 일으킬 것을 짬짜미313하는 왕건 동아리 모습이니, 서력 기원 918년이다. 당나라 대순(大順) 2년(891)에 일어나서 주량(朱梁) 정명(貞明) 4년(918)에 결딴났으니, 28년만이라고 하였다. 명주성에 들어가 장군으로 떠받들렸을 때부터였다면 황제 자리에 있었던 것이 22년이었다. 양길을 꺾고 나서부터 황제가 되었다고 하더라도 18년이다. 오카모토 미노루가 대통령 자리에 있던 햇수와 똑같은데, 그때 궁예 나이 쉰 안팎이었을 것이다.

---

310 휫손: 남을 휘어잡아 잘 부리는 솜씨.
311 짝짜꿍이: 단짝.
312 왼고개치다: 거부(拒否)하다.
313 짬짜미: 남모르게 자기들끼리만 짜고 약속함. 밀약(密約). 음약(陰約).

그러나 『삼국사기』나 『고리사』에 적바림된 것처럼 궁예황제가 그렇게 힘없이 그리고 그처럼 끔찍하게 무너졌던 것일까?

왕건 쿠데타 고갱이는 홍유·배현경·신숭겸·복지겸이다. 왕건 정권 4공신이다. 이들은 모두 궁예 밑에서 황성 수비를 맡았던 기병장군(騎兵將軍)으로 궁예 정권을 안받침하는 무장력 가운데 알짜배기였다. 이들이 왜 궁예를 배신 때리고 왕건한테 붙었는지는 알려진 적바림이 없다. 무슨 까닭에서든 궁예한테서 따돌림당하게 되자 따논자리를 지켜 내는 데 조마조마한 느낌을 가지고 있었을 수 있다.

이제로 치면 수도방위사령부 사단장급 장성 4명이 쿠데타군 고갱이가 되었으니, 광해군이 무너지는 그림이 떠오르는 대목이다. 서인 쿠데타군이 광해군 용상 있는 창덕궁으로 밀고 들어왔을 때, 목숨걸고 창덕궁을 지켜 내야 할 훈련도감(訓鍊都監) 병정 이끌고 쿠데타군에 붙어 버린 훈련대장(訓鍊大將) 리흥립(李興立, ?~1624)이었다. 서인정권한테서 정사공신(靖社功臣) 1등 받은 광주군(廣州君)으로 수원부사 겸 경기방어사 자리에 올랐으나 그 한 해 뒤 일어난 '괄련(适璉)의 란' 때 반서인(反西人) 쿠데타군에 붙었다가 리괄(李适)·한명련(韓明璉)이 무너지면서 스스로 목숨을 끊은 리흥립이었으나, 왕건 4공신은 끝까지 왕건정권을 안받침하는 주춧돌이 된다.

"죄 그릇된 말이요 는실난실한 이야기여서 가르칠 수 없다."

석총이라는 중이 했다는 말인데, 이 말 속에 왕건 쿠데타가 일어나게 된 실마리가 담겨 있다.

『궁예미륵경』이 석가모니 부처님 가르침을 적바림한 불경과는 바히314 다른 것이었음을 알려 준다. 이른바 '성공한 쿠데타'를 일으킨 왕건 동아리에서 황궁에 있던 것은 물론이고 인민대중이 지니고 있던 것까지 죄 거둬들이고 덮잡기315해서 태워 버린 『궁예미륵경』이지만, 그 속내를 얼추 짐작할 수 있는 한 끈은 있다. 1923년 8월 12일 함경남도 함흥군 운전면 본궁리 큰무당 김쌍돌이(金雙乭伊, 68)가 부른, 궁예가 지었다는 「창세가(創世歌)」 한 자락이다.

미륵님에 세월에는 섬들이 말들이로 먹고 마시고 인간 세상이 태평하더니 석가님이 내려와서 이 세월을 빼앗고자 마련하와 미륵님 말씀이 아직은 내 세월이요 네 세월이 아니로다
석가님 말씀이 미륵에 세월은 다 갔으니 내 세월이 분명하다
미륵님이 말하기를 네 세월인 줄 알겠거늘 내기를 시행하자 더럽고도 까다로운 석가야
그러거든 동해 중에 금병에 금줄 달고 석가는 은병에 은줄 달아라
미륵님 말씀이 내 병에 줄이 끊어지면 네 세월이 되어지고 네 병에 줄이 끊어지면 네 세월이 아직 아니노라
동해 중에 석가님 줄이 끊어져서 석가 내밀기를 내기 시행 한 번 더하자
압록강 두만강에 강을 붙이겠느냐 미륵은 동지채를 놀리고 석가는 입춘채를 놀리니 미륵님 채질에 강이 맞붙어 석가님이 졌구나

---

314 바히: 전혀.
315 덮잡기: '압수(押收)'는 왜말임.

석가님이 내기 시행을 청하되 나와 네가 한방에 누워 모란꽃이 모랑모랑 피어서 내 무릎에 올라오면 내 세월이요 네 무릎에 올라오면 네 세월이다

석가는 도적심사를 먹고 나서 반잠을 자고 미륵은 참잠을 자버렸구나

미륵님 무릎 위에 피어오른 모란을 석가님이 가져다가 제 무릎에 꽂았더니 더럽고 까다로운 세상이 되었구나

내 무릎에 꽃이 피었으나 네가 가져갔으니 꽃이 시들어서 열흘이 못가고 십 년을 못 가리라

미륵님이 석가의 성화에 못 이기어 세상을 넘겨주고 떠나실 제 네 세상이 다해지면 나는 다시 찾아 오마 하시니

미륵님 떠나실 제 잡지 못함이 한이로다

미륵님이 오셨다!

　당제국을 끌어들여 어거지로 반동적 삼국통합을 이룩한 신라는 봉건체제 자체 내부모순과 외세 억압에 의해서 무너져 내리기 비롯한다. 봉건통치배들 착취와 수탈에 앙버티며 일떠선 농군들 항쟁은 9세기 끝무렵에 이르러 그 고빗사위316에 이르니, 들불처럼 일어난 농군폭동이 그것이다. 별을 보고 일어나서 별이 다시 뜰 때까지 죽을 힘을 다해서 일을 해 봐도 입에 풀칠을 하기 어려워 지옥같은 삶을 죽지 못해 살아가는 게 거의 다 인민대중들 삶이었는데, 금입댁(金入宅)이라는 요즈막 재벌과도 같은 봉건귀족 가문 서른아홉 집이 있었던 것이 그때 일통신라 모습이었다. 이른바 삼국일통 맹장으로 유명짜한 김유신(金庾信) 장군 집안도 금입댁이었다. 억누름과 빨아먹는 것이 깊어져서 터져나오기 바로 앞꼴이었던 것이다.

　이때에 목탁 대신 죽창을 쥐고 세달사(世達寺)라는 절집 산문

---

316 고빗사위: 가장 긴요한 고비. 아슬아슬한 순간.

을 나서는 수원승도(隨院僧徒)가 있었으니, 선종비구(善宗比丘)라는 중 이름 가진 궁예(弓裔)였다. "정법(正法)을 지키기 위해서는 병장기를 써도 좋다"(『열반경』「금강신품」)는 불타 석가모니 가르침을 따른 것이었다. 경전(經典)을 읽고 좌선(坐禪)을 하고 염불(念佛)을 함으로써 깨우친 근본지(根本智)를 바탕으로 한 파사현정(破邪顯正) 방편지(方便智)를 썼던 것이니, 썩고 병든 삼악도(三惡途) 예토(穢土)를 그대로 뒤집어 정토(淨土) 완성인 불국토(佛國土)를 건설하자는 것이었다. 이에 인민대중 곧 중생(衆生)들이 구름처럼 따르며 입을 모아 소리쳤다.

"미륵님이 오셨다!"

"옛날 신라가 당이라는 외간것을 끌어들여 고구리를 멸하였은즉 내 반드시 그 원수를 갚으리라."

강원도 이북을 해방시켜 고리(高麗)라고 새 나라 이름을 정하면서 궁예가 한 말이었다. 인간해방을 위한 불국토 완성과 민족자주를 위한 고구리 옛땅을 되찾겠다는 것을 그 건국 중심강령으로 삼았던 것이다. 궁예가 거느린 농민군은 신라 봉건세력을 내리누르면서 이제 경기·충청도에까지 발을 들여놓는다. 벼슬자리 이름과 할 일을 나누는 데도 당제국을 본뜬 신라 것을 죄 버렸고, 인민대중 삶꼴 또한 빈틈없이 우리 겨레 제 바탕 것을 되살렸으며 나라 서울을 평양에 세울 밑그림을 그린 것들이 다 드높은 민족자존 선언이었다. (여기서 말하는 평양은 이제 평안도가 아니라 중화 인민공화국 수도인 북경 밑에 있던 원평양을 말함.)

이처럼 드높았던 궁예와 궁예로 대표되는 기본계급 농민대중들 뜻이 꺾여지는 것은 왕건(王建) 때문이다. 해상무역으로 부를 쌓은 개경 토호 왕건과 여러 고장 토호들 하극상(下剋上)에 따른 것이었는데, 이 대목이 종요롭다. 외곬이고 흩된 권력찬탈극이 아니라 날카로운 계급모순 뒤끝이었던 것이다.

왕건이라는 사람 계급적 바탕은 토호(土豪)였다. 송도 언저리에 엄청나게 많은 땅을 가지고 있는 대지주였다. 더하여 중국과 왜국을 맞수로 많은 돈을 번 대자본가였다. 제가 모시고 있는 황제인 궁예 이념 곧 사상철학적 바탕은 인간해방을 통한 불국토 완성이요, 고구리 고토 수복을 통한 민족자주의식 확립이었다. 민족자주의식 확립이야 절대적 명제임으로 거부할 수 없다고 하더라도 문제가 되는 것은 '인간해방'이다. 인간해방은 다시 말하면 계급이 없는 평등사회를 만들자는 것인데, 그렇게 되면 제가 설 자리가 없지 않은가. 제가 지니고 있는 광대한 토지를 기반으로 한 밥그릇을 내놔야 하는 것이다. 신숭겸(申崇謙)·배현경(裵玄慶)·복지겸(卜智謙)·홍유(洪儒)들과 힘을 모아 쿠데타를 일으키게 되는 것은 그러므로 필연적인 귀결로 된다.

예나 이제나 사람무리 역사는 밥그릇싸움 역사인 것이다.

여기서 궁예, 아니 선종비구 아름다운 비원(悲願)이 꺾이게 되는데, 이때부터 궁예는 철저하게 '나쁜놈'으로 규정지워진다. 21세기가 열여섯 해나 지나간 오늘 국사 교과서며 문학작품이며 영화며 방송 드라마에까지 그는 "애꾸눈에 탐욕스럽고 황음무도하기 짝이 없는 서자 출신 악한"으로 그려지고 있다. 당연한 것이 역사는 언제나 정권을 잡은 사람 중심으로 기록되며 정권을 잡은 사람과 그 사

람이 소속되어 있는 세력 곧 계급 이해를 반영하고 있는 것이 이른
바 역사이며 그리고 '정사(正史)'인 까닭이다.

여러 장수들이 태조(왕건)를 보살피고 대문으로 나가면서 길잡이
를 시켜 외치기를 "왕공이 이미 정의 깃발을 들었다."고 하였다. 그
제야 앞뒤로 달려와서 따르는 자가 얼마인지 알 수 없었으며 또 먼
저 궁성 문밖으로 가서 북을 치고 떠들며 기다리는 자도 1만여 명
이었다.
왕이 이 말을 듣고 어찌할 바를 모르다가 그만 미복(微服)으로 산
림 속에 들어갔는데 얼마 안 가서 부양 사람들한테 죽임당하였
다. 궁예가 당나라 대순 2년에 일어나서 주량 정명 4년까지 이르렀
는데 무릇 28년 만에 결딴났다.

『삼국사기』 열전 「궁예」 가닥 맨 마지막 대문인데, 허우룩하
다317. 그냥 허우룩하기만 한 것이 아니라 남모르게 많이 감춰 둔
것이 있는 것만 같아 자꾸만 갸웃거려지는 것이다. 자그만치 28
년 동안 아주 큰 권세자루 휘두르던 사람이 그처럼 어이없게 삶
을 끝마쳤을 리 없다는 생각에서이니, 궁예 마지막 모습은 과
연 어떠한 것이었을까?

궁예가 이 소문(왕건이 벌써 의기(義旗)를 들었다.)을 듣고 깜짝 놀

---

317 허우룩하다: 퍽 가까운 사람과 헤어져서 텅 빈 것같이 마음이 허전하다.

래어 말하기를 "왕공이 얻었으니 내 일은 이미 끝났다." 하고 어찌할 바를 모르다가 미복을 하고 북문으로 도망쳐 나가니 나인들이 궁안을 깨끗이 하고 (왕건을) 맞아들였다. 궁예는 산골로 달아났으나 이틀 밤을 지낸 뒤에 배가 몹시 고파서 보리 이삭을 잘라 훔쳐 먹었다. 그 뒤 부양 백성한테 죽었다.

『고리사』에 나오는 대문인데, 『삼국사기』보다 한술 더 뜨고 있다. 이틀 동안 쫄쫄 굶으며 사람들 눈에 안 띄는 산골짜기를 헤매던 끝에 보리 이삭을 잘라 먹다가 이제 철원 위쪽인 강원도 평강군 백성들한테 붙잡혀 맞아 죽었다는 말이니, 벌어지는 입이 다물어지지 않을 뿐이다.

『삼국사기』가 김부식으로 대표되는 고리 가운데 때 사대주의자들이 삼국시대를 바라보는 눈길을 담아 낸 것이라면, 정인지로 대표되는 조선 왕조 첫 때 양반사대부 동아리가 고리시대를 바라보는 눈길을 담아 낸 것이 『고리사』이다. 두 책을 꿰뚫는 눈길은 똑같으니, 어떤 것이 우리 겨레가 올바르게 걸어온 길이었나를 간추려 내는 이른바 '도덕적 합리주의 사관'이었다.

예나 이제나 권세자루 잡은 두럭318에서 가장 먼저 공들여 간추려 내는 것이 '역사'이다. "나라는 없어져도 역사는 없어지지 않는다."며 역성혁명(易姓革命)을 이뤄낸 두럭에서 가장 먼저 손붙이는 것이 없애 버린 역사를 엮어 내는 것이다. 이른바 민족사 정통

---

318 두럭: 집단(集團).

성을 어디에 둘 것인가 하는 골칫거리야말로 저희들이 서 있는 자리를 다져내는 가장 또렷한 달구질319이 되기 때문이다. 저희들한테 민족사 법통이 있다는 것을 보여 주기 위해서 앞선 왕조 또는 권세자루 두럭은 그러므로 없어져야 마땅한 '악의 무리'가 되는 것이다.

신라 한허리320로 삼국시대를 간추려 낸 김부식 동아리321에서 궁예를 '나쁜놈'으로 만드는 것은 그렇다고 하더라도 놀라운 것은 조선 왕조 첫 때 사대부 동아리가 보여 주는 역사를 보는 눈길이다. 고리왕조를 연 왕건까지를 치고 들어가는 것이 아니라 신돈(辛旽)이라는 제삿고기322를 만들어 조선 왕조를 여는 구실로 삼는 것이니, 조선 왕조 사대부 두럭이 정통으로 여겼던 것 또한 신라였기 때문이다.

우리 할아버지들이 밟아온 삶 자취를 어떻게 볼 것인가 하는 골칫거리는 무엇보다도 먼저 대모한323 것으로 되니, 1천 100여년 앞 이야기가 아니다. 대한민국이라는 반쪼가리 한때나라에서 겨레역사 뿌리로 보는 것은 신라이고, 조선 민주주의 인민공화국이라는 반쪼가리 한때나라에서 법통을 이어받았다고 보는 것은 고구리이다. 백제만은 어디서도 그 법통을 이어받았다고 하지 않는다.

---

319 달구질: 집터 또는 땅을 단단히 다지는 일.
320 한허리: 중심(中心).
321 동아리: 목적이 같은 이들로 한패를 이룬 무리.
322 제삿고기: 희생양(犧牲羊).
323 대모하다: 대체 줄거리가 되게 중요하다.

궁예는 어디로 갔나?

　끔찍하다. 애잡짤하다. 가슴이 미어지게 안타까워서 애가 타는 듯하니, 욕계화택(欲界火宅) 삼악도(三惡道) 사바세계(娑婆世界)를 말하고 있다. 큰 고기는 중간치 고기를 잡아먹고 중간치 고기는 작은 고기를 잡아먹는 이른바 대어중어식(大魚中魚食)하고 중어소어식(中魚小魚食)하는 갈피324가 개미 쳇바퀴 돌 듯 끊임없이 이어져 되풀이되는 것이 이 사바세계가 돌아가는 갈피인데, 이런 갈피가 돌아가게 된 까닭이 석가모니 부처님한테 있다고 보는 것이다. 이 비나리 공수자락으로 보자면 석가는 도적놈이고 사기꾼이다. 물론 역사상 인물인 고오타마 싯타르타를 말하는 것이 아니고 사람세상이 요 모양 요 꼴로 떨어지게 된 까닭을 비사쳐 나타낸 것이다. 여기서 말하는 미륵은 원시 공산주의사회를 말하고 석가는 사유재산이라는 것이 이른바 '법'이라는 이름 쇠사슬로 지켜지게 된 것을 말한다. 공산주의와 자본주의를 말하고 있다.

---

324 갈피: 턱. 이치(理致).

미륵 신앙이라는 것은 우리 겨레가 본디부터 지니고 있던 믿음이었다. 저 고조선 앞서부터 우리 할아버지 할머니들이 굳게 믿어 의심하지 않았던 믿음 뼈대였으니, 꿈나라이다. 미륵세상인 것이다. '미륵'이라는 갓을 쓰고 있는 하고 많은 산이며 내며 봉우리며 골짜기며 바위며 굴이며 섬이며 사람들 어렸을 적 이름이며가 숱하게 많다는 것은 무엇을 말해 주는가? 이것은 그만큼 하많은 세월을 두고 꿈꾸어 왔다는 것을 말한다. 유대사람들이 '메시아'가 올 것을 굳게 믿고 기다려왔듯이, 우리 겨레 할아버지 할머니들은 '미륵님'이 오시기를 목이 빠지게 기다려왔던 것이다. 기다리고 있다.

논밭에 씨 뿌려 거두어 먹고 살게 되면서부터 우리 겨레가 가장 좋은 낌새를 보여 주는 숨탄것325으로 수꿈꾸326었던 것이 용이다. 용을 가리켜 예전 사람들은 '미르' 또는 '미리'라고 불렀다.

농사짓는 데 가장 대모327한 것이 물인데, 이 물을 만들어 주는 비를 가져다주는 숨탄 것을 용이라고 불렀던 것이다. 농사짓는 사람들이 가장 떠받들었던 것이 미륵이 된 까닭이다.

용궁·용왕·용상·용안·용포·용종·용머리·용잠·용두바위·용두레·용가·용주·용신·용제·용산·용못·용수바람같이 미륵과 마찬가지로 용룡 龍 자가 붙어 있는 것들이 하고많은 것 또한 그러구러328 생겨난 것이 아니다. 나랏살림을 맡아 꾸려 나간다는 벼슬아치·

---

325 숨탄것 : 동물(動物).
326 수꿈꾸다: 그려 보다. '상상(想像)하다'는 왜말임.
327 대모하다: 대수롭다. 종요롭다. '중요(重要)하다'는 왜말임.
328 그러구러: 어쩌다가 그렇게 되어.

구실아치들이 부라퀴329처럼 갈퀴질하고 홀태질330하여감으로 더 이만 견딜 수 없게 되었을 때 풀잎사람들은 벌떼처럼 들고 일어 났는데, 농군들을 일떠서게 하는 짜임새 있는 힘을 지닌 두럭331 이 '미륵당'이나 '미륵패' 또는 용화향도(龍華香徒)라고 불리우는 무 리들이었다.

이들이 보기에 으리으리한 구중궁궐 속 용상(龍床) 위에 고달스 럽게332 앉아 있는 임금은 진짜 미륵 → 미르 → 용이 아니고, 머 리만 용이지 꼬리는 긴짐승333인 가짜 미륵이었다. 미륵불이 나 타나서 이루어 놓을 꿈나라가 용화세계이고 그 길라잡이334로 나 서는 것이 용녀(龍女)이니, 야소교 품으로 말하자면 용녀는 예언자 요 선지자인 셈이다. 야소교 경전에 나오는 세례요한이라는 이 가 그렇고, 조선 왕조 숙종 14년(1688) 8월 초하루에 미륵 깃발 들 고 한양으로 짓쳐올라가 가짜 용인 숙종을 끌어내리고 진짜 용 인 정진인(鄭眞人)을 용상에 앉히려다가 잡혀 죽은 떠돌뱅이 무 쭘 중 여환(呂還)과 그 무당 안해인 용녀부인(龍女夫人) 원향(元香)이 그 렇다. 동학 그늘대 속으로 들어가 일떠섰던 일해대사(一海大師) 서장 옥(徐璋玉, 1880~1936)이 그렇고, 동학이 무너진 다음 일떠섰던 차천 자(車天子, 1880~1936) 보천교(普天教)가 그렇다. 그러니까 지옥같은 삶

---

329 부라퀴: ①야물고도 암팡스러운 사람. ②제게 이로운 일이면 기를 쓰고 덤비 는 사람.
330 홀태질: 벼·보리 등 곡식을 훑어서 떠는 일.
331 두럭: '집단(集團)'은 왜말임.
332 고달스럽다: 점잖빼고 거만부리다.
333 긴짐승: 배암.
334 길라잡이: 길잡이. 막대잡이. 안내인(案內人).

을 죽지 못해서 살아가던 인민대중이 일으킨 미륵혁명운동이 고리왕조와 조선 왕조를 거쳐 왜제시대까지 이어져 내려왔다는 이야기이다. 왜제 때까지만이 아니라 이제도 이어지고 있으니, '미륵 무엇'이나 '용화 무엇' 또는 '무슨 교' '무슨 회' 같은 이름 달고 나오는 이른바 유사 종교 또는 사이비 종교라는 것들이 참으로는 모두가 미륵사상에 그 뿌리를 박은 것이라는 말이다.

(여기서 잠깐, '유사 종교'와 '사이비 종교'라는 말은 왜제 때 왜노들이 독립운동을 하는 민족종교를 때려잡고자 만들어낸 말이라는 것을 알아야겠다. '종교'에 어떻게 '비슷함'이 있고 '가짜'가 있을 수 있다는 말인가. 과학과 미신 또는 믿음과 맹신이 있을 뿐 유사 종교와 사이비 종교는 없다.)

궁예한테 맞아 죽었다는 석총(釋聰)은 경덕왕 때 진표율사(眞表律師)가 세운 법상종(法相宗) 승려였다. 황제폐하가 지은 미륵경 20권을 에누리 없이 사납게 꼬집어뜯었다는 것으로 봐서 법상종을 대표하는 일류 이론가였겠다. 그런 교종(敎宗) 석학(碩學)이 보았을 때 궁예 미륵경에서 내대는 가르침이라는 것이 진표율사 가르침과는 팔팔결로 맞지 않았던 것이다. 법상종만이 아니다. 법상종·열반종(涅槃宗)·남산종(南山宗)·화엄종(華嚴宗)·법성종(法性宗)이라는 오교(五敎)에서 내대는 교리와는 십만팔천 리였다.

오교만이 아니었다. 전라남도 강진 무위사(無爲寺)에서 참선을 널리 펴다가 왕건 부름으로 서울 철원에 올라왔다가 궁예한테 죽임당하였다는 형미(洞微, 864~917) 또한 마찬가지였다. 여러 고장에 뿌리 박고 있는 호족들 뒷배335받아 뻗쳐 나가던 선종(禪宗) 승려들 또한 궁예 가르침에 앙버티었다336. 이른바 오교구산(五敎九山)이 죄 반 궁예 두럭이었던 것이다. 석총으로 대표되는 사상철학계와 왕건 4인방으로 대표되는 군부와 최응(催凝)으로 대표되는 먹물계급이 죄 등을 돌렸으니, 그야말로 고립무원(孤立無援)이었다.

그렇다면 22년 동안 황제 자리 지키며 미륵대제국을 열어 가려고 신 벗을 사이 없이 냉가슴 앓던 궁예 황제를 벼랑 끝으로 내몬 『궁예미륵경』에는 어떤 알맹이가 들어 있었을까?

틀림없이 궁예가 이루어 내고자 하는 미륵대제국을 세우기 위한 미륵철학이 담겨 있었을 것이다. 총론 턱 머리글인 미륵철학 다음으로 정치·경제·사회·문화·교육 같은 각론들이 담겨 있었을 것이다.

각론 가운데서도 첫째로 골칫거리가 되는 것이 경제문제였겠다. 경제에서 골칫거리가 되는 것은 토지문제였겠다. 모든 부 밑바탕이 되는 토지문제를 어떻게 할 것인가? 천여 년이 지난 이제도 마찬가지지만 사회문제 고갱이337는 토지문제이다. 누가 논밭을 갈아먹어야 되는가? 온 나라 사람 수 가운데 0.1퍼센트 못 되는 지배계급에서 도차지338하고 있는 논밭전지를 낫과 호미 쥔 농군한테 돌려줘야 된다는 것이었으니, 경자유기전(耕者有其田)이라는 한울법칙 좇아가자는 것이었다.

---

335 뒷배: '후원(後援)'은 왜말임.
336 앙버티다: 덤벼들다. '저항(抵抗)'하다는 왜말임.
337 고갱이: '핵심(核心)'은 왜말임.
338 도차지: '독점(獨占)'은 왜말임.

한마디로 줄여 말하자면 무상몰수 무상분배가 『궁예미륵경』 경제정책 고갱이였을 것이다. 모든 논밭을 나랏것으로 해서 군이 농사지을 수 있는 일힘과 그 딸린 식구 수에 빗대어 똑고르게 노느매기하자는 것이었겠다. 요즈막 말로 하자면 생산수단을 똑고르게 나누어 가짐으로써 생산물을 똑고르게 노느매기할 수 있으며, 그럼으로써 헐벗고 굶주리거나 가멸진339 높낮이가 없어지고, 그럼으로써 더불어 함께 똑고르게 살 수 있는 무계급 평등사회 곧 고루살이340가 이룩될 수 있다고 믿었을 것이다. 이 누리341에서 일어나는 온갖 괴로움 밑바탕에는 고르지 않은 물질 노느매기342가 있으므로 일매지게343 똑고른 물질 노느매기를 이룩함으로써 더불어 함께 똑고르게 살아야 하며 또 살 수 있다고 믿었을 것이다. 이렇게 하는 것이 바로 미륵부처님 세상을 이루는 길이라고 굳게 믿었던 궁예였겠다. 이런 꿈 나라를 만들겠다고 다그치는344 궁예였으니, 거꾸로 움직이는 쪽에서 가만히 있을 까닭이 없다. 대를 물려가며 잘 먹고 잘 입고 잘 자서 세세생생을 두고 널리리 지화자를 부르며 잘살 수 있는 밥그릇, 곧 학자라는 먹물들이 잘 쓰는 말로 물적 토대가 흔들리게 된 지배계급에서 수구대연합을 이뤄 되받아쳐 오니, 왕건 쿠데타가 일어나게 되는 뒷그림이다. 궁예가 '나쁜놈'이 될 수밖에 없는 까닭이로구나.

339 가멸지다: 기름지다. '부유(富裕)'하다는 왜말임.
340 고루살이: 똑고른 삶.
341 누리: 세상(世上).
342 노느매기: 벼름. '분배(分配)'는 왜말임.
343 일매지다: 가지런하다.
344 다그치다: 좨쳐서 빨리하게 하다.

반란군이 황궁으로 밀고 들어갔을 때 일됨새는 알 수가 없다. 다만 "'왕공이 차지하였으니 내 일은 이미 끝났구나.' 하며 이에 어찌할 바를 모르고 미복(微服)으로 북문(北門)을 빠져나가 도망가니 나인(內人)이 궁을 청소하고 신왕(新王)을 맞이하였다. 궁예는 암곡(巖谷)으로 도망하여 이틀 밤을 머물렀[信宿]는데 허기가 심하여 보리이삭을 몰래 끊어먹다가 뒤이어 부양(斧壤: 강원도 평강平康)민이 살해한 바가 되었다."는 것은, 집고 말이 안되는 소리이다.

제아무리 황성 수비사령부 사단장급 장성 4명이 반란군 한허리345가 되었다고 하더라도 그렇게 문문히346 황궁을 내어주었을 궁예황제가 아니니, 22년 동안 황제 자리에 앉았던 사람이다. 이제 청와대 경호실 턱인 황실 경호부대가 있었을 것이고, 수도경비사령부 턱인 황도 수비사령부 장병들 모두가 왕건 4인방을 미좇지347도 않았을 터이니까 말이다. 궁예를 따르던 사람들이 반드시 왕건 반란군에 맞서 싸웠을 터인데, 아무런 적바림이 없으니 알 수가 없다. 이른바 '정사'를 엮는다는 자들이 왕건한테 괴로움이 될 일들은 모조리 빼버렸을 것이기 때문이다.

궁예황제쪽 사람들을 죽이기 비롯하는 것이 반란을 일으킨 지 이레 만이다. 적어도 이레 동안은 버팀이 뜨거웠다는 얘기가 된다. 이레라면 긴 시간이다. 그때 궁예를 지키려던 사람들이 숱하게 죽었을 것이지만 역사라는 이름 비정한 강물은 그냥 흘려보

---

345 한허리: '중심(中心)'은 왜말임.
346 문문히: 순순히.
347 미좇다: 뒤따르다.

낼 뿐이다.

그때 반란군한테 잡혀 죽임당한 사람 가운데 역사에 이름 올린 이는 단 두 사람 뿐이니, 종간과 은부이다. 세달사 시절부터 궁예와 함께 수원승도였던 종간(宗侃)과 은부(狄鈇)였다.

소판(蘇判) 종간(宗侃)과 내군장군(內軍將軍) 은부(狄鈇)가 죽임을 당하였다. 간(侃)과 부(鈇)는 모두 간사하고 아첨함으로써 고임348을 얻어 어질고 착한 이들을 하리놀아349 해쳤으므로 왕이 즉위하자 맨먼저 이들을 목베었다.

종간은 이제 국가정보원장 턱인 소판(蘇判)이었고, 은부(狄鈇)는 황실 경호실장 턱인 내군장군(內軍將軍)이었다. 이들은 있는 힘을 다하여 '결사항전'하던 끝에 사로잡혔던 것이다. 또한 말이 안되는 것이 있으니, 왕건이라는 손아랫 사람이 반란을 일으켰다는 말을 들은 궁예가 왕건한데 '공(公)'이라는 높임말을 썼을 까닭이 없다. 아마도 이렇게 말하며 주먹을 부르쥐었을350 것이다.

"이놈이 드디어 반란을 일으켰구나!"

왕건 쿠데타에 끌어들인 병력은 모두 얼마나 될까?

"새벽에 곡식더미 위에 태조를 앉히고서 군신(君臣)의 예(禮)를 행하고 사람을 시켜 달려가며 소리치기를, '왕공(王公)이 이미 의기

---

348 고임: 굄. 보살핌.
349 하리놀다: 윗사람한테 남을 헐뜯어 일러 바치다.
350 부르쥐다: 움켜쥐다.

(義旗)를 들었다.' 하니 나라사람으로 달려오는 자가 이루 헤아 릴 수 없었으며, 먼저 궁문에 이르러 북을 치고 떠들며 기다리 는 자도 역시 만여 명이나 되었다."고 하는데, 또한 있을 수 없 는 말이다. 이것은 왕건 동아리가 일으킨 군사반란을 '나쁜 임 금을 쫓아내고 새 임금을 세우는 반정(反正)'으로 만들고자 꾸며 낸 것이다. 아니면 후한 날삯351 주고 끌어다 세운 이른바 '동원 된 백성'들일 것이다. 권세자루 잡은 역사 승자들이 간층(間層) 먹 물들 시켜 적바림한 이른바 역사책에 나오는 모든 사람이 다 똑같 으니, 5·16 군사반란 일으킨 다카키 마사오가 후래 육사생들 끌 어다 '지지데모' 시키고 5·17 군사반란 전두환·노태우 육군소장 이 모든 쓰레기 언론 끌어다 '전두환 찬가' 모뽀리하게 한 것들 이 그것 아닌가? 여장군 고대수(顧大嫂)한테 돌멩이 던져 죽게 한 군 중 또한 '동원된 백성'들이었음은 물론이고.

　왕건 쿠데타라는 것이 궁예가 이루고자 하는 미륵대제국에 맞 서 일으킨 한무리 군사반란이었다는 것은 그들이 쿠데타를 성 공시킨 다음 아주 크게 상을 준 이른바 '창업공신' 발기 보면 알 수 있으니 — 제1등 공신이 홍유·배현경·신숭겸·복지겸이고, 제 2등 공신이 견권(堅權)·능식(能植)·권신(權愼)·염상(廉相)·김락(金樂)·연주(連珠)·마난(馬援)이며, 반란에 끌려들어 간 병정 2,000명이 제3등 공 신이다. 이제로 치면 장성급 4명과 영관급 7명이 2,000명 병력으 로 일으켰던 반란이었으니, '성공한 쿠데타'치고는 초라한 숫자

351　날삯: '일당(日當)'은 왜말임.

이다. 그만큼 왕건을 따르는 사람들이 많지 않았다는 이야기가 되겠다.

수양대군(首陽大君) 쿠데타 때 공 세운 이른바 '정란공신(靖亂功臣)'이 45명이었고, 서인반란이었던 '인조반정' 때 공 세운 무리가 서인 고갱이 33명이 이끄는 천4백 명쯤이었으니, 거기서 거기였던 반란군 병력이었다. 하기야 다카키 마사오가 북미 합중국 CIC 뒷배 받아 일으킨 쿠데타에 끌려간 병력 또한 그만큼 밖에 안되었으니 쿠데타를 성공시키는 데 꼭 병력 숫자가 많아야 하는 것은 아니겠지만, 씁쓸하다. 왕건 쿠데타가 성공한 데는 이른바 '정보'가 큰 구실을 하였겠다. 종간과 은부가 거느리는 손아랫사람 가운데 왕건 쪽이 푼 검은돈에 넘어간 인숭무레기352가 있었겠다. 작용이 있으면 반작용이 있게 마련인 것이 물질 운동법칙이라면 충신이 있으면 역적 또한 있게 마련인 것이 역사 법칙이니까.

그런데 정말로 궁예가 이틀 동안 굶주린 끝에 보리이삭을 훑어 먹다가 부양 백성들한테 맞아죽었을까?

마무리부터 미리 말하자면 죽어도 그런 일은 없었으니, 궁예가 쌓았다는 여기저기 '문허진 성터'들이 그것을 웅변하여 주고 있다.

황실수비대가 궁예황제를 '결사옹위'하여 부양으로 간 데에는 까닭이 있을 것이다. 철원 바로 위쪽인 부양은 아무래도 수비대가 거느리는 고을이거나 적어도 궁예를 붙좇는 사람들이 많이 사

---

352 인숭무레기 : 어리석어 사리(事理)를 분간할 줄 모르는 사람.

는 곳이었겠다. 어쩌면 무상몰수·무상분배를 이뤄낸 본보기 고을이었는지도 모른다. 아무리 힘에 밀려 황궁을 내줬다고 해서 무턱대고 아무 곳으로나 갔을 까닭이 없다. 그리고 일찍부터 왕건 동아리가 일으키려는 반미륵 쿠데타 낌새를 채고 있던 종간이나 은부 같은 앞방석·곁방석353들이 만에 하나라도 있을 수 있는 '비상사태' 대비책을 세워 두지 않았을 리가 없다. '미륵 염통'인 궁예 탈막이를 위한 온갖 꾀들을 짜두었을 것이다. 궁예는 아마도 부양에서 힘을 전주르다가 종간·은부가 거느리는 황실 수비대가 무너졌다는 염알이꾼354 말 듣고 울음산 쪽으로 항전기지를 옮겼을 것으로 보인다. 부양고을을 이 갈던 왕건 쪽에서 '부양고을 백성들이 보리이삭을 훔쳐먹는 도적놈 궁예를 때려죽인 것'으로 만들었을 것이다. 아울러 부양고을 사람들한테는 벼슬자리를 주지 않는 것은 물론이고 엄청난 세금을 때려 꼼짝 못하게 했을 것은 굳이 말할 필요가 있을까. 아옌데처럼 대통령궁, 그러니까 황궁에서 싸우다 죽지 않은 이만 그것은 어쩔 수 없는 패자(敗者)들 숙명이었다.

여기서 잠깐, 풀리지 않는 숙제 또는 물음표 한가지를 던져보니 - 우리나라 살피 골칫거리이다. 저 고조선과 사국시대 그리고 일통신라 때는 그만두고 궁예 때만 해도 그렇다. 904년 나라이름을 대동방국 곧 마진(摩震)으로 정한 궁예는 서울을 철원(鐵圓)으로 정했다고 한다. 그런데 이 철원에 대해서 모든 사람들은 이제 강원도에 있는 철원군으로 알고 있다. 남조선 또는 남한 강단사학계에서

---

353 **곁방석**: 비서(祕書).
354 **염알이꾼**: 염탐꾼.

는 더구나 그렇게 말한다. 그런데『세종실록』「지리지」'평안도'조에 보면 이제 평안도 고장으로 말하고 있으니 – "궁예가 철원에 웅거해서 스스로 고리왕이라고 일컬었다." 신라땅인 강원도에서 고구리를 다시 세웠다고 말한다는 것이 야릇하지 않은가.

『고리사』에 보면 두만강 북쪽 700리에 있는 공험진(公嶮鎭)까지가 동북방 강역이라고 한다.『명사(明史)』또한 고리 서북방 강역이 이제 심양(瀋陽) 남쪽 진상둔진 봉집현(奉集縣)이라고 한다. 북쪽 강역은 이제 요령성 심양 언저리에서 흑룡강성 영안(寧安) 언저리까지였단다.

궁예가 서울로 삼고자 했던 '서경' 또한 평안남도 평양이 아니라 천산산맥 서녘에 있는 '본계시(本溪市)'였다. 반도가 아니라 대륙으로 뻗어가던 큰 나라였던 것이다. 그렇던 것을 왜제 식민사학자인 이케우치 히로시[池內宏, 1879~1952]가 외곡시킨 이른바 '반도사관'을 미좇고 있는 남조선 또는 한국 사학계인 것이다.

쿠데타를 성공시켰다지만 왕건정권은 그렇게 튼튼한 것이 아니었다. 궁예가 앉았던 용상에 올라 나라이름을 궁예가 처음 썼던 '고리'로 하고 년호를 '천수(天授)'라고 한 918년 6월 병진일(丙辰日)부터 궁예세력이 많은 철원을 떠나 송악으로 서울을 옮긴 919년 정월까지 여섯 달 동안 네 차례나 반쿠데타가 일어나니 궁예황제를 따르는 사람들이 왕건한테 앙버티는 힘이 남아 있었다는 뚜렷한 본메본짱355이 된다.

---

355 본메본짱: 증거물(證據物).

왕건 쿠데타군에 맞서 며칠을 싸우던 궁예는 아마도 "황궁은 저희한테 맡기고 뒷받침하여 주는 백성들 많은 부양 쪽으로 내려가 되받아칠 때를 노려보시라."는 종간·은부 사룀 좇아 황궁을 나섰을 것이다. 헌털뱅이 옷으로 차림을 다르게 한 것이 아니라 예전 장군시절처럼 갑옷 입고 활 메고 칼 쥔 싸울아비 모습으로 말에 오른 궁예황제를 결사옹위하는 내군 딸린 날카로운 황제 지킴이들과 함께였을 것이다. 한고장을 맡은 호족만 되어도 모시는 이들이 따르게 마련인데, 명색이 미륵대제국 황제로서 아무리 바드러운356 지경에 떨어졌다고 하더라도 동냥아치 꼴로 혼자 숨어다닌다는 것이 말이 되는가. 이 모든 것들이 승자 왕건 권위를 높여주고자 하는 사관들 붓장난이었다.

그때부터 궁예는 적어도 몇 해, 그러니까 3년은 더 버텼던 것으로 보이니 — 궁예가 쌓았다는 철원 보개산성(寶蓋山城)·성동리성(城東里城)과 포천에 있는 반월산성(半月山城), 그리고 궁예가 싸울아비357들과 하냥358 말 달리며 왕건 반란군을 무찌르고자 애태웠던 치마대(馳馬臺) 있는 금파리성 잣터359가 그것이 '역사적 사실'이었음을 말해 주고 있다.

왕건 토벌대한테 쫓기던 궁예 식구를 결사옹위한 고갱이 궁예주의자들이 만주 길림(吉林)으로 들어가 여진족을 일으켜 세웠다는 말도 있는데, 놀라운 것은 순천김씨(順天金氏)와 광산이씨(光山

---

356 바드럽다: 위험(危險)하다.
357 싸울아비: 전사(戰士). '사무라이' 본딧말.
358 하냥: 같이. 함께.
359 잣터: 옛 성터.

李氏) 족보에 궁예 피 받은 뒷자손들이 적바림 되어 있다는 것이다. 이른바 정사라는 『삼국사기』며 『고리사』와 『고리사절요』에 적바림되어 있는 것처럼 궁예가 그렇게 '흉악무도'한 폭군이었다면 제 집안 조상으로 버젓이 올려 놓을 수 없는 것이니, 『삼국사기』와 『고리사』며 『고리사절요』 적바림이 거짓된 것임을 웅변하여 주고 있다. 그러고 보면 황후 강씨와 청광·신광 두 아들을 죽였다는 것 또한 말도 안되는 '역사외곡'으로 된다. 여기서 한가지 떠오르는 이야기가 있으니, 연산군(燕山君)이다.

사람들이 왕한테 총애를 받아 잉태하자 약을 먹고 죽었다고 말했다.

『연산군일기』 12년(1506) 7월 기사이다. 연산군이 큰어머니인 월산대군(月山大君) 부인 박씨를 강간해서 아이를 밴 박씨가 부끄러움을 이기지 못해 자진했다는 것이다. 이때 연산군 나이 서른한 살이었다. 박씨 나이 쉰셋에서 다섯쯤이었다. 그때 53~55살 되는 여성으로 임신한다는 것은 불가능한 일이니, 연산군을 세상에 드문 막된놈으로 만들고자 하는 나쁜마음에서 쓴 비뚠길(曲筆)이었다. 이에 깊은 원한을 품게 된 박씨 동생 박원종(朴元宗)이 반정(反正)을 일으킨 것으로 말이다. 후궁 1,000명이 있었던 것으로 그려진 연산군 소생은 4남 3녀였다. 왕비가 낳은 것이 2남 1녀이고, 후궁 조씨가 낳은 서자 2명과 장녹수(張綠水)와 정금(鄭今) 소생 두 서녀가 있었다. 그런데 요순같은 성군(聖君)으로 그려진 연산군 아버지 성종(成

宗)은 모두 37명 자녀를 두었으니, 왕비 3명과 후궁 9명이 낳은 것이었다. 박원종은 칼로 연산군을 쫓아냈는데, 사림(士林)들은 붓으로 연산군을 죽여 버렸던 것이다. 그런데 적바림은 무서운 것이어서 오늘까지도 연산군은 스무살도 훨씬 더 먹은 50대 중반 큰어머니를 강간해서 아이를 배게한 짐승보다 못한 놈이 되었다.

15년쯤 미륵대제국 서울이었던 철원(鐵圓), 곧 쇠둘레는 갈 수 없는 곳이다. 시방 철원이 아니라 '철마는 달리고 싶다'는 팻말 서 있는 월정역(月井驛) 위쪽 비무장지대 말이다. 1988년 KBS에서 보여준 「휴전선을 가다」라는 발기표에 따르면 궁예도성은 활찐 벌판에 세워졌다고 한다. 바깥성 둘레가 10킬로미터 위인데 땅불쑥한360 것은 도성을 지켜 낼 수 있는 무슨 차림361이 보이지 않는다는 점이란다.

도읍이 들어선 풍천원(楓川原)을 둘러싸고 있는 명성산·운악산에 도성을 지켜낼 수 있는 차림을 두었다고 하더라도 도성을 손목잡아362 지켜 내기 위한 차림이 없다는 것은 무엇을 말해 주는가? 온세상 인민대중이 모두가 하나같이 똑고르게 웃으며 일하고 웃으며 밥먹고 노래하고 춤추며 사는 세상이기 때문인가?

어느 때 어느 나라든 서울을 세우려면 산과 내를 낀 온달이나 반달꼴로 성을 쌓고, 궁궐과 인민들 사는 데를 나누며, 인민들 사는 데도 계급에 따라 나뉨을 두는 것이 상식으로 되어 있는데, 궁

---

360 땅불쑥한: 특별한.
361 차림: 갖춤. '설비(設備)'는 왜말임.
362 손목잡다: 손수.

예서울은 다르다고 한다. 흙과 돌 섞어 쌓은 긴 네모꼴 성으로 인민대중이 사는 삶터를 한허리로 하게끔 쌓여졌다 한다. 이것은 원시 공산사회때 하늘 밑에 벌레363들이 살던 꼴을 본뜬 것으로 보이니, 그러고 보면 궁예는 맑스가 부르짖기 천년 앞서 벌써 고루살이 공산사회를 이루고자 하였던 것으로, 공산주의사상 첫 한아비가 되는 셈인가. 마하 궁예보살 마하살.

역사를 보면 언제나 두 개 불교가 있었다. 당대 권력 들러리나 앞잡이 노릇해서 제 한몸 배를 기름지게 하고 집채 겉껍데기에 번쩍이는 금칠이나 하는 이른바 호권불교(護權佛敎) 곧 체제불교와, 예토(穢土)를 뒤집어 정토(淨土)로 만들자는 인민대중들 비원(悲願)을 대신해서 말하는 미륵불교가 그것이다. 건국이념인 유교 이데올로기에 쫓겨 깊은 산속으로 숨어들게 된 조선 왕조시대로 접어들면서 미륵불교는 뚜렷한 두럭꼴을 이루니, 불교 비밀결사운동단체인 '당취'가 그것이었다. 오늘날 못된 중을 가리키는 '땡초'는 이 당취가 소리바뀜된 것이다. 궁예와 묘청(妙淸) 그리고 신돈(辛旽) 미륵사상을 이어받은 것이 서장옥(徐璋玉) 곧 일해선사(一海禪師)였다. 동학 깃발 빌려 미륵세상을 만들어 보고자 하였던 일해스님이 교형(絞刑) 판결을 받은 것은 1900년 9월 20일이었다.

그때 나이가 49살로 나와 있으니 1852년생으로 짐작된다. 수많은 당취들이 그러했던 것처럼 일해당취 또한 역사 저편으로 가뭇

---

363 하늘 밑에 벌레: 사람.

없이 사라져 버린 것이었다.

우금고개 또는 청주성싸움에서 무너진 당취부대 이끌던 일
해대사 서장옥이 올랐던 데가 지평 미륵뫼였다. 미륵뫼 상봉 올
라 궁예전배 묘청전배 신돈전배 이름 목놓아 부르던 일해대사 서
장옥이었으니, 왜노들 물리칠 새로운 싸울꾀364를 짜내는 것이었
다. 그리하여 마침내 미륵뫼 당취부대 남은 싸울아비들 휘몰아 경
상도 태백산으로 갔다가 충청도 속리산 쪽으로 가던 길에 왜노들
이 파놓은 허방다리365에 빠져 버린 것이었다. 마하 일해보살 마
하살.

---

364 싸울꾀: 전략(戰略).
365 허방다리: 함정(陷穽).

문허진 잣터에서

덩거칠고366 쓸쓸한 것이었다.

쥐 파먹은 자리처럼 여기저기 파헤쳐져 터전돌만 희뜩거리는 활찐367 절터에서 눈 아프게 찔러오는 거북머리통이었다. 거북등 딱지에 지고 있는 것은 끔찍하게 깨어져 밑둥만 남은 탑빗돌이었다. 불상(佛像) 없는 석불좌(石佛座)였다. 저만치 자드락길368 위로 보이는 국보 제4호 고달사지 부도(浮屠) 위를 소소리쳐369 날아오르는 갈가마귀였다.

경기도 여주군 북내면 상교리 혜목산(慧目山) 자락 고달사(高達寺) 터무니. 신라 경덕왕 23년(764년) 처음 세워져 고리 광종 때부터 이름을 떨쳤는데, 절이 없어진 것은 언제인지 모른다고 한다. 이제 양평인 양근(楊根) 서종면 노문리에 살던 큰선비 리항로 선생이 늘그

---

366 덩거칠다: 풀이니 나무가 덩굴지게 우거져 거칠게 보이다.
367 활찐: ① 너른 들 등이 매우 시원스럽게 벌어진 꼴. ② 활짝.
368 자드락길: 자드락(나지막한 산기슭 기울어진 땅)에 있는 좁은 길.
369 소소리치다: 회오리치다.

막까지 자주 머물며 주자 성리학을 갈닦았다는 적바림이 있어 적어도 150년 전까지는 절이 말짱하였던 것이다. 그렇다면 언제 그리고 짜장370 그 어떤 하늘 밑에 벌레들이 없애 버렸다는 말인가?

사노비·백장·무당·광대·상여꾼·기생·공장바치와 함께 팔천(八賤) 가운데 하나로 떠다박질려진 '중'으로 불리우던 스님네가 수행하던 도량인 절을 모질고 사납게 짓밟았던 것은 '양반님네'였다. 양반으로 불리우던 지배계급이었다.

하늘을 우러러볼 수 없는 타고난 죄인이므로 가느다랗게 쪼갠 세(細)대삿갓으로 낯을 가리게 한 '중'과 송낙이라고 불리우던 겨우살이풀로 만든 솔가지 씌운 '신중'은 서울 출입을 못하게 하면서 온갖 종이와 그릇을 만들고 갖은 기름을 짜 바치며 나무를 길러 바치게 하고 또 이지가지371 나랏일과 마을(관청) 일을 시키면서 산 좋고 물 좋은 명당자리에 있는 가람(伽藍)을 불지르고 쓸어없앤 다음, 제 집안 할아비들 무덤자리로 만들기도 하였다. 그러나 이름 없는 작은 절 경우였지 이름 높은 큰 가람을 그렇게까지는 하지 못하였고, 더구나 리항로 같은 큰 선비가 주자철학을 갈닦던372 데를 그렇게 할 수는 없는 일이었다. 그렇다면 누가 언제, 그리고 왜 그랬다는 말인가?

고달사는 돌고도는 산굽이 안침 너른 함지땅373에 없는 듯 자리

---

370 짜장: 정말. 참말.
371 이지가지: 이것저것 여러 가지.
372 갈닦다: 파고들다. '연구(研究)하다'는 왜말임.
373 함지땅: 분지(盆地). 산 속 평평한 땅.

잡은 절이다. 양평과 여주 살피374에 있는 이곳은 이 깊은 산모롱이 속에 이런 큰 절이 있었을까 싶게 깊숙이 파묻힌 곳이다. 세상을 등지고 사는 사람들이 납죽 엎드려 힘을 기르기 딱 좋은 긴한목375인 것이다. 마땅히 새 세상을 그리워하였던 사람들이 모여 아름다운 꿈을 꾸던 둥지376였다.

'장안국'을 세웠던 김헌창

김헌창(金憲昌)이라는 사람이 있었다. 신라 헌덕왕(憲德王) 때(822년) 반란을 일으켜 나라 이름을 '장안(長安)'이라 하고 년호를 '경운(慶雲)'이라 하였으니, 국체(國體)를 바꾼 것이었다.

새로운 나라 이름을 정하고 년호를 만들었다는 것은, 외간것377인 당제국을 끌어들여 어거지로 삼국통합을 한 다음 스스로 쓰던 년호를 버리고 당제국 제도와 문물을 본받던 신라 부끄럽기 짝이 없는 사대 추종주의를 싫어하고 떳떳한 자주국가를 바랐던 그때 인민대중들이 지녔던 민족자주 의지를 가로맡아 나섰던 것으로 봐야 한다.

그때까지 써 오던 신라식 관청 이름과 땅 이름을 중국식으로 바꾼 것은 서력기원 759년인 경덕왕(景德王) 18년이었다. 중국대륙에서는 이른바 '안사(安史)의 란', 그러니까 안록산(安祿山)·사사명

---

374 살피: 어름. 이에. '경계(境界)'는 왜말임.
375 긴한목: 목. 길목. '요충지(要衝地)'는 왜말임.
376 둥지: 보금자리.
377 외간것: 외세(外勢).

고달사지 부도.

(史思明)란이 일어나고, 고선지(高仙芝) 장군이 처형당하던 때였다. 김헌창이 반란을 일으킨 것은 서력기원 822년, 그러니까 헌덕왕(憲德王) 14년 3월이었다.

김헌창이 관군과 싸우다 죽은 3년 뒤였다. 그 아들 범문(梵文)이 수신(壽神)이 거느리던 농민군과 손잡고 아버지가 세웠다가 239명과 함께 죽임당한 '장안국' 뜻을 세우고자 하였던 곳이 바로 고달사 자리였다. "헌창 아들 범문이 고달산 도적 수신 등 100여 인과 함께 모반하여 이제 북한산주 곁인 남평양에 도읍을 정하려 하여 북한산성을 치매, 도독 총명(聰明)이 군사를 이끌고 그를 잡아 죽였다."고 『삼국사기』에 적바림되어 있는데, 이것은 지배계급이 보는 눈길이다. 북한산성과 같은 그때 신라 서북쪽 긴한목을 들이치는 데 100여 명 가지고는 택도 없는 소리이다. 고갱이378를 이루는 수신 무장부대는 100여 명이었을지 모르지만 그들을 따르는 무장 성원이 적어도 수천 명은 되었을 것으로 봐야 한다. 총명이라는 북한산성 방어사령관이 거느리는 상비군과 싸우려면 방위군보다 더 많은 병력이 있어야 한다. 서력기원

---

378 고갱이: ① 푸나무 줄기 한가운데 연한 심. ② 일몬(사물) 핵심(核心).

825년 신라 왕조를 무너뜨리고 새로운 민족 자주국가를 세우고자 일떠섰던 무장대오는 그리고 고달산 농민들이었다.

지평은 의병들 옛살라비379이다. 13도 창의군이 모여 두 차례나 서울해방 싸움을 벌였던 곳이다. 원주·홍천·여주·이천·용인·장호원·제천·충주가 다 지평의진 싸움테안이었고. 용문삼사인 천년 고찰 용문사·상원사·사나사가 왜병한테 불태워진 것이 1907년 8월인데, 고달사 또한 그 어름에 불태워진 것으로 보인다.

1,000년 전 범문과 수신이 근터구380 삼았던 긴한목인 고달사에는 마땅히 의병들이 머물렀을 것이고, 왜병들과 세차게 싸웠을 것 아닌가. 더구나 그 의병을 목대잡는381 의병장들은 죄 리항로 선생 제자들이었으니, 고달사를 의병들 머물자리로 삼았을 것 또한 너무도 마땅한 일로 된다. 고달사에는 그리고 서산·사명 대자대비 얼 이어받은 승병들도 있었을 것이다. 어쩌면 지평 용문산 삼사에서 왜병들한테 쫓겨난 의병과 승병들이 고달사로 몰려들었다고 봐야 한다. 두물머리 건너고 임진나루 건너 황해도·평안도 쪽으로 올라간 의병들도 많았지만 여주·장호원 거쳐 제천·충주 쪽으로 내려간 의병들 또한 많았기 때문이다. 그때까지 용문산 총댕이382 도꼭지383인 김백선(金伯善) 장군이 거느리는 용문산 의병들이 왜적과 싸우고 있다고 믿었던 것이다. 계급갈

---

379 옛살라비: 고향(故鄕).
380 근터구: 터전. '근거지(根據地)'는 왜말임.
381 목대잡다: 이끌다. 거느리다.
382 총댕이: 포수(砲手).
383 도꼭지: 우두머리.

등 끝에 동족인 양반 의병장들 손에 김백선 장군 미좇던384 용문산 총댕이들이 조밥 흩어지듯 흩어져 버린 게 10년도 전이라는 것을 알 리 없는 후래385 의병들이었으니, '정보통신'이 없던 시절 비극이었다. 소설하는 중생이 해 보는 문학적 상상력에 지나지 않는다고 웃지 말기 바란다. 역사를 생각하는 이들 깊은 눈길과 날카로운 역사적 상상력 그리고 끈덕진 갈닦음 있기를 바라는 마음 스산하고녀.

숨이 찬다.

푸유우- 푸푸유우우우- 호요바람386 소리 나는 외자욱 산길387 극터듬어388 오르니, 아이오389 이마를 때리는 잣터390이다. 세바퀴차, 네바퀴차가 다니게끔 펀펀하게 다져 놓은 탐방로 마다하고 푸나무 내음 코시린 옛 돌사닥다리 자귀짚어391 올라간 것이 잘못이었다. 가람 언저리 긴 활찐 벌판 가운데 고깔 꼴로 비쭉 솟은 230미터 쯤 되는 독메392라고 문문히393 보았던 것이 잘못이었으니, 이른바 멧잣394이 있는 데 아닌가.

384 미좇다: 뒤따르다.
385 후래(後來).: '후배(後輩)'는 왜말임.
386 호요바람: 회오리바람.
387 외자욱 산길: 한사람만 겨우 다닐만한 오솔길.
388 극터듬다: 겨우 붙잡고 기어오르다.
389 아이오: 갑자기.
390 잣터: 산성(山城) 터무니.
391 자귀짚다: 짐승 발자국 따라 찾아가다.
392 독메: 외따로 떨어져 있는 조그만 산. 독산(獨山).
393 문문히: 만만히. 가볍게.
394 멧잣: 산성(山城).

여주군 대신면에 있는 바사성.

　사적 제251호 바사성(婆娑城)이 있는 바사산(婆娑山). 알림판이나 좀
책 그리고 말광에도 죄 '파사산' '파사성'이라고 나와 있지만, '바
사산' '바사성'이 맞는 말이다. 모든 불경에도 나와 있지만 '파라
밀(婆羅密)'이라고 적으나 '바라밀'이라고 읽으니, 이른바 훈민정
음 두음법칙이다.

　'바사'라는 말은 산스크리트말을 진서음(眞書音)으로 나타낸 것인
데, '모든 슬기가 뚜렷이 나타난다.'는 뜻이다. 신라 제5대 왕인 바
사이사금 때 성을 쌓았으므로 '바사성'이라 하고 산 이름 또한 마
찬가지라고 한다. '바사국'이라는 옛나라가 있었다는 말도 있지
만 모두가 입에서 입으로 이어져 내려오는 이야기일 뿐이다.

　임진왜란 때는 승군총섭(僧軍總攝) 의암(義嚴) 스님이 승군을 모
아 둘레길이 1,100보 되는 산성을 다시 쌓았다는 적바림이 있
다. 여주군 대신면 천서리에 있는데, 천서리 쪽으로 낸 동문(東門)

터가 있고, 양평군 개군면 상자포리 쪽으로 남문(南門) 터무니가 남아 있다. 돌성 한켠은 남한강(南漢江) 언저리까지 이어져 있어 남한강 위아래를 한눈에 살펴볼 수 있다. 산머리에서는 네 둘레가 죄 내려다 보이고, 서울 쪽과 여주 쪽에서 올라오고 내려오는 배들이 죄 보이며, 저만치 경기도에서 가장 큰 미리뫼, 용문산(龍門山)이 보이니, 긴한목이다. 길목막이성인 것이다.

바사성에 머무르며 옛살라비를 지켜 내고자 애태웠던 사람들이 있다. 싸움배 700여 척에 나누어 탄 왜적 20만 명이 부산 앞바다에 이른 것은 1592년 4월 13일 하오 5시쯤이었다. 왜적들은 9번대(番隊)로 나누어 한양까지 밀고 올라왔는데, 소서행장(小西行長)이 이끄는 1번대 1만 8,700명 왜적이 바사성 건너 강나루에 이른 것은 4월 27, 8일쯤이었다. 나룻배 거룻배며 주낙배까지 죄 돌멩이 달아 물속에 가라앉히고 바사성으로 들어간 것은 승병들이었다. 멀리 떨어진 산속에서 나무를 베어 오고 또 여염집 대문짝까지 뜯어다가 뗏목을 만든 왜병들이 강을 거너기까지는 꼬박 사흘이 걸렸다고 한다. 그리고 바사성을 에워쌌는데, 하루도 버틸 수 없는 기백 명 승병들이었다. 신 립(申砬) 장군이 거느리는 8천 조선군을 탄금대 물속으로 밀어넣은 다음 처음으로 막아서는 조선승병이었다. 그때 몰사주검한 승군들 한맺힌 중음신(中陰身)이런가. '문허진 잣터' 위로 소소리쳐 날아오르는 멧새 나랫짓에 뵤-뵤- 물고 개치는 하늘이다.

당최 허청거리기만 하는 하산(下山)길이었다. 임진왜란 때 승병들도 그렇고 '남돌석 북백선'으로 왜병들 간 떨어지게 하던 김백선(金伯善) 장군과 하냥 용문산 범·곰 잡던 4백 명 멧총댕이들은 또 죄 어디로 갔단 말가. 김장군 열반하신 다음 사흘을 시신 둘레 돌던 천비마(天飛馬)는 그리고 또 어디로 갔단 말가. 저 병인양요 난리 때 국가 공인 해적인 법국 육전대 무찌른 백발백중 일방포수들이라지만 단목에 40방씩 나가는 크루프 회선포(回旋砲) 긁어대는 왜병을 무슨 수로 막아 낸단 말가. 아흐, 꽃다발도 다라니 입염불 한 자락도 없이 산벚꽃처럼 떨어져 버리는 의병·승병들인 것이었으니, 어이 할거나. 역사를 잃어버린 겨레는 마침내 결딴날 수밖에 없다는 것이 사람이라는 이름 하늘 밑에 벌레들이 지나온 발자취인 것을. 고리 때 오목새기어졌다는 마애불 앞에 합장삼배 저쑵고 영험없는 장엄염불이나 입염불로 읊조리며 내려오는 하산길은 아아, 그리고 또 염불처럼 서럽기만 한 것이었다.

어지럽다.

리항로 선생이 태어나신 곳까지 가는데, 눈 둘 데가 없는 것이었다. 밥집, 횟집, 카페, 카페, 카페, 모텔, 모텔, 호텔같은 모텔, 모텔같은 호텔, 펜션, 펜션… 하늘 밑에 벌레들이 오로지 먹고 마시고 쏟아내는 곳만 즐비한 좌우 산잘림395 사이로 뚫린 골짜기인데, 굽이굽이 물 마른 우금396 끼고 구불텅거리는 우렁속처럼 깊은 좌우로 수박씨처럼 박혀 있는 무국적 보금자리들은 벽계구곡(蘗溪九曲)까지 끊어지지 않는 것이었다.

선생이 태어나서 자랐다는 집을 바라보는 기분은 영 거시기한

---

395 산잘림: 산줄기가 끊어진 곳. 지레목.
396 우금: 시냇물이 빠르게 흐르는 가파르고 좁은 산골짜기.

것이었다. 으리으리한 현대식 기와집이 떡 버티고 서 있는데, '내
부 수리 중'이어서 안으로 들어가 볼 수는 없다고 하였다. 끼
니나 거르지 않을 만한 살림으로 일흔일곱 한뉘397를 대추씨처
럼 뾋뾋하게 살다 가신 큰선비 댁이 왜 이렇게 엄청나다는 말인
가. 기념관 같은 것이야 요즘식으로 짓는다고 하더라도 생가만
큼은 본디 모습을 되살려 놓아아 하지 않겠는가. 양평문화원에
서 낸 『향맥(鄕脈)』에 보이던 생가 모습은 여간 툭박지게398 숫진
399 것이 아니었다.

　당최 받아들이기 어려웠던 것은 전라남도 강진(康津) 땅에 있
는 '다산초당'에 갔을 때였다. 초당(草堂)이라는 말은 초가집이라
는 말이다. 귀양 간 선비가 머무는 집이라면 초가집이 맞지 무
슨 비까번쩍 으리으리한 기와집이라는 말인가. 그런데 이름은 '초
당'이라 해 놓고 고대광실 같은 기와집을 앉혀 놓았으니, 말이 안
되는 것이다. 어찌 또 다산(茶山)과 리항로(李恒老) 선생 옛집뿐이겠는
가. 이른바 '문화재'를 다룬다는 이들 보는 눈없음과 배운 것 없음
을 말해 봐야 또 무엇하겠는가. 나랏사람들 눈대중 낮은 역사의식
과 역사인식 그리고 막돼먹은 문화의식이 함께 가는 것이니, 골칫
거리는 '교육'일 것이다. 왜제가 조선을 식민지로 먹을 때 가장 힘
을 기울였던 것 두 가지가 바로 '종교'와 '교육'이었다는 것만 잊
지 말아야 할 것이니, 우리 아이들을 어떻게 가르칠 것인가?

397　한뉘: 한평생.
398　툭박지다: 툭툭하고 순박하다.
399　숫지다: 약삭빠르지 아니하고 인정이 후하다.

2부

미륵뫼와 개화파

프랑스 침략군 몰살시킨 병인양요

리항로 자(字)는 이술(而述)이고 호는 화서(華西)이니, 마을 뒤 청화산(靑華山)에서 빌려온 것이었다. 청화산 서쪽에 사는 사람이라는 뜻이다. 청화산 서쪽으로 10리쯤 되는 곳 벽계리(蘗溪里)에서 정조(正祖) 16년인 1792년 가난한 선비 아들로 태어났다. 벽계리는 일찌기 선조(宣祖) 때 유명한 재상 박순(朴淳, 1523~1589)과 숙종(肅宗) 때 저명한 성리학자로 시인이었던 김창흡(金昌翕, 1653~1722)이 정계에서 물러나 숨어 살던 곳으로 산수가 빼어나게 아름다운 곳이었다. 본이름은 광로(光老)였는데 철종(哲宗) 아버지 이름자를 피하여 항로(恒老)로 바꾼 것이었으니, 피휘(避諱)였다.

정월 초하룻날을 가리켜 '원조(元朝)'라고 한다. 본디는 '원단(元旦)'이었는데, 이성계(李成桂) 이름이 단(旦)이었으므로 피휘한 것이었다.

예로부터 이름자에 큰뜻을 두었던 우리 겨레였다. 이름에 그 사람 모든게 담겨 있다고 보는 것이다. 얼굴을 맞대고 이름을 부르는 것을 큰 결례로 알았다. 그래서 생겨난 것이 자(字)인데, 더하여 생겨난 것이 별호(別號)였다. 아버지 이름이 종식(宗植)일 경우, 어쩔 수 없이 윗어른 이름을 대지 않을 수 없을 때 요즘 같으면 "종자 식 자 쓰십니다." 하는데 예전에는 이렇게 하였다.

화서 리항로.

"갓머리[⼧] 밑에 보일 시(示)요, 나무 목(木) 변에 곧을 직(直)이라 하나이다."

아버지 대신 제사를 지낼 때는 두 자 이름에서 한 자만 읽거나 두 자에서 한 획을 빼고 읽는다. 소리 내서 읽으면 안 될 때는 그냥 "어이"하고 읍만 함으로써 넘겨 버린다.

"높을 종(宗)… 어이….."

심을 식 자에서 나무 목 변을 빼고 이렇게 말하는 것이다.

"높을 종(宗)… 어이… 곧을 직(直)… 어이….."

고리 때도 그랬지만 조선 왕조 때 외교문서에서 명나라 황제 이름자를 범하는 침휘(侵諱)를 하면 형사범으로 다루었으니, 대명률(大明律) 범휘(犯諱) 가닥에 나와 있다.

상서(上書) 또는 주사(奏事)에서 잘못 어명(御命) 또는 묘휘(墓諱)를 범하는 자 장(杖) 팔십, 여느 문서에서 잘못 범한 자 태(笞) 사십, 이름에 촉범한 자 장(杖) 일백, 성음(聲音)이 같되 자가 틀리거나 이

197

름 두 자 가운데 한 자만을 범한 자는 죄로 치지 않는다.

리항로는 이른바 천재 소리 듣는 신동(神童)이었으니, 일송삼
백(一誦三百)이었다. 하루에 300자를 외우는 천재로 사흘이면 책
한 권을 떼어마쳤던 것이다. 세 살 때 『백수문(白首文)』을 떼고 여
섯 살 때 『십팔사략(十八史略)』을 읽었으며 열두 살 때 『서전(書傳)』
을 배웠다.

열일곱 살 때 한성초시(漢城初試)에 입격(入格)하였는데, 어느 고관
대작이 화서 두름성400을 높이 사 제 자식과 가깝게 지낼 것을 부
추기자 과거를 동댕이치고 옛살라비401 벽계로 내려왔다. 쌍계
사·고달사 같은 외딸진402 절에서 『사서(四書)』와 『주자대전(朱子大
典)』을 깊게 살펴 읽었다. 위정척사(衛正斥邪)론자로 이름 높은 최익
현(崔益鉉, 1833~1906) 같은 이들이 화서한테 배웠고 의병장 류인석(
柳麟錫, 1841~1915) 선생은 화서와 류중교(柳重敎, 1821~1893) 선생 연원
(淵源) 받은 유장(儒將)이었다. 병인양요 때 용문산 총댕이403들 휘몰
아 로오즈 제독이 거느리는 법국 육전대 침략군 물리진 양헌수(梁
憲洙) 장군 또한 화서 제자였다.

대원군(大院君) 리하응(李昰應, 1820~1898)이 처음 법국 육전대 물리
칠 병력으로 내세웠던 것은 강계 포수였다. 조선팔도 포수 가운
데 가장 용맹한 것으로 호가 나 있던 강계 포수는 그러나 강화도까

---

400 두름성: 주변을 부려 이리저리 돌려대는 재주.
401 옛살라비: 고향(故鄕).
402 외딸지다: 외롭고 홀로 떨어지다.
403 총댕이: 포수(砲手).

지 내려가는 동안 죄 사라져 버렸으니, 총알받이가 되기 싫은 것이었다. 한번 긁었다 하면 단목에 40방씩 나간다는 회선포(回旋砲) 지닌 법국 육전대가 세계 최강 병대라는 것을 알고 있는 강계(江界) 포수들이었다. 그들은 나중에야 하나둘 강화도로 모여들었는데, 올리비에 대령이 거느리는 법국 육전대 150명 특공대가 거의 몰사 주검 당한 다음이었다.

양헌수(梁憲洙, 1816~1888). 자(字)는 경보(敬甫), 호는 하거(荷居), 시호는 총장공(忠壯公)이다. 순조(純祖) 16년 경기도 지평현(砥平縣) 너브내 404에서 남원양씨(南原梁氏) 종임(鐘任) 아들로 태어났다. 여기서 우리는 양헌수 장군이 이끄는 미륵뫼 총댕이들이 법국 육전대를 물리친 곳이 '정족산성(鼎足山城)'이라는 것을 눈여겨봐야 한다. 정족산성에는 사고(史庫)가 있었기 때문이다. 병자호란 때 청군한테 불탄「마리산(摩尼山) 실록」 2권을 적상산 것에서 베껴다 간직했던 곳이다. 현종 1년인 1660년이었고, 승병 50명이 지키고 있던 것을 법국 육전대 문탈반에서 눈독들였으나 일방포수였던 백발백중 명포수 미륵뫼총댕이들 불질에 몰사주검당할 때까지 지켜낼 수 있었으니, 그야말로 하늘과 신(神)이 도왔던 것이다.

북미 합중국 병대가 이라크에 쳐들어 갔을 때 맨먼저 한 일이 '바그다드 국립박물관'을 폭격하는 것이었다. 불타는 박물관에서 숱한 보물들을 훔쳐갔으니 - 메소포타미아 5천 년 문명에 대한 부러움에 찬 시새움에서였다. 사람무리가 '전쟁'이라는 것을

---

404 너브내: '광탄(廣灘)'은 왜제가 바꿔친 이름임.

비롯하면서부터 모든 침략군한데는 '문탈반' 곧 '문화시찰단'이라는 이름 단 '문서탈취반'이 있었으니, 그 나라 문자로 적힌 역사적 적발이들을 가져가는 것이 처들어간 첫째 목적이었기 때문이다. 6·25 때 남북 양쪽에 있던 종이에 적힌 적발이들, 곧 '역사적 문건'들을 죄 가져다가 '미국국립문서기록청(NARA)'에 감춰둔 북미 합중국이었다.

법국 침략군 물리친 전쟁일기인 『하거집(河居集)』에 실린 글이다.

1866년 10월 5일 로즈 프랑스함대 사령관은 한강봉쇄령을 선언하고, 군함 7척, 함재대포 66문, 총병력 1,520명 대병력을 이끌고 강화도에 내침했다. 대원군 병인사옥(丙寅邪獄)에서 프랑스 신부 처형에 대한 보복원정이었다. 10월 16일 갑곶진에 상륙, 강화도를 무혈점령하면서 연전연승을 거듭하고 있었다. 이에 정부는 공을 강화순무영(巡撫營) 천총(千摠)에 임명했다. 공은 정족산성(鼎足山城)으로 잠도작전(潛渡作戰), 정족산성 농성으로 올리비에 원정군을 격파했다. 양헌수 천총은 근대적 병기와 화력 우세를 자랑하는 프랑스군을 제압, 서구 제국주의 침략세력에 대한 장쾌한 대승첩을 거둔 것이다.

<순무 천총 양공 헌수 승전비>
고종 3년 병인년(1866년) 9월에 서양 오랑캐가 강화에 침입해왔다. 적(敵)의 세력은 날이 갈수록 점점 창궐했다. 이에 순무사 이경하(李景夏)는 중군 이용희(李容熙) 천총 양헌수를 징발하여 통진(通津)에 군대를 주둔, 진을 치게 했다. 양공이 드디어 일신을 돌보지 않

고 분연히 일어나 별군관 이기혁·이현규·이병숙과 초관 이렴·김
기명·이대홍과 행군집사 이해진·지홍관과 산포수 500명을 인솔하
고 출진했다. 10월 초1일 그믐밤에 손돌목으로 잠도(潛渡)하여 정족
산성에 들어가 성을 점거했다. 초3일 적군이 정족산성 아래로 핍박
해옴에 양공은 전군 장병한테 사기를 돋우어 전투를 독려하니, 전
장병은 일제히 총포를 발사하면서 적군을 공격하였다. 적의 지휘
관 '올리비에 대령'은 말에서 떨어져 죽으니 오랑캐 병정은 넘어
져 쓰러진 시체를 메고 달아났다. 마침내 양공은 강화부를 수복하
여 군사와 백성을 위로하니, 강화도 일대 민심이 비로소 안정되었
다. 늙은이나 젊은이나 양공의 옥돌같이 곧은 공적에 흠감하여 공
의 전공을 기록함으로써 백성이 흩어지지 않기를 기약했다. 오늘
날 강도(江都) 백성은 부모처자 형제가 다시 모여 양육하게 되었으
니 이는 양공 은덕이 아닐 수 없다. 영세토록 그 은혜를 사모하노라.

監董都看役 資憲前僉使 申翊淵

折衝 金珽基

癸酉二月 日 江都 大小民人等立

劉漢祚

幼學 李連道

<부출전일기(附出戰日記)>

(…)

9일에 순무 중군 천총이 선봉(先鋒)으로 군사를 거느리고 나가는

데 보군(步軍) 500명 마병(馬兵) 100명으로 사시(巳時)에 양화진(楊花津)에 도착하자 중화(中火) 심도(沁都)가 수비(守備)하는 것을 잃었다는 급보가 왔다. 이때 대원군이 와서 친히 군사를 위로하여 음식을 내리고 진아(鎭衙)에 앉았었다. 내가 들어가서 아뢰기를 (…) 지금 삼가 듣자옵건대 양근(楊根) 이장령(李掌令) 화서(華西)가 동부승지(同副承旨)로 부름을 받았다고 하니 이분은 소인 스승입니다. (…) 즉시 떠나서 양천(楊川)에서 자고 가는 도중에 군사를 엄중히 단속하여 백성 물건을 약탈하지 못하게 하였다. 10일 새벽에 김포(金浦)에 도착하자 백성이 전하기를 통진(通津)이 수비함을 잃어 이민(吏民)이 집을 비우고 도망하였다 하므로 즉시 군관(軍官)한테 명령하여 먼저 가서 적 허실(虛實)을 정탐하고 한편으로 이민(吏民)을 모아 깨우치고 빨리 다시 모여 안심하고 곡식을 거둬들이고 망령되이 움직이지 않게 하였다. (…) 술시(戌時)에 행군하여 통진에 도착하니 어제 적도(敵徒) 백여 명이 재물을 약탈하여 갔다 하므로 곧 방형(方形)으로 관문(官門)에 진을 치고 앞으로 가는 길에 통진 첫 경계로 들어가면서부터 여기 40리에 이르는 동안에 촌락과 고을에서 한 백성 한 아전도 보지 못하고 황폐(荒廢)하고 쓸쓸하며 참혹해서 마음을 놀라게 하였다.

11일 (…) 뒷산 기슭에 올라가 적세(賊勢)를 바라보니 아마 갑곶진에서 5리쯤 뻗쳤을 것 같았다. 큰 적선(賊船) 두 척은 갑곶진 앞바다에 있고 세 척은 손돌목[孫石項] 밖 인천 앞바다에 있으며 두 척은 월곶(月串) 앞바다에 있어 모두 큰 배가 일곱 척이고 그 밖에 작은 배는 그 수를 알지 못하겠고 혹은 검고 혹은 흰것이 왔다갔다 하는

데 그 빠르기가 날으는 것 같고 심도 성 안팎이 개미떼같이 사방으로 뻗쳐 만약 우리 군사 검은 옷을 입은 것이 먼 곳에 보이면 문득 배 안에서 대포 한두 방 혹은 서너 방을 쏘니 그 포 탄알이 혹 작기도 하고 혹 크기도 하며 혹 길기도 한데 긴 것은 한 자가 되는 것이 있고 혹 예닐 곱치가 되는 것도 있으며 큰 것은 둘레가 세 뼘이 되고 작은 것은 두 뼘이 되며 멀게는 20리까지 나가고 가까와도 15리는 내려가지 않으니 아마 그 쏘는 데 멀고 가까운 것과 낮고 높은 것을 마음대로 조정하는 것 같았다.

18일에 적이 작은 배를 타고 바로 문수성(文殊城) 남문 밖에 와서 대니 한성근(韓聖根)이 먼저 두 발 탄알을 쏴서 적 몇 명을 죽이자 적들이 많이 와서 중과부적(衆寡不敵)으로 포수로서 죽은 사람이 네 명이요 나머지는 모두 달아나 도망가고 한성근도 또한 도망가서 죽기를 면하였는데 적이 드디어 남문루(南門樓)와 성안 민가 29호를 불지르고 백성 한 명을 죽이고 포수 한 명을 사로잡아 갔다는 급보가 이르자(…)

19일에 적이 훈련도감 화약고를 불지르니 소리가 천지를 진동하였고 이로부터 매일 제물진(濟物鎭)으로부터 광성진(廣城鎭)에 이르기까지 관사(官舍)와 군기고(軍器庫)가 소실(燒失)되지 않은 것이 없었다. (…)

3일 진시(辰時)에 적이 있다는 보고를 듣고 성에 올라가 보니 적장 한 명은 말을 타고 왔고 적병 수백 명이 동남 두 문으로 나누어 들어오니 아마 우리 군사가 있음을 몰랐을 것이다. 초관(哨官) 김기명(金沂明)이 포수 161명을 거느리고 남문에서 매복하고 이렴(李

濂)이 150명을 이끌고 동문에서 매복하였으며 이대홍(李大興)이 경군(京軍) 백1명과 향군(鄕軍) 56명을 거느리고 서북 두 문을 나누어 지키며 기다리니 고요하여 거의 새 우는 소리도 없었다. 적이 항구에 들어와 세 적이 동남문간 산기슭으로 올라가 성에 올라가려 하자 동문 포수 이완보(李完甫)가 먼저 쏴서 한 적을 죽이고 포성 일발에 동남에서 일제히 쏘니 소리가 산악에 진동하였다. 적이 동문에서 죽은 자가 둘이요 남문에서 죽은 자가 넷인데 적이 갑자기 포성을 듣고 마땅히 놀래어 움직일 것이라 하였는데 조금도 물러날 뜻이 없었고 그 죽은 것을 보니 왼손으로 그 시체를 끌고 오른 손으로 그 탄알을 쏘았으니 그 절제의 엄함이 이와 같았다. 우리 총은 백여 보에 불과한데 적 탄알은 능히 5백 보까지 미치고 또 화약 심지를 쓰지 않고 능히 쏘며 쏘는 것이 또한 신속하였다. 일장결판을 내는 싸움이 미시초까지 계속되자 우리 군사가 화약과 탄알이 다 되었다 하니 온 군사가 실색하였고 나도 또한 칼을 던지고 앉아서 정신이 혼란하고 여러 사람들이 어찌할 줄 모를 즈음에 적도 또한 그 탄알 쏘는 것을 그만두고 그 군대 하물(荷物)을 버리고 도망가니 우리 군 장사 이하가 각각 활과 칼을 가지고 쫓아가다가 혹 백 보를 가다가 그만두고 혹 수백 보를 가다가 그만두고 숨이 차서 헐떡거리며 능히 다시 나가지 못하였다. 이 싸움에서 우리 군사 한 명이 죽었으니 양근 포수 윤춘길(尹春吉)이다. 내가 다리를 베어주고 곡하였으며 흰 면포(綿布)를 써 염하여 파묻었다. 탄알에 맞은 자 네 사람 중 두 사람은 상처가 없고 한 사람은 내가 그 피를 빨아 주었으며 한 사람은 약을 지어 구제하였으니 즉 선두별장(先頭別將) 김성표(金聲豹) 홍천포수 이방원(李邦元)이다. 여러 군사가 적 군대 하물 말·나귀·총·칼·그릇·의복·음식·술병·이불·요·화약봉지를 다 헤아릴 수 없고 그 중 강화부(江華府)에 돌려준 부책(簿冊) 한 권이 있어 아울러 책을 만들어 대진(大陣)에 보냈다. 유시(酉時) 가량에 부근 동리 사민들이 모두 와서 말하기를 우리들이 동남문 밖에 올라가서 지극히 가까운 산기슭에서 서로 보며 자세히 접전하는 시말을 관찰하니 적이 처음 동문 밖에 이르러 갑자기 성위에 기(旗)가 있는 것을 보고 의심하여 염려하였다고 하니 곁에 한 거민(居民) 차경직(車京直)이 묻기를 혹 경군(京軍)이 왔었는가 하니 말하기를 알지 못하겠다. 적이 목에 칼을 대고 협박하여도 끝내 사실을 이야기하지 않으니 적 하나가 소리 지르며 말하기를 더불어 싸울만 하다 하고 접전(接戰)하기 시작하자 적 하나가 노새를 타고 말하기를 내가 마땅히 성 안에 구원을 청하리라 하고 5리를 못가서 노새가 갑자기 크게 뛰어 몇 번 떨어져서 적이 다치고 능히 움직이지 못하여 성을 내고 노새한테 탄알을 쏘았으나 맞지 않았으며 또 화약을 싣는 말이 대포 소리를 듣고 놀래어 멀리 도망갔다. 급기야 패하게 되자 적 하나가 소리 지르며 말하기를 이길 수 없다 하고 적이 모두 발길을 돌려 달아나다가 5리를 가서 죽은 자가 10여 명이요 10리를 가서 죽은 자와 20리를 가서 죽은 자가 120~130명 가량이고 그 중 적 하나가 죽자 무리가 모두 슬피 울고 성에 들어가서 후하게 염하였다고 하기에 뒤에 심부(沁府) 백성 말을 들으니 후하게 염한 자는, 즉 모주라성(謀主羅姓)이라는 적이라고 하였다. 급히 밥을 지어 먹이고 나서 두루 돌아다니며 위로하고 물으니 모두가 말하기를 적이 반드시 내일 다시 올 것인데 아군이 매우 적어서 군사를 더 청해야 한다고 하며 온 군사가 놀라고 겁내면 다시 싸울 기세가 만무하다 하였다. 내가 말하기를 군사는 많은 것에 승패가 달린 것이 아니며 비록 한 사람이라도 겁내지 않는 것이 중요한 것이니 너희들이 죽기를 마음먹고 적을 보고 물러나지 않으면 적은 것이 많은 것을 능히 이길 것이라 하였다. 삼경(三更)쯤 되어 평양(平壤) 유격장(遊擊將) 최경선(崔慶善)·조규환(趙奎煥)·홍석두(洪錫斗)가 관서(關西) 포수 88명을 거느리고 덕포(德浦)로부터 건너왔다. (…) 강계(江界)와 북도(北道) 포수가 경영(京營)에 왔다고 하니 (…)

5일 날이 밝자 북성에 올라가서 바라보니 적 배는 이미 떠났고 조금 있다가 손돌목 밖에 나가 밥을 재촉하여 먹고 나서 삼초군(三哨軍)이 머물러 정족성(鼎足城)을 지키게 하고 우두머리 삼초가 떠나 심도(沁都)로 들어가니 상거가 40리였다. 정족 동문 밖으로부터 유혈(流血)이 낭자(狼藉)하게 도로에 연속하여 소를 잡고 남은 흔적같고 또 양지(洋紙)로 피를 닦아 버린 것으로 거의 빈 데가 없었다. 촌 마을을 지날 때마다 거기에 사는 백성이 산막(山幕)에서 나와 각각 그 집으로 돌아가면서 대군을 보고 다투어 길로 나와 말 앞에서 절하고 말하기를 지금 비로소 살게 되었다 하고 웃고 울지 않는 사람이 없었다. 혹 담배 한 점을 가져오기도 하고 혹 홍시(紅柿) 한 궤를 가지고 와서 군사들한테 주었으므로 군사들이 응접(應接)하는데 피곤하였다.

10일 높다란 곳에서 적정을 살펴보니 적 배가 수원(水原) 풍도(楓

島) 앞바다로 물러났다.

15일 높다란 곳에서 적정을 바라보니 적 배가 멀리 도망하여 보이
지 않았다.

사라져버린 벌대총伐大驄

간추려 보자. 그러니까 고종(高宗) 3년인 1866년 10월 5일 법국(法國) 함대사령관 로오즈가 육전대, 곧 이제 해병대 1천520명, 군함 7척, 대포 66문에 신부 리델과 조선인 천쫙쟁이 3명을 길라잡이 삼아 쳐들어와 "조선이란 나라에서 법국 선교사 9명을 죽였으니, 그 앙갚음으로 천 곱인 9천 명을 죽이겠다"며 강화도를 쑥대밭으로 만들었다가 유장(儒將) 양헌수(梁憲洙, 1816~1888)가 거느리는 용문산 총댕이들 불질에 놀라 쫓겨갔던 사달405을 가리켜 '병인양요(丙寅洋擾)'라고 부른다. 만 년 위로 되는 우리나라 역사에서 맨 처음으로 서구 제국주의 침략세력을 물리쳤던 잊지 못할 싸움이었던 것이다. 나라에서 월급받는 국립해적이었던 그들은 그때 조선왕실 의궤(儀軌) 같은 옛책 345권과 은괴 19궤짝 등 귀중한 문화재와 보물을 빼앗아 가서 150년이 되는 오늘까지 돌려주지 않는 바, 사회당 당수 미테랑이라는 이가 대통령으로 있을 때 '테

---

405 사달: 일. 탈. 일거리. '사건(事件)'은 왜말임.

제베'라는 고속열차를 사 주는 옮406로 돌려주겠다고 언약하였으나, 그 책들을 지니고 있는 도서관 사서라는 여성들이 이미 자기네 나라 재산이 된 것들이므로 돌려줄 수 없다고 뻗대므로, 프랑스 정부로서도 어쩔 수 없다는 것이었다. 자기내 윗대 할아버지들이 다른 나라에 쳐들어가서 날강도질하여 온 '장물'을 시간이 흘러 이미 자기네 아람치407가 되었으므로 돌려줄 수 없다고 버티는 것이다. (미테랑이 테제베를 팔아먹으려고 왔을 때 맛보기로 가져온 1권만 받았음.)

식물과 광물에서 뽑아낸 천연염료로 색칠한 그 의궤들은 몇백 년이 지난 것임에도 이새 칠한 듯 그 빛자욱이 생생해서 조금도 바뀌지 않았다고 한다. 잉크가 백 년이 간다면 천 년이 가도 변치 않는 먹인데, 천연염료 또한 마찬가지인 것이다. 의궤도 기가 막히지만 벌어진 입이 다물어지지 않는 것이 '은궤' 19궤짝이다. 마무리부터 말하자면 우리가 '은괴(銀塊)'라고 알고 있는 것이 참으로는 황금덩어리인 '금괴(金塊)'인 것이다. 우리 겨레는 예로부터 가장 높은 값어치가 있는 것은 한 급 낮춰서 말하는 것을 미덕으로 여겨 왔다. 금방(金房)이라고 하지 않고 꼭 은방(銀房)이라고 하였고 군이 나눌 필요가 있을 때는 '별은(別銀)'이라고 하였으니, 조선 왕조가 들어서면서 중국을 상국(上國)으로 여긴 데서부터였다. 명 제국에서는 금을 보내 줄 것을 재촉하였는데, 조선땅에는 금이 나지 않는다고 시치미를 떼었던 것이다. 그러면서 금을 파내지 못하게 하였다. 조선 왕조가 썼던 '무금(無金)정책'이 무너진 것은 1896

---

406 옮: 값. 보람, 삯. 품삯. '대가(代價)'는 왜말임.
407 아람치: 제 차지. 사유(私有).

년이었다.

운산 금광.

평안북도 운산(雲山)군 북진읍(北鎭邑)에 있던 조선에서 가장 큰 금광 채굴권을 따낸 것은 미리견(米利堅)으로 불리우던 북미 합중국 장사꾼 보스였다. 정치자금에 쪼들리던 민중전파(閔中殿派)한테서 25년 기한으로 금을 캐낼 권리를 얻게 된 보스는 조선왕실에 이득 4분의 1만 바치고 나머지는 죄 먹기로 하였는데, 일시금으로 그때 돈 25만 원을 주고 매년 2만 5,000원만 주었다. 운산금광 한 해 생산고는 150만 원에서 200만 원에 이르렀다고 하니, 그야말로 '노다지'를 캐게 된 보스였다. 보스는 미국으로 실어갈 금궤짝에 '노터치(NO TOUCH)'라고 붉은 글씨로 쓴 경고장을 붙였으니, '조선인은 손 대지 말라'는 것이었다. 금궤짝 앞에는 그리고 총을 들고 서 있는 무장경호원이었다. '노터치'가 바뀌어 '노다지'가 된 것이다. 운산 다음으로 큰 은산(殷山)금광을 차지한 것은 영국인 모르겐이었다. 수안(遂安)금광은 왜인 야마구찌[山미한테, 야마구찌한테서 영국 공사한테, 그리고 다시 영·미·왜 삼국합자회사로 넘어갔고, 당고개금광은 독일사람 월터한테, 직산(稷山)금광은 왜인 시부자와[澁澤淺野]한테, 갑산동광(甲山銅鑛)은 청나라 사람 강진황(江陣黃)한테 팔아치운 대한제국 황실이었다. 1935년에 캐어낸 운산금광 금값이 432만 원이고, 1896년부터 40여 년 동

210

안 캐낸 순금이 80여 톤이었다고 한다.

은괴, 그러니까 '별은(別銀)'이라고 불리우던 황금덩어리 19궤 짝이면 이제 돈으로 얼마쯤 될까? 넘쳐나는 이른바 '전문가들' 한테 맡기면 금방 알 수 있을 것이고, 안타까운 것은 이른바 나라살림을 맡았다는 이들이 지니고 있는 '역사의식'이다. 병인양요 때 강도질해 간 의궤와 금덩어리 든 궤짝 19개를 돌려달라는 '국서(國書)'를 남겨 놓지 못한 김영삼정권이었다. 뒤를 이은 김대중 정권·노무현 정권·리명박 정권·박근혜 정권 그리고 촛불 정권인 문재인 정권인 것이다.

다시 병인양요 때로 돌아가자. 프랑스 그 도서관 사서라는 여성들은 자기네 신문이나 잡지에 났던 글도 안 보았던 모양이니 그때 날강도질하러 들어왔던 쥬베르라는 종군화가가 쓴 것이라는데(그때는 사진기와 녹음기가 발명되기 전이었으므로 화가가 그 일을 대신하였음.) – 강화도를 차고앉아 무슨 보물이 없나 하고 뒨장질408하고 다녔는데, 집집마다 반드시 책들이 있더라는 것이었다. 백성들이 사는 집은 모두 게딱지 같은 초가집인데, 그 초가집 흙방마다 몇 권씩이라도 꼭 갖춰져 있는 책이더라는 것이다. 그것도 인문학쪽 서책들. 무슨 전문학자 집이 아니라 그냥 여느 농투성이 사람 집이었다는 것이다. 그것을 보니 자기네 나라는 야만국이고 조선이라는 나라는 가난할 망정 문명국이더라는 것이다. 세상에 책을 읽

---

408 뒨장질: 사람·짐승·물건 같은 것을 뒤져내는 짓.

는 사람들이 사는 나라가 어떻게 야만국이냐는 것이다. 그때 법국 함대가 조선에 쳐들어 왔던 것이 처형당한 신부들을 위한 복수라는 것은 명분에 지나지 않고, 문명국으로서 야만국을 깨우쳐 주겠다는 것이었다.

로오즈 제독이 이끄는 침략군에는 '문탈반'이라는 것이 있었다. '문서탈취반'인데, '문화시찰단'이라는 그럴듯한 이름을 달고 있었다. '문탈반'은 그 나라 문자를 읽어낼 수 있는 인문학자들로 짜여졌는데, 언제나 특공 선발대와 같이 움직였으니, 도서와 보물들 값어치를 끊아매기409는 것이 그들 일이었다. 문탈반 내림줄기410 이어받은 것이 후발 제국주의 나라인 미국과 일본이었음은 말할 필요조차 없을 것이다.

법국 침략자들이 빼앗아 간 은괴, 곧 '별은(別銀)'이라는 이름 단 황금궤짝 19개로 돌아가자. 그들이 빼앗아 간 것은 다스려지지 않은 황금덩어리가 아니라 한결같이 똑같은 꼴로 다스려진 사부주몬411이었으니, 이른바 '금바둑쇠'였다. 바둑돌처럼 조그맣게 도스려진 것으로, 북벌 때 쓸 전쟁부비였다. 북벌부비로 장만한 금바둑쇠를 서울과 강화도에 묻어 두었다는데, 강화도 것을 빼앗아 간 법국 떼강도들이었다. 서울은 창덕궁을 비롯한 여러 궁궐 어느 곳에 감춰 두었는데, 그 가운데 하나를 파 내어 경복궁 중

---

409 끊아매기다: 평가(評價)하다.
410 내림줄기: 전통(傳統).
411 사부주몬: 규격품(規格品).

건 부비로 내놓은 대원군이었다. "왕실에서도 이렇게 본때를 보이고 있으니, 당신들도 힘을 쓸 것으로 믿소이다." 안동김씨 세도 대감들한테 내미는 명분이었으니, 대원군이 보여 주는 '정치력'이었다.

효종이 했던 북벌채비 가운데 가장 두드러졌던 것이 '벌대총'이었다. 대국을 치러갈 때 타고 갈 싸움말로 사들여 왔던 '벌대총(伐大驄)'이었다. 그 벌대총을 강화도 활찐 벌판에 풀어먹였는데, 바닷가를 치달리고 내리달릴 때 휘날리는 말갈기같다고 해서 붙여진 이름이었다. 암전하지 못하고 덜렁거려 여자답지 않은 여자를 가리키는 말인 '말괄량이'. 그리고 말괄량이 다른 말인 '벌대추니'. 벌대총 휘몰아 만주벌판 내달릴 꿈은 한갓 한바탕 꿈으로 끝나고 말았으니, 효종임금이 갑자기 열반에 든 것이었다. 향년 41, 임금자리에 오른 지 10년만이었다.

오랑캐 일은 내가 잘 알고 있다. 날카로운 알짜 포병(砲兵) 10만을 길러 자식처럼 고임주고412 쓰다듬어 모두 목숨을 내걸고 싸우는 기운찬 싸울아비413로 만든 다음 때를 봐서 오랑캐414가 미리 알지 못할 때 곧장 관(關)으로 쳐들어 갈 생각이다. 그러면 중원(中原)에 의사(義士) 호걸 가운데 어찌 맞장구치는 자가 없겠는가.

---

412 굄: 고임. 귀엽게 여겨 좋아하는 일.
413 싸울아비: 전사(戰士). '사무라이' 말밑.
414 오랑캐: 우량하이. 순록(馴鹿)치기.

승지와 사관도 물리치고 송시열(宋時烈, 1607~1689)과 단둘이 만난 이른바 기해독대(己亥獨對)에서 효종이 했다는 말이다.

신하라는 이들이 모두 눈앞에 부귀공명만을 꾀하면서 북벌을 하면 나라가 망하게 되는 듯이 두려워하고 있기 때문에 이 일을 말하면 간담이 서늘해져 놀라니 나혼자 부질없이 탄식할 뿐이다.

효종이 안타까움에 땅을 쳤을 때 송시열이 한 말이다.

자고로 제왕은 반드시 먼저 제 몸을 닦고 집안을 다스린 뒤에야 법도와 기강을 세웠습니다. 여러 신하가 제 집안 살찌우는 데만 힘쓰는 것도 전하를 보고 배운 것이 아니라고 어찌 말할 수 있겠습니까.

청나라에 볼모로 끌려가 10년 생활하던 시절을 떠올리는 효종이었다. 북벌만이 효종 꿈이었다.

내 어리석은 소견으로는 하늘이 나한테 이러한 시련을 겪게 한 것이 우연은 아니라고 생각한다. 대사를 위해 내전(內殿)에도 잘 들어가지 않는다. 주색을 끊었더니 정신과 몸이 좋아져 앞으로 10년은 보장할 수 있을 것이다.

효종 말은 안타까운 부탁이었다.

조만간 경한테 양전(兩銓)을 겸직하게 하려 한다. 다만 북벌에 발 벗고 나서야 하오.

그러나 노론을 대표하는 송시열 대답은 똑같았으니, 수기형가 (修己刑家)였다. 북벌을 하고자 할진대 오로지 먼저 해야 될 일이 있다며, 제몸을 닦고 집안을 다스리라는 것이었다. 그러나 제 몸을 닦고 집안을 다스리고 싶어도 그럴 수 없게 되었으니, 효종이 밥숟가락을 쥘 수 없게 된 것이었다. 기해독대가 있은지 두 달만이었다. 귀 밑에 난 종기가 진티415였다. 종기를 고치려고 마침 충청도 음성(陰城)에 내려가 있던 침의(鍼醫) 신가귀(申可貴)를 급히 불러올려 침을 놓게 하였다. 처음에는 고름이 조금 나오다가 곧이어 피가 두어 말이나 쏟아지는 것이었다. 그리고 그것으로 그만이었다. 상오 9시에서 11시 사이인 사시(巳時)였으니, 급사(急死)였다.

효종 급사는 숱한 물음표를 남겼다. 조선식 세는 나이로 마흔한 살이지 이른바 서양식 나이셈법으로 치면 마흔 살에도 미치지 못하는 젊은이 아닌가 하는 것이 물음표 고갱이였다. 년부역강(年富力强)한 한창때에 가다니. 아무리 고른값 나이갓수가 적었던 360여 년 전이라고 하더라도 너무한 것이었다. 그러나 효종 돌연사는 현실이었고, 이로써 저 1,300여 년 전 연개소문이 돌아간 다음부터 끊어질 듯 끊어질 듯 그러나 끊어지지 않고 이어져 온 고구리 옛땅을 되찾겠다는 '다물정신'은 그 마지막 종소리

---

415 진티: 빌미.

가 사라져 버린 것이었다.

『효종실록』을 다시 본다. 효종 10년 5월 4일치이니, 너무도 허망한 죽음이었기에 하는 말이다. 종기 독에 의관이 침을 놓았는데, 이것이 그만 핏줄을 찔러 버렸다는 것이다.

상이 침을 맞고 나서 침 구멍으로 피가 나오니 상이 이르기를, "가귀가 아니었더라면 병이 위태로울 뻔하였다." 피가 잇달아 그치지 않고 솟아나왔는데 이는 침이 혈락(血絡)을 범했기 때문이었다. 제조 아래한테 물러나가라고 명하고 나서 빨리 피를 멈추게 하는 약을 바르게 하였는데도 피가 그치지 않으니, 제조와 의관들이 어찌할 바를 몰랐다.

상 증후가 위급한 상황으로 치달으니 약방에서 청심원(淸心元)과 독삼탕(獨蔘湯)을 올렸다. 백관들은 놀라서 황급하게 모두 합문(閤門) 밖에 모였는데, 이윽고 상이 삼공(三公)과 송시열·송준길 약방제조를 부르라고 명하였다. 승지·사관과 제신(諸臣)들도 뒤따라 들어가 어상(御床) 아래 엎드렸는데, 상은 이미 승하하였고 왕세자가 영외(欞外)에서 가슴을 지며 통곡하였다. 승하한 시각은 상오 10시에서 12시 사이였다.

주송朱宋주의자 리항로李恒老

화서(華西) 리항로(李恒老, 1792-1868)는 성리학(性理學), 그러니까 풀어 말해서 주희철학(朱熹哲學)이라면 따라올 사람이 없는 선생이었다. 영남 한주(寒洲) 리진상(李震相, 1818-1886), 호남 노사(蘆沙) 기정진(奇正鎭, 1798-1876)과 함께 조선 왕조 끝무렵 주리(主理)철학 3대가로 꼽히우는 선생이다. 선생은 우주만물을 목대잡는416 것이 '이(理)'이므로 "이는 명령을 내리고 기(氣)는 그 명령에 따르니, 이는 주인이 되고 기는 나그네가 된다."고 보아 "만일 기가 주인이 된다면 강한 기 밑에 이는 모습을 감추게 되어 듬417을 잃게 된다."고 하였으니, 이른 바 화서 주리설(華西主理說) 고갱이418다.

마음이란 사람을 움직이게 하는 신명(神明)인 바, 이(理)와 기(氣)를 합하고 동(動)과 정(靜)을 뭉뚱그려 모든 것을 맡아 다스리는 것이

---

416 목대잡다: 여러 사람을 거느리고 일을 시키다.
417 듬: 차례. '질서(秩序)'는 왜말임.
418 고갱이: 줄기. '핵심(核心)'은 왜말임.

다. 성(性)이란 마음 본디꼴로서 모든 갈피419를 갖추어 고요히 머물러 있고 마음을 일어나게 하는 정은 느끼는 바에 따라 움직여 쓰이는 것이다.

화서가 한뉘420를 두고 우러러 받들었던 이는 주자(朱子)와 송자(宋子)로, "임금 받들기를 아버지처럼 하고, 나라 걱정하기를 내 집처럼 한다."는 빈틈없는 주자주의자였다. 아울러 송자주의자였다. 화서 제자들 가운데 많은 의병장들이 나왔고, 구한말에는 '애국계몽운동'으로 이어졌으며, 왜제 침탈기에는 '항왜운동'을 펼친 민족주의사상 뿌리가 되어 오늘까지 이어지는 보수 민족진영 사상철학적 연원(淵源)이 되고 있다. 동부승지를 거쳐 공조참판에 제수되었으나 대원군 개혁정책에 거스르는 상소를 올렸다가 벼슬을 빼앗기고 벽계 옛살라비421로 내려와 후학들을 가르쳤다. 향수(享壽) 77.

이른바 척왜척양(斥倭斥洋)을 부르짖던 그때 먹물사회422 움직임을 보여 주는 숨은 얘기인데, 먹물사회 꼭대기에 있는 것이 화서 리항로였다. 그렇다면 리항로가 내대었던423 사상철학이 무엇인가? 어떠한 사상철학적 바탕 위에서 선비사회를 이끌었던가.

리항로가 평생 동안 끌어안고 신주단지처럼 모셨던 것이 이른바 주자학이었다. 주자학으로 불리웠던 성리학. 성리학(性理學)이

---

419 갈피: 이치(理致).
420 한뉘: 평생(平生).
421 옛살라비: 고향(故鄕).
422 먹물사회: 지식인(知識人) 동네.
423 내대다: 세게 주장(主張)하다.

란 무엇인가?

성리학이란 한마디로 인간과 우주만물이 돌아가는 갈피를 밝혀내는 철학을 말한다. 우주질서와 인간질서를 한가지 일통424적 원리로 알아내자는 것인데, 일통적 원리라는 것이 바로 '이기론(理氣論)'이다. 춘추전국시대 어지러움을 이겨 내자는 것이 고대유학(古代儒學)이었다면, 이민족 침입에 시달리던 한족(漢族)들 슬프고 끔찍한 현실을 이겨 내기 위한 정치이론이 곧 중세유학(中世儒學)이었고, 그 중세유학이 바로 성리학인 것이다. 그리고 그것을 앞장서 부르짖었던 철학자가 주자(朱子)로 기림받던425 주희(朱熹, 1130~1200)라는 선비였으므로 주자학(朱子學)이라는 딴이름으로 불리우게 된 것이었다.

거란족이 세운 요(遼)나라한테 무너진 송(宋)나라였다. 송나라는 요나라를 형님나라로 받들면서 매년 요나라에 바친 것이 명주 20만 필과 황금 10만 냥이었다.

이민족인 침략자한테 납상426드리는 것이 싫었던 송나라는 그때 만주 벌판에서 새롭게 떠오르던 여진족(女眞族)이 세운 금(金)나라와 손잡고 요를 치는 싸울꾀427를 내었으니, 오랑캐로 오랑캐를 물리친다는 이른바 '이이제이(以夷制夷)'였다. 떠오르는 별인 금제국 군사력으로 대요제국을 무너뜨리자는 대송제국이었는데, 호랑이를 쫓아내려고 사자를 불러들인 것이었다. 요나라에 겨누었던 창

---

424 일통: '통일(統一)'은 왜말임.
425 기림받다: 우러름받다.
426 납상(納上): '상납(上納)'은 왜말임.
427 싸울꾀: '전략(戰略)'은 왜말임.

끝을 송나라로 돌려버린 금나라였으니, 장강 남쪽으로 뺑소니칠 수밖에 없는 송나라였다. 이른바 '남송(南宋)시대'가 비롯된다. 이런 소용돌이 속에 송나라 황제인 휘종(徽宗)과 흠종(欽宗)을 비롯한 여러 왕족들이 금나라로 잡혀갔고, 금나라가 장강을 넘어오는 것을 막고자 엄청난 공물을 바치며 대금제국을 상국(上國)으로 받들어 모시는 사대(事大)를 해야만 되었다. 이러한 슬프고 끔찍한 일됨새428에서 나온 중세 한족을 지켜 내기 위한 이데올로기가 바로 성리학인 것이다. 여기서 잠깐, '양자강(揚子江)'은 서양사람들이 부르는 이름이고, 한족들은 '장강(長江)'이다.

고리시대 474년을 쥐고 흔든 3대세력이 있으니, 문벌귀족과 무신두럭429과 권문세족이었다. 고리430 첫 때부터 이른바 재상지종(宰相之宗), 그러니까 풀어 말해서 왕실과 혼인할 수 있는 가문 15개를 밝혔으니 – 경주김씨·정안임씨·경원이씨·안산김씨·철원최씨·해주최씨·공암허씨·청주이씨·파평윤씨·언양김씨·평강채씨·당성홍씨·황려민씨·횡천조씨·평양조씨들이다.

황제나라였던 대고리제국이 몽골족이 세운 대원제국 아래 부마국(駙馬國)으로 떨어진 것은 고종(高宗) 46년인 1259년부터였다. 강화에 쌓였던 내외성을 헐어 버리고 개경으로 나오면서였는데, 황제가 스스로를 일컫던 짐(朕)은 제후가 쓰는 고(孤)로 바뀌면서 폐하(陛下)는 전하(殿下)로, 태자(太子)는 세자(世子)가 되었으니, 대원제국 황

---

428 일됨새: 꼴. 셈평. 앞뒤. 움직임. '상황(狀況)'은 왜말임.
429 두럭: ① 놀기도 하고 또 노름하느라고 여러 사람이 모인 떼. ② 여러 집이 한데 모인 무리. '집단(集團)'은 왜말임.
430 고리: 高麗에서 '麗'는 '나라이름 리'로 읽어야 함.

제 신하가 된 것이었다.

정통론과 명분론에 매달렸던 성리학자들이었다. 오랑캐인 금나라가 비록 중원대륙을 차지하고 있지만 정통성과 명분은 자기들한테 있다고 부르짖는 정신주의자들이 바로 성리학자들이었고, 그것을 앞장서 이끌었던 것이 주희였다. 남송이 금나라가 지배하는 현실을 거부하고 싶었듯이 고리 말 사대부들 또한 권문세족들이 지배하는 현실을 인정하고 싶지 않았다. 문벌귀족들이 기대는 사상철학 뿌리는 불교였으므로 불교를 무너뜨리는 것이 첫 번째 과제였다.

고리 끝무렵 사찰은 깨끗하고 홑된431 믿음얼안432이 아니라 엄청나게 큰 권세자루433였다. 불교라는 종교와 왕실 그리고 권문세족들이 손잡은 착취기관이었다. 인민대중 피를 빨아먹고 살을 발라내는 국가 공인 착취기관인 거대 사찰이 개경에만 70여 개가 있었다. 임금이 떨쳐 일어난다는 흥왕사(興王寺)라는 절은 2,800여 간(間)에 달했는데, 이런 절이 한두 군데가 아니었다.

고리 끝무렵 풀어내야 할 두 가지 화두(話頭)가 있었으니, 불교와 토지였다. 불교와 쌍구슬434을 이루는 골칫거리435인 토지는 권문세족들이 도차지436하고 있었다. 권세자루 잡은 이들은 그들이 쥐

---

431 홑되다: 단순(單純)하다.
432 믿음얼안: 신앙영역.
433 권세자루: 권력(權力).
434 쌍구슬: 쌍벽(雙璧).
435 골칫거리: 문제(問題).
436 도차지: 어떤 일이나 몬(물건)을 혼자 죄 다스리거나 차지하는 것.

고 있는 권세자루 크기에 따라 아람치고437 있었는데, 그 크기가 '산과 들로서 경계를 삼았다'고 하였으니, 얼마나 엄청나게 큰 토지를 아람지고 있었는지 짐작할 수 있는 일이다. 권세자루 잡은 자들이 차지한 땅을 '농장(農莊)'이라고 했다. 마당 장(場) 자 농장(農場)이 아니라 농막 장(莊) 자를 쓴 '농장(農莊)'이라는 데 눈길을 주자.

어떤 체제든 그 체제 곧 짜임새438를 무너뜨리고자 할 때는 무엇보다도 먼저 그 체제가 등대고439 있는 사상철학을 무너뜨려야 한다. 권문세족들이 등대고 있는 사상철학은 불교였으니, 불교를 무너뜨리지 않고는 한 발짝도 나갈 수 없었다. 새로운 왕조를 세우려는 정도전(鄭道傳)이 『불씨잡변(佛氏雜辨)』을 짓게 되는 것은 따라서 너무도 마땅한 일이었다.

이 책을 보면 유학과 불교가 다른 점을 분명히 알 수 있으니, 지금 호응을 얻지 못하더라도 오히려 후세에 전해진다면 내가 죽어서도 안심할 수 있다.

『불씨잡변』 머리말이다. '부처가 말한 너저분한 이야기'란 뜻『불씨잡변』은 숫제 불교 자체를 없애려고 한다.

정도전이 『불씨잡변』이란 책을 썼던 까닭이 무엇일까? 고리라는 썩은 왕조를 없이하고 새나라 조선을 세우기 위해서는 고리가

---

437 아람치다: 사유(私有)하다.
438 짜임새: 모임. 짜임. 얼개. 얽이. '조직(組織)'은 왜말임.
439 등대다: 뒤로 남 힘에 기대다.

떠받들고 있는 국교인 불교를 없애야 한다. 그러기 위해서는 무엇보다도 먼저 불교 교리가 잘못되었다는 것을 밝혀야 한다. 고리사회를 버팅겨 내게 해 주는 사상철학인 불교를 없애지 않고서는 새로운 나라를 세울 수 없다. 새로운 나라 사상철학은 성리학이다. 불교는 이미 모둠살이440를 이끌어갈 순기능을 잃어버렸다. 리성계가 정도전 뜻을 따르지 않는 오직 하나뿐인 '불교 철폐'에 대한 대못질이었다. 『불씨잡변』이 왕조 교체를 위한 홑된 책이 아니라 문명혁개를 위한 위대한 프로젝트였던 까닭이 여기에 있다.

불법이 중원에 들어오기 이전 사람들 가운데 죽었다가 다시 살아나서 잘못 지옥에 들어가 이른바 시왕(十王)을 보았다는 사람은 한 사람도 없는데 이는 무슨 까닭인가? 이는 그런 일이 있지도 않았고 믿을 수도 없기 때문임이 분명하다. 어떤 사람은 불교 지옥설은 어리석은 사람들을 이끌어 착하게 살게 하려고 만들어 낸 것일 뿐이라고 말하기도 한다.

－『불씨잡변』「불씨지옥지변(佛氏地獄之辨)」

인간 삶이란 결국 생산관계와 그 운용으로 돌아가니, 무엇을 어떻게 만들어서 나누어 쓸 것이냐로 모아진다. 이것에 대한 생각을 간추려 낸 것이 사상이고 철학이며 이데올로기가 되는 것이다.

남송시대 사람들 지배적 생산관계는 중소지주와 전호(佃戶)였다.

---

440 모둠살이: '사회(社會)'는 왜말임.

곧 잣단지주441와 소작농이었다는 말이다. 고리 말 신흥사대부들 또한 중소지주였다. 그들 경제적 바탕이 같았던 것이다. 성리학은 따라서 중소지주 자리에서 세상을 바라본 사상체계였다. 성리학은 그러므로 권문세족 곧 귀족이 아니라 관료들 사상이었던 것이다. 남송시대 관료들과 고리 말 신흥사대부계 이해관계가 똑같았다는 말이 된다. 금나라한테 쫓겨 장강 이남에서 사대(事大)하고 있으나, 중원대륙 정통은 자기들한테 있다고 내대는 사상체계가 바로 성리학이었다는 이야기다. 주희가 그토록 정통론과 명분론에 매달렸던 까닭이 이민족인 만주 여진족이 세운 금나라가 아니라 한족이 지켜가는 남송에 있다는 것을 그루박기442위한 것이었다. 고리 말 신흥사대부계급 또한 현실을 지배하고 있는 친원·부원 권문세족이 아니라 자기들한테 민족사 법통이 있다는 것이었다. 여기에 조선 왕조 개창(開創) 명분이 있었다.

화서가 성인(聖人)으로 받들었던 중국사람은 주자(朱子)였고, 조선 사람은 송자(宋子)였다. 공자(孔子)와 한 항렬 '자(子)'자 돌림 송자 송시열(宋時烈)은 빈틈없는 관념론자였다.

---

441 잣단지주: 중소지주(中小地主).
442 그루박다: ① 몬(물건)을 들어 머리를 땅바닥에 곧바로 닿게 탁 놓다. ② 연 머리를 아래로 돌려 내려가게 하다. ③ 사람을 기를 못 펴게 억누르다. ④ 강조하다.

주자주의자 송시열宋時烈

송시열에 따르면 '이(理)'는 모든 사물과 현상을 맡아 다스리며 '기(氣)'는 다만 '이'를 받쳐 주는 그릇에 지나지 않는다는 것이었다. 공자·주자가 하고 쓴 말과 글을 다만 한 마디 한 줄도 의심하지 않으면서 조금이라도 공·주자를 반대하거나 꼬집어 따지는 사람은 이른바 '사문난적(斯文亂賊)'으로 몰았다. '도리에 어긋나는 언동으로 유교를 어지럽히는 사람'으로 보았던 것이다. 주자학 바깥 모든 학문을 '이단(異端)'으로 몰아 내쳤다.

진짜 북벌론자였던 남인(南人) 백호(白湖) 윤휴(尹鑴, 1617~1680)를 "주자를 업신여기었다."는 죄목으로 죽여 버린 서인(西人) 노론(老論)정권 우두머리가 바로 가짜 북벌론자였던 우암(尤庵) 송시열(宋時烈, 1607~1689)이었다. 사대부 계급 가운데서도 노론과 남성들 잇속만을 지켜 내는 데 목숨을 걸었던 우암과 그 뒷사람들은 조선 왕조가 끝장날 때까지 권세자루를 오로지 하였는 바, 여기에 화서 주리철학이 지니고 있는 어둠점443이 있다는 생각이다. 사람 마음이라는 것은 그 어떤 초인간적이고 초자연적인 것에서 찾을 것이 아니라 사람이 알몸뚱이로 타고난 바탕에서 찾아야 옳다고 본 백호였다. 백호가 내대었던 이른바 기일원론(氣一元論)적 철학사상이다.

심성이란 것은 사람의 육체적인 기의 작용에 불과하다. 기가 사람의 형체를 통하여 이룩된 것이 마음이며, 감정이란 것도 마음이 사물과 부닥쳐서 이루어진 것이다.

임병양란을 겪으면서부터 무너져 내리기 비롯하는 사대부 지배체제였다. 만백성을 다스리는 자리에 있다는 양반 지배계급들이 양란 때 보여 준 물렁물렁한 짓거리들에 그들 참모습을 보게 된 백성들은 나라를 다스리는 짜임새 그것이 바뀌어야 한다고 보았으니, 두 가지였다. 본디 뜻에서 벗어난 성리학 곧 주자학이라는 유일사상 체계를 내다 버려야 한다는 것과, 양반은 대를 물려 양반이 되고 상놈은 대를 물려 상놈이 되어야 하는 신분제를 하루아침에 내다 버리지는 못하더라도 먼저 누그러뜨려야 한다는 것이 그것이다.

이러한 바람과 내댐에 사대부계급 맞설꾀444는 두 갈래로 나뉘니, 주자 이데올로기를 더욱 튼튼하게 다질러야445 된다는 복고주

---

443 어둠점: 못본점. 맹점(盲點).
444 맞설꾀: 대응책(對應策).
445 다지르다: 다짐받을 만한 일을 알고자 다지다.

의와 지배계급 잇속이나 맡아 보는 주자학을 버리고 백성들 살림살이를 펴줄 수 있는 실사구시(實事求是)를 해야 된다는 것이 그것이다. 그래서 나오게 된 것이 백호와 우암이 벌인 철학싸움이다.

기(氣)가 처음 생기는 것을 태극(太極)이라 하고 음양(陰陽)이 나뉘는 것을 양의(兩儀)라 하며, 기가 모여 모양새를 이루는 것을 사상(四象)이라 한다. 태극이 생기면 음양과 하늘·땅 양의를 맡아보고, 나뉘면 태양(太陽)·소음(小陰)·소양(小陽)·태음(太陰)이라는 사상이 된다. 사상이 모아지면 음양이 되고 여기서 본바탕과 쓰임새 곧 체용(體用)이 나오게 되니, 태극은 곧 기인 것이다.

우주를 이루는 밑바탕 원소 또는 사물과 현상이 이루어지는 바탕인 '태극'을 가리켜 '기'라 한 백호 글은 주자성리학에 맞바로 덤벼드는 것이었다. 백호는 태극에 대한 생각부터 주자성리학자들과는 다른 사상가였다. 태극에 대한 우암 생각이다.

일찍이 주자는 '태극이 움직여 양을 낳고 고요히 머물러 음을 낳는다.' 하셨다. 태극이라는 것은 본디 그대로 묘(妙)요, 동정(動靜)은 이 묘에 탄 기(機)나, 묘라는 것은 이(理)요 기(機)라는 것은 기(氣)이다.

한마디로 '태극이라는 것은 이(理)'라는 것이었다. 우주를 이루는 밑바탕 원소가 물질이 아니라 정신이라고 굳게 믿는 우암은 양란 뒤 흐트러진 조선 사회를 바로잡기 위해서는 더욱 굳건히 주자학을 받들어야 한다고 보았다. 보다 또렷하게 말하면 주자학이라는 철학사상보다 주자라는 인물을 받들어 모셔야 한다는 것이었으니, 우암한테 주자는 틀림없는 옹근이446였다. 여러 가지 사상 철학 가운데 한 가지로 주자학을 받아들이는 것이 아니라 종교로 받아들인 우암이었다. 우암한테 주자는 한낱 사상철학자가 아니라 주자학이라는 종교를 세운 교조요 성인이었다. 성인 거룩한 말씀에 불가불(不可不)을 걸고 들어오는 백호는 그러므로 우암한테 사문난적일 수밖에 없었다.

여진족 침입에 시달리던 중세중국 현실을 이겨 내고자 세웠던 정치철학인 성리학 곧 주자학이 전해지면서 조선철학계가 크게 바뀐 것은 16세기에 접어들면서였다. 사람 마음이란 것을 어떻게 볼 것인가를 놓고 따지는 이른바 '심성론(心性論)' 위주로 내면화되고 사변화되었던 것이다. 이른바 관념론이다. '이기이원론'과 '이기일원론'을 말한다.

퇴계(退溪) 리황(李滉, 1501~1570)이 힘주어 말한 것이 '이기이원론(理氣二元論)'인데 - 권세자루447권 훈구파(勳舊派)한테 억눌려 지내던 초야선비들이 현실을 밝히어 치는 정치이념이다. 만주에서 일어난 여진족한테 억눌려 지내던 한족(漢族)들 민족보위 이데올로기가 성리학이었는데, 퇴계가 성리학을 받아들였던 것은 같은 갈피448였다. 고리 끝무렵 신흥사대부들이 불교에 등댄 친원파(親元派)를 물

---

446 옹근이 : 완인(完人)
447 권세자루: 권병(權柄).권력(權力)은 왜말임.
448 갈피: 이치(理致).

리치고자 성리학을 받아들였던 것과 똑같은 갈피였다. 고리 끝무렵 신흥사대부계급이나 퇴계나 똑같은 지체였던 것이다. 잣단지주[449]였다는 말이다.

'선비'란 무엇인가?

그런데 퇴계는 잣단지주가 아니었다. 그 아들 준(雋)이 3,000마지기 땅과 360명 노비를 거느리고 있었으니, 대지주였던 것이다. 한 마지기를 한 백평에서 110평쯤으로 봤을 때 3,000마지기면 30만 평 위가 된다. 아버지 뒷배[450]받아 세 고을을 다스리며 벼슬이 종4품 첨정(僉正)에 이르렀던 맏아들이 마땅히 아버지 천량[451] 물려받았을 것이므로, 퇴계는 두말할 것 없이 대지주였던 것이다. 땅 이야기가 나온 김에 이른바 '선비'에 대해서 생각해 보자.

지중추부사 김종직이 병 때문에 말미[452] 받아 가마를 타고 옛살라비[453]로 돌아가고자 하는데, 집안이 애옥해[454]서 부리는 종이 없으므로 가마 메고 갈 사람을 채비하지 못했나이다.

---

449 잣단지주: 중소지주(中小地主).
450 뒷배: 겉에 나타나지 않고 남 뒤에서
451 천량: 전량(錢糧). 살림살이에 드는 재물.
452 말미: 수유(受由). '휴가(休假)'는 왜말임.
453 옛살라비: 고향(故鄕).
454 애옥하다: 가난하다

김일손(金馹孫, 1464~1498)이 스승 살림살이 셈펑455을 성종(成宗)한데 아뢰던 것은 새빨간 거짓부렁이었다. 훈구파 대신으로 흰목잦히며456 떵떵거리던 한명회(韓明澮, 1415~1487), 신숙주(申叔舟, 1417~1475), 강희맹(姜希孟, 1424~1483)과 글을 주고받으며 한명회가 '압구정(鴨鷗亭)'이라는 대궐 뺨치게 으리으리한 별서(別墅)457에서 기생 끼고 놀 때 한명회 기리는 시 바쳤던 김종직(金宗直, 1431~1492)은 옛살라비 밀양만이 아니라 선산(善山)과 금산(金山)에 많은 토지와 노비를 거느리고 있던 대지주였다.

수양대군 쿠데타를 비사쳐458 꼬집어 뜯는 '조의제문(弔義帝文)' 썼다가 관이 쪼개지고 송장 목이 베어지는 부관참시(剖棺斬屍)되었던 김종직만이 아니다. 15~16세기를 대표하는 사림(士林)인 정여창(鄭汝昌, 1450~1504), 김굉필(金宏弼, 1454~1504), 김일손, 리황(李滉, 1501~1570), 리이(李珥, 1536~1584) 같은 이들이 죄 지평선이 안 보이게 활찐459 토지와 기백 명 위 노비를 거느렸던 큰부자였다. 그들은 깊은 산골에서 풀뿌리 나무껍질 씹으며 낮에는 밭갈고 밤에는 책 읽는 주경야독(晝耕夜讀)하던 사람들이 아니라 공신가문(功臣家門) 출신으로 한양 북촌(北村) 살던 훈구파 고갱이460들과 혼맥(婚脈) 맺고 있던 권세자루들이었다.

어느 곳 어느 집안에서 무엇을 해서 얼마만큼 먹고사느냐를 가

---

455 셈펑: 영문. 판국. 형편.
456 흰목잦히다: 터무니없이 제힘을 뽐내다. 흰목재끼다.
457 별서(別墅): 별업(別業). 별장(別莊)은 왜말임.
458 비사치다: 에둘러 말해서 은근히 알아차리도록 하다.
459 활찌다: 너른 들 등이 매우 시원스럽게 벌어진 꼴.
460 고갱이: 핵심(核心).

지고 '사림'과 '훈구'로 갈라지는 것이 아니었으니, 세계관이었다. 인생관과 역사관에 따라 갈라지는 것이었다. 한마디로 사상과 철학이 무엇이냐였던 것이다.

조선 왕조 5백 년을 대표하는 선비로 기려지는 조정암(趙靜庵) 조광조(趙光祖, 1482~1519)를 보자. 고조부가 조선 왕조 첫 때 공신이었고 대대로 한양에서 벼슬자리를 떠난 적 없었던 집안이었다. 경제적 바탕, 그러니까 사는 형편은 이제 말로 '중산층'이었다. 조광조로 대표되는 16세기 사림들이 파고들었던 이른바 '왕도정치(王道政治)'라는 것은 백성들 삶을 위한 사회혁개가 아니라 '공맹(孔孟) 나라'를 만들자는 것이었다. 한마디로 유교적 가치규범에 따른 세상을 만들자는 것이었다. 만백성이 똑같이 행복하게 살 수 있는 '고루살이461 세상'을 만들자는 것이 아니었다. 이러한 선비짜리들 생각은 조선 왕조 뒷녘을 빛낸 선비로 기려지는 정약용(丁若鏞, 1762~1836)까지 이어지니, 어쩔 수 없는 '시대적 한계'였다.

고리왕조를 조선 왕조로 바꾸었다고 해서 달라진 것은 아무것도 없었다. 왕실(王室)이 바뀌고, 지배 이데올로기였던 불교가 성리학으로 바뀌고 지배층이 바뀌었으나, 그것은 아주 작은 달라짐에 지나지 않았다. 정도전(鄭道傳)·조준(趙浚)·하륜(河崙) 같은 개경(開京) 밖 잣단지주들이 지배층이 되었지만 그것은 한도막에 지나지 않았고, 고리 때 지배층 거의 모두가 조선 왕조에서도 지배계급이 되었다. 문벌귀족·권문세족·외척세력이란 이름 달고 백성들 위에서

---

461 고루살이: 평등한 삶.

땡땡거리며 살던 지배계급이 그 이름만 바뀌었을 뿐이다. 양반, 사림, 사족, 선비…로. 마치 8·15 해방을 맞았지만 바뀐 것은 '총독부 주인'이었던 '왜노'가 캐피탈462 주인'인 '양키'로 바뀐 것과 똑같은 것이었다. 한마디로 '선비'라는 것은 무인(武人)과 서자(庶子)와 장인, 곧 기술직을 뺀 문인(文人)만을 가리키는 말이었던 것이다. 저희들만이 성리학을 궁구하고, 그 가치와 규범 곧 본보기를 잣대로 삼아, 저희들만이 겨레에 걸맞은 거룩한 양반으로, 저희들만이 조선이라는 나라를 다스리는 사람으로 독판쳤던 것이다. 왕조 때도, 왜제 때도, 해방 때도, 분단시대인 오늘도 바뀐 것은 아무것도 없다. 그 이름만 바뀌었을 뿐이다. 한번 선비는 영원한 선비인 것이다.

이것은 진실(眞實)이다. 진짜이다. 참이다. 참말이다. 참됨이다. 이러한 것을 모르게 하려고 바꿔 버린 것이 있으니, 언어(言語)이다. 왕조시대에는 무슨 일을 해서 어떤 밥을 먹느냐는 '신분(身分)' 곧 지체에 따라 말과 글자가 4가지로 나뉘어 있었으니 - 양반계급은 '글' 또는 '진서(眞書)'라고 불리우던 '한자(漢字)'를 썼고, 중인계급은 '군두목'463이라고 불리우던 '이두(吏讀)'를 썼고, 농군계급은 '훈민정음'을 썼고, 노비계급은 점잖지 못한 말이라는 '육담(肉談)'으로 낮춰보았던 '육두문자(肉頭文子)' 곧 몸말과 몸글자를 썼다. 조선말과 왜말로 나뉘어졌던 왜제시대 거쳐 8·15를 맞아 그것은 다시 2

---

462 캐피탈: 조선총독부 청사를 미 군정에서 부르던 말로, 1948년 8월 15일 정인보(鄭寅普)가 '중앙청'으로 고쳤다고 함.
463 군두목: 한자 뜻은 생각하지 않고 음(音)과 새김만 따서 본 이름을 적던 것으로, 조선 왕조 끝무렵 아전들이 만들었음. 군두목질.

가지로 찢어졌으니 – '영어'와 '국어'이다. '왜말'을 쓰던 지배계급은 재빨리 '양말'로 바꾸었는데, '언문(諺文)'이라고 불리우던 '조선말' 쓰던 피지배계급에서는 여전히 '언문'을 쓰고 있다. 지식 곧 알음알이야말로 무식한 인민대중을 지배 곧 억누를 수 있는 오직 하나뿐인 자본 곧 밑천이기 때문이다. 그 밑천을 속뜻으로 하는 독점자본은 곧 영어로 된다. 그 영어 본토발음을 미좇아 가고자 어린아이들 혀를 잘라내는 수술을 한 게 벌써 옛날 이야기가 된 '강남특별시민'들인 것이다.

요즘 들어 부쩍 '선비정신'을 부르짖는 먹물들이 늘어나고 있다. 왕조시대에 쓰였던 말로는 '사기(士氣)'와 '사풍(士風)'과 '선비 덕목(德目)'이라는 것이 있었다. 왜식 근대화와 이른바 부국강병을 본보기 삼은 박정희가 청일전쟁과 러일전쟁을 치르며 갑자기 떠오른 말인 이른바 '무사도정신'에서 슬갑도적질464 해왔을 '선비정신'이 왜 또 튀어나오는가?

왕조시대에 먹물동네로 들어갈 수 있는 길은 오직 하나뿐이었으니, 글 또는 진서(眞書)로 일컬어지던 한자였다. 한자가 우리 동이족(東夷族) 할아버지들이 만드신 '예서(隸書)'를 '네다바이'해 간 데서 비롯되었다는 것은 고만두고, 그 한자는 백성들이 들어가면 안 되는 '금단의 문'이었다.

그러나 울근불근465하는 백성들 움직임을 가라앉히기 위해서는

---

464 슬갑도적질: 남 시문(詩文) 글귀를 몰래 훔쳐서 그것을 그릇 쓰는 사람을 웃는 말.
슬갑(膝甲): 겨울에 추위를 막고자 바지 위로 무릎에 껴입던 옷.
465 울근불근: 서로 으르대며 감정 사납게 맞서서 지내는 꼴.

새로운 전략 곧 싸울꾀가 필요했다. 그래서 짜낸 전략이 소리 지르를 넓은 마당을 열어 주자는 것이었다. 이제 사람들이 무슨 까닭에서인지 '한글'이라고 부르는 '훈민정음'이었다. 따돌려 버리는 배제전략에서 꾀어들이는 '포섭전략'으로 정책을 바꾸었던 것이다. 세종과 젊은 집현전 먹물들이 훈민정음을 만들어 널리 폈던 것은 – 백성을 위하고 백성을 고임466으로 보살핀다는 구실 속에 지배와 통치자본 곧 거느려 다스릴 수 있는 밑천인 한문을 도차지해서 양반·상놈으로 나누는 신분질서 곧 지체를 오래오래 이어가려는 높은 통치전략 곧 다스림꾀가 숨어 있었던 것이다.

문자로 상징되는 권세자루 쥔 지배계급이 이룬 사회는 속속들이 신분과 위계로 다스려지는 사회였다. 조선 왕조 사회를 끌고 갔던 주자학 이데올로기와 그것을 앞장서 이끌었던 선비 곧 유학자를 아름답게 꾸미는 것은 또 다른 지배 이데올로기로 된다는 데 골칫거리 본바탕이 있다. '선비정신'을 내세운다는 것은 늘 이 끔찍한 '분단체제'를 길래 이어가려는 이른바 기득권체제 모순과 부조리를 합리화하려는 분칠에 지나지 않는 것이다. 종요로운 것은 누구의, 그리고 무엇을 위한 알음알이고 사상철학인가에 그 답이 있을 것이다. 요즈막 브라운관에서 백 살 넘어 살고 있는 어떤 '철학자'를 기리는 것을 보았는데 – 송시열(宋時烈) 정전제자(正傳弟子)인 그 관념론 전도사가 말하길, 철학이라는 것은 이 우주와 인간을 이루는 본디 원소가 아니라 '정신'이라는 것이었다.

---

466 고임: 귀엽게 여겨 쓰다듬는 것.

도덕적 웅근이요 학문적 이룬자, 곧 왕조시대 이상적 인간상을 가리켜 '선비'라고 불렀다. 오직 하나뿐인 먹물들로 조선 왕조 519년 동안 독점적 지배층이었던 그들은 왕조에서 칼자루를 쥔 사람으로 주인공이었다. 유교 이데올로기로 쇠덮개467 두른 조선 왕조를 앞장서 이끌어 나간 지배 엘리트들이었다. 따라서 그들에 대해 꿇아매기는 것은 우리 역사에 대한 꿇아매김으로 된다.

　여기서 우리는 고개를 갸우뚱하게 되니, 선비 테두리를 어떻게 볼 것인가 하는 골칫거리에 부딪치게 된다. 사대부(士大夫)라고 하였다. 선비를 가리키는 사(士)와 벼슬아치를 가리키는 대부(大夫) 겹씨를 말하는데, 넓은 뜻에서 '선비'로 보았다. 그렇다면 높고 종요로운 벼슬자리 차지했던 리황, 리이, 김종직, 이언적, 조광조, 리식, 송시열, 리항로 그리고 존화양이(尊華洋夷) 이데올로기 지켜 내고자 의병(義兵)을 일으켰던 류인석 같은 이는 또 어떻게 볼 것인가? 그들과 뒤쪽으로 살아갔던 서경덕, 리지함, 조식, 정여립, 윤휴, 리시원, 리건창, 김창균, 신채호 같은 이는 또 어떻게 볼 것인가? 여기서 김창균(金昌均, 1880~1910)은 조선 왕조 마지막 과거였던 1894년 갑오 사마시(司馬試)에서 15살 도령으로 진사입격(進士入格)하였다가 갑오왜란으로 낙향(落鄕) 붓을 던졌으며 경술국치(庚戌國恥) 당했을 때 북향사배(北向四拜) 저씁고 "사룡칠월이화락(四隆七月李花落)" 절창(絶唱) 부르짖은 다음 자진(自盡)하신 이 중생 증조부를 말하는데, 한 항렬 일가(一家)인 고균(古筠)이 시신효수(屍身梟首)된 다음 돌림자를 규(圭)

467　쇠덮개: 철판(鐵板).

로 바꾸었다. 이들 삶을 끊아매기고자 할진대 무엇보다도 먼저 알아야 될 것은 그들이 살았던 시대가 어떤 시대였던가를 짯짯이468 살펴봐야 한다. 오늘 잣대로 봐서는 죽어도 안된다. 현대사도 마찬가지다. 많은 사람들이 '의무'와 '의리'에 대해서 잘 모르고 있다. 직포469들이 지켜야 할 '의리'와 정치인들이 지켜야 할 '의무'가 어떻게 다른 것인지도 모르고 있다. 역사란 무엇인가?

율곡(栗谷) 리이(李珥)가 내세웠던 '이기일원론(理氣一元論)'은 권세자루 쥔 사림파(士林派)가 세계를 바라보는 눈이었다. 초야에 있을 때는 퇴계가 내댄 이기이원론은 관념론이라며 꼬집어 뜯던 율곡이었으나, 권세자루를 쥔 만큼 백성들한테 새로운 세계에 대한 꿈과 그 꿈에 이를 수 있는 길을 보여 줄 필요가 있었던 것이다. 초야 시절 치켜들었던 깃발이 '부정의 논리'였다면 권세자루 잡은 만큼 '긍정의 논리'가 필요했던 것으로, 꿈과 현실을 접붙일 수밖에 없었다. 훈구파가 사림파를 쳤던 것이 사화(士禍)였다면 사림파 안에서 쪼개져 나갔던 것이 '당쟁(黨爭)'이었다고 보면 되겠다. 조선 왕조 500년간 일어났던 '4대사화'를 보자.

- 갑자사화(甲子士禍): 공신전(功臣田), 곧 나라에서 받은 토지를 뺄아내게 된 훈구파 되치기에 사림파가 걸려든 사달470이었음.
- 기묘사화(己卯士禍): 연산군을 반정(反正)으로 무너뜨리고 들어선

---

468 짯짯이 : 빈틈없이 꼼꼼하게.
469 직포(織暴): 조직폭력패. '조폭'은 잘못된 말임.
470 사달: '사건(事件)'은 왜말임.

중종정권에서 훈구파들이 치고 올라오는 조광조(趙光祖)로 대표되는 개혁파를 베어 버린 움직임이었음.

- 을사사화(乙巳士禍): 명종 어머니 문정왕후(文貞王后, 1501~1561)가 밀어 주는 소윤(小尹)한테 대윤(大尹)으로 대표되는 사림파가 버히어진 움직임이었음.

- 무오사화(戊午士禍): '계유정란'이라는 쿠데타를 바라보는 사림파 '역사인식'이 불집471되어 일어난 움직임이었음.

다시 말해서 사화란 사림파가 훈구파한테서 받은 정치적 짓밟힘을 말한다. 간추려 보자. 퇴계와 율곡이 벌였던 철학싸움인 '사단칠정론(四端七情論)'은 조선 왕조가 세워진 지 200년이 지나면서 지배계급인 양반사대부 사회가 흔들려지기 비롯하였는데 - 찢겨지는 양반사회를 꿰매기 위해 성리학, 곧 주자 이데올로기를 더욱 다지르자는 축과, 달라지는 현실을 맞다고 하고 거기에 맞춰 나가자는 축이 맞서 싸웠던 것이 사단칠정론이라는 철학싸움이었다. 17세기 뒷녘 복제(服制)를 싸고 벌어졌던 '예송논쟁(禮訟論爭)', 18세기 첫 때부터 19세기까지 치러졌던 '호락(湖洛)논쟁'이 조선 왕조 때 벌어졌던 3대 철학논쟁이었다.

조선 왕조 맨첫 번째 철학논쟁이었던 '사단칠정논쟁'은 깨끗한 철학싸움답게 참되고 미더움으로 뜨거웠다. 이기(理氣), 다시 말하면 정신이 먼저냐 물질이 먼저냐를 놓고 벌인 철학싸움으로 조선

---

471 불집: 어떤 일 빌미. 바드러움(빠듯하게 아슬아슬하다)이 있는 곳.

철학계는 차원을 한 층층대 높여 가는 것으로 보였다.

그러나 모든 말싸움과 글싸움이 그렇듯 사단칠정론, 그러니까 풀어 말해서 사람 본바탕에서 우러나는 네 가지 마음씨와 일곱 가지 느낌을 놓고 벌였던 뜨겁게 참되고 미덥던 철학싸움은 사라지고 박제화된 단순논리만 휩쓸고 다녔으니 ─ 줏대잡이 먹물들이 모여 '학파'가 이뤄지고, 그것이 또 '정파'로 이어지면서 맞서는 먹물들을 '이단(異端)'으로 몰아가는 헐뜯기가 되는 것이었다. 세상에서 말하는 바 '당쟁(黨爭)'이었다.

어떻게 하면 백성들을 잘살게 할 수 있겠는가를 놓고 다투는 정책대결에서 벗어나 파당 이곳을 좇아 움직이는 '파당싸움'이 되었던 것이다. 왜제국주의자들이 조선을 식민지로 만들고자 꾸며댄 이데올로기인 '당쟁'이 아니라, 철학싸움 본바탕에서 멀어졌다는 말이다. 그때나 이제나 권세자루 잡으려는 정치장사꾼들 권세자루 욕심이 철학싸움 벌이는 먹물들을 손아귀에 넣어 저희들 권력의지를 올바른 것으로 자리매김하려는 것으로 바뀌었던 것이다. 정치가 철학 위에서 독판치는 이른바 '주정종철(主政從哲)'이었다.

주자주의자였던 송시열은 다른 말로 하자면 차별주의자였다. 양반과 상놈을 나누는 '상하차별(上下差別)'과 남자는 하늘 여자는 땅이 되는 '남녀(男女)차별'과 중화와 오랑캐를 나누는 '화이(華夷)차별'이 그것이었다. 그것은 쿠데타로 권세자루 잡은 서인(西人) 가운데서도 가장 수구적인 노론(老論)정권만이 옳다는 유일사상으로,

따논자리472를 지키고자 명(明)에 대한 무조건적 의리를 앞세워 쳐들었던 깃발이 '소중화론'이었다. 한마디로 인조 쿠데타로 이미 따논자리를 세세생생 지켜 내자는 생각에서 더욱 다질렀던473 것이 남성중심 가부장질서였다.

이른바 개혁군주로 기려지는 정조(正祖)가 연암(燕巖)같은 먹물들 시켜 박아낸 『송시열전서』였는데, 임병양란 뒤로 흔들리는 지배계급과 왕권을 붙들고자 하는 비원(悲願)에서였다는 것을 우리는 똑똑히 알아야 한다. 조선의 르네상스를 일으킨 개혁군주였다고 입에 침이 마르게 기려지는 영정시대에 가장 잦은 반란사건이 일어났다는 것은 무엇을 말해 주는가. 딴이야기가 되겠으나 논문으로, 소설로, 드라마로 기려지는 '조선의 이노베이타 이산 정조대왕'은 '이산'이 아니라 '리성'이 맞다.

정조대왕 이름인 '祘'은 '산가지 산'자로 읽으면 안되고 '살필성'으로 읽고 써야 하니, 만백성 살림살이를 짯짯이 살펴봐야 할 임금님 이름자라면 '살필 성'자가 맞지 산가지474 잡고 흔드는 저 잣거리 장사치 이름인 '산가지 산'자가 될 수는 없는 것이다. 영조(英祖) 35년인 1759년 기묘(己卯)에 세자시강원인 '춘방장(春坊藏)'에서 박아낸 『전운옥편(全韻玉篇)』에 나와 있다.

효종 9년 12월 14일치 기록을 보면 백호를 끊는 사관 글이 있다.

---

472 따논자리: 기득권(旣得權).
473 다지르다: 다짐받을 만한 일을 알고자 다지다.
474 산가지: 예전 숫자를 헤아릴 때 쓰던 몬.

그때 주자주의자들이 백호를 바라보는 눈길이다.

윤휴는 소싯적부터 글을 읽어 시명(時名)이 있었는데, 논변이 있을
때면 반드시 제가 생각한 바를 옳게 여기었다. 그리고 그 학문은
거지반 정주(程朱) 주장과 맞서는 것이었으며, 재주가 있어 늘 경륜
을 지녔다고 스스로 믿었는데, 그 무리들이 서로 받들어 추어 주었
으므로 식자들이 걱정하였다.

사관이 말하는 식자(識者), 곧 먹물 든 사람이란 우암으로 대표
되는 으뜸줄기475 주자주의자들을 가리킨다. 우암이 성인 가르침
으로 받들었던 유가 경전은 어맹학용(語孟學庸) 같은 책이 아니었
다. 어맹학용이 아니라 어맹학용에 주희(朱熹)가 풀어놓은 『논어
집주』, 『맹자집주』, 『대학집주』, 『중용집주』였다. 백호는 주희
가 풀어놓은 집주(集注)가 잘못되었으므로 자신이 깨달은 생각대
로 어맹학용에 주를 내겠다고 한다.

진실로 올바른 이치라면 천하 사람이 다 알 수 있어야 한다. 천하
이치를 어찌 주자만 알고 나는 모른다는 말인가. 이새 주자는 그만
덮어두고 오로지 참된 본바탕 이치를 갈닦아야 한다. 주자가 다시
살아온다면 내 학설은 받아들이지 않겠지만 공자가 살아온다면 내
학설이 옳다고 할 것이다.

---

475 으뜸줄기 : 주류(主流).

그때 으뜸줄기를 이루어 권세자루 휘두르던 이른바 주자주의자, 다시 말해서 송자주의자들이 백호를 바라보는 눈길이다.

윤휴는 주자에 대해서 생각을 달리하고 거슬러서 장구(章句)를 마구 뜯어고쳤으며 『중용』에 이르러 주를 고친 것이 더욱 많았다. 그리고는 스스로 말하기를 "자사(子思) 뜻을 주자가 혼자 알았는데, 내가 혼자 모르겠는가?" 하였으니, 이는 참으로 사문에 난적이며… 나랏일이 이 지경에 이르렀으니 그 또한 한심하다.

숙종 6년인 1680년 5월 20일 윤휴가 사사되니, 5월 12일 잡혀 여드레 동안 끔찍한 족대기질476을 당한 다음이었다.

현종(顯宗) 15년인 1674년 7월 1일 백호는 비밀상소를 올렸는데, 북벌을 하자는 것이었다. 효종(孝宗)이 부르짖었던 북벌계획은 적어도 헛된 꿈이거나 권세자루 잡은 이들이 즐겨 쓰는 입에 발린 말만은 아니었다. "날카로운 포병 10만을 기른 다음 때를 봐서 곧장 쳐들어가면 중원에 있는 의사와 호걸 가운데 어찌 맞장구치는 이가 없겠는가"라며 북벌할 뜻을 키우던 효종이 죽은 15년 뒤였는데, 효종이 말한 그때가 온 것이었다.

'삼번(三藩)의 난'으로 불리우는 '오삼계(吳三桂) 난'이 일어나면서 황하 아랫녘이 죄 전쟁터가 되었던 것이고, 백호는 하늘이 주신 이 때를 놓치지 말자는 것이었다. 현종 15년인 1674년 7월 1일치 『실

---

476 족대기질: 고신(拷訊). '고문(拷問)'은 왜말임.

록』이다. 현종이 재위 15년만에 세상을 떠나고 그 외아들 숙종이 14살로 보위를 잇기 한 달 전이었다.

"(…) 반드시 신 말을 거듭해 읽고 깊이 유념해서 굳센 덕을 분발하고 신명한 도략을 펴서 마음에 결단을 내리시되 여러 신하들한테 물어서 큰 계획을 정하며, 용맹한 장수를 등용하고 인걸을 두루 초빙하여 성상을 돕게 하되 망설임이 없게 하며 두려워하지 않게 해서 대업을 끝마치소서. 그러면 실로 천하와 종사를 위해 매우 다행이겠습니다." 하였다.

그러나 새끼 한족(漢族) 주자주의자들인 서인, 다시 말하면 노론 정권에서는 백호가 올린 상소문을 내치니, 우암이 내세웠다는 '북벌론'이란 것이 얼마나 입에 발린 정치적 눈비음477이었는지 드러난다. 그런데 요즈막 국사 교과서라는 데서는 송시열이 마치 북벌 대의에 몸을 던졌던 충의열사로 그려지고 윤휴가 부르짖었던 진짜 북벌론은 그림자도 비치지 않는다. 지배계급인 양반들도 군포(軍布)를 내야 한다는, 그러니까 다시 말해서 병역의무를 져야 한다는 그야말로 혁명적 주장을 하던 윤휴가 사약을 받게 되는 것은 숙종 6년인 1680년이다. 5월 20일. 농군들한테만 물리는 군포며 전포며 호포 같은 이지가지 구실 가운데서 적어도 군포만큼은 양반들도 똑같이 내서 농군들 아픔을 덜어 주려 하였던 유물론철학

---

477 눈비음: 남 눈에 들게끔 겉으로만 꾸미는 일. 눈발림. 눈치레. 눈흘림.

자이며 참 북벌론자였던 64살 윤휴가 사약을 앞에 놓고 했던 말이다. "나라에서 어찌하여 선비를 죽이는가?"

송시열 또한 9년 뒤인 83살 때 사약을 받게 되는데, 노론 쪽에서 쓴 것과 소론 쪽에서 쓴 것이 팔팔결478로 다르다. 노론 쪽에서 쓴 것이다.

우암 송시열은 직령의(直領衣)를 입은 다음 사약을 마시고 죽었다. 그 전날 밤 흰 기운이 하늘에 뻗치더니 이날 밤 한 금성(金星)이 땅에 떨어지고 붉은빛이 우암이 죽은 지붕 위에 뻗쳤다.

윤선거(尹宣擧, 1610~1669) 아들 윤증(尹拯, 1629~1714)은 소론으로 갈라져 나갔는데, 우암과 세계관을 달리하였던 소론 쪽에서 쓴 글이다.

정읍에서 사약을 받던 날 금부도사 앞에 꿇어앉아 말하기를 "이것은 효종과 명성왕후 어찰인데 감히 우러러 바칩니다." 도사가 "나는 사사(賜死)하라는 명만 받았으니 어찌 갖다드리겠소."하고 뿌리치고 서리(書吏)한테 그 어찰을 빼앗게 해서 그 자손한테 주었다. 송시열은 계교가 궁하자 다리를 뻗고 바로 드러누웠다. 도사가 재촉하였으나 끝내 마시지 않으므로 약을 든 사람이 손으로 입을 벌리고 약을 부었는데 그릇 반이 지나지 못해 죽었다.

---

478 **팔팔결**: 엄청나게 어긋나는 일이나 됨됨이. 팔결.

20~30대 젊은 시절 여주 혜목산(慧目山) 고달사(高達寺)와 홍천 두봉산(頭鳳山) 쌍계사(雙溪寺)에서 사서삼경(四書三經)을 읽던 화서가 홍천군 옛 고을터였던 삼포(三浦)에 집을 짓고 뜻 맞는 이들과 이상향(理想鄕)을 꾸렸던 것은 환갑이던 1852년이었다. 그러던 그가 맏아들과 둘째 며느리와 셋째 아들을 잃고 다시 옛살라비 벽계로 돌아온 것은 60대 중반을 넘겼을 때였다.

장가를 들어 살림을 꾸리게 되면서 화서가 내댔 치가삼원칙(治家三原則)이 있으니, 근(勤)·검(儉)·예(豫)였다. 부지런하고 수수해야 한다는 근검이야 말할 것 없고, 낯선 개념이 '예'이다. 예(豫)란 장만한다는 것이다. 우리 조선말로는 징거둔다479는 것이다. 아들딸이 7~8살이 되면 아이마다 궤짝 하나씩을 마련한다. 그리고 집에서 짜는 베며 비단 같은 피륙을 조금씩 끊어 넣고서야 살림에 썼으니, 그렇게 예닐곱 해가 되면 장가들고 시집갈 밑천이 되는 것이었다. 그것이 바로 '예'였다. 화서가 지녔던 꼼꼼함이랄까 빈틈없는 준비성을 보여 주는 대목이다.

화서가 사서삼경을 읽는데 맨 먼저 읽어 밑바탕으로 다졌던 것이 '논어(論語)'였다. 그 다음 대학(大學)을 읽고 중용(中庸)을 읽었으니, 맹자(孟子)가 마지막이었다. 노론 기득권세력에서 가장 꺼렸던 것이 『맹자』였다. 인민대중은 물이고 임금을 비롯해서 다스리는 자들은 그 물 위에 떠 있는 배이니, 다스림이 잘못되면 언제고 물너울쳐 뒤집어 버릴 수 있다는 『맹자』는 바로 혁명을 알려 주는 책

---

479 징거두다: ① 옷이 해지지 않게 듬성듬성 꿰매어 두다. ② 할 일을 미리 마련하여 두다.

이었던 것이다. 이미 따논자리를 지켜 내고자 하는 노론으로서는 마뜩찮은 책이 바로 『맹자』였던 것이다.

사서를 읽는 데도 당색(黨色)마다 그 순서가 달랐던 것은 너무도 마땅한 일이었다. 어학용맹(語學庸孟)이 노론 쪽이었다면 소론에서는 학용맹어(學庸孟語)였다고 한다. 그런데 할아버지가 펼쳐 놓으시는 것은 『맹자』였다. 6대조 부사공(府使公) 할아버지께서 손수 쓰신 것이었다. 할아버지는 파리똥이 더뎅이480진 보꾹을 올려다보시었다.

"맹학용어였더니라. 왕천하(王天下)허넌 디넌 맹자가 기중 첫째요 대학이 그 담이라구 허더구나."

아버지가 기중 먼저 읽었던 것이 『맹자』였다고 하시었다. 왕조 시대 혁명가였던 괄련(适璉) 장군이며, 홍경래(洪景來) 대원수며, 헌철(憲哲)년간 프로봉기꾼이었던 리필제(李弼濟, 182~1871) 선생이며, 왜제 때 독립운동에 몸을 던졌던 어른들이 맨 먼저 읽었던 것이 『맹자』였다는 것이다. 『백수문(白首文)』 떼고 나서 『명심보감(明心寶鑑)』 거쳐 곧바로 읽었던 것이 『맹자』였다. '양혜왕편(梁惠王篇)'을 막 읽다가 국민학교에 들어가게 되면서 읽다말다 한 『맹자』였는데, 첫 구절 몇 줄은 이제도 외우고 있다.

맹자견양혜왕하신대 왕왈, 수불원천리이래하시니 역장유이리오국호잇가? 맹자대왈, 왕은 하필왈리잇고? 역유인의이이의니이다.

---

480 더뎅이: 부스럼 딱지나 때 같은 것이 덧붙어서 된 조각.

孟子見梁惠王

王曰, 叟不遠千里而來 亦將有以利吾國乎?

孟子對曰, 王何必曰利? 亦有仁義而已矣.

미륵뫼 유장儒將 양헌수梁憲洙

『매천야록』 갑오이전(甲午以前)치에 나오는 적바림이다. '병인양
요(丙寅洋擾)'를 바라보는 그때 먹물들 눈길이다.

병인년(1866년) 9월에 법국(法國) 군함이 강화(江華)에 정박하고 있었
다. 그것은 순찰하기 위한 군함이며 침략할 뜻은 없었다. 혹자는
베루느 등이 사형을 당하고 서양 사학(邪學)을 엄금하기 때문에 보
복하러 온 것이라 하였다.

이때 유수(留守) 리인기(李寅基)가 겁을 먹고 도주해서 성이 함락되
었다. 양인(洋人)들은 10일 동안 점거하고 있다가 많은 물품을 약탈
해 갔다. 강화도를 천험(天險)으로 생각해서 군량, 병장기, 보화 등
을 많이 비축하였으나 이때 모두 없어진 것이다. 그리고 순무사(巡
撫使) 리경하(李景夏)와 중군 리원희(李元熙) 등은 도감(都監) 병졸 5,000
명을 인솔하고 문수산(文殊山)으로 나가 강화도를 바라보고 있었지
만 감히 나가 강을 건너지 못하고 있었다. 이때 천총(千摠) 양헌수(梁
憲洙)가 추격전을 벌이자고 간청하였으나 원희는 명령을 어겼다고

처형하려 하였다. 헌수는 "죽기는 마찬가지니 차라리 적한테 죽겠습니다. 1개 병대만 주십시오."라고 하였다. 원희는 할 수 없이 포수(砲手) 300명을 주었다. 헌수는 그날 밤 손돌목을 건너 정족산성(鼎足山城)을 점거하였다.

그 다음날 양인들은 강화부(江華府)에서 나와 군함을 타고 내려오려 하였으나, 조수가 얕아 산성에서 조금 쉬려고 천천히 남문 밖에 도착하였다. 이때 갑자기 복병이 일어나자 적들은 황급히 후퇴하므로 대포로 추격해서 30여 명 목을 베고 개선하였다. 이때 헌수를 황해병사(黃海兵使)로 임명하고 1년 뒤에는 대장으로 발탁하였다. 이 소란이 있은 뒤 사학을 금지하고자 척사윤음(斥邪綸音)을 반포하였다.

정말인가? 정말로 천총(千摠), 그러니까 병정 천 명을 거느리는 이제 연대장쯤 되는 장수가 법국 침략군 30명을 죽인 것인가? 참과 거짓을 알기 위해서 우리는 무엇보다도 먼저 이러한 말들이 적혀 있는『매천야록(梅泉野錄)』이라는 책 결481을 알 필요가 있다.『매천야록』은 황현(黃玹, 1855~1910)이라는 조선 왕조 끝무렵 선비가 쓴 책이다. 그가 쓴 또다른 책 이름인『오하기문(梧下記聞)』처럼 오동나무 그늘 밑에 앉아서 오고가는 사람들한테 들은 세상 이야기를 모아 놓은 것이다. 쓴 사람이 바로 두 눈으로 본 일들이 아닌 것이므로 진짜와는 다를 수 있다. 그렇다면 역사적 사실(事實)은 무엇일

481 결: 성격. 마음결. 마음씨. '성격'은 왜말임.

까? 여기서 우리는 유장(儒將) 양헌수(梁憲洙, 1816~1888)가 손수 쓴 진중일기(陣中日記)인『하거집(荷居集)』을 볼 필요가 있다.

(…) 급기야 패하게 되자 적 하나가 소리 지르며 말하기를 이길 수 없다 하고 모두 발길을 돌려 달아나다가 5리를 가서 죽은 자가 10여 명이요 10리를 가서 죽은 자와 20리를 가서 죽은 자가 백 20~30명 가량이고 그중 적 하나가 죽자 무리가 모두 슬피 울고 성에 들어가서 후하게 염하였다고 하기에 뒤에 심부(沁府) 백성 말을 들으니 후하게 염한 자는 즉 모주라성(謀主羅城)이라는 적이라고 하였다.

조선군보다 빼어난 병장기를 지닌 특공대 150명에서 140명 위로 죽인 일방적 싸움에서 조선군이 입은 언걸은 전사 1명에 부상 4명이었다. 그때 조선군이 지닌 병장기는 화승총이었고, 프랑스군이 지닌 것은 조총이었다. 날아가는 새를 쏘아 맞힐 수 있었다고 해서 붙여진 이름인 조총(鳥銃)이 나가는 길이가 500보인데, 화승총은 100보에 지나지 않았다. 미터로 따져서 200미터와 1키로미터였다. 게다가 조총은 총알만 끼워 주면 잇달아서 쏠 수 있었지만 화승총은 과녁을 겨누고 있는 사람 어깨 위에서 다른 사람이 총대를 붙잡고 있다가 불붙인 심지가 다 타들어 가야 총알이 나갔으니, 그야말로 아이들 새총과 요즘 엠원총 다름이었다. 이런 볼품없는 연장으로 범·곰 같은 맹수들 10여 보 앞까지 다가가서 쏘아 맞히는 산포수들 보고 양반님네들이 했다는 말이다. "묘기(妙技)로다!"

이른바 '포군(砲軍)'으로 불리웠던 '산포수'는 '산행포수(山行砲手)'

가 줄어든 말로 임병양란 뒤에 생겨난 것이다. 그 전과 고리시대
에는 '산척(山尺)'이라고 불리웠으니, '산자이'가 줄어든 말이다. 음
식을 장만하는 이인 '숙수(熟手)'가 '칼자이' 곧 '칼짜'를 진서로 적
은 말이듯이 '산척' 또한 '산자이' 곧 '산짜'였다. 조선 본딧말로
'총바치' '총댕이'였던 것이다. '멧총댕이'. 그리고 이들 첫한아
비는 바로 백제유민(百濟遺民)이었다.

'척(尺)'은 길이를 재는 '자'에서 온 것으로 '자이'와 '자리'가 되
니, 먹고사는 일자리를 말한다. 이 말은 그러니까 왕건이 궁예황
제 밀어내고 '고리'를 세울 때부터 나온 것으로 진훤황제 좇아 왕
건고리에 끝까지 앙버티던 백제유민들을 가리키는 말인 것이다.
이른바 '훈요십조(訓要十條)'라는 유서에 명토박았을 만큼 두려웠던
이들을 갯가 버려진 땅에 몰아넣었던 왕건정권이었다. 고리국 주
민등록증이 없던 이들은 물풀 우거진 갯가나 깊은 산속으로 숨어
다니며 갯버들 꺾어 키·소쿠리·버들고리 만들어 팔거나 사냥을
해서 살았으니, 화척(禾尺)·양수척(楊水尺)·수척(水尺)·무자리라고도 불
리웠다. 이들 가운데 생김새 고운 꽃두레482는 기생(妓生)이 되었다
는 말이 리익(李瀷)이 쓴 『성호사설(星湖僿說)』에 나온다. 손재주 있는
꽃두루483는 갓바치484가 되었다.

'산행포수'라고 할 때 '산행(山行)'에서 나온 것이 '사냥'이다. 이
들을 통틀어 '백정(白丁)'이라고 부른 것은 세종 때부터였다.

---

482 꽃두레: 처녀.
483 꽃두루: 총각.
484 갓바치: 가죽신 짓던 사람.

'전라도 개똥쇠'라는 말이 있었다. 호남 사람들을 낮잡아 보는 이 말은 70년대까지 쓰였는데 갯가에 사는 지체 낮은 사람들이란 뜻에서 부르던 '갯땅쇠'가 소리바뀜된 것으로, 왕건 때부터 내려온 말이다. 슬픔 없이는 볼 수 없는 '역사'이니, 어찌 두렵지 아니한가.

『출전일기』를 보자.

이 싸움에서 우리 군사 한 명이 죽었으니 양근(楊根) 포수 윤춘길(尹春吉)이다. 내가 다리를 베어주고 곡하였으며 흰 면포(綿布)를 써 염해서 파묻었다. 총알에 맞은 자 네 사람 중 두 사람은 상처가 없고 한 사람은 내가 그 피를 빨아주었으며 한 사람은 약을 지어 구제하였으니 즉 선두별장 김성표(金聲豹) 홍천포수 리방원(李邦元)이다.

왜학자 따라다니는 남북학자들

'모주라성'은 '올리비에' 대령을 말하는데 그가 거느리던 특공대 150명 가운데 140명 위로 죽었으니, 거의 몰살당한 싸움이었다.
그런데 대한민국 정부에서 펴낸 정사(正史)라고 할 수 있는 『한국사』 「최근세편」에 보면 "사자(死者) 6명·부상자 30여 명"으로 되어 있다. 지어485 "천총 양헌수의 보고가 아방(我邦) 전사 1명임을 말한

---

485 지어: '심지어' 본딧말.

다음, '적한측(敵漢則) 치사자위(致死者爲) 6명으로 이개수시이거(而皆收屍而去)'라고 하여 사자 6명만을 밝히었다." 그런데 달아 놓은 잡이인 주(註)가 야릇하다. 꼼꼼히 새겨 읽어 볼 일이다.

정족산성 전투 결과에 대하여 불인측(佛人則) 기록이 전사자를 밝히지 않은 것은 구태여 탓할 필요도 없다. 그러나 「조선사(朝鮮史)」 병인(丙寅) 10월 3일자 기사는 전자 문수산성(文殊山城) 전투기록과 마찬가지로 "불국병에 부상자 수명이요 사자는 없었는데 치중(輜重) 기기(器機)를 버리고 달아났다." 하였으니, 이 나라 관문서(官文書)를 골고루 인용하였다는 일본인 학자들의 곡필(曲筆)임을 지적하지 않을 수 없다. 일례를 들어 「고종기사(高宗記事)」를 보면, 본문에서도 언급한 대로 『순무영초기(巡撫營草記)』에 "피사자(彼死者) 6, 아사자(我死者) 1 (…) 적내미능입성이도거(敵乃未能入城而逃去), 치중주식기다유기거(輜重酒食器多有棄去)"라 하였고, '리델'의 수기에도 불군 160명 중 부상을 면한 자가 불과 80명이라 하였거늘, 「조선사」가 굳이 "부상자 수명에 사자무(死者無)라"고 한 것은 뚜렷한 기록에 고의로 눈감은 것이 분명하다.

『한국사』에서 말하는 「조선사」라는 것은 「고종사」를 가리키는 것일 터인데, 이른바 「고종사」는 왜인들이 간추려 적은 것으로 『실록』으로 쳐주지 않는다. '철종'까지만 『실록』으로 쳐주고 있는 것이다. 그런데 여기서 더구나 기가 막히는 사실이 있으니 『한국사』 저자인 진단학회(震檀學會) 대표가 문학박사 리선근(李瑄根,

1905~1983)이라는 것이다. 리선근이 누구이고 '진단학회'가 무엇인지를 말할 쓸 데가 있을까? 리병도(李丙燾) 같은 '조선말 하는 왜학자'가 만든 것이 '진단학회'이고, 리승만 단독정부에서 문교부장관을 지내며 땡땡거리다가 박정희에 이어 전두환까지 '권력자 전위대'였던 공으로 국립산소 국가유공자 묘역에 묻혀 있는 리선근이 참으로는 '조선말 하는 왜놈'인 악질 민족 반역자였다는 것만 말해 둔다. 올리비에 특공대에 통변으로 따라다녔던 프랑스 외방선교회 소속 신부였던 리델이란 자 수기를 보자.

(…) 성문을 상거(相距)한 백미돌(白米突) 지점에 이르자 의외로 조선군이 성 위에 나타나 우리를 향하여 일제사격을 개시하였다. 총환(銃丸)이 양주(兩注)하는 속에 아군은 모두 땅에 엎드려 차전차사(且戰且死)하며 호지점을 얻기 위하여 차츰 퇴각하였다. 그러나 군세가 혼란되어 호령이 시행되지 않고 그 위에 퇴각하는 속도가 느렸기 때문에 언제나 조선군의 포화에 싸여 부상자가 많이 났다. 지휘관은 재차 군대를 정돈하여 옥후(屋後)와 바위틈으로 피신케 하는 동시, 부상자 32명(그중 1명은 중상)을 후송케 하였다. 아군의 사기는 몹시 동요되어 장병은 불과 80명으로 감소되었으니, 조선군이 만일에라도 우리의 귀로를 차단한다면 그때야말로 진퇴유곡에 빠질 모양이라, 어시호(於是乎) 군의관을 부상자에게 응급치료를 베푼 후 들것에 태워 퇴송시키며 전군도 그 뒤를 따라 후퇴하게 되었다. 이 전투 중에 짐 실었던 말[馬]이 도주하였으므로 전군은 모두 먹지도 못하였다. 아군이 퇴각하게 되매 조선군은 모두 산성으로부터

쫓아나와 수차의 사격을 가하였으나, 아 후비군의 응전으로 그 이상 추격을 중지하고 그들은 산성으로 올라가 크게 개가를 불렀다. 이 전투에 대하여 나는 그다지 언급하고 싶지 않으나 저처럼 천험 지지에 국중의 선방포수(善放砲手)를 잠복대기시킨 데 대하여 불과 160명의 부대로 대포의 준비도 없이 이를 함락시키려고 한 것은 애당초부터 위험천만한 일이라고 아니할 수 없다.

침략군 앞잡이인 이른바 선교사라는 천주교 신부(神父)와 『한국사』는 그렇다 치고 '주체의 나라' 정사인 『조선통사』를 보자.

제4편 근대사회

(…) 1866년 8월 로제는 우리 조선에서 도주하여 간 불란서 신부들의 길 안내를 받아 3척의 군함을 가지고 남양만에 나타나자 다짜고짜로 강화해협으로부터 한강을 거슬러 서울 근방 양화진(楊花津), 서강(西江) 부근에까지 불법 침입하였다.

(…) 동년 9월 초에 청국과 일본에 와 있던 자기들의 무력을 총집결하여 7척의 군함에 2,500여 명의 군인을 싣고 재차 침공하여 왔다. 그들은 한강 하류와 서해안 일대에 대한 소위 해안봉쇄를 각국에 선포한 후 강화도와 통진(通津) 해안에 상륙하여 강도적인 무력침공을 개시하였다. 불란서 침략자들은 이 강도적 침공을 항의하여 불군의 즉시 철거를 요구하려(러) 간 조선정부 관헌에게 오만무례한 태도로 "우리 불란서군은 조선 원정을 위하여 온 것이다. 너희 나라가 우리 동포 9명을 살해하였으니, 그 대신 우리는 조선 사람 9

천 명을 죽일 것이다."(『日省錄』券45)라고 위협 공갈하였다. 또 뻔뻔
스럽게 불란서인 살해에 대한 배상, 이 사건에 관련된 대신의 엄벌,
불평등적인 통상조약체결 등을 요구하였다. (金慶門 編『通文館志』券11,
『同文彙考』原編 券61 洋舶情形 참조)

(…) 천총(千摠) 양헌수(梁憲洙) 지휘 하의 평안도 산포수들을 중심으
로 한 약 500명의 의용부대는 강화도를 전부 강점하려고 광분하
던 적의 주력부대를 강화도 정족산성(鼎足山城)에서 요격하여 섬멸
적 타격을 주었다. 불란서 침략자들은 이 전투에서 백여 명의 사
상자를 내고 수많은 무기 탄약을 내버린 채 혼비백산하여 패주하
고 말았다.

그리하여 조선인민의 완강한 투지와 조선의용병들의 영웅적 반격
에 봉착한 불란서 침략자들은 드디어 10월 중순 할 수 없이 패퇴하
고 말았던 것이다. 그러나 이때 그들은 강화도에서 강화성을 비롯
한 많은 역사적 건축물들과 민가들을 파괴 또는 소각하고 도주하
였을 뿐만 아니라 조선의 귀중한 역사문헌들과 문화유물들, 그리
고 막대한 양의 금은보화들을 약탈하여 가지고 도주하였다. 이리
하여 우리나라를 업신여기고 무력적으로 정복하려던 자본주의국
가인 불란서 약탈자들의 최초의 기도는 이렇게 조선인민의 영웅
적 항전에 그들의 수치스러운 패배로 끝나고 말았다. 이 사건을 조
선 근세사상에 '병인양요(丙寅洋擾)'라고 부른다.

'천총 양헌수 지휘 하의 평안도 산포수들을 중심으로 한 5백 명
의 의용부대'라고 했는데, '평안도 산포수'가 아니라 '용문산 산포

수'가 맞다. 평안도 산포수 곧 '강계포수'는 내려오는 길에 죄 뺑소니치고 말았던 것이다. 강화도 쳐들어온 법국 침략군이 세계 최강 해적이라는 것을 소문 들어 알고 있었던 강계포수들이었다.

그리고 '섬멸적 타격을 주어 혼비백산하여 패주하고 말았다'는데 그 알맹이가 없다. '김백선(金伯善) 장군' 경우에서 보았듯이 '남조선괴뢰'들 기록을 그대로 베껴 적는 평양사람들이다.

어쩌면 그렇게 똑같을까. 서울서는 동경 것을 베끼고, 평양서는 서울 것을 베끼고, 연변서는 평양 것을 베끼니, 국어사전만이 아니라 역사책도 네 나라가 똑같은 것이다. 그 잘났다는 박사학위 목에 건 학자라는 이들이 왜 『하거집(荷居集)』을 보지 않았는지 당최 그 까닭을 모르겠다. 승전비가 세워진 유장(儒將)이라면 문집(文集)을 남겼을 것이 모두 아는 일 아닌가. 더구나 조선 왕조 끝무렵을 비다듬은 주리철학(主理哲學) 대가인 화서(華西) 리항로(李恒老) 선생 고제(高弟)라면 말이다. 고구리를 고구려로 부르고, 진훤을 견훤으로, 강한찬을 강감찬으로, 노무현을 여무현으로 부르며 자랑스러운 윗대 어른들 역사까지 왜노(倭奴)들 적발이 뒤따라 가는 이게 나라인가?

양헌수는 유장(儒將)이었다. 선비로서 장수노릇을 했다는 말이다. 쳐들어온 적과 싸우는 것은 무신(武臣)이 거느리는 싸울아비486들이었지만 그 우두머리만큼은 문신(文臣)이 맡았다는 것으로, 고

---

486 싸울아비: 전사(戰士). '사무라이' 본딧말.

리 때부터 지켜져 내려온 문신우위 정책이었다. 서희(徐熙), 강한찬(姜邯贊), 김부식(金富軾), 윤관(尹瓘), 김종서(金宗瑞), 권률(權慄), 강홍립(姜弘立) 같은 이들이 양헌수 장군 선배 장군이 된다. 왕조시대에는 또 유장 말고 유의(儒醫)도 있었으니, 음양술수(陰陽術數)에 밝았던 북창(北窓) 정렴(鄭磏, 1505~1549)이 있다. 19세기 끝 무렵 항왜전쟁 때 의병장이었던 이들도 죄 선비였다.

여기서 다시 한번 똑똑히 밝혀두니 – 정족산성 싸움에서 올리비에 특공대 150명 가운데 140명 위를 몰살시킨 것은 화서 리항로 제자인 양헌수 장군이 거느리고 간 용문산 총댕이들이었다. 요즘도 의병 이야기만 나오면 브라운관에 뜨는 '자료화면'이 있다. 여남은 넘는 핫바지저고리 차림 조선 젊은이들이 화승대 꼬나쥐고 있는 사진이다. 러일전쟁을 취재하러 온 영길리(英吉利) 데일리메일지 특파원이었던 메킨지 기자가 1907년 가을 양평 아신 강가 산자락에서 박은 것이다. 그 가운데 오버 같은 검정외투와 군모 쓴 이가 있는데, 병인양요 때 빼앗아 후물림[487]된 올리비에 특공대 장교 복장이다.

싸울아비들 사진 가운데 땅불쑥한 것이 있으니, 꽃두레다. 이팔을 겨우 넘겼을 것으로 보이는 앳된 큰애기[488]가 화승대 꼬나쥐고 있는 사진으로, 두 눈 부릅뜨고 짯짯이 살펴보지 않으면 놓칠 수 있는 얼굴이다. 아마도 오라버니나 아저씨 따라 화승대 잡은 '언

---

487 후물림: 물려줌. 넘겨줌. 이어나감. 이어받음. 전승(傳承).
488 큰애기: 아기씨. 아가씨. 숫색시. 색시. 꽃두레.

메킨지 기자가 찍은 지평 의병 사진(1907년)

년이' 또는 '작은년이'로 불리우던 어느 양반댁 하님489이거나 외
거노비 딸따니490일 것이다. 어쨌든 '말괄량이' 또는 '벌때추니'라
고 손가락질받던 똑똑한 꽃두레였을 것이 틀림없다. 아, 애홉어
라491. 갑신거의 불지핀 여장군 고대수와 '백마 탄 여장군 김명시'
와 '지리산 여장군 정순덕' 전배492 여장군과 함께 향불 한 점 사뤄
올리며 메꽃 한 송이 바치오니, "마하493 꽃두레 싸울아비 만세!"

『매천야록』이다.

동로(東路)와 남로(南路) 출정 장졸들이 모두 돌아왔다. 이때 여러 도

---

489   하님: '하인(下人)'들이 서로 높여 부르던 말.
490   딸따니: 딸을 정겹게 부르던 말.
491   애홉어라: 창자가 끊어질 만큼 슬프다.
492   전배: '선배'는 왜말임.
493   마하(摩訶): '크다(大)'는 뜻. 산스크리트말.

의병들이 모두 해산하고 류인석(柳麟錫)도 관서(關西)와 해서(海西)를 다뤄서, 압록강을 건너 청나라로 들어갔다. 그는 지나가는 곳마다 노비와 양식을 요구해서 한때 술렁거린다는 손가락질을 받기도 하였다.

그런데 관서유사(關西儒士)들 연원은 모두 리항로(李恒老)한테서 비롯되는 데다가 그들은 또 류인석 충의(忠義)에 감명을 받아 그를 따르는 사람이 수천 명이나 되었다. 그들은 요동(遼東) 어느 산속으로 들어가 큰 두메마을을 이룬 곳이 두어 곳이나 되었다. 그곳에서 류인석은 공자(孔子) 묘우(廟宇)를 지어 예절을 익히고 농사에도 열중하였으므로 변속(邊俗)이 감화를 받았다. 이에 청나라 사람들도 짐을 싸가지고 그곳으로 옮겨왔다. 그 소문이 우리나라까지 전해졌다.

(…)

고(故) 귀성군(龜城君) 리준(李浚)은 충무(忠武), 재상(宰相) 김병국(金炳國)은 충문(忠文), 고(故) 유신(儒臣) 리항로(李恒老)는 문경(文敬)으로 증시(贈諡)하고, 흥인군(興仁君) 리최응(李最應) 시호는 문충(文忠)으로 바꾸었다.

이때 최익현(崔益鉉)은 가지도 않고 또 국사(國事)를 한없이 논하고 있으므로 고종은 그를 매우 싫어하였다. 리항로는 최익현 스승이므로 리항로를 포상(褒賞)하고 또 그 아들 최영조(崔永祚)를 참봉(參奉)으로 임명해서 그 비위를 맞추어 떠나도록 하였으나, 그는 확고히 떠날 뜻을 갖지 않고 살면 할 일을 하고 죽으면 죽는다는 생각을 하고 있었다.

그리고 지난해부터 기정진(奇正鎭), 임헌회(任憲晦) 및 리항로 등 증시를 논하였으나 이때 리항로한테만 시호를 하사하였다.

(…)

가평군수(加平郡守) 리승조(李承祖)는 고(故) 참판(參判) 리항로(李恒老) 손자로, 그는 시국에 아부해서 삭발을 하고 군수로 나갔으며, 또 군민(郡民)한테 단발을 강요해서 외국인보다 더 심한 행패를 부렸고, 진선(進善) 리상수(李象秀) 손자 □夏가 그곳으로 토벌대를 투입해서 새끼호랑이처럼 못된 짓을 저질렀다.

이에 사람들은 "그 두 집안은 손자다운 손자도 두지 못하고 유사(儒士)들만 먼저 작고하였다."고 하였다.

'금바둑쇠'라는 것이 있었다. 효종(孝宗)이 북벌(北伐) 뜻 세우고 대국을 치러갈 때 타고 갈 싸움말로 쓰고자 사 온 만주산 호마(胡馬)인 '벌대총(伐大驄)'을 강화 바닷가에 풀어놓아 기를 때였다. 금광을 북돋우어 캐낸 금을 죄 거두어다가 바둑돌 꼴로 만들어 군자금으로 쓰려던 것으로, 한양 대궐 어느 곳과 강화도에 감춰 두었던 것으로 - 대원군이 경복궁을 다시 세울 때 그 한도막494을 꺼내 부비로 쓰며 안동김씨들더러 이바지495하라는 명분으로 삼았던 것이다. 양헌수 장군한테 녹은 법국 해적들이 강화도에 감춰져 있던 금바둑쇠 19궤짝을 훔쳐갔던 것이니 - 한 궤짝 크기가 얼마이며 그 궤짝 19개에 담겨 있을 금바둑쇠가 모두 얼마인지는 도량형 쪽 '전문가'들한테 알아보면 될 것이고, 그때 금값과 이 글을 쓰고 있는

---

494 한도막: 한쪽. '일부(一部)'는 왜말임.
495 이바지: 돈 보탬. 뒷돈 댐. 도와줌. '보조(補助)'는 왜말임.

오늘 그러니까 154년 동안 물가상승률에 154년 '연체료'까지 짯짯이496 따져 프랑스 정부에 '반환청구소송'을 내야 할 것이다. 그때 훔쳐간 '의궤들'과 옛책까지 합쳐 345권을 반드시 돌려받아야 한다는 것을 적발이497라도 남겨 두자는 슬픈 다짐이다. 아 참, 테제베를 팔아먹을 욕심으로 김영삼 정권 때 미테랑 프랑스대통령이 맛보기로 가져온 의궤 1권을 빼면 344권이 되겠다.

조선이 서구제국주의가 쳐들어와 빼앗아 가는 것을 처음 그리고 마지막으로 물리친 것이 병인양요이다. 오직 한 차례 이긴 전쟁으로, 여기서 힘을 얻은 대원군이 경복궁을 다시 세웠던 것이다. 가짜선비들이 온갖 못된 짓을 저지르던 도둑굴인 서원(書院)을 없애 버리고, 양반한테도 구실을 물리는 호포법(戶布法)을 치르는 따위 '내정혁개'를 하게 된다. 그러나 그야말로 물밀 듯 밀려오는 신미양요·운양호 침탈·병자왜란 등으로 대원군 정권은 무너지게 된다. 대원군이 무너졌다는 것은 조선 왕조가 무너졌다는 것을 말한다는 데 역사의 슬픔이 있다. 줄대어 쳐들어오는 서구제국주의와 싸움에서 다시 한 번 이기게 되는 것은 병인양요로부터 꼭 102년 뒤인 1968년 1일 23일 원산 앞바다에서였으니, 북미 합중국 간첩선 푸에블로호를 사로잡은 것이다.

그런데 여기서 풀쳐 생각할 수 없는 대목이었으니, 조선 민주주의 인민공화국 쪽 마음가짐이다. 푸에블로호를 대동강 가에 펼쳐 보이는 것까지는 너무도 마땅한 일임으로 그만두고, 어째서 1866

---

496 짯짯이: 한 군데도 빠짐없이 죄.
497 적발이: 적발. 자국. '기록(記錄)'은 왜말임.

평양 대동강 변에 전시된 푸에블로호.

년 7월 24일 대동강에서 불태워 버린 미리견(米利堅) 해적배 '제너럴 서먼호'는 본디대로 해서 펼쳐 보이지 않는 것인지 당최 그 까닭을 모르겠다. 얼마나 자랑스러운 할아버지·할머니들 싸움이었던가. 여기서 이 많이 모자라는 중생은 평양쪽 힘 가진 이들한테 애타게 바라노니, "제너럴 서먼호를 되살려 펼쳐 보이시라!"

우리나라 역사에서 1866년은 아주 대모한 해였다. 서구제국주의가 쳐들어오기 비롯한 해였으며, 그리고 그것을 물리친 해였기 때문이다. 간추려 본다.

- 7월 24일, 미리견 해적배 제너럴 서먼호를 대동강에서 불태워 버림.
- 8월 12일, 법국 로즈제독 군함 3척 이끌고 양화진(楊花津)에 이름.
- 9월 8일, 법국 해적배 강화도를 빼앗아 차지함.
- 10월 12일, 양헌수(梁憲洙) 장군이 거느리는 용문산(龍門山) 총댕이

들이 정족산성(鼎足山城)에서 올리비에 대령이 거느리는 150명 특공대 가운데 140명 위를 죽여 버림으로써 법국 해적배들을 달아나게 함. 그때 빼앗은 법국 육전대 장교 복장이 1907년 가을 이제까지 용문산 후래 총댕이들한테 후물림되었음.

■ 1968년 1월 23일, 북미 합중국 간첩배 푸에블로호를 조선 민주주의 인민공화국이 원산 앞바다에서 사로잡아 세계 최강 제국인 북미 합중국한테 항복을 받아내고 배에 있던 사람들을 풀어 주었음.

백의정승白衣政丞 유대치劉大痴

내 아버지 오경석은 조선 역관으로서 당시 조선으로부터 중국에 파견되는 동지사(冬至使)급 기타 사절 통변으로 자주 중국을 왕래하였다. 중국에 머무르면서 세계 각국이 맞겨루는 꼴을 문견(聞見)하고 크게 느끼는 바 있었다. 뒤에 여러 나라 역사와 흥망사를 파고들어 세 나라 정사가 썩어문드러져 세계 대세에 떨어지고 있음을 깨닫고, 앞으로 언젠가는 반드시 슬픈 일이 일어날 것이라 해서 크게 개탄하는 바 있었다. 이로써 중국에서 돌아올 때에 갖가지 신서(新書)를 지참하였다. 아버지 오경석은 일찍이 강화조약 체결 시에도 신헌(申櫶, 1810~1888) 대신 밑에서 크게 활동하였다. (…)

평상시 가장 친교가 있는 우인(友人)중에 대치(大痴) 유홍기(劉鴻基)란 동지가 있었다. 그는 학식·인격 모두 고매 탁월하고, 또한 교양이 심원한 인물이었다. 오경석은 중국에서 가져온 각종 신서를 동인한테 줘서 연구를 권하였다. 그 뒤 두 사람은 사상적 동지로서 결합해서 서로 만나면 자국에 형세가 실로 풍전등화처럼 위태하다고 크게 탄식하고, 언젠가는 일대혁신을 일으키지 않으면 안된다고 상의하였다.

어떤 날 유대치가 오경석한테 우리나라 개혁은 어떻게 하면 성취할 수 있겠는가 하고 묻자, 오는 먼저 동지를 북촌(北村, 북촌이란 서울 북부로 당시 상류계급이 거주하고 있던 구역이었다.) 양반 자제 중에서 구하여 혁신에 기운을 일으켜야 된다고 대답했다고 한다.

3·1운동 때 33인 가운데 하나로 유명짜한 오세창(吳世昌, 1864~1953) 회고담 가운데 나오는 이야기인데, 오경석(吳慶錫, 1831~1879)과 유대치(1831~?)는 동갑내기 벗이었다. 양반짜들이 중촌(中村) 곧 중바닥이라고 낮춰 부르던 서울 청계천 언저리 살던 중인(中人) 계급으로 역관이었던 오경석은 이제 중구 장교동(長橋洞), 의원이었던 유대치는 종로구 관철동(貫鐵洞)에 살고 있었다. 세상에서는 크게 될 사람이라는 뜻에서 '대치(大治)'라고 불렀으나 스스로는 많이 모자라 어리석은 중생이라는 뜻에서 '대치(大痴)'라고 하였다.

조선 왕조 500년 동안 평민으로 정승소리 들었던 두 사람이 있었으니, '갓바치'와 '유대치'였다. 인종(仁宗)이 세자 시절 머리병498에 적어 두었던 것으로, "영상 혁혜장(革鞋匠), 좌상 서화담(徐花潭), 우상 정북창(鄭北窓)"이었다. 그리고 갑신정변을 얽이잡아 끌고나갔던 의원 유대치였는데, 삼일천하 뒤 뜻 있는 이들이 한숨쉬었다고 한다.

---

498 머리병: 머리맡에 쳤던 병풍.

고유대치(古有大痴)나 금무소치(今無小痴)로구나. 전에는 대치가 있었는데 이제는 소치도 없구나.

영불연합군이라는 서양병대한테 북경이 점령당하고 '원명원(圓明園)'이라는 대청제국 궁궐이 불타버린 바로 뒤 북경으로 갔다가 커다란 충격을 받고 세계를 보는 눈이 달라졌던 오경석이 유대치와 같이 걱정했던 것은, 양반계급이 다스리는 조선 정사체제였다. 썩어문드러진 봉건체제를 이어나가다가는 중국처럼 서구열강한테 무너질 것이라고 내다본 두 사람은 박규수(朴珪壽, 1807~1876) 사랑방에서 뜻을 모았으니, 이 땅에 개화물결을 일으킨 3인방이었다.

실학 첫한아비499로 꼽히는 연암(燕巖) 박지원(朴趾源, 1737~1805) 손자로 1866년 음력 7월 24일 평안감사로 있을 때 미리견(米利堅) 해적배 제너럴 셔먼호500를 대동강에서 불태워 대원군 신임을 받았던 박규수가 열반하고 오경석 또한 오십 수도 못 채운 49살에 풍 맞아 돌아가자 유대치는 자연스레 20대 청년 양반들 스승이 되었다.

오경석이 갖다주는 『해국도지』, 『영환지략』, 『박물신편』, 『중

<hr>

499 첫한아비: 첫사람. 시조(始祖). 비조(鼻祖).
500 제너럴 셔먼호: '제너럴'이라는 것은 일반적·총체적·장군·사령관을 뜻하는 말로, '제너럴 셔먼호'란 셔먼 장군함이라는 말임. 미국 남북전쟁 때 윌리엄 테쿰세 셔먼 (1820~1891)이라는 북군 장군이 있었음. 1864년 11월 15일 갈지(之)자로 진군하며 어디로 갈지 맞은편이 헛갈리게 만들어 놓고는 발길 닿는 곳마다 농장이며 철도며 삶 터전을 깡그리 깨부수는 이른바 '초토화작전'으로 남부사람들 싸울 마음을 꺾어 버렸음. 전쟁 뒤 아메리카 원주민을 '보호구역'이라는 이름 수용소에 가두었고, '초토화 작전'을 쓴다며 아메리카들소를 마구잡이로 죽여 씨 말리는 고비로 몰아넣었음. 2차 대전 때 미군이 타던 전차 이름이 '셔먼'이었음. 세계에서 가장 큰 나무는 84미터에 이르는데 '제너럴 셔먼' 나무라고 함.

서문견록』 같은 서양에서 나온 새로운 책들을 보여 주면서 유대치가 힘주어 말하는 것은, '개화(開化)'였다. 이제까지 나라를 다스려 온 봉건체제를 지켜 내다가는 무섭게 밀고 들어오는 서구열강한테 먹혀 버릴 것이라고 부르짖었다. 그것을 보여 준 것이 바로 조선이 상국으로 받들었던 대청제국이라는 것이었다.

오세창과 박영효 회고담 가운데 이런 대목이 있다.

오세창: 김옥균이 유대치한테 배운 사상감화 중에, 특히 기술해야 될 것은 대치가 말한 불교신앙 일사(一事)이다. 대치는 조선학사들이 의례에는 뛰어나나 도념(道念)에는 부족함을 탄식하고, 김옥균한테 권하기를 불교를 궁구하게 하였다. 대치 불교신앙은 매우 두터워 기인물(其人物) 무욕염담(無慾恬淡)한 것 등은 신앙에 힘이라고 생각된다. 김옥균이 다른 사람과 달리 청년대로 불전(佛典) 문구와 불설(佛說)을 자주 이야기한 것은 유대치 감화에 따른 것이었다.

박영효: 김옥균은 불교를 좋아해서 불교 이야기를 했는데, 나는 그것이 자미(滋味)가 나서 김옥균과 친하게 되었소. 내 백형(伯兄, 박영교 (朴泳敎)를 가리킴)이 김옥균과 사귀라고 해서 사귀게 되었오. 그때에 김옥균은 27세, 나는 17세였소.

이때는 1877년으로 박규수가 돌아간 다음이니, 김옥균 등 엘리트 사대부 청년들이 오경석·유대치와 자주 만나 가르침을 받던 때로 된다. 이때부터 김옥균은 유가서적을 멀리하고 불가서적만 읽었다고 한다.

왜국 정치가인 이누카이 스요시(犬養毅, 1855~1932)가 한 말이다.

김씨 학문과 수양 근저에는 유교에 있지 않고 불교에 있었다. 즉 씨의 학문은 선학으로 기수양도 선에 의한 것이었다. 그러므로 씨는 시종 불서를 애독하였으며 유서(儒書)는 전연 손에 대지 않고 오히려 그것을 싫어하였다. (…) 그는 일찍이 나한테 다음과 같이 말한 적이 있다. 일본 각번(各藩) 상태를 보면, 유교가 참된 영향을 준 번일수록 형식에 차 있고 만사가 매우 궁색함에 빠져 있다고. 이 점에서 보면 씨는 유교를 형식적 교로 생각하고 있었던 것 같다. 이 점에서 대해서 나는 크게 이론을 갖고 있으나 씨는 위와 같은 생각에서 자주 나한테 선(禪)을 권하였다.

고리 말 정몽주로 대표되는 사대부계급이 리성계로 대표되는 신흥 무장세력과 손잡아 새 나라를 세웠던 중심철학은 주자 이데올로기였다. 고리사회를 안받치고 있던 철학사상은 불교였다. 그 불교를 무너뜨린 자리에 세웠던 것이 유교였다. 조선 왕조 519년을 버팅겨 온 유가철학으로 안받침된 사대부계급이었다. 그런데 그 사대부계급이 흔들리고 있다. 사대부계급에서 가장 앞장을 서고 있는 20대 청년들이었다.

이들은 모두 유학을 버리고 불자(佛子)가 되었다. 그것도 선불교(禪佛敎)로. 세계를 분석하는 것은 철학자이고 혁명가는 세계를 변화시킨다. 세계를 변화시키고자 할진대 무엇보다도 먼저 해야 될 것이 있으니, 분석이다. 따져서 갈라 내는 것이다. 세계가 어떻게 이루어졌으며 우리가 살고 있는 이 자리는 어떻게 짜여졌는가를 알아야 한다. 선불교에서 쓰는 말로 '몰록'이니 돈오(頓悟)를 말한다. '갑자기' '문득' '홀연히'라는 뜻과 '한꺼번에' '모두 다'라는 두 가지 뜻을 가지고 있다. 혁명이 돈오라면 개혁은 점수(漸修)가 되겠다.

청나라 학자 위원(魏源. 1794~1856)이 1844년 펴낸 『해국도지(海國圖志)』는 서양 여러 나라 역사와 지리와 종교와 과학에 대해서 이야기하는 새로운 책이다. 박규수가 우의정에서 물러난 뒤라고 하니 1874년 11월 뒤였을 것이다. 박규수가 열반한 것이 1876년 2월이니 1년 조금 넘는 짧은 기간이었다. 잿골[齋洞]에 있는 박규수 사랑방, 그러니까 쉽게 말해서 '박규수 정치학교'에 드나들며 조선 사회를 주무를 정치가 꿈을 키웠던 것은 김옥균·홍영식·박영효 같은 개화파만이 아니었다. 김윤식(金允植)·유길준(兪吉濬)·김홍집(金弘集)·어윤중(魚允中) 같은 수구파들도 있었다. '수구파'라는 것은 나중에 붙여진 것이고 그때는 같은 '개화파'였다.

생각이 많은 개화파들이었다. 일통삼한해서 왕씨가 세운 고리왕조 치우고 들어서 5백 년을 이어온 리씨왕조 조선을 새로운 나라로 만들자는 데에는 뜻을 같이했으나 그 방법과 시기를 놓고 갈라졌으니 ― 왜국에서 이룬 명치유신 본떠 단목에 새나라 만들자는 것이 급진개화파였다면, 천천히 조심해서 가자는 온건개혁파가 수구파였다. 청나라를 대국으로 인정하고 민씨정권 또한 참얼굴로 인정하는 바탕에서 모든 것을 고쳐 나가자는 것으로 청제국 개혁노선인 양무운동(洋務運動)을 좇아갔으므로 사대당(事大黨)으로 불리었다. 앞서가는 솜씨는 서양 것을 받아들이되 그 바탕에 깔린 정신만큼은 전통유학에 둔다고 해서 동도서기론(東道西器論)이었다.

마음만 너무 급했던 때문일까? 아니면 5백 년을 내려온 이소역 대불가(以小逆大不可), 풀어 말해서 작은 것이 큰 것을 거스를 수 없다는 사대주의(事大主義)가 몸에 밴 탓일까. 급진개혁파와 온건개혁파 모두 친왜대열로 줄달음질 치게 되는데, 대표적인 몇만 추려 보겠다.

민족 반역자가 된 임금 사위

　먼저 개화파 우두머리에서 친왜파 우두머리로 말을 바꿔 탄 불치인류(不齒人類)가 있으니, 박영효(朴泳孝, 1861~1939)이다. 경기도 수원에서 진사 박원양(朴元陽) 아들로 태어난 반남(潘南) 박씨 박영효가 철종 사위가 된 것은 그 나이 12살 때였다. 철종 딸 영혜옹주(永惠翁主)와 석 달 만에 사별하였으나 금릉위(錦陵尉) 정일품 상보국숭록대부(上輔國崇祿大夫)라는 '타이틀'은 평생을 빛내 주는 '악세사리'였다. 잿골 박규수(朴珪壽) 사랑방에서 역관 오경석(吳慶錫), 의관 유대치(劉大痴), 승려 리동인 같은 개화사상가들과 사귀게 되면서 김옥균(金玉均)과 함께 개화파 우두머리로 나서게 되었다. 김윤식(金允植)과 어윤중(魚允中)을 한허리로 한 온건개혁파는 친청파가 되고, 김옥균·박영효를 한허리로 현 급진개혁파는 친왜파가 되니, 배달겨레가 맞게 된 살매501인가.

　임오군변이 가라앉고 강화왜란이 일어나면서 박영효는 이른바

501　살매: 운명(運命).

제물포조약을 지키기 위한 특명전권대사 겸 수신사로 김옥균·민
영익(閔泳翊)·서광범(徐光範)들과 왜국으로 가게 되는데 ─ 놀라움으로
만나게 되는 것이 '메이지유신'이 이룬 서구화였다. 왜국이 빠르
게 이뤄낸 서구화라는 것은 후쿠자와 유키치[福澤諭吉]가 부르짖던
탈아입구(脫亞入歐)였다. 베트남을 누가 차지하느냐를 놓고 프랑스
와 청국이 전쟁을 벌이게 되면서 조선에 머무르던 청군 3천 명 가
운데 가웃502을 빼내간 것을 빌미로 갑신정변을 일으키기로 하였
으니, 1884년 8월이었다. 그 석 달 뒤인 1884년 12일 4일 홍영식
이 총판으로 있는 우정국 개설 잔치에서 민씨정권을 쓸어 버리는
쿠데타를 일으키니, '갑신정변'이었다. 150명 대 천오백 명이라는
쪽수에서 밀린 왜인들 등돌림 탓에 '삼일천하'로 가림천을 내리
게 된 박영효는 김옥균·서광범·서재필(徐載弼)·변수(邊樹)·류혁로(柳赫
魯)·리규완(李圭完)·정란교(鄭蘭敎)·신응회(申應熙) 8명과 왜국으로 뺑소
니쳤다. 왜국에 있을 때 이들은 왜이름으로 바꾸었으니, 이른바
'창씨개명(創氏改名) 선구자들'이었다. 리동인은 아사노 도진[淺野東
仁], 김옥균은 이와다[巖田周作], 박영효는 야마자기[山崎永春], 리규완은
아사다[淺田良], 정란교는 나카하라[中原雄三], 류혁로는 야마다[山田唯一]
였고, 윤치호(尹致昊)는 이토오 치코오[伊東致昊]였다.

맨 처음 창씨개명을 한 조선인은 리동인(李東仁, 1849?~1881)으로,
1880년 10월이었다고 한다. 왜이름 아사노 도진[淺野東仁]이었다.

여기서 우리는 창씨개명이라는 민족사 최대 희비극을 이야기

---

502 가웃: 반, 절반(折半).

하고 넘어가지 않을 수 없다. 대륙침략과 왜미전쟁을 벌이면서 식민통치 간사위503로 썼던 마지막 발버둥질이었다. 사람들은 울며 겨자먹기로 마지못해 창씨를 하면서도 어떻게든 누천년을 내려온 제 집안만이 쓰던 성과 본관(本貫) 자취를 남기고자 죽을 힘을 다하여 애쓰는 것이었으니 ―

리가(李家)·금본(金本)·배정(裵井)·오산(吳山)·장전(張田)하는 식으로 본디성을 드러냈는가 하면, 김씨(金氏)는 카네모토[金本]·카네야마[金山]·카네우미[金海], 박씨(朴氏)는 보꾸모또[朴本](아라이[新井]라는 왜성으로 옹글게504 창씨개명하기도 하고), 리씨(李氏)는 리노이에[李家] 따위로 그 뿌리를 남기고자 하였다. 강씨(姜氏) 경우 다른 글자를 붙여 고오다[姜田]로 창씨하였다. 이름은 그대로 썼는데 ― 풍천노씨(豊川盧氏)는 본관을 그대로 성으로 해서 토요까와[豊川]라 하고, 김해김씨(金海金氏)는 카나우에[金海], 진양강씨(晉陽姜氏)는 신요오[晉陽]라고 했으니, 같은 진양강씨라도 '쿄오다'와 '신요오'로 달라졌다. 어떤 사람은 왜성으로 바꾸는 것은 개자식이 되는 것이라며 숫제 이누카이[犬養]라고 창씨하기도 하였다. 왜국에는 이누카이라는 성이 있으니 총리대신을 지낸 이누카이 쓰요시[犬養毅, 1855~1932]가 대표적이다.

신불출(申不出)이라고 해방 뒤 평양으로 올라가 '공훈배우'가 된 유명짜한 만담가가 있었는데, '웃기는 수작 하지 말라'는 뜻에서 에헤라 노헤라[江原野原]라고 했으나 받아들여지지 않았다고 한다. 정몽주(鄭夢周) 선생 뒷자손 가운데는 요시다께[善竹]라 했다고 한다.

---

503 간사위: 꼼꼼하고 주변머리 있는 꾀.
504 옹글다: 몬(물건)이 깨어져 조각이 나거나 축나지 않고 본디대로 있다.

왜세는 창씨는 강요했으나 개명은 강요하지 않았으니, 조선 사람과 왜국사람을 가름하기 위해서였다고 한다.

조선 사람들 가운데는 본관을 그대로 성으로 쓰는 이들이 있었으니 – 광산(光山)·경산(京山)·남양(南陽)·수원(水原) 하는 식이었고, 리씨 가운데는 목은(牧隱) 자손임을 그루박고자505 목산(牧山)으로, 파평윤씨(坡平尹氏) 경우 평소(平沼)로, 안동김씨(安東金氏) 경우 금원(金源), 청주한씨(淸州韓氏) 경우 청주 옛이름 따서 서원(西原)을 성으로 썼던 것이다. 이처럼 제 뿌리를 지켜 내고자 눈물겨운 꾀를 짜내는 한쪽에서는, 그러니까 1905년 을사늑약이 맺어지자마자 창씨개명한 자들이 있었으니 – 2009년 박아낸 『친일인명사전』을 보면 되겠다. 그 가운데 가장 유명짜한 친왜파 '확신범 1호'는 경성 시내 뒷간마다 '이 똥 치워!'라는 장난글506로 놀림당한 이토 치코오[伊東致昊] 윤치호(尹致昊)였다.

박영효는 두 차례에 걸쳐 왜국에서 이른바 망명생활을 하는데 그 햇수가 무려 22년이나 된다. 망명생활이라고 해서 남나라에 납죽507 엎드려 목숨이나 부지하고 있었던 게 아니었다. 후쿠자와 쪽 정치인들인 도야마 미츠루[頭山滿], 오가모토 류노스케[岡本柳之助], 이누카이 쓰요시[犬養毅], 이노우에 카쿠고로우[井上角五郎]들과 사귀며 미리견 선교사가 세운 메이지라는 선교학원 영어과를 마치고 요코하마에 있는 미리견 교회에 머무르며 미리견 사람들이 쓴 책

---

505 그루박다: 다짐하다.
506 장난글: '낙서(落書)'는 왜말임.
507 납죽: 몸을 냉큼 바닥에 내리대고 엎드리는 꼴.

을 읽었다. 10대 때부터 우러러 모시던 전배 김옥균이 등돌린 왜인들 푸대접에 치를 떨다가 상해에서 암살되었으나, 왜인들 보살핌 받던 그는 살아남았고, 갑오왜란 때 세워진 김홍집(金弘集) 내각에서 내무대신과 총리대신 서리에 오르는데, 모두가 이노우에공사 용춤추는508 꼭두각시였던 것이다. 이 모든 것들이 죄 왜제가 기획하고 연출한 이른바 '정한론(征韓論)' 하나였다는 것은 1910년 왜제한테서 '일한합방' 논공행상으로 후작과 함께 받은 은사금 28만 원이 웅변하여 준다.

　도움거리 삼아 말하는데, '조선말 하는 왜놈' 박영효가 왜왕한테 받은 벼슬이름 후작(侯爵)은 매국노 리완용이 받은 백작(伯爵)보다 한층대 높은 것이었고, 그때 돈 28만 원은 이제 돈으로 37억 5,200만 원쯤 된다고 한다. 그때 왜국도 노동착취를 바탕으로 한 자본주의 첫 무렵으로 맞돈이 아닌 토지라든가 다른 재화가치가 있는 것으로 주었다고 한다. 1911년 조선귀족회 회장을 지냈는데, 50만 원 위 자산가 32명 가운데 들었으니, 요즈막 말로 재벌이었다. 1909년 세워진 <경성방직>과 1920년 세워진 <동아일보> 사장이 되었고, 1922년 왜국 극우 정치단체인 '흑룡회' 조선지부인 <조선구락부> 발기인이었고, 1921년 조선총독부 자문기구인 <중추원> 고문으로 있다가 1926년 리완용 뒤를 이어 중추원 부의장으로, 1939년 죽을 때까지 지내었다. 그때 받았던 년봉이 3,500원이었으니, 요즘 돈으로 치면 매달 300만 원 가까운 돈

508　**용춤추다**: 남이 추어줌 받아 좋아서 하라는 대로 움직이다.

을 받았던 것이다.

갑신정변 돌격대들

정란교(鄭蘭敎, 1864~1943)

이제 충청남도 천원군(天原郡)인 목천현(木川縣) 남면(南面)에서 태어난 정란교가 왜국 육군이 하사관을 키우고자 세운 도야마[戶山]군사학교에 들어간 것은 20살 때인 1883년이었으니, 서재필(徐載弼)·정란교(鄭蘭敎)·박응학(朴應學)·정행징(鄭行徵)·림은명(林殷明)·신중모(申重模)·윤영관(尹泳觀)·리규완(李圭完)·하응선(河應善)·리병호(李秉虎)·신응희(申應熙)·리건영(李建英)·정종진(鄭鍾振)·백락운(白樂雲) 등 모두 14명이었다. 개화파 청년들을 군사지식과 서양 솜씨로 몸닦달시키고자 하는 김옥균(金玉均) 뒤스름509이었다. <대역무도죄인등국안(大逆無道罪人等鞠案)>에 나오는 신중모가 한 말에서 그들이 군사학교에 다닐 때부터 쿠데타를 꾀하였다는 것이 드러났다.

당시 건너간 20여 명 중에서 나를 비롯한 14명은 사관학교에서 1

---

509 뒤스름: 두름 도름. 돌봄. 힘씀 '주선(周旋)'은 왜말임.

년 반 공부하였는데, 그후 김옥균이 일본으로 왔으므로 매 7일에 한 번씩 모이는 날에 가서 만나보게 되어 자주 상종하였다.

왜국공사 다케조에 신이치로[竹添進一郎]와 짬짜미510한 1884년 12월 4일 10시 우정국 여는 모꼬지511에서 민씨 정권 우두머리인 민영익(閔泳翊)을 칼로 찔러 크게 다치게 한 다음 창덕궁으로 가 고종한테 받은 "日本公使來護我 일본공사는 와서 나를 보살펴 달라"는 몸소 쓴 글로 왜병 1개중대 1백50명을 불러들여 수구파 우두머리인 윤태준(尹泰駿)·한규직(韓圭稷)·리조연(李祖淵)·민태호(閔台鎬)·민영목(閔泳穆)·조영하(趙寧夏)를 다스렸으니, 모두가 갑신정변 돌격대인 도야마학교를 나온 사람들이었다. 우정국 언저리 밭집512에 불을 질러 수구파 목대잡이513들이 갈피를 못 잡게 만든 것 또한 정란교 등 돌격대들이 저지른 일이었음은 물론이다. 박영효를 몰래 죽이라는 민영소(閔泳韶, 1852~?) 귓속분부514받고 동경에 온 칼잡이들한테 틈을 내주지 않은 것 또한 정란교·리규완·류혁로 같은 칼 찬 지킴이들이었다. 박영효를 산 채로 잡든지 멱을 따든지 해서 자루에 넣어 조선으로 보낼 작정을 하고 다가가던 리일직(李逸稙)을 붙잡아 족대기질515로 털어 놓게 한 정란교였다.

갑오봉기를 잠재우고 1895년 2월 들어선 김홍집 왜노정권에서

---

510 짬짜미: 남몰래 둘이서만 짜고 하는 언약. '밀약(密約)'은 왜말임.
511 모꼬지: 여러사람이 놀이나 잔치, 또는 그 밖 다른 일로 모이는 일.
512 밭집: '민가(民家)' 궁중말.
513 목대잡이: 여러 사람을 거느리고 일을 시키는 사람.
514 귓속분부: 남몰래 하는 명령.
515 족대기질: 견디지 못하게 족치다. '고문'은 왜말임.

정3품 당상관인 통정대부(通政大夫)가 되어 군무아문참의(軍務衙門參議)로 올라섰으며, 4월에는 군부대신 바로 아래 그러니까 요즈막 말로 하면 국방부 차관급인 군부대신관방장(軍部大臣官房長)이 되었다. 박영효 손발되어 짠 쿠데타 짬짜미가 뽕나버려 박영효·리규완·우범선과 함께 뺑소니쳤던 왜국에서 박영효를 모시고 다시 돌아온 것은 을사늑약으로 조선이라는 나라가 없어진 1907년이었다. 조선통감부 고문기관인 중추원 부찬의(副贊議)로 왜제가 펴는 식민화정책 심부름꾼노릇 한 공으로 1910년 합방이 되면서 조선총독부 충청도 참여관이 되었고, 1920년 8일에는 고등관 2등에 올랐다.

1927년 6월 조선총독부 중추원 주임찬의가 되고, 1941년 칙임찬의가 되어 부귀영화를 누리던 정란교가 81살로 밥숟가락을 놓던 1943년까지 썼던 왜이름은 우미히라[海平尙敎]였다. 정란교보다 53년 뒤 태어난 후래 민족 반역자 박아무개가 다카기 마사오[高木正雄]에서 오카모토 미노루[岡本實]로 곱창씨개명하기 앞서 본때를 보인 노전배 정란교였다. 박아무개가 창씨개명한 '반도인' 티가 나는 다카기에서 '내지인'들이 많이 쓰는 오카모토로 곱창씨했다면 - 정란교가 했던 곱창씨는 목숨을 지켜 내고자 했던 '나카하라'에서, 이 몸도 이제 떳떳한 대일본제국 신민이 되었노라는 으쓱한 마음에서 했던 '우미히라'였다.

신응희(申應熙, 1859~1928)

김옥균과 박영효 뒤스름으로 왜국 유학길에 올랐던 것은 1883년 4월이었으니, 신응희 나이 25살 때였다. 서재필(徐載弼)·정란교

(鄭蘭教)·박응학(朴應學)·정행징(鄭行徵)·림은명(任殷明)·신중모(申重模)·윤영관(尹泳觀)·리규완(李圭完)·하응선(河應善)·리병호(李秉虎)·리건영(李建英)·정종진(鄭鐘振)·백락운(白樂雲) 13명과 함께 왜국 육군하사관 양성소인 도야마[戶山]사관학교에 들어갔다. 이듬해 5월 마치고 같은 해 7월 끝무렵 돌아왔다. 그해 12월 갑신정변 사사대(死士隊), 그러니까 풀어 말해서 결사대로 기운차게 움직였으니 - 같은 무렵 왜국에서 누에치는 법과 영어를 익힌 서재창(徐載昌), 마마를 막아 내는 법을 익힌 남흥철(南興喆), 그리고 김옥균을 모시고 왜국을 드나들던 중소트기516 차홍식(車弘植)과 함께였다.

서재필(徐載弼) 이끎 좇아 정란교·리규완들과 국왕 내외를 경우궁(景祐宮)으로 빼돌렸으나 수구파에서 끌어들인 청군 쌩이질517에 그르치고 왜국으로 뺑소니치게 되니, 김옥균·박영효·서광범·서재필·리규완·류혁로·정란교·리진호와 함께였다. 신응희는 왜국에서 정란교·류혁로·리규완 같은 사사대 동아리518들과 김옥균과 박영효 곁을 지키며 왜국 문물을 익히다가 김홍집 내각이 세워지는 갑오왜란 때 조선으로 돌아오게 되니, 조선을 떠난 지 12년 만인 1895년이었다. 이듬해 1월 훈련대 정위(正尉), 2월 제1훈련대 참령(參領)이 되어 휜목잦혔519으나, 고종이 러시아공관으로 몸을 피하는 '아관파천'이 일어나면서 김홍집이 성난 인민들한테 밟혀 죽자, 유길준·조희연 같은 친왜각료 및 여러 친왜인물들과 다시 왜

---

516 중소트기: 중속환이.
517 쌩이질: 뜻밖에 생기는 훼방.
518 동아리: 뜻이 같은 사람들이 한패를 이룬 무리.
519 휜목잦히다: 터무니없이 젠체하다.

국으로 뺑소니친다. 신응희가 다시 조선으로 돌아온 것은 을사늑약으로 통감부가 세워져 조선 천지가 죄 왜노땅이 되어버린 1907년 6월이었다.

왕족과 벼슬아치 그리고 왜국을 오가던 이른바 개화파들 끌어모아 만들어진 통감부 고문·자문기구인 중추원 부찬의가 되어 '조선말 하는 왜노'임을 널리 알린 그가 전라남도 관찰사가 된 것은 그 다음해인 1908년이었다. 왜재침탈 '마무리 펀치'인 경술국치가 이루어진 1910년에는 함경남도지사인 함경남도장관이 됨으로써, 리진호·박중양·리규완·리두황·조희문과 경술국치와 함께 도장관이 되는 '친왜 6거두'가 된 것이었다. 1924년 중추원 참의로 올라가 왜왕이 주는 정4위·훈3등 '개패'를 목에 차게 된 그는 3·1운동이 일어났을 때 "무력을 동원해서 저지해야 한다"고 조선총독한데 아뢴 '조선말 하는 왜놈'이었다. 총독부 기관지인 <매일신보> 1919년 4월 24일치에 실린 신응희가 '조선인민한테 주는 경고장'이다.

근래 각지에 군중이 집합하여 독립만세를 부르짖으며 폭행을 감행하는 자가 있음은 실로 유감을 불감(不堪)하는 바라, 대체로 소요의 동기는 (…) 미국에 있는 불령선인이 민족자결의 표어를 빙자하여 (…) 조선 각지에 불온의 사상을 선포함에 있는지라, 생각건대 독립은 망설(妄說)이니 함부로 움직여도 아무 효과가 없음은 실로 명약관화라… 불온한 행동을 강요하는 자가 있더라도 이웃이 서로 지키고 도와 이를 저지하고 (…) 양민이 되는 자는 일의전심(一意

專心)으로 그 업을 부지런히 힘써 속히 치안의 회복을 원치 아니지 못할지니라.

리규완(李圭完, 1862~1946)

"내가 일생을 통해서 잊을래야 잊을 수 없는, 가장 신뢰할 수 있는 사람으로는 리규완이 있을 뿐이다."

박영효가 숨을 거두기 전 했다는 말이다. 이럴 때 쓰라고 생겨난 말이 있을 것이니, 유유상종(類類相從)일 것이다. 같은 깃새는 같이 모인다는 말은 <장끼전>에 나오던가. 청지기 삼아 데리고 있던 앞방석520이 박영효한테 보내는 글을 대신 쓰면서 저를 가리켜 '생(生)'이라고 한 것을 보고 리규완이 펄쩍 뛰었다.

"언감생심 생이라니? 자고로 생이란 평교간이나 같은 지체끼리 쓰는 겸사일 것인즉, 마땅히 '소인(小人)'으로 쓰라!"

세종대왕 넷째아들인 임영대군 15대손으로는 할 수 없는 말이었으니, 박영효와 자치동갑521이었던 그로서는 그야말로 환부역조(換父易祖)였다.

19살 때부터 박영효집 손대기522로 들어가 박영효 손발노릇을 하던 그가 왜국 <도야마육군하사관학교>로 유학을 가게 된 것은 22살 때인 1883년이었다. 박영효가 한성부판윤에서 물러나 광주유수 겸 수어사에서도 쫓겨나는 바람에 졸업을 몇 달 앞둔 1년 만

---

520 앞방석: 곁에서 손발노릇 하는 사람. '비서(祕書)'는 왜말임.
521 자치동갑: 나이가 한 살 틀리는 동갑.
522 손대기: 잔심부름을 하여 줄 만한 아이.

에 조선으로 온 리규완은 갑신정변 사사대(死士隊)로 나선다. 사사대에서도 가장 앞장서 수구파 고갱이523들을 죽인다. 정변이 3일 천하로 그 가림천524을 내리면서 박영효 따라 다시 왜국으로 뺑소니친 그는 박영효·서재필·서광범과 미리견으로 가니, 1885년 2월이었다.

리규완이 다시 조선으로 돌아온 것은 갑오왜란으로 세상이 뒤집어진 1894년 끝무렵이었으니 꼭 10년 만이었다. 김홍집 괴뢰정권에서 이제 경찰서장급인 경무부사가 되어 흰목잦히던 그는 다음해 반역사건으로 밀려난 박영효 모시고 왜국 거쳐 미리견으로 갔다가 석 달 만에 다시 왜국으로 돌아와 야마구치(山口)현 하기(萩)시라는 데 자리잡는다. 그리고 그곳에서 18년 밑인 딸 같은 17살짜리 왜국 꽃두레와 '결혼'하니, 35살 때였다.

리규완 두 번째 왜국생활은 12년이나 이어졌다. '을미참변' 곧 민중전 시해사건과 얽혀 있는 매국노들인 정란교·우범선·신응희·황철·리명선 같은 젊은 군인·경찰 출신들과 함께였다. 이들 도꼭지525가 박영효였다. 리규완이 왜처가와 이음줄이 있던 이토 히로부미(伊藤博文) 도움으로 조선에 온 것은 1907년 7월이었다. 11월에 중추원 부찬의, 이듬해 6월 강원도 관찰사가 되었으니, 신응희·류혁호·리두황·황철과 함께 된 '관찰사 5인방'이었다.

"문맹인 내가 관찰사를 맡는다면 사람들이 웃을 것이다."

---

523 고갱이: ① 푸나무 줄기 한가운데 연한 심. ② 사물 핵심.
524 가림천: 막(幕).
525 도꼭지: 우두머리.

리규완이 손사래쳤526을 때 통감 이토 히로부미가 리규완 등을 두드리며 했다는 말이다.

"무식함을 걱정하는 모양이나, 만약 그대와 같이 서류를 볼 줄 모르는 목불식정(目不識丁)이라도 보좌관이 일러주는 대로 도장만 찍어주면 될 게 아닌가. 도장이 닳는 것이나 걱정하라."

3·1 운동 때 함경남도 장관으로 있으며 한 말이다.

조선총독은 본년 3일 소요발발 이래 누차 유고를 발하여 각자의 망동을 계칙(戒飭)하였고 … 다시 7월 1일 융화일치의 요체(要諦)를 제시하고 일반 민중은 휴척(休戚)을 상분(相分)하고 이해를 다 같이 하여 육심(戮心) 협력으로써 시운의 진보에 기여하라는 취지의 간도(懇到)한 유고를 발하였다. 그러므로 각관에 있어서는 이의 주지에 힘쓸 것은 불사언(不俟言)이나 차기(此機)를 잃지 말고 취지의 철저상 유감없기를 기할지이다."

- 조선총독부 관보. 1919. 7. 10

이른바 개화파들은 왜 거의 모두가 친왜파가 되어 민족 반역자가 된 것일까? 여러 가지 언턱거리527가 있겠으나 이 중생은 사상 문제에 그 까닭이 있다고 본다. 그들한테는 모두 사상적 테두리가 있었으니, 무엇보다도 먼저 민족의식이 없었던 것이다. 문명개화론 자리에서 민족성을 고치고 산업을 발전시켜 왜인들과 같은 자

---

526 손사래치다: 손을 펴서 함부로 휘젓다.
527 언턱거리: 남한테 말썽을 부릴 만한 핑계.

리에 올라설 수 있다면 왜인들이 목대잡는[528] 이른바 '국정'에도 끼어들어야 한다는 '소신'을 가지고 있던 이른바 '참정권자' 말이다. '선교육 후독립'을 내대며 애국계몽운동을 벌였던 이른바 민족주의자들은 그러므로 개화파 뒷자손으로 된다.

일시동인(一視同仁)하는 천황의 적자(赤子)로 내지인과 동등의 권리를 향유치 못하겠는가. 참정권을 획득함은 물론이고 비록 국무대신이나 주외사신이라도 가히 하지 못할 자가 없을 것으로 믿는다."
- 매일신보, 1916. 4. 12

문명의 정도가 내지인과 손색이 없다면, 일시동인지하의 필경 조선인도 상당한 지위로 참정권을 주면 국회의원, 정무대신도 가하다.
- 매일신보, 1917. 12. 12

그때 사람들이 했다는 말이다.
"리규완은 왜녀를 첩으로 두고 왜노보다 더 흉악한 매국노다."

---

528 목대잡다: 여러 사람을 거느리고 일을 시키다.

몇 사람이나 올림대 놓았을까?

　뒷세상 사람들이 '갑신정변' 또는 '갑신거의'라고 부르는 1884
년 한무리 젊은 정치가들이 일으킨 '쿠데타' 때 다친 사람은 모두
얼마나 될까? 역사라는 이름으로 지난날 일어났던 군사반란이든
인민봉기든 세상을 다시 짜 보려고 일으켰던 '사변'에서 다친 사
람 숫자는 아무도 모른다. 말하고 적는 사람이 어떤 계급 어떤 정
파냐에 따라 팔팔결529 다름으로, 어렴풋이 다만 헤아려나 볼 수
있을 뿐이다. 가까이로는 6·25 바로 뒤 저질러진 '뼈잿골학살사
건'이 그렇고, '5·18 광주민주화운동'이 그렇지 않은가. 그때 '사
망자 공식집계'에 들어가지 못한 이른바 '부수적 피해자'로 지금
이 순간에도 구만리장천 건공중을 헤매고 계실 중유(中有) 넋들은
어디에 그 몸을 눕힐 것인가.
　<통리교섭통상사무아문>에서 정변 바로 뒤 엮어낸 『갑신사략
(甲申事略)』 덧두리530 에 그때 죽은 이들 이름과 숫자가 적바림되어

529　**팔팔결**: 엄청나게 어긋나는 일이나 꼴.
530　**덧두리**: 물건을 서로 바꿀 때, 그 값을 쳐서 매기고 모자람을 채우는 돈 머릿

있다.

사망인수

<조선인>

피해재보(宰輔) 6인

보국(輔國)	민태호(閔台鎬)
	조영하(趙寧夏)
총관(總官)	민영목(閔泳穆)
좌영사(左營使)	리조연(李祖淵)
전영사(前營使)	한규직(韓圭稷)
후영사(後營使)	윤태준(尹泰駿)

피해중관(中官) 1인

류재현(柳載賢)

피해역당(逆黨) 9인

홍영식(洪英植)

박영교(朴泳敎)

생도(生徒) 7인

전망(戰亡) 38인(명단 생략)

피해백성 88인(명단 생략)

피사여인(被死女人) 7인(명단 생략)

수. 부록(附錄)

<중국인> 10인

<일본인>

시신현재(屍身現在) 35인

시신부재(屍身不在) 사망미상 3인

　모두 188명으로 조선인 140명, 중국인 10명, 일본인 38명이다. 어떤 사변 곧 난리에서든 이른바 '공식집계'에 잡히지 않은 이들이 있었을 것이므로, 적어도 200명이 넘는다고 봐야겠다. 사흘이라는 짧았던 시간으로 보면 적지 않은 숫자이다. 이 숫자에는 '개화역당'으로 불리우던 개화파쪽 사람으로는 9명만 들어 있는 것으로 봐서 수구파쪽에서 짜집기한 적발이임을 한눈에 알 수 있다. 반란군보다 정부군쪽에서 훨씬 더 많이 몸바쳤다고 함으로써 '역사적 정당성'이 저희들한테 있다고 게목지르는531 것이 이른바 따논자리532를 지켜 내려는 자들 버릇말533 이기 때문이다.

　'피해재보 6인'과 '중관 1인', 개화당에서 짠 거사 프로그램 따라 맨 먼저 손쓴 '전망 38인'과 '피해백성 88인'은 고종 내외를 인지534 삼아 창덕궁에서 경우궁으로, 경우궁에서 계동(桂洞) 리재원(李載元, 1831~1891) 집으로, 리최응 아들인 리재원 집에서 다시 창덕궁으로 옮겨다녔던 사흘 동안 벌어졌던 이런저런 싸움에서 밥숟

531　게목지르다: 듣기 싫게 마구 소리를 지르다. '게목'은 '게사니' 곧 '거위 목소리'를 뜻하는 말.

532　따논자리: 기득권(旣得權).

533　버릇말: 상투어(常套語).

534　인지(人質): '質'은 '전당잡을 지'임.

갈을 놓게 되었던 것으로 봐야 하니, 개화파와 수구파 사이 싸움이 얼마나 박터졌던가를 알 수 있다. '피해여인 7인'은 고대수와 이음줄535들로 보이고, '시체부재 사망미상 3인'은 이제 서울 서대문구 순화동에 있던 일본영사관싸움 때 온데간데 없어진 것으로 보인다. 개화당쪽에서 죽은 '피해역당 9인' 가운데 '생도 7인'은 왜국 하사관양성소인 호산(戶山)학교에서 일 년 반 동안 교육받고 돌아온 이들이다. 박응학(朴應學)·정행징(鄭行徵)·윤영관(尹泳觀)·하응선(河應善)·리병호(李秉虎)·리건영(李建永)·백락운(白樂雲). 정변 바로 뒤 잡혀 의금부에서 국문받은 다음 자리개미536 당한 12명이다. 이들 20명은 모두 수구파 재상 6명을 죽인 사사대(死士隊) 곧 결사대였다.

리희정(李喜貞, 59) 군인. 충의계(忠義契) 들었음.

김봉균(金奉均, 26) 박영효 겸종. 1882년 수신사 따라 왜국에 갔다옴.

신중모(申重模, 23) 왜국 호산학교에서 배움.

리창규(李昌圭, 43) 부상좌사(負商左社) 통령(統領).

리윤상(李允相, 33) 서광범(徐光範) 겸종.

오창모(吳昌模, 34) 충의계에 듦.

서재창(徐載昌, 19) 서재필 아우. 왜국에서 영어와 양잠학을 배움.

차홍식(車弘植, 18) 서울 화계사 중. 김옥균 따라 왜국에 갔다옴.

남흥철(南興喆, 30) 장사치. 김옥균 따라 왜국에 가서 우두법을 배우고, 장내기를 사가지고 옴.

---

535 이음줄: 관계(關係). 갖고 있던 항아님 항아님: 궁녀(宮女). 나인.
536 자리개미: 목졸림. 교수형(絞首刑).

고흥종(高興宗, 41) 김옥균 겸종.

리점돌(李點乭, 27) 김옥균 겸종. 김옥균 따라 왜국에 다녀옴.

최영식(崔英植, 42) 박영효 겸종.

리희정과 오창모는 '나라에 충성하려고 짜여진' 충의계원으로 정변 때 결사대 목대잡이[537]였다.

리창규는 본디 군인으로 장사치 모임인 부상좌사 모가비[538]였다. 등짐장수인 부상(負商)과 봇짐장수인 보상(褓商)은 혜상공국(惠商工局)에 매여 군인처럼 훈련을 받았던 군사 조직 가운데 하나였다. 리창규가 거느리는 스무명 위 부상이 정변에 들었음이 『윤치호 일기』에 나온다. 이들 12명 말고도 수구파 관헌에 붙잡혀 1896년 자리개미당한 9명이 있다.

윤경순(尹景純, 29) 흥인지문 밖에서 배추장사. 리인종(李寅鐘)과 사귐.

리응호(李應浩, 33) 군인. 전영교장(前營校長).

전흥룡(全興龍, 28) 전영군인.

윤계완(尹啓完, 24) 군인. 신복모(申福模) 이끎을 받음.

전창기(全昌基, 25) 군인. 신복모 이끎을 받음.

민창수(閔昌洙, 27) 전영군인.

최성욱(崔聖郁, 32) 군인. 신복모 이끎을 받음.

리상록(李上祿, 31) 전영군인.

---

537 목대잡이: 여러사람을 거느리고 일을 시키는 사람.
538 모가비: 생일꾼·광대(廣大)같은 낮은패 우두머리.

신흥모(申興模, 29) 신복모 언니.

갑신정변에 들었던 군인들은 거의 전후좌후 4영 가운데 전영에 딸렸던 이들이었다. 1883년 박영효가 광주유수(廣州留守)로 밀려났을 때 왜국 호산육군학교에서 배우고 돌아온 신복모와 리은돌(李銀乭)을 뽑아 광주 군인들을 신식으로 훈련시킨 바 있는데, 이들이 뒤에 전영으로 옮겨 있었던 것이다. 갑신정변 때 제삿고기539 된 이들이 죄 전영에 딸린 군인이었던 까닭이다. 의금부에서 붙잡아 들이라고 서울 시내 거리마다 내걸었던 이들이다.

리인종(李寅鐘)·리규완(李圭完)·황용택(黃龍澤)·윤경순(尹慶淳)·최은동(崔銀同)·고영석(高永錫)·변수(邊樹)·류혁로(柳赫魯)·박제경(朴濟敬)·박삼룡(朴三龍)·유홍기(劉鴻基)·백학진(白學鎭)·리희덕(李熙德)·운이(雲伊).

이 14명 가운데 변수와 류혁로는 김옥균들 따라 왜국으로 뺑소니쳤으므로 요즈막 말로 하자면 불기소처분되었고, 윤경순은 1886년 잡혀 자리개미당하였다. 나머지 사람들도 죄 그렇게 된 것으로 보인다.

『갑신일록』에 보면, 리인종이 거느리는 리규완·림은명(林殷明, 호산사관학교 졸업생)·윤경순·최은동(崔殷童) 넷이 별궁에 불을 지르고 리인종·리희정(李熙禎) 호령 좇아 여러 장사들이 한꺼번에 달려들어 해

---

539 제삿고기: 희생양(犧牲羊).

내며(수구파 대신 처단), 류혁로·고영석(高永錫)은 오가며 정탐 통신을 맡는다.

백학진은 등짐장수였고 운이는 서재필 집에서 심부름하던 어린 사내종이었다. 수표교(水標橋) 다리 위에서 날삯540 받고 끌려나온 베정꾼541들한테 맞아죽은 박제형(朴齊炯)은 『근세조선정감』을 써낸 뜨거운 개화당원이었다.

여기서 눈길을 끄는 것이 유홍기이다. 갑신정변을 김옥균 뒤에서 얽이잡아 끌고나갔던 앞서가는 먹물 유대치 그 사람이다. 갑신거의가 삼일천하로 그 가림천542을 내렸을 때 운수행각승(雲水行脚僧)처럼 바랑지고 집을 나서는 유대치한테 어디로 가느냐고 묻는 한양유씨 식구들이었다. 그때 쉰네살 유대치가 했다는 말이다.

지평땅 미륵뫼로 간다. 거기서 토굴 묻고 참선이나 하련다.

갑오왜란이 일어난 것은 1894년 7월이었으니, 갑신정변이 삼일천하로 그 가림천을 내린 지 꼭 10년만이었다. 왜제가 청일전쟁을 일으켜 청국군을 바짝 밀어붙이며 동양삼국 우두머리가 되면서 조선에 괴뢰정부를 세우게 한 것이었다. 왜제는 저희 나라에 숨어 있던 박영효를 데려와 내무대신을 삼고 미리견에 숨어 있던 서광범을 불러다 법무대신으로 쓰게 김홍집에게 분부 때렸던 것이다.

---

540 날삯: 품삯. '일당(日當)'은 왜말임.
541 베정꾼: 시위꾼.
542 가림천: 막(幕)

292

음력 12월 27일에 김옥균·박영효·홍영식이 복관(復官)되고, 다음해 3월 1일에는 서재필·서재창·오창모(吳昌模)·리인종도 복관되었다. 그때 살아 있던 사람은 서재필 혼자였다. 이처럼 개화파 목대잡이들 거지반 다 죄가 씻겨지고 벼슬자리를 되찾는 은전이 있었으나 유대치만은 아무런 말이 없었다. 유대치라는 개화파 도꼭지543를 잊어버렸던 것이 아니라 벼슬자리를 되찾는 복관을 시켜 주려 해도 변변한 벼슬자리 하나 없는 백두(白頭)였던 때문이었다. 감생청 부사용(副司勇)이라는 그야말로 미관말직 가운데서도 가장 끄트머리인 종9품 자리에 잠깐 있었던 적이 있을 뿐인 그한테 이미 없어져 버린 그 자리를 되돌려 준다는 것은 우스운 일이었다.

이런 유대치한테 '정3품 통정대부 규장각부제학'이라는 벼슬이 특증(特增) 되었으니, 한일합방 이레 전인 1910년 8월 22일이었다. 그런데 이 증직이라는 것이 참으로는 백의정승 유대치 선생을 욕되게 하는 똥물이었으니, 왜제 밑에서 합방을 서두르던 민족 반역자들이 저희들과 같이 가려던 전배(前輩)였다는 것을 그루박고544자하는 속셈에서 썼던 잔꾀였던 것이다. 왜국으로 뺑소니쳤던 정변 관계자들이 <강구회(講舊會)>라는 모임을 만들었으니, 1884년 갑신정변에서부터 노일전쟁까지 20년 동안 나라를 위해 애쓰다 비명에 간 사람들을 기리는 <애국사사추도회>를 열고, 홍영식·김옥균·김홍집·어윤중과 개화당사람들한테 시호와 증직을 내린 뒤끝이었다. 합방을 서두르는 왜제 앞에서 빗자루질을 한 다음 황토를

---

543 도꼭지: 우두머리.
544 그루박다: 강조(强調)하다.

까는 '조선말 하는 왜놈'들인 것이었다. 미륵뫼545에 토굴을 묻고 "이뭣고?" 그러니까 "조선을 어떻게 살려낼 것인가?" 묻고 또 물으며 살아 계셨다면 80살이 되었을 유대치 선생이 이 사실을 바람결에라도 들었다면, 무슨 생각을 하셨을까?

리동인(李東仁) 스님은 온건개혁파인 김홍집 동아리한테 1881년 3월 죽임당한 것으로 보이고, 무불(無不) 스님은 동경에서 앓다 열반했으며, 차홍식(車弘植) 전 중 또한 삼일천하 다음 수구파한테 잡혀 자리개미되었다니, 관세음보살. 여여거사(如如居士)가 참말로 미륵뫼에 토굴 묻고 좌선삼매(坐禪三昧) 든 것이라면 64살이었을 갑오봉기 때는 무슨 일을 하셨고, 민중전 시해와 단발령 맞서 일떠섰546던 을미의병 때는? 더구나 당신이 "이뭣고?" 하는 미륵뫼 총댕이547들 휘몰아 일떠선 김백선(金伯善) 장군 거의(擧義) 때 무슨 구실을 하셨는지? 좌선으로 한소식하셨을 것으로 보면 77살이었을 것이니, 1907년 조선병대가 뜯어헤쳐지면서 남한산성 지키던 승병들이 용문사·상원사·사나사에서 왜적과 싸우던 때는? 절들이 죄 불탄 다음 지평·여주 살피 혜목산(惠目山) 깊은 산속 고달사(高達寺)로 간 의승병들이 왜적과 멱치기548를 벌이던 때는? 절들이 죄 불탄 다음 살아남은 승병들은 어디로 갔을까? 의병들과 하냥549 두물머리 건너 황해도·평안도 거쳐 압록강 건너 만주벌로 갔을까? 그래

---

545 미륵뫼: 용문산(龍門山) 본디이름.
546 일떠서다: 봉기(蜂起)하다.
547 총댕이: 멧포수.
548 멱치기: 목숨을 건 싸움.
549 하냥: 함께. 같이. 더불어.

서 봉오동싸움, 청산리싸움에서 왜적들 허리를 작신550 꺾어놓았던 것일까?

여기서 떠오르는 것이 김성숙(金星淑, 1898~1969)선생이다. '금강산에서 온 붉은 승려'로 유명짜한 태허(太虛) 스님 운암(雲巖) 김성숙 선생이 독립운동을 하러 만주로 가려던 원산(元山)에서 만난 미륵뫼 당취 따라 중이 된 것이 용문사(龍門寺)였는데, 그들은 만났을까? 19살 김성숙 꽃두루551와 85살 유대치 노선사(老禪師)는 만났을까? 낯선 미륵뫼 그러니까 리성계(李成桂)가 바꿔친 이름인 용문산보다 세계적으로 알려진 금강산으로 이름 바꾼 님 웨일즈였으니, 참으로는 '미륵뫼에서 온 붉은 승려'가 바로 태허 스님 김성숙 선생이었던 것이다. 금강산 당취·지리산 당취·미륵뫼 당취가 조선 8도 3대 당취였는데, 그 가운데 가장 무서웠던 것이 미륵뫼 당취였다는 것을 안 여여거사 유대치 선생과 태허 스님 김성숙 선생 이음고리는?

이른바 학자라는 이들은 죄 유대치 선생이 정변 아수라장에서 제삿고기 되었을 것으로 여기는데, 이 중생은 그렇게 보지 않는다. 한양유씨(漢陽劉氏) 집안에서 흘러나오는 이야기를 믿어서라기보다 역사적 상상력이 그렇다. 갑오봉기와 6·25 앞뒤 빨치산싸움과 여러 학살사건은 그만두고 80년 '오월광주'가 웅변으로 말해주고 있듯이 정치적 사달552에서 제삿고기 된 이들 숫자를 오그려

---

550 작신: '斫身'이니, 몸뚱이를 꺾어 버린다는 말.
551 꽃두루: 장가들 나이 찬 젊은 사내는 몸에 꽃다발을 두른 듯 아름답다고 해서 '총각'을 이르던 말.
552 사달: 탈. 일. '사건(事件)'은 왜말임.

뜨리려는 것이 권세자루 쥔 물건들 본능이다. 동물적 몸짓인 것이다. 사대당 '공식발표'에 따르면 갑신정변 때 돌아간 이들은 모두 200명 남짓 된다. 그러나 참으로는 300명이 훨씬 넘을 것이라는 생각이니, 이 많이 모자라는 중생이 기대고 있는 '역사적 상상력'임을 밝혀 둔다.

갑신정변을 떠올릴 적마다 떠오르는 물음이 있으니, 병력이다. 싸울아비들 '쪽수' 말이다. 가장 또렷한 병력이라고는 사사대(死士隊), 그러니까 쉽게 말해서 충의계(忠義契) 맹원(盟員)인 결사대 43명인데, 이게 말이 되는가? 뒷배가 되어줄 왜병 또한 150명에 지나지 않으니, 도무지 받아들여지지 않는다. 비록 가웃이 빠져나갔다고 하더라도 아주 센 청군 1,500명을 무슨 용뺄 재주있어 막아낸단 말인가. 김옥균같은 젊은피 혁명가들이야 하늘을 찌를 다짐 하나로 떨쳐 일어섰다고 하더라도, 그 모든 것을 채잡았던 유대치라면, 속종이 있어야 하지 않겠는가.

물론 박영효가 광주유수로 밀려났을 때 기른 신식군대 500명과 윤웅렬이 기른 250명까지 넣어 모두 750명쯤이라지만 그것은 부르기 좋은 숫자에 지나지 않는다. 개화당에서는 3중 방어막을 쳤으니, 원위·중위·내위였다. 박영효와 윤웅렬이 기른 조선군 친군영 전후영병 한 750명은 밖에서 막고, 왜국공사관 지킴이들인 150명 왜병은 가운데서 막고, 충의계 맹원과 왜국사관생도 출신한 50명은 안에서 막는 짜임새였다.

1884년 12월 6일(양력) 하오 3시 두 대로 나뉜 청군 1,500명이 창덕궁 돈화문과 선인문으로 밀고들어 왔다. 750명 조선군은 씩씩하게 싸웠으나 수십명이 죽으면서 뿔뿔이 흩어지고 말았으니, 목숨바쳐 개화당에 충성해야 할 '의리'가 없는 직업군인들이었던 까닭이다. 창덕궁 안쪽을 맡던 왜병 또한 물너울처럼 밀고들어오는 1,500명 청군 서슬에 놀라 불질 몇 방에 뺑소니치고 말았다. 개화당쪽에 이길 꾀가 없다는 것을 안 잽싼 잔뇌굴림이었다. 마지막 남은 것이 고종 내외를 둘러싸고 있던 사사대 50명인데, 그야말로 중과부적이었다. 김옥균 등 9명은 왜국공사 다케조에 신이치로 미좇아 왜국으로 뺑소니치고, 고종을 청군에 넘겨 주려던 박영교·홍영식과 사사대 7명은 청군 길라잡이하던 수구파 장사패들한테 죽임당한다. 이른바 삼일천하였다.

백의정승 소리 듣던 타고난 사람 유대치가 민씨정권 무장력인 청군에 대해 미리 채비하지 않았다는 것은 말이 안 된다. 그것은 무엇보다도 먼저 선불교(禪佛教)에서 말하는 불교변증법을 바탕삼아 '미륵세상 꿈나라'를 세우고자 했던 천재 사상가에 대한 업신여김으로 된다. 무장력으로 안받침 되지 않은 혁명이란 모래 위에 지은 대궐에 지나지 않는다는 것을 잘 알고 있던 유대치였으니, 서양 오랑캐 불질 한방에 대청제국 안방이 무너지는 것을 봤던 것이다.

유대치가 눈길 주었던 것은 당취 동아리였다. 유대치가 딛고 선 얼 바탕이 바로 선불교에서 말하는 만민 평등사상이었으므로, 무엇보다도 먼저 불교 비밀결사체인 '당취'를 떠올리는 것은 너무도 마땅한 것으로 된다. 여여거사(如如居士) 유대치가 손을 뻗쳤던 것은 미륵 당취였을 것이다. 일해대사(一海大師) 서장옥(徐璋玉) 전배 당취들로 짜여진 미륵뫼 당취들만이 아니라 지리산 당취·금강산 당취 쪽으로 손을 뻗쳤을 것이다. 일용문 이금강 삼지리로 불리우던 용문산·금강산·지리산 3대 당취만이 아니라 조선 8도 명산대찰마다 있는 지킴이들인 승병들과 손을 잡고자 했을 것이다.

승병은 그만두고 먼저 조선 8도 3대 당취인 용문산·금강산·지리산 당취들만 올라온다고 해도 그 숫자가 얼마인가? 낮춰잡아 200이면 600이고 올려잡아 300이면 900이니, 사사대 4~50명 넣어 1,000명 병력 아닌가? 싸울아비 1,000명이면 왜병 150명 넣어 그 숫자가 청군 1,500명과 어금버금하지 않은가. 왕건 쿠데타와 노론 쿠데타와 박정희 군사반란 때 총칼 잡았던 싸울아비들이 기껏 2,000명 남짓이었으니, 1,000명 넘는 당취부대라면 나라라도 뒤엎을 병력이다. 더구나 청군 1,500이라는 것은 산 설고 물 선 남나라에 끌려나온 직업군인들이고, 당취부대 1,000명은 내 나라를 새롭게 세우자고 일떠선 사생결단 혁명군사들 아닌가. 개화파들이 '거의(擧義)'를 굳힌 것이 8월이니 석 달 동안 당취부대를 올라오게 하려는 '물 밑 작업'이 반드시 있었을 것이지만, 그 속내를 알 수 있는 적발이는 어디에도 없다.

삼일천하로 끝난 갑신정변 떠올릴 적마다 가슴 무너지는 대목이니, 아흐. 우리 겨레 살매런가. 조선 8도 승병들과 당취 3사 싸울아비들 가운데서 '미륵뫼 당취'들만 올라왔더라도, 조선 최강 싸울아비들인 미륵뫼 당취 2~300명만 올라왔더라도, 창덕궁 돈화문 싸움 선인문 싸움에서 청군 1,500명한테 그렇게 쉽게 무너지지는 않았을 것이니, 아 애홉어라. 미륵뫼 당취 300에 개화파 사

사대 50에 왜병 150이면 합이 얼마인가. 이른바 일당백이라는 말
도 있지 않은가. 똘똘뭉친 싸울아비 500이면 한 사람이 세 명씩
만 맡으면 된다. 가슴 뒤집어지게 애잡짤해서 해 보는 독장수 구
구셈인가?

"물 수 없다면 짖지도 마라"

　　윤치호(尹致昊, 1865~1945). 본관 해평(海平). 호 좌옹(佐翁). 충청남도
아산(牙山)에서 왜별기(倭別技)로 불리우던 별기군(別技軍)을 세운 윤웅
렬(尹雄烈, 1840~1911) 맏아들로 태어났다. 1881년 신문물을 보고 배우
려고 보내진 '신사유람단'에 어윤중(魚允中, 1848~1896) 따른이553 로
갔던 62명 가운데 가장 어린 17살이었다. 유람단이 돌아간 다음
에도 유길준(兪吉濬, 1856~1914) 등과 남아 신학문을 궁구했으니, 윤치
호는 맨 처음 왜국 유학생이 된다.

　　메이지 유신을 일으킨 먹물 가운데 하나로 후쿠자와 유키치[福澤
諭吉, 1835~1901]와 쌍구슬을 이루던 왜국 최고 개화사상가 나카무라
마사나오[中村正直, 1832~1891]가 세운 중등과정 사립학교 도진사[同人
社]에서 이태동안 왜어와 영어를 배웠다. 1883년 5월 초대 주조미
리견 공사로 오는 푸트 통변으로 조선에 돌아온 윤치호는 개화파
양반먹물들 급진개혁론을 따르지 않았으나 그들과 가깝다는 것

553　따른이: 데림사람. 수행원(隨行員).

으로 정변을 통짠554 것으로 몰려 몸을 숨겨야 하였다.

1885년 중국 상해(上海)로 뺑소니친 윤치호는 미리견 감리교 선교사 앨런이 세운 중서서원(中西書院)이라는 '미리견스쿨'에서 3년 반 동안 영어와 수학을 갈닦게555되는데, 주중미리견 총영사 뒤스름556이었으니, '도진샤'에서 닦은 영어솜씨 덕분이었다. 기독교를 받아들이게 된 상해생활을 끝내며 윤치호가 한 말이다.

청나라가 더러운 시궁창물로 채워진 연못이라면, 일본은 동양의 복사꽃 피는 동산이다.

상해 시절인 1887년 4월 본넬 교수한테 세례받아 조선 맨 처음 미리견 남감리회 신자가 되어 조선 감리교 대부가 된다. 그리고 1893년 11월에서 1894년 12월 청국 여자 마애방(馬愛芳)과 만나 아들 둘과 딸 둘을 얻는데, 43살이던 1907년 25살 밑 18살 꽃두레557 백매려(白梅麗, 1890~1943)와 3혼, 3남 3녀에 첩의 자녀까지 모두 6남 9녀를 두게 된다.

1888년 미리견으로 가 남감리회에 딸린 밴더필트대학 신학과에 별과생으로 들어가 신학 궁구를 했고, 1891년에는 남부 신흥 대학이었던 에모리대학에서 인문사회쪽 여러 학문을 두루 궁구

---

554 **통짜다**: 여럿이 한동아리가 되기로 언약하다.
555 **갈닦다**: 캐다. 파다. 파고들다. 마음쓰다. 따지다. '연구(研究)'하다는 왜말임.
556 **뒤스름**: 도움. 힘씀. '주선(周旋)'은 왜말임.
557 **꽃두레**: 나이찬 아기씨는 목에 꽃을 두른 것 같이 아름답다고 해서 '처녀'를 가리켰던 말임.

함으로써 서재필(徐載弼, 1866~1951)·유길준과 함께 조선 1세대 미리 견 유학생 자리에 오르게 된다. 이로써 윤치호는 오늘까지 우리 겨레와 떼려야 뗄 수 없는 이와 입술 사이인 미국·중국·일본 세 나 라에서 모두 11년 동안 여러 학문을 두루 익힘으로써 약육강식해 서 적자생존하는 자본주의 생존방식에 미립나는558 '근대인'이 될 수 있었던 것이다. 이른바 '근대적 먹물' 한아비559가 된 것이었다.

세상에서 말하는 바 '자생적 친왜파 1호'인 윤치호 삶을 역사 는 똑똑히 새겨 두고 있는데, 놀라운 것은 60년 동안 일기를 써 왔 다는 점이다. 그것도 거의 모두를 해행문자(蟹行文字)560로 말이다. 1883년부터 1889년까지는 진서와 훈민정음으로, 1889년 12월 뒤 부터 1943년까지는 해행문자로 썼다.

이른바 '105인사건'이라는 것이 일어난 것은 1912년 말이었다. 데라우치 마사다케[寺內正毅, 1852~1919] 초대 조선총독을 몰래 죽이려 는 쑹쑹이561가 있었다며 60여 명 애국지사들을 잡아들인 사달562 이었는데, 서북바닥 독립운동 뿌리를 뽑아 버리고자 꾸며낸 것이 었다. 윤치호는 이 사달에 얽혀 징역 10년을 선고받았으나 2년 반 만인 1915년 2월 13일 감옥을 나왔으니, 왜제한테 무릎을 꿇은 댓 가였다. 감옥을 나서며 윤치호가 부르짖었다는 말이다.

---

558 미립나다: 겪어 봐서 야릇한 갈피를 깨닫다.
559 한아비: 첫사람.
560 해행문자(蟹行文字): 게걸음치듯 옆으로 간다고 해서 '영어(英語)'를 가리키던 말.
561 쑹쑹이: 성질이 음충맞은 사람으로, '약은꾀'를 말함.
562 사달: '사건(事件)'은 왜말임.

이 다음부터는 대일본제국의 여러 유지신사와 교제하여 일선(日鮮) 민족이 행복이 되는 일과 일선 양 민족의 동화(同化)될 계획에 적극 참여하여 힘이 미치는 대로 이 한몸 아끼지 않고 힘써 볼 생각이다.

윤치호가 나름 '꼿꼿한 먹물'에서 '충량한 황국신민'으로 몸바꾼 것은 왜제 모진 족대기질563을 바탕으로 한 윽박지름 탓만이 아니라 줏대 높은 먹물만이 지니고 있는 남다른 자기합리화 논리였으니, 이른바 '대세 순응주의'였다. 힘없는 조선으로서는 힘센 일본 통치를 인정할 수밖에 없다는 것으로, "물 수 없으면 짖지도 말라!"는 것이었다.

이런 윤치호 생각은 바로 안창호(安昌浩, 1878~1938)·카야마 미츠로[香山光郎, 리광수(李光洙, 1892~1950)]들이 내댄 '실력 양성론', 그러니까 풀어 말해서 이른바 '민족개조론'이었다.

1908~1909년 안창호는 윤치호를 대성학교 교장과 청년학우회 회장에 밀어 주었을 만큼 도타운 사이였다. 물 힘 없는 숱한 조선인들이 끊임없이 짖으며 죽어 갈 때 인격 수양과 민족성 개조를 바탕으로 한 실력 양성만이 조선인들이 가야 할 길이라고 굳게 믿은 윤치호가 왜제 침략과 그 합리화 이데올로기인 '대아시아주의'에 손뼉치면서 우승열패하고 약육강식해서 적자생존하는 자본주의교 광신도가 되어 "덴노헤이카 반자이!"를 목이 찢어져라 부르짖게 되는 것은 그러므로 너무도 마땅한 논리적 귀결로 되는 것

---

563 족대기질: 고문(拷問).

말년의 윤치호.

이었다.

　누런얼굴 황인종을 대표하는 대일본제국이 하얀얼굴 앵글로 색슨족 코를 꺾어 주기를 참맘으로 바랐던 윤치호가 굳세게 미워하는 마음을 갖고 있던 것이 볼셰비키혁명을 이룬 러시아 사회주의였다는 것은 그가 뿌리박은 넋이 무엇인가를 웅변하여 주고 있다. 윤치호 계급적 바탕은 바로 지주였던 것이다. 아니 1세대 자본가였다. 왜제 꼭두각시인 김홍집 내각 군부대신인 아버지 윤웅렬이 대일본제국 천황폐하한테 남작(男爵)과 함께 받은 은사공채액 2만 5,000엔은 이제 돈으로 3억 3,500만 원쯤 되는 것이었다.

　지주요 자본가요 기독교도요 반공전사였던 윤치호였다. 중일전쟁을 일으킨 왜제가 전력 극대화를 위한 인력 동원 '프로그램'으로 반도인(조선인)들한테 병역의무를 지웠다는 것을 깨닫지 못하고 반도인도 내지인(일본인)과 똑같이 쳐주는 '내선일체'가 이루어졌다고 "덴노헤이카 반자이!"를 목이 찢어져라 외쳤던 데서 그가 뽐내었던 '지적 수준'을 알 수 있다. 그가 굳게 끌어안고 있던 이데올로기였던 "물 수 없으면 짖지도 말라!"야말로 강자한테 약하고 약자한테 강한 단작스러운 자 처세술이었던 것이다.

　부자 2대에 걸쳐 왜국 '귀족원의원'이 된 그가 81살 나이로 눈을 감은 것은 해방된 해 12월 16일이었다. 『한국인명대사전』에는 '해방후 친일파로 규탄받자 자살했다'고 적바림 되었는데, 윤씨 집안에서는 "노환으로 돌아가셨다"고 한다. 한영서원(韓英書院)과 송도고등보통학교 뒷몸 인천 송도고등학교에 구리사람이 세워진 이른바 '자생적 친일파1호'인 윤치호가 밥 숟가락을 놓기 두 달 전 남겼다는 글 한 도막이다. 먹물로서 뉘우침도 없고 명색이 기독교인으로서 잘못을 비는 말 한마디 없는 '빳빳한 먹물'이 남긴 단작스러운564 '자기고백'이다.

(왜제하) 조선인은 좋든지 싫든지 일본인이었습니다. (…) 그렇기 때문에 일본 속국의 상태에서 그가 한 일로 누군가를 비난한다는 것은 이치에 맞질 않습니다.

갑신정변 뒷이야기

갑신정변을 일으켰던 '젊은 그들' 살매565는 어떻게 되었던가? '조선을 위해 당긴 방아쇠'에 저뉘로 간 김옥균 마지막은 그래도 차라리 혁명가다운 비장미(悲壯美)라도 있지만, 연좌제 쇠사슬에 옭혀566끔찍한 족대기질 끝에 숨이 끊긴 정변 도꼭지567들 식구와 손발들 마지막은 혀를 놀려 말하고 붓을 움직여 쓰기 차마 끔찍한

---

564 **단작스럽다**: ① 하는 짓이 보기에 매우 치사스럽고 다라운 데가 있다. ② 보기에 강밭다.
565 **살매**: 운명(運命).
566 **옭히다**: ① 올가미에 걸려 꼭 매어지다. ② 얽혀 풀리지 않게 되다. ③ 남 꾀에 애매하게 걸리다.
567 **도꼭지**: 어떤 길에서 가장 으뜸이 되는 사람.

것들이었으니 -.

왜국으로 뺑소니쳤다가 다시 때를 보자는 김옥균·박영효들 말 뿌리치고 고종 내외 곁을 지키다가 박영교(朴泳敎, 1849~1884)와 함께 수구파 손에 멱이 따진 홍영식(洪英植, 1855~1884) 아버지 홍순목(洪淳穆, 1816~1884)은 대원군정권에서 일인지하 만인지상이라는 영의정이었던 사람이다. 68살 나이었던 그런 그가 어린 손자를 독을 먹여 죽이고 나서 자진(自盡)하였다.

홍영식 안해568 또한 시아버지 뒤를 따라 치마끈에 목을 매었으니, 홍영식 집안은 그야말로 멸문지화를 당한 것이었다. 박영효가 왜국으로 뺑소니친 다음 홍영식과 임금 내외 곁을 지키다 수구파들 손에 죽은 언니 박영교는 『지구도경(地球圖經)』이라는 지리책을 쓴 앞서가는 먹물이었다. 아들 둘이 죽은 것으로 안 아버지 박원양(朴元陽)은 맏손자인 박영교 10살 난 아들을 목졸라 죽인 다음 대들보에 목을 매었다.

서재필 집안 또한 날아서 흩어져 버렸으니 - 정변 사사대(死士隊)로 수구파 긴한이569들 멱을 따던 아우 서재창(徐載昌, 1865~1884)이 서소문 밖에서 목이 잘리고 두 살 난 아들은 굶어 죽었다. 서재필 아버지도 자진하고 언니는 옥에서 죽었다. 김옥균과 서광범 아버지, 그리고 김옥균 아우 또한 옥에서 죽었으며, 김옥균 안해는 청주병영(淸州兵營)에 관비(官婢)박혀 모진 목숨을 이어갔다.

---

568 안해: 안에 뜨는 태양이란 뜻에서 부인을 가리키던 말로, 해방 8년사가 끝나는 1953년 7월 27일까지 쓰였음.
569 긴한이: 중요한 사람. 요인(要人).

숱한 사람들이 죽거나 죽음보다 못한 삶을 죽지 못해 이어가고 있을 때, 왜노 앞잡이가 되고 뒷밀이570가 되었던 인숭무레기571들은 '대일본제국 황제폐하'께서 내려주는 벼슬을 받고 은사금 받아 닐리리 지화자를 불렀으니 – 다음은 그 발기이다.

갑신정변과 불교변증법

(…) 신(臣)이 다년(多年) 문견(聞見)에 거(據)하여 폐하께 봉상(奉上)한 바 유(有)하온대, 폐하는 차(此)를 기억하시나이까. 그 뜻은 금일 아방(我邦) 소위 양반을 삼제(芟除)함에 있나이다. 아방 중고이전 국운이 융성할 시에는 일체 기계물산이 동양이국에 관(冠)하얏는데, 금에 총(總)히 폐절에 속하야 다시 그 흔적도 무함은 타고(他故) – 아니옵고, 양반 발호전횡에 인하야 그렇게 되었나이다. 인민이 일물(一物)을 제(製)하면 양반 관리배가 차(此)를 횡탈(橫奪)하고, 백성이 신고(辛苦)하야 수치(銖錙)를 적(積)하면, 양반관리들이 래하야 차를 약탈하는고로, 인민은 말하되, 자력으로 자작하야 의식(衣食)고자 하는 시는 양반관리가 그 이(利)를 흡수할 뿐만 아니라, 심함에 지하여서는 귀중한 생명을 실(失)할 려(慮)가 유하니, 차라리 농상공 제업(諸業)을 기(棄)하야 위(危)를 면함만 같지 못하다 하여, 아예 유식(遊食)의 민이 통국에 충만하여 국력이 일(日)로 소모에 귀(歸)함에 지(至)하였나이다. 방금 세계가 상업을 주로 하여 서로 생업에 다(多)를 경(競)할 시

---

570 뒷밀이: 수레같은 것 뒤를 밀어주는 일. 또는 뒤를 밀어주는 사람.
571 인숭무레기: 어리석어 일이 옳고 그름을 헤아리지 못하는 사람.

에 당하여, 양반을 제(除)하여 그 폐원(弊原)을 삼진(芟盡)할 사(事)를 무(務)치 아니하면 국가의 폐망(廢亡)을 기대할 뿐이오니, (…)

김옥균(金玉均)이 「지운영(池運永) 사건을 규탄하는 상소」한 어섯으로, 1886년 6월 왜국에 뺑소니쳐 있을 때 쓴 것이다. 무위도식하며 왈리왈기(曰理曰氣)나 일삼는 양반무리를 삼제(芟除), 그러니까 풀어 말해서 빈둥거리며 '리'가 어떻고 '기'(요즈막 말로 '모더니즘'과 '리얼리즘')가 어떻다고 찧고 까불어 쌓는 양반계급을 쓸어버리지 않고서는 나라가 망할 수밖에 없다는 것이다. 성리철학, 곧 주자 이데올로기를 국시(國是)삼아 일어난 조선 왕조 고갱이인 양반 사대부가 한 말이니, 그야말로 혁명적인 생각이다.

그러면 이러한 혁명적 부르짖음이 양반 사대부 가운데서도 이른바 '엘리트층'인 청년 양반 입에서 터져 나오게 된 까닭이 어디에 있는가? 한마디로 줄여 말해서 불가(佛家)에서 나왔다. 불가 가운데서도 선가(禪家)에서 나왔다. 살아 움직이는 모든 것들은 죄 본디부터 부처라고 보는 선불교(禪佛敎)에서 나온 것이라면, 유가책만 파고들던 청년 양반이 어떻게 선불교 가르침을 알게 되었을까.

유대치(劉大痴)이다. 유대치한테서 선불교사상을 배웠던 것이다. 만민 평등사상이라는 놀라운 깨우침을 얻게 된 김옥균이 계급주의에 바탕 둔 유가 이데올로기를 깨부수는 것으로 새조선·평등조선·자유조선·해방조선 첫발짝을 떼자는 부르짖음이 나오게 된 것은 더없이 마땅한 가리새572 끝맺음으로 된다. 갑신정변을 안받치고 있는 사상철학이 바로 선불교였다고 보는 까닭이다.

김옥균을 우두머리로 한 갑신정변 기획자들이 새로운 사상에 눈을 뜨게 된 것은 1870년대 첫 때쯤이었다고 본다. 다산(茶山) 다음으로 조선 천재 소리 듣던 김옥균이 스물두 살 나이로 장원급제한 것이 1872년이었다.

이른바 천재 소리 듣는 사람들이 그렇듯 김옥균 또한 세상 모든 일에 마음 기울이던 사람이었다. 어디 괜찮다는 사람이 있으면 천리 길을 마다하지 않고 찾아가 밤을 밝히는 사람이었다. 그러다가 만나게 된 박규수(朴珪壽)였다. 박규수가 우의정을 그만두고 한갓지게 지낼 때였으니 1874년 9월 뒤가 되겠다. 할아버지 연암(燕巖) 박지원(朴趾源)이 부르짖었던 '실학사상'을 『연암집』 펼쳐 놓고 풀이하며 중국을 오가는 사신과 역관들한테 들은 서양사상을 전해 주는 박규수 사랑방학교였다.

김옥균이 귀를 열었던 것은 그런데 실학사상보다 서양사상이었다. 김옥균이 실학사상에만 머물렀다면 기껏 온건한 개화사상가에 머물렀을 것이니, 김윤식(金允植)·어윤중(魚允中)·유길준(兪吉濬) 같은 수구파가 된 온건개화파와 같은 길을 갔을 것이다. 이제 종로 정독도서관이 있는 화동(花洞)에서 현대건설이 있는 재동(齋洞)까지 오가며 김옥균이 마음 다졌던 것은 모든 것을 그 밑뿌리에서부터 바꾸자는 '혁명'이었다. 그 혁명은 그리고 빈틈없는 채비 끝에

---

572 가리새: 일 갈피.

왼쪽부터 박영효, 서광범, 서재필, 김옥균.

이루어진 것이 아니라 마음만 앞서 나가는 어설픈 것이었다. 마치 섶을 지고 불로 뛰어드는 부나비 같았다고나 할까?

김옥균 같은 급진개화파들이 가려잡았던 혁명철학은 한마디로 '부정의 논리'였다. 썩고 병든 현실을 개혁하려면 무엇보다도 먼저 필요한 것이 혁명철학이었는데, 그것을 대어준 것이 바로 선불교였던 것이다. 부정을 통해서 긍정에 이르고 그것을 다시 또 부정함으로써 더 큰 긍정에 이를 수 있다고 보는 '불교변증법'이야말로 개화파들이 가려잡은 가장 튼튼한 동아줄이었던 것이다.

유교를 국시(國是)로 한 조선 왕조가 세워진 지, 5백여 년이 되면서, 그러니까 봉건왕조 뒷녘으로 접어들면서 불교 가운데서도 자력신앙(自力信仰)을 으뜸삼는 선불교(禪佛敎)에 눈길을 주는 유학자들이 나오기 비롯하였다. 지나치게 꼴에 얽매어 본디자리를 놓치고 있는 성리학에서 벗어나려는 몸부림이었으니 - 다산(茶山) 정약용(丁若鏞), 자하(紫霞) 신위(申緯), 이재(彝齋) 권돈인(權敦仁), 해거(海居) 홍석주(洪奭周), 추사(秋史) 김정희(金正喜) 같은 이들이었다. 여기서 덧붙일 수 있는 이름이 박규수(朴珪壽)이니 - 리동인(李東仁)한테 사랑방 출입을 하게 함으로써 김옥균과 연비를 맺게 해주었던 것이다. 팔천(八賤)이었던 '중놈'을 제 자택으로 받아들였다는 것은 그때로서는 하늘이 놀래고 땅이 움직일 일이었다. 모두가 조선 왕조 뒷녘을 대표하는 큰선비들이다.

선불교쪽도 큰스님들이 있었으니 ─ 백파선사(白坡禪師, 1767~1852)와 초의선사(草衣禪師, 1786~1866)와 허주선사(虛舟禪師, 1806~1888) 같은 이들로 유가경전과 시문(詩文)에도 밝아 유가쪽 큰선비들과 너나들이가 되는 큰스님들이었다. 유불선(儒佛仙) 삼교는 물론하고 역(易)과 도(道)와 선(禪)에도 남다른 생각을 갖고 있던 그들 사귐은 유불(儒佛)을 넘나드는 것이어서 ─ 김정희가 백파선사 탑비를 썼고, 초의선사 탑비명을 쓴 것은 무장이었던 위당(威堂) 신헌(申櫶, 1810~1888)이었다.

개화당이 만들어진 것은 1879년이니, 김옥균 나이 29살 때였다. 민태원(閔泰瑗, 1894~1935)이 1925년에 펴낸 『오호 고균거사(嗚呼 古均居士)』 가운데 「7년간의 고심(苦心)」이라는 어섯573을 보자.

(⋯) <金玉均> 나이 20이 넘어 일찌기 대과급제(大科及第) 영화를 보았으나, 정언(正言) 지평(持平) 미관말직에서 방황하기 이래 7년간, 씨 관해(官海) 생활은 결코 순풍괘범(順風掛帆) 행운아가 아니었다. 그러나 일찌기 대지(大志)를 품은 그는 몸이 비록 미관말직이었으나, 그 윽히 국정 대세를 살피어 부패문란이 극도에 달함을 보고, 우선 이것을 확청(廓淸) 개혁을 단행하기로 결심하였다.

---

573 어섯: 일몬(사물) 한 갈래에 지나지 못하는 만큼.

「1차 계획이 와해」라는 어섯이다.

그네들 중에 구체적 계획이 있는 것은 이로부터 7년 전 되는 무인
(戊寅)해였으나 마침 주요 동지 사망으로 제1차 계획은 필경 토붕
와해에 들어가고, 이래 3년간에 하염없는 세월을 보내던 김(金)·박
(朴)·서(徐) 3인은 위선 외국에 유람하여 세계대세와 문물제도를 살
필 필요가 있음을 생각하고, 같이 일본에 도강하기를 경영하였으
나, 박영효는 사정이 있어 이를 중지하고 김씨 홀로 인천을 통해서
일본을 향하게 되니, 때는 신사(辛巳) 12월이었다.

다시 민태원 글이다.

이와 같이 남모르는 목적을 품은 그는(김옥균) 위선 교제를 널리하여
유위(有爲)한 동지를 구하였으니, 금릉위(錦陵尉) 박영효(朴泳孝)·서광
범(徐光範)·류상오(柳相五) 등은 실로 동지 중 동지였으며, 더우기 부
마(駙馬) 금릉위가 참가한 것은 밖으로 세인의 신망을 더하고 안으
로 궁중(宮中)·부중(府中)의 연락이 편리하게 되어 무엇보다도 유리
한 조건으로 볼 수 있었다.

유대치(劉大痴)·김옥균·박영효·서광범·류상오 같은 이들이 개화
당 첫째 중심 인물이었다. 갑신정변 때 사사대(死士隊)로 기운차게
움직였던 오위장(五衛將) 류혁로(柳赫魯) 아버지가 류상오(柳相五)로, 정
변이 삼일천하로 그 가림천을 내리면서 수구당한테 잡혀 옥에서

죽은 사람이다. 아들인 류혁로가 비록 이름만 남아 있을 뿐이지만 정3품 장수인 오위장이었던 것을 보면 류상오 또한 무관이었을 될끼574가 높다. 그러니까 개화당은 처음 뜻을 모을 때부터 진보적인 양반사대부 청년들이 오경석과 유대치 같은 중인, 리동인·무불·탁정식 같은 승려, 그리고 류상오 같은 무변들과 함께 하였다는 것을 알 수 있다.

개화당은 처음 독립당(獨立黨)·개진당(開進黨)·개론당(開論黨)·진보당(進步黨)·신론당(新論黨)이라고도 불리었다. 그러면서 김윤식·어윤중·유길준 같은 온건개혁파를 가리켜 수구당(守舊黨)·보수당(保守黨)·척론당(斥論黨)·구론당(舊論黨)으로 불러 개화당과 매섭게 나누었다.

개화당 길잡이로 김옥균·박영효·홍영식 같은 청년 양반 '엘리트'들 뒤에서 갑신거의(甲申擧義)를 얽이잡아575 치르었던 유대치(劉大痴, 1831~?)는 어떤 사람인가? 33인 하나였던 오세창(吳世昌, 1864~1953)이 하는 되돌아 본 이야기 가운데 한 대목이다.

내 아버지 오경석은 일찌기 강화조약 체결시에도 신 헌 대신 밑에서 크게 활동하였다. (…) 평상시 가장 친교가 있는 우인(友人) 중에 대치(大痴) 유홍기(劉鴻基) 동지가 있었다. 그는 학식·인격 모두 고매 탁월하고, 또한 교양이 심원한 인물이었다. 오경석은 중국에서 가져온 각종 신서(新書)를 동인한테 주어 연구를 권하였다. 그 뒤 두 사람은 사상적 동지로서 결합해서 서로 만나면 자국의 형세가 실

---

574 될끼: 늘품. 싹수. '가능성(可能性)'은 왜말임.
575 얽이잡아: 생각해서. '구상(構想)'해서는 왜말임.

로 풍전의 등화처럼 위태하다고 크게 탄식하고, 언젠가는 일대혁
신을 일으키지 않으면 안된다고 상의하였다. 어떤 날 유대치가 오
경석한테 우리나라의 개혁은 어떻게 하면 성취할 수 있겠는가 하
고 묻자, 오는 먼저 동지를 북촌(北村; 북촌이란 서울 북부로 당시 상류계급이
거주하고 있던 구역이었다.)의 양반자제 중에서 구해서 혁신의 기운을 일
으켜야 한다고 대답했다고 한다.

유대치와 오경석은 같은 중인계급 동갑내기로 청계천을 사이
에 두고 살고 있었다. 유대치는 동쪽인 이제 관철동(貫鐵洞)에 오경
석은 서쪽인 장교동(長橋洞)에 집이 있었다.

강화왜란을 겪은 다음인 1876년 가을에 박규수(朴珪壽, 1807~1876)
가 열반하고 그해 4월 가벼운 중풍으로 오른쪽 아랫도리를 못
쓰게 된 오경석(吳慶錫, 1831~1879)이 3년 뒤 열반하자 앞서가는 젊
은 재주꾼들이 유대치 사랑방으로 모이게 되었으니 - 김옥균(金
玉均, 1851~1894), 박영교(朴泳敎, 1849~1884)·박영효(朴泳孝, 1861~1930) 동기
(同氣), 홍영식(洪英植, 1855~1884), 서광범(徐光範, 1859~1897), 김윤식(金允植,
1835~1922), 유길준(兪吉濬, 1856~1914), 리종원(李宗遠)·리정환(李鼎煥), 박제
형(朴齊炯), 김영한(金永漢)·김영문(金永汶) 동기, 한세진(韓世振), 리희목(李
熙穆), 리동인(李東仁, 1849?~1881), 류혁로(柳赫魯), 변수(邊樹, 1861~1892), 오
경석 아우들인 오경윤(吳慶潤)·오경림(吳慶林) 동기, 탁정식(卓挺埴), 백춘배
(白春培), 오감(吳鑑), 박영창(朴永昌), 리헌우(李憲愚), 오세창(吳世昌, 1864~1953),
윤치호(尹致昊, 1865~1945) 같은 양반자제·잔반(殘班)·무변(武弁)·중인(中人)·
상민(常民)·승려·환속승·아랫길 벼슬아치·구실아치들이었다. 출입에

앞뒤는 있었으나 모두가 한아비나라576 앞날을 걱정하는 재주꾼들이었다. 그들 발자취를 적어 본다.

576　한아비나라: 조국(祖國).

천재 김옥균 테두리

김옥균(金玉均, 1852~1894). 호 고균(古筠)·고우(古愚). 본 안동(安東). 병태(炳台) 맏아들로 태어나 7살 때 아버지 6촌 병기(炳基)한테 양자로 가 서울에서 자랐음. 어려서부터 재주가 뛰어나서 유가경전뿐만 아니라, 문장·시·글씨·그림·음악에 뛰어난 솜씨를 보였으니 - 여섯 살 때 지어 사람들을 놀라게 했다는 시이다.

月雖小, 照天下. (달은 비록 작지만 천하를 비춘다.)

22살인 1872년 알성문과에 장원급제함으로써 김옥균이라는 이름 석자를 한양 정계에 알리게 되고, 이태 뒤인 1874년 홍문관 교리가 된다. 문신 꽃이라는 청요직(淸要職) 정5품 '교리 나으리'가 되면서부터 여러 동지들 모아 그 우두머리가 되었으니, 세상에서 말하는 바 '개화파 영수'였다.

1884년 12월 4일 민종선 길카리577들인 수구파 도꼭지578들 쓸어 버리고 개화파 한허리579로 새로운 정부를 세우니, '갑신정변'이었다. 그러나 청나라 군사 아랑곳580과 믿었던 왜국 등돌림으로 삼일천하로 그 가림천을 내린 그는 왜국으로 뺑소니친다. 쓸만한 값어치가 떨어졌다고 본 왜국 푸대접에 괴로워하다가 리훙장(李鴻章, 1823~1901) 힘을 빌려 새로운 길을 뚫어 보고자 중국 상해(上海)로 갔다.

뚱허양행[同和洋行]이라는 호텔에서 왜국 초야인사 이누카이 스요시[犬養毅]한테 빌린 중국 역대 정치가들 철학과 경륜이 담긴 『자치통감(自治通鑑)』 제4권을 읽고 읽다가, 수구파에서 보낸 자객 홍종우(洪鐘宇,1850~1913)한테 육혈포 3발을 맞고 숨졌다. 『그래서 나는 김옥균을 쏘았다』를 쓴 조재곤이 황현(黃鉉,1855~1910)이 청나라 현지인들 암살 목격담이 적힌 『중동전기(中東戰記)』를 비춰 봐서 사달581을 나름대로 다시 짠 『매천야록(梅泉野錄)』을 몇 가지 바로잡거나 벌충해서 다시 그린 것을 보겠다.

1894년 3월 27일, 홍종우는 김옥균과 함께 상해에 도착하였다. 여기에는 홍종우 외에도 일본인 와다와 청국 공사관 서기 우바오런[吳葆仁]이 동행했다. 김옥균은 상하이 중시슈완[中西書院]에서 영어

---

577 길카리: 먼 동성(同姓)과 이성(異性) 친척.
578 도꼭지: 어떤 길에서 가장 으뜸이 되는 사람.
579 한허리: 길이 한 가운데.
580 아랑곳: 남일에 나서서 알려고 들거나 끼어드는 것.
581 사달: 일. 탈. 일거리. '사건(事件)'은 왜말임.

김옥균.

를 가르치고 있던 윤치호한테 자신이 도착한다는 전보를 당일 아침에 보냈고, 같은 날 하오 상하이 부두에서 윤치호를 만났다. 김옥균 일행은 일본인 요시시마가 경영하는 티에마후[鐵馬路] 뚱허양행에 여장을 풀었다. 김옥균과 와다는 2층 1호, 우바오런은 2층 2호, 홍종우는 2층 3호실에 투숙했다.

그날 밤 윤치호는 뚱허양행을 방문해 홍종우를 만났다. 윤치호는 이전에 도쿄에서 홍종우를 만난 적이 있었기에 서로 구면이었다. 윤치호가 묘사한 홍종우는 기골이 장대한 사람으로 자주빛 조선 두루마기에 큰 조선갓을 쓰고 있었다. 윤치호는 김옥균한테 홍종우가 스파이가 아닌지 의심된다고 은밀히 말했다. 그러자 김옥균은 "그렇지 않다. 그가 스파이일 리 없다. 그는 모르는 것이 없어 뵈지만 나는 그를 믿지 않는다."라고 대답했다. 다음날인 28일 아침, 홍종우는 김옥균이 사용할 수표 5천 불을 텐핑은행[大豊銀行]에서 출금해 오겠다고 외출했다가 숙소로 되돌아왔다. 김옥균은 상하이 시내를 구경하기 위해 미리 마차 세 대를 빌려 놓게 하고, 침대에서 쉬고 있던 참이었다. 홍종우는 갑자기 권총을 꺼내 김옥균을 쏘았다. 총알은 오른쪽 뺨에 맞았다. 김옥균이 놀라서 일어나려 했는데, 다시 한 발이 그의 복부를 관통했고, 마지막 한 발은 어깨에 박혔다. 세 발의 총탄을 맞은 김옥균

김옥균 암살 당시 일본 신문에 실린 삽화.

은 그 자리에서 즉사했다. 사건이 일어난 시각은 하오 4시에서 4시 반 사이였다. 암살에 성공한 홍종우는 바로 도망쳤는데 그 다음날 하오 3시 거류지 경찰에 체포되었다.

김옥균은 그야말로 다재다능한 사람이었다. 민문(閔門) 목대잡이 582인 민영익(閔泳翊, 1860~1914) 집에 드나드는 사람 가운데 팔학사(八 學士)로 꼽혔던 사람이니 – 리중칠(李重七), 조동희(趙同熙), 홍영식(洪英 植), 김홍균(金興均), 홍순형(洪淳馨), 심상훈(沈相薰), 어윤중(魚允中), 김옥균 (金玉均)을 말한다. 호남(湖南) 먹물들 3천 명을 죽여 없앤 기축옥사(己 丑獄事)로 머리 좋은 차령(車嶺) 이남 선비들 씨가 진 조선 사회에서 반짝이는 별로 떠오른 천재 김옥균이다. 제정신 지닌 어기찬 나라 로 하루바삐 탈바꿈하려면 무엇보다도 먼저 대청제국 손아귀에

---

582 목대잡이: 여러 사람을 거느리고 일을 시키는 사람.

서 벗어나고 봐야 한다는 생각을 갖고 있던 김옥균이었으니, 민문정권 경제통이었던 목인덕(睦麟德) 곧 묄렌도르프(1848~1901)가 『조선략기(朝鮮略記)』라는 책에 쓴 말이다.

조선왕은 청국 황제의 유명무실한 노복이다.

베트남을 거느리는 골칫거리를 놓고 벌어진 청법전역(淸法戰役)을 보고 왜국과 법국이 힘을 합뜨려 청국을 치려는 것이라고 본 김옥균은 천년을 내려온 동양삼국 듬583이 다시 짜여질 것이므로 그것에 미리 마련하려면 무엇보다도 먼저 나라 안 살림부터 뜯어고쳐야 한다고 고종한테 진언하기도 하였다. 왜국을 맞수로 보고 조심은 해야겠으되 두려워하지는 않았다는 것이 서재필(徐載弼, 1866~1951)한테 했다는 다음과 같은 말에서 드러난다.

왜국이 동방의 영국 노릇을 하려 하니 우리는 우리나라를 아시아의 불란서로 만들어야 한다.

박영효(朴泳孝, 1861~1939)가 했다는 말이다.

김옥균 장처(長處)는 교유(交遊)로, 교유가 참 능하오. 글 잘하고 말 잘하고 시(詩)·문(文)·서(書)·화(畵) 다 잘하오.

---

583 듬: 위아래. 차례. '질서(秩序)'는 왜말임.

서재필이 했다는 말이다.

그는 현대적 교육을 받지 못하였으나, 시대의 추이를 통찰하고 조선도 힘 있는 현대적 국가로 만들려고 절실히 바랐었다. 그리하여 신지식을 주입하고 신기술을 채용함으로써 정부나 일반사회의 구투인습을 일변시키어야 할 필요를 확각(確覺)하였다.

혁명가 김옥균이 채잡아584 만든 정령(政令), 그러니까 20세기 말로 '혁명공약' 14개 갈래이다.

1. 대원군을 가까운 시일에 모셔온다(조공하례는 의논하여 폐지한다).
2. 문벌을 폐지해서 인민평등 권리를 제정하고, 그에 입안해 관(官)을 택하고, 관으로서 사람을 택하지 않는다.
3. 통국585적으로 지조법(地租法)을 혁개해서 관리의 부정을 막고 백성의 곤란을 구제하며 아울러 국가재정을 넉넉하게 한다.
4. 내시부(內侍府)는 해체하고 그중 재능이 우수한 자는 등용한다.
5. 그동안 간탐(奸貪)해서 나라를 병들게 한 것이 극심한 자는 정죄(定罪)한다.
6. 각 도의 환자미(還子米)는 영구히 받지 않는다.
7. 규장각(奎章閣)은 해체한다.
8. 순사(巡査)는 시급히 설치해서 절도를 막는다.

---

584 채잡이: 어떤 일을 하는 데 으뜸이 되어 그 일을 해 내는 사람.
585 통국(通國): 온 나라. '전국(全國)'은 왜말임.

9. 혜상공국(惠商工局)을 해체한다.

10. 그동안 유배, 금고된 사람을 다시 조사해서 풀어준다.

11. 4영(營)을 1영으로 통합하되 각 영이 병정을 뽑아 시급히 근위대 (近衛隊)를 창설한다.(육군대장은 세자궁(世子宮)을 우두머리로 한다.)

12. 무릇 국가재정에 속한 것은 모두 호조(戶曹)에서 맡아보고 나머지 일체의 재정관아는 해체한다.

13. 대신과 참찬(새로 뽑힌 6인은 지금 그 이름을 반드시 기록할 필요가 없다)은 매일 합문(閤門) 안의 의정소(議政所)에서 회의하고 품정(稟定)해서 정령으로 반포 시행한다.

14. 정부 6조 외 무릇 불필요한 관직에 속하는 것은 모두 해체하고 지금 대신과 참찬으로 토의시켜 계(啓)하도록 한다.

3일천하였던 부르조아혁명

　'젊은 그들'이 일으킨 '거의(擧義)'는 사흘만에 그 가림천을 내리고 말았으니, 이른바 '삼일천하'였다.

　윤치호 아버지로 개화당 내각에서 형조판서에 올랐다가 능주(綾州)로 귀양갔으나 갑오왜란 때 군부대신 등을 지내고 1896년 '춘생문(春生門)사건'이 그르치자 상해로 뺑소니쳤다. 1910년 한일합방이 되면서 왜왕한테서 남작(男爵)과 함께 이제 돈 3억 3,500만 원인 2만 5,000엔을 받은 왜노 앞잡이 윤웅렬(1840~1911)이 꼽은 갑신정변 실패 요인 6가지이다.

　1. 군주를 협위한 점.

　2. 외세를 믿고 의지한 점.

　3. 민심이 따르지 않은 점.

　4. 청국의 군사력을 과소평가한 점.

　5. 왕과 왕비의 의향을 어긴 점.

6. 당붕(黨朋)586의 도움 없이 일을 조급히 처리한 점.

1과 5를 빼고는 거지반 맞는 말이다. 사사대 곧 돌격대장으로 수구파 고갱이들을 쓸어 버리는 데 앞장섰던 서재필이 한 말이다.

독립당 계획은 부실한 것도 많았지만 무엇보다도 큰 패인은 그 계획에 까닭도 모르고 반대하는 일반 인민의 무지몰각이었다.

인민대중 힘을 믿지 않았을 뿐만 아니라 몹시 꾸짖기까지 한 서재필은 죽을 때까지 미리견에서 북미 합중국으로 바뀐 미국인 필립 제이슨으로 살았다. 서재필 밑에서 고갱이 칼잡이로 수구파 난 사람들을 죽였던 왜노 심부름꾼 리규완(李圭完, 1862~1946)도 정변이 미끄러진 까닭으로 다음 3가지를 들었다.

1. 개화당 채잡이들 나이가 적었다.
2. 인민대중이 무지해서 거의에 따라나서지 않고 도리어 사대당 쪽을 따르는 사람들이 많았다.
3. 사대당 등 뒤에 있는 청국군이 힘이 강했던 데 비해 일본군 힘이 약했다.

김옥균이 가진 반제국주의 의식은 빈틈없는 것이었다. 그러나

---

586 당붕(黨朋): 주의(主義)나 주먹셈이 같은 사람끼리 모인 모임. 끼리끼리 모인 패. '붕당'은 왜말임.

그가 가졌던 가장 큰 모자란 점은 그것이 반청주의(反淸主義)에 머물렀다는 데 있다. 왜국이 숨기고 있던 제국주의 발톱을 못 보았다는 데서 갑신거의는 허방짚을587 수밖에 없는 것이었으니, 우리 겨레 살매588였다.

거의 원둥치589들이 지닌 혁명정신은 서슬푸른 것이었으나, 거기까지였다. 제국주의 본바탕을 속속들이 알아차리지 못했던 청년 양반들이었다. 무엇보다도 먼저 나라와 나라 사이 주먹셈590을 제대로 헤아리지 못했던 것이다. 이 모든 것이 앞서가는 청년 양반들을 '혁명 길'로 몰아갔던 스승 유대치 테두리591였다.

이른바 사회진화론적으로 생각하는 틀에 갇혀 제국주의 힘센 나라들 가랑이 밑으로 끼겨들어갔던 것에 갑신거의를 일으킨 이들 타고난 죄가 있었다. 이른바 사회진화론이라는 것은 스펜서와 헉슬리 등이 세운 '적자생존'과 '자연도태'로 간추려진다. 중국과 왜국은 사회진화론을 받아들이는 마음가짐이 팔팔결592로 달랐다. 같은 적자생존이라도 힘 없는 쪽 처지에 힘을 주었던 것이 중국이었다면, 왜국 처지는 힘센 쪽이 살아남아야 한다는 제국주의 자리에 선 것이었다.

김옥균이 저지른 치명적 테두리는 조국을 근대화할 수 있는 바탕힘을 인민대중한테서 구하려 하지 않고 외간것인 왜국한테서

---

587 허방짚다: 잘못 생각하거나 헤아려서 그르치다.
588 살매: 타고난 팔자. 명운(命運).
589 원둥치: 원몸. 엄지몸. 주체(主體).
590 주먹셈: 속셈. 꿍꿍이속. 꿍꿍이. '암산(暗算)'은 왜말임.
591 테두리: 죽 돌린 줄. 둘레 줄. '윤곽(輪廓)'은 왜말임.
592 팔팔결: 엄청나게 어긋나는 일이나 꼴. 팔결.

찾았다는 데 있다. 다른 나라 힘을 빌려 내 나라 근대화를 이루겠다는 생각, 제몸이 이미 거꾸러질 것을 안고 들어간 것이었다. 제국주의자들이 뒤떨어진 나라에 쳐들어갈 때나 식민지로 꾸리고자 만들어진 이데올로기가 바로 다아윈 진화론에서 나온 사회진화론이니, 약육강식해서 적자생존하는 세계질서를 합리화하자는 것이었다.

왜국으로 뺑소니친 갑신정변 목대잡이들은 그곳에서 죄 창씨개명한 왜이름을 썼다.

리동인: 아사노 도진[淺野東仁].
김옥균: 이와다 슈사쿠[巖田周作].
박영효: 야마자키[山崎永春].
리규완: 아사다[淺田良].
정란교: 나카하라[中原雄三].
류혁로: 야마다[山田唯一].

김옥균은 어떤 왜인한테 써 준 붓글씨에 <고균두타(古均頭陀) 암전주작(巖田周作)>이라고 수결 두었는데, 서재필이 미국에 있을 때나 조선으로 돌아왔을 때도 한결같이 '필립 제이슨'이라고 했던 것과 함께 아주 색다른 것이었다. 민태원(閔泰瑗, 1894~1935)이 『갑신정변과 김옥균』에서 한 말이 재미있다.

김옥균의 왜식 이름 이와다 슈사쿠[巖田周作]는 갑신정변 주도자 9명을 왜국으로 싣고 간 치도세마루[千歲丸] 선장 츠치 카츠자부로우[辻勝三郎]가 붙여 준 것인데, 딱딱한 돌밭을 일구는 것처럼 힘은 들지만 공이 없는 노이무공(勞而無功)을 뜻하는 것이었다.

왜국으로 몸을 숨긴 갑신정변 목대잡이들 삶은 참으로 딱하고 어려운 것이었다. 후쿠자와 유키치[福澤諭吉], 도아마 미츠루[頭山滿], 오카모토 류노스케[岡本柳之助], 이누카이 스요시[犬養毅], 이노우에 카구고로우[井上角五郎] 같은 초야사람들은 김옥균을 반가이 맞았지만, 매몰차게 대하는 왜국정부였다. 조선정부에 대한 외교적 멍에 때문에 귀찮고 짐스러웠던 것이다.

박영효·서광범·서재필은 그리하여 왜국으로 간 지 넉 달만에 미리견으로 갔는데, 박영효만 얼마 뒤 다시 돌아와 '친린의숙(親隣義塾)'이라는 유학생 기숙사를 꾸려 다시 일어날 것을 꾀하고 있었다.

김옥균이 왜국에 머물렀던 것이 꼭찬 9년 위였는데 오가사와라[小笠原]·홋카이도[北海道] 같은 변두리 섬에 죄인수도(罪人囚徒) 얼굴로 3년 위 잡혀 있기도 하였다. 조선정부에서는 끊임없이 망명객들을 돌려보낼 것을 졸라대며 암살자들을 보내오는 것이었다. 김옥균이 중국 상해로 가게 되는 까닭이었다. 배 먹고 배 속으로 이나 닦자는 왜국 속셈에 치를 떨게 된 김옥균이 대청제국 칼자루 쥔 사람인 리홍장 힘을 빌려 보자는 생각이었던 것이다. 그가 빠져 있던 조선과 중국과 일본이 힘을 모두어 세계평화를 이루자는 '삼화주의(三和主義)'를 이루기 위한 몸부림으로 이름까지 이와다 미와[巖

田三和로 바꾼 판이었다. 홍종우한테 총을 맞을 때 김옥균이 침대에 누워 읽고 있던 것은 이누카이 스요시한테 빌린『자치통감』제4권이었다.

조선말 하는 왜놈·양놈

갑신거의 고갱이들 몇 사람 살아온 길을 짚어 본다. '박영효'에 덧붙인다.

박영효(朴泳孝, 1861~1939). 경기도 수원(水原)에서 공조판서 박원양(朴元陽, 1804~1884) 셋째아들로 태어났다. 열두 살 때 철종(哲宗) 딸 영혜옹주(永惠翁主)와 혼인해서 부마가 되었으나 석 달만에 여의었지만, 금릉위(錦綾尉) 정1품 상보국숭록대부(上輔國崇祿大夫)가 되어 평생을 두고 '임금님 사위'라는 분에 넘치는 부러움 찬 우러름 받으며 살았다.

큰언니 영교(泳敎, 1849~1884) 좇아 박규수(朴珪壽, 1809~1876) 사랑 출입하며 김옥균·홍영식·서광범 같은 앞서가는 양반 자제들 만나 개학당에 들어갔다. 열 살 위로 큰언니 맞침인 김옥균(1851~1894) 괴임593 받으며 오경석(吳慶錫, 1831~1879)·유홍기(劉鴻基, 1831~?)·리동인(李

---

593 괴임: 귀엽게 여겨 보살피는 일. 고임.

東仁, 1849?~1881) 같은 개학사상가들 입김594을 받았다. 3일천하로 혁
명꿈을 날려버린 그는 김옥균 좇아 왜국으로 뺑소니쳤는데 야마
자키[山崎永春]가 되면서부터 '조선말 하는 왜놈'이 된 그는 왜왕이
내린 후작(侯爵)으로 이제 돈 37억 5,200만 원쯤 될 28만 엔과 연봉
으로 그때 조선총독부 근무 급관리와 같은 4,000만 원쯤 될 큰돈
을 죽을 때까지 받았다. 총독부 앞잡이로 반민족지였던 '동아일
보' 초대 사장, 리완용 대 받아 조선총독부 자문기구인 중추원 부
의장, 일본귀족원의원으로 떵떵거리며 살다가 해방 여섯 해를 두
고 밥숟가락을 들 수 없게 되었으니, 세상 사람들 모두 침뱉는 더
러운 나이 일흔아홉이었다.

『매천야록』에 나오는 적바림이다.

박영효는 금주군(錦州君) 박정(朴炡) 후손이며 진사(進士) 박원양(朴元陽)
아들이다. 그는 미목(眉目)이 그림같이 아름다워 자도(子都; 중국 옛날
미남자)의 눈처럼 예뻤으므로 철종은 딸 영혜옹주(英惠翁主)를 출가시
켰다. 철인대비(哲仁大妃, 1837~1878, 김문근(金汶根) 딸. 1851년 왕비로 봉해졌으며
능명은 헌릉(憲陵)임)는 그를 매우 사랑하여, 예물을 보낼 때 상례(常禮)를
초월하였다. 박원양은 본래 가난해서 수원시(水原市)에 신을 팔고
살았는데 하루아침에 가문이 혁혁하게 되었다. 그러나 그 후 얼마
안되어 영혜옹주가 세상을 떠났다.

---

594 입김: 손길. 그늘. 힘. '영향(影響)'은 왜말임.

서광범(徐光範, 1859~1897). 1895년 3월 29일 오후 3시 30분, 전봉준을 비롯한 동학군 지도자들에 대한 최종 판결이 있었습니다. 재판장은 케네스(kenneth) 서. 미국 시민권자였다가 겨우 재판 두 달 전에야 시민권을 포기한 자였습니다. 케네스 서? 1884년 삼일천하로 끝난 갑신정변 주역 가운데 한 명, 일본으로 망명했다가 암살 위협 때문에 멀리 미국까지 튀었던 서광범(徐光範)입니다. 일본 '빽' 믿고 정변을 시도했던 사람답게 동학군 지도자 재판에서도 일본 영사 우치다 사다츠지[內田定槌]를 등에 업고 재판을 진행했습니다. 재판 결과는 뻔했습니다.

<위에 적은 사실은 피고와 함께 모의한 손화중, 최경선 등이 자백한 공초(供招) 및 압수한 증거 문서에 분명하다. 그 행위는 대전회통 형전(刑典)에 있는, "군복을 입고 말을 타며 관청 문에서 변란을 일으킨 자는 때를 기다리지 않고 바로 목을 베라[軍服騎馬作變官門者不待時斬]"라고 하는 형률에 비추어 처벌할 것이다. 위의 이유로 전봉준을 사형에 처한다.> - 전봉준 판결문

2020년 5월 펴낸 『시대』 제78호에 실린 글 한 어섯595이다. 글쓴이는 전 사회당 대표였던 신석준(辛錫俊)이다.

서광범은 1859년 서울에서 이조참판 상익(相翊) 아들로 태어났다. 22살 때인 1880년 증광별시에 문과급제한 뒤 여러 갓단 벼슬

---

595 어섯: 일본(사물) 한켠에 지나지 못하는 만큼(정도).

살이 끝인 1882년 4월 왜국, 6월 미리견 주요도시 시설과 구라파 여러 나라를 두루 돌아본 다음해 6월에 돌아옴으로써 문을 활짝 여는 힘센 나라가 되어야겠다는 생각을 하게 되었다.

왜국 힘을 빌어 새로운 나라를 만들려다 허방치고 왜국 거쳐 미국땅에서 묵은병인 폐병으로 눈을 감았는데, 서른아홉 한창때였다. 황현(黃鉉, 1855~1910)이 쓴 『매천야록』 「갑오이전」에 나오는 대문이다.

서광범은 참판 서상익 아들이다. 그는 가세가 융성해서 5대가 각신(閣臣)으로 내려왔다. 그는 천성적으로 사치를 좋아해서 그가 포의(布衣)로 지내던 약관 때부터 모든 생활을 훈신(勳臣)과 재상처럼 호화롭게 하였다. 그리고 그의 아버지 서상익은 태어나면서부터 어리석은 사람으로서, 노경에 이르러서는 배고픔이나 추위나 더위를 알지 못하였다. 그는 다른 아들이 없었으므로 서광범과 함께 살면서도 서로 다른 집에서 살고 있었다.

서광범은 아침에 잠을 자기 시작해서 한낮이 되어서야 일어나 밥을 먹고 손님을 맞이하였다. 그리고 그는 여가만 있으면 시속배들을 찾아가 열흘이 지나도록 그의 아버지가 있는 곳을 한 번도 가지 않았다. 그 하인들도 집안 청소를 잘 하지 않았으므로 서상익이 거처하는 방에는 먼지가 수북히 쌓여, 식탁이 놓인 흔적이 마치 눈 위 소발자국처럼 남아 있었다.

서광범은 경진년(1880년)에 증광과(增廣科)에 급제한 즉시 대교(待敎)에 제수되었다. 그는 자호를 위산(緯山)이라고 하였다.

먹물 환관과 어처구니 여장사

갑신정변에 들었던 사람들 가운데 땅불쑥한596 이 둘이 있으니, 류재현(柳載賢)과 고대수(顧大嫂)이다. 궁중이 돌아가는 일됨새597도 듣고 왕과 왕비한테 입김598을 주려는 뜻에서 내시와 궁녀한테 손길을 뻗치는 것은 혁명을 하고자 하는 이들로서는 너무도 당연한 일이었다.

류재현을 개학당으로 끌어들인 것은 유대치였다. 고대수를 다리삼았던 것이니, 유대치가 '감생청(減省廳)'에 있을 때였다.

是夜, 伴古愚, 往訪柳載賢其山亭, 歡飮而歸, 柳氏則吾開化黨一幹事重位也. (이날 밤 김옥균과 같이 류재현을 그 산정으로 찾아가 술을 마시며 즐겁게 이야기한 다음 돌아왔는데, 류씨는 우리 개화당 긴한이 가운데 한 사람이다.)

---

596 땅불쑥하다: 특별(特別)하다.
597 일됨새: 상황(狀況).
598 입김: 영향(影響).

『윤치호일기』1884년 8월 3일(음 6월 13일)치에 적바림599된 글이다.

류재현(柳載賢, ?~1884) 이 누구인가? 고종이 아버지인 흥선대원군 무릎 밑을 벗어나 몸소 나랏살림을 챙기기 비롯하면서 굄600 주었던 앞방석601다. 중국 한(漢)나라를 망친 것이 '십상시(十常侍)'로 일컬어지던 환관들이었고, 200칸 넘는 대궐같은 집에서 떵떵거리다가 정중부(鄭仲夫)란 때 목잘린 정함(鄭諴) 전배도 알고, 연산주(燕山主)한테 죽임당한 김처선(金處善)이 훌륭한 전배 환관이었다는 것을 알고 있는 먹물 든 환관이었다. 떨치는 힘 컸던 '문고리 권세자루' 쥐었던 그는 정변 다음날인 1884년 12월 5일(음 10월 18일) 고종 내외를 모시고 있던 경우궁(景祐宮)에서 서재필이 거느리는 사사대(死士隊)들한테 죽임당한 슬픈 살매602 주인공이다. 정변 바로 앞서 수구당으로 몸바꿈으로써 개화당을 바짝 졸아들게 만들었던 때문이었는데, 고종은 물론이고 고종정권에서 칼자루 쥔 이였던 민중전 굄이 그 까닭이었다. 앞날을 다짐주는 떡밥으로 개화파들 셈법을 알아내려는 민중전 낚싯밥에 걸려든 물고기가 된 류재현이었다.

10년 이전부터 우리당에 들어와 결결이 궁중 움직임을 알려주었다.

『갑신일록(甲申日錄)』 12월 1일치에 적바림 되어 있는데, 바로 고대수(顧大嫂)를 가리켜 한 말이다.

---

599 적바림: 기록(記錄).
600 굄: 애호(愛護).
601 앞방석: 측근(側近).
602 살매: 명운(命運)

어처구니603 고대수. 장정 여남은 쯤은 두 손으로 잡아 패대기
칠 만큼 힘 센 여장사였던 그 여자를 보게 된 이는 다시 보려고 고
개를 돌렸다고 해서 붙여졌던 딴이름 고대수는 7척 키, 그러니까
2미터가 넘는 키에 깍짓동604 같은 몸피605로 민중전 '보디가드'였
다고 한다. 민중전 마마한테야 물론 어영청(御營廳)에서 오로지 감
싸고 지키는 이들이 있었지만, 민중전과 장606 한몸되어 움직이던
고대수였다. 임오군변 때 민중전 들쳐업고 달렸던 여장수로 민중
전한테 땅불쑥한 굄 받고 있었는데, 참으로는 개화당 이음고리였
던 것이다. 개화당 궁중선이었다. 요즘 말로 하자면 '유대치 라인'
이었던 것이다. 유대치가 보여 주는 선불교에서 나온 만민 평등사
상에 끌려온 쇠붙이였던 고대수였다.

여기서 한 가지 떠오르는 그림이 있으니, 지리산에서 죽어간 꽃
두레607 빨치산들이다. 10대 중후반에서 20대 초반이었던 그 어린
여자사람들이 꽃잎처럼 떨어져 가며 불렀던 외마디 소리가 있었
으니, "선생니임!" 난생처음으로 사람 대접을 하여 준 '리현상(李鉉
相, 1906~1953) 선생님'이었다.

---

603 어처구니: 상상 밖으로 큰 사람이나 물건을 이르는 말.
604 깍짓동: ① 콩이나 팥깍지를 많이 묶어 세운 동. ② 몹시 뚱뚱한 사람 몸집을
빗대는 말.
605 몸피: 몸매.
606 장: 늘. 언제나.
607 꽃두레: 시집갈 나이 찬 여자사람은 몸에 꽃다발을 두른 듯 아름답다고 해서 '
처녀'를 이르던 말임.

사라져버린 별들

감생청(減省廳)을 신설해서 어윤중(魚允中)을 구관당상(句管堂上)으로 임명하였다. 그는 무슨 일에든 분명하고 숙련된 솜씨가 있어 군국(軍國) 용원(冗員)과 용비(冗費)를 감하였고, 또 감해서는 안 될 것도 감한 경우가 있었다. 그런데 왕가 종척들과 액정서(掖庭署)에서 종종 특지(特旨)를 빌려 겨우 감한 경우라도 다시 복원하였으므로, 그 일은 당연히 번거롭기만 하였다.

그러나 그는 더욱 고집을 부려 원망을 사는 것도 두려워하지 않았으므로, 그를 헐뜯는 사람들은 그를 '전직각(田直閣)'이라고 하였다. 그 이유는 '어(魚)'자 머리와 밑에 점을 생략하면 '전(田)' 자가 되기 때문이다. 다른 모든 일도 감할 수 있는데 성(姓) 획(劃)이라고 못할 것이 어디 있겠느냐는 것이다.

그는 출입을 할 때도 말굽을 잡는 졸개 하나도 없이 채찍 하나만 들고 다녔다. 하루는 그가 종가(鐘街)를 지나고 있는데, 어느 절름발이 한 사람이 그 뒤를 따라가며 "소인이 발 하나가 길어 걷기가 매우 비편608하니 영감님께서 짧게 감해 주십시오"하고 외쳤다. 그러나 그는 못들은 척하고 빨리 지나갔다.

『매천야록』「갑오이전」치에 나오는 대문이다. 조정에서 쓸데 없는 기구를 없애거나 줄이고 벼슬아치·구실아치를 줄여 나라 살 림을 짜임새 있게 간추리고자 고종 19년인 1882년 10월 19일 관 상감(觀象監) 안에 두었던 한때 관청이 '감생청'이었다. 여러 가지 감 생사목(減省事目)을 뽑아내며 일탐609을 내었으나 여섯 달 만인 1883 년 5월 1일 감생청 제몸이 없어짐으로써 홍선대원군이 물러난 다 음 새롭게 짜 보려던 고종 생각은 그야말로 도로아미타불이 되고 말았다. 감생청 부사용(副司勇)이라는 오위(五衛) 종9품이었으니, 그 야말로 미관말직 가운데서도 맨 끄트머리에서 신 벗을 사이 없이 나라살림을 바로잡을 수 있는 실마리라도 잡아 보고자 애태우던 유대치였는데, 그때 궁중 출입을 하며 맺었던 선이 고대수로 불리 우던 궁녀 리우석(李禹石)이었고, 리우석을 다리삼아 손잡게 된 류 재현이었다.

유대치를 이음고리로 해서 김옥균 같은 개화당 도꼭지610들과 손잡게 된 고대수는 우정국쪽에서 올라오는 불길 보고 통명전(通明 殿) 곁 헛간에 맞불을 놓음으로써 고종 내외가 궁궐에 있음을 알렸 고, 창덕궁(昌德宮)으로 들어오는 금호문(金虎門)에 질려진 쇳대를 따

---

608 비편(非便): '불편(不便)'은 왜말임.
609 일탐: 일욕심.
610 도꼭지: 사람들 앞에서 일을 꾸려나가는 이.

놓아 김옥균과 고종 내외를 만나게 하였으니, 고대수야말로 갑신 거의에 일등공신이 되는 것이었다. 그런데 거의가 삼일천하로 그 가림천611을 내리게 되면서 가장 먼저 붙잡히게 된 고대수였으니, 개화당 긴한이612들은 각자도생으로 죄 뺑소니쳐 버린 것이었다.

고대수가 서대문 밖에 있는 처형장까지 끌려가는데, 이제 신문로(新門路)인 새문안길도 벗어나기 전에 넝마쪽이 된 고대수였다. 날삯613 받고 모여든 '동원된 백성들'이 던져 우박처럼 쏟아지는 돌팔매였다. 고대수는 바로 정변 뒤 제삿고기614되었다는 궁녀 리우석(李禹石)으로 보는 갈닦음이 있다. 피어린 우리 현대사에서 '장군' 소리 듣던 여자사람인 '백마 탄 여장군 김명시(金命時)'와 '지리산 여장군 정순덕(鄭順德)'은 그러니까 어처구니 여장군이었던 고대수 장군 대받은 후래가 된다. 김명시·정순덕 장군이야 그 아픈 발자취 적은 책이라도 나왔다지만, 슬픈 어처구니 고대수 장군은 그 이름자나마 더듬는 이가 없다.

이 사품615에 이 많이 모자라는 중생이 무딘 붓으로나마 자냥스럽게616 적어 두노니, "마하617 고대수 장군 만세!"

---

611 가림천: 막(幕).
612 긴한이: 요인(要人).
613 날삯: 품삯. '일당(日當)'은 왜말임.
614 제삿고기: 희생양(犧牲羊).
615 사품: 어떠한 동안과 그 사이에 일어난 꾸미기.
616 자냥스럽다: 분명(分明)하다.
617 마하: 산스크리트말로 크다(大)는 뜻임.

'젊은 그들'은 어디로 갔나?

개화당이 처음 만들어진 것은 고종 10년인 기묘(己卯)이니, 1879년이었다고 한다. 어떤 집안에서 무슨 벼슬을 한 누구 자손인가를 따지는 푸네기618를 뒷줄로 맺어져 주자 이데올로기에 젖어든 노론·소론·남인·시파·벽파 같은 당색과 달리 근대적 깬마음 지닌 '젊은 그들'이 모여 이루어진 개화당 고갱이619들은 김옥균·박영효·홍영식·서광범·류상오 같은 이들이었다. 류상오(柳相五)는 류혁로(柳赫魯) 아버지로 정변 뒤 붙잡혀 옥에서 죽은 아래치620 무관이었다. 그 아들이 오위장을 한 류혁로였다. 『한국인명대사전』을 보자.

류혁로 柳赫魯(赫老). [조선] 독립당원(獨立黨員). 1882년(고종18년) 수신사(修信使) 박영효(朴泳孝)의 수행원(隨行員)으로 일본에 다녀오고,

---

618 푸네기: 가까운 제 살붙이.
619 고갱이: 핵심(核心).
620 아래치: 하급(下級).

1884년 갑신정변(甲申政變)에 독립당의 행동대(行動隊)로서 통신연락과 정찰임무를 맡아보았다. 갑신정변의 실패로 김옥균(金玉均) 등과 일본에 망명하여 박영효의 지도하에 유학생 기숙사인 친린의숙(親隣義塾)을 경영하며 본국에서 파견된 자객(刺客)에 의해 생명의 위협을 안고 있는 독립당 요인의 신변 보호를 담당했다. (文獻) 日本外交文書, 渡邊修二郎:東邦關係.

1895년 민비 시해사건 때 왜병 이끌고 왕궁에 쳐들어 왔으며, 1907년 12월 12일 평안북도 관찰사 되었다.

이들을 목대잡아621 이끈 것은 유대치였다. 유대치는 침을 놓고 뜸을 뜨는 의원으로, 중인이었다. 유상오야 같은 계급이지만 김옥균·박영효·홍영식·서광범 같은 이들은 하늘같은 '양반 나으리들'이었다. 그런데 이제 서울 광교 관철동 유대치 사랑방에 모인 그들은 중인계급 의원인 유대치한테 깍듯하게 선생님을 받쳐 올리며 쇤네622를 개어 내리는 것이었으니, 유대치한테 배운 선불교에서 나온 만민 평등사상이었다. 리능화(李能和, 1869~1943)가 쓴 『조선불교통사』에 따르면 그때 유대치 입김 받아 불자(佛子)가 된 이들은 김옥균·박영효·서광범·리종원·리정환·박세형·오경석·오경윤·오경림 3동기·김영한(金永漢)·김영문(金永汶) 동기·한세진(韓世鎭)·리희목(李熙穆) 같은 이들이었다고 한다.

---

621 목대잡이: 사람들 데리고 일을 끌어가는 이.
622 쇤네: 소인(小人)네.

리재긍(李載兢, ?~1881). 홍선대원군 리하응 셋째 언니로 영의정이었던 리최응(李最應, 1815~1882) 아들. 1873년 문과급제해서 성균관 대사성 이조·호조 참판과 부제학을 지내다가 1881년 1월 통리기구아문이 새로 세워지면서 당상이 되었다. 그런데 한 달 뒤 문득 죽고 말았다. 개화당 대표로 떠받들려 움직이는 것을 싫어한 수구당 쪽에서 독약을 먹여 죽였다는 소문이 떠돌았는데, 그가 죽은 뒤 한 달도 채 못되는 3월 15일쯤 개화승 리동인(李東仁) 또한 가뭇없이 사라지고 만 것이 그런 의문에 터무니623가 된다. 남모르게 짜여진 개화당이 이 무렵부터 고개를 들기 비롯하자 바짝 손에 땀을 쥔 대원군 갈래 보수파와 지어624 온건개화파였던 것이다. 유유정승(唯唯政丞) 소리 듣던 아버지 리최응과 달리 다기차고 뚝심 있었던 리재긍이었다고 그때 사람들은 안타까워하였다고 한다.

홍영식(洪英植, 1855~1884). 호 금석(琴石). 자 중육(仲育). 본 남양(南陽). 영의정 홍순목(洪淳穆, 1816~1884) 아들로 서울에서 태어났다. 19살인 1873년 식년문과에 병과로 급제, 규장각 정자(正字)·대교(待敎)·직각(直閣) 등을 지내었다. 1882년 홍문관 부제학과 규장각 직제학, 그리고 부호군이 되어 임오군변을 뒷갈망하는 데 힘썼다. 다음 해 6월에는 민영익(閔泳翊)을 따라 전권부대신으로 미리견에 다녀오면서 개화당에 들어 발 벗고 나서 움직였다. 1884년 병조참판에 우정국 총판이 되면서 갑신거의에 들었다. 신정부에서 좌의정이 되

---

623 터무니: 근거(根據).
624 지어: '심지어' 본딧말.

홍영식.

었으나 거의가 삼일천하로 끝나면서 박영교(朴泳敎)와 같이 국왕을 감싸고 지키다가 수구파한테 죽었다. 좋은 지체에 따뜻하고 부드러운 마음씨여서 누구한테나 우러름을 받았던 사람으로 향수(享壽) 서른이었다.

리종원(李淙遠)이라는 이가 있었다. 고종 31년인 1894년 7월 『농담(農談)』이라는 농업토목사상 중요한 의미를 지니는 기술서를 낸 농업경제학자였다. 서구쪽 과학을 시늉한 것이 아니라 자기만 생각으로 우리 농업을 좋아지게 할 수 있는 여러 생각들을 보여 주는 앞서가는 농업기술 서적이다.

그런 리종원이 가장 따르던 이가 유대치였다. 리종원이 유대치를 얼마나 좋아했느냐 하면 유대치 아호인 여여(如如) 좇아 수여(隨如)라고 했을 만큼이니, 요즈막 말로 이른바 유대치 '광팬'이었다. 김홍집·박영효 연립내각 때 농·상·공부 '농무국장'을 맡았고, 단발령을 치르던 때는 공주관찰사로 기운차게 움직였던 난사람이다. 리정환(李鼎煥)과 김영문(金永文)도 김홍집·박영효 연립내각 때 탁지부 사세국장과 법부 회계국장 자리에 올랐던 이들이다.

박제형(朴齊炯)은 『근세조선정감』을 쓴 사람으로, 삼일천하로 허방짚은625 다음 서울을 벗어나려고 하다가 청계천 위 수표교에서 인민들 손에 맞아 죽었다고 '고균기념회'에서 1944년 엮어낸『김옥균전』에 씌어 있다. 고대수 장군과 마찬가지로 날삯626 받고 끌려나온 프로 베정꾼627들 손에 열반하셨을 것이다.『정감(政鑑)』은 1886년 왜국 동경 중앙당(中央堂)에서 박아낸 책인데, 홍선대원군 인물 됨됨이와 그 정치적 뒷이야기를 좋은 쪽으로 다루고 있다.

흥선대원군은 누구인가?

"쇄국정책으로 조선 왕조를 망친 사람."

대원군 리하응에 대한 꿰아매김인데, 과연 그럴까? 오로지 리씨왕조 드레만 세우려고 우격다짐으로 경복궁을 다시 세우려다 나라도 잃고 스스로도 무너져 버린 '옹고집 늙은이'로 말이다.

우리가 옥생각628하고 있는 것이 있으니, 대원군이 개화를 하지 말자는 것이 아니었다. 개화를 하기 앞서 엉망진창이 된 나라살림부터 다스린 다음 대문을 열자는 것이었다. 집안을 지킬 수 있는 힘을 갖추고 나서 서세동점(西勢東漸)하는 서양기술을 받아들이자는 것이었으니, '내실외행(內實外行)'이었다. 그 앞길 다지기로 했던 채비가 서원철폐와 양반한테도 구실을 물리는 호포법(戶布法)을 해내

---

625 허방짚다: 잘못 생각하거나 알아서 그르치다.
626 날삯: 품삯. '일당(日當)'은 왜말임.
627 베정꾼: 훼방꾼.
628 옥생각: ①탈없게 생각하지 않고, 옹졸하게 하는 생각. ②갈피를 잘못 깨닫고 그릇되게 하는 생각.

는 것이며 번거로운 의례와 옷차림을 간동하게629 하자는 것이었다. 미륵뫼 총댕이630들이 법국 육전대 몰살시킨 병인양요에 힘입어 척화비(斥和碑)를 세운 까닭이다.

무너져 가는 조선 왕조 500년을 고치고 다듬어 떳떳하게 드레진631 자주국가로 번쩍 들어올리려던 조선 왕조 마지막 정치가 리하응을 쇄국정치로 조선을 망쳐 버린 옹고집 늙은이로 몰아부쳤던 데는 까닭이 있다. 왜제국주의자들이 중국대륙으로 가는 징검다리인 조선을 먹고자 하는 싸울꾀632였다. '일제 36년'이 아니라 '왜제침탈 150년'이다. 1876년 2월 2일 강제로 맺어진 '강화도조약'부터 1894년 6월 25일 '군국기무처'가 세워지면서 비롯된 '강화왜란'으로 사라져버린 조선 왕조였으니, 대원군(大院君) 리하응(李昰應)을 다시 봐야 되는 까닭이다.

---

629 간동하다: 잘 갈무리하여 단출하다.
630 총댕이: 포수(砲手).
631 드레지다: ① 사람 됨됨이가 틀거지가 잡혀 있어서 가볍지 아니하다. 점잖아 무게가 있다. ② 몬 무게가 가볍지 아니하다.
632 싸울꾀: 이길꾀. '전략(戰略)'은 왜말임.

리동인李東仁 스님과 온건 개화파들

그가 가지고 온 서적이 많았는데 역사도 있고, 지리도 있고, 물리, 화학과 같은 것도 있었으며, 그것을 보기 위해서 3, 4개월간 그 절 (봉원사를 말함)에 자주 들렀지만 당시 이러한 책은 적발되면 사학(邪學)이라 해서 중벌에 처해졌기 때문에 한 장소에서 장시간 독서할 수가 없어, 그 다음에는 동대문 밖의 영도사라는 절에서 독서하고 다시 봉원사로 옮겨가는 등, 이와 같이 되풀이하기를 일 년이 넘어서야 그 책들을 모두 독파하였다. 그 책들은 모두 일본어로 씌어 있었지만 한자(漢字)를 한 자 한 자 더듬어 읽으면 의미는 거의 통했다. 이렇게 해서 책을 완독한 바, 세계의 대세를 거의 알 수 있게 되었다. 여기에서 우리나라도 타국과 같이 민중의 권리를 수립해야겠다는 생각이 솟아났다. 이것이 우리로 하여금 개화파로 등장하게 하는 근본이었다. 바꿔 말하면 리동인이라는 승려가 우리를 이끌어주었고, 우리는 그러한 책을 읽어 그 사상을 몸에 익혔으니 봉원사가 우리 개화파의 온상인 것이다.

서재필(徐載弼) '회고문'에 나오는 대문으로, 리동인(李東仁, 1849?~1881)
이 부산포를 떠나 교토에 있는 히가시 혼간지[東願本寺]에 이른 것은
1879년 6월이었다. 범어사(梵魚寺) 중이었던 동인은 이듬해 봄 왜국
승려가 되어 도오쿄로 날아간다. 그리고 아사쿠사[淺草]라는 동원
본사 별원(別院)에 머물게 되는데 그곳이 바로 조선에서 오는 사신
들이 묵는 데였다.

동인 스님이 도오쿄에 머물며 했던 일 가운데 우리 눈길을 끄는
것이 있으니, 후쿠자와 유키치[福澤諭吉]와 사귀었다는 점이다. 게이
오대학[慶應大學]을 세운 그때 왜국 최고 사상가로 왜국 온 나라에 무
거운 입김을 끼치던 후쿠자와 유키치와 김옥균(金玉均) 사이 다리
를 놓았고, 유길준(兪吉濬)을 경응의숙(慶應義塾)에 들어가게 한다. 리
동인 스님이 요코하마[橫浜]에 있는 주일 영국공사 고등서기관 어
니스트 사토를 만나 후쿠자와를 사귀게 된 것은 1880년 5월 12일
이었다. 32살 때였다. 그리고 열 달 동안 죽을 힘을 다하여 조선을
개화시키고자 애쓰다 온데간데없이 사라져버린 것이 1881년 3월
이었으니, 33살 한창때였다. 도오쿄에서 잘나가던 리동인이 사신
으로 온 김홍집을 도와주기도 하였는데, 그 김홍집 손에 죽임당한
리동인이었으니, 이런 것을 이른바 '역사의 아이러니'라고 하는
가. (인터넷에 올라 있는 리동인에 관한 글을 도움거리 삼아 읽어 볼 필요가 있겠다.)

침실에서 만세를 외쳤노라!

말 앞에 오던 길 더듬어 가니
귀양길 떠나던 날 또한 새롭다
산속에 묻혀서 늙어만 가니
풍랑에 시달린 몸 야위웠고나
귀양살이 몇번이나 탄식했다냐
가을바람 더불어 서울로 간다
모든 죄 이제는 씻겼다 한들
다시는 벼슬길에 나지 않으리

8년이라는 긴 세월 동안 살았던 귀양살이가 풀려 서울로 올라가며 읊던 김윤식(金允植, 1835~1922) 나이 예순이었다.

이제 나이 예순이면 경로우대석에도 앉을 수 없는 '젊은이'지만 130여 년 전인 그때만 해도 상노인이었다. 혼줄만 접어들면 손주를 보던 시절일 만큼 고른값 나이갓수633가 짧던 시절이었다. 서른 살에야 겨우 진사(進士)가 되고 마흔이 되던 1874년에야 문과(文科)에 오른 김윤식 벼슬길은 그야말로 순풍에 돛을 단 격이었으니 – 강화유수, 공조판서, 예조판서, 병조판서가 되었다. 모두가 귀밑에 어사화 꽂은 10년 안에 일어난 것이었다. 여기에 더하여 '문신 꽃'이라는 홍문관 제학에 독립교섭통상사무에 독판외무까지 그야말

---

633 고른값 나이갓수: 평균수명.

로 냅다 몰아치는634 벼슬길이었다.

황해도 암행어사와 순천부사를 거치며 출세가도를 달리던 그가 영선사(領選使)라는 구실로 청나라에 간 것은 고종 18년인 1881년이었다. 똑똑한 양반집 자제 70여 명을 데리고 톈진[天津]으로 가 서양 학문을 배우게 했는데 그 목대잡이635를 맡은 것이었으니, 청나라에서 칼자루를 쥐고 있던 북양대신(北洋大臣) 리홍장[李鴻章] 타이름에 따른 것이었다. 톈진에 들어선 기지창 같은 서양에서 들어온 근대 문물을 둘러보며 미리견이라는 나라와 어떻게 사귈 것인가 따위를 놓고 리홍장과 의논하는 판인데, 조선에서 놀라운 소식이 날아왔다. 임오군변이었다.

군변을 가라앉히기 위해 청나라 병대를 보내달라고 하라는 민씨정권쪽 귓속분부636 받은 그는 마건충(馬建忠)과 정여창(鄭汝昌)이 이끄는 청군 3천을 군함 3척에 싣고 제물포 나룻터에 오르니, 1882년 6월 27일이었다. 앞서 말한 강화유수와 공·예·병 3판서에 오른 것은 청군 3천을 데리고 와 군변을 가라앉혀준 데 대한 민씨정권 대갚음637이었다.

임오군변을 맞아 조선 정사판에는 개화바람이 불게 되는데, 그 개화파는 다시 급진파와 온건파로 나뉘어진다. 변법개화파로도 불리우던 급진개화파는 앞서가는 서구문물만이 아니라 그네들이 쓰는 법과 제도까지 본받자는 것이었고, 기술문명은 받아들이되

---

634 냅다 몰아치다: 승승장구하다.
635 목대잡이: 여러 사람을 거느리고 일을 시키는 사람.
636 귓속분부: 밀명(密命).
637 대갚음: 에움. 보상(補償)

법과 정사체제 등 사회질서를 지켜 내는 밑뿌리는 5백년을 내려
온 주자학에 두어야 한다는 시무개화파로 불리우던 온건개화파
가 그것이었다. 김홍집·어윤종·유길준이 딸린 시무개화파, 곧 온
건 개화파에서 우두머리 되는 사상가가 김윤식이다.

"구한말의 손꼽히는 문장가로서, 청아(清雅)한 데다가 청량(清凉)하
고 고귀한 멋을 풍기는 간결한 필치를 보여 준다."고 비나리치는
638 소리 듣던 김윤식 개화론 고갱이639는 한마디로 줄여 '동도서
기론(東道西器論)'이다. 나라마다 그때 해야 할 남다른 일이 있는데,
그것이 바로 시무(時務)라는 것이었다.

중국 시무는 "큰 틀에서 법을 세운 다음 그 속갈래를 세우고, 알
맞은 사람을 관리로 뽑아 군사를 길들이고 쇠물레640를 뻗어 나가
게 하는 것"이고, 서양 시무는 "낱낱사람 낱낱일을 부수고 공상(工
商)길을 넓히며 사람들로 하여금 저마다 힘으로 먹고살게 해서 그
힘을 다하고 그 권리를 지키게 함으로써 나라가 부강해지도록 하
는 것"이고, 조선 시무는 "탐욕 없이 높고 맑은 것을 떠받들고 가난
을 없이해서 백성을 건져 내는 데 힘쓰며 조약을 잘 지켜 가까운
나라들과 틈이 벌어지지 않도록 하는 것"이었다.

이런 생각을 갖고 있는 그였으므로 급진개혁파가 일으킨 갑신
정변을 나무라는 것은 너무도 마땅한 일이었다.

---

638 비나리치다: 간살부리다. 따라붙이다. 아부(阿附)하다.
639 고갱이: 핵심(核心).
640 쇠물레: 기계.

1897년의 김윤식.

갑신역적들은 양이(洋夷)를 높이고 요순과 공맹을 깎아내리고, 이륜지도(彝倫之道)를 덜갠 것이라 하고 그 도를 바꾸려 하면서 매번 개화라 일컬었으며, 천리(天理)를 모조리 없애 버리고 갓과 신발을 뒤바꾸려는 것이다.

이런 그가 충청남도 면천(沔川)으로 유배되어 6년 동안 귀양살이를 하게 되는 것은 '갑신역적들과 가깝다'는 것이었다. 갑신정변 때 새로 짠 내각에서 김윤식이 썼던 감투는 예조판서였으므로, 민씨정권에서 의심눈을 거두지 않은 까닭이었다.

1894년 갑오왜란을 맞아 귀양이 풀린 김윤식은 왜제가 세운 허수아비정권인 김홍집 내각에서 외부대신이 되어 귀양때를 벗는가 싶었다. 그러나 김홍집과 어윤중이 성난 인민들한테 밟혀죽고 맞아죽는 끔찍한 일이 일어나면서 왜제내각이 무너지고 들어선 친러내각 손에 제주도 종신유배가 된다. 명성황후 시해라는 엄청난 사달641을 알고도 가만히 있었다는 눈초리 받던 김윤식을 두고 의병장 최익현(崔益鉉)이 한 말이 있다.

---

641 사달: 일. 사건(事件).

왜적을 불러들여 나라와 임금을 내맡긴 김윤식을 능지처참해야 한다!

11년만에 풀려난 때는 1907년. 리완용(李完用)내각에 들어간 송병 준(宋秉峻,1858~1925) 거듭된 사면요구에 따른 것이었으니, 김윤식을 풀어 준 것은 곧 왜제였던 것이다.

유배에서 풀려난 다음 해 중추원의장이 되어 이토오 히로부미 [伊藤博文] '모시고' 왜국으로 가 왜국 살림을 좌지우지하는 긴한이 642들과 두루 사귄 다음 돌아왔으니, 74살 때였다. 이때 왜인들이 입을 모아 추어올린 말이다.

학발은염(鶴髮銀髥)의 선인(仙人)과 같은 유학자이자 중정온건(中正穩 健)한 정치가이다.

'동도서기론'에서 일본을 '왜적'이라고 부른 만큼 친청적 기운 이 강했던 그가 '동양평화와 인민을 구세한다'는 명분에서 친왜파 로 돌아선 것은, 두 번에 걸친 17년 유배생활을 겪은 다음이었다. 대제학에다 중추원의장으로 조선 정치계 최고 원로 노릇을 하던 김윤식 인생관은 한마디로 '대세에 따라가자'였다. 온갖 그럴듯 한 말로 감싸고 있지만 한마디로 줄여 '대세에 순응하는 기회주의 자인 능갈맞은643 정상배'가 바로 김윤식 참모습이었다.

---

642 긴한이: 요인(要人).
643 능갈맞다: 얄밉도록 능청스러운 솜씨로 잘 둘러대는 낌새가 있다.

'불가불가(不可不可)'라는 말이 있다. 어떤 자에서 끊어 읽느냐에 따라 그 뜻이 팔팔결644 달라지는 말로 - '不可, 不可'로 붙여 읽으면 '옳지 않다, 옳지 않다'가 되고, '不可不, 可'로 읽으면 '어쩔 수 없이, 옳다'는 뜻이 된다. 이 말을 썼던 것이 김윤식이었다. 한일합방 열흘 전 열린 어전회의에서였다. 왜제 적바림645에 나오는 대문이다.

병합조약 조인 찬성자의 한 사람으로서 병합을 원만히 수행하게 했다.
일한 병합조약에 즈음하여 누구보다도 먼저 여론의 가운데 서서 원로들의 의향을 통일시킨 공적이 적지 않다.

'不可不可'라는 글장난으로 을사오적과 뜻을 같이 한 댓가로 김윤식이 받은 것은 대일본제국 천황폐하가 내려주는 자작(子爵) 작위와 이제 돈 6억 7,000만 원인 5만 엔 '은사 공채액'이었다. 조선이라는 나라를 없애 버린 다음 세워진 조선총독부 정무총감이 의장인 총독부 자문기구 중추원 부의장 자리는 손사래쳤646으나 자작 작위와 은사공채액 만큼은 허울로나마 고종이 내려준 것이라며 자빡놓지647 않았던 사람이다.
81살인 1915년 일본학사원에 들어가 제가 쓴 문집인 『운양집(

---

644 팔팔결: 엄청나게 어긋나는 일이나 꼴.
645 적바림: 적발. 자국. 기록(記錄).
646 손사래치다: 손을 펴서 함부로 휘젓다.
647 자빡놓다: 아주 딱 잡아떼어서 퇴짜놓다.

雲養集)』으로 학사원상을 받고 82살이 되는 다음 해에는 매국 5적인 박제순(朴齊純, 1858~1916) 대받아 꿈에 그리던 경학원 대제학이 됨으로써 '조선 왕조 마지막 문장가'로 마침표를 찍는다. 그런데 김윤식이 받은 대제학 자리는 조선 왕조 선비들이 꿈꾸는 '홍문관 대제학'이 아니라 왜제가 성균관을 이름 바꾼 '경학원 대제학'이었으니, 선비들이 침 뱉는 더러운 자리였다.

김윤식이 세상에 다시 이름을 드러낸 것은 그로부터 네 해 뒤인 1919년 3월 28일이었으니, 3·1 운동이 터져나온 달포648 못 미처 「대일본장서(對日本長書)」라는 이름 아래 씌어진 850여 자였다. 그 가운데 한 대목이다.

그대의 노예 김윤식, 리용직(李容稙, 1852~1932)은 불행히 운이 아닌 때에 나왔고 또한 다한 나이가 많으므로 처사에 불인하여 합병시에 일본의 작위를 받아 면목에 수치스럽게 되었노라. 그러하나 오늘 죄없는 자녀들이 물불에 휩싸인 것을 보고 침묵키 불능하여 그대의 노예들도 대한독립을 위하여 침실에서 만세를 외쳤노라.

독립선언서를 쓴 최남선(崔南善, 1890~1957)이 2월 9일 찾아가 함께 하자고 하였으나 한마디말로 자빡놓은 김윤식이다. 그가 창덕궁 남쪽에 있는 봉익동에서 눈을 감은 것은 1922년이니, 88살 때였다. 사람은 죽어서 이름을 남기고 호랑이는 죽어서 가죽을 남긴다

---

648 달포: 한달이 조금 지난 뒤.

고 했는데, 그 또한 마지막 이름을 남겼으니, 들불처럼 타오르던 민족해방운동을 찢어놓는 것이었다. <동아일보>를 한허리로 하는 이른바 민족주의 우파 중에서 '사회장'을 우겨댔는데 사회주의 좌파 쪽에서는 죽기살기로 왼고개쳤649으니, "부관참시해야 할 매국노한테 사회장이 웬말이냐?"

어사리魚死里에서 죽은 어윤중魚允中

어윤중(魚允中)이 용인(龍仁)에서 피살되었다. 그는 김홍집(金弘集)이 살해된 것을 보고 자신도 그와 같은 벌을 받을까 싶어 부인의 교자를 타고 동대문(東大門) 밖으로 나갔다. 잠시 자신의 고향인 보은(報恩) 향리로 피신하기 위해서였다. 그러나 그가 용인 어사리(魚死里) 어느 주점에 도착해서 밥을 먹고 있던 중 군민 정원로(鄭元老)·안관현(安寬鉉) 등이 그와 숙한(宿恨)이 있으므로, 그가 도망친다는 소문을 듣고 그를 망명인(亡命人)으로 알아 공분(公憤)을 부려 써 원수를 갚으려고 그를 역적으로 모집어650 여러사람들과 같이 그 뒤를 따라가 그를 몽둥이로 쳐서 죽였다.

그리고 사람들은 그 주점을 '성참주점(成讖酒店)'이라고 하였다. 그것은 어윤중이 본디 점괘를 잘 보았는데 이 때 그가 점을 쳐보니 동쪽으로 나가면 길(吉)하다는 점괘가 나와, 그가 동쪽으로 나갔다가 이런 큰코다쳤기 때문이다.

---

649 왼고개치다: 아니라고 뿌리치다.
650 모집다: 허물을 똑똑히 들춰내다.

그가 성품이 꼬장꼬장해서 남이 지청구651하더라도 마음먹은 뜻을 힘차게 이루었으므로 잘못도 많았지만 공무(公務)에 골똘해서 시속배(市俗輩)들은 그를 따를 사람이 없었다. 그는 김홍집(金弘集)과 함께 세상을 건질 수 있는 들보로 일컬어졌으며, 그가 죽임당한 뒤에는 개화에 앞장설 사람이 없음을 모두 땅을 쳤다. (…) 이때 김윤식(金允植)은 성밖으로 나가 벌을 기다리고 있었으나 고종은 아무 말이 없었으므로 사람들은 어윤중도 뺑소니치지 않았으면 죽지 않았을 것이라고 하였다. (…)

『매천야록』에 나오는 대문이다. 어윤중(魚允中, 1848~1896)이 어사리(魚死里) 주점에서 죽었으니 참언(讖言)이 맞았다는 뜻에서 성참주점(成讖酒店)'이 되었다는 말이다. 앞일에 대해서 그 길하고 언짢음을 미리 들어 하는 말을 가리켜 '참언' 또는 '참어'라고 하는데, 어사리(魚死里)라는 동네 술집에서 볼가심하던 어윤중(魚允中)이 죽었으니 기가 막히게 딱 들어맞는 참언이 아닐 수 없다.

그렇다면 현실에서 어사리라는 이름 붙은 동네가 있는가? 1986년 <한글학회>에서 짓고 펴낸『지명총람』용인군에 나오는 읍 10면 107리를 짯짯이 톺아봐652도 '어사리'라는 동네는 없다. 고기어(魚) 자가 들어간 데를 찾아보니 어둔봉(魚屯峰), 어둔산(魚屯山)이 있고 아녀고개인 안어현(安魚峴), 안어둔이인 내어둔(內魚屯)과 바깥어둔이와 어둔이고개가 있으며, 어비리(魚肥里)가 있다. 금어리(金魚里)에서

---

651 지청구: 까닭없이 남을 탓하는 것.
652 짯짯이 톺아보다: 하나도 남김없이 샅샅이 더듬어 뒤지면서 찾다.

으뜸되는 마을인 어매(魚梅)실이 있다.

언참에서 말하는 아사리는 아무래도 어비리(魚肥里)인 듯하니, 어비리가 있는 이동면(二東面)에는 큰못이 있어 살진 물고기가 많았던 데서 그 이름이 나왔던 것으로 봐야 한다. 살진 물고기라면 사람들 밥상에 오를 살매[653]를 타고난 것이니 '어사(魚死)'가 아닌가. 어사리(魚死里)라는 이름은 아무래도 어비리(魚肥里)에서 나온 것으로 보이니, 김홍집 내각 고갱이[654]이었던 이제 기획재정부 장관턱 탁지부대신 어윤중 살매 앞에 다만 눈이 감겨질 뿐이다.

갑신거의에 들지는 않았으나 일동무[655] 벼슬아치들 모두 갑오년 봉기군들을 비도(匪徒), 곧 떼도둑으로 꼭뒤지르[656]는 풍김새에서 '민당(民黨)'이라고 부름으로써 농군대중들한테 손뼉받고 벼슬아치들한태는 눈살찌푸림 받았던 사람이다. 김홍집 내각과 박정양내각에서 탁지부대신으로 농군대중 멍에[657]를 크게 벗겨 줌으로써 손뼉소리 높았던 꼬장꼬장하고 뱃심 좋은 공다리[658]였다.

아관파천으로 갑오내각이 무너지면서 열에 아홉 각료들이 왜국으로 뺑소니쳤으나 옛살라비[659] 보은(報恩)으로 난피하다가 언걸먹은[660] 사람이다. 산송(山訟)문제로 맺힌 마음 품은 용인고을 토박이양반집 머슴들한테 맞아죽었다는 어윤중(魚允中)이다. 애옥하던

653　살매: 운명(運命).
654　고갱이: 핵심(核心).
655　일동무: 일벗. 동료(同僚).
656　꼭뒤지르다: 옭매다.
657　멍에: 마소 목에 얹고 수레나 쟁기를 끌게하는 '∧'꼴 가로나무.
658　공다리: 공무원.
659　옛살라비: 고향.
660　언걸먹다: ① 남 일로 해를 입어 골탕먹다. ② 큰 고생을 당하다.

661 선비시절 뒷배662 봐주던 어느 세도 민문(閔門)집 일 봐주다 얽혀들게 된 사달663로 보이니, 그 시절 일어났던 민형사사건 거의 모두가 '산송(山訟)' 곧 묏자리에 얽힌 골칫거리였다고 한다.

고종 내외 작은 부탁도 법률에 어긋난 것은 죄 자빡놓고, 왜제가 주는 300만 원 차관도 은(銀) 아닌 왜돈으로는 받지 않겠다고 자빡놓664았던 대추씨처럼 뻣뻣하던 온건개혁주의자 어윤중이 눈을 감은 것은 1896년 2월 17일이었다. 향수 49.

---

661 애옥하다: 살림이 몹시 구차하다. 살림이 가난하다.
662 뒷배: 겉에 나서지는 않고 남 뒤에서 보살펴 주는 일.
663 사달: 일. '사건(事件)은 왜말임.
664 자빡놓다: 아주 딱 잡아떼서 손사래치다.

어재연魚在淵 장군 수帥자기

어윤중 이야기를 하다 보니 스쳐가는 이름이 있다. 같은 고기어 자 어재연(魚在淵, 1823~1871) 장군이다. 또한 『매천야록』에 나온다.

신미년(辛未年, 1871) 여름에 미국인이 강화도를 쳐들어오자 전병사 (前兵使) 어재연(魚在淵)이 순무중군(巡撫中軍)을 맡아 그들을 막아 내다 가 싸움터에서 죽었다.

재연은 금위여단(禁衛旅團)을 안동해서 광성보(廣城堡)로 들어가 배수 진(背水陣)을 치고 척후병도 두지 않았다. 적병들은 안개가 자욱이 낀 틈을 타서 광성보를 넘어 밀어닥쳤다. 재연은 세차고 꿋꿋하게 칼을 들고 싸우다가 칼이 부러지자 납으로 된 총알을 쥐고 적들한 테 던졌다. 그 총알에 맞기만 하면 적들은 그 자리에서 죽었다. 그 가 지니고 있던 총알이 다 떨어지자 적들은 그를 창으로 마구 찔 렀지만 그는 반 발자국도 옮기지 않고 죽었다. 적들은 그 머리를 베어갔다.

재연이 이미 싸우다가 죽었으나 적들은 막아 지키는 줄 알고 모두 뺑소니쳤다. 이 싸움에서 무너졌다는 소식이 전해지자 온 나라 사람들은 죄 뒤흔들렸다. 그한테는 병조판서가 증직(贈職)되고 시호(諡號)가 내려졌다. 그 상구(喪柩)가 돌아오자 대원군은 조정에서 제창하기를, "어병사 상구를 맞아들이지 않는 사람은 모두 천주교인이다."하였다. 이로 말미암아 온 조정이 마중해서 수레와 말이 수십 리나 줄을 이었다. 이때 노인들은 순조(純祖) 계유년(癸酉年, 1813)에 정충장공(鄭忠莊公) 시(蓍) 상례를 치른 다음 처음 있는 일이라고 하였다.

재연 아우 재순(在淳)도 백의종군해서 언니와 같이 싸우다 죽었으므로 그한테도 병조참의(兵曹參議)를 증직하였다.

그때 어재연 장군이 던지며 싸웠던 총알은 대포알 여남은 개였다고 한다. 아우 어재순(魚在淳, 1826~1871)은 고향마을에 살고 있다가 언니가 진무중군으로 광성보에서 미리견 침략군과 싸우게 되었다는 말 듣고 굳이 찾아가 싸우다 함께 죽었던 것이다. 광성보를 지키던 조선군 600명은 죄 몰사주검되었는데, 이른바 '공식기록'에는 조선군 전사 350명에 부상 20명이고, 미리견군은 전사 3명, 부상 10명이다.

미리견 아시아함대 사령관 로저스가 기함 콜로라도호를 비롯한 군함 척에 수해병(水海兵) 1,230명, 대포 85문을 싣고 강화 바닷가에 나타난 것은 1871년 6월 1일이었다. 바다에서는 함포사격, 땅에서는 야포사격으로 초지진(草芝鎭) 덕진진(德津鎭) 두려뺀 미리견군은 1시간 포때려 광성진을 쑥대밭 만든 다음 보로 올라와 사령

어재연 장군의 수자기 모습. 우리나라에 있는 어재연 장군 '帥'자기는 미해군한테 셋돈 주고 빌려온 것이다.

관 깃발인 수자기(帥字旗)를 뽑아갔다.

그때 광성보 지키던 조선군은 보 넘어온 키 크고 힘센 미리견 군과 육박전을 벌였는데, 맞붙기만 하면 이내 쓰러져버리는 것이었다. 먹는 것이 부실해서 영양실조 상태였으므로 기름지고 피둥피둥한 '양코배기'들 맞수가 될 수 없었던 것이다. 옴남. 옴남. 옴남.

'부르조아 민족주의자' 유길준 집안

그런데 유길준이 개화는 투철하게 했는데 한국사람으로서 가져야
할 태도를 취한 것은 없지요. (…) 개화도 좋지만 자기를 망치는 개
화는 사실 곤란하지요. 그『서유견문』같은 데 나타난 정신을 보면
참 훌륭한데, 한국사회로 볼 땐 좋은 것은 아니라고 봅니다.

- <중앙일보>「인물로 본 한국사」좌담

민족사학자 홍이섭(洪以燮, 1914~1974)이 한 말이다. 홍이섭은 감리
교계 종요로운 이로 '흥업구락부사건' 뒤 친왜떼로 흘러간 홍병선
(洪秉璇, 1888~1967)의 아들이다.

이른바 개화파들이 거지반 다 친왜로 무너졌는데, 그 첫고동을
끊었던 것이 바로 유길준(兪吉濬, 1856~1914)이다. 유길준 아우인 유성
준(兪成俊, 1860~1935) 과 큰아들 유만겸(兪萬兼, 1889~1944), 둘째아들 유
억겸(兪億兼, 1896~1947) 그리고 왜녀 소실한테 난 조겸(兆兼)과 경겸(京
兼)이 있다.

조선조말과 구한말 그리고 왜제시대를 말할 때 빼놓을 수 없

는 것이 기계 유씨(杞溪兪氏) 집안이다. 유길준 대를 받은 것이 유명 짜한 친왜파 유진오(兪鎭午, 1906~1987)가 있고, 그 맞은편에 있던 해방 바로 뒤 '스타시인'으로 인민대중들 뜨거운 손뼉 받다가 1950년 7월 첫 때 뼈잿골에서 학살당하신 '문화공작대' 유진오(兪鎭五, 1922~1950)가 있다.

26살인 1881년 왜국으로 건너가 이제 게이오대학 앞몸인 게이오의숙[慶應義塾]에 들어갔다가 다음해 왜국에 온 민영익(閔泳翊, 1860~1914) 좇아 귀국, 1883년 외무낭관이 되었다가 그만두고 민영식 주미 전권대사 따라 미리견으로 가 보스턴대학을 다녔던 유길준이 1885년 개화당으로 몰려 잡혀 있는 동안 쓰기 비롯한 『서유견문(西遊見聞)』을 끝낸 것은 10년 만인 1895년이었다.

1894년 벌어진 갑오왜란 때 이제 국장맞침인 외무·형조·이조참의를 지냈다. 이듬해 김홍집 내각에서 내각총서와 내무협판을 지냈다. 1896년 내부대신이 되었다. 아관파천으로 내각이 무너지면서 우두머리였던 김홍집과 어윤중이 끔찍하게 죽임당하는 것을 보고 왜국으로 뺑소니쳤다가 1897년 순종(純宗)이 왜제 꼭두각시로 융희황제가 된 것을 기려 내린 특사령 받아 돌아온다. 그리고 왜제 통감정치 아래서 김윤식을 비롯한 친왜파와 일진회원들과 이지가지 모임을 만들고 이토오 히로부미 장례식에 들어 추모회를 차리었으니, 왜제 식민통치가 바로 제가 내대었던 근대화·문명화를 이루는 것이라는 생각에서였다.

그런 생각을 한 그는 가야마 미쓰로(리광수(李光洙))가 내댄 '민족개조론', 안호상(安浩相)·박종홍(朴鍾鴻)이 부르짖은 '반공주의', 리철승(李哲承)이라는 정치장사꾼이 내건 '중도통합론'에 앞선 '선각자'였던 것이다. 갑오왜란을 이끈 이론가였던 유길준이 스승으로 모셨던 것이 바로 "아시아를 벗어나 구라파가 되어야 한다"던 왜국 근대화론 깃대잡이 후쿠자와 유키치(福澤諭吉)였다. 그가 입에 달고 살았던 이른바 '명분'인 민족주의자에 앞서 친왜파였으니, 그때 인민대중이 침뱉았던 '조

·말년의 유길준.

선말 하는 왜놈'이었던 것이다. 그 아우인 유성준이 리상재(李商在)·윤치호(尹致昊)와 너나들이 하던 기독교인으로 중앙학교·보성전문학교·기호학교 초대 교장이 되고, 충북참여관(1910), 경기도참여관(1916), 중추원참의(1921), 충청남도지사(1926), 강원도지사(1927), 중추원참의(1929)로 죽을 때까지 왜노 심부름꾼이 된 것은 바로 길준 언니 뜻을 따르는 것이었다.

맏아들 유만겸(兪萬兼, 1889~1944) 또한 1917년 동경제국대학 경제학과를 나와 1920년부터 죽을 때까지 공다리665로 왜제 실살스런666 심부름꾼이 되었으니 - 문경군수(1920), 경상남도 서무과장(1921), 경상북도 내무부 사회과장(1924), 총독부 학무국 사무관

---

665 공다리: 힘부림(권력)을 마구 휘두르며 백성을 몹시 괴롭히는 관원(官員). 썩은 공무원.
666 실살스럽다: 충실하다.

(1926), 평안남도 참여관(1928), 경상북도 참여관(1930), 총독부 학무부 사회과장(1932), 평안남도 참여관(1934), 충청북도지사(1939), 경학원 부제학(1940), 중추원 참의 (1942)가 그 심부름꾼 이름이다. 왜제가 내걸었던 대륙침략 이데올로기였던 '아시아주의'에 바탕한 조선 식민지배를 문명화로 생각했던 유만겸이 부르짖은 "내선일체의 철저, 황국신민화, 신도의 실천, 지역봉공에 의한 고도국방 국가체제의 확립"을 목표로 한 총력 조선연맹 평의원으로 임전보국단 평의원이 되었으며, 경학원 부제학 감목으로 '유림의 전승기원제'를 거행한 것이 1941년 12월 17일이었다.

우리 반도 2백만 유림은 대동단결, 대미·대영 선전포고에 관한 칙소의 어성지(御聖旨)를 봉대(奉戴)하고 결사보국 모든 힘을 국가에 바치어 총후국민(銃後國民)의 책무를 완수하기를 기함.

둘째아들 유억겸(俞億兼, 1896~1947) 또한 언니 못지않은 '조선말 하는 왜노'였는데, 해방이 되면서 이내 '조선말 하는 양노'로 탈바꿈한다. 1922년 동경제국대학 법학부를 나와 연희전문 교수가 되어 YMCA를 중심으로 비타협 민족주의자들과 같이 신간회에 들어 민족주의적 활동은 했으나 1938년 '흥업구락부사건'으로 혼이 난 다음부터 친왜길로 들어서게 되니 ─ 윤치호, 리광수, 주요한, 신흥우, 정춘수, 오긍선, 최두석, 박연희, 박득련, 장덕수와 같이 "최후의 승리는 우리 일본제국에 있으므로 반도의 동포는 국책에 순응하여 광영의 적자로 천황 폐하한테 몸을 바쳐야 한다."고 외치며

'채권가두유격대'에 나서 "총후봉공(銃後奉公)은 채권(債券)으로부터"를 부르짖었다. 연희전문 부교장으로 있으며 저희 학생들을 전장으로 몰아넣었으니 – "대동아전쟁은 대동아공영권 내의 10여 억 민중의 공존공영을 위한 대동아 해방의 성전(聖戰)"이라며 이렇게 부르짖었다.

전필승 공필취(戰必勝 攻必取), 싸워서 반드시 이기고 공격해서 반드시 탈취하라!

'조선말 하는 왜놈'이 '조선말 하는 양놈'으로 말을 바꾸어 타는 것은 번드친667 하늘 밑에 벌레668들이 너무도 마땅히 가려잡을 수 있는 '출세길'이었으니, 해방이 되면서 유억겸이 미군정 교육부장이 되는 것이었다. 이런 불치인류(不齒人類)669들이 해방된 새나라 교육을 길라잡이670하였으니, 그 뒤끝이 어떻게 되었는가는 오늘 이 나라 '교육현실'이 말해 주고 있다.

이른바 거물급 친왜파를 쏟아내는 기계 유씨(杞溪兪氏) 빛나는 내림줄기671가 고빗사위672를 맞은 것은 유진오(兪鎭午, 1906~1987)에 이르러서이다. 유진오에 대한 '정보'는 인터넷에 차고 넘친다. 대한

---

667 번드치다: 처음 먹은 마음을 바꾸다.
668 하늘 밑에 벌레: 사람.
669 불치인류(不齒人類): 사람 축에 들지 못함. 불치.
670 길라잡이: 길을 이끌어 주는 사람. 길앞잡이. 길잡이.
671 내림줄기: 전통(傳統).
672 고빗사위: 썩 종요로운 가운데서도 가장 아슬아슬한 순간. 고비판.

민국 제헌헌법 애벌글673을 초잡은674 것으로 널리 알려진 그는 대한민국 법학자, 소설가, 교육자, 정치인, 친일 반민족행위자로 되어 있다.

유진오는 세상에서 말하는 바 천재였으니 −

을사늑약 다음 해에 대한제국 수도인 한성부(漢城府)에서 태어나 이제 경기고등학교 앞몸675인 경성제일고등보통학교를 나와 수석으로 들어간 경성제국대학을 수석으로 마친 다음 경성제국대학에서 강사를 하였다. 같은 대학 법문학부 영문과를 다니던 강원도 평창 출신 대지주 아들 리효석(李孝石, 1907~1942)과 가깝게 지내며 리효석은 소설을, 유진오는 시를 썼는데 − 리효석이 글을 써서 받은 원고료로 자주 술을 마셨다고 한다. 리효석 임종을 지켜봤을 만큼 가까운 사이로, 유진오가 소설을 쓰게 된 것도 리효석 입김 때문으로 보인다. 두 사람 살매676 또한 비슷한 데가 있으니 − 경성제대 영문과를 나와 첫 직장이 된 조선총독부 도서과에서 조선작가들 글을 거르기677하던 리효석이 리갑기(李甲基)라는 시인 겸 문학비평가한테 '왜놈 개'라는 꾸짖음 받은 뒤끝678으로 죽었다면, 여든 두 살이라는 짧지 않은 세월 동안 '부귀공명'을 누렸으나 '민족 반역자' 소리에 귀를 열 수 없었던 유진오였다.

경성제국대학 때 최용달(崔容達, 1904~?)과 함께 맑스레닌주의 서

---

673 애벌글: 초고(草稿).
674 초잡다: 시문(詩文)이나 어떤 글을 초벌로 쓰다.
675 앞몸: 전신(前身).
676 살매: 운명(運命).
677 거르기: 검열(檢閱).
678 뒤끝: 후유증(後遺症).

클 <경제연구회>를 했고, 대학을 마친 1931년에는 리강국(李康國, 1906~?)과 <조선 사회사정연구소>를 하며 기운차게 움직였던 유진오가 민족에 등돌리는 '친왜 반공주의자'가 된 것은 1937년 모교인 경성제국대학에서 강사노릇을 하게 되면서부터이니, 중일전쟁을 일으킨 왜제가 세계에서 으뜸자리679를 차지할 것으로 봤던 때문이었다. 그리고 그것이 이른바 '상아탑 천재' 테두리680였다.

이제도 마찬가지지만 옳지 않은 권세자루681에 붙어 역사에 더러운 이름을 남기는 이른바 '상아탑 천재들'은 많다. 여기서 한가지 재미있는 것은 유진오는 대한민국 헌법 글초682를 지었고, 조선 민주주의 인민공화국 헌법 글초를 지은 것은 최용달이었다는 점이다. 조선 민주주의 인민공화국 도덕적 바탕인 토지개혁을 채잡았던683 박문규(朴文圭, 1906~1971)와 함께 '성대트로이카'를 이루었던 최용달·리강국은 계급해방을 바탕삼은 민족해방 싸움터에서 죽었는데, 그들과 젊은날 뜻을 같이했던 유진오는 더러운 이름으로 팔십수를 누렸던 것이다.

해방이 되면서 사회주의 문학인들 모임에 나갔다가 리태준(李泰俊, 1904~?)한테 쫓겨나는 욕보았던 유진오가 '조선말 하는 왜놈'이 된 것은 중일전쟁이 비롯되면서였다. 좌파 짓누름이 그악해지며 사회주의자 슬프고 끔찍한 늙마를 다룬 「행보」라는 단편소설을

---

679 으뜸자리: 최고(最高).
680 테두리: 한계(限界).
681 권세자루: 권력(權力).
682 글초: 애벌글. 초고(草稿).
683 채잡다: 어떤 일을 하는데 주장이 되어 그 일을 다루다.

쓰고부터였다.

『친일인명사전』에 다섯쪽 반에 걸친 반민족행위자로 적바림될 만큼 두 팔 걷어부치고 친왜활동을 한 일급친왜파 유진오 삶에서 '하이라이트'를 이루는 것은 1956년 리용재(李容載, 1922~2009)씨와 한 세 번째 혼인일 것이다.

소설가 유진오.

리용재는 유명한 '리명래고약'을 일으킨 리명래(李明來, 1880~1952) 막내 딸로 고려대 의대 앞몸인 경성여의전을 마치고 소아과의사로 있다가 1956년 종로 관철동에 <명래제약>을 세워 리명래고약을 대량생산한 사업가였다. 유진오를 문학인으로 본다면 '문경유착'이고, 법률가로 본다면 '법경유착'이며, 정치가로 본다면 '정경유착'인 셈이다.

'친왜기수'로 사람들 눈살을 찌푸리게 하던 유진오가 다시 사람들 입을 벌어지게 한 것은 1979년 12·12 군사반란이 일어나면서 신군부가 세운 국토통일원 고문이 되고, 1980년 전두환이 만든 국정자문회의 위원이 되어, 1983년 5월 29일 신군부가 세운 들러리 야당인 민주한국당 류치송(柳致松) 총재·김수환(金壽煥) 추기경과 함께 김영삼(金泳三) 단식투쟁을 말렸던 일이다.

15년 동안 고려대학교 총장을 하다가 1967년 민중당 대통령 후보로 영입되면서 정계로 들어와 통합야당인 신민당 총재가 되어

오카모토 미노루 군사정권에 앙버티는684 민주화투사 그림자그림 685을 쓰게 되면서 친왜전력을 눈감은 인민과 청년학생들한테 우러름을 받기도 하였으나, 삼년구미(三年狗尾) 불위황모(不爲黃毛)였다. '개 꼬리 삼 년 묻어도 황모되지 않는다. 오그라진 개꼬리 대봉통에 삼 년 두어도 아니 펴진다'는 속담은 유진오같은 불치들한테 딱 들어맞는 것이었다. 개꼬리를 아무리 오래 두어도 황모가 되지 않는다는 말로 본디부터 타고난 성질이 좋지않은 것은 언제까지 가도 좋은 성질로 바뀌지 않는다는 말이다.

1987년 유진오가 노환으로 눈을 감았을 때였다. 고려대학교에서 전직 총장에 대한 대접으로 고려대학교장으로 걸판지게 치뤄주었는데, 'NL계열'에서 휘어잡고 있던 총학생회가 장례식장에서 붙박아 버티며 했던 말이다.

민족고대가 변절자 장례식을 치뤄 주는 것은 수치다!

유진오 이야기를 하다 보니 떠오르는 그림이 있는데, 그 외손자이다. 한홍구(韓洪九)라는 이로 우리나라 피어린 현대사를 바라보는 올바른 눈길로 높은 끊아매김을 받는 학자이다. 친왜떼들한테는 그야말로 저승사자인 것이다. 그런데 놀라운 것은 자기 외할아버지가 저질렀던 반민족행위에 눈을 감고 있다는 점이다. 구린 입도 떼지 않는다.

---

684 앙버티다: 저항(抵抗)하다. 대들다.
685 그림자그림: 영상(映像). 양말로 '이미지'.

도움거리 삼아 말하는데 한홍구 아버지 한만년(韓萬年)은 <일조 각(一潮閣)>이라는 유명짜한 출판사를 했고, 할아버지 한기악(韓基岳) 은 <조선일보> 기자였다. 뼈대 있는 항왜 언론인으로 기려지는 한기악인데 이정(而丁)과 단야(丹冶)와 죽산(竹山) 같은 사나운 사회주 의 힘센장수 빼놓고 그때 신문기자는 그야말로 '특권층'이었다. 닐니리 지화자로 온갖 따논자리 누리며, 죽지 못해 살아가는 인민 대중 위에서 독판치던 아주 작은 '기득권층'이었다는 진짜만 알아 두자. 왜인들이 '제1계급'이었다면 신문기자는 '제2계급'이었다 는 말이다. 그래서 왜제 서울 동경에서 일류대학 나오고 경성제국 대학과 연희전문·보성전문 나와서 머리 좋고 똑똑하다는 젊은이 들이 기를 쓰고 들어가고자 했던 것이 신문사였던 것이다.

　유진오와 한 항렬 기계 유씨 길카리686로 유진오(兪鎭五, 1922~1950) 라는 시인이 있었다. 해방이 되면서 전배 시인 오장환(吳章煥, 1918~1950)이 밀어 줘서 시단에 나온 유진오가 10만이 넘는 사람 들 앞에서 '마이크'를 잡은 것은 해방 다음 해인 1946년이었다. 9월 1일 <국제청년데이>. 조선음악가동맹원들이 모뽀리687하는 <적기가(赤旗歌)>며 <해방의 노래> 다음 연단에 올라간 25살짜리 젊고 잘생긴 청년이 읊어대는 <누구를 위한 벅차는 우리의 젊음 이냐?>라는 시는 10만이 넘는 서울시민들 피를 끓어오르게 하는 것이었다.

686　길카리: 먼촌 일가붙이. 가깝지 않은 동성(同姓)이나 이성(異性) 겨레붙이.
687　모뽀리: 합창(合唱).

미군정 포고령 위반죄로 아홉 달 만에 때688에서 나온 유진오는 「싸우는 감옥」이라는 옥중투쟁기를 선보이고, 문학가동맹에서 얽은 '문화공작대' 제1대에 들어 경상남도 바닥을 돌며 '문화'에 목마른 인민대중을 일깨우고 어루만짐으로써 더욱 드레진689 항쟁시인 모습을 보여준다.

시인 유진오.

유진오가 문화공작대원으로 서울을 떠난 것은 1949년 2월 27일 아침이었다. 눈보라 휘몰아치는 첩첩산중을 가리산지리산하던690 며칠만에야 간신히 김지회(金智會)부대 만나 같이 간 영화가동맹원 홍순석(洪淳錫, 29)이 갖고 간 영사기는 전기를 일으킬 연모가 없어 못돌리고, 음악가동맹원 유호진(劉浩鎭, 21)이 부는 하모니카와 「싸우다 쓰러진 용사」라는 시 한 닢 읊조리고 지리큰뫼 내려온 유진오가 전라북도 남원 어느 마을에서 자경단원한테 붙잡힌 것은 3월 29일이었다.

남조선로동당 문화부장 김태준(金台俊, 1905~1949), 여순항쟁 목대잡이691 김지회(金智會) 정인 조경순(趙庚順, 21)과 함께 사형선고 받은 유진오가 법정을 나섰을 때였다. 형무소로 싣고 갈 트럭을 타야

---

688 때: 감옥(監獄).
689 드레지다: 위엄(威嚴) 있다.
690 가리산지리산하다: 어정버정(이리저리) 헤매다. 방황(彷徨)하다
691 목대잡이: 여러사람을 거느리고 도맡아 일을 시키다.

되는데 두 손목에 수갑이 채워진 조경순이 트럭에 잘 오르지 못해 버둥거릴 때 뒤에서 수갑찬 손으로 궁둥이 받쳐 올려주는 유진오한테 고개 돌려 살푸슴692하는 조경순이었다. 사형선고 받을 때 재판장과 유진오가 주고받았다는 말이다.

재판관: 대한민국과 인민공화국을 어떻게 생각하는가?
유진오: 전 민족의 염원인 자주독립국가를 열망할 따름이다.
재판관: 그렇다면 그것은 무슨 나라냐?
유진오: 역시 인민공화국이다.
재판관: 현재의 심정은?
유진오: 양심적인 문학인으로 살고 싶다.

6·25가 터지면서 서울에 있는 형무소에 있던 좌익수는 '해방' 되었고 지방 형무소에 있던 좌익수는 '학살' 되었다. 유진오 어머니가 집안에 있던 금붙이를 모조리 쓸어모아 구명운동을 한 끝에 무기로 감형된 유진오는 서대문형무소에서 전주형무소로 옮겨진다. 넘쳐나는 좌익수들이어서 태어나 자란 곳 따라 옮겨 가두게된 것이었는데, 그것이 유진오 살매를 갈랐다. 유진오가 사형선고를 받았을 때 어머니가 동명이인으로 종씨되는 유진오를 찾아가 '진정서'를 써줄 것을 비대발괄693했던 적이 있다. 한마디로 자빡

---

692 살푸슴: 살풋웃음. '미소(微笑)'는 왜말임.
693 비대발괄: '비두발괄' 바뀐 말. 비라리치면서 애타게 빎.

놓은694 유진오가 해 준 것은 가져간 진정서에서 잘못된 글자나 고쳐 주는 것이었다.

어린아이를 업은 '몹시 귀티나는 부인'이었던 서울 창경국민학교 교사였던 새각시와 늙은 어머니가 전주 변두리를 샅샅이 뒤졌으나 유진오 주검은 찾을 수가 없었다. 사상범전문 수용소였던 대전형무소만이 아니라 충북, 경북, 전북 그리고 춘천형무소에 있던 좌익쪽 수감자들까지 충청남도 대덕군 산내면 랑월리 뼈잿골에 끌어다 마구 죽여 버렸다는 것을 알 속절이 없었던 것이니, 그때가 1950년 7월 첫 무렵이었다. 향수 29. 이로써 이 중생 아버지 (1917~1950)와 리관술(李寬述, 1902~1950) 선생과 유진오 시인은 저승길 동무가 되신다.

기계 유씨 윗대에 빼어난 사람이 있었다. 계유정란(癸酉靖亂) 쿠데타 일으킨 수양대군(首陽大君)을 죽이고 단종(端宗)을 다시 세우려던 사육신(死六臣) 가운데 한 분인 유응부(兪應孚, ?~1456) 장군이시다. 중국사신 맞이 모꼬지695에 수양아들이 나오지 않고 한명회(韓明澮) 잔뇌굴림으로 수양 뒤에 운검(雲劍, 2품 위 무관이 칼을 차고 임금 곁에서 지키던 한때 벼슬)을 세우지 않도록 했다는 것을 알게 된 유응부가 말하였다.

이런 일은 빨리할수록 좋은데 만약 늦춘다면 누설될까 염려가 되오. 지금 세자는 비록 여기에 오지 않았지만 수양 우익(羽翼, 곁부축

---

694 자빡놓다: 못박아 딱지놓다.
695 모꼬지: 여러사람이 놀이나 잔치, 또는 그밖에 다른 일로 모이는 일.

하는 신하)이 모두가 이곳에 있으니 오늘 이들을 모두 죽이고 단종을 뫼시고서 호령한다면 천재일시(千載一時) 좋은 기회가 될 것이니 이런 기회를 놓쳐서는 안 될 것이오.

성삼문(成三問)과 박팽년(朴彭年)이 굳이 말려서 마침내 그만두게 되고, 동패696였던 김질(金礩) 등돌림697으로 족대기질698 받게 되었을 때였다. 살가죽이 벗겨지는 끔찍한 족대기질로 달군 쇠가 배 밑을 지질 때 식은 쇠를 집어 땅에 던지며 소리쳤다.

이 쇠가 식었으니 다시 달구어 오라!

그는 효성이 지극해서 집이 가난하였으나 어머니를 봉양하는 채비에는 모자람이 없었으며, 세속살이는 더없이 깨끗해서 벼슬이 재상급인 2품 관직에 있으면서도 거적자리로 방문을 가리웠고 고기 없는 밥을 먹었으며, 때로는 양식이 떨어지기도 하니 처자가 이를 한가하고699 있었는데, 그가 죽던 날에는 그 안해700가 울면서 길가는 사람한테 말하기를 "살아서도 남한테 기댐이 없었는데 죽을 때는 큰 화를 입었구나."고 하였다. 유응부가 목이 잘릴 때 했다는 말이다.

---

696 동패: 같은 패. 한패. 동료(同僚).
697 등돌림: 배신(背信).
698 족대기질: 고문(拷問).
699 한가하다: 원망(怨望)하다.
700 안해: '안에 뜨는 해'라는 말로 '해방 8년사'가 끝나는 1953년 7월 27일까지 쓰였음.

뇌만 굴리는 먹물들과 일을 도모한 내가 어리석은 자였구나.

키가 남보다 크고 얼굴 생김새는 무겁고 조용하였으며 씩씩하고 기운차서 활을 잘 쐈으므로 세종과 문종이 모두 고임주고701 아꼈던 그가 쓴 어씁한702 시조 한 닢703이다. 싸움말704 잡아타고 만주벌판 달려가고픈 무장 서슬이 눈에 밟히는 듯하다.

좋은 말 오천 필은 버들 아래 울고,
가을 새매 삼백 마리는 누 앞에 남았네.

---

701 고임주다: 애호(愛護)하다.
702 어씁하다: 호협(豪俠)하다.
703 닢: 노래나 시·시조를 세는 낱자리.
704 싸움말: 전마(戰馬).

3부

미륵뫼 의병

미륵뫼 총댕이 우두머리 김백선 장군

'남돌석 북백선'이라는 말이 있었다. 아리수[705] 아랫녘에는 신돌석(申乭石, 1878~1908)이 엄지가락이고, 아리수 윗녘에는 김백선(金伯善, 1848~1896)이 엄지가락이라는 말이었으니, 의병싸움이 첫고등[706] 열었던 1885년 끝 무렵부터 을사늑약으로 나라를 빼앗긴 1905년 뒤까지였다. 그이들 이름자 뒤에는 그리고 꼭 '장군'이 붙어 있었는데, 안팎 곱사등으로 몰리고 쏠려 헐수할수[707] 없게 된 풀잎사람[708]들이 바치는 가장 아름다운 메꽃다발이었다.

그런데 김백선 장군 성명삼자는 어디에도 보이지 않는다. 우리 겨레 지나온 자취를 적바림[709]하였다는 이른바 '정사(正史)'는 물론하고 뜻있는 이들이 돌에 정으로 쪼아 새기였다는 '초야역사'에도 보이지 않으며, 그리고 또 이런저런 이름 달고 나오는 숱한 '역사

---

705 아리수: 한강(漢江).
706 첫고등: 맨 처음 고비. 첫대목.
707 헐수할수: 이러지도 저러지도.
708 풀잎사람: 민서(民庶).
709 적바림: 적발. 자국. 글로 간동하게 적어두는 일. '기록(記錄)'은 왜말임.

책'에도 그 이름이 없다. 어쩌다 꿈에 떡맛 보기로 김백선이라는 성명삼자가 비치는 데도 있지만 아주 데면데면하거나710 크게 잘못된 것들이다. 대표적인 것 두 군데만 들어보겠다.

평민 출신의 의병장 김백선은 전투를 능숙하게 지휘하였다. 그는 성안으로 쳐들어오는 적들만을 족친 것이 아니라 대낮에 성문으로 나가 성밖의 적들을 성벽 가까이 끌어다가 돌벼락을 안겨 무리죽음을 주군하였다. 또한 밤에는 성밖으로 나가 잠에 곤드라진 적들을 기습하여 족치었다. (…) 근 한 달 동안이나 계속된 충주성 전투는 간악한 원쑤 일제침략자들에게 강한 타격을 안겼으며 외래침략자들과 끝까지 싸우려는 우리 인민들의 투쟁기세를 훌륭히 보여 주었다. (본덧글 대로임)

조선 민주주의 인민공화국 사회과학원 력사연구소에서 1979년 1월 펴낸 『조선전사』에 나오는 대문이다. 나라 살매711가 쌓아 놓은 달걀 같은 자리에 떨어졌을 때마다 불끈불끈 일떠섰던712 인민대중 의병 싸움이 임병양란 뒤로 다시 불붙었던 것이니, 230년 만이었다. 의병 맞싸움이 소매를 걷어붙이고 일어나게 된 것은 강원도 춘천 출신 선비 류인석(柳麟錫, 1842~1915)이 1896년 2월 9일 널리 알린 「격고팔역(檄告八域)」부터인데 조국에 대한 가없는 사랑과 '

---

710 데면데면하다: 스스럼없지 못하다.
711 살매: 명운(命運).
712 일떠서다: 기운차게 썩 일어서다.

원쑤'에 대한 타는 미움과 의병 싸움의 마땅함에 대한 굳은 믿음에 바탕하고 있으나, "봉건적 윤리 도덕관념에서 벗어나지 못한 계급적 제한성과 시대착오적인 락후성을 반영한 측면들도 있다."고 꼬집어뜯는 『조선전사』에서는, 김백선 장군 마지막을 이렇게 적고 있다.

김백선은 평민 출신의 의병장으로서 전투마다에서 공을 세워 일반 의병들로부터 커다란 신임과 지지를 받고 있었으나 상층으로부터는 그가 평소에 양반들을 존경하지 않는다 하여 신임을 받지 못하고 있었다.

그는 충주 전투 후 가흥에서 일제놈들을 추격하여 잘 싸웠으나 의병대에 요청한 지원 력량을 보내 주지 않은 데 대하여 양반 출신인 중군장 안승우에게 그 책임을 추궁하였다. 이런 사실을 안 류인석은 김백선이 평민으로서 량반에게 버릇없이 행동하였다 하여 몹시 격분한 나머지 그를 군사 규률 위반으로 취급하고 사형에 처하였다.

류인석이 김백선을 죽인 후과는 컸다. 이에 대하여 당시의 한 자료에는 이렇게 기록되어 있다.

김백선이 류인석에게 처단된 이후부터 정세가 참혹하여졌으며 부대의 위용이 다시 추서지713 못하고 (…) 의병투쟁은 드디어 좌절되어 다시 일어날 여지가 없게 되었다."

-『기려수필』김백선조

대한민국 <신구문화사>에서 1967년 3월 펴낸『한국인명대사전』에는 이렇게 적바림되어 있다.

김백선(金百先, ?~1895, 고종 32) 조선 의병장. 경기도 출신. 1895년 민비가 시해되자 맹영재와 함께 지평에서 의거, 유인석이 제천에서 의병을 일으킬 때 부하 500명을 데리고 가서 그의 선봉이 되어 충주 싸움에 참전, 가흥에서 일본군을 무찔렀다. 이때 제천 독송정(獨松亭)에 주둔하고 있는 의병대장 유인석에게 즉시 서울 진격을 감행하지 않는다고 꾸짖으며 칼을 뽑았다가 대장에게 항거했다는 죄명으로 총살형을 당했다.

- 한국독립운동사. 기려수필. 소의신편

먼저 진서 이름자가 틀린다. '百先'이 아니고 '伯善'이다. 그리고 팔팔결714인 곳이 세 군데이니, "돌아가신 해 1895년"과, "맹영재와 함께 지평에서 의거"와 "유인석에게 즉시 서울 진격을 감행하지 않는다고 꾸짖으며 칼을 뽑았다가 대장에게 항거했다는 죄명

---

713 추서다: 병을 앓은 뒤에나 또는 몹시 지친 뒤에 기울어졌던 몸이 차차 본디꼴로 돌아오다.
714 팔팔결: 엄청나게 어긋나는 일이나 됨됨이. 팔결.

으로 총살형을 당했다."가 그것이다. 김백선 장군이 돌아가신 것은 1896년 2월 14일이고, 다음 것은 잘못된 만큼이 아니라 바이715 뒤쪽인 것으로, 맹영재(孟英在)라는 사람은 김백선 장군과 의병을 일으킨 것이 아니라 왜노(倭奴)한테 붙어 '의병토벌'에 나섰다가 의병들한테 죽임당한 왜노 앞잡이였던 것이다. 황매천(黃梅泉)이 쓴『오하기문(梧下記聞)』에 나온다.

경기감사 홍순형(洪淳馨)이 의정부에 사뢰기를 "지평현 도적 수백 명이 홍천땅에 접장을 베풀어 두자, 감역 벼슬을 지냈던 맹영재가 부약장(副約長)으로 관군과 민간 포병 백여 명을 거느리고 그 우두머리 고석주(高錫柱)·리희일(李熙一)·신창희(申昌熙)를 사로잡아 혹은 목을 베기도 하고 혹은 죽이기도 하였으며, 그 한패거리 다섯 명도 목을 쳐 죽였더니 나머지는 사방으로 흩어졌습니다. 맹영재가 의를 내세워 목을 베고 사로잡은 일은 포상받을 만합니다. 의정부에서 말하여 갈망하도록 하고 맹영재를 소모관에 앉혀 잇달아서 토벌하는 일에 오로지 하도록 하고 외방 수령 자리가 나면 맡길 일입니다."라고 하였다.

홍천(洪川) 땅에서 힘 떨치는 지평(砥平) 출신 동학군을 쳐없앤 공으로 관아를 짓고 고치는 일 맡아보던 선공감(繕工監)에 딸린 감역관(監役官)이던 맹영재는 지평 현감이 된다. 지평현은 이제 경기도

양평군 지평면으로, 그야말로 미관말직인 종9품짜리가 아이오716 종6품 원님이 된 것이니, 문과를 하거나 잔다리밟아717 올라간 것이 아니라 벼락감투를 쓰게 된 것이었다.

하루아침에 '사또나으리'가 된 맹영재는 그때부터 더욱 기를 쓰고 '동짜사냥'에 나서 홍천은 물론하고 지평·양근·여주·이천·장호원·횡성 쪽 동학군은 거의 씨가 질718 지경이 된다. 맹영재는 전봉준이 갑오년 10월 9일 가을걷이 마친 농군 8천 이끌고 삼례를 떠나 북진길에 올랐을 때 남녘으로 내려간다. 동학군 토벌 나선 경군 좌선봉 리두황(李斗璜, 1858~1916)과 우선봉 리규태(李圭泰) 좇아 지평을 떠난 것이니, 용인·죽산·목천 거쳐 우금고개에서 미나미 19대대와 함께 동학군을 깨뜨렸던 관군 가운데 한 부대였다.

김백선이 잔풀나기719 현감 맹영재를 보러 지평현 동헌으로 갔던 것은 을미년 겨울이었다. 1895년 음력 11월. 미륵뫼, 그러니까 용문산(龍門山) 범 잡는 지평포군 목대잡이720 김백선 손에는 화승대가 쥐어져 있었다.

"사또."

"왜 그러는가?"

"한양으로 올라가야 되지 않겠는지요?"

"웬 한양?"

---

716 아이오: 갑자기. 느닷없이. 몰록. 문득.
717 잔다리 밟다: 자리가 낮은 데서부터 차츰 차츰 올라가다.
718 씨가 지다: 씨앗이 없어지다.
719 잔풀나기: ① 작은 보람이나 출세를 자랑해서 꺼떡거리는 사람. ② 풀싹이 나는 봄철.
720 목대잡이: 여러 사람을 도맡아 거느리고 일을 시키는 사람.

"왜놈들을 쳐부서야지요."

"점점"

"의병을 일으켜 우리 임금님을 꼭두각시 만든 왜놈들이 어즈버 721 500년을 내려온 우리 조선 조정을 허수아비 만들더니 끔찍하게 중전마마를 시해하고 해처럼 밝은 백의 두루마기에 까마귀 같은 검정물 들여 입게 하고, 마침내 부모님한테 물려받은 머리털마저 잘라 버리는 단발령까지 떨어지니… 의병을 일으켜야 되는 까닭이올시다."

"백선이."

"예, 사또."

"내 말 잘 듣게. 자고로 길흉화복이 모두 내 한몸 처신에 달렸으니, 본쉬722 말을 똑똑히 명렴해야 될 것이야. 시재723 조선 팔도에서 우이724를 잡고 있는 것은 일본 사람들이니, 우리는 그저 굿이나 보고 떡이나 먹는 것이야. 윗자리 높은 분들 시키는 대로 따라가기만 하면 된단 말이지. 알아듣겠는가?"

"뭐라고? 이것이 국록을 먹는 벼슬아치가 할 수 있는 말이외까? 조선 백성이 할 수 있는 말이야?"

불덩어리가 쏟아질 것 같은 범눈으로 맹영재를 쏘아보던 김백선은 들고 있던 화승대를 동헌 뜨락 섬돌에 쳐부서 버리고 관아를 빠져나갔다. 그리고 시퍼렇게 긴 환도 꼬나쥐고 머리털 자르러 올

---

721 어즈버: 아!
722 본쉬(本倅): 제 고을 원. 또는 원이 스스로를 일컫는 말.
723 시재(時在): 이제. 지금. '현실(現實)'은 왜말임.
724 우이(牛耳): 쇠귀. 우두머리. '주도권(主導權)'은 왜말임.

공다리725들을 기다리는 것이었으니, 맹영재가 거느리는 관군 밑에서 동학군 토벌에 한몫 들던 관포수 목대잡이 김백선이 의병장 김백선으로 다시 태어나게 되는 순간이었다. 개인적인 삶에서 사회적이고 역사적인 삶으로 나가게 된 것이다.

그때에 이제 양평군 양동면인 지평현 상동 금왕골, 강릉 김씨와 경주 김씨들이 모여 사는 김촌(金村)까지 찾아와 의암 류인석이 쓴 「격고팔역」 격문을 보여 주는 선비가 있었다. 의암(毅庵)이 채잡는 호좌창의군(湖左倡義軍) 중군(中軍)으로 충주성싸움에서 목숨을 잃게 되는 상동 출신 괴은(槐隱) 리춘영(李春永, 1869~1896)이었다. 그때 일됨새를 보여 주는 적바림이 있다. 제천(堤川) 선비로 의병에 들었던 류인석 제자 옥산(玉山) 리정규(李正奎, 1864~1945)가 쓴 『종의록(從義錄)』에 나오니, 그때에 의병을 일으켰던 조선 선비들 마음이다.

갑오년 6월 20일 왜장 대조규개(大鳥圭介, 일본공사)가 군사를 거느리고 대궐을 범하여 임금을 위협하고 제멋대로 약정을 맺었다. 이때 박영효·서광범·서재필 등이 적중에 망명해 있다가 얼굴을 들고 나와서 국가의 권병을 쥐고, 국내에 있는 여러 도적과 서로 호응결탁해서 정삭을 고치고(개정삭, 改正朔), 관명을 변경하고(변관명, 變官名), 복색을 바꾸고(역복색, 易服色), 주군을 혁개하니(혁주군, 革州郡), 당당한 소중화(小中華)가 하루아침에 변해서 소일본이 되었다. 을미년 봄에 박영효·유길준 무리들이 강제로 흑의령(黑衣令)을 내려서 오랑캐 제

---

725 공다리: 힘부림(권력)을 마구 휘두르며 백성을 몹시 괴롭히는 관원(官員). 썩은 공무원.

도를 따르게 하니, 관찰 군수된 자가 이미 적의 앞잡이가 되어 있기 때문에 그 명령을 시행함이 바람보다 빠르고 물보다 급하다. (…)

이해 8월에 김홍집과 유길준 등 여러 도적이 우범선·신응희·유혁로 등 앞잡이들을 시켜서 왜놈과 군사를 거느리고 대궐을 범하여 동궁을 구타하고 국모를 학시(虐弑)하였다. 11월 15일에는 여러 도적놈들이 임금님 및 동궁·대원군 내외백관에 이르기까지 강제로 삭발을 하고, 아래로 팔도의 억조창생에까지 화가 미쳐 불보다 더 급하게 되니, 백성들은 다 간담이 떨어지고 기가 막혀서 어떻게 할 바를 알지 못하고 있었다.

이와같은 커다란 언걸726맞은 선비된 자로서 그 몸을 바르게 세울 수 있는 길로 세 가지를 꼽는 의암이었으니 –

"첫째는, 의병을 일으켜 왜적을 깨끗이 쓸어내는 것이오.

둘째는, 고국을 떠나 뒷날을 채비하는 것이오.

셋째는, 자정(自靖, 자결)하여 스스로 깨끗이 하는 것이니, 저마다 제 뜻대로 좇아서 할 일이다."

이에 낯빛 하얗고 손목 가느다란 탕창짜리727들이 저저금 제 뜻을 밝히는데 –

"지금 당한 일은 짐승이 안되려면 죽어야 하며, 죽지 않으려면 짐승이 되어야 하니, 앉아서 죽기를 기다리는 것보다 차라리 일어나 왜적을 치는 것이 낫겠다."

---

726 언걸: 동티. 재앙. 지실. 언짢은 일. 나쁜 일.
727 탕창짜리: 탕건 쓰고 창옷 입은 사람. 곧 양반을 가볍게 일컫는 말

서울 출신 실곡(實谷) 리필희(李弼熙)가 말하였고, 상동 사이실 사는 퇴앙(退央) 안종응(安鐘應, 1845~1906) 아들 하사(下沙) 안승우(安承禹, 1865~1896)가 뒤를 받았다.

"장대 꼭대기에 깃발을 달고 적을 꾸짖다가 죽더라도 이는 아무 일도 하지 않는 것보다는 낫고, 또한 대의를 후세에 펴는 것이다."

하사와 한동네 사는 조은(釣隱) 리범직(李範稷, ?~1896)이 말하였다.

"자정하기도 어려우니 차라리 일을 하다가 형세에 부딪혀 죽는 것이 옳다."

제천 선비 입암(立庵) 주용규(朱庸奎, ?~1896), 강릉 선비 충재(忠齋) 오인영(吳寅泳), 성암(惺庵) 박주순(朴冑淳), 회당(悔堂) 박정수(朴貞洙), 겸암(謙庵) 최병식(崔炳軾) 및 연풍 선비 최열(崔列), 홍덕표(洪德杓) 및 리정규는 모두 의암과 함께 요동에 들어가 대의를 지키고자 하였고, 경재(敬齋) 양두환(梁斗煥)과 몇몇 동지들은 자정하기로 아뤄지었다.

양반 의병장과 평민 싸울아비어미

의병을 모으기로 하였다는 괴은 말 듣게 된 김백선은 크게 기뻐하며 거느리고 있는 여러 산포수들한테 모이도록 하였으니, 금왕골에서 60리쯤 떨어진 원주 안창(安倉)이었다. 지평 울안728에서 모이면 토왜(土倭)인 맹영재한테 들킬 걱정이 있으므로 안창으로 정한 것이었는데, 이제 강원도 원성군 지정면 안창리에는 괴은 처가가 있었다. 인목대비 친정인 연흥부원군 김제남 10세손 연안 김씨 대종가 김헌수(金憲洙)가 바로 괴은 장인이었다. 그런데 군량 내서 의병들을 잘 먹이기로 한 제남(悌男) 종손으로 개성유수와 한성판윤 지낸 김세기(金世基, 1852~1908) 전판서가 달아나 버렸고, 힘을 모아 주기로 한 원주군수 리병화(李秉和) 또한 뺑소니쳐 버렸을 때, 괴은은 소리쳤다.

"김과 리 이 두 자는 반드시 찾아내서 군률로 다스릴 것이다. 이른바 대신과 수령이란 자들이 나라를 잊고 의로움도 없고 부끄러

---

728 울안: 울타리로 둘러친 안쪽. 얼안. 테안. '역내(域內)'는 왜말임.

움이 없기가 이와 같으니 이는 모두 적의 무리이다. 먼저 이같은 무리를 죽인 연후에야 가히 천하의 이치를 밝히고 사람의 마음을 변하게 할 수 있다. 내가 비록 힘이 부족해서 왜적을 멸할 수 없더라도 이놈들은 반드시 죽일 것이다."

인목대비 친정집에 모였던 김백선 포군 400명을 비롯한 의병들이 밤길 80리를 걸어 충북 제천(堤川)으로 갔으나 제천군수 김익진(金益鎭) 또한 달아나고 없었으니, 군률에 걸어야 할 공다리가 한 사람 더 늘어난 것이었다. 12월 3일 새벽이었다. 나무거울729 같은 꼭두군사730들이 지키는 제천성을 불질 몇 방으로 두려뺀 지평의 진은 목대잡이 얼개를 짜는데 -

대장 리필희(李弼熙),

중군 리춘영(李春永),

선봉 김백선(金伯善),

군사 서상렬(徐相烈),

군무도유사 안승우(安承禹),

서기 원용정(元容正),

참모 리필근(李弼根)이었다.

충무공 리순신 장군 세손인 리필희는 지조와 절개가 훌륭한 무인이었는데, 화서(華西) 리항로(1792~1868) 문인인 서울 출신 성재(省齋) 류중교(柳重敎, 1821~1893)를 찾아낸 다음 투창(投槍), 곧 활과 창칼 던지

---

729 나무거울: 겉꼴은 그럴 듯하나 참으로는 아무 쓸모없는 사람이나 몬을 가리키는 말.
730 꼭두군사: ① 꼭두각시 놀음에 나오는 군사. ② 빠르게 움직이지 못하는 군졸을 빗댄 말.

x

x

고 붓을 잡은 사람이었고, 제천 선비인 경암(敬庵) 서상렬(?~1896) 또한 성재 문하에서 학문을 닦다가 성재가 돌아가자 "대들보가 꺾이고 산이 무너졌으니 이 도를 누가 붙잡으며 후학을 누가 가르치고 민생을 누가 건져주며 짐승같은 놈들을 누가 몰아낸단 말이냐?"고 땅을 치며 상복 입고 슬퍼하기를 3년을 하루같이 하던 대추씨처럼 뽓뽓한 선비였다.

제천에 들어간 이틀 뒤 단양(丹陽) 장회협(長淮峽)에서 다시 관군을 물리쳐 서슬 올린 지평의진이었다. 그런데 충주성을 치러 가자는 유생 의병장들 다조짐731 뿌리치고 경상도로 내려가는 사달732이 일어나니, 목대잡이 유장(儒將)들과 총바치733 싸울아비734들 사이에 북새통735이 일어났던 것이다. 안창에서 푸대접 받고 제천을 두려뺐으나736 제대로 먹고 쉬지도 못한 판에 다시 장회협 싸움에서 관군을 물리쳤다지만 300여 리 죽살이치고737 주럽떨738 틈도 없이 달려온 싸울아비들한테 곧바로 충주성을 치러 가자는 것은 억지였던 것이다. 무엇보다도 그리고 김백선 선봉장 돌려놓고 서상렬 사북739으로 움직이는 싸움이 마땅찮았던 것이니, 양반과 상놈 사이에 벌어지기 비롯한 '계급갈등'이었다. 「한말 의병전쟁의 민

---

731 다조짐: 일을 급하게 조짐. 바싹 쫴치어 몰아침.
732 사달: 일. 탈. 일거리. '사건(事件)'은 왜말임.
733 총바치: 총댕이. 포수.
734 싸울아비: 전사(戰士). '사무라이' 본딧말.
735 북새통: 여러사람이 한곳에서 부산하게 법석대는 바람.
736 두려빼다: 빼앗다. 떨어뜨리다. 함락(陷落)시키다.
737 죽살이치다: 어떤 일에 죽을힘을 모질게 쓰다.
738 주럽떨다: 고달프고 외로운 몸을 쉬다.
739 사북: 한가운데. 한복판. 고갱이. 뼈대. 알짜. 한허리. '중심(中心)'은 왜말임.

중적 성격」이라는 글에서 김도형 교수는 말한다.

부대 내의 대립은 대개 지휘권 다툼이 많았다. 그 단적인 예가 유인석 부대의 김백선 처형 사건이었다. 포수 출신이었던 김백선은 그 부대의 선봉장으로 여러 전투에 공이 있었으나, 중군 안승우와의 의견 대립으로 '양반불경·반역죄'로 처형된 것이다. 이 사건으로 "공(안승우)이 백선의 공이 많음을 시기하여 모함해서 크게 죽였으므로, 군사와 백성들의 인심을 잃었으니 그를 따를 수 없다"라 하여 포군은 대개 이 부대에서 이탈하였다. 이 유인석 부대에서는 이와 유사한 사건이 다수 발생하였다. 동학 두령 신처사(申處士)의 군 탈취 사건, 포군 영솔장 오장문의 처형, 포군 권선경(權善卿)의 문제 등이 있었으며, 평안도로 이동하여 의병활동을 할 때에도 포수 출신 전군장(前軍將) 최문환이 "권세를 탐하여 시기"한다고 죽인 일도 있었다. 그밖의 의병부대에서도 대장 이근풍(李根豐)이 여러 사람과 의견이 맞지 않아 부하에게 피살될 것이 두려워 도망한 일, 김기준(金基準)이 그 부대 대장 전해산(全海山)과의 권세 다툼으로 살해된 일도 있었다. 또 고인 출신 안계홍이 그 대장 강용언(姜龍彦)을 죽이고 스스로 대장이 된 일도 있었고, 그 부대의 부장이었던 림창모(林昌模, 문필에 능함)가 안계홍과 뜻이 맞지 않아 따로 부대를 독립한 일도 모두 이러한 이유라 생각된다.

송상도(宋相燾, 1871~1946)는 가난한 농가에서 태어나 한학을 익히며 권상익(權相翊)·전우(田愚)·곽종석(郭鐘錫) 같은 학자들을 찾아다녀

본데740를 넓히며 사학(史學)을 갈닦았던741 사람으로 1910년 한일
합방이 되자 망국의 슬픔을 안고 30여 년간 통국742을 돌며 애국
지사들 발자취 모아 『기려수필』이라는 책을 썼다. 책 이름에서도
알 수 있듯이 조랑말 타고 온 나라를 돌아다니며 의병장들 발자취
더듬어 보고 말하였다.

내가 지평 상석리(上石里)에 가서 이정규(李貞奎)가 엮어 만든 『창의
록(倡義錄)』에는 유인석·안승우·서상렬·나시운(羅時雲) 등 여러 사람
의 일은 모두 소상하게 기록되어 있었지만, 김백선에 이르러서는
그 사실도 기록되어 있지 않았다. 이것은 탄식스럽고 애석한 일이
아니겠는가. 나는 다른 데서 그 약력을 들어서 위와 같이 기록하고
이에 가탁하여 깊은 뜻을 드러내고자 한다.

같은 책에서 송상도는 안승우에 대해서 이렇게 적었다.

그때에 술·국수·물고기·고기를 가지고 온 사람이 있었는데 안승우
는 모두 손사래쳐743 받지 않으면서 말하기를 "이것을 병정들과 더
불어라면 받을 수 있으나 나 혼자 먹으라면 나는 차마 목구멍에 넘
길 수가 없다."고 하고 또 "내가 군수(軍需)로 쓰는 것은 모두 백성의
힘에서 나온 것이다. 진실로 일의 형편이 부득이하기 때문이다. 공

---

740 본데: 보아서 배운 범절(모든 차례)이나 솜씨나 알음알이.
741 갈닦다: 캐다. 파다. 파고들다. 마음 쓰다. 따지다. '연구(研究)'하다는 왜말임.
742 통국(通國): 온 나라. '전국(全國)'은 왜말임.
743 손사래치다: 손을 펴서 함부로 휘젓다.

용(公用) 이외에는 단 한 알이라도 허비할 수 없다."고 하고 기강을 엄하게 세워 추호도 범하지 않았다.

위정척사衛正斥邪란 무엇인가?

안승우는 유교적 애민사상에 빈틈없던 유생으로 여느 병정들과 똑같이 먹고 자면서 어떤 경우에도 사사로운 대접을 받지 않았다. 그러면서 여느 농민들한테서 함부로 물품을 거두어들이지 않았다. 여기까지만 보면 1,000년 전 궁예(弓裔)가 '장군'으로 떠받들려질 때와 똑같다. 그렇다고 해서 안승우를 비롯한 의병 한허리 유생들 생각이 이른바 부르조아적 뜻에서 만민 평등주의와는 달랐으니, 무엇보다도 그들은 위정척사론자들이었던 것이다. 위정척사(衛正斥邪)론이라는 것은 조선 사회를 버팅겨 내는 밑바탕 이념 곧 이데올로기로서 주자학을 봉건왕조를 지켜 내기 위한 정학(正學)'으로 하고 주자학 밖 모든 사상철학과 학문을 '사학(邪學)'으로 내치는 것이었다. 조선 사회를 지배하고 있는 오직 하나뿐인 사상 체계였다. 종교였다.

근세 조선 유학을 대표하는 주자학자 3인이 화서 리항로(李恒老, 1792~1868)와 노사(蘆沙) 기정진(奇正鎭, 1798~1876)과 한주(寒洲) 리진상(李震相, 1818~1885)이었는데, 하나같이 주리철학자들이었다. 우주만물을 이루고 있는 밑바탕 원소, 곧 힘을 '리(理)'로 보는가 '기(氣)'로 보는가 하는 철학 근본문제를 놓고 그들은 퇴계(退溪) 리황(李滉, 1501~1570)이 내대었던 주리론(主理論)을 따라갔던 것이다. 더구나 의

병장으로 이름 높았던 양헌수(梁憲洙)·최익현(崔益鉉)·류중교(柳重教)·류
인석(柳麟錫) 같은 이들이 모두 리항로 문하생들이었는데, 그 가운데
서도 류인석 문생들은 590여 명에 이르렀다고 한다.

을미의병乙未義兵 이데올로기

민중전(閔中殿)이 왜노한테 학시(虐弑)당하고 단발령이 내려지면서
불붙기 비롯한 을미의병이었다. 의병 모람744들은 거의 농군들이
었다. 그런데 이 을미의병 목대잡이745들 가운데 농군 의병장은
없다.

중화문명을 잃어버린 뒤로는(명나라가 결딴남을 말함) 공맹정주(孔孟程朱)
도맥(道脈)이 청구(靑丘)에 간직되어 마치 마지막 남은 실과가 따먹히
지 않고, 너머(넘어)진 나무에서 겉움이 돋은 것처럼 되었사오니 선
왕께서 떠받들어 넘겨주셨고 어렵게 간직하였습니다.
명나라 남은 백성으로서 (…) 온 세상이 더럽게 되었는데 오직 홀로
우리나라만이 동쪽에 있어서 조그마한 땅이나마 깨끗이 간직했으
니 이른바 하나 남은 실과가 따먹히지 않았다는 격.

류인석과 최익현이 올린 상소문 한 어섯746이니, 이 세상에 오직

---

744 모람: 식구. 모인 사람. 짜인 사람. '구성원(構成員)'은 왜말임.
745 목대잡이: 여러 사람을 거느리고 일을 시키는 사람.
746 어섯: ①몬(사물) 한조각에 지나지 못하는 남짓. ②옹글게 다 되지 못하는 만큼

하나만 남겨진 유교나라임을 떳떳해 하고 있다. 주역(周易) 박괘(剝卦)에 나오는 석과불식(碩果不食) 일선양맥(一線陽脈)에 비추어 보고 있다. 류인석과 최익현이 내대는747 것은 이른바 척사운동인데, 삿된 것을 물리친다는 이 척사운동은 효종 때 비롯된 북벌론에 그 뿌리를 두고 있다. 이것은 조선 선비들이 스스로를 높이는 터무니748였던 바, 그것은 서양 오랑캐를 물리쳤다는 병인·신미 두 양요 때부터 무력항쟁으로 나타나 을미의병에서 그 고빗사위749에 이르렀던 것이다.

여기서 비추어 볼 것은 조선 왕조 제17대 왕 시호인 효종이 남송(南宋)황제 효종과 그 글자가 똑같다는 점이다. 만주벌에서 일어난 여진족한테 쫓겨 장강(長江) 아랫녘으로 밀려내려간 남송황제 효종(孝宗)은 주자같은 이들이 내대었던 여진족 금(金)나라에 빼앗긴 옛땅인 북송(北宋)을 되찾아야 된다는 북벌론과 조선 효종이 송시열 같은 주자주의자들이 눈비음750으로 내세웠던 여진 오랑캐가 세운 후금(後金)을 쳐 나라부끄럼을 씻어야 된다는 북벌론과 똑같다는 점이다.

갑오왜란을 당해서 오직 하나뿐인 입신양명 길이었던 과거제도가 없어짐으로써 양반으로서 누리던 따논자리751를 잃게 된 주자주의자들은 물러설 데가 없었다.

---

747 내대다: 쌀쌀하게 쏘거나 뻗대어 물리치다. '주장(主張)'하다는 왜말임.
748 터무니: 터를 잡은 자취. '근거(根據)'는 왜말임.
749 고빗사위: 가장 종요로운 고비 아슬아슬한 때.
750 눈비음: 남 눈에 들게 겉으로 꾸미는 일.
751 따논자리: 차지한 자리. 따논 힘. '기득권(旣得權)'은 왜말임.

무장력 고갱이를 이루는 것은 총바치 또는 총댕이, 곧 선방포수 (善放砲手)들이었지만, 의병 싸울아비어미들은 얼추 낫과 쇠스랑이나 곡괭이며 기껏 죽창 쥔 농투산이들이었다. 그러나 이마에 흰 무명수건이나 누런 베수건 질끈 둘러 왜병·관병과 다름 내세운 농군들이 많았다고 해서 을미의병을 농민봉기로 봐서는 안 된다. 을미의병 이데올로기는 어디까지나 척사위정과 복고주의사상이었으며 그 원몸은 저 효종 때부터 내려오는 북벌론 갈래 유생들이었던 것이다. 춘천의병이 처음 일떠섰을752 때는 춘천유수였던 민두호(閔斗鎬)가 세운 생사당(生祠堂)을 때려 부수며 농군반란 모양새를 보이기도 한다. 그러나 뚜렷한 사상철학으로 안받침753 된 채잡이754없이 울근불근하기755만 하다가 척사유림(斥邪儒林) 대표자인 류인석 문하 리소응(李昭應, 1861~1928)한테 목대잡이 자리를 내어주고 말게 되니, 먹물 안 든 농군들 테두리756였다.

세계 제국인 대원제국을 일으킨 칭기즈 칸 손자인 원 세조(元世祖) 쿠빌라이는 대원제국 사람들 신분서열을 10등급으로 나누었는데, 그 차례가 재미있다. 조선 선비들 등급이 창녀(娼女) 다음 거지 앞이었던 것이다.

---

752 일떠서다: 들고 일어나다. 세차게 일어나다. 벌떼같이 일어나다. 봉기(蜂起)하다.
753 안받침: 안에서 받쳐 줌.
754 채잡이: 어떤 일을 하는 데 으뜸이 되어 그 일을 다루는 이.
755 울근불근하다: 으르대며 감정 사납게 맞서다.
756 테두리: '한계(限界)'는 왜말임.

1. 벼슬아치

2. 구실아치

3. 승려

4. 도사(道士)

5. 의원

6. 기술자

7. 공장이

8. 창녀

9. 유학자(儒學者)

10. 거지

민족서열은 꼴찌 바로 앞이다.

1. 몽골족

2. 터키계

3. 이슬람계

4. 유럽계

5. 인도계

6. 한족(漢族. 거란족, 여진족, 고리족)

7. 만자(蠻子)757

---

757 만자(蠻子): 몽골족한테 끝까지 앙버틴 남송유민(南宋遺民)으로, 그 군사를 '만자군 (蠻子軍)'으로 불렀음. 되만. 오랑캐만. 새소리만. 야만만.

쿠빌라이는 한족한테 3가지 졸아든 느낌을 갖고 있었으니 -

1. 몽골족 숫자가 한족보다 훨씬 적다.
2. 문화적으로 뒤떨어진다(그래서 과거제를 없앴음).
3. 한족은 농경사회라는 것.

주자주의자였던 조선사대부들 업보는 리황(李滉)과 김숙자(金叔滋)와 김종직, 정여창(鄭汝昌)과 김굉필(金宏弼)한테서 볼 수 있듯이 모든 부 바탕인 논밭을 도차지했다는 데 있다. 잣단지주를 넘어 대지주였던 것이다.

헨리 조지(1839~1897)라는 사람이 있었다. 이 세상에서 일어나는 모든 불행의 뿌리는 땅에 있다고 보았던 북미 합중국 경제학자였다. 독궁구로 이 세상 모순과 부조리 갈피758를 깨우친 '비주류'였다. "불평등한 토지소유는 반드시 불평등한 부의 분배로 이어지므로, 아무리 앞서가는 문명사회를 자랑해도 반드시 무너지고 만다. 그러므로 토지는 모두가 똑고르게 나눠야 한다." 레위기식으로 말하면 토지사용자의 희년제(禧年制)를 되찾아야 된다는 것으로, 조지가 내대었던 '양심경제이론'이었다.

헨리 조지 사상과 똑같이 생각했던 것이 버나드 쇼와 톨스토이와 손문(孫文)이었고, 헬렌 켈러와 아인슈타인은 우러르는 뜻을

---

758 갈피: 턱. 이치.

가졌다. 톨스토이는 헨리 조지가 쓴
『진보와 빈곤』을 읽은 다음 『부활(復
活)』에서 조지사상을 가장 좋은 토지
제도로 그리기도 했다. 늙마759에 했
던 가출 또한 헨리 조지 사상에 입김
을 받았던 것이라고 한다. 헨리 조지
는 묻는다.

PROGRESS AND POVERTY:

AN INQUIRY INTO THE

CAUSE OF INDUSTRIAL DEPRESSIONS,

AND OF

INCREASE OF WANT WITH INCREASE OF WEALTH.

THE REMEDY.

BY

HENRY GEORGE.

NEW YORK:
D. APPLETON AND COMPANY,
1, 3, and 5 BOND STREET.
1881.

『진보와 빈곤』 1881년판 표지.

왜 문명이 발달하고 세상이 풍요로
와진다고 하는데, 사람들은 더 많이
가난해지면서 그리고 더욱 죽을만
큼 가난해지는가?

양반한테 고분고분하지 않고 버릇없이 대들었다는 죄목으로
오라진 김백선이 늙으신 어머니를 한 번 뵈옵고 죽게 해 달라는
것을 내박차고 숨을 끊어 버렸던 류인석 또한 왜병과 싸울 미륵뫼
총댕이들이 흩어져 버리자 만주로 뺑소니치고 말았으니, 소중화
이데올로기에 사로잡힌 탕창짜리760 테두리였다.

그때 김백선을 오라지웠던 것은 죄지은 자들 묶을 때 쓰던 붉은
노끈으로 꼰 홍사줄이 아니라 그물이었다. 그것도 범·곰 잡을 때
쓰는 쇠그물. 제아무리 쇠그물이라지만 힘 한 번 불끈 쓰면 끊어

---

759 늙마: 늘그막
760 탕창짜리: 탕건 쓰고 창옷 걸친 양반을 가볍게 이르던 말.

져 버릴 만큼 김백선은 천하장사였으나, 가만히 있었다. 6척 키에 떡벌어진 어깨, 거무튀튀하지만 탁탁한 낯빛에 화등잔처럼 부리부리한 눈 가진 우람한 덩치였다. 왼종일 범·곰 같은 무서운 짐승들과 죽살이치고 나서도 신둥신둥한[761] 장사였다. 그런 사람을 죽여버리고 만주벌판 떠돌던 류인석이 읊조렸다는 시이다.

나이는 늙었으나
붉은 마음 다져진다
이국에서 성성백발
온갖 풍상 겪었구나
바라노라
내 나라여 새 운수 돌아오기를
생각하노라
내 나라가 백성나라 되올 일을
여생이 다하도록
자나깨나 근심이다
만 번 죽더라도
하자던 일해야 하지
그대들아
내 다시 권하고 싶은 말
애옥한 앞길에는

---

761 신둥신둥하다: 기운이 줄지 아니하고 본디대로 아직 남아 있다.

승리가 있느니라

　　　　　- 『의암집(毅菴集)』

충주성 두려뺀 미륵뫼 총댕이들

이제 경상북도 영주(榮州)인 순흥(順興)에서 5박 6일 동안 머무르게 된 지평의진(砥平義陣)은 괴은(槐隱) 리춘영(李春永, 1869~1896)을 제2대 대장으로 모시고 소를 잡아 먹으며 이제 단양(丹陽)인 영춘(永春) 거쳐 강원도 영월(寧越)로 올라간다. 그리고 그곳에서 의암 류인석을 제 3대 대장으로 모시고 의진 얼개를 다시 넓혀 짜는데, 선봉장 자리는 여전히 김백선이다. 다시 제천으로 내려가 소를 잡아 싸울아비762들 어루만진 류인석 대장이 충주성에 다다른 것은 1896년 정월 초닷새였다.

충주성을 지키는 병력은 왜병 200여 명, 경병 400여 명, 충주 테안763 병대가 500여 명이니 모두 1,100여 명이었다. 의병 숫자는 호왈 4천여 명으로 좌군장인 전 승지 우기정(禹冀正)이 그땅에 붙박이로 사는 사람 가운데 뽑아 온 발민군(拔民軍) 3,000여 명과 리조승이 모아 온 500여 명이 지평의진을 돕고 있어 대단한 숫자로 보였

---

762 싸울아비: 전사(戰士). '사무라이' 본딧말
763 테안: 테두리 안. 얼안. 모든 곳.

으나, 총을 지닌 싸울아비들은 김백선이 거느리는 용문산에서 큰 불놓이[764]하던 총댕이[765] 400여 명이 모두였다.

400여 명과 1,100명, 언뜻 3대1 병력이니 '껨이 안되는' 싸움이다. 거기다가 의병들이 지닌 꺾은대 곧 화승총은 기껏 100보, 그러니까 한 200미터 안팎밖에 못 나가는데, 왜병·경병이 지닌 양총은 400야아드, 곧 한 800미터쯤 나가는 네덜란드제 소총과 스나이더 소총·무라다 소총이었다. 한 가지 의병들한테 유리한 점이 있다면 400여 총바치[766] 모두가 경기도에서 가장 큰 산인 용문산에서 범·곰 잡던 명포수들이라는 것이었다. 깊은 산속에서 범·곰같은 사나운 짐승들과 맞닥뜨렸을 때 한방에 그것들을 쓰러뜨리지 않고서는 포수가 죽게 되니, 백발백중일 수밖에 없는 총댕이들이었던 것이다. 용문산 총댕이들을 가리켜 그때 사람들은 '일방포수'라고 불렀으니, 한 방에 맹수들을 쓰러뜨리는 명포수라는 것이었다.

'일방포수' 이야기가 나온김에 총 이야기를 조금 해야겠다. 왜병들이 썼던 '무라다 소총'은 1880년 법국, 곧 프랑스 총을 본보기로 만든 신식 무기였다. 왜인들이 새롭게 고친 무라다 총은 사정거리 2,400미터였는데, 1889년 더 좋게 만든 '무라다 연발총'이 근대적으로 짜여진 사단에 두루 퍼져 1894년 갑오농민군을 호되게 마구 죽이는 데 쓰였다. 활·창·칼 같은 옛 병장기와 얼마 안되는 화승총 그리고 쇠스랑이나 죽창 들고 싸웠던 농군들은 단목에

---

764 큰불놓이: 범·곰 같은 사나운 짐승을 총놓아 잡는 것.
765 총댕이: 총바치. 포수(砲手).
766 총바치: 총댕이.

40방씩 나가는 회선포와 무라다 소총 앞에 꽃잎처럼 떨어져 버릴 수밖에 없었으니, 애홉어라767. 병장기 다름이여.

그것은 그리고 충주성 싸움 30여 년 전 강화섬에서 있었던 병인양요 때로 올라간다. 화서 제자였던 유장(儒將) 양헌수(梁憲洙, 1816~1888)가 이끌고 가서 법국 육전대 물리쳤던 것이 바로 용문산 총댕이들이었다. 매킨지 기자가 1907년 양평 들머리768 아신 강가에서 산자락 등지고 박은 의병대 사진 가운데 두 줄로 16개 단추 달린 검정 외투 걸치고 무슨 군모 쓴 의병이 있는데, 병인양요 때 용문산 총댕이들이 빼앗은 프랑스 해병대 장교 복장인 것이다. 양헌수 장군 때부터 김백선 장군 때까지 대물림 된 프랑스군 장교 차림새 한 그 의병은 그리고 김백선 장군 뒷사람 총바치일 것이라는 생각이니, 그렇게 이어져 후물림 되는 것이 바로 '역사'인 까닭에서이다.

화승대 쥔 미륵뫼 꽃두레

법국 육전대 장교 복장을 한 의병 바른쪽으로 한 사람 지나 작은 키에 앳된 얼굴로 화승대 꼬나쥔 의병이 있으니, 꽃두레769이다. 놀랍게도 여성 의병인 것이다. 아마도 오라버니나 아저씨 또는 이웃사촌 총댕이 좇아 의병에 들게 된 이팔 아가씨로 보이는

---

767 애홉어라: 슬퍼라.
768 들머리: 들어가는 맨 첫머리. 들목. 들문. 입새. 초입. 초입새. 아가리. 주둥이. '입구(入口)'는 왜말임
769 꽃두레: 처녀(處女).

프레데릭 매킨지가 촬영한 정미의병 사진(1907).

데, 놀라워라. 그러니까 다시 말해서 '백마 탄 여장군 김명시(金命時)'와 '지리산 여장군 정순덕(鄭順德)' 전배 여장군으로 불러 조금도 모자랄 것이 없지 않은가. 위쪽으로 대를 잡자면 27년 전 갑신거의(甲申擧義)를 안받침770했던 어처구니771 여장사 고대수(顧大嫂) 후래가 되는 이 꽃두레 싸울어미772한테 눈길 주는 사람은 아무도 없으니, 아! 그리워라. 의병대 들었던 싸울아비어미들이여! 그이들은 죄 어드메로 가셨단 말인가?

미륵삼사(彌勒三寺) 지키던 승병들과 손잡은 의병, 곧 의승병들한테 혼띔773한 왜병이 오로지 미륵뫼 총댕이들 잡고자 히로시마에서 된닥달774 받고 온 1907년 끝무렵부터 다음해 첫 때까지 '결사

---

770 안받침: 안에서 받쳐줌.
771 어처구니: 엄청나게 큰 몬이나 사람.
772 싸울어미: 여전사(女戰士).
773 혼띔: 혼이 나가게 꾸짖거나 닦달하는 것.
774 된닥달: 무섭게 받는 몸기르기. 훈련.

항전'하던 의승병들은 미륵삼사가 불탄 다음 혜목산(慧目山) 고달사(高達寺)로 갔다가 마침내 견딜 수 없어 두물머리775로 간다. 벚고개776 너머 제천·충주 쪽으로 내려간 이들도 있었지만 거지반 북쪽으로 올라간다. 여염집 문짝 떼고 솔가지 엮어 쪽배 띄운 그이들은 두물머리 벗어나고 임진나루 건너 예성강을 넘어가니, 경기도 지평 미륵뫼에서 몰록777 사라진 의승병들이 아이오778 황해도에서 불꽃처럼 떨쳐 일어서게 되는 까닭일레라. 진득찰도깨비779 같은 왜병 토벌대에 쫓긴 그들은 구월산 너머 평안도로 올라갔고, 장딴지에 달라붙는 거머리떼 같은 왜노들이 갈겨 대는 세계 최강 불땀질780 쫓겨 압록강 넘어가니, 만주였다. 그때부터 요동벌에서 말 달리던 미륵뫼 총댕이들이었구나.

봉오동 싸움·청산리 싸움 으뜸구실은 바로 그이들이었으니, 김백선(金伯善) 장군(1848~1896) 떠올리게 하는 함경도 총댕이 도꼭지781였던 홍범도(洪範圖) 장군(1868~1943) 요동벌 같은 어깨 밑으로 들어간 것이었다. 1920년 6월과 10월이니 미륵뫼 총댕이들이 두물머리 건넌 때로부터 12년 만이었고, 그때부터 그이들은 '의병' 또는 '의승'에서 '독립군'으로 그 이름이 바뀌게 된다.

왜제 때 요동벌에서 말 달리던 의승병 뒷몸인 독립군은 백여 갈

---

775 두물머리: 남한강과 북한강이 합수되는 용문산 자락 강물. '양수리(兩水里)'는 왜노들이 바꾼 이름임.
776 벚고개: 경기도 양평군 청운면에서 양동면으로 넘어가는 고개.
777 몰록: 문득. 갑자기.
778 아이오: 갑자기. 느닷없이.
779 진득찰도깨비: 검질기게 달라붙어 떨어지지 않는 것을 이르는 말.
780 불땀질: 총질.
781 도꼭지: 어떤 쪽에서 가장 으뜸이 되는 사람

래가 넘었는데, 세계 최강을 자랑하던 관동군이 가장 두려워했던 것이 미륵뫼에서 올라가 홍범도 장군 밑에서 싸웠던 총댕이들이 었다. 범·곰 같은 사나운 짐승들을 불질 한 방에 잠재우던 '일방포수'들이었다. 그래서 붙게 된 딴이름이 '노인부대'였다. '오랑캐로 오랑캐를 누른다'는 한족(漢族)들이 즐겨 쓰던 이른바 '이이제이(以夷制夷)' 싸울꾀782를 슬갑도적질783한 관동군이었으니, '간도특설대'였다. 1938년 9월 15일. 미륵뫼 총댕이들 나이가 1907년 이제 10대 중후반이었으니, 1938년이면 40대 중반에서 50대 초반이 된다. 30대에 손자를 보던 시절이었으므로 사중오초(四中五初)면 그야말로 '노인'인 것이다. 노인부대에는 그리고 할머니 싸울어미들도 있었다고 하니, 매킨지 기자가 아신 강가 멧자락에서 박은 사진에 나오는 그 꽃두레도 들었을 될끼784가 높다. 그런데 여성해방과 여권신장에 목을 맨다는 그 많은 여성운동가들은 노인부대에서 싸울아비들과 똑같이 싸웠던 싸울어미들에 대해서는 구린입785도 떼지 않는다. 제국주의 앞잡이였던 YMCA가 어떻고 YWCA가 어떠며 유명짜한786 정치장사꾼 안해787였던 할머니가 어떻다고 찧고까불어쌀788 뿐, 1907년 8월 첫 때 일떠선789 꽃두레 싸울어미한

---

782 싸울꾀: '전략(戰略)'은 왜말임.
783 슬갑도적(질): 남 시문(時文) 글귀를 몰래 훔쳐서 그것을 그릇 쓰는 사람을 웃는 말. '표절'은 왜말임
784 될끼: '가능성(可能性)'은 왜말임.
785 구린입: ① 구린내 나는 입. ② 더럽고 주제넘은 말을 하는 일.
786 유명짜하다: '유명하다'를 힘주어 하는 말
787 안해: '아내' 본딧말.
788 찧고까불어쌀다: 이러쿵 저러쿵 여러 말들이 많은 것.
789 일떠서다: 봉기(蜂起)하다.

허형식.

테는 한 눈길도 주지 않는다.

홍범도 장군이 러시아령으로 넘어간 다음 미륵뫼 총댕이들 채잡아 세계 최강 관동군과 싸웠던 것은 허형식(許亨植) 장군(1909~1942)이었다. 오카모토 미노루 그러니까 민족 반역자 박정희(朴正熙, 1917~1979)와 '철길 하나 사이'에서 태어난 허위(許蒍) 선생(1855~1908) 길카리790인 허형식 장군은 러시아령 쪽으로 올라가자는 '청년장군' 말에 살푸슴791하며 왼고개친다792.

"혼자 가시게. 나는 예서 뼈를 묻을 작정이네."

1942년 8월 3일 허형식 장군이 전망(戰亡)하신 다음 미륵뫼 총댕이들 도꼭지가 된 것은 최현(崔賢) 장군(1907~1982)이었다. 젠다오[間島] 길림성(吉林省) 훈춘현(琿春縣)에서 독립군 아들로 태어나 하바로브스크에 있는 누님댁에서 자랐다. 17살 때부터 항왜운동에 몸을 던져 6년 징역을 살고 나온 1932년부터 본이름 최득권 대신 최현으로 바꾸었다. 8·15를 맞아 청년장군이 세운 평양정권에 들었는데, 마지막까지 요동벌에서 세계 최강 관동군과 싸웠던 것이 최현 장군이 거느리는 '노인부대'였다. 이제 평양정권 2인자인 최룡해(

---

790 길카리: 먼촌 일가붙이.
791 살푸슴: 살풋웃음. '미소'는 왜말임.
792 왼고개친다: 아니라고 고개를 흔든다.

崔龍海)는 최현 장군 아들이다. 김일 성(金日成)·무정(武亭)·최용건(崔庸健)· 김책(金策)·김일(金一)·안길(安吉)과 함 께 북조선 출신 '인민의 장군' 7명 가운데 하나였다. 칠성(七星) 장군.

최현.

8·15를 맞아 남쪽 옛살라비793 찾 아온 이들도 있었지만 거지반 최현 장군 미좇아794 평양으로 간 미륵뫼 총댕이들이었는데, 가뭇없이795 사 라지고 말았다. 이른바 역사라는 이 름 비정한 강물 따라 그렇게 흘러가 버린 것이었다. 그이들은 그 리고 '태항산(太行山) 표범' 무정 장군(1905~1951)을 곁부축796하다 된 불797 받았다고 하니, 아! 역사란 무엇인가? 무엇을 가리켜 '역사' 라고 하며, 그리고 무엇을 가리켜 우리는 또 '싸울아비어미'라고 부를 것인가?

---

793 옛살라비: 고향
794 미좇다: 뒤따라 가다.
795 가뭇없이: 자취없이.
796 곁부축: 겨드랑이를 붙들어 걸음을 돕는 것.
797 된불: 무서운 억누름.

"왜놈은 얼레빗 되놈은 참빗"

'사대자소(事大字小)'라는 말이 있다. 작은 나라가 큰 나라를 섬기면 큰 나라가 작은 나라를 돌보아 준다는 이 말이 비롯된 것은 고리가 무너지고 조선이 세워지는 '리말선초'부터였다. 중국에서 저희나라에 조공 바치는 언저리 나라와 그 나라 맨윗자리에 있는 왕실이 올바른 정통성, 그러니까 풀어 말해서 올바른 내림줄기798 따르고 있다고 해주는 것으로, 중국을 사북799으로 한 동아시아 국제질서 바탕틀을 말한다.

황제를 일컫고 개경을 황도(皇都)라고 일컬으며 중국과 똑같은 사이로 서 있던 고리가 중국 무릎 밑으로 들어가게 된 것은 대원제국 시절부터였다. 그러나 줏대 짱짱한 자주적 독립국가였으니, 다음 8자 외교 원칙이 그것을 웅변하여 준다. '사이불복(事而不服), 비이불굴(卑而不屈)'. 섬기되 굽실거리지 않고, 낮추되 무릎꿇지 않

---

798 내림줄기: 전통(傳統).
799 사북: 중심(中心).

는다. 이런 드레진800 민족자주·민족자존 맨두리801가 꺾여지게 된
것은 임병양란을 겪으면서였다. 팔기군(八旗軍) 4만 5천 명을 보내
서 왜적을 물리쳐 주겠다는 누르하치 좋은 말을 "여진족 따위 오
랑캐 도움은 쓸데없다"는 한마디로 자빡놓은802 선조가 매달렸던
것은 '아버지 나라'인 명나라였으니, 겨레 살매803였다.

리여송(李如松, 1549~1598)이 4만 3,000명 명군 데리고 왔을 때, 황제
폐하 대하듯 다섯 번 절하고 세 번 머리 조아리는 오배삼고두(五拜三
叩頭) 하였으니, 45년 뒤 손자뻘 인조가 누르하치 아들 홍타이치한
테 세 번 큰절 올리고 아홉 번 이마를 땅바닥에 짓찧는 삼배구고
두(三拜九叩頭) 본때를 보인 것이었다. 임진왜란을 불러온 까닭이 명
나라를 받드는 대명사대(對明事大)를 하느라 국방력을 게을리한 탓
이었다. 명나라가 있는 서쪽으로는 오줌도 누지 않는 것은 물론이
고 등을 보이고 앉지도 않았던 선조가 대명제국 병부상서(兵部尙書)
석성(石星)과 제독 리여송 생사당(生祠堂)을 세웠던 것은 아버지나라
인 명나라 은혜를 갚고자 하는 천륜(天倫) 도리를 다하자는 것이었
다. 가없는 어버이 은혜를 안갚음804하고자 하는 선조 지극정성은
생사당을 세우는 것만으로 그치지 않았으니 - 그들이 쌓은 보람
을 아로새긴 송덕비와 구리로 만든 기둥꼴 기림비인 동주(銅柱)를
온 나라 곳곳마다 세우는 것이었다. 명나라 처지에서 볼 때 왜나

---

800 드레지다: ①사람 됨됨이가 틀거지가 잡혀 있어서 가볍지 아니하다. 점잖아 무게
가 있다. ②몬(물건) 무게가 가볍지 아니하다.
801 맨두리: 몸가짐. 마음가짐. 자세(姿勢).
802 자빡놓다: 못박아 딱지놓다.
803 살매: 운명(運命).
804 안갚음: 어버이 은혜를 갚음.

조선이나 똑같은 '오랑캐'일 뿐이었다. 그러므로 명나라가 이제 베트남 쪽에서 뽑은 남만(南蠻)과 북쪽 몽골과 만주 여진족으로 이루어진 지원군을 보낸 것은 '오랑캐로 오랑캐를 다스린다'는 '이이제이(以夷制夷)' 솜씨였다. 다른 점이 있다면 왜는 '역이(逆夷)'였고 조선은 '순이(順夷)'였을 뿐이었다. "네 발 달린 짐승 가운데 걸상만 빼놓고 다 먹는다."는 한족들한테 치를 떨던 조선 인민들이었으니, 『연려실기술』에 나오는 대문이다.

왜놈은 얼레빗이고, 되놈은 참빗이다.

명군이 들어가는 마을에서는 소나 돼지와 닭 같은 가축이 몽땅 없어진다. 명군이 가장 즐겨 먹는 것은 닭이어서 피 한 방울이라도 버리는 것이 없다.

명나라 14대 황제 신종(神宗, 1572~1620) 제단인 대보단(大報壇)을 창덕궁 후원에 세운 것은 숙종 31년(1705년 3월)이었고, 청주 화양동(華陽洞)에 명나라 마지막 황제 의종(毅宗)인 숭정제(崇禎帝)를 제사하는 만동묘(萬東廟)를 세웠으니, 송시열 남긴 가르침에 따른 것이었다. 한족이 비롯된 황하(黃河) 물줄기가 구부러지고 휘어짐이 심하나 끝내 동쪽으로 흘러간다는 뜻인 '만절필동(萬折必東)' 첫 자와 끝 자에서 딴 것이었다. 중국 황하에서 비롯된 문화가 마침내 동국, 곧 조선으로 온다는 뜻이다. 이 말은 또 탕창짜리들이 즐겨 쓰던 말로 — 일이 곡절을 겪더라도 마침내는 본뜻대로 된다, 충신 절개는 꺾을 수 없다는 뜻으로 쓰였다.

동궐도.

　조선 왕조 첫 때까지 지켜졌던 사대는 나라 이해득실에 따라 가려잡았던 어쩔 수 없는 소납805 같은 것이었다. 이소역대불가(以小逆大不可), 그러니까 작은 것이 큰 것을 거스를 수 없다는 것으로, 리성계(李成桂)가 위화도 회군 명분으로 내세웠던 것이기도 하니, 그로부터 비롯된 군신의리(君臣義理)였다. 명제국을 마음놓게 하는 속으로 요동정벌 꿈 다지던 정도전(鄭道傳)이 리방원(李芳遠)한테 버히어진 다음부터 꿈으로 끝나 버린 다물806 정신이었다.

　명과 조선 사이가 하늘이 정한 윤리인 천륜(天倫)자리 부자관계로 바뀐 것은 중종반정(中宗反正)이 일어나면서였다. 군신의리와 부자의리는 하늘과 땅만큼이나 다른 것으로 - 군신의리는 신하가

805　소납: 어떤 일에 저마다 쓰이는 몬.
806　다물: 잃어버린 나라땅을 되찾자는 고구리 말.

일됨새807 따라 다른 임금을 섬길 수 있다는 '인륜(人倫)'인 것이라면, 부자의리는 하늘과 땅처럼 바뀔 수 없는 '천륜(天倫)'인 것이었다. 천륜이 무서운 것은, 자식이 부모를 섬기듯 어떤 때 어떤 일됨새에서라도 사대해야 되는 것이다. 연산군 몰아내고 중종을 새 임금으로 앉힌 '반정' 구실을 명나라에 새겨 말하기 어려웠던 반정 고갱이808들 괴로움이 담겨 있는 것이었고, 이러한 권세자루809 잡은 이들 구실에 이론적 논리 부여, 그러니까 풀어 말해서 가리새810 살펴 갈피811를 세워 준 것이 리황과 리이 같은 철학자였다.

이른바, 재조지은(再造之恩), 그러니까 나라를 다시 세우게 해 준 하늘같은 은혜 베푼 명나라를 받들어 모셔야 되는 존명의리(尊明義理)가 이러지도 저러지도 못하게 되었으니, 정묘호란(丁卯胡亂)과 병자호란(丙子胡亂)이었다. 날짐승과 길짐승 같은 오랑캐라며 나지리 여기던812 여진족한테 아얏소리도 못하고 무릎 꿇게 됨으로써 동아시아에서 명제국 다음 버금 우두머리임을 자랑스럽게 여기던 조선으로서는 그야말로 굽도젖도813 할 수 없는 꼴로 떨어져 버린 것이었다. 인조반정이라는 서인 쿠데타 일으킨 노론정권 죗값이었다.

---

807 **일됨새**: 꼴. 앞뒤. 셈평. 움직임. '상황(狀況)'은 왜말임.
808 **고갱이**: '핵심(核心)'은 왜말임.
809 **권세자루**: '권력(權力)'은 왜말임.
810 **가리새**: 조리(條理).
811 **갈피**: 이치(理致).
812 **나지리여기다**: 경멸(輕蔑)하다.
813 **굽도젖도**: 이러지도 저러지도.

외로웠던 임금 광해군光海君

'기미(羈縻)'라는 말이 있다. 말 낯에 씌우는 굴레를 '기'라 하고, '미'는 소를 붙잡아 매는 고삐를 뜻한다. 본디 농경민족인 한족이 유목민족인 흉노(兇奴) 같은 북방 오랑캐를 다루는 살꾀였으니, 덜 깨서 사나운 짐승같은 오랑캐를 잘 구슬려 다독거림으로써 평화를 지켜 내자는 것이었다. 그리고 그런 기미책으로 여진족을 다독거리면서 속에서 힘을 기르는 자강책(自强策)으로 임진왜란 당해 거덜난 조선을 다시 세우려던 광해군이었다. 이런 광해군을 밀어낸 노론정권 고갱이들이 입을 모아 부르짖은 8자진언(八字眞言)이 있으니 -

물실국혼(勿失國婚), 숭용산림(崇用山林)!

왕비는 노론집단 여자만으로 하고, 산림선비를 내편으로 하자는 것이었다. 왕비는 열매이고 선비는 줄기이니, 팔매질 한 번에 두 마리 토끼를 잡겠다는 다짐이었다. 요즈막 먹물들이 쓰는 말로 하자면 이론과 현실 또는 관념과 실질이 되겠다.

광해군이 무너진 것은 믿을 만한 앞방석·곁방석814이 없었다는 데 있다. 이제로 말하면 청와대 경호실장인 훈련대장을 너무 자주 바꾸었다. 6년 동안 11번이나 바꾸었으니, 한 해에 두 차례나 바꾸었던 것이다. 그만큼 믿을만한 조치개815가 없었다는 말이겠다. 광해군은 외로운 사람이었다.

서인 쿠데타 고갱이들이 끌어댄 반란군은 천 명쯤이었다. 그것도 장단부사(長湍府使) 리서(李曙, 1580~1637)가 거느리던 400여 명만 빼고는 군대라고 할 수도 없는 어중이떠중이들이었다. 궁궐 방어군 사령관인 리흥립(李興立, ?~1624)이 거느리는 훈련도감 병정들은 500명이 넘는 날카로운 싸울아비들이었다. 그런 리흥립이 반란을 얽이잡아816 치른 리귀(李貴, 1557~1633)와 짬짜미817 맺고 있었으니, 광해군 살매였다. 광해군 눈 밖에 났던 리흥립으로서는 살길 찾아 반란군과 손잡은 것으로 봐야겠다. 정사공신(靖社功臣) 1등으로 광주군(廣州君)이 되어 수원부사 겸 경기방어사로 있다가 한 해도 못되어 일어난 '괄련(适璉) 반반정(反反正)'에 두 손 들었다가 자진(自盡)했으니, 리흥립은 불행한 사람이었다.

도움거리 삼아 말하지만 박정희가 이끈 5·16 군사반란군 가운데 싸울아비818들은 2,000명 남짓이었다. 그보다 천여 년 앞서 궁

---

814 앞방석·곁방석: 권력자 밑 심부름꾼. 왜말 '비서(祕書)'
815 조치개: 무엇에 마땅히 딸려서 있어야 할 몬. 흔히 밥에 대하여 반찬 같은 것을 가리키는 데에 씀.
816 얽이잡아: 꾀하다. 일 꾸미다. 얽이짜다. '기획(企劃)'하다는 왜말임.
817 짬짜미: 남모르게 저희들끼리만 짜고 하는 언약(言約). 뒷흥정. 묵계(默契).
818 싸울아비: 전사(戰士). '사무라이' 본딧말.

예황제 밀어낸 왕건쿠데타군도 2,000명 남짓이었으니, 반란에서 이기고 지는 것은 싸울아비들 숫자에 있는 것이 아니다. 권세자루 긴한목819을 얼마나 빨리 그리고 옹글게 손아귀에 넣느냐에 달려 있으니 – 왕조시대에는 임금이 있는 궁궐이고, 현대에는 대통령 경호실과 집무실과 방송국과 의사당이 되겠다.

새끼중국 숭정처사崇禎處士들

노론정권 고갱이들이 병자호란을 당해서 찾아낸 실낱같은 목 숨줄이 있었다. '외복종 내지배'라는 이중논리였다. 오늘 이긴 자 인 청나라한테 무릎은 꿇되 망해 버린 명나라한테도 아버지로 섬 기자는 것이었다. 이들은 죽어도 정신나간 사람들이 아니었다. 뇌 좋다는 노론정권 일급 먹물들이 몇 날 며칠 '짱구돌려' 다다른 마 무리로 눈앞에 놓인 주먹셈820에 따른 것이었으니 – 비록 망해 버 렸으나 명나라를 아니라고 윈고개치면821 부자 사이 천륜을 아니 라고 윈고개치는 것이 되어 단골솜씨였던 '충효사상'에 바탕 둔 백성들 굽실거림을 끌어낼 수 없기 때문이었다. 한마디로 '양반 나으리'로서 누려 왔던 온갖 달콤한 따논자리822를 죄 내놔야 되 는 것이다. 이른바 '충효(忠孝)'에 바탕 둔 통치질서가 무너져서는 죽어도 안되는 까닭이었다. 눈앞에 다가온 주먹인 여진족 청제국

---

819 긴한목: 목. 길목. 알바탕. '요처(要處)'는 왜말임.
820 주먹셈: 속셈. 꿍꿍이. 꿍꿍이속. 꿍꿍이셈. 쑹쑹이. '암산(暗算)'은 왜말임.
821 윈고개치다: 퇴짜놓다. 거절(拒絶)하다.
822 따논자리: 따논솜씨. '기득권(旣得權)'은 왜말임.

만동묘. 조선 후기 명나라 신종을 위해 세운 사당으로, 충청북도 괴산군 청천면에 있다.

에 무릎 꿇었으나 망해 버린 명나라를 아비로 섬길 수밖에 없는 까닭이었다. 한마디로 권세자루를 지키느냐 내놓으냐 하는 삶과 죽음 골칫거리였던 것이다.

　이러한 시대적 뒷그림에서 나온 것이 '효종대왕 북벌론'이었다고 봐야 한다. 효종 낱사람이 지니고 있던 앙갚음싸움을 낮춰 보는 것이 죽어도 아니다. 이 중생은 시방 무엇을 어떻게 해서 밥을 먹느냐 하는 '계급론'을 말하고 있음이다. 무너져 버린 양반 지배 계급 다스림에 따른 지체듬823을 다시 세워 다스림을 굳건히 하자는 양반사대부들 지배전략이었다. 이에 따른 전략적 '정치 프로그램'이 바로 '대보단(大報壇)'과 '만동묘(萬東廟)'라는 선전선동술, 그러니까 다시 말해서 바람을 일으켜 널리 퍼뜨리는 것이었다. 이

823　지체듬: 신분질서.

제도 나라든 장사치든 가장 많이 힘을 기울이는 것이 이른바 '홍보(弘報)' 아닌가.

여진족이 세운 대청제국에 한족이 세운 대명제국이 사라졌으니, 1644년이었다. 이때부터 조선에서는 야릇한 일이 일어나기 비롯한다. 이른바 '숭정처사(崇禎處士)'를 일컫는 선비짜리들이 나타나기 비롯하는 것이었다. '숭정'은 명제국 마지막 형세였던 의종(毅宗) 년호였으니, 세상과 인연을 끊고 벼슬 없이 초야에 숨어사는 선비라는 뜻이었다. 대청제국 끝무렵인 대한제국 때는 청나라 년호는 그만두고 대한제국 년호인 '광무(光武)'와 융희(隆熙)까지 버리고 '숭정'을 썼던 선비들이었다.

윤행님(尹行恁, 1762~1801)이라는 벼슬아치가 있었다. 정조(正祖) 6년인 1782년 정시문과(庭試文科)에 병과(丙科)로 급제, 정조 굄824받는 시파(時派)로 규장각(奎章閣) 대교(待敎)와 주서(注書)를 지낸 이다. 순조(純祖) 때 도승지와 이조판서를 지냈는데, 신유사옥(辛酉邪獄) 때 목이 잘린 사람이다. 삼학사(三學士)인 윤집(尹集, 1606~1637) 뒷자손으로 「숭정금기(崇禎琴記)」를 지은 이다. 여기서 '금(琴)'은 의종이 켰던 거문고라고도 하고 명나라 황궁에서 쓰던 것이라고도 했는데, 박제가가 얻어 벗인 윤행님한테 주면서, '숭정금(崇禎琴)'이란 이름을 얻었다고 한다. 윤행님이 했다는 말이다.

나는 명나라 유민이다. 3월 19일(명나라 마지막 황세인 숭정제 의종이 자진한

---

824 굄: 귀엽게 여겨 보살피는 일.

날)이면 검(劍)을 어루만지며 슬피 울었다. 앞으로는 이 금(숭정금)을
두드리며 울분을 터뜨려야겠다.

— 윤행님, 「숭정금기」, 『석재고(石齋稿)』

이게 무슨 말인가? 벌대총(伐大驄) 기르며 북벌(北伐) 꿈꾸다가 의
문사(?)한 내나라 임금 효종(孝宗)을 그리워하는 마음은 한 조각도
없고 남나라 황제 자진 떠올리며 슬피 울었다고 한다. 이른바 숭
명배청(崇明排淸) 이데올로기인 존화양이론(尊華洋夷論)에 사로잡혀 있
던 조선 선비들이었다. 조선 사상철학 동네를 휘어잡고 있던 으뜸
줄기 먹물들이었다.

초정(楚亭) 박제가(朴齊家, 1750~1805)라면 앞서 가는 청나라 문물을
발벗고 나서 받아들이자는 『북학의(北學議)』로 유명한 실학자로 알
려진 이다. 그런데 우리는 이른바 진보적 먹물들로 기리는 '북학
자'들도 똑바르게 봐야 한다. 그들이 부르짖었던 '북학'이라는 것
도 조선이 한허리825가 되어 앞서 가는 세계 제국 청나라 문명을
받아들이자는 것이 아니었다. 오랑캐지만 청나라가 이룬 새로운
중화세계 듬, 곧 질서를 먼저 맞다고 하고 그 솜씨만을 배우자는
것이었으니, 끝까지 명나라를 한허리로 한 중화문명 틀에서 벗어
나지 못했던 것이다. 이른바 '소중화(小中華)'였다. 순조실록을 보겠
다. 『순조실록』 15권, 순조 12년, 1812년 3월 24일치다.

---

825 한허리: 길의 한가운데.

밤낮으로 안절부절하던 차에 소국(小國)을 굽어 보호하시니 임금이 그 은혜를 입게 되었다.

— 『통문관지(通文館志)』 제3집 11권, 순조 12년(1812년 3월 24일)

순조 11년인 1811년 12월 평안도에서 홍경래(洪景來) 반란이 일어났다. 1812년 2월 농군들과 정주성(定州城)으로 들어가 넉 달 동안 항쟁을 벌이게 된다. 임진년 때와 마찬가지로 권세자루 잡은 자들은 청나라에 군대를 보내 줄 것을 비대발괄하고, 청제국 황제는 농민항쟁군을 '적비(賊匪)'라며 조선을 돕게 한다. 그때 청황제가 때렸다는 명령이다.

조선 적비들이 혹 변계로 달아나 들어올 경우(청나라로) 그 생김새와 옷차림으로 쉽게 분간할 수 있을 것이니, 즉시 사로잡아 신문해서 정세를 파악하도록 하라. 그 후 적비를 조선에 넘겨줘 조선이 스스로 처리하게끔 해야 한다. 조선에서 도적을 토벌했다는 보고가 오면 그때 철수하도록 하라.

대명제국(大明帝國) 식민지 조선 왕조

읽어 나가기가 괴롭겠지만 한마디만 더 하겠다. 어지간한 산에 가 보면 죽은 사람 쌓은보람을 돌에 새겨둔 '신도비(神道碑)'라는 게 있다. 거기 보면 하나같이 첫머리가 '有明朝鮮國'으로 비롯되는데, 이게 무슨 말인가? 왜 조선국 앞에 '유명(有明)'이라는 말이 달려 있는가? 이것을 '밝은 조선나라'로 읽을 수 있는가? 밝음이 있는 조선나라로.

아니다. 그렇지 않다. 그렇게 읽으면 안되니, 글자 그대로 읽어야 한다. 명나라에 있는 '조선국', 그러니까 다시 말해서 '명나라에 딸린 조선국'으로 읽어야 하는 것이다. 항것826인 명나라가 목대잡고827 있는 '중화듬 체제'에 딸린 조선이라는 말이다. 찍어 말해서 '조선은 명나라 식민지'라는 말이다. 망해서 사라져버린 옛 항것을 죽어도 잊지 않겠노라는 '목벨다짐'인 것이다.

그렇게 이어져 온 선중역사(鮮中歷史)이다. 아니, 동한력사(東漢歷史), 곧 동이족과 한족 역사이다. 한족들은 '임진 조국전쟁'을 가리켜 왜적에 앙버티는828 새끼 한족 조선을 도와준다는 뜻인 '항왜원조(抗倭援朝)'라 하고, 6·25 '조국일통·전쟁'을 가리켜 하는 말은 '항미원조(抗米援朝)'이다. 왜군 오랑캐가 압록강 넘어 요동벌판으로 넘어오는 것을 조선땅 안에서 막아 내자는 '항왜원조'와 미군 오랑캐가 압록강 넘어 요동벌판으로 넘어오는 것을 조선땅 안에서 막아 내자는 '항미원조'는 똑같이 한족 보위 논리에 따른 것이지만, 저희들한테 딸린 나라로 보는 생각은 400년 전이나 70년 전이나, 그리고 이제나 똑같은 것이나 중화 인민공화국 주석이라는 이가 북미합중국 대통령이라는 이한테 했다는 말이다.

"조선은 역사적으로 중국에 딸린 나라이다."

---

826 **항것**: 종·머슴들이 모시는 주인. 상전(上典).
827 **목대잡다**: 여러 사람을 거느리고 일을 시키다.
828 **앙버티다**: 기를 쓰고 고집해서 끝까지 덤벼들다.

사대부 의병장들이 의병을 일으켜 왜적과 죽기살기로 싸웠던 까닭이 어디에 있었을까? 섬나라 오랑캐한테 종살이 할 백성을 건져 내려고 했던 것일까? 아니다. 그렇지 않다. 찍어 말해서 백성을 위해서가 아니었다. 그 백성들이 사는 조선이라는 나라를 위해서도 아니었다. 상감(上監), 곧 가장 윗대가리 대감인 임금을 우두머리로 하는 사대부 벼슬아치라는 것은 백성이라는 이름 물 위에 뜬 조각배에 지나지 않는다는 말은 입에 발린 치렛거리829였고, 명이었다. 아버지 나라인 대명제국이 이끄는 '중화가치'를 지켜 내기 위한 것이었다. '임진 조국전쟁' 때 일떠섰던830 '의병' 또한 마찬가지였다. 아버지나라인 명으로 가는 왜군 발걸음 빠르기를 조금이라도 늦추게 함으로서 천명(天命), 곧 '하늘분부' 좇아 땅 위 나라들 다스리는 대명제국 황제폐하를 '결사옹위'하는 충성대의(忠誠大義)를 지키겠다는 '일편단심(一片丹心)'이었다. 그런 마음이 뼛속까지 꽉차 있었던 선비명색들이었다. 임진왜란으로 나라가 거덜나는 판임에도 리몽학(李夢鶴, ?~1596)이 왜 도천사(道泉寺) 중 능운(凌雲)과 사노(私奴) 팽종(彭從)들 곁부축831 받아 반란을 때렸고, 송유진(宋儒眞, ?~1594)이 왜 반란을 일으켰으며, 왜적을 풀 버히듯 쓰러뜨리던 무등산(無等山) 천하장사 김덕령(金德齡, 1567~1596) 장군을 죽여 버린 까닭을 아는가? 여러 가지 말이 있지만 한마디로 줄인다면, 사대부들 쪽이 아니었기 때문이었다. 제1사대부인 임금과 제2사대부인 벼

---

829 치렛거리: 노리개. 노리갯감. 치렛감. 꾸미개. '장식품(裝飾品)'은 왜말임.
830 일떠서다: 봉기(蜂起) 하다.
831 곁부축: 겨드랑이를 붙들어 걸음을 돕는 것.

슬아치들 쪽이 아니라 백성들 쪽에 섰던 때문이었다.

또 한마디만 더.

왜제가 '일선병합'을 널리 알리려고 했던 것은 1910년 8월 25일이었다. 그랬던 것이 8일 29일로 늦춰진 데는 까닭이 있다. 8월 28일이 순종(純宗)이 고종(高宗) 뒤를 이어 대한제국 황제에 오른 네 돐 되는 날이니, 그것을 기리는 잔치를 베푼 뒤 하자는 대한제국 공다리832들 비대발괄833 때문이었다. 이에 왜제는 마지못한 듯 고개를 주억이었으니 – '대청제국'과 맞먹는 '대한제국'을 껍데기로나마 만들게 함으로써 비집고 들어갈 명분, 곧 틈새를 만든 왜제가 보여 주는 이른바 '이긴 자 너그러움'이었다. 중국 근대 사상가이며 혁개가인 양계초(梁啓超, 1873~1929)가 쓴 『량치차오, 조선의 망국을 기록하다』에 나온다.

이날(28일) 대연회에 신하들이 몰려들어 평상시처럼 즐겼으며 일본 통감 역시 왜국사신의 예에 따라 그 자리에서 축하하고 기뻐했다. 세계 각국의 무릇 혈기 있는 자들은 한국 군신들의 단란한 모습에 놀라지 않을 수 없었다.

엎친 데 덮치고 눈 위에 서리치기로 반란사건 못지않게 조선 왕조를 괴롭히는 것이 또 있었으니, 가왜(假倭)였다. 머리칼 밀고 '훈도시' 걸친 왜적들이 주로 남쪽 바닷가 마을에 나타나 노략질 곧

---

832 공다리: 힘부림을 마구 휘두르며 백성을 몹시 괴롭히는 관원(官員). 썩은 공무원.
833 비대발괄: '비두발괄' 바뀐 말. 비라리 치면서 애타게 빎.

재물을 빼앗아 갔는데, 이들이 참으로는 왜적 탈을 쓴 조선 사람이었다. 몰리고 쏠려 헐수할수834 없게 된 밑바닥 사람 가운데 핏종발이나 있는 이들이었다. 뿐인가. 왜적이 차고 앉은 곳에서는 왜적이 주는 벼슬자리 앉아 흰목 잦히는835 자들까지 나왔고, 지어836 왜적 앞에 선조 맏아들 임해군(臨海君)을 잡아다 바치기까지 하였으니, 그때 백성들이 임금을 비롯한 양반사대부들에 대해 품고 있던 마음을 알 수 있다. 그때 왜적이 주는 벼슬자리와 재물을 받았다가 왜적이 쫓겨간 다음 그야말로 멸문지화를 당했으니, 6·25 때 조선 민주주의 인민공화국 농림상 박문규(朴文圭, 1906~1971)가 서울로 와서 펼쳤던 '해방지구 토지개혁'으로 4,000평 위 땅 받고 만세 불렀다가 결딴난 사람들이 떠오르니, 역사란 무엇인가?

---

834 헐수할수: 이러지도 저러지도.
835 흰목 잦히다: 터무니 없이 제 힘을 뽐낸다. 흰목 재끼다.
836 지어: '심지어' 본딧말.

계급갈등으로 찢겨지는 의병들

"지평 용문산에서 범 잡던 명포수 400명이 왔으니, 여기 있다가 는 어육을 면할 수 없다."

억지로 끌려왔던 충주부군 50여 명이 먼저 성문을 열고 달아났 고 경군 또한 뒤를 따르니, 포 때리며 앙버티던837 왜병 또한 버텨 낼 수 없는 것이었다. 충주성을 두려뺀838 의병이 잡아죽인 왜병과 왜인은 모두 300여 명이었다.

그때에 검정색 웃옷에 좁고 짧은 소매, 가랑이가 난 바지, 왜병 이 신는 군화차림으로 아전·순검들 거느리고 거리에 나가 상투 튼 조선 사람들 잡아 그 상투를 잘랐던 토왜(土倭)들이었다. 1895년 지 방관제 혁개 때 새로 생긴 충주부 관찰사 겸 충주부 재판소 판사 였던 김규식(金奎軾, 1838~1896)은 머리 깎고 왜칼 차고 왜신 신고 왜 모자 쓴 순검·순포들 풀어 충주사람들 머리칼 자르는 '왜관찰'로 이름 높던 가왜였는데, 중군 리춘영(李春永, 1869~1896) 종사 오명춘(吳

---

837 앙버티다: 기를 쓰고 고집해서 끝까지 덤비다.
838 두려빼다: 빼앗다. 무너뜨리다. '함락(陷落)'은 왜말임.

明春)한데 사로잡히자 두 무릎 꿇고앉아 이렇게 파리발 드렸다839
고 한다.

둔마소직(鈍馬小職) 같이 용서받을 수 없는 죄인이 어찌 감히 살 희망
이 있으리요만, 소직도 사람이라 당초에는 짐승같은 왜놈들을 죽
일 생각을 하고 있었으나 어찌어찌 하다 보니 환장이 되어 지금은
골수 왜놈이 되었소이다. 저희 집은 본래 왜놈과는 대대로 척화(斥
和)를 하였는데 저는 왜놈 앞잡이가 되었으니 이제와서는 저도 잃
었고 조상도 배반한 자가 되고 말았소이다. 비록 그러하오나 저를
살려 주신다면 왜적을 물리칠 계책이 있사오이다.

충주 사람들은 "왜놈보다 더 나쁜 왜관찰 김규식을 죽여라!"고
발을 굴러 소리쳤고, 잘려진 김규식 수급(首級)은 사흘 동안 장대 끝
에 매달려 있었는데, 반팽이840었다. 이에 앞서 김백선 장군 밑에
서 지평포군 이끌던 영솔장을 군률에 걸어 먹을 따버리는 끔찍한
일이 일어난다. 그러자 김백선 장군은 호좌의진(湖左義陣) 선봉장 자
리를 박차 버리고 옛살라비841 지평으로 간다. 의병 동아리842 안
에 집안 싸움이 일어난 것으로, 이른바 '계급갈등'이 터져나온 것
이었다. 오장문 목이 잘리게 된 까닭으로 『독립운동사료집』에 나
온다.

---

839 파리발 드리다: 두 손 모아 싹싹 빌다.
840 반팽이: 갑오왜란 때 상투를 자른 이들을 가리키던 말.
841 옛살라비: 고향.
842 동아리: 한패.

장소(將所)에서 지평포군 영솔장(領率將)이 관부의 문서를 흩어 버리고 주민을 공갈하였으므로 군법으로 참수(斬首)하여 머리를 북문 안에 달았다 하였는데, 부중(府中)이 전부 비어 있어서 군인들이 왜적을 찾아내기 위하여 다투어 관부와 민가를 돌아가며 뒤지고 찢어 없애는 자가 매우 많았는데, 장문이 두목으로 군령을 범하였기 때문에 참수를 당한 것이다.

너무 기가 막혀서 벌어진 입이 다물어지지 않는다. 아무리 무서운 군령이라고 하더라도 400여 명 총댕이들 이끌고 세계에서도 가장 앞서가는 양총으로 무장한 세 곱 왜병·경군 물리쳐 충청좌도에서 병영 있는 청주 다음으로 큰 고을이며 서울과 부산 사이를 잇는 한가운데 긴한목843인 충주성을 두려뺀 총댕이 채잡이844를 목 베어 죽였다는 것이니, 쳐들어온 강도와 맞싸우는 자식을 집안 범절 어겼다며 죽여 버리는 것과 똑같은 경우였다. 류인석 대장 참모였던 죽산(竹山) 박정수(朴貞洙)가 쓴 『을미창의사실』에 그때 일 됨새가 나온다.

김규식은 항거할 수 없을 것으로 생각하고 몰래 아문(衙門)을 통해 도망을 하였다. 드디어 북문에서 군사를 정돈하여 들어갔는데, "왜병 몇 명이 부내 민가가 주밀한 곳에 숨어 날이 저물기를 기다려 변을 일으키려 한다."하고 말하는 사람이 있으므로 공(안승우)이 사람

---

843 긴한목: 목. 길목. 알바탕. '요처(要處)'는 왜말임
844 채잡이: 어떤 일을 주장(主張)되어 다루는 사람.

을 불러 그 사실을 물어보았으나 대답하는 자가 없었다.

마침내 그 민가가 많은 곳에다 불을 놓으니 왜병이 불에 타 죽었다. 그러나 불이 번져 민가 70여 호를 태웠다. 명을 내려 남의 물건은 조그만 것도 범하지 못하게 하고, 주민 중 강제로 삭발당한 이들을 불문에 붙일 터이니 주민들은 편안히 모여 안심하고 살게 하라 하였다.

오장문이 목 잘린 죄목은 '피산관부도롱(披散官府圖籠)'이다. 관부도롱, 곧 "관청문서가 들어 있는 고리짝 뚜껑을 열고 문서들을 흩어 버렸다"는 말로, 감춰진 잠개845라든가 무슨 감춰 둔 문서를 찾아내기 위한 것이었다. 왜적을 뒤쫓는 의병들로서 하게 되는 마땅한 뒨장질846이었다. 이것이 어떻게 죽을 죄가 되는 것인지? 그리고 '공겁거인(恐怯居人)' 곧 "주민들한테 겁을 줘서 두려워하게 하였다."는 것인데, 사람들을 때렸다든가 무슨 물건을 빼앗았다고 하는 말이 없다. 아마도 이렇게 소리쳤겠다. "왜놈을 숨겨 주는 사람은 왜놈과 똑같은 놈이다!" 또한 뒨장질하는 병정들 입에서 나올 수 있는 마땅한 말이니, 이것이 어떻게 목 잘릴 죄목이 되는지?

끔찍한 일은 이런 것들이 아니라 "민가 70여 호를 불질렀다."는 것이다. 불만 질렀지 그곳에 살고 있는 사람들을 마구 죽여 버렸다는 말은 없지만, 모를 일이다. 그런 일이 있었다고 하더라도 거짓없이 적바림할 양반먹물들은 없으니, 미워하면서 닮아간다는

---

845 잠개: 병장기(兵仗器). '무기'는 왜말임.
846 뒨장질: 사람·짐승·몬 같은 것을 뒤지어 내는 짓. 뒨장하다. '수색(搜索)'은 왜말임.

말이 떠오르는 대목이다. 죄없는 백성들 집에 불을 지르고 어마 뜨거라847 곤두박질쳐 나오는 사람들을 마구 찔러 죽이고 베어 죽이고 쏘아죽이는 것은 관병과 왜적들이 즐겨 썼던 짓거리였으니 말이다. 그리고 그런 끔찍한 일은 왜적이 물러간 다음 친왜 매국 역적들이 민족주체세력 쪽 싸울아비어미들 씨를 지게848하는 이른바 '빨치산 토벌'에 쓰여졌고 시방도 이어지고 있으니, '세월호 학살'과 '용산학살만행'이 그것이다.

된바람849 몰아치는 엄동설한에 보금자리 잃은 70여 호 300~400명 사람들은 어떻게 되었을는지? 죄 없는 백성들 집 70여 호에 불을 지르게 된 것은 유장(儒將) 명령에 따른 것일 터인데, 그들 잘못에 대해서는 입을 다물고 있다. 앙알거리는850 백성들 울음소리는 오장문 목을 치는 것으로 달랠 수 있다고 보는 유장들이었고, 그런 양반 명색들 구역질 나는 짓거리에 억장이 무너지고 배알이 꼴린 김백선이 옛살라비로 가 버린 것이라고 보여지는 대목이다.

또한 거슬리는 것이 '이장문이두목(而莊問以頭目) 범령고야(犯令故也)'라는 대문이다. "장문이 두목으로서 군령을 범하였으므로 목을 잘랐다"는 말인데, 눈에 밟히는 것이 '두목'이다. '두목'이라는 말은 산적이나 수적 같은 도적떼 우두머리를 가리킬 때 쓰이는 말이지, 거의(擧義)한 포군 영솔장한테는 쓸 수 없는 말이다. 여기에도 총댕

---

847 어마 뜨거라: 매우 무섭거나 꺼리는 것을 만났을 때 지르는 소리.
848 씨가 지다: 씨앗이 없어지다.
849 된바람: 북동풍(北東風).
850 앙알거리다: 웃사람한테 원망하는 투로 종알거리다.

이들을 나지리[851]여기는 탕창짜리[852] 이들 구린내 나는 '선민의식'이 담겨 있는 것이다. 탕창짜리들은 총댕이들을 저희들과 같은 '사람'으로 보지 않았으니 –

조례(皂隸). 라장(羅將). 일수(日守). 조군(漕軍). 수군(水軍). 봉군(烽軍). 역보(驛保) 또는 노비(奴婢). 기생(妓生). 령인(伶人). 혜장(鞋匠). 향리(鄕吏). 사령(使令). 승려(僧侶). 이렇게 칠천(七賤)이었던 것이 임병양란 뒤 포수(捕手)가 들어가면서 팔천이 되었다.

---

851 나지리: 낮게.
852 탕창짜리: 탕것 쓰고 창옷 입은 양반을 가볍게 이르던 말.

다시 일떠선 미륵뫼 총댕이들

푸른바다 넓은 대륙 수많은 나라

동방이라 한모퉁이 조선이라네

단군께서 나라세워 조선이라네

장자방이 진시황을 베어죽이려

창해역사 부른곳도 조선이라네

선원청음853 형제분의 한결같은 그 절의

늠름하게 물려받아 조선을 지켜가네

서양의 도깨비가 장난을 시작하니

화서의 문도들이 물리치고 지켜가네

십적의 흉한칼날 국모를 시해하고

깊은밤 궁중에서 면도가 번뜩이니

---

853 선원청음(仙源淸陰)：김상용(金尙容)·김상헌(金尙憲).

왜놈의 복장에 왜놈의 두발이라

떨치고 일어섰네 의병의 깃발이라
목숨바처 지키리라 내나라 내조선
역적무리 앞잡이를 한칼에 처단하니
의병의 드높은 함성 조선을 진동하네

세상을 돌아보면 모두가 말세지만
석과는 불식이라 조선만이 희망일세
뇌성벽력 큰소리에 굳은얼음 풀리니

장하도다 조선이여 조선을 살려내어
술잔을 마주하고 밤새워 노래하니
빛나게 떠오르는 조선의 아침해라

해처럼 밝고 흰 무명 바지저고리에 칡넌출 새끼바람으로 짚신 감발 들메한854 지평 포수 100여 명이 모뽀리855하는 소리였다. 화승대 어깨 메고 허리에는 탄띠 두르고 남날개856 옆허구리 지른 미륵뫼 총댕이들은 여주·이천·장호원 거처 충주 쪽으로 내려가고

---

854 **짚신 감발 들메한**: 짚신 신고 감발치고 끈으로 동인
855 **모뽀리**: 합창(合唱)
856 **남날개**: 사냥꾼이 가지고 다니는 화약·총알 등을 넣는 그릇.

있었는데, 그 싸울아비857들이 부르는 노래는 「조선가」였다. 맨 앞장 길라잡이858선 것은 엄장859 큰 체수에 부리부리 화등잔 같은 고리눈860 부릅뜬 김백선 장군이었으니, 친동기간처럼 고이던 영 솔장 오장문 잃은 애잡짤861한 마음 지어먹고862 류인석 대장이 목 대잡는 호좌창의진으로 돌아가는 길이었다.

의병들은 충주성에 보름쯤 머물며 수성장(守城將) 얼개863로 백성들 살림살이를 보살폈는데, 물너울864처럼 밀려오는 왜병·관병이었다. 왜적과 관군은 네둘레865에 포 때려 성안 사람들을 한군데로 몰리게 하면서 성가퀴866마다 사다리 걸치고 기어오르니 내려 굴리는 바윗돌에 대가리가 깨어지고 끓는 물에 낯가죽을 데이고 고춧가루, 잿가루며 기왓장 사금파리, 이징가미867에 꾀꽝스런868 외마디소리 질러 대며 궁혈마다 엎드린 500여 명 총댕이들 불질에 와자히869 성벽 아래로 떨어지면서 끊임없이 밀려드는 것이었다.

---

857 싸울아비: 전사(戰士). 사무라이 본딧말.
858 길라잡이: 앞장서 이끄는 이. 길잡이.
859 엄장(嚴壯): 풍채 있게 큰 허위대.
860 화등잔 같은 고리눈: 눈동자 뒤에 흰테가 둘린 커다랗고 무서운 눈.
861 애잡짤: 가슴이 미어지게 안타깝다. 안타까워서 애가 타는 듯하다.
862 지어먹다: 없애버리다.
863 얼개: 짜임새. '조직'은 왜말임.
864 물너울: 파도.
865 네둘레: 사방(四方).
866 성가퀴: 성 위에 몸을 숨기고 적을 치려고 낮게 쌓은 담.
867 이징가미: 질그릇 조각.
868 꾀꽝스럽다: 괴상망측하다.
869 와자히: 시끄럽게.

첫째, 수안보와 새재를 차고 앉아 호좌창의군 바탕자리[870]로 삼는다.

둘째, 호남고장과 줄대어 병력과 군량 받침을 받는다.

셋째, 서울로 밀고 올라가 왜적과 왜적에 붙은 매국역적들을 쳐죽인다.

충주성을 두려뺏을 때 중군 리춘영이 낸 싸울꾀였는데, 무엇보다도 먼저 견디기 어려운 것은 적들이 쏘아 대는 포격이었다. 군량과 땔감이며 찬거리마저 바닥나면서 길래[871] 버티기 어려운 것을 알게 된 리춘영은 포군 이끌고 성문을 나선다. 충주성 턱밑인 달내까지 들어온 왜병 덮쳐 5~60명을 죽이는 싸움보람을 올린다. 이김세를 탄 리춘영은 이제 수안보 동북쪽 안보붓거리 서남쪽인 큰안비로 짓쳐들어간다. 이제 충청북도 중원군 상모면 수회리, 곧 무두리이다.

충주에서 남쪽으로 40여 리쯤 되는 이곳은 남북을 꿰뚫는 긴한목으로, 삼국시대부터 고리 거쳐 임진왜란에 이르기까지 많은 싸움이 있던 곳이다. 왜병 본바닥 가운데 한군데인 이곳을 깨뜨리지 않고는 서울로 쳐올라 가는 것은 그만두고, 충주성도 지켜 내기 어려운 의병들 목젖과 같은 곳이었다.

어쩌다 잘못될까 걱정된 의암이 군령 내려 불러들였으나 호랑이 등에 올라탄 꼴인 리춘영은 곧장 무두리로 나아간다. 그리고

870 바탕자리: 근거지.
871 길래: 오래.

435

깃발을 휘두르며 군사를 다그쳐 왜적 수십 명을 쏘아 죽이니, 왜적들은 기운이 꺾여 달아나려 하였다. 28살 난 중군장 리춘영이 소리쳤다. "왜적이 도망치려 하니 군사들은 급히 싸우라!" 안승우가 쓴 『하사을미창의사실』에 나오는 그때 모습이다.

이때 싸움이 한창 커지니 공이 손수 육혈포를 시험해 보았는데 포가 옆으로 튀며 총알이 나가지 않았다. 마침 홍선표가 뒤에 있었는데 공은 육혈포를 주고 "이것이 무슨 까닭인지 좀 보아 달라."면서 몸을 잠깐 돌려 맞은편에 서 있던 나무 밖으로 나가는 순간 '핑'하며 어디선가 날아오는 적탄에 얼굴을 맞았다. 홍선표·배동환 등이 부축하여 끼고 물러나자 여러 군사들은 기운이 꺾여 포위한 것을 풀고 물러났다. 길가 남녀들이 눈물을 흘리며 말하기를 "이분이 우리들 머리털을 보전하게 하려다가 마침내 자기 목숨을 바쳤다." 하였다. 1896년 1월 12일이었다. 향년 28.

다음은 옥산(玉山) 리정규(李正奎)가 쓴 『육의사열전』에 나오는 리춘영 장군을 기리는 대문이다. 가신 이를 기리는 글이므로 지나치게 추어줌이 있겠으나, 참모습 한 끈은 있으리라고 본다.

괴은이 5세 때 아버지가 돌아가니, 편모와 장질의 보살핌으로 성장하였다. 영특하고 지혜롭고 사리가 있어 주변 분들의 칭송을 받으며 성장하였다. 성품과 기질이 맑고 빼어나며 얼굴은 관옥(冠玉)이요 소리는 우레와 같고 눈썹은 노을빛이 서리고 눈은 샛별같이 반짝였다. 쌀 한 말의 밥을 먹을 정도로 거구(巨軀)로 기개가 우뚝하여 사물에 구애되지 않으며 세상과 타협하지 아니하고 성현의 큰 도를 즐겨 들으며 활달하여 포용심이 있고 점잔하여 덕을 이룬 군자와 같으니, 보는 사람마다 장래에 크게 쓰일 인물이라 하였다.

일떠서는 의병들

의병 중군장을 죽인 왜병은 무두리만이 아니라 여러 곳에 나뉘어 있던 병력을 다 끌어모아 밤낮 가리지 않고 끈덕지게 충주성으로 쳐들어오는 것이었다. 이때 충주성 밖 남산을 지키던 의병들 포를 빼앗은 왜병들은 충주성 가까운 언덕에 올라 불질을 해대니, 의암이 앉아 있는 곳까지 날아온 총알이 벽을 뚫는 판이었다. 왜병들이 지른 불로 남문 밖 백성들은 조밥 흩어지듯 하는데, 성안에는 양식과 땔감이 바닥나 말을 잡아먹고 집을 헐어 때기에 이른다. 창을 잡고 군사들 사기를 북돋워 주던 제천 선비 입암(立庵) 주용규(朱庸奎, 1845~1896)가 적탄에 쓰러지면서 대엿새를 버티던 의병들은 동문을 나와 청풍 거쳐 제천으로 들어간다.

의암 대장이 제천에 있다는 소문 들은 충청·경기·경상·강원도 쪽 의병들이 다투어 제천으로 모였는데, 춘천에서 일떠서 왜관찰 조인승(曹寅承, 1827~1896)을 벤 리소응(李昭應, 1861~1928)도 있었다. 리소응이 제천으로 오는 길에 김백선으로 하여금 다만 나라와 상전들영을 좇을 뿐이던 관포수에서, 나라와 겨레를 구하려는 의병장으

438

로 그 몸을 바꾸게 만들었던 맹영재와 만나게 된다. 옥산(玉山) 리정규(李正奎, 1864~1945)가 쓴 『종의록(從義錄)』에 나온다.

이습재(李習齋, 리소응)는 춘천에서 패하고 나서 지평군수 맹영재가 의병을 일으켰다는 소식을 듣고 몸소 가서 청원하다가, 맹영재가 잡아 가두어 죽이려고 했는데, 마침 적병이 지평군 경내에 들어오니 맹영재는 그를 환영하러 군사를 거느리고 나가다가 김백선 부하 박정식한테 총 맞아 죽었다. 선비 이찬영(李粲永)이 이 기회를 타서 장정 수십 명을 거느리고 나무몽둥이로 옥문을 부수고 습재를 구출하여 제천으로 왔다.

리소응과 리찬영만 제천으로 온 것이 아니었다. 안동 왜관찰 김석중(金奭中)을 베어 버린 문경 선비 리강년(李康秊, 1858~1908)이 와서 유격장(遊擊將)을 맡았고, 원주 선비 한동직(韓東直)은 군사를 거느리고 와서 참장(參將)이 되었으며, 심상희(沈相熙)와 함께 여주에서 의병을 일으킨 리인영(李麟榮, 1867~1909)도 왔으니 – 지평 의진이 처음 뭉쳤을 때 실곡 리필희는 예천 왜군수 류인형(柳仁馨) 목을 베었고, 조암(釣庵) 리범직(李範稷, 1868~1896)은 천안 왜군수 김병숙(金炳肅) 멱을 따고 선유사로 내려온 신기선(申箕善, 1851~1909)을 잡아 가두었다. 신기선이 가지고 내려왔던 고종 선유문(宣諭文) 한 어섯으로, 왜놈 꼭두각시가 되어 버린 고종 놓인자리를 잘 보여 준다.

삭발 건에 대해서는 어찌 차마 다 말할 수 있으리오. 그 요망한 적도들이 미친 듯이 겁박하여 위로부터 아랫사람에 이르기까지 어찌 이럴 수가 있겠는가? 이것은 결코 과인 뜻이 아니었노라. 그리고 팔역 백성들이 분연히 의병을 일으켜 도처에서 봉기할 때 서로 유언비어를 퍼뜨려 피차 살해하므로 경군이 무장을 하는 지경에까지 이르렀으니 이것도 어찌 과인 뜻이 그러하였겠는가? 아! 경군과 의병은 모두 과인 적자(赤子)이노라. 이를 비유하면 열 손가락을 깨물 때 어느 손가락이 아프지 않겠는가? 아마 오랫동안 서로 싸웠다면 모두 죽고야 말았을 것이다. 과인 말이 여기까지 미치게 되니 눈물이 흐르고 가슴이 서늘해지는고여. 그러므로 외방으로 내려간 경군들은 즉시 서울로 돌아오고 각읍 의병들은 모두 고향집으로 돌아가, 다시는 의심스러운 마음을 갖거나 과인에게 걱정을 끼치지 말기 바라노라.

만고영웅 김백선金伯善 장군

'학문은 없지만'

'가정이 어려워 비록 글은 배우지 못하였으나'

'학식이 없기 때문에'

대학교수라는 이가 쓴 글에 나오듯이 김백선이 과연 학식이 없었던 사람이었을까? 어리석고 우악스럽기만한 싸울아비? 같이 의병을 일으켰던 양반먹물이나 그 백년 뒤쯤 태어난 이른바 대학교수라는 이들이 쓴 산문이나 논문을 보면 하나같이 그렇게 되어 있다.

아니다. 그렇지 않다. 이것은 오로지 김백선 장군을 죽여 버린 양반쪽에서 쓴 글을 보고 쓴 글에 지나지 않는다. 그야말로 이연벌연(以燕伐燕)이니, 불의(不義)한 자가 불의한 자를 쳐들어가는 것과 무엇이 다른가. 이연벌연과 함께 오랑캐를 시켜서 오랑캐를 누른다는 이이제이(以夷制夷)라는 한족보위(漢族保衛) 이데올로기가 떠오르는 대목이다.

김백선은 책을 읽은 사람이었다. 독역(讀易), 그러니까 세상에서 말하는 것처럼 주역을 읽는 '학문'을 했다고까지는 말할 수 없겠으나 '글자를 했'고 또 '안근유골(顏筋柳骨)' 법첩 놓고 글씨를 썼던 반가(班家) 뒷자손이었다. 후손들이 고이 간직하고 있는 옛책 보따리와 병풍 글씨가 그것을 똑똑히 나타내고 있다. 아버지 국용(國容)씨가 절충장군(折衝將軍) 통정대부(通政大夫)로 증직된 용양위(龍驤衛) 부호군(副護軍) 겸 오위장(五衛將) 지낸 정3품 무관이었던 것이다. 가봇쪽 같은 양반이었다는 얘기다. 부인이 그리고 파평윤씨(坡平尹氏)였으니, 김백선 장군 집안은 이른바 반가(班家)였다. 15살 꽃두레872로 51살 많은 66살 영조(英祖) 계비였던 정순왕후(貞純王后) 친정이었으니, 정조(正祖) 거쳐 순조(純祖) 때까지 떵떵 거렸던 노론 벽파(僻派) 목대잡이 경주김씨(慶州金氏)였다.

여기서 잠깐. 과거에 대해서 생각해 볼 쓸데가 있다. 조선시대에 인재, 곧 나랏살림에 쓸 일꾼, 곧 대들보를 뽑는 거의 하나뿐인 길이 과거였다. 그런데 이 과거에 입격해 벼슬자리를 얻어도 녹봉 곧 품삯은 얼마 되지 않았다. 그야말로 겨우 입에 풀칠이나 할 만큼이었다. 정승자리에 있던 이들 집에 비가 새고 끼니가 간데 없었다는 이야기는 그만큼 녹봉이 박했다는 말 아닌가.

이것은 그러나 아주 드문 이른바 '청백리' 이야기이고, 과거에 뽑혀 홍당지쪽만 받고 보면 그야말로 극락세계가 펼쳐졌으니 ─ 임병양란을 거치며 이미 '관례'로 굳어진 '더러운 거둠새'가 있었던 것이다. '내3천 외8백'으로 일컬어지던 벼슬자리 거의 모두가

---

872 꽃두레: 처녀.

똑같았다. 서울에 있는 마을(관청)이나 외방에 있는 마을이나 똑같았지만 외방 마을이 더구나 그악스러웠다. 이른바 '법'이라는 이름 빌린 '폭력'으로 백성을 털고 쥐어짜서 한 재산을 마련했던 것이다. 조선 왕조 때 양반계급이 목매었던 과거라는 것은 찍어 말해서 '폭력과 불법'으로 '재산 마련'을 하기 위한 오직 하나밖에 없는 길이었다.

김백선이 과거를 접고 총댕이로 나섰던 까닭이다. 아버지가 받은 정3품 무과 거치고 잔다리밟아 올라간 것이 아니라 돌아간 뒤 받은 '증직', 곧 명예직이었다.

그런 집안 자손으로 책을 안 읽었다는 것은 말이 되지 않는다. 김백선 또한 책을 읽었으나 벼슬길에 나갈 길 없는 답답함을 사냥으로 삭였던 것으로 보여진다. 그러고 보면 지평현감 맹영재(孟英在)와 마주앉아 서울로 짓쳐올라가 왜적을 쳐 없앨 것을 내댔다[873]가 자빡맞은[874] 이 울분을 동헌 섬돌에 화승대 쳐 부숴 버린 것이나, 택당(澤堂) 9세손인 파란양반 리춘영(李春永)이 창의(倡義)하자고 찾아간 것과, 뼛속까지 주송주의자(朱宋主義者)였던 깡반[875] 류인석(柳麟錫)이 아들 맞침이라며 꾐 주었던 것이며, 그리고 무엇보다도 양반입네 흰목 잦혀[876] 쌓는 옹반[877] 안승우(安承禹)를 비롯한 탕창짜리들한테 지나치게 미워하는 마음을 보였던 것들에 고개가 끄덕여진

873 내대다: 쌀쌀맞게 쏘거나 뻗대어 물리치다.
874 자빡맞다: 못박아 딱지맞다.
875 깡반: 깡다귀만 남은 양반.
876 흰목 잦히다: 터무니없이 제 힘을 뽐내다.
877 옹반: 옹고집 양반.

다. 민의식(閔義植)이 용문산 총댕이 출신 호좌창의진 선봉장 김백선 장군 앞방석878 되었던 것도. 이른바 '계급갈등'에 '족보갈등'까지 겹쳐 일어났던 싸움이었던 것이다.

"류인석은 윤성호(尹聖鎬)를 보내서 민의식과 그 무리 그리고 김백선 아들을 체포하여 살해하였다"고 했으나 그렇지 않다. 민의식과 서석화(徐石華)는 김백선 아들 동봉(東鳳, 1876~?)을 데리고 강릉 민용호(閔龍鎬, 1869~1922) 의진(義陣)으로 뺑소니쳤던 것이다. 김백선 장군을 죽게 만든 안승우는 암살대를 지평 갈운리로 보내 김장군 집안 씨를 지워 버리879고자 하였으나, 뿔뿔히 뺑소니친 식구와 사촌들이었다. 김장군 종중손자인 주성(周成, 1944~) 씨는 곡차만 들어가면, 운다. 자랑스러운 증조 할아버지 억울한 죽음이 서러워 땅을 치는 것이다.

"비단할아버지에 거적자손된 못난 무지렝이들을 꾸짖어 주소서!"

---

878 앞방석: 권력자 밑 심부름꾼. 요즈막 '비서' 맞침.
879 씨를 지워 버리다: 씨앗을 없애다.

아, 김백선金伯善 장군!

전망(戰亡)한 리춘영 대신 안승우로 중군장 삼은 류인석은 가흥
참에 틀고앉아 의병 토벌에 피눈이 된 왜병을 쓸어 없애고자 한
다. 무두리와 함께 왜군 병참 터전이 있는 가흥참 왜병을 깨뜨리
지 않고는 옴치고 뛸 수 없는 때문에서였다. 곡식 200섬을 실어나
를 수 있는 조운선 20척으로 경상·충청 쪽 여러 고을 구실880을 뱃
길 260리 서울까지 올려보내는 곳인데, 왜놈들이 꽉 틀어쥐고 있
어 서울에는 곡식이 동나고 충청좌도와 경상도 북녘에는 소금이
없어 쩔쩔매는 판이었다. 조선 왕조 때 정거장인 참(站)이 있어 역
말로 불리던 곳이다.

가흥참(加興站)을 두려빼기 위한 싸움에 나선 호좌창의진 선봉장
은 김백선 장군이었는데, 앞장서 한목으로 의병들 몰고 나가는 말
그대로 선봉장이 아니었다. 전군이 있고 후군이 있으며 좌군 우군
에 유격군으로 나뉜 낱낱 부대들이 저저금 제사날로881 작전을 벌

---

880 구실: 결전(結錢). 세금(稅金).
881 제사날로: 남 시킴을 받지 아니하고 제 생각으로.

이는 것이었으니, 지위 주는882 데가 나뉘어 있었던 탓이었다. 총
대장은 류인석이었지만 총대장 명령 한마디에 선봉장이 후군과
좌우군 거느리고 한꺼번에 움직이는 것이 아니었던 것이다. 그때
에 후군장은 춘천 선비 신지수(申芝秀)이고, 좌군장은 전 승지 우기
정(禹冀鼎), 우군장은 제천 선비 안성해(安城海)였는데, 김백선 선봉장
이 이끄는 선봉부대는 대장소에서 몸소 꾸려나가던 남다른부대
였다. 『종의록』을 보겠다.

김백선은 의기가 출중하고 비록 남보다 먼저 창의한 공이 있으나,
성질은 녹록하지 않고 완악하며883 익힌 바는 거칠고 마구 되어 허
랑하고 방달한 사람을 좋아하고 단엄한 범절을 지키는 사람을 미
워하여 입암을 비롯하여 여러 노소 사류(士類)는 상투를 끄들리고
뺨을 맞는 욕을 당하지 않은 이가 없었다. 더욱이 민의식은 안에서
속삭이고 여러 사람을 밖에서 헐뜯으니, 김백선은 안승우에 대하
여 이를 갈며 군사(軍事)를 문란케 하고 장명(將命)을 거역하는 일이
하나둘이 아니었으나 선생(유인석)은 그의 선창한 공을 보아 관대히
용서하고 포용한 적이 역시 한두 번이 아니었다.

김백선 장군 됨됨이와 마음씨를 적어 놓은 것인데, 이 글만 보
면 모질고 사나우며 터무니없이 흰목이나 쓰는884 거친 악소패,

882　지위주다: 명령을 내려 치르게 하다.
883　완악(頑惡)하다: 성질이 도도하고 모질다.
884　흰목 쓰다: 터무니없이 제 힘을 뽐내다.

곧 요즈막 문자로 '깡패'를 말하는 것 같다. 그런데 짜장885 그러한 것일는지?

이 글은 무엇보다도 먼저 김백선 장군을 처형시킨 양반계급들 눈길을 보여 주는 것으로 봐야 하니, 김백선은 포수였다. 그것도 경기도에서 가장 큰 장산(壯山)인 용문산 넘나들며 범·곰 같은 맹수 잡던 멧총댕이886 도꼭지887였다. 얼굴 하얗고 손목 가느다란 책상물림 탕창짜리들과는 그 타고난 됨됨이부터가 다를 수밖에 없는 것이다. 무엇보다도 그리고 무엇이 옳고 무엇이 그른 것인지를 타고난 바탕에서 알고 있는 어쑵한888 무인이었다.

'사람됨이 장대하고 기력이 있는 데다 빼어나게 용기가 있었으며 힘은 지붕을 뛰어넘었'던 김백선이 국모 원수를 갚자고 했다가 자빡맞자 동헌 섬돌에 쳐서 화승대를 부숴 버리는 것으로 왜적을 물리칠 것을 하냥다짐889한 다음 의병을 일으켰다는 것이 그 됨됨이를 웅변하여 준다.

그리고 안팎에서 여러 유장들을 하리놀고890 쑤석여891 김백선으로 하여금 장령도 거스르게 만들었다는 민의식(閔義植)은, 감영에서 감사 다음가는 자리인 종오품 도사(道事)를 지낸 벼슬아치 출신이다. 이런 사람이 멧총댕이 출신 평민 의병장 밑에서, 그러니까

---

885 짜장: 과연. 정말로. 참. 참말로. 그야말로.
886 멧총댕이: 산포수(山砲手).
887 도꼭지: 어떤 길에서 가장 으뜸이 되는 사람.
888 어쑵하다: 작은 일에 거리끼지 아니하고 남을 도우려는 의로운 마음이 있다.
889 하냥다짐: 일이 잘 되지 않으면 죽음이라도 받겠다고 두는 다짐.
890 하리놀다: 웃사람한테 남을 헐뜯어 일러바치다.
891 쑤석이다: 가만히 있는 사람을 추기거나 꾀어 부추기다.

팔천(八賤) 하나인 포수 밑에서 참모인 종사(從事)로 있었다는 것은 무엇보다도 여흥민씨(驪興閔氏) 푸네기달님같은 중전마마가 왜놈들한테 끔찍한 죽임을 당한 다음 민종식(閔宗植, 1861~1917)은 홍주에서, 민승천은 안성에서, 민긍호(閔肯鎬, ?~1908)는 원주에서, 민용호(閔龍鎬, 1867~1922)는 강릉에서 의병을 일으켰던 것이다. 여주 민판서 사촌아우였던 민의식 또한 마찬가지였으니, 산포수 의병장 밑에 종사로 들어가게 된 까닭이다. 더구나 류인석은 저를 따르는 여러 문인과 양반들한테 김백선을 깍듯이 우러러 모시라는 땅불쑥한892 부탁을 한 바 있었다. 민의식은 김백선을 부를 때 꼭 '사또'라고 하고, 저를 '소인'이라고 낮추었다니, 반상의식으로 쇠덮개893 두른 양반사대부들한테 비웃음 받은 까닭이었다. 다음은 경원전문대학 교수였던 철학박사 장삼현(張三鉉)이 쓴 글이다. 『양평독립항쟁사』에 나온다.

김백선(金伯善, 1849~1896)의 본명은 도제(道濟), 본관은 경주이니, 경기도 지평현 장둔면(壯屯面=지금 청운면) 갈운리에서 출생하였다. 출생시부터 범상치 않았다. 고고(呱呱)의 성(聲)이 우렁차고 힘이 있어 동리가 출생을 알 수 있었다고 한다.

김백선은 성장하면서 기골이 장대하여 구척장신(九尺長身)이고 얼굴이 호상(虎像)으로 어린 시절 천연두(天然痘)로 얼굴이 얽어 콩알이 박힐 정도로 험상하여 사람들이 근접하기 어려웠고 힘이 역사로 민

---

892 땅불쑥하다: 특별하다.
893 쇠덮개: 철판(鐵板).

첩하여 전설 같은 구전(口傳)에 의하면 장군이 쓰던 장검이 수십 근이어서 장정이 겨우 들 정도였다.

산에 가면 석가래 정도의 나무를 한 손으로 뽑을 정도로 역사며 수백보 거리의 산돼지를 창을 던져 잡는가 하면 축지법을 써서 양동 금왕리에서 하로 식전에 서울을 다녀왔다고 하며, 화승총894을 한 발작 옮길 때마다 한 발씩 쏘았다고 전설처럼 전해 온다. 과장된 이야기겠지만 걸출한 장사임에는 틀림이 없는 것 같다.

타고난 성품이 기개가 있고 솔선하여 앞장서는 용력이 있는 용장 재골이었으나, 평민 출신에 많이 배우지도 못하고 곤고하여 의향지에 보면 수렵으로 산포수로 활동하였는데, 특히 양동 금왕리 김촌(金村)에 김진덕(金鎭德, 1859~1931) 일명 호령대감과 교분이 깊어 의형제를 맺어 김백선은 금왕리 김촌에 김진덕과 울타리를 사이에 둔 집을 마련해서 이사하여 친형제 이상으로 각별하게 지내며 또한 김진덕의 종형제들과도 친해서 같이 수렵도 하며 지냈다. 그런 관계로 두 가문이 연혼(連婚)도 이루어진 것으로 생각된다.

여기서 밝히고자 함은 몇 군데 김백선 장군이 양동면 출생으로 기록된 곳이 있는데, 출생은 서두에서 말한 바 있지만 당시 장둔면(지금 청운면) 갈운리이고 상동면(양동면) 금왕리 강릉김씨 집성촌인 김촌에 이사해서 우거(寓居)했던 것으로 보인다. 김백선은 지평현 일대에 산포수 중에 명포수로 우두머리 구실을 하였다.

---

894 화승총: 구식총으로 순서가 총에 총알을 넣고 또 화약을 넣고 화승줄에 달린 불을 붙여서 총알이 나가게 하는 구식 총.

『종의록』은 이어진다.

하루는 군대를 주포에 주둔시키고 비밀리 그(김백선)의 의형 고아장(高牙將, 고씨성 참모장)에게 통지하되 대진에 있는 지평 포군 출신들을 다 뽑아서 자기가 있는 곳으로 오게 한다면, 그날 밤으로 군사를 들어 돌려쳐서 사류들을 다 죽이겠다고 하였다.

고씨라는 사람은 본래 용렬하고 어리석으며 조심성 있고 착하므로 선생이 사랑하기를 수족같이 해서 항상 좌우에 두고 먹을 것을 밀어주고 입을 것을 밀어 주니, 고씨가 선생을 애모하기를 사랑하는 아버지같이 하였다. 때문에 차마 선생을 죽일 수가 없어서 사실대로 고하니 선생은 고씨에게 말하여 의에 의거하여 대답하게 하고 곧 선봉에게 명하기를 "군대는 그곳에 머물게 하고 단신으로 와서 대명하라. 만약 다시 완악하게 거역하면 마땅히 군률을 실시하겠다."고 하였다. 이날 밤은 물샐틈없이 계엄하였다.

김백선 장군한테 다가오는 죽음의 그림자인데, 김백선 장군 살매895를 아퀴지은896 것이 "사류들을 다 죽이겠다."는 말이었다. "붓대나 쥐고 입만 살아서 거들먹거리는 탕창짜리897들을 먼저 없이한 다음 왜적을 치겠다."는 말이었으니, 줄밑걷어898 보면 까

---

895 살매: 운명.
896 아퀴짓다: 결정하다.
897 탕창짜리: 탕건 쓰고 창옷 입은 양반을 가볍게 이르는 말.
898 줄밑걷다: 일 실마리나 말 나온 데를 더듬어 찾다.

닭이 있다. 코 세고899 술 잘먹는 어쑵한 무인과 갈피900맞는 예의 범절만 앞세우는 쫀쫀한901 문인 사이에 규각나는902 것은 오히려 마땅한 것이지만, 그렇다고 해서 처음부터 척을 진903 것은 아니었다. 더구나 의암 선생을 친아버지처럼 우러르며 따르던 사람으로서 선생이 믿고 아끼는 문인들한테 사납고 모질게 대할 수는 없는 것이다. 그리고 그런 타고난 바탕을 지닌 사람이었다면 제아무리 빼어난 무인이었다고 하더라도 선봉장으로 모셔 들이지도 않았을 것이다.

거느리고 있던 버금장수 오장문을 "관부가 담긴 고리짝 뚜껑을 열어 흩어 버리고 백성들한테 겁을 주었다."는 알쏭달쏭한 죄목 붙여 목을 잘라 버리는 양반 목대잡이904들 사납고 모지락스런905 짓거리에 꿈이 깨어진 김백선 장군은 의진을 떠나 옛살라비906 지평으로 돌아간다. 그러나 왜적을 쳐부셔야 한다는 대의로 풀쳐생각907하고 총댕이 100여 명을 더 모아 충주성으로 돌아간다. 그리고 사나운 물너울908처럼 덮쳐 오는 왜병과 밤낮없이 싸우는 판인데, 죽을둥살둥 싸우고 있던 손아래 포군 한 사람이 다치는 일이

899 코 세다: 남 말을 안 듣고 제 고집대로만 우기는 성미가 있다.
900 갈피: 이치.
901 쫀쫀하다: 톡톡한 피륙 짜임새가 곱고도 고르다. 찬찬하다. 꼼꼼하다.
902 규각(圭角)나다: ① 말과 몸가짐에 모가 나서 남과 뜻이 아니맞는 것. 옥신각신하는 것. ② 몬이 서로 들어맞지 아니하는 것.
903 척지다: 서로 맺힌마음을 품게 되다.
904 목대잡이: 여러 사람을 도맡아 거느리고 일을 시키는 이.
905 모지락스럽다: 억세거나 거세어 매우 모질다.
906 옛살라비: 고향.
907 풀쳐생각: 맺혔던 마음을 풀어 버리고 스스로 달램.
908 물너울: 파도.

일어난다. 왜병 총에 맞은 것이 아니라 삼화부사 출신 리경기(李敬器) 중군장 종사가 싸움을 다그친다며 칼을 뽑아들고 포군 하나를 쳤던 것이다. 추서지909 못할 만큼 커다란 생채기가 난 것은 아니었지만 싸울아비910들은 몹시 노여워하였다. 김백선 장군이 대장소에서 오라911지게 되는 모습으로,『종의록』이다.

다음 날 아침밥을 먹은 다음 남산에서 얼마 동안 진법훈련을 실시하고 있을 때 김백선이 건장한 군사 삼십 명을 뒤따르게 하고, 칼을 휘두르며 진을 버려둔 재 들어와 장검을 높이 들고 곧바로 선생이 앉아 있는 앞으로 나아가니 다섯 발자국 내에서 변이 날 것 같았다. 온 진영의 상하가 다 심신이 비월(飛越)하여 어찌할 바를 알지 못하여 조마조마하고 있을 때에 선생은 안색이 자약(自若)해서 마치 아이들의 장난을 보듯이 평화로운 말소리로 천천히 말하기를 "선봉은 취했는가? 왜 또 망동하느냐. 내가 항상 술에 빠지지 말기를 경계했는데, 왜 듣지를 않느냐?"하셨다. 김이 비록 완패하나912 이같이 불법을 자행하고 보니 격동하기 쉬운 의기를 가진 사람으로서 평일에 선생이 덕의를 신봉한 것이 깊기 때문에 마음이 불안하지 않을 수 없어서, 고집으로 일으킨 반역의 기운이 갑자기 땅에 떨어져, 칼을 버리고 자기도 모르게 땅에 엎드리고 말았다. 좌우에 명하여 포박하였다.

---

909 추서다: 병을 앓은 뒤에나 또는 몹시 지친 뒤에 시들었던 몸이 차츰 좋아지다.
910 싸울아비: 전사(戰士). '사무라이' 본딧말.
911 오라: 예전 도둑이나 죄인을 묶을 때 쓰는 붉고 굵은 줄. 홍줄. 홍사(紅絲).
912 완패(頑悖)하다: 성질이 모질고 움직임이 사나움.

4부

미륵뫼의 김성숙

미륵뫼에서 온 붉은 승려 김성숙金星淑

우리력사 삶혀보니 녯날판도 장하도다
만쥬벌과 서비리913가 모다우리 녯땅일세

황조유택 무궁하야 북부여의 단군자손
나라터를 굿게닥고 이천여년 다스럿네

동명성왕 복래하야 혼강일대 자리잡고
고구리를 건설하야 그때형세 장하엿다

환도성에 아직까지 광개토왕 비문잇다
남정북벌 간곳마다 동양대륙 진동햇네

산해관에 옛무덤은 합소문914의 뭇친데다

913　서비리: 시베리아.
914　합소문: 태합(太閤) 연개소문.

개세영웅 녯자최를 오늘까지 볼수잇다

룡천부를 도라보면 대진태조 사업이다
사천만중 한호령에 해동성국 일우웠네

우리동족 김태조는 백두산에 터를닥고
이천오백 정령으로 횡행천하 족하엿다

이러하든 옛기업이 오늘내것 안되엿네
그러하나 분발하여 조상력사 다시잇세

<우리 옛 역사> 부르며 정거장으로 가는 김성암(金星巖)은 두 주
먹을 꽉 부르쥐었다915. 평안북도 철산군(鐵山郡)에 있는 철산역으로
가는 19살 꽃두루916는 저고리 속으로 매어 둔 전대를 두드려 보았
다. 1916년 봄이었다.

"삼촌한테서 독립군 얘기를 들으며 가만히 있을 수 없었다. 그
래서 만주 신흥학교로 가겠다고 마음 먹고 집을 나왔다. 마침 집
에서 땅 판 돈이 있어서 그 돈을 몰래 갖고 왔다. 집안 어른들께
죄송했지만 독립을 위해 쓴다면 용서해 줄 것이라고 생각했다."

기차를 타고 평양으로 가 원산과 청진 거쳐 두만강 넘어 만주
로 가겠다는 것이 성암 꽃두루 생각이었다. 그것은 성암만이 아

---

915 부르쥐다: 힘들여 주먹을 쥐다.
916 꽃두루: 총각.

운암 김성숙.

니라 왜제 때 독립운동에 몸과 마음을 바쳤던 이들이 가려잡을 수 있었던 오직 한 가지 길이었으니 — 양광(佯狂)917이라는 싸울꾀로 감옥을 나온 '조선의 레닌'이 안해 주세죽 선생과 원산 거쳐 두만강 넘어 연해주로 해서 모스크바까지 갔던 것이 그것을 웅변하여 준다. 압록강을 건너는 것보다는 두만강 쪽이 그래도 나았던 것이다. 그때 독립운동에 뜻을 두었던 이들이 조선반도에서 시베리아로 통하는 길에는 세 가지가 있었으니 — 원산이나 청진에서 배를 타고 블라디보스토크에 들어가는 바다길과, 신의주나 회령에서 기차를 타고 만주 거쳐 들어가는 열차길과, 두 발로 걸어서 두만강 넘어가는 도보길이 그것이었다.

원산에서 기차를 내린 김성암은 서강사라는 절에서 하룻밤 묵게 되었다. 어떻게 하면 두만강을 건널 수 있을까 하는 생각과 만주 봉천으로 가는 기차를 타 보려는 생각으로 엎치락뒤치락하며 밤을 꼬박 밝히다시피 하고 절을 나서던 이튿날 새벽이었다. 물샐 틈없는 왜노들 망꾼918 뚫을 생각하며 절을 내려오던 산등성이에

917 양광(佯狂): 거짓으로 미친 체함.
918 망꾼: 망을 보는 사람.

서 한 스님을 만났으니, 전정(前定)된 살매919였던가. 성암 꽃두루 얼
거리920를 듣고 난 스님이 말하였다.

"독립운동은 요동벌에서만 하는 게 아니야. 우리 미륵뫼에 가면
미륵당취가 있지. 궁예미륵부터 비롯해서 묘청미륵과 변조미륵
거쳐 천 년을 내려온 혁명승려 동아리921네. 나를 따라 지평 미륵
뫼로 가세. 리성계가 용문산으로 이름 바꿔 버린 미륵뫼로."

미륵뫼 용문사(龍門寺)에서 행자생활과 사미생활을 하며 원산서
만났던 풍곡(楓谷) 신원(信源) 선사(禪師)한테 성숙(星淑)이란 불명을 받
은 김성숙은 미륵뫼 당취들 가르침 좇아 애당취가 된다. 2년 반
뒤인 1918년 끝 무렵 광릉에 있는 봉선사(奉先寺)로 가 불교 경전
궁구를 하게 되었는데, 이때 만나게 된 것이 월초(月初) 거연(巨淵,
1858~1934) 스님이었다. 김성숙은 말한다.

"봉선사에 홍월초라는 노스님이 계셨어. 궁구를 많이 하신 분이
고, 마음이 탁 트였어. 이분이 손병희 영감하고 굉장히 친해. 너니
나니 하고 욕도 막 하는 처지야."

동학 3세 교주인 의암(義庵) 손병희(孫秉熙, 1861~1922)는 보신을 위
해 멧돼지를 사냥해 그 피를 마시러 자주 왔다. 영감이 오면 노
승은 김성숙더러 의암 시중을 들라고 해서 그렇게 했더니 퍽 가
까워졌다. 의암만이 아니라 자주 찾아오는 만해(萬海) 한용운(韓龍雲,
1879~1944)과 김법린(金法麟, 1899~1964) 같은 밤하늘 별과 같은 독립운

---

919 살매: 명운(命運). 팔자.
920 얼거리: 뜻. 생각. 얽이. 얼개. 꾀. '계획(計劃)'은 왜말임.
921 동아리: 뜻이 같은 사람들이 한 패를 이룬 무리.

동가들 손대기922노릇하며 당취얼을 다잡는 김성숙이었으니, 미륵뫼에서 만난 여여거사 입김이 컸다.

여여거사(如如居士)는 유대치(劉大痴)를 말한다. 본이름이 홍기(鴻基)였던 유대치는 백의정승(白衣政丞) 소리 듣던 초야 인물로 김옥균(金玉均)을 비롯한 개화파 청년 양반들 목대잡이923였다. 요즈막 말로 하자면 갑신정변이라는 부르조아혁명을 기획하고 집행한 막후 실세였다. 여여거사는 갑신정변이 삼일천하로 그 가림천924을 내리자 집을 나와 산으로 들어갔다. 한양유씨(漢陽劉氏) 집안에서는 그가 경기도 지평(砥平) 땅에 있는 용문산이라고 이름 바꾼 미륵뫼 들어가 토굴을 묻고 좌선(坐禪)으로 남은 목숨을 보냈다고 한다. 허물없이 지내는 동지였던 역관 오경석(吳慶錫)과 같은 나이였으니 1831년생으로 미륵뫼로 들어간 것은 54살 때가 된다.

김옥균을 비롯하여 박영효·서광범·리정환·박제형·오경석 3동기·김영한 동기·한세진·리희목 같은 혁명 원둥치925들이 죄 불자(佛子)였다. 선불교(禪佛敎)에서 나온 만민 평등사상을 부르짖는 여여거사한테 무릎을 치고 유가경전 내신 불교 경전만 파고드는 갑신정변 고갱이926들이었다. 김성암(金星巖)이 미륵뫼 용문사로 들어가 태허(太虛)라는 법호로 중노릇을 비롯했을 때까지 살아있었다면 86살이 된다. 좌선으로 한 소식 했을 여여거사니 살아 있었을

---

922 손대기: 잔심부름을 하여 줄 만한 아이.
923 목대잡이: 채잡이. 길잡이. 난사람. '지도자(指導者)'는 왜말임.
924 가림천: 속 것이 보이지 않게 옷·이불감이 되는 피륙으로 둘러친 막(幕). 양말 '커튼'.
925 원둥치: 원몸. 엄지몸. '주체(主體)'는 왜말임.
926 고갱이: 몬 알맹이. 알심. 노른자위. '핵심(核心)'은 왜말임.

수도 있고 하마927 열반을 했다 하더라도 그 입김이 미륵뫼 언저리에 짙게 남아 있었을 것이다. 김성숙이 김충창(金忠昌)이라는 이름으로 혁명가 길을 걷게 된 데에 여여거사 입김이 크게 미쳤을 것이라고 보는 까닭이다.

나를 공산주의자로 만든 사람은 김충창이었다. 그는 조선 청년들 생활이 가장 어려웠던 1922년에서 1925년까지 내 이론공부를 이끌어 주었다. 나는 김충창이 아주 예외적인 사람이라는 것을 알았다. 아버지는 지독히 가난한 농군이었다. 그래서 그는 어려서부터 들에 나가 밭일을 하였다. 집안이 너무 가난해서 학교에 다니지는 못했지만, 마을에 있는 유식한 사람한테서 많은 것을 배웠다. 열여섯 살에 기독교 신자가 되어 기독교 교리를 열심히 공부하였다. 하지만 기독교 교리는 그를 만족시켜 주지 못하였다. 그래서 열여섯 살에 집을 뛰쳐나와 금강산에 가서 중이 되었다. 이 아름다운 산 한가운데에 있는 유점사(楡岾寺)에서 그는 불교뿐만이 아니라 현대철학도 연구하였다. 그는 그곳에서 1919년까지 머물러 있었다. 헤겔의 변증법 덕분에 그는 쉽사리 맑스주의에 관심을 가지게 되었고, 자기의 가난과 천성적인 정의감 때문에 자연히 사회혁명에 대한 신념으로 돌아서게 되었다. 1922년에 다른 젊은 승려 5명과 함께 김충창은 자기들의 정치활동을 해 나갈 자유가 있는 북경으로 건너갔다. 이 6명은 문학단체를 만들고 『황야(荒野)』라는 잡지를

---

927 하마: 벌써. 이미.

님 웨일즈, 『아리랑』 표지.

내었다. 그 내용은 철학, 시, 단편소설, 문학일반에 걸친 것이었다. 이 기간 동안에 김충창을 포함해서 3명의 젊은 승려가 공산주의자가 되었으며, 나머지 3명은 혁명이란 도무지 잠꼬대 같은 소리라고 하면서 금강산으로 되돌아갔다.

님 웨일즈(1907~1997)가 쓴 『아리랑』에 나오는 대문인데 공산주의 혁명가 김산(金山), 곧 장지락(張志樂, 1905~1938)이 한 말로, 「금강산에서 온 붉은 승려」라는 항목이다.

그런데 여기에는 잘못된 데가 몇 군데 보인다. 김성숙이 중이 된 것은 열여섯이 아니라 열아홉이었고, 중국 북경으로 갔던 것은 1922년이 아니라 1923년이었다. 그리고 금강산에 가서 중이 된 것이 아니라 용문산에 가서 중이 되었다. 아마도 장지락이 김성숙한테 들은 대로 용문산이라고 하였는데, 님 웨일즈가 금강산으로 바꿔친 것으로 보인다. 경기도 지평땅에 있는 미륵뫼라고 하면 서구쪽 독자들이 낯설어 할 것이므로 이미 세계적 명산으로 유명짜한928 금강산으로 했던 것이라는 생각이다. 그러므로 「금강산에서 온 붉은 승려」가 아니라 「미륵뫼에서 온 붉은 승려」가 맞

928 유명짜하다: '유명(有名)하다'를 힘있게 쓰는 말.

는 말이다.

크로포트킨에 빠졌던 김성숙

김성숙은 평안북도 철산군 서림면 강암동에서 본관 상산(商山) 김문환(金文煥)과 림천조씨(林川趙氏) 사이에서 3남매 가운데 맏이로 태어났다. 그는 애옥한929 농군 아들로 태어나 농사일을 도우며 할아버지가 훈장인 서당에서 신서를 배웠다. 김성숙이 용문사에서 애당취930로 있기 이태반만에 본사인 양주 봉선사(奉先寺)로 갔을 때였다. 속가(俗家) 식구들이 옛살라비931 철산 떠나 경성으로 부자리932를 옮겼으니, 봉선사 말사인 이제 서울 은평구 갈현동에 있는 수국사(守國寺) 땅을 부쳐먹을 수 있게끔 마음 쓴 홍월초(洪月初) 노스님 덕분이었다.

봉선사 강원에서 불교 경전만이 아니라 외전(外典)인 철학과 사회과학쪽 궁구를 해서 깨달음 너비를 넓혀갔으니, 사회주의사상을 받아들였던 것이다. 이때 김성숙이 마음속 스승으로 모셨던 이가 있었는데, 단재(丹齋) 신채호(申采浩)가 석가·예수·공자·마호메트와 함께 5대 성인으로 꼽은 크로포트킨(1842~1921)이 쓴 『빵과 약탈』은 젊은 당취 김성숙 피를 끓게 하였다.

---

929 애옥하다: 살림이 몹시 구차하다. 가난하다.
930 애당취: 20살이 못된 꽃두레·꽃두루 당취.
931 옛살라비: 고향.
932 부자리: 삶터.

461

1919년 3월 30일 광릉내 장시933에 모인 1,000여 명 만세시위와 그 다음 날 광릉내 자갈마당에서 있은 제2차 시위를 봉선사에서 하냥 중노릇 하던 지월스님 리순재(李淳載)·강완수(姜完洙) 그리고 종로에서 약종상 하던 김석로(金錫魯)와 만세운동을 이끌었다가 징역 8개월을 살게 된다. 이때 서대문형무소에서 한사람을 만나게 된 것이 김성숙 인생을 크게 바뀌게 하는 고비가 된다. 미륵뫼에서 만났던 당취들한테 혁명을 배웠다면 김사국이라는 혁명가를 만남으로써 그 혁명을 이루기 위한 솜씨를 배웠던 것이다.

김사국(金思國, 1892~1926)은 충청남도 연산(連山)에서 태어나 '고려공산동맹' 책임비서를 지낸 첫 때 공산주의운동 사나운 장수였다. 어려서 아버지를 여의고 같은 주의자인 아우 김사민(金思民)과 하냥 금강산 유점사에서 불도와 진서를 갈닦았다. 만주와 러시아 그리고 동경을 오가며 공산주의운동 일통934을 위하여 애썼던 피 끓는 주의자였다.

"때는 왔다. 무덤 가운데 있는 동무의 무거운 침묵은 산암(山巖)보다 몇배나 강력할 것이다."(『해방일보』 1946년 5월 10일) 조선공산당 중앙위원회 리승엽(李承燁, 1905~1953?)이 부르짖었던 김사국은 1921년 1월 27일 짜여진 '서울청년회'에서 민족주의 우파들을 몰아내고 좌파 중심 청년모임으로 탈바꿈시켰으나, 결핵에 무너진 것이 35살 때였다.

---

933 장시(場市): '시장'은 왜말임.
934 일통(一統): '통일'은 왜말임.

그 김사국한테 커다란 입김935 받
았던 김성숙이 '무산자동맹회'·'조
선노농공제회' 같은 좌파 청년운동
에 힘쓰며 조봉암(曺奉巖)·김한(金翰)·
류자명(柳子明) 같은 이들과 사귀다가
중국으로 가게 된 것은 1923년 봄이
었다. 그리고 이때부터 운암(雲癌)이
라는 아호를 썼는데, 김성숙이 내걸

김사국.

었던 것은 옛살라비 철산에 있는 멧
잣936 이름에서 따온 雲巖이 아니라
雲癌이었다. 바위암자가 아니라 암암자였으니, 바람 앞에 등불 같
은 조국 살매를 빗댄 것이었다. 암과 같은 불치병에 걸린 조국에
드리운 구름을 벗겨내는 혁명가가 되겠다는 하냥다짐937이었던
것이다.

김성숙이 중국으로 간 것은 혼자서가 아니었다. 김봉환(金奉煥)·
김규하(金奎河)·김정완(金鼎完)·윤종묵(尹鐘默)·차응준(車應俊) 같은 스님 5
명과 함께였으니, 모두 봉선사 강원에서 내전(內典)과 함께 맑스주
의철학을 갈닦던938 도반(道伴)들이었다. 이들은 모두 불교단체에
서 보낸 유학생들로 김성숙은 북경 민국대학에서 정치경제학을

---

935 입김: 힘. 손길. 그늘. '영향(影響)'은 왜말임.
936 멧잣: 산성(山城).
937 하냥다짐: 일이 잘 되지 아니할 때에는 목 베는 형벌을 받겠다고 두는 다짐.
938 갈닦다: 캐다. 파다. 파고들다. 마음쓰다. 따지다. '연구(研究)'하다는 왜말임.

궁구939하였고, 김규하·김정완·차응준은 북경대학, 김봉환은 문학대학, 유종묵은 평민대학에서 배웠는데, 범어사(梵魚寺) 출신인 김봉환이 땅불쑥한940 혁명가였다. 『혁명가들의 항일회상』에 나오는 대문이다.

김봉환은 함경남도 고원군 군내면 덕지리에서 출생하여 고원공립보통학교를 졸업한 후 김성숙과 함께 불교를 공부하였고 동래 범어사 승려가 되었다. 중국으로 망명한 후 사회주의자·공산주의자로 활동하다가 김좌진의 부하로 있다가 1930년 1월 24일 박상실을 매수하여 김좌진을 암살한 '金一星'으로 알려진 인물이다.
　-중외일보, 1930년 2월 24일, 「背後에서 拳銃으로 金佐鎭에 下手한 金一星」

김상구(金尙九)가 쓴 『김두한 출세기』에 나오는 대문이다.

"공산주의자 박상실에 의해 순국했다는 김좌진 신화도 수정이 필요한 시기가 되었다."며 량환준 증언은 벌어지는 입을 다물지 못하게 한다. 조선인 민족주의 우익이었던 김좌진이 저질렀던 반동적 작태 3가지를 들었다.
① 중장철도 호로군 사령부와 결탁하여 사복한 부하를 시켜 중동철도기차에서 공산당 혐의자로 여겨지는 사람들을 함부로 체포하였다.

939　궁구(窮究): '공부(工夫)'는 왜말임.
940　땅불쑥하다: 특별(特別)하다.

② 할빈 일본총영사관에 주재하고 있는 총독부 특무 마쯔시마와 결탁하여 그놈에게 공산당 활동정보를 제공하고 그 대가로 수만 원의 일본돈을 받아 산시에 정미소를 꾸리고 첩을 두어 향락하였다.

③ 신숙·정신 등 인과 가장 반동적인 <한민총련합회>를 성립하였다. 김좌진은 이와 같이 조선족인민에게 큰 죄를 지었다.

조공 아성총국(만주총국)에서는 더 그냥 내버려둘 수 없다고 인정되어 김좌진을 없애치우기로 결정지었다. 1929년 가을에 총국에서는 공도진(최동범. 리복림)을 산시에 잠입시켜 김좌진일파가 경영하는 정미소에 일군으로 들어가 그들의 신임을 얻게 되었다. 1930년 1월 24일 김좌진이 부하 몇을 데리고 정미소를 시찰하러 왔을 때 공도진은 허리춤에서 권총을 뽑아들고 김좌진에게 거푸 두 발을 갈겼다. 김좌진이 거꾸러지자 그 부하들이 어쩔 바를 모르는 사이에 공도진은 삼림 속으로 냅다 뛰어 도망쳐 버렸다.

1984년 료령민족출판사에서 펴낸 『조선민족혁명렬사전』 제2집에는 박상실이라는 거짓이름을 썼던 리복림(1907~1937)이 실려 있다.

동북항일련군 제3군 지전원들이 널리 알고 있는 '합동사령' 리복림 동지는 어려서부터 혁명활동에 참여하였으며 주하유격대의 창건과 항일련군 제3군 발전장성에 커다란 기여를 한 우수한 지휘원이었으며 일본 침략자를 반대하는 가렬 처절한 전투마당에서 굴함 없이 생명의 마지막 순간까지 싸운 혁명전사이다. 리복림(李福林) 렬사의 본 이름은 공도진인데, 그는 혁명에 참가한 후 최동범이라고도 불렸다. 그는 1907년 5월 21일 조선 함경북도 온성군의 한 가난한 농가에서 태어났다. (…)

1937년 4월, 리복림 동지는 소년련과 경위련의 170여 명의 대오를 거느리고 성위원회에 회의하러 떠났다. 부대는 행군 도중 통하현 이도하 자북산에서 숙영하게 되었다. 이때 한간941하는 중국인의 밀고로 말미암아 부대는 600~700명의 일본군과 괴뢰군에게 포위 당하였다. (…) 더는 피할 길도 없고 반격할 힘도 없는 그는 원수들 이 퍼붓는 총탄 속에서 장렬히 희생되었다. 그때 그는 30살이었다.

의열단 선전부장 김성숙

김성숙은 채원배(蔡元培)가 세운 민국대학 정치경제과에 다니면 서 봉선사에 있을 때 닦은 사회주의에 관한 깊고 넓은 알음알이942 와 이론으로 북경 유학생계를 꼼짝 못하게 하였다. 1923년 북경 바닥에서는 리회영(李會榮)과 신채호(申采浩) 같은 민족운동가들이 상 해 임정노선에 시뻐하면서943 무정부주의사상에 기울어졌던 때였 다. 김성숙이 묵는 집에 무정부주의자들이 떼지어 살았던 것이다. 김성숙은 북경에 가자마자 류자명(柳子明)과 신채호가 밀어주어 의 열단에 들어 선전부장을 맡았다.

그러나 무정부주의에 옹글게944 기울어지지는 않았으니, 김성

---

941 한간(漢奸): 왜노 밀세다리질.
942 알음알이: 지식(知識).
943 시뻐하다: 마음에 들지 않아 시들해 하다. 대수롭지 않다. 시쁘다.
944 옹글게: 완전하게.

숙은 어디까지나 사회주의자였던 것이다. 기독교유학생 모임이
활개치던 북경에서 김성숙이 서둘러 짠 것이 「불교유학생회」였
다. 불교 승려들 노른자로 짜여진 불교유학생회에 있던 전라북도
에서 온 한봉신(韓鳳莘)과 김봉수(金鳳秀) 그리고 밀양 표충사(表忠寺)에
서 온 윤금(尹錦)이 한 해 남짓 사회주의사상과 옥신각신945 끝에 조
선으로 돌아갔으니, 북경에는 김성숙처럼 사회주의사상을 따르
던 이들만 남게 되었다. 김규하(金奎河)·금강산 유점사(楡帖寺)에서 온
김정완(金鼎完)·금강산 신계사(神溪寺)에서 온 윤종묵(尹鐘黙)·동래 범어
사(梵魚寺)에서 온 김봉환(金奉煥)·영천 은해사(銀海寺)에서 온 차응준(車
應俊) 같은 승려들이었다.

945 옥신각신: 옳으니 그르니 하고 서로 다투는 꼴.

'황야'에 선 사회주의자 김성숙金星淑

　불교학생회가 한 일 가운데 눈을 그게 뜨고 봐야 할 것이 기관지 『황야(荒野)』를 펴낸 것이었다. 1924년 2월 창간호를 박아낸 달거리946 『황야』는 권마다 40~50쪽이었는데, 철학·시·단편소설·문학일반 등으로 짜여져 문학과 인문학에 사회주의적 결947을 대고 있어 나라안까지 전해질 만큼 유명짜한 잡지였다. 김성숙과 『황야』 고갱이들은 왜국 공산주의자 가와카미 하지메[河上肇]의 유물사관 번역물을 골똘히 읽으며 사회주의 사상에 마음을 빼앗겨 갔다. 이때 김봉환과 정화암(鄭華巖, 1896~1981)이 사회주의사상과 무정부주의사상을 놓고 벌인 사상논쟁은 북경 조선인사회를 크게 놀라게 하였다. 김성숙 또한 김봉환과 같은 자리에 서 있었음은 물론이다.

946　달거리: 한달 걸러. 격월(隔月).
947　결: 성결. 마음결. 마음씨. 성격(性格).

(…) 3·1 운동 이후 국내의 우리 학생들 가운데 왜놈학교를 몇해 다니겠다면서 북경으로 나온 학생 수가 천 명 정도 된다는 사실이었습니다. 그들과 이야기해 보니까 그럴듯한 머리를 가진 학생들이 있어요. 고래서 그들과 연락을 해가며 상의를 했는데, 그 가운데 이미 공산주의자가 되어 버린 양명이 있었어요. 그는 그때 북경 유학생이었고, 주변에 김성숙이며 제법 좋은 후배들이 있더란 말입니다.

장건상(張建相, 1883~1974)이 되돌아본 말처럼 김성숙은 그때 조선인 유학생 가운데 공산주의 이론가로 이름 높던 양명(梁明, 1902~?)과 온건사회주의자였던 장건상들과 사귀면서 사회주의를 넘어 공산주의운동 길로 들어서게 된다. 김성숙은 장지락·양명·김용찬(金容贊, 1905~?)·김봉환·이락구(李洛九) 들과 여기저기 흩어져 각자이위대장(各自以爲大將)인 공산주의자들을 '단일대오'로 묶어 내고자 '창일당(創一黨)'을 짜게 된다. 이르쿠츠파 고려공산당 북경 지부인 창일당 도꼭지948는 장건상이었고, 유학생들을 창일당으로 엮어 내는 다리 구실을 한 것은 김성숙이었다. 그때 일됨새를 되돌아보는 김산(金山), 곧 장지락(張志樂, 1905~1938) 말이다. 창일당 기관지 『혁명』을 박아 낼 때 이야기이다.

1923년 겨울 공산청년동맹에 가입함과 동시에 나는 김충창 외 8

---

948 도꼭지: 어떤 길에서 가장 으뜸이 되는 사람.

명 동지와 함께 힘을 합하여 북경에서 최초의 공산주의 잡지인 『혁명』을 박아내었다. 나는 격일로 박아 내는 이 학생잡지에 3명 편집자 가운데 한 사람이었다. 이 잡지는 공산당 동조자, 좌익민족주의자, 무정부주의자들한테서 지지를 받았다. 이 잡지는 32페이지짜리고, 창간호는 800부를 찍었는데 6개월 이내에 3,000명 고정 독자를 가지게 되었다. 김충창은 이 잡지 주필이었으며 이 잡지를 위해 수많은 주옥같은 논문을 썼다. 이 논문들은 내 사상에 커다란 감화를 주었다. 북경에는 조선 문자 인쇄소가 없었다. 그래서 김충창은 모든 지면을 자기 스스로 판을 짜서 이것을 석판인쇄하였다. 이 작업을 하느라고 그는 거의 눈이 멀었다. 그래서 북경 협화의과대학에서 치료를 받아야만 했던 것이다.

『혁명』이 파고들었던 것은 '민족혁명 제일주의'였다. 1925년 이제 충충대949에서 계급혁명에 앞서 민족혁명을 이루기 위해서는 볼셰비키적 폭력운동에 무정부주의적 폭력운동도 쓸 데 있다는 것이었다. 이것은 공산주의운동과 의열단싸움을 아울러 밀고 나갔던 김성숙이 가려잡았던 혁명 방법론이었다. 이런 그 생각은 중국공산당을 처음 세운 리대교(李大釗, 1888~1927)와 코민테른 극동국 목대잡이 보이틴스키(1893~1953)를 만나면서 더욱 굳어졌으니, 러시아혁명과 중국혁명과 조선혁명은 그 본바탕이 다르다는 것이었다. 볼셰비키혁명에서는 짜르체제와 지주계급 같은 지배계

---

949 충충대(層層臺): 여러 층으로 된 대. 충대. 섬. 섬돌. 대. 마디. 차례. '계단(階段)'과 '단계'는 왜말임.

급을 쳐내고 중국혁명에서는 수구기득권층과 지주계급만 쳐내면 되었지만 조선혁명을 이루기 위해서는 무엇보다도 먼저 다른 겨레인 왜적을 몰아내야 되는 것이다. 그러기 위해서는 먼저 공산주의운동 일통이 이루어져야 하므로, 화요파 한허리950로 세워지는 조선공산당 창당을 반대할 수밖에 없었다.

김성숙이 북경을 떠나 중국대륙 인민혁명 한복판인 광동성(廣東省) 광주(廣州)로 갔던 것은 1925년이었다. 상해(上海) 거쳐 광주로 본 바닥을 옮긴 의열단과 그 움직임을 같이한 것이었다. 광주에 있는 중산대학(中山大學)으로 전학한 것은 1926년 7월이었다. 중산대학에 다니며 김성숙은 북경시절과는 다르게 터놓고 의열단 선전부장 지체로 공산주의혁명운동을 펼쳐나갔다. 의열단 의백(義伯), 곧 꼭지딴951인 약산(若山) 김원봉(金元鳳)과 함께 장개석 황포군관학교 교장을 만나 조선학생들이 황포군관학교에 들어가 학비를 벗겨주는952 것을 들어주게 하였다.

김성숙이 광주에 처음 갔을 때 60여 명에 지나지 않던 조선인들이 1927년이 되면서는 왜국, 만주, 시베리아, 모스크바, 조선에서 모여든 조선인 숫자가 800여 명으로 늘어나 있었다. 서로 다른 이념과 세력으로 나뉘어 있던 이들을 일통된 힘으로 묶어 내기 위하여 김성숙은 김원봉·장지락들과 민족운동 일통 지도부로 '유월한국혁명청년회'를 엮어 나갔다.

---

950 한허리: 길이에서 한가운데. 복판. 사북. 사자어긋니. 범어긋니. '중심(中心)'은 왜말임.
951 꼭지딴: 도꼭지. 우두머리.
952 벗겨주다: 빼어주다. 덜어주다. '면제(免除)'해주다는 왜말임.

1926년 6월쯤 '유월한국혁명동지회'로 다시 짠 김성숙은 기관지로 『혁명운동』을 엮어내었다. 김성숙은 『혁명운동』만이 아니라 동지회에서 펴내는 모든 선언문을 쓰는 빼어난 이론가이며 문장가로 광주 조선인사회에서 그 입김을 높여 나갔다. 이때 동지회 안에서는 의열단과 민족주의자, 중국공산당지부, 상해파고려공산당, 이르쿠츠파공산당 같은 여러 패로 찢어져 맞섬과 옥신각신이 가셔지지 않았다. 이때 김성숙이 짠 것이 'kk'였다. 독일어 'koreaner kommunismus' 줄임말로 '조선인 공산주의'를 뜻하는 말이었다. 공산주의자 일통을 위한 'kk'와 민족주의세계를 합뜨린 '의열단'을 통해 공산주의운동과 민족혁명운동을 함께 해내던 김성숙이 1927년 1월 1일 박아낸 『혁명운동』 제2호에서 「1927년을 맞이하여」라는 글을 썼다. '야광(夜光)'이란 붓이름이다.

1927년에 접어들고 있는데 우리는 과연 어떠한 책략을 추구하고 어떠한 전술을 사용해야 할 것인가? 이에 대해서는 의론이 분분하지만, 적어도 올해 안에 다음과 같은 세 가지 사업을 실현하고자 한다.

(1) 사회운동가를 완전히 일통시키고 공산당의 영도 아래 紀律적, 組織적으로 운동을 개시할 것.

(2) 민족적 大革命黨을 조직함으로서 일반 혁명 민중을 이 당내에 결집시키고 당의 지도로부터 의식적이고 기율적인 운동을 전개할 것.

(3) 국내에 있는 일본 제국주의를 타도할 것.

붉은 승려, 사랑에 빠지다

김성숙이 중국에서 조선독립을 위해 애쓰던 22년 동안 가장 빛
났던 것은 '광동꼬뮨'에 들었던 때였다. 1927년 12일 7일. 김성숙
은 조선인으로 짜여진 교도단 제2영(대대) 제5련(중대) 중국공산당 도
꼭지로 5련 조선인들을 데리고 포병련과 함께 사하(沙河)를 빼앗아
차지하였던 것이다.

그러나 광동꼬뮨이 중국 군벌과 영·미 등 제국주의 억누름에 3
일천하로 그 가림천을 내리면서 혁명과 반혁명에 대해서 많은 생
각을 하게 된다. 앞서 이 많이 모자라는 중생은 김성숙이 '광동꼬
뮨'에 들었던 것이 22년 중국 생활에서 가장 빛났던 때라고 했는
데, 여기에는 빠진 것이 있다. 중산대학으로 옮기면서 두쥔후이,
그러니까 조선말로 두군혜(杜君慧, 1904~1981)와 만나게 된 것이다. 6
살 밑 두군혜와 서로 좋아하는 사이가 되면서 김성숙은 이제까지
살아온 세상과는 바이953 다른 세상을 보게 된다. 『아리랑』에 나오
는 「붉은 승려 사랑에 빠지다」 어섯954이다.

1927년 늦여름에 김충창은 연애에 빠져 헤어나지 못하였다. 첫사
랑이면서도 격심한 연애였다. 상대 아가씨는 중산대학에 다니는
아름다운 광주 아가씨로, 대단히 현대적이었으며 부르조아였다.
김충창은 오성륜과 내가 자기를 배반자로 생각한다고 느끼고 있

---

953 바이: 다른 길 없이 전면. 아주.
954 어섯: 몬 한조각에 지나지 않는 만큼. 몬: 물건. '부분(部分)'은 왜말임.

었지만 자기로서는 어쩔 도리가 없었다.

"자네가 연애를 한다면 나보다도 훨씬 나쁠걸세. 전에 중이었던 녀석이 어떻게 되는지 자네는 알겠지? 도저히 돌이킬 수가 없네, 그려."하고 그는 괴로워하며 내게 말하였다.

오성륜과 나는 북경에서 김충창 자신이 진단한 대로 이 연애병이 저절로 치유될 것을 기대하였지만 도대체가 수그러들 기미가 보이지는 않았다.

김충창은 전과 다름없이 열심히 활동하고 있었지만 그럼에도 무릅쓰고 그의 반대자들은 낭만적이라고 해서 그를 비난하였다. 그는 매일같이 이 아가씨를 데리고 '72열사의 광장'이 있는 공원에 갔다. 나를 제외하고는 그의 친구들 모두가 이 아가씨와 손을 끊기를 바랐다. 나는 그의 멍청한 짓거리를 지지하였으며 힘닿는 한 이 연인들을 도와주었다. 나는 김을 비판하는 사람들한테 반박하였다. "혁명가도 역시 남자고 인간이다. 어찌 되었든 이 연애는 진행될 것이다. 너희들한테 반하는 아가씨가 아무도 없기 때문에 너희들이 김을 질투하고 있는 것이다."

해결책은 아가씨가 동경으로 유학가는 것이라고 나는 판단하였다. 아가씨와 김도 여기에 동의하여 아가씨는 일본으로 건너갔다. 그러나 그 아가씨는 매일같이 자기 연인한테 편지를 썼고 석 달 뒤에는 다시 돌아오고 말았다. 김충창이 삼주일 동안이나 답장을 보내지 않았던 것이다.

(…)

광주에서 김충창을 만나지 못하자 그 여자는 대단히 놀라서 나를 찾아왔다.

"그는 지금 무한에 있어요. 하지만 비밀을 지켜 주십시오. 한 달 뒤면 돌아올 것입니다."하고 나는 말해 주었다. 그러자 그 여자는 무한으로 가려고 하였다.

이 여자가 진정한 혁명가가 아니라 유감이기는 했지만 나는 속으로 김의 행복한 연애사업을 진심으로 부

두군혜 여사.

러워하였다. 내 결혼관은 눈에 띄게 변하였다. 아가씨만 이상적이라면 연애를 해도 괜찮다. 김충창의 여인은 내 결혼관을 바꾸어 놓으려고 열심히 노력했으며 나한데 자기 친구를 많이 소개해 주었다. 그러나 마음에 드는 아가씨가 아무도 없었다. 나는 광동에서 의대에 다니는 어느 여학생한테 독일어를 가르치고 있었다. 그런데 내가 이 아가씨와 사랑에 빠져들고 있다고 김충창이 말했기 때문에 이 수업을 즉시 그만두었다.

오성륜(吳成崙, 1900~1947?)은 빼어난 명사수로 이름 높았던 독립운동가였다.

함경북도 온성(穩城)에서 태어나 7살 때 아버지 따라 만주로 건너갔다. 20살 때 가을 상해로 가서 의열단에 들었고, 1922년 3월 상해로 가 김익상(金益相)·리종암(李鐘巖)과 함께 왜국 육군대장 다나카 기이치[田中義一]한테 폭탄을 던졌으나 뜻을 이루지 못하고 뺑소니

치다 잡혔다. 영사관 유치장에서 뺑소니쳐 광동(廣東) 지나 독일 거쳐 모스크바로 가 공산대학에서 궁구하였다.

리동휘(李東輝) 장군 적기단(赤旗團)에 들었다가 1926년 광동꼬뮨에 들었다. 1929년 다시 만주로 가서 독립운동을 하다가 1930년 6월 10일 엄수명(嚴洙明)·리상준(李相俊)과 함께 조국광복회를 일으켰다.

1941년 왜국 관동군과 괴뢰 만주국 경찰 토벌작전에 쫓겨 무릎 꿇었고, 만주국 치안국 고문을 지내었다. 8·15가 되면서 변절자로 불도장 찍혀 인민재판을 거쳐 맞아죽었다는 말이 있는 슬픈 살매 독립운동계 사나운 장수였다.

경술국치부터로만 꼽더라도 왜제 36년 동안 항왜싸움을 벌였던 수많은 독립투사 가운데 뜻 있는 이들 갈빗대 밑을 후벼파는 이를 꼽자면, 오성륜일 것이다. '중간 정도의 키에 아주 미남으로 문학과 미술을 좋아했으며 힘도 세고 건장했다'는 그는 약산(若山) 김원봉(金元鳳) 장군과 쌍구슬을 이루었던 이로,『아리랑의 노래』주인공인 김산이 숭배했던 빼어난 조선혁명가였다. 이 글을 쓰면서 읽게 된『김일성 1912~1945』에서 지은이 유순호(劉順浩)는 말한다.

김산은 의열단 김원봉과 전광은 성품에서 두 가지 다른 점이 있다고 회고한다. 김원봉은 자기 친구들에게 지극히 점잖고 친절했지만, 지독하고 잔인할 때도 있었다. 반면 전광(오성륜)은 잔인한 사람이 아니라 정열적인 사람이었다고 한다. 그러면서 김산은 "혈관 속에 뜨거운 피가 흐르지 않는 사람은 테러리스트가 될 수 없다. 그렇지 않다면 희생의 순간에 자신을 잊어버릴 수 없기 때문이다."

라고 말한다.

(…) 당시 일본 경찰이 현상금을 5만 달러까지 내걸었던 혁명가로는 한국독립운동사에서 가장 저명한 인물인 김구를 제외하고는 전광밖에 없었다. 공산주의자로 전향한 뒤 전광은 줄곧 남만주 지방에서 양정우, 위증민 등과 함께 항일연군을 지도했지만, 전체 항일연군에서도 한때 전광만큼 거액의 현상금이 걸렸던 사람은 없었다.

1941년, 투항 직후의 오성륜.

(…) 광동에 모습을 드러냈던 전광은 며칠 후에는 독일 베를린에서 그 모습을 보였다. 동에 번쩍 서에 번쩍이라는 말도 있지만 전광처럼 상해, 광주, 프랑스, 독일 그리고 모스크바에까지 나타나 화제가 되었던 인물은 조선인만이 아니라 전중국 수천만 명의 혁명가들 중에도 없다.

독일인 여자와 베를린에서 1년동안 살다가 모스크바로 갔다, 황포군관학교에서 군사학과 러시아어를 가르치며 조선 칠성장군 최용건(崔庸健, 1900~1976)한테 계급투쟁과 민족문제 강의를 하며, 광주꼬뮨에서 조선청년들을 지도하다가 중국 소비에트혁명 구심점이었던 해륙풍 소비에트(노농민주정권) 군사위원이었고, 김성숙 부인 두군혜 동생이었던 남방의 미인 신여성 혁명가 두군서와 사랑에

477

빠져 1년 동안 상해에서 머물기도 하다가 만주로 가 중공당만주
성위원회 반석현의 제1서기가 되어 줄기차게 항왜투쟁을 벌인다.
『김일성 1912~1945』에 나오는 대문이다.

최근에 속속 공개된 중국정부 자료만 보아도 북한에서 '김일성 장
군'이 직접 조직하고 지휘했다고 주장하는 '리명수 전투', '보천
보 전투', '간삼봉 전투' 등 일련의 전투들을 총지휘한 사람은 2군
산 하의 6사 사장이었던 김성주가 아닌 남만성위원회 위원 겸 선
전부장 겸 2군 정치부 주임이었던 전광이었다. 이와 같은 전투들
을 진행하기 위해 조직한 작전회의에서 사회자로 항상 전광 이름
이 나온다.
"오성륜(전광)을 모르는 사람이 어디 있겠어요. 오성륜을 얘기하는
사람들은 모두 그를 대단하다고 했어요. 그는 나이도 쉰 남짓해 보
였지만, 실제 쉰까지는 아니 됐습니다. 그렇지만 그때에 우리 나이
가 모두 서른 안팎이었던 것을 생각하면, 그는 정말 우리 2군에서
제일가는 어른이었어요. 제일 높은 상사였으니까요. 양정우 사령
이나 위증민 서기도 전광의 말 한마디면 함부로 입에 '아니 불(不)'
자를 달지 못했습니다."

이것은 김명주(金明柱), 박춘일(朴春日), 여영준(呂英俊) 같은 일부 2군
출신 생존자들의 회고다. 『김일성 1912~1945』 '맺는말'이다.

전광의 본명은 오성륜(吳成崙)이다. 1898년 11월 17일 함경북도 온

성군 영와면 용남동(穩城郡 永瓦面 龍南洞)에서 태어났다. 전광이란 별명은 그가 1928년 8월에 중국공산당 중앙으로부터 길림성 반석 일대로 파견된 후부터 1941년 1월 30일 무송 제3구 고륭툰 북쪽 지방에서 체포되어 변절하기까지 사용했던 것이다. 변절한 뒤에는 오성철(吳成哲)이라는 이름도 사용했다.

그는 변절 후 열하성으로 파견된 베테랑 헌병중좌 가토 후쿠지로(민생단 사건을 막후 조종했던 연길헌병대 대장)를 따라 열하성 쪽으로 자리를 옮겼으며, 그곳 경무청에서 경위보 노릇을 하기도 했다. 이때는 또 야마모토 히데오[山本英雄]라는 일본 이름도 지어서 다녔다.

이것이 그의 생애 후반 부분이다. 이처럼 인간은 길지 않은 생애를 살면서 몇 차례 기복이 있기 마련이지만, 정말 전광 같은 극적인 변신은 보기 드문 사례이다. 그는 언제나 100미터 달리기 선수였다. 그렇기에 만주로 나올 때부터 잘못되지 않았나 싶다. 100미터 선수에게 400미터를 달리라고 하니 힘에 부친 것 아니었을까. 그는 100미터까지는 그 누구보다도 잘 뛰었고, 빨리 뛰었으며, 항상 앞장서서 뛰었다. 100미터 선수가 400미터를 뛸 수 없는 건 아니지만, 잘 뛰는 경우는 드문 법이다. 하지만 그것과 별도로 전광 주변에서는 성공한 혁명가들도 적잖게 나타났다. 사실 그들에게 무슨 100미터 선수가 따로 있고 400미터 선수가 따로 있겠는가. 다만 강단과 인내력으로 자기 앞에 펼쳐진 길을 열심히 달려갔을 뿐이다. 어쨌든 전광은 남만의 모든 군사 비밀과 지방조직을 털어놓았고, 일본군이 김일성을 뒤쫓는 데도 대대적으로 협력했으나 일본군은 허탕만 치고 말았다.

　그는 광복 후 체포되었다. 승덕(承德)에서 지냈던 그는 일본이 투항을 선포하기 바쁘게 그 지방 조선인들을 모아 '조선독립동맹'이라는 단체를 만들기도 했으나 팔로군이 들어오자 달려가서 변절한 사실을 고백했다. 그토록 전광을 숭배했고 또 함께 숱한 곡경을 치렀던 김산이 연안에서 일본 간첩으로 몰려 죽은 후 10년 가까운 세월 동안 전광만은 죽지 않고 살아 있었던 것이다. 그 대가로 그는 승덕에 진주한 팔로군에 자기 잘못을 빌어야 했다. 팔로군은 김산을 죽였으면서도 전광은 풀어 주었으니 또 신기한 경우다. 그는 팔로군이 임서(林西)로 철수할 때 따라갔다가 병에 걸려 죽었다. 혹자는 누가 총으로 쏴죽였다고도 하고 감옥에서 죽었다고도 하고 또 암살당했다고도 하지만, 한 인간의 기구한 운명을 통해 역사라는 거울에 우리 자신의 얼굴을 한 번쯤 비추어 보는 것도 뜻 있는 일이다.

'광동꼬뮨'에 든 붉은 승려

"농민한테 땅을 주자!"

"가난한 농민과 노동자한테 먹을 것을!"

"군인한테 평화를 주자!"

김성숙과 함께 '광동꼬뮨'에 들었던 조선 사람은 모두 200명쯤 되었다. 저마다 전투원·선전원·구호원으로 움직였는데, 김성숙은 오성륜·장지락과 같이 '광주쏘비에트' 창립대회에 들어가 쏘비에트955 정부 숙반위원회(肅反委員會), 그러니까 풀어 말해서 반혁명분자 숙청위원으로 군사와 정치공작을 맡았다.

'광주꼬뮨'이 3일천하로 끝나자 오성륜과 장지락 들은 적위군(赤衛軍)을 따라 인터내셔날 노래956 부르며 광주를 떠나갔지만, 김성숙은 정인957 두군혜 집에 숨어 백색테러를 비켜날 수 있었다.

---

955 쏘비에트: 회의. 평의회(評議會). 볼셰비키혁명을 일으킨 노동자·농민·병정들이 뜻을 모아 고루살이세상을 이끌어 나가던 정치짜임으로, 조선에서는 1894년 갑오혁명을 일으킨 농군들이 전라도 53고을에 폈던 '집강소(執綱所)'가 이에 똑 알맞음.

956 인터내셔날 노래: 인민해방가. 국제공산당 노래.

957 정인(情人): 좋아하는 사람. '애인(愛人)'은 왜말임.

그리고 두군혜와 같이 홍콩 거쳐 상해로 뺑소니쳤다. 두군혜 쪽 아는 집에 숨어 살며 공산주의 이론작업과 저술활동 그리고 『일본경제사론』『통제경제론』『산업합리화』『중국학생운동』『변증법전정』같은 책들을 조선말로 옮기는 것이었다. 그때 김성숙 생각이다.

백색테러가 저질러지는 반동의 시대에는 어떻게든 살아남는 것이 무엇보다도 종요롭다. 앞으로 대모한958 일을 이끌어 가기 위한 채비를 하는 것이 대모하다.

여기서부터 김성숙이 장지락이나 오성륜과는 다른 길을 가게 되니 - 장지락과 오성륜이 중국공산당이 펼치는 비합법 무장투쟁 노선으로 갔다면, 김성숙이 갔던 것은 합법적 대중투쟁 쪽이었던 것이다. 그리고 여기서부터 견결한 공산주의자였던 '미륵뫼에서 온 붉은 승려' 김성숙이 꼬장꼬장한 민족주의 우파인 김구가 목대 잡는959 중경임정에 들어가게 되는 까닭으로 된다.

1928년 중산대학 법학과를 마치고 두군혜와 혼인한 것은 그 다음해였다. 기운차게 글을 쓰고 번역일을 해서 번 돈으로 꿀맛살이960를 꾸려가며 장지락과 오성륜 같은 꺽진961 공산주의 혁명가들

---

958 대모하다: 무릇 줄거리가 되게 대단하다.
959 목대잡는: 여러사람을 거느리고 일을 시키는.
960 꿀맛살이: 새살림. '신혼생활(新婚生活)'은 왜말임.
961 꺽지다: 억세고 꿋꿋하며 기운차다. 다부지다.

한테도 도움을 주었던 이때가 김성숙 한뉘[962]에서 가장 보람차고 흐뭇한 넉넉살이[963]였을 것이다.

1930년쯤 안해 옛살라비인 광주로 가 <민국일보> 기자노릇을 하고, 모교인 중산대학 일본어 번역계 '일어 통역'에서 일하다가 그만두고 문명로(文明路)에 있는 언어연구소에서 일본어 교수로 있기도 하였는데, 1967년 장례식 때 나온 「운암김성숙선생약력」에는 빠져 있다. 아마도 뜨거운 혁명싸움에서 한 발 비껴났던 것으로 보일 것을 걱정한 것으로 보이는데, 광주에서 보냈던 인간적으로 흐뭇했던 삶은 그렇게 오래가지 않았다.

독립기념관 한국독립운동사연구소 책임연구위원인 리동언이 쓴 『김성숙의 생애와 독립운동』에서 「1920년대 활동」에 나오는 발잡이[964]이다.

광주기의(廣州起義)는 1927년 중국공산당의 주은래 등이 주도하였고, 한국인 공산주의자 최용건 등이 가담하였다. 1927년 중국 대혁명 직후 혁명군이 마지막으로 철수하던 날 밤에 발생하였다. 주은래 등에 의해 주도되었으며 조선인 혁명가들이 200명 정도 참가하였다. 이들을 지휘하던 최용건 등은 황포군관학교의 교관이었다. 그러나 폭동이 실패로 돌아가고 많은 혁명가가 죽었을 때 최용건

---

962 한뉘: 평생. 한평생. 한세상. '뉘'는 세대(世代)와 향수(享受) 뜻으로, 예로부터 써내려오는 말이니, 이승을 이뉘, 저승을 저뉘, 혹은 뒷뉘라고 하는데, 한뉘는 곧 한평생이라는 말로서, 어감과 품격이 좋게 된 말이다. – 단기 4281년 2월 15일 문교부에서 펴낸 『우리말 도로찾기』에서.
963 넉넉살이: 행복한 삶.
964 발잡이: 잡이. 아랫주. 각주(脚註).

최용건(崔庸健, 1900~1976). 평안북도 용천 출신으로 조선 민주주의 인민공화국 7성장군(七星將軍) 가운데 한 분 독립운동가임. 1948년 2월 조선인민군 총사령관, 9월 조선 민주주의 인민공화국 초대 민족보위상으로 6·25를 치르었다.

등 살아남은 조선 공산주의자들은 만주로 파견되었다. 광주봉기는 실패하였고 160여 명의 한인들은 광주시내 샤허[沙河]·한허[韓何] 등의 지역에 진지를 설치하고 결사적으로 싸우다가 거의 대부분이 용감하게 희생되었다. 살아남은 한인들은 피신하였으며 화요파로 파견된 한인 최용건 등은 길림성과 흑룡강성 등에 소학교, 농민학교 등을 세우며 교육활동에 종사한다. 당시 지휘관 최용건과 생존자들은 한 차례 합의를 거쳐 광주의 그 진지에 기념비를 세우기로 결정하고, 광주열사능원리에 기념관을 건립하였다.

1930년 3월 반제, 반국민당 반동파, 쏘비에트혁명 옹호 기치를 내걸고 중국공산당에서 세운 '중국좌익작가연맹'에 두군혜와 함께 들어간 김성숙은 창작비평위원회에 딸려 노신(魯迅)·정령(丁伶) 같은 좌경 채잡이들과 같이 왜군 상해침략과 인민학살에 맞서는 선언을 널리 알렸다. 같은 때 『봉화(烽火)』라는 땅불쑥한 책과 『반일민중(反日民衆)』이라는 신문을 엮어 만들면서 인민들이 왜제국주의에 앙버티는 마음을 북돋우는 붓끝싸움을 펼쳐 나갔다. 1932년 첫 때 송호전쟁에서 진 다음 광서성 성립사범대학에서 2년간 교수노릇을 하다 다시 상해로 돌아와서 글쓰는 일과 번역일에 힘을 기울였다. 이때가 김성숙한테는 좌경모험주의 길을 돌아보고 새로운 길을 어루더듬는[965] 값진 시간이었다. 『아리랑』에서 김산, 곧 장지락이 하는 말이다.

> 1928년부터 1930년까지 김충창은 언론출판 일에 종사하며 파시즘에 관한 책을 여러 가지 주제에 대한 논문을 묶어 훌륭한 책을 내었다. 또한 여러 가지 필명을 사용해서 도합 스무 권 책을 출판하였다. 그는 한국혁명의 중요한 이론적 지도자이다. 그는 비밀이 요구되는 일은 결코 좋아하지 않았고 공개적인 활동을 즐겨하였으니 ─ 그것이 그의 특성이었던 것이다. 그렇기 때문에 그는 백색테러 기간에 적극적인 지하활동을 하고 싶어하지 않았던 것이다. (…) 1931년에 김은 대학에서 강의하기 위하여 화남(華南)으로 갔다. 이제는 세 명 자식이 있고, 소음과 행복이 가득한 집에서 아주 열심히 일하고 있다.

건국대학교 사학과 교수인 한상도는 「중경임정 시기 김성숙의 활동과 정치사상」에서 말한다.

---

965 어루더듬다: 찾다. 더듬질하다. 더듬어 찾다. 모색(摸索)하다.

그의 한·중 연대활동 과정에서는 아내 두쥔훼이 존재를 빼놓을 수 없다. 1920년대 중후반 중산대학 대학 시절 만난 '상해 어떤 부유한 중국인 집안 예쁜 딸'이라는 두쥔훼이는, "등영초(鄧穎超)라고 주은래 마누라하고도 굉장히 가깝고 서로 친해요. 그렇게 되니까 이러저러해서 꽉말약하고 서로 친하게 되고 (…) 그런 관계로 해서 차차 주은래하고 알게 되고, 주은래를 알게 돼서 동필무(董必武)를 알게 되고 그랬지요."라는 김성숙 본인의 회고에서도 암시하듯이, 김성숙이 중국정부 및 중국공산당 측 인물과 교류에 있어서, 중국인 아내 그림자는 컸다. (…) 한위건(韓偉健)과 장수옌[張秀巖], 정율성(鄭律成)과 딩쉬에송[丁雪松] 부부 경우처럼 김성숙과 두쥔훼이 부부 또한 진보적 지식인 풍모를 가진 조선인 청년과 열성적이고 총명한 중국인 처녀의 혁명동지로서 만남이었다. 김성숙이 이국땅에서 항일역정을 헤쳐 나감에 있어서, 중국인 아내 두쥔훼이 존재는 그를 지켜 주는 울타리였고, 보듬어 안아 주는 위안이 되었을 것이다.

여기에서 일제 패망과 함께 김성숙 가족이 맞닥뜨린 이산의 시간으로 되돌아가 보겠다. 모두 해방과 광복의 기쁨에 들떠있던 시간이 이들 가족한테는 생이별의 순간이었다.

아버지와 생이별한 중국 세 아들은 어머니 성 따라 이름을 호적에 올렸으나 − 첫째 두간[杜鐦]은 광동성 교향악단 지휘자로 이름 날린 음악가로, 줄리아드음악원 나온 세계적 피아니스트 두닝우[杜寧武]가 아들이니 김성숙 손자가 된다. 둘째 두젠[杜鍵]은 화가로 베이징중앙미술대 교수이고, 셋째 두렌[杜鏈]은 국가발전개혁위원희 고문으로 있다. 조선에 있는 김성숙 조강지처 정씨와 사이에는 김정봉과 김숙녀 1남1녀가 있다. 두군혜(41)가 류자명(柳子明, 1891~1985)한테 보낸 편지이다.

1945년 11월 5일 규광(奎光) 동지는 임시정부와 함께 충칭을 떠나 조선으로 돌아갔습니다. 당시 저한테는 자식이 셋 있었습니다. 큰 아들 두감(杜鉗)은 15살이고, 둘째 두건(杜鍵)은 12살이며, 셋째 두련(杜鏈)은 두 살 두 달이었습니다.

12월 말에서 46년 1월 초 사이에 두건이 복막염에 걸려 입원치료를 하였습니다. (⋯) 당시 충칭은 백색테러가 창궐하고 있었습니다. 저는 몇몇 동지의 자식들과 제 자식 셋을 데리고 상하이로 다시 돌아왔습니다. 당시 상하이에 아는 사람이 비록 있기는 하였지만, 안주하기까지는 시간이 걸렸습니다.

네 식구에 젖먹이 아기까지 있었고, 더구나 금방 큰 병을 앓고 나서 아직 원기를 완전히 회복하지 못하고 있던 건(鍵)이가, 또다시 늑막염에 걸려 입원하게 되었기 때문입니다. 입원 쓰임새가 얼마나 비싼지 겨우겨우 돈을 돌려 대며 유지하였습니다. 큰 아이와 작은 아이인 감(鉗)과 련(鏈) 두 아이는 상하이 거리를 헤매며 먹을 것을 조금씩 사먹고는, 밤이 되면 남몰래 사명병원(四明病院) 병실로 들어와 밤을 지새곤 하였습니다.

김성숙이 민족운동에 다시 몸을 던진 것은 1935년쯤이었다. 중국공산당을 그만두고 여기저기 흩어져 있던 조선인 공산주의자들을 모아 <조선공산주의동맹>을 짜낸다. 1936년에 들어서면서 김성숙은 상해에서 박건웅(朴建雄, 1903~?)·장지락 같은 공산주의자 한 20명과 함께 <공산주의자동맹>을 고쳐 짠 <조선민족해방동맹>을 세운다.

자본주의와 싸웠던 <조선민족해방동맹>

(…) 조선민족해방동맹을 만들 때 이런 생각을 가졌어요. '우리 공산주의자들이 전부 중국공산당원이 되어 버렸다. 조선공산당이 분국공산당이 되었다. 이래서는 안 된다. 나 혼자만이라도 조선혁명을 하도록 노력해 보자. 그런데 나 말고도 중국공산당에 들어가지 않은 채 조선의 공산운동이나 조선의 혁명에 몸바치려는 동지들이 있지 않으냐? 이들이 함께 일할 곳을 만들자' 이래서 조선민족해방동맹을 만들었지요. 이 이름 안에 공산주의라는 말을 넣지 않았습니다. 나는 공산주의보다 조국의 해방이 더욱 중요하다고 보았기 때문입니다. 그러나 다른 사람들이 이 단체를 공산주의 단체로 본 것은 사실입니다. 임정에서도 우리를 그렇게 인정했습니다.
(…) 그때 우리나라 사회주의자들과 공산주의자들은 민족주의라는 것을 무시하고 있었어요. 민족주의를 부르조아 이데올로기라고 단정하고 프롤레타리아 국제주의를 강조한 맑시즘-레닌이즘을 그대로 받아들인 것이지요. 여기에 맞서서 나와 내 동지들은 '민족문제가 더 크다. 민족이 독립된 뒤에야 공산주의고 사회주

조선의용대 단체사진.

의고 무엇이든지 되지 민족의 독립이 없이 무엇이 되느냐'하고 역
설했지요. 그리고 '우리가 독립하기 위해서는 전민족이 단결해야
한다. 이것이 바로 민족주의이다. 이 민족주의와 합작해서 자본주
의와 싸워야 한다'고 주장했지요.

김산, 곧 장지락이 알린 <해맹> 행동강령이다.

항일투쟁의 기초 위에서 새로운 공화국을 건설해서 조선혁명의 부
르조아 민주주의의 단계를 달성한다고 하는 것이었다. 우리의 주
안점은 일체의 일본 제국주의와 그리고 조선에서 그 기득권의 타
도와 민주주의적인 시민적 자유의 보장과 조선민족에 대한 교육

받을 권리의 보장, 생활조건의 개선과 가혹한 세금의 폐지, 공공사업과 독점기업(현재는 모두 왜놈의 지배 하에 있다)의 국유화, 조선민족해방운동에 동정적인 모든 민족이나 국가와 우호였다.

1938년 10일 중국 한구(漢口)에서 좌파세력이 세운 조선민족전선연맹(민선) 무장조직으로 <조선의용대>가 만들어졌다. 김성숙은 정치와 사상교육을 맡은 조선의용대 정치조장으로 1942년 우파 민족주의 독립운동가인 김구(金九)가 세운 한국광복군에 들어갈 때까지 4년 동안 왜군포로 신문, 대왜군 반전선전, 대중국민 항전 선전활동을 벌려 나갔다. 목대잡이 김원봉과 김성숙, 김학무, 류자명이 지도위원회 위원이었다.

1941년 5월 류자명이 이끌던 조선혁명자연맹, 곧 <전맹> 맹원들은 중국공산당과 가까운 팔로군이 있는 연안 태항산 쪽으로 올라가려고 낙양에서 황하를 건넜다. 독립동맹 무장조직으로 무정장군이 이끄는 조선의용군이 되자는 것이었다.

김성숙이 김구가 채잡는 대한민국 임시정부에 들어가 대한민국 임시의정원의원이 된 것은 1942년이고, 임시정부 국무의원이 된 것은 1944년이었다.

김구에 대해서는 김상구(金尙九)가 쓴 「친일파가 만든 독립영웅」이라는 버금이름 달린 『김구청문회』를 비춰 볼 쓸 데가 있다. 김구와 손잡을 때 김성숙 마음이다.

왜제가 항복했다는 소식을 듣고 "경악과 황홀한 정신으로 (…) 미친 사람 모양으로 '조선독립만세'를 고창하면서 날뛰었다."고

할 만큼 기뻐하였던 김성숙이 한 말이다.

정신을 가다듬고 숙소로 돌아와 곰곰이 생각해 보니 가슴이 터지도록 기쁨과 슬픔이 복받쳐 오름을 어찌할 수가 없었다. (…) 일본이 패망하고 민족해방 꿈이 실현되게 되었으니, 이 얼마나 기쁜 일이냐. 그러나 30여 년간 온갖 고난을 겪어 가며 반일 독립투쟁에 헌신한 임정의 앞길, 전 민족이 함께 걸어나가야 할 앞길은 먹구름 같은 외세에 가로막혀 캄캄하게 되었으니, 이 얼마나 슬픈 일이냐.

<민주주의민족전선>으로!

우리는 비상정치회의 주비회에서 탈퇴할 때 좌우 양익의 편향을 지적하고 단결합작을 주장하였다. 우리는 좌우 양익의 합작으로서만 통국적 일통적 림시정권을 건립할 수 있다고 확신하였다. 그럼으로 우리는 그 후 여러 단체와 련합해서 좌우 양익에 대하여 일통단결에 관한 조건을 제출하였다. 그러나 비상인민회의에서는 돌연히 비민주적 방식으로 최고정무위원회를 선출한 후 그것을 남조선대한민국대표민주위원으로 변장하였다. 이것은 다수의 민주주의 단체를 포괄한 민주주의민족전선과 일통을 완전히 거부한 것이다.

그러므로 우리는 실질적으로 다수의 민주주의적 단체를 포괄한 민주주의민족전선에 참가해서 민주단결의 로선을 밝히는 동시에 우리는 계속해서 각 민주주의 단체와 협력해서 좌우 양익의 일통단결로서 독립자주적 일통정권 수립을 위하여 끝까지 로력하려 한다.

민주주의민족전선 결성대회 모습.

"주장하자 인민의 권리!"

"건설하자 인민의 나라!"

민주주의민족전선 결성대회가 열리는 서울 종로 YMCA회관이었다. 1946년 2월 15일 하오였다.

조선공산당과 조선인민당과 조선독립동맹 같은 29개 좌익쪽 정당사회단체가 모여 우익쪽이 세운 비상국민회의에 맞서 힘을 보여 주는 자리였다. 인민공화국 대표로 나선 공산주의 생자전(生字典) 홍남표(洪南杓, 1888~1960) 경과보고 다음 조선인민당 대표 리여성(李如星, 1901~?)이 마이크를 잡았다.

잠깐 보고할 것이 있다. 임정 안 김성숙·장건상·김원봉·성주식은 임정 안에 있으면서 임정의 반민주주의와 싸워 많은 공적을 쌓았는데 이번에 우리 민전에 참가하기로 결심, 성명서를 보내왔다. 내가 이를 대독하겠다.

리여성이 읽은 것이 네 사람이 이름을 이어 쓴 앞서 든 성명서
이다. 그런 다음 임시 집행부를 널리 알렸는데 모두 14명이었다.

의장: 여운형(呂運亨)·박헌영(朴憲永)·허헌(許憲)·백남운(白南雲)·김원봉(
金元鳳)
부의장: 홍남표·리여성·유영준(劉英俊)·정노식(鄭魯湜)·윤기섭(尹琦燮)·
백용희(白庸熙)·장건상·성주식·김성숙

왜국 와세다대학교를 나온 뼈센966 맑스주의자로 장안파 이론가인
최익한(崔益翰)이 읽은 강령이 통과된 다음이었다. 손뼉소리와 휘파람
소리와 만세소리에 YMCA회관은 무너질 것 같았으니, 김원봉·장건
상·성주식·김성숙 네 사람이 대회장에 나타난 것이었다. 리태준(李泰
俊) 의장 안동받아 단상에 오른 김성숙이 한 말이다.

첫째로 수십 년 동안 일본 제국주의 압박 하에서 고생하시던 여러
동지한테 따뜻한 감사를 드립니다.
우리는 소위 비상정치회의 탈퇴파로 유명합니다. (박수)
탈퇴한 이유는 거기에 민주주의가 없기 때문입니다. (대박수)
또 비상국민회의는 소위 남조선대한국민대표민주의원으로 변경

---

966 뼈세다: 야무지다. 굳세다. 억세다. '강경(强硬)'하다는 왜말임.

되어 리 박사 김구 두 사람을 령수로 추대하였습니다. (연단을 치면서) 령수, 령수가 다 무엇입니까. (박수) 령수란 '히틀러'나 '뭇소리니'를 부르는 말입니다. (대박수) 우리는 남조선의 무슨 의원인가를 만들려고 들어온 것이 아닙니다. (대박수) 그것은 정치협잡입니다. (대박수) 비상정치회의에는 단연 기대할 것이 없다는 것을 성명합니다. 우리는 반민주주의자와 투쟁하기에 노력합시다. (대박수)

남조선노동당 서울시당 부위원장이었다가 등돌려967 서울시경 경감으로 특채되어서 남조선노동당한테 '궤멸적 타격'을 입힌 양한모(梁漢模)라는 민족 반역자가 했다는 말이다.

한편 공산당은 비상국민회의에서 김원봉·성주식·김성숙·장건상 등을 탈퇴케 해서 민전에 참여시키는 데 성공하였다. 이로 말미암아 공산당이 기도하였던 일제의 잔재세력과 민족 반역자에 대한 공동의 투쟁이라는 민전의 정치적 조직적 의의는 배가(倍加)되었다.

김성숙 정치사상은 이른바 비좌비우(非左非右)였다. 자주·민주·일통·독립이라는 4대 원칙을 내걸고 민족 총단결을 그루박는968 것이었으니, 세상에서 말하는 바 중간파였다. 민전 부의장 지체이면

---

967 등돌리다: 돌아서다. 걷어차다. 등지다. 어기다. 저버리다. '배신(背信)'하다는 왜말임.
968 그루박다: 힘주다. 다지다. 다짐하다. '강조(强調)'하다는 왜말임.

서도 남조선 얼안969 모두를 돌아다니며 강연을 통해 자신이 믿는 정치철학을 이루고자 하였다.

5명으로 짜여진 강연단으로 전라북도에서 연설을 할 때였다. 그는 상해 임시정부가 민주의원에 들어간 것은 임정 본디자리에서 벗어난 것으로 미군정 앞잡이 노릇을 하는 것이라고 거세차게 꼬집어 뜯었다. 미군정 헌병대에 붙잡혀 6개월 징역을 살았으니, 정읍과 부안에서 강연을 하던 1946년 3월 25일이었다. 여섯 달 만에 감옥을 나올 수 있었던 것은 미군 사령관 하지한테 우러름을 받던 김규식(金奎植) 뒤스름에 힘입은 것이었다.

김성숙이 전주형무소를 나와 서울로 올라간 1946년 9월 끝무렵은 여운형과 김규식을 한허리로 한 좌우합작위원회가 힘차게 움직이고 있었다. 김성숙은 1946년 10월 7일 「좌우합작 7대원칙」을 널리 알릴 때, 여운형 몸받아970 좌익쪽 대표로 들어가기도 하였는데, 민족해방동맹 시절 동지였던 박건웅(朴建雄, 1903~?)은 좌우합작위원회 선전부장이었다. 이즈음 김성숙은 장건상과 함께 민전 의장단을 그만두었으니, 박헌영으로 대표되는 '좌익모험주의'와 갈라선 것이었다. 1946년 11월 끝무렵이었다.

민전이라는 것이 늘 짜고 나와서 하니, 나는 그게 싫더군. 공산당 사람들이 미리 토의해서 결정해 놓은 것, 이걸 우리는 앉아서 민전 이름으로 결정해 주는 것이야. 그때 내가 여운형 씨를 자주 만났어

---

969 얼안: 울안. 터안. 테안. 경내(境內).
970 몸받다: '대신(代身)'하다는 왜말임.

요. 내 정견을 쭉 이야기했더니 참 옳다고 해요. 세상에서 흔히 말하는 중간노선을 걷자는 것입니다. 그래 민전을 함께 탈퇴하기로 하고 나왔지요. 그리고 그 이듬해인 1947년 4월에 그이와 근로인민당, 약칭 근민당을 함께 조직했지요.

나는 이때도 좌우합작을 주장했어. 내가 원래 민전에 들어갈 때도 '민전은 문호를 개방해 모든 양보와 타협으로 우익 각 당파와 합작해야 한다.'는 것을 조건으로 내세웠어.

그랬었는데 민전 정책이 점점 좌익소아병적으로 수행되어 민족적 단결은 고사하고 민족의 분열을 더욱 격화시키기에 탈퇴했던 것이지. 그러니 근민당을 새로 시작하면서 좌우합작의 깃발을 들지 않을 수 없었지. 나는 그래서 여운형 선생과 김규식 박사가 추진하던 좌우합작 운동을 적극 지지했어. 좌우합작위원회를 민족일통전선으로 재편성하자고 주장하기도 했고.

1947년 5월 김성숙은 근로인민당 중앙위원이 되었다. 위원장 여운형. 부위원장 백남운·리영·장건상.

7월 19일 여운형이 서울 혜화동 둥근네거리에서 암살당하자 김성숙은 조직국장으로 근로인민당을 추슬렀으나, 시대적 테두리971런가. 세상은 이미 '미륵뫼에서 온 붉은 승려'가 중국당에서 독립운동을 하던 때와는 팔팔결972로 달라진 것이었다. 백남운·리영·정백이 평양으로 올라가고 리승만팟쇼에 숨죽이던 근로인민

---

971 테두리: 올. 금. 끝. 테. '한계(限界)'는 왜말임
972 팔팔결: 엄청나게 어긋나는 일이나 됨됨이. 팔결.

당은 뜯어헤쳐지고 말았으니, 1949년 12월이었다.

5·30 선거 때 김성숙은 중노릇을 한 바 있는 인연 찾아 경기도 고양군에서 무소속으로 입후보하였으나 떨어지고 말았다. 같은 길을 걸었던 장건상(張建相, 1883~1974) 은 부산을구에서 무소속으로 옥중당선됨으로써 더욱 쓸쓸해지는 김성숙이었다.

6·25 때 통국973위원장을 겸한 서울시인민위원장으로 칼자루 쥔 사람이었던 독립운동 일동무974 리승엽(李承燁, 1905~1953?)이 사람을 보내 도와줄 것을 바라는 것을 자빡놓은975 김성숙은 땅밑으로 숨어들었다고 하니, 8·15 때 평양으로 올라가지 않았던 것과 같은 마음이었다. 리승만은 그러나 1·4 후퇴 때 부산으로 내려간 김성숙한테 '부역혐의'를 씌워 한 달포쯤 괴롭혔다.

1955년 9월 '광릉 모꼬지'976로 일컬어지는 혁신계 인사들 모임을 터짐점977 삼아 짜여진 것이 진보당과 민주혁신당이었다.

김성숙은 근로인민당에서 함께 일한 장건상·서상일(徐相一)·박기출(朴己出)·신숙(申肅)·리동화(李東華)·고정훈(高貞勳)들과 민주혁신당에 몸담았다. 이때 김성숙은 장건상과 함께 혁신세력 일통준비회를 꾸렸으니, 1959년 9월이었다.

리승만팟쇼는 기지개를 켜려는 혁신계에 두 차례 엄파를 내렸으니, 1957년 11월 10일 김성숙 외 9명이 근로인민당을 다시 세

---

973 통국(通國): '전국(全國)'은 왜말임.
974 일동무: 일벗. '동료(同僚)'는 왜말임.
975 자빡놓다: 못박아 딱지놓다.
976 모꼬지: 여러사람이 놀이나 잔치, 또는 그 밖 다른 일로 모이는 일.
977 터짐점: '폭발점(爆發點)'은 왜말임.

우려고 몰래 움직였다는 죄목으로 잡아들였으나, 대법원에서 무죄를 받았다.

그리고 해를 넘긴 1958년 7월 조봉암(曺奉巖, 1898~1959)이 이른바 '진보당사건'으로 잡혀 다음해 처형됨으로써 왜제 때 독립운동 온건좌파를 뿌리로 한 혁신계는 캄캄한 땅밑으로 들어가게 된다. 이때 일초(一超)라는 이름으로 중노릇하던 고은(高銀, 1934~)이 대전배 승려인 태허당(太虛堂) 성숙(星淑)을 만나본 느낌을 시로 썼다.

> 1959년 광화문거리 노란 은행잎 날릴 때
> 비각에서 견지동까지
> 화봉 유엽스님을 따라서 조계사 앞 컴컴한 다방에서였습니다
> 나도 한때 중이었지 중이 일하면 큰일하는 법이지 하고
> 어디 있느냐고 말했습니다
> 나는 해인사에 있다고 말했습니다
> 대머리에 굵은 안경테에 몸은 좀 불편한 듯했습니다
> 그러나 우렁우렁한 말소리로 말하고 고개를 이따금 끄덕였습니다
>
> "나도 한때 중이었지 중이 일하면 큰일하는 법이지"

'근로인민당 재건사건'으로 6개월간 시달렸던 김성숙한테 한줄기 햇살이 내려비쳤으니, 4·19 혁명이었다.

서상일·윤길중(尹吉重)이 이끄는 사회대중당에서 정치위원이 된 김성숙은 통일사회당과 민족자주통일협의회, 곧 민자통 의장단

으로 1960년 첫 때 혁신계를 이끌었다.

그러나 4개월 뒤 터진 1961년 5·16 군사반란으로 9개월쯤 때에 잡히게 되는 김성숙이었다. 보수야당인 신한당이란 배에 올라타 혁신당을 다시 짤 힘을 기르고자 한 김성숙이었으니 67살이던 1964년이었다.

집 한 칸 없이 셋집을 옮겨다니며 됫박질978이나 하던 늙은 독립운동가 김성숙한테 비나 피하도록 11평짜리 오두막집 한 채를 세워 준 것은 독립운동과 혁신계 동지·후래들이었으니, 통일사회당 재정부장이었던 구익균(具益均) 성동구 구의동집 마당 한 귀퉁이었다. 방문 앞에 걸린 나무쪽에는 '피우정(避雨亭)'이라고 씌어 있었다.

다음은 평양으로 갈 수도 없고 서울에서도 살 수 없었던 진보적 민족사회주의자가 덜어 놓였던 '마음'이다.

여운형 선생과 김규식 박사가 좌우합작위원회를 조직해 좌우합작운동을 벌일 때부터 저는 이 노선을 적극 지지했어요. 그런데 여 선생이 암살당하시자, 우리 근민당은 사실상 근민당 좌파와 근민당 우파로 나뉘어집니다. 아까 말씀드렸던 근민당 안의 사회노동당 계열이 근민당 좌파이고 나와 장건상을 중심한 세력이 근민당 우파였는데 이 근민당 좌파는 결국 이북으로 다 가버립니다. 나는 이북으로 가는 것에는 끝까지 반대했어요. 나는 친소-반미도 안되는 민족자주 노선에 서서 민족주의 운동을 하자는 것이었으니까요.

---

978 됫박질: 먹을 양식을 낱되로 조금씩 팔아들이는 일.

여운형 선생이 별세한 뒤 이 노선을 김규식 박사가 끌고 나갔어요. 그래서 1947년 10월에 민족자주연맹 결성 준비위원회를 발족시키고 12월 20일에 마침내 결성식을 가졌습니다. 나도 여기에 적극 참여해 김박사를 도왔지요. 나는 김박사하고 의견이 일치했어요. 극좌 - 극우를 반대하고 민족주체성을 찾자는 것이었습니다. 나는 민족자주연맹의 이념과 근로인민당의 이념이 같았다고 생각합니다. 지금까지 우리나라에서 혁신운동 혁신운동 하지만 그 세력은 사실상 민족자주연맹 세력과 근로인민당 세력입니다. 이 세력이 합해서 처음에는 한민당과 싸우고 그 다음에는 이승만정권과 싸우고 그 다음에는 장면정권과 싸우고 그 다음에는 박정희정권과 싸우고, 그 세력이 민족주의운동 주된 세력입니다.

영양실조에다 기관지염으로 콜록거리던 김성숙이 열반에 든 것은 1969년 4월 12일 상오 10시였다. 서울시립병원 행려병자 병실이었다. 김광식(金光植) 동국대학교 연구교수가 쓴 <김성숙의 정치이념과 민족불교>에 나오는 대문이다.

김성숙이 입적해서 영결식을 조계사 법당에서 진행하였을 때 사진을 보면 몇 명 승려를 찾을 수 있다. 그런데 당시 영결식장에 조계종단의 지도자급 승려들이 누가 참가하였는지, 어떤 입장을 보였는지는 알 수 없다. 1969년의 경우에는 민족불교를 구현하였던 승려로 이해되는 이청담이 생존하고 있었는데, 이청담이 참가하지 않았다면 그것은 납득하기 어려운 것이다.

봉선사 중이었던 김지복 말에 따르면 김성숙이 귀국한 바로 뒤에는 봉선사에서 따로 환영회를 가졌다고 한다.

김성숙 선생 아우가 김성호 스님이었는데 봉선사 법무도 지냈고 소임을 오래 살았습니다. (⋯) 성숙 씨가 처음 와서는 그 능곡에서 지냈죠. (⋯) 1950년 5·30 선거 때 고양에서 출마해서 차점당선이 되었습니다. 그때 봉선사 스님들이 선거운동을 했습니다. 성호스님 상좌 하나가 나하고 동창이어서 나도 가서 선거운동을 했습니다.

경기도 고양과 파주 살피979에 있는 김성숙 산소에 세워진 묘비명을 지은 것은 친왜파 시조시인 리은상(李殷相)이고 글씨를 쓴 것은 민족주의 좌파 독립운동가였던 정화암(鄭華巖)이다.

조국광복을 위해 일본 제국주의에 항쟁하고 정의와 대중복리를 위해 모든 사회악과 싸우며 한평생 가시밭길에서 오직 이상과 지조로서 살고 간 이가 계셨으니 운암 김성숙 선생이시다.
1898년 평북 철산(鐵山) 농가에서 태어나 어려서부터 강개한 성격을 가졌더니 기미년에 옥고를 치른 뒤 사회운동에 가담했다가 마침내 26세 때 중국으로 망명했었다.
중국 중산대(中山大) 정치학과를 마치고 북경·광둥[廣東]·상해 등지

---

979 살피: 두 땅 경계선.

에서 혁명단체의 기관지들을 편집했으며 광복운동의 일선에 나서서 혁명동지들을 규합, 조선민족해방동맹을 조직하기도 하고 뒤에 중일전쟁이 벌어지자 여러 혁명단체들을 통합하여 조선민족전선동맹을 결성했다가 다시 모든 단체들을 임정으로 총단결하여 국무위원이 되어 해방을 만나니 48세였다. 귀국한 뒤에도 민족통일을 위해 사상분렬을 막기에 애썼으며 최후에 이르기까지 20여 년, 정치인으로 사상인으로 온갖 파란을 겪으면서도 부정과 불의에는 추호도 굽힘없이 살다가 1969년 4월 12일 71세로 별세하자 모든 동지들이 울며 여기 장례 지냈다.

태허 스님 이야기를 처음 들었던 것은 1960년대 끝 무렵이었다. 산문(山門)에 있을 때였는데, 망백(望百)도 훨씬 넘은 극로비구(極老比丘)들한테 듣던 '당취 이야기'는 여간 손에 땀을 쥐게 하던 것이 아니었다. 아직 상투도 틀지 않은 엄지머리 꽃두루980로 개남장(開南將) 밑에서 왜병·관병과 싸웠다는 그 늙은 스님네는 눈 한쪽이 없거나 팔다리 한쪽이 없거나 저는 나간이981들이었는데, 일해대사(一海大師) 서장옥(徐璋玉)을 우두머리로 하는 당취부대가 농군부대와 다른 막집982을 치고 있었다고 하였다. 금강산당취와 지리산당취와 미륵뫼, 곧 용문산당취가 있었는데 용문산당취가 가장 무서운 싸울아비983들이었다고 하였다.

---

980 엄지머리 꽃두루: 늙은 총각.
981 나간이: 몸 한군데가 성하지 않은 사람. 병신(病身).
982 막집: 군막(軍幕).
983 싸울아비: 전사(戰士).

막되먹은 중, 곧 따디미984를 가리기는 '땡추' 말밑이 바로 '당취(黨聚)'라는 것이었다. 주자 이데올로기에 밀려 깊은 산속으로 들어간 피 끓는 중들이 얽은 불교비밀결사체가 바로 당취인데, 선종(善宗) 스님 궁예(弓裔)와 정심(淨心) 스님 묘청(妙淸) 법통 받은 편조대사(遍照大師) 신돈(辛旽, ?~1371)이 당취 첫 한아비985이고 그 법통을 받은 이가 일해스님 서장옥이었다고 하였다. 그리고 그 일해스님 법통 받은 이가 바로 태허스님이라는 것이었다. 용문산에는 태허 스님 두리986에 당취들이 있었다며 상채기 투성이 주먹을 부르쥐던987 극로 스님들이었다.

그 시절을 생각하면 무엇보다도 먼저 떠오르는 그림이 있으니, 큰산이다. 지리산. 노장님께 공양수발 들던 무문관 떠나 지리산으로 갔던 것은 오로지 '기관원들' 때문이었다. 가죽잠바 걸치고 바짝 치깎은 이른바 '스포츠가리' 한 아귀센 30대 사내였으니, 방첩대가 이름 바꾼 육군보안사령부 긴한이었다.

조선 민주주의 인민공화국 민족보위성 정찰국 딸린 124군 6기지 특수부대원 31명이 청와대 500미터 앞까지 쳐들어왔을 때였다. 그 이틀 뒤인 1968년 1월 23인 하오에는 원산 앞바다까지 몰래 들어왔던 북미 합중국 염알이배 푸에블로호 배꾼 83명이 배와 함께 평양으로 잡혀갔고, 1968년 2월 12일에는 베트남 퐁니·퐁녓

---

984 따디미: 가짜중.
985 첫 한아비: 시조(始祖).
986 두리: 언저리.
987 부르쥐다: ①힘껏 주먹을 쥐다. ②힘을 내어 움켜쥐다.

에 쳐들어간 미제 용병 대한민국 해병대원들이 다섯 살 응우옌득쯔엉 군 입에 총을 쏘아 죽이고, 같은 해 12월 9일 울진·삼척으로 쳐내려온 조선 민주주의 인민공화국 특수부대원이 대한민국 강원도 평창군 진부면 도사리에서 아홉 살 리승복 군 입을 찢어죽였다. 11월 21일에는 시·도민중 대신 18세 위 모든 대한민국 국민한테 열두 자리 번호가 주어져 죽을 때까지 지니고 다닐 의무가 주어진 '주민등록증' 제도가 비롯되었고, 12월 5일에는 '국민교육헌장'이 널리 알려졌다. 초·중·고등학교학생들이 달달 외워야 했던 "우리는 민족중흥의 역사적 사명을 띠고 이 땅에 태어났다. 조상의 빛난 얼을 오늘에 되살려 안으로 자주독립의 자세를 확립하고"로 비롯되는 500자짜리 「국민교육헌장」이 참으로는 왜제 앞잡이 철학자 박종홍(朴鐘鴻)이라는 물건이 왜제 때 나온 「황국신민서사」와 「교육칙어」를 슬갑도적질한 것이었다. 대공과 형사들이 한 달에 한 차례씩 찾아오던 저잣거리에서 삶이 떠오르면서 이 중생은 서둘러 서울역에서 남행열차를 탔던 것이었다. 구례구(求禮口)라는 간이역에서 내려 지리산 속 화엄사(華嚴寺)에 이르렀던 것은 깜깜칠야 한밤중이었다. 이 중생을 지리산으로 가게 했던 것은 어머니 한숨소리였다. 아버지가 돌아가신 것을 죽어도 믿지 않던 어머니였다. 두 군데 가운데 하나라는 것이었으니, 이정(而丁) 선생이 계신 평양 아니면 리현상(李鉉相) 선생이 계신 지리산이라는 것이었다. 그 말씀을 믿었던 것은 아니었지만 지리산은 이 많이 모자라는 중생한테 올라갈 수 없는 '높은 산'이었고, 다다를 수 없는 '먼 길'이었다. 부처님 품속이라는 산문(山門)이라고 해도 아예 벗어날 수 없는 천형(天刑)의 쇠사슬이 바로 '연좌제'라는 것을 몰랐던 시절이었다. 관세음보살.

"우리 봉선사에 6허가 계셨는데, 이제 다 떨어지고 나 혼자 남았구나."

1980년 음력 10월 10일 운허(耘虛, 1892~1980) 대강백(大講伯)이 열반에 들었을 때 문중 원로였던 만허(滿虛, 1907~1993)선사가 했던 말이다. 봉선사 6허란 대허(大虛), 운허(耘虛), 만허(滿虛), 태허(太虛), 태허 속가 아우인 능허(凌虛), 명허(明虛)로, 월초(月初) 거연(巨淵, 1858~1934) 화상 손상좌들이다.

《조선중앙통신》 2010년 4월 28일치 보도이다.

로동당 중앙위원회 위원이고 최고인민회의 대의원이며 당 중앙위 비서인 김중린 동지가 심근경색으로 향년 87로 서거하였다.

국장으로 모셔질 만큼 높은 기림을 받는 혁명1세대인 김중린(金仲麟)은 김성숙이 엮어 내었던 <조선민족해방동맹> 맹원이었다. 조선로동당 중앙위원이고, 정치국 위원이며, 비서국 비서로서 <조선민족해방동맹> 맹원이었던 김중린은 함경북도 출신으로 조선민주주의 인민공화국 정권 고갱이988였다.

---

988 고갱이: 초목(草木) 줄기 한 가운데 있는 부드러운 심. '핵심(核心)'은 왜말임.

5부

미륵뫼의 여운형

"조선의 대중들아 들어보아라!"

아미타님

나는 서방정토에는 안 가렵니다.

죽어도 이 땅을 떠나지 않으렵니다.

죽은 몸뚱이야 흙이 되고

물과 바람으로 변하겠지만

그래도 이 나라의 물이 되고

미쳐 날뛰는 혼백의 바람이 되어

이 나라의 산천을 떠돌아 다니렵니다.

고향 미륵뫼의 기슭이나 지평 싸움터에도 가보고

가려 해도 못 가본 모란봉 위로도 날아다니면서

새가 울면 나도 울어

이 나라의 눈물이 되고

가려 해도 못 가본 모란봉 위로도 날아다니면서

새가 울면 나도 울어

이 나라의 눈물이 되고

경기도 양평군 양서면에 있는 몽양 여운형 생가터.

깊은 밤의 술이 되어

모든 사람들의 한숨을 취하게 하렵니다.

– 고은, 「임종989」

"세계사적 개인"이었던 '중도통합 민주주의자' 여운형

이럴 수가 있다는 말인가?

두물머리 거쳐 양서면 신원리로 갔는데, 묘꼴이었다. 몽양 선생이 태어나셨다는 집 자리에는 아무것도 없었다. 신원역 굴다

989　두 군데를 고쳤는데, 고은 선생님도 이해하여 주시리라 믿는다. "고향 영산강의 기슭이나 놀미 갱갱이에도 가보고" → "고향 미륵뫼의 기슭이나 지평 싸움터에도 가보고"

리 지나 산길로 접어들었고, 어욱새990 더욱새 덕갈나무991 메마른 가랑잎만 소소리바람992 뒤섞이어 으르렁 스르렁 슬피 우는 몽양 생가 터무니993에서 영산마지994만 죽이는데, 저만치 거뭇한995 것이 보이는 것이었다. 을밋을밋996 가 보니 빗돌이었다. 해포997 앞서 세운 '몽양고택유허비'였는데, '양평애향동지회'라고 오목새김998되어 있었다. 그런데 얄망궂은 것이 빗돌을 세운 사람들 이름도 없고 빗글을 짓고 쓴 사람 이름도 없다. 얼키설키999한 몽양 선생 항왜투쟁 발자취를 성글게1000 추려 놓은 빗글 끝에 달랑 '이기형'이라고만 훈민정음으로 오목새기어져 있을 뿐이었다. 리기형(李基炯, 1917~2013)이라면 『몽양 여운형』이라는 평전을 낸 극노인이다. 이 많이 모자라는 중생이 살고 있던 상명여자사범대학교 위로 찾아오셨던 것이 26년 전이고, 97살로 열반하셨다. 이 중생 아버지와 같은 나이셨기 때문에 더구나 잊혀지지 않는 어른이시다. 8·15 바로 뒤 신문기자를 해서 해방 공간 속내를 어지간히 알고 계셨던 분이다. 『몽양 여운형』에 나오는 대문이다.

---

990 어욱새: '억새' 옛말.
991 덕갈나무: '떡갈나무' 옛말.
992 소소리바람: ① 이른 봄 살 속으로 기어드는 듯이 맵고 찬 바람. ② 회오리바람.
993 터무니: ① 터를 잡은 자취. ② 바탕. '근거(根據)'는 왜말임.
994 영산마지(靈山麻旨): '담배' 절집 변말.
995 거뭇하다: 거무스름하다.
996 을밋을밋: 우물쭈물하며 마감을 미뤄 가는 것.
997 해포: 한 해쯤 동안.
998 오목새김: 오목새김질. 음각(陰刻)
999 얼키설키: 이리저리 얼킨 꼴. 얼기설기.
1000 성글다: 사이가 배지 아니하고 뜨다.

몽양의 묘꼴 생가는 ㄱ자 기와집 안채와 ㄱ자 초가집 바깥채로 되어 있고 안채는 돌층계 위에 높게 자리잡았다. 담 안 안채 후원에는 디딜방아1001가 있었다. 담 밖 사랑채 앞에는 앞마당이 붙었고 다시 조상대대 분묘가 있는 산으로 연결되었다. 이 집은 본시 재실로 '영회암(永懷庵)'이라는 택호를 가지고 있었다. 6·25 때 인민위원회 사무실로 사용되다가 폭격에 불타 버리는 비운을 맞았다.

폭격을 때린 것은 미군이었다. 미군 전투기들이 새까맣게 날아와 사흘 동안 집중폭격을 때려 몽양 선생이 태어나서 자란 집을 지푸라기 한 도막 남겨 놓지 않고 죄 없애 버렸으니, '인민위원회 사무실'이었던 탓이었다. 8·15 바로 뒤에야 건국준비위원회 사람들과 1946년 회갑 때인 음력 4월 22일 조선공산당 당수 이정(而丁) 선생이 찾는 만큼이었지만, 6·25가 터지면서 셈평1002이 달라졌던 것이다. 서울을 두려뺀 조선 민주주의 인민공화국 긴한이1003들과 그리고 무엇보다도 조선인민군 채잡이1004들이 반드시 찾아보는 성지(聖地)와 같은 순례지(巡禮地)였다. 통국1005위원장을 아우른 리승엽 서울시 인민위원장이 차린 일터1006는 서울시청이었지만, 알짜 통국인민위원회 일터는 묘꼴이었다. 묘꼴에서 내려오는 싸울

1001 디딜방아: 발로 디디어 곡식을 찧게 된 방아.
1002 셈평: 따져 보는 실속.
1003 긴한이: 종요로운 이. '요인(要人)'은 왜말임.
1004 채잡이: 어떤 일을 하는 데 그 일을 으뜸이 되어 다루는 사람.
1005 통국(通國): 통국은 온 나라. '전국(全國)'은 왜말임.
1006 일터: 일을 하는 곳. '사무실(事務室)'은 왜말임.

전옥서(종로) 터에 있는 전봉준 동상.

꾀1007 좇아 움직이는 남조선노동당 경기도당 싸울아비어미1008들이 죽을작정으로 막아서는 앙버팀1009에 막혀 서울까지 올라오는데 두 이레가 걸린 맥아더가 거느리는 세계 최강 북미 합중국 해병대 4만 5,000 명이었다. 9·28로 서울을 되찾았으나 구겨질 대로 구겨진 자존심 되찾고자 본보기 삼았던 것이 몽양 옛집 폭격이었던 것이다.

여기서 스쳐 가는 그림이 있으니, 개남장(開南將)이다. '남원꼬문'을 펼쳤던 녹두장군 김개남(金開南).

얼마 전 돌아간 어떤 역사학자라는 이와 의문사(?)한 서울시장이 짬짜미1010해서 서울 종로거리에 세웠다는 '전봉준구리사람'은 왜제가 널리 펴고자 했던 '공식 홍보자료'였다. '대일본제국'에 덤벼들면 이렇게 된다는 것을 널리 알려 조선 인민들 독립의지를 꺾어 버리자는 것이었다. 이런 너무도 기막힌 사실도 모르고(삥등그리고1011) 구리사람1012을 세워 기리고 있는 이게 나라인가? (그것도 삥소니치다 다리가 부러진 전봉준이 실린 들것 든 2명은 조선 사람이고, 앞뒤로 총 멘 왜군 2명

1007 싸울꾀: 싸우는 솜씨와 꾀. '전략(戰略)'은 왜말임.
1008 싸울아비어미: 싸움을 싸우는 남녀.
1009 앙버팀: 기를 쓰고 고집해서 끝까지 덤벼듦.
1010 짬짜미: 몰래 둘이서만 짜고 하는 언약(言約). '밀약(密約)'은 왜말임.
1011 삥등그리다: 고개를 비틀어 싫다는 뜻을 보이다. 외면(外面)하다
1012 구리사람: 동상(銅像).

이 보살피는) 그것을 내댄 이른바 '동학
혁명 전문가'라는 이가 펼쳤던 갑오
봉기 역사('동학혁명'이 아닌)는 죄 왜노들
이 가짜로 꾸며 만든 「전봉준 공초」
를 붙좇는 외곡(歪曲, '왜곡'이 아님)된 역
사이니, 그것을 앞장서 게목지르는
1013 세상에서 말하는 바 '역사학자'
라는 물건들은 어느 나라 하늘 밑에
벌레1014들인가?

몽양 여운형.

제국주의자들 생각은 양의 동서
와 시의 고금을 말할 것 없이 똑같으니, 자본주의 세상을 막아 내
려던 김개남 장군과 여운형 선생을 역사에서 지워 버리자는 것이
었다. 그리고 그것이 이루어져 가고 있는 오늘이다.

몇 해 전 복권된 몽양 선생이다. 독립운동 유공자 2등. 1등 유공
자는 리승만이었으니, 뜻 있는 이들은 쓴웃음을 머금을 수밖에 없
었다. 생가터 가는 쪽을 알려 주는 알림표 하나 없고 생가터임을
밝혀 주는 알림판도 없으며 (신원역 앞에 조그맣게 씌어진 알림표 빼 놓고는) '역
사양평'을 자랑하는 숱한 알림책자며 좀책1015 그 어디에도 몽양(夢
陽) 여운형(呂運亨) 선생 성명 삼 자는 없다.

미·소 어느 쪽에도 치우치지 않는 민족자주·민족주체 정치인 몽

1013 게목지르다: 거위 목소리처럼 듣기 싫은 소리를 내다.
1014 하늘 밑에 벌레: '사람'을 두고 이르는 말.
1015 좀책: 소책자(小冊子).

513

양의 중도통합 노선을 이루어냈더라면 이 겨레한테 만 년 넘게 이어져 내려온 겨레가 찢겨지는 슬픈 일은 없었으리라는 생각 또한 부질없는 짓인가. 친왜 민족 반역자들과 손잡고 반쪼가리나라 세운 리승만 붙좇는 인숭무레기1016들한테 돌아가신 몽양 선생은 저 뉘1017에서 무슨 생각을 하고 계실까.

이럴 수는 없다. 이것은 아니다. 이것은 무엇보다도 먼저 사람 도리가 아니다. 비록 복권은 되었다지만 여태도 시퍼런 수구반공 논리가 판치는 이 땅에서 몽양을 기리는 이들이 차마 애타는 마음으로 세워 놓은 조그만 빗돌이라는 것을 알 것 같으니, 아아. 민족사 큰 별을 낳고 길러 준 양평 사람들은 왜 입을 다물고 있는가. 뼈저린 뉘우침도 없는가. 네 둘레를 둘러봐도 사람이 없으니, 누구와 더불어 몽양 선생 이야기를 나눌 것인가.

1016 인숭무레기: 어리석어 갈피를 나눠 볼 줄 모르는 사람.
1017 저뉘: 저승. 저세상.

미제국주의가 풀어놓은 사냥개

"아름다운 조국을 건설해야 합니다. 평등조선·자유조선·해방조선·일통조선을 이루기 위하여 친왜파 민족 반역자들을 엄중히 단죄하고, 땀흘려 일하는 노동자·농민을 머리로 한 모든 인민대중이 똑고르게 잘살 수 있는 고루살이1018 새 세상이 되어야지요."

스물아홉 살 된 새서방1019이 스물네 살 난 홍색짜리1020한테 하는 말이었다. 이 중생 아버지가 어머니한테 틈만 나면 그루박는 1021 다짐이었으니, 해방되고도 달소수1022나 지나서야 기나긴 밤 한허리를 버혀 내어1023 새각시가 기다리는 옛살라비1024로 돌아온 것이었다. 묵돌불가금(墨突不暇黔)으로 신 벗을 사이 없이 당신 운

1018 고루살이: 똑고른(평등) 삶.
1019 새서방: 새로 처음 맞이한 서방. '신랑(新郎)'은 왜말임.
1020 홍색짜리: 큰 낭자에 족두리를 쓰고 다홍치마를 입은, 갓 시집간 새색시. '신부(新婦)'는 왜말임.
1021 그루박다: ① 몬을 들어 머리를 땅바닥에 바로서게 탁 놓다. ② 연 머리를 아래로 돌려 내려가게 하다. ③ 사람을 기를 못펴게 억누르다. '강조(強調)'하다는 왜말임.
1022 달소수: 한 달이 조금 지나는 동안. 달포.
1023 버혀 내다: '베어 내다' 옛말.
1024 옛살라비: 예전부터 태어나서 살던 곳. 고향(故鄉).

515

동마당인 태전(太田)과 당중앙 계신 서울 오가느라 서너 달에 한 번 들를까말까한 집에서 안해1025한테 하는 말이었다.

새서방 권 따라 조선공산당원이 된 그 여자는 조공 둘레 동아리인 부총, 곧 조선부녀총동맹원 되어 마을 아낙네들과 새서방이 보내주는 쏘련 과학 아까데미에서 나온 것으로 모스끄바에서 나온 조선어판이나 평양 과학아까데미에서 나온 번역본 서책들을 읽은 틈틈새새1026로 새서방이 달포1027마다 보내 주는 편지로 '학습투쟁'을 펼쳐 나가는 것이었다. 새서방이 말하는 것은 언제나 똑같았으니 —

무엇보다도 먼저 남북일통1028이 되어야 한다는 것이었다. 외세 압력에서 벗어나지 못하는 만큼 우리나라는 진정한 독립국가가 아니다. 조국이 찢겨진 것은 리승만 매국역도 탓이다. 아니, 리승만이는 꼭두각시에 지나지 않고 국토분단 원흉은 미국이다. 미국이라는 나라 제국주의자들. 남조선을 대쏘 방파제로 만들고자 하는 미제국주의이다. 미제는 리승만이라는 사냥개를 하수인으로 내세웠고 친왜민족반역배를 등에 업은 리승만이는 제국주의 미국에 앙버티는1029 여운형 선생을 암살하였다.

여기서 똑똑하게 알아 두어야 할 것이 있으니, 여운형 선생 암살에 대한 진상이다. 사람들은 그냥 리승만이가 정적인 몽양을 없

1025 안해: '안에 뜨는 태양'이란 뜻으로 '아내'를 말함. 1953년 7월 27일까지 쓰였음.
1026 틈틈새새: 틈나는 대로 사이 사이.
1027 달포: 한 달이 조금 넘는 동안. 달소수.
1028 일통(一統): '통일(統一)'은 왜말임.
1029 앙버티다: 기를 쓰고 고집해서 끝까지

이한 것으로 아는데, 우남이라는 자는 미제가 풀어놓은 사냥개에 지나지 않는 것이다.

고루살이 세상을 위한 불타오르는 마음 담아 정 많은 오라버니처럼 조곤조곤[1030] 때로는 부르쥔[1031] 주먹으로 허공을 내지르며 왜제 때 경성콤그룹 충청남도 도꼭지로 숨죽여 움직일 때처럼 말하는 새서방님 눈빛은 샛별처럼 빛나는 것이었다. 지치지도 않고 알아들을 수 있는 말과 알아듣기 어려운 말로 역사와 민주주의와 자본주의 그리고 제국주의 본바탕에 대해서 들려 주는 그 목소리는 저 절집쪽 선방스님네들이 휘두른다는 죽비소리 같았고, 눈빛은 꼭 밤하늘을 밝혀 주는 별빛만 같았다. 그렇게 생각되는 새색시였다. 새서방님은 이따금 방을 나갔다가 들어오고는 하였는데, 아마도 담배를 태우고 오는 것 같았다. 그런데 담배내음이 그렇게 많이 나지 않는 것으로 보면 뒤란 장독대 뒤 소나무 가지에서 훑은 한줌 솔잎을 씹은 것으로 보였다. 새서방님은 말을 이었다.

"신간회가 없어진 것은 1931년이었습니다. 좌우합작체인 신간회가 뜯어 헤쳐지면서 조선독립운동을 했던 것은 오로지 공산주의자들만이었지요. 그리고 그이들이 해방을 맞아 '조선인민공화국'을 세운 것이 9월 6일이었구요.

'조선인민공화국'이라는 것은 그야말로 정치단체에 지나지 않지만 '나라'를 표방한 데는 까닭이 있으니, 이틀 뒤 올라오는 북미합중국 병대에 대처하자는 것이었지요. 자주적으로, 그러니까 조

1030 조곤조곤: 꼼꼼하고 차근차근한 꼴.
1031 부르쥐다: ① 힘껏 주먹을 쥐다. ② 힘을 내어 움켜쥐다.

선인민들만 힘으로 나라를 세울 수 있다는 것을 보여 주자는 것이었습니다."

자리끼1032 한모금으로 입가심을 한 새서방님은 파리똥으로 더뎅이1033진 천장을 올려다 보았다.

그때 몽양과 박동무가 새로 세울 나라 이름을 놓고 다투게 된다. 몽양은 자꾸 박동무더러 먼저 말하라고 하였으니, 그만큼 박동무를 우러르기 때문이었다. 나이로야 14년 후래1034이지만 승냥이떼 같고 살모사떼 같은 왜제 옥박지름 아래서 가장 뜨겁게 그리고 가장 올곧게 싸워온 해방투사라는 것을 알고 있었던 때문이었다. 이정이 말하였다.

"인민공화국이 좋겠습니다. 조선인민공화국."

몽양은 지그시 눈을 감았고, 이정이 돗수 높은 안경태를 만졌다.

"선생님께서는 어떻게 생각하시는지요?"

동안 뜨게1035 눈을 감고 있던 몽양이 입을 열었는데, 어딘지 조심스러워하는 말투였다.

"이 사람은 좀 과격하다고 생각하외다. 그 '인민'이라는 말이 걸리는구려. 자고이래로 인민 뒤에 따라붙는 말이 뭐외까? 폭동, 봉기, 처단, 혁명… 무서운 말이지요. 지주와 자본가 그리고 전조의 향수에 젖어 있는 식자층한데 두려움을 줘서는 안 된다는 말씀이외다. 무엇보다도 지금은 힘을 모아야 할 때인즉…."

1032 자리끼: 밤에 마시려고 잠자리 머리맡에 두는 물.
1033 더뎅이: 부스럼딱지나 때 같은 것이 덧붙어서 된 조각.
1034 후래(後來): '뒤에 오는 사람' 뜻. '후배(後輩)'는 왜말임.
1035 동안 뜨다: 사이가 있다.

뒤에 있던 경성콤그룹1036 조치개1037들이 무어라고 말하려는 것을 손으로 눌러 막은 이정이 몽양을 바라보았다.

"그럼 뭐가 좋겠는지요?"

"민주라는 말이 어떨까 하오? 조선민주공화국."

몽양쪽 조선건국준비위원회 사람들과 이정쪽 경성콤그룹 사람들 사이에 옥신각신이 있었으나 끝내 '조선인민공화국'으로 정해졌으니 ─ 조선공산당 쇠귀1038를 잡고 있는 것은 경성콤그룹이었는데, 경성콤그룹 목대잡이는 박동무였던 것이다.

1036 **경성콤그룹**: 김삼룡(金三龍)·리관술(李寬述)이 1936년 얽어 감옥에서 나온 박헌영(朴憲永)을 우두머리로 항왜싸움을 벌였던 순결공산주의운동 모임.
1037 **조치개**: 무엇에 마땅히 딸려서 있어야 될 몬. 흔히 밥에 대해서 반찬 같은 것을 가리키는 데에 씀. 손발. 오른팔. 복심(腹心).
1038 **쇠귀**: 우이(牛耳). 앞장서 이끎. '주도권(主導權)'은 왜말임.

만압귀방萬壓歸放 방귀하처放歸何處

1922년 임술생(壬戌生) 개띠인 조선공산당과 남조선노동당 당호
(黨號) 련희(蓮姬)는 97살로 열반할 때까지 간직하고 있던 <일지(日
志)>가 있었다. 양면괘지와 편지지와 관공서에서 쓰던 반쪽짜리
백면괘지에 달필(達筆) 행초(行草)로 씌어진 붓글씨와 철필글씨는 새
서방님이 쓴 것이었다. 당송시대(唐宋時代) 시인들 작품을 조선말로
옮긴 것도 있고, 황진이(黃眞伊) 시조를 해행문자(蟹行文字)인 영어로
옮겨 놓은 것도 있으며, 그리고 순진서로 된 한시에다가 처음부
터 도무지 그 뜻을 짐작조차 할 수 없는 무토백이 진서(眞書)글도 있
었는데, 군데군데 찢겨나간 것은 아마도 이른바 이데올로기에 손
닫는1039 것들로 시아버지께서 없애 버린 듯하였다. 남아 있는 글
가운데서 련희가 좋아하는 것이 있었다. 꿈에 떡맛 보기1040로 집

1039 손닫다: 걸리다. 이어지다. 말미암아. '관계(關係)되다는 왜말임.
1040 꿈에 떡맛 보기: ①도무지 제 마음에 차지 않는다는 뜻. ②똑똑하지 못한 것을
가리키는 말.

에 들를 때마다 글강 외듯[1041] 해 주던 말이었다. 당사업에 힘쓰는 틈틈새새[1042]로 쓴 것인 듯 줄거리가 이어지지 않고 자냥스럽게[1043] 끝맺지 아니한 것이었으나, 서른두 살까지 살아 움직였던 한 밝고 헌걸찼던[1044] 얼 지닌 사내가 품었던 사상과 철학과 그리고 인금[1045]을 엿볼 수 있는 글이었다.

김성동의 모친 한희전. 『눈물의 골짜기』 표지(작은숲출판사).

새서방님이 가장 힘을 기울였던 것은 '주민 설득'이었다. 무릇 혁명에 성공하기 위해서는 무엇보다도 먼저 내편으로 만들어야 하는 것이 '이웃'이라고 하였다. 마을이 모여 면이 되고, 면이 모여 군이 되며, 군이 모여 도가 되고, 도가 모여 나라가 되는데 – 그 나라들이 모여 세계가 되어 우주로 뻗어 나가는 것이라고 하였다.

무릇 우주의 비롯됨이 바로 마을, 곧 동네가 되는 것이므로 그 마을사람들을 내편으로 만들어야 된다는 새서방님이었다. 태전으로 서울로 풀방구리 쥐나들듯 하는 틈틈새새 집에 들를 적마

1041 글강 외듯: 예전 서당에서 배운 글귀를 외우듯이 되풀이 해서 하는 것.

1042 틈틈새새: 틈난 구멍마다 사이사이로 바람이 들어오듯 겨를 있을 때마다 라는 뜻.

1043 자냥스럽다: 틀림없다. 똑똑하다. 또렷하다. 뚜렷하다. 뻔하다. 밝다. 환하다. 어김없다. '분명(分明)'하다는 왜말.

1044 헌걸차다: ① 매우 풍채가 좋고 의젓해 보이다. ② 기운이 매우 장하다. 키가 매우 크다.

1045 인금: 사람 값. 사람 됨됨이 금새.

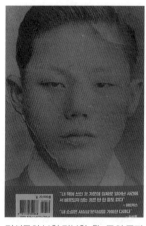

김성동의 부친 김봉한. 『눈물의 골짜기』 뒷표지(작은숲출판사).

다 새서방님이 하는 것은 마을사람들을 만나는 것이었다. 읍내로 가는 삼사미 정자나무 밑이나 구장네 사랑방에 마을사람들을 모아 놓고 연설을 하였으니, 저 아래 지리산이나 태백산에서 미제국주의 침략군과 싸우는 인민유격대 총알보다 대모한 것이 동네사람들을 '동무'로 만드는 것이라고 하였다.

혁명이었다. 혁명 이야기였다. 왜 혁명을 해야 하는지 가리새 있게 한가닥 한가닥 드러내어 말하였다. 남조선혁명은 반드시 승리해야 한다는 것이 첫마디 연설이었다. 왜 그래야 하는지 아느냐고 사람들한테 물었고 사람들이 서로 얼굴만 바라볼 때면, 입을 여는 것이었다.

"우리 조선 역사를 봅시다."

그러면서 우리 조선이 세계 최강 제국주의 나라들과 싸웠던 역사인 저 고구리 때 대수제국과 대당제국과 고리 때 대송제국과 대료제국과 대금제국과 대원제국과 그리고 조선 왕조 때 대명제국과 대청제국과 대왜제국을 거쳐 시방 눈앞에 있는 대미제국 본바탕을 밝히는 것으로 끝을 맺는 것이었다.

우리 할아버지와 할머니들이 한족·왜족과 싸웠던 것이라면 우리는 시방 미제국주의와 싸우는 것이고, 그것이 역사의 필연인 것

이라고 하였다. 그러면서 반드시 덧
붙이는 것이 있었으니, 혁명가들 이
야기였다. 우리 충청도 땅에서 불세
출의 혁명가인 조선공산당과 남조
선노동당 일이삼인자인 예산 출신
이정(而丁) 선생과 충주 출신 김삼룡
(金三龍) 선생과 진천 출신 정태식(鄭泰
植) 선생이 왜제 때 어떻게 불요불굴
백절불굴로 드팀없이 싸웠는지 이
야기하는 것이었다. 그러면서 부르
쥔 주먹으로 허공을 내지르며 부르
짖는 그의 선창 좇아 사람들은 구호
를 외치는 것이었으니 ―

▲김삼룡 ▼정태식

① 미군은 철퇴하라!

② 토지를 무상으로 농군에게 분배
하라!

③ 모든 녀성들은 녀성동맹 기빨
아래로!

④ 머지않은 장래에 행복이 온다!

⑤ 미제의 주구인 매국역적 리승만 김성수를 타도하자!

⑥ 지주와 자본가의 대변자인 한민당을 박살내자!

⑦ 위대한 령도자 박헌영 동무 만세!

⑧ 리승만은 양첩을 데리고 미국으로 돌아가라!

새서방님이 쓴 글이다.

만압귀방(萬壓歸放)에 방귀하처(放歸何處)리오? 모든 억압은 죄 해방으로 돌아가는데, 해방은 어디로 돌아가는가?

사람이 이 세상에 태어나서 가장 먼저 해야 될 것은 역사를 알아내는 것이다. 역사를 모르면 나를 모르기 때문이다.

우리는 시방 잘못된 역사만을 알고 있다. 반쪽 역사는 죄 지워 버렸기 때문이다. 역사외곡1046 죄는 당대로 끝나지 않는다는데 그 무서움이 있으니, 그 언걸1047이 적어도 조여손1048삼대는 가기 때문이다.

좌우합작체인 '신간회(新幹會)'가 뜯어헤쳐진 1931년부터 조선독립운동을 했던 것은 오로지 주의자1049들만이었다. 그리고 그들이 해방을 맞아 9월 6일 <조선인민공화국>을 세운 다음 가장 먼저 했던 것이 있다. 10월 말까지 그러니까 두 달도 못미쳐 남조선 7도 12시 131군에 하나도 빠짐없이 농촌 쏘비에뜨인 농군평의회, 곧 '인민위원회'를 세웠으니 – 51년 만이었다. 1894년 갑오농군혁

1046 외곡(歪曲): '歪'자를 어떻게 읽을 것인가를 놓고 뜨겁게 다퉜던 8·15 뒤였는데, 좌익에서는 본딧소리인 '외'를, 우익에서는 '왜'를 내대었다가, 좌익이 죄 북으로 올라가고 남조선을 우익이 다스리게 되면서 '왜곡'으로 굳어졌음.
1047 언걸: 남 일 때문에 당하는 해. 큰 고생.
1048 조여손(祖與孫): 할아버지에서 손자까지.
1049 주의자: '공산주의자'를 가리키던 말임.

명 때 호남 53고을에 세웠던 인민자치기관인 '집강소(執綱所)'를 다시 살려낸 것이었다. 불란서말로 하면 '꼬뮨'이고 노서아말로 하면 '쏘비에뜨'인 집강소, 곧 인민위원회는 '적산(敵産)'이 된 옛 왜인들 재산을 다스리고, 왜식으로 바뀌어진 역사와 문화유적과 산천과 마을 이름이며 또 온갖 쓰임말들을 조선 본딧 것으로 다시 바로잡는 등, 민족적·인민적 행정을 펴나가기 비롯하였다.

리관술.

　이때 미군정에서 여운형(呂運亨) 선생한테 정권을 넘기겠다는 놀라운 말이 나오니, 아놀드라는 군정장관이었다. 나치가 쓴 '의사당 방화사건'을 슬갑도적1050질해서 조선공산당을 없애 버린 것이 '조선정판사사건'인데 미군정이 그 한 달 뒤 했던 여론조사에서 80퍼센트 편듦 받았고, 좌익 매체쪽 밝힘에서는 90퍼센트 위로 죽어도 편듦을 받는 '조선 인민공화국'에 숫제 공포를 먹는 미군정이었다. 대통령감으로 몽양(夢陽)과 이정(而丁)이 압도적 1·2위를 하고 조선공산당 총무부장 겸 재정부장 리관술(李寬述)이 정치지도자 5위로 뽑히는 남조선 좌익을 깨뜨리고자 미군정에서 쓴 엄펑소

1050　슬갑도적(膝甲盜賊): 남 시문(時文) 글귀를 따다가 고쳐서 글을 짓는 사람을 이르는 말로, '표절'은 왜말임.

니1051가 1946년 5월 일으킨 '조선정판사사건'이니, 해방된 지 여덟달 만에 좌익들은 캄캄한 땅 밑으로 들어가게 되었던 것이다.

이때부터 좌익에서는 북미 합중국이라는 나라를 '침략자'로 금치게1052 되고, 세상에서 말하는 바 '신전술'에 따른 항미투쟁 마디로 접어들게 되는 것이다. 야산대(野山隊) 또는 들대라고 불리우는 빨치산, 곧 인민유격대가 나오게 되고, 남조선 얼안1053 모두는 살륙의 도가니1054가 된다. 이보다 앞서 미군정에서 주겠다고 떠보는 정권을 한마디로 잘라 자빡놓는1055 몽양이었으니, 미 제국주의 앞잡이 심부름꾼이 될 수는 없다는 것이었다. 군정장관을 맡고 있던 아놀드라는 북미 합중국 육군소장한테 몽양이 했다는 말이다.

우리 조선 인민대중 힘으로 자주적이고 주체적인 일통정권을 세우겠다.

인민공화국을 두루 알리고 나서 노동자·농민 사북1056으로 인민민주주의를 펼쳐 나가려는데, 9월 8일 인천에 올라온 북미 합중국

1051 엄펑소니: 엉큼하게 남을 후리는 솜씨나 짓.
1052 금치다: ① 몬 값을 어림쳐서 부르다. ② 울치다. 매기다. '규정(規定)'하다는 왜말.
1053 얼안: 테두리 안.
1054 도가니: 쇠붙이 녹이는 데 쓰는 그릇.
1055 자빡놓다: 못박아 딱지놓다.
1056 사북: 중심(中心). ① 가장 대수로운 어섯. 한가운데. 복판. 한복판. 줏대. 고갱이. 뼈대. 안. 속마음. 알맹이. 알속. 알짜. 사자어금니. 노른자. 한허리. 한바닥. ② 부챗살이나 가위다리 어긋매끼는 곳에 꽂는 못과 같은 몬.

병대는 맞조이1057 나온 인민들한테 망보던 왜병들이 무차별 총을 갈겨 여러 명을 죽이게 함으로써 저희들이 침략군으로 왔음을 뚜렷이 밝힌 다음, 총독부청사에 있던 일장기를 내리고 성조기를 꽂았다. 그리고 인민위원회를 없앤 다음 친왜파 민족 반역자를 뽑아써서, 그러니까 사냥개 앞잡이로 내세워 남조선을 신식민지로 만들기 비롯한 것이다. 그 뒤끝이 왜제 때 위로 정치적 무권리와, 경제적 파탄과, 문화적 암흑 속에 민생이 진구렁창에 빠져 끙끙거리게 된 것이다. 그것이 해방 3년이 된 오늘까지 이어져온 것이다. 세상에서 말하는 바 미제국주의 신식민지가 된 것이다. 여기에 오늘 이 땅에서 일어나고 있는 모든 골칫거리 뿌리가 있다.

몽양이 목대잡아1058 펼쳐 나가려던 인민민주주의는 노동자계급을 한허리로 한 인민대중의 혁명적 정권을 말하니 ─ 이는 두 개 서로 다른 사회구조의 영속적 또는 공존적 꼴은 아니며 자본주의적 고동1059을 차례를 따라 없애 버리고 쓸어 버리기 위한 모습임과 동시에 내일 사회주의경제 터전을 좋아지게 하고 다지르기1060 위한 정치꼴을 말한다.(『북한경제입문』, 청년사, 1988)

자본주의란 무엇인가?

중생들 두루가 가지고 있는 본바탕 소유욕을 생산동기와 목적으로 삼아 생산력 향상에만 힘을 쏟는 것이 자본주의이다. 한마

1057 맞조이: 마중. 맞다. 맞이하다. 맞아들이다. '영접(迎接)·환영(歡迎)'은 왜말임.
1058 목대잡다: 여러사람을 거느리고 도맡아 일을 해나가다.
1059 고동: 목. 길목. 긴한목. 사북. '요소(要所)'는 왜말임.
1060 다지르다: 다짐받을 만할 일을 알기 위해서 다지다.

디로 존재하는 모든 것을 상품으로 만들어 팔아먹는 것이 자본주의인 것이다. 그러므로 자본주의 이데올로기가 약탈과 살륙, 그러니까 다시 말해서 빼앗음과 죽임이 되는 것은 너무도 마땅한 것으로 된다.

8·15 뒤 친왜세력들, 그러니까 다시 말해서 지주와 자본가들이 저희들이 저지른 하늘과 사람이 함께 노여워할 반민족 행위를 덮고자 내세웠던 것이 이른바 '반공 이데올로기'이고 미제 본바탕인 반공 이데올로기를 앞세워 미제 종교인 자본주의를 끌어안았던 것이다. 이들은 사람이라면 마땅히 지켜야 할 올바른 생각을 지닌 사람들을 '공산사상'을 가졌다고 만고역적이라도 되는 것처럼 몰아붙이면서 사회 모든 갈래를 틀어쥐고 오로지 물질만을 신(神)으로 떠받들고 있다.

우리 배달겨레 가운데 가장 나은 무리 곧 민족 최량의 존재들은 죄 마구 죽임 당하거나 평양으로 올라갔고, 남은 최량 존재들은 억눌려 지내면서 어둠 속에서만 움직이고 있다. 저 밤하늘 별처럼 순결하고도 헌걸찬 정신들한테는 두 가지 길만이 있으니 – 무릎 꿇고 꿈을 접을 것인가? 죽을 때까지 앙버틸1061 것인가? 평양으로 갈 것인가? 지리산으로 들어갈 것인가?

'역사'에 대해서 생각해 본다.

이른바 '역사는 자연'이라는 것이 이 많이 모자라는 중생 생각이다. 세상에서 말하는 바 '운동'이며 '혁명' 또한 사람역사에서

1061 앙버티다: 기를 쓰고 고집해서 끝까지 덤벼들다.

일어날 수밖에 없는 필연, 그러니까 풀어 말해서 마땅히 그렇게 될 수밖에 없는 드러난 꼴인 것이다. 그 어떤 이름 단 사회꼴이라고 할지라도 하늘 밑에 벌레1062들이 사는 중생계에서 이루어지는 것인 만큼 물 부어 샐 틈 없1063을 수 없으므로 장 울가망1064하며 한때일 수밖에 없다. 저마다 다르게 타고난 바탕과 마음 그리고 그렇게 타고난 바탕과 마음을 바탕으로 해서 이루어진 주먹셈을 갖고 있는 동아리와 동아리가 저희들 동아리 주먹셈1065을 이루고자 한때에만 맺은 도장찍음1066에 지나지 않는 것이 체제, 곧 됨됨이므로, 그것은 장 아슬아슬한 저울대여서, 마침내는 깨어질 수밖에 없다. 그러므로 끝없이 새로운 계약, 곧 도장찍기로 알맹이를 바꾸지 않으면 안된다. 이제 이 됨됨이가 깨어짐으로써 밀지는 사람들은 죽기살기로 지켜 내려고 하니 보수(保守)요, 이제 이 됨됨이 1067를 깨뜨리지 않고서는 날찍이 없는 사람들은 죽기살기로 깨뜨리고자 하니 진보(進步)이다. 극락세계가 되기 전에는 두 진터1068는 합쳐질 수 없다. 두 진터 틈바구니가 차츰차츰 깊어져서 마침내는 터지게 마련이니, 이른바 혁명(革命)이다. 결합 → 계약 → 발전 → 반대의 되풀이니, 혁명의 필연성, 곧 반드시 혁명이 일어날 수밖에 없음을 말한다. 그러나 혁명이 뜻을 이루었을 때 곧바로 거

1062 하늘 밑에 벌레: 사람.
1063 물 부어 샐 틈 없다: 일이 빈틈없이 야물게 짜여 있음을 이르는 말.
1064 울가망하다: ① 마음이 편하지 못하다. ② 늘 근심으로 지내다.
1065 주먹셈: 속셈. 따짐. 헤아림. 이해타산(利害打算).
1066 도장찍음: '계약(契約)'은 왜말임.
1067 됨됨이: 틀. 얼개. 꾸밈새. 만듦새. 짜임새. '체제(體制)'는 왜말임.
1068 진터: 편. '진영(陣營)'은 왜말임.

꾸러뜨려야 할 맞수가 되니, 끊임없이 지적·도덕적으로 저를 고쳐 나가지 않으면 안 된다. 이른바 '영구혁명론'이 나오게 되는 까닭 이며, 중생계 테두리이다.

　돈이 모든 것 주인이므로 모든 것을 아퀴짓는[1069] 자본만능 힘으로 세계를 휩쓸려 하는 오늘, 자본에 괴로움 받는 두럭[1070]이 앙버티는 것은 너무도 마땅한 일이다. 자연의 복수는 '법칙'이다. 끝없이 분렬 → 결합 → 발전하는 게 자연계 갈피[1071]이다. 분구필합(分久必合)이요 합구필분(合久必分)이라고 했다. 합뜨림이 오래 되면 반드시 찢겨지고, 찢겨짐이 오래 되면 반드시 합뜨려진다는 것이다.

　사회 곧 모둠살이는 유기체이다. 생물한테만 있고, 또 생물만이 만드는 물질이다. 사유 곧 생각의 역동 곧 힘찬 움직임 속에서 숨 쉰다는 말이다. 사유(思惟)가 역동적이지 못하면 모둠살이 생명력은 없어진다. 이른바 반공 이데올로기는 사상과 양심의 자유를 동여맴으로써 사유의 역동성을 가두어왔다. 한마디로 민주주의를 뭉개 버렸던 것이다.

　원시공산사회가 무너지고 사유재산제도가 생겨나면서부터 비롯된 인류, 곧 사람무리 영원한 숙제를 어떻게 할 것인가? '이악스러운 홍정바지'[1072] 리승만과 '청년장군으로 떠받들려지는' 김일성은 대한민국과 조선 민주주의 인민공화국이라고 불리우는 한

1069　아퀴짓다: 일을 마무르는 끝맺음을 짓다.
1070　두럭: 떼.
1071　갈피: 턱. 이치(理致).
1072　홍정바지: 장사치.

반도와 조선반도 살매[1073]를 어떻게 굴려갈 것인가? 8·15 뒤 널리 퍼졌던 인민대중 노래가 떠오른다.

미국놈 믿지말고
쏘련놈 속지마라
지나놈 지랄하고
일본놈 일어나니
조선 사람 조심하라

1073 살매: 팔자. 운명(運命).

8개 국어에 막힘없던 여운형

몽양 여운형은 진서(眞書) 궁구1074를 하는 틈틈이 온갖 운동으로
몸기르기를 하며 경성에 있는 학당·통화학교·우체학교를 옮겨 다
니다가 을사늑약이 맺어지자 졸업을 한 달 앞두고 우체학교를 그
만두었다. 한 달에 27원 받는 공다리 자리가 다짐된 졸업장이었
다. 옛살라비 양평에서 국채보상운동인 '단연동맹(斷煙同盟)'을 읽어
내고 광동(廣東)학교를 세워 교장이 되었으며 골골샅샅 돌아다니며
애국계몽 연설을 하였다. 스스로 상투를 자르고 노비를 해방시킨
것이 22살 때였는데, 그때 그는 이렇게 말하였다고 한다.

"그대들을 다 해방시키겠다. 이제부터 저마다 제 마음대로 움직여
라. 이제부터는 상전도 없고 종도 없다. 그러므로 서방님이니 아씨
니 하는 말부터 입에 올리지 마라. 사람은 날 때부터 똑같다. 상전
과 종으로 나누는 것은 어제까지 풍습일 뿐이다. 오늘부터는 그런

1074 궁구(窮究): 속속들이 깊이 파고듦. '공부(工夫)'는 왜말임.

낡은 껍데기를 벗어던지고 제 뜻대로 살아가라."

1914년 중국으로 가서 남경(南京) 금릉(金陵)대학 영문과에 들어갔고, 1917년 7월 졸업한다. 그리고 1918년 8월 상해에서 '신한청년당'을 만들게 되는데 - 신한청년당은 파리에서 열리는 평화회의에 김규식(金奎植, 1877~1951)을 보내어 조선독립을 알리고자 만들어진 <동제사(同濟社)> 아래 얼개였다. 여운형·장덕수·김철(김영택)·선우혁·한진교·조동호·김규식·신석우·이유필·서병호·조상섭·김순애·신국권·김인전·이광수·조소앙·백남규·김갑수·임승업·김구·송병조·김병조·손정도·도인권·양헌·이원익·안정근·장붕·한원창·최일(최명식)·이규서·신창희·여운홍 같은 50명쯤이었다.

1912년 7월 짜여진 <동제사>에 이름을 올린 이는 신규식·박은식·신채호·문일평·김규식·조성환·이광·신건식·신석우·박찬익·민제호·민필호·김갑·변영만·정원택·여운형·선우혁·한홍교·조소앙·정인보·조동호·홍명희·윤보선·한진교·서병호·김용호·신철·정환범·김용준·민충식·이찬영·김영무·한진신·김승·김덕·민병호… 같은 400~500명이었다. 2·8 동경 선언과 3·1 운동 뒤쪽에서 일을 추슬렀던 것은 예관(睨觀) 신규식(申圭植, 1879~1921)인데 그 뒤에서 모든 것을 꾸미고 끌고 나갔던 것은 범재(凡齋) 김규홍(金奎興, 1872~1936)이었다. <동제사>라는 이름을 지은 것은 범재였으니, 역(易)에 나오는 '동주공제(同舟共濟)'에서 따온 것이었다. (김상구(金尙九) 지음, 『범재 김규흥과 3·1 혁명』)

1918년 12월 미국 윌슨 대통령한테 보내는 <조선독립에 관한

진정서>를 윌슨 특사 크레인한테 건네주었다. 1919년 1월 김규식 박사를 파리 강화회의에 신한청년당 대표로 보내어 조선의 완전 자주독립을 내대었다. 시베리아와 동북만주 그리고 북경 같은 데로 돌아다니며 그곳에 있는 리동휘(李東輝) 장군 같은 민족운동 채잡이들과 독립운동 길을 주고 받았고, 4월 상해 법조계 김신부로(金神父路)에서 짜여진 대한민국 임시정부 외무부위원과 '상해한인거류민단' 단장이 되었다. 일에는 아우 여운홍(呂運弘, 1891~1973)을 다시 파리 강화회의에 보내 조국 독립을 위하여 힘쓰게 하였다. 11월 27일 동경 제국호텔에서 왜제 목대잡이들 맞대 놓고 조선 독립을 내세우는 먹찬말1075을 뱉아 내었다.

리동휘(李東輝, 1873~1935) 장군이 상해에서 고려공산당을 세웠을 때 당원으로 들어갔던 것이 1920년 5월이었으니, 35살 때였다. 코민테른 극동국 서기 보이틴스키가 부르짖는 공산주의사상에 대한 뜨거운 마음에 마음이 녹아든 것이었으니, 서른살 청년 보이틴스키는 조선이라는 소약1076한 나라가 민족해방을 이루고자 하는 뜨거운 마음에 뜨거운 마음을 보여 주었던 것이다. 그 자리에는 『신청년(新靑年)』이라는 사회주의 잡지에서 씩씩한 붓을 휘두르고 있던 천두수[陳獨秀, 1879~1942]와 동경에서 만난 적 있는 왜국 사회주의 손꼽히는 사람인 오스키 사카에[大杉榮, 1885~1923]도 함께하고 있었다.

1921년 모스크바에서 온 운동자금에 얽힌 여러 가지 까닭으로

1075 먹찬말: 목숨을 걸고 하는 말.
1076 소약(小弱): '약소(弱小)'는 왜말임.

리동휘 장군은 고려공산당 상해파를 이끌게 되고 몽양은 이르쿠츠파[伊市派]로 갈라서게 된다. 당 중앙위원회 번역부 위원이 된 몽양이 했던 큰일은 영국 노동당에서 보내오는 바탕을 바탕삼아 「공산당선언」을 옮기는 것이었다. 금릉대학에서 다진 영문학이 큰 힘이 되었는데, 첫 조선어판이었다. 말이 나온 김에 말하지만 몽양은 어학에 천재였다. 영

리동휘.

어·중국어·러시아어·독일어·프랑스어·스페인어와 모국어인 조선어에 잘 쓰지는 않았으나 왜어까지 넣어 여덟 나라 말과 글에 막힘이 없었다.

여운형은 영·중·독·러시아 등 8개 국어를 자유로이 구사하는 어학의 천재이면서도 일본인 앞에서는 일본어로 말하기를 계속 거부하여 '옥음방송'의 날 총독부가 거류 일본인의 신변 보장을 꾀해 '불령선인 제1호'인 여운형을 교섭 상대로 선택했을 때 총독부를 대표하는 엔도[遠藤柳作] 정무총감은 경성 지방법원 판사 백윤화(白允和)를 통역으로 세우지 않을 수 없었다.

- 정경모, 『찢겨진 산하』

뼈 센1077 소론(少論) 양반이였던 할아버지 여규신(呂圭信)한테 배운 한학 또한 사서삼경(四書三經)에 막힘이 없을 만큼은 되었으니, 떠오르는 그림이 있다. 할아버지.

"예전 같으면 호패를 찰 나인듸… 크흐음."

할아버지는 다시 한번 천장이 내려앉을 것 같은 긴 한숨을 뱉고 나서 물러가라는 손짓을 하시었다. 열다섯 살 때였다. 첫 가출이 있은 뒤였다. 놋재떨이가 깨어지라고 장죽을 두드려 대는 소리가 꼭뒤1078를 찔어오고 있었다.

"증조할아버님께서는 그 춘추에 성균진사(成均進士)를 허셨구, 그 나이에 애븨는 스숙1079을 열어 근동 내외 뭉학1080덜을 훈육했더니, 뿐인가. 진서(眞書)루 율1081을 짓구 당음1082을 짚었으며 그것을 다시 또 해행문자1083루 욍겼더니… 애통쿠나. 하날은 그 재조를 투긔허야 일쪽 데려가시구, 무지렁이덜만 남어 시상을 더구나 난세루 맨드는고녀."

등줄기로 식은땀이 흐르면서 입천장에 적1084이 않는 느낌이었다. 어디론가 끌려가신 채로 상긔도 돌아오지 않는 아버지는 요컨

1077 뼈세다: 굳세다. 세다. 드세다. 군세다. 힘세다. 힘차다. 세차다. 힘있다. 힘지다. 억세다. '강경(强硬)'하다는 왜말임.
1078 꼭뒤: ① 뒤통수 한가운데. ② 활 도고지 붙은 뒤.
1079 서숙(書塾): 글방. 서당(書堂).
1080 몽학(蒙學): ① 어린아이들 궁구. ② 몽고 어학.
1081 율(律): 한시체 하나.
1082 당음(唐音): 당시(唐詩)를 뽑아 만든 책 이름.
1083 해행문자(蟹行文字): 영어.
1084 적(積): 뱃덧이 오래되어 뱃속에 덩어리지는 병인 적취(積聚). 적병.

536

대 생이지지1085한 두남재1086였다는 말씀이었다.

열 살 전에 칠서를 떼고 주역(周易)을 위편삼절로 읽는 독역1087을 해서 저 우주 삼라만상 원형이정과 인간사 길흉화복을 두루 알았으며, 유성기판으로 영어를 배워 스스로 지은 한시(漢詩)를 영역했는가 하면, 독궁구로 수리(數理)를 깨쳐 서울 있는 아무여자전문학교에서 수학을 가르쳤고, 붓을 잡으면 글씨는 왕우군(王右軍) 왕희지(王羲之)와 창암(蒼巖) 이삼만(李三晩)이요, 그림은 또 김단원(金檀園) 김홍도(金弘道)에 최칠칠(崔七七) 최북(崔北)인데, 잡기 또한 수일(秀逸)해서 돌을 잡은 지 석 달 만에 군기(郡棋)한테서 백돌을 넘겨받았고, 대나무를 꺾어 입에 대면 구만리 장천에 기러기가 춤을 췄고….

그런데 이 중생은 아무것도 아닌 것이었다. 날탕1088이었다. 건깡깡이1089었다. 구덕새1090였다. 겁구더기1091였다. 둔패기1092였다. 아아 빙충바리1093였다.

"일쇵삼백(日誦三百)이었더니라."

하루에 3백자를 외웠으니, 사흘에 책 한 권을 떼었다는 것이었다. 아버지였다. 일송삼백 소리에 숨이 막히는데, 그만큼으로는 두남재 축에도 들 수 없다고 하였다. 고리와 삼국 그리고 그

1085 생이지지(生而知之): 배우지 아니하여도 스스로 통해서 앎.
1086 두남재(斗南才): 천하에 으뜸가는 재주.
1087 독역(讀易): 주역을 읽어 마친 것.
1088 날탕: 큰소리를 치지만, 아무것도 없는 사람.
1089 건깡깡이: 속에 든 것이 없는 사람.
1090 구덕새: 안달뱅이. ① 걸핏하면 안달하는 사람. ② 소견머리 좁고 인색한 사람.
1091 겁구더기: 겁이 많은 사람. 겁쟁이.
1092 둔패기: 아둔한 사람.
1093 빙충바리: 빙충맞은(똑똑하지 못하고 어리석으며 수줍기만 한) 사람. 빙충이.

앞 삼한시대는 알 수 없지만, 조선 왕조 5백년을 빛냈던 3천재가 있었다고 하시었다. 죽도(竹島)와 화담(花潭)과 다산(茶山)이라는 것이었다. 일송1천하던 정약용(丁若鏞)이고, 일송2천하던 서경덕(徐敬德)이며, 일송3천하던 정여립(鄭汝立)이었다고 하며 파리똥이 데뎅이1094 진 보꾹1095을 올려다보시는 할아버지 눈가에 어리던 보슬이1096였다.

"일쉥삼백만 허더래두 호서 일원서는 쪼처올 사람이 읎었건만…."

1094 더뎅이: 부스럼딱지나 때 같은 것이 덧 붙어서 된 조각.
1095 보꾹: 방이나 마루 천장을 편편하게 만들어 놓은 차림. 천장(天障).
1096 보슬이: 보슬비. 또는 보슬비처럼 눈자위에 보오얗게 어리는 눈물.

'미스터 코리아' 여운형

　제국주의 힘센 나라들이 싸워 뺏은 것 나눠먹기로 피눈이 되었던 파리 강화회의에 절망한 몽양이 희망을 걸었던 것이 '원동피압박민족대회'였다. 이르쿠츠크에서 모스크바로 옮겨진 대회장이었는데, 몽양이 남긴 글이 있다. 「고비사막」이라는 기행문이다.

　지금까지 인상에 깊은 것은 1921년 11월 하순경에 고비사막에서 10일간이나 야숙(野宿)을 하며 그 사막을 지나던 기억입니다. 고비사막이라고 하면 누구든지 잘 아시겠지만, 그 광막무제(廣漠無際)한 사막을 지나는데 밤이면 양가죽을 뒤집어쓰고 터벅터벅 걸어도 가고 누워 자기도 하던 기억입니다. 고비사막은 북부아세아의 일부요, 더욱이 때가 11월 하순이라 영하 30도나 되어 춥기도 여간이 아니지만, 밤이면 푸른 별들이 누구를 부르는 듯 그 아래에 나 홀로 누워 있는 듯 쓸쓸한 사막의 밤은 가장 즐겁고도 유쾌합니다. 내가 시인이 되었던들 그 웅대한 사막의 밤을 한 번 노래해 보았을 것입니다. 낮이면 약대로 사막을 지나가고 밤이면 양가죽을 쓰고 그날 그날을 지나던 그때 생활은 그야말로 영원의 표랑객과 같아서 퍽이나 유쾌하더군요. 나는 그때 고비사막을 지나서 시베리아로 들어갔는데 먹고 입을 것이 없어서 기근에 허덕이는 그때 노인(露人)들은 참담하기 짝이 없었습니다. 그러나 자기네의 건설을 위하여 꾸준히 노력하는 그네들도 볼 수 있었습니다.

여운형·김규식(金奎植)·라용균(羅容均)·김시현(金始顯) 등 조선 대표 30여 명, 중국 대표 40여 명, 일본 대표 15명, 몽고 대표 10명, 자바 대표 1명 그리고 인도와 베트남에서 온 대표들 200여 명이 모인 크레믈린궁이었다. 일본은 피압박민족이 아니라는 일본대표 다른 생각에 따라 '원동민족노동자대회'로 바뀐 회의 이름이었다.

소련 대표 지노비예프, 중국 대표 장국우(張國愚), 인도 대표 로이, 조선 대표 여운형·김규식이 5인 의장단으로 뽑혔다. 개회사는 김규식 박사가 막힘없는 영어로 했는데, 몽양이 모스크바 역전에서 했던 답사와 함께 조선 대표들 어깨를 으쓱하게 하였다. 몽양은 레닌·트로츠키와 뜻을 맞추며 조선 독립운동을 도와달라고 졸랐다. 상해로 돌아온 몽양은 '7인단사건'이나 '4인조사건'이니 하는 테러를 당한 일이 있는데, 리만규(李萬珪, 1882~1978)가 쓴 『여운형투쟁사』를 보자.

혁명가한테 테러는 향화(香花)의 해접(害蝶)이다. 진액을 빨아먹고 해충의 알을 슬어 꽃을 말리고 죽이는 것이 해접이다. 테러가 혁명가를 해하고 죽이는 일이 많다. 혁명가한테 테러는 흔히 따르는 것이다. 혁명가는 목숨을 잃을 각오를 가져야 하고 동시에 될 수 있는 대로 테러를 피하여야 한다. 나비가 앉은 꽃에 시경(詩景)이 높아지는 것 같이 테러가 따르는 혁명가한테 인망이 높아지는 경우가 많다. 진정한 혁명가는 테러가 박해하려 할수록 뜻이 더 굳세어지고 계획이 더 주밀하여지는 것이다.

그때에 조선독립을 위해서 애쓰는 두럭1097이 있었으니, 서북파(西北派)와 기호파(畿湖派)였다. 평안도와 황해도 그러니까 북방사람들 한허리1098로 짜여진 '흥사단(興士團)' 목대잡이1099는 로스안젤레스에 있던 안창호(安昌浩, 1878~1938)였고, 남방인을 한허리로 한 하와이와 미국땅에서 목대잡던 이는 리승만(李承晩, 1875~1965)이었다. 이 두 파 입김1100은 임시정부 안과 국내에도 미치고 있었으니, 미국으로 유학을 가거나 미국에 사는 이들 거의가 두 파 가운데 하나에 들게 마련이었다. 몽양은 경기도사람이면서도 엄장1101 거쿨진1102 북방인들과 잘 어울리게 되어 기호인들한테 서북파로 몰리게 되었다. 뒷날 법정에 선 몽양한테 검사가 해내(海內)·해외(海外)에서 가장 가까운 사람 2명씩을 들라고 했을 때 국내는 리만규·홍명희(洪命憙), 해외는 안창호·김규식이었다. 『여운형투쟁사』에서 리광

1097 두럭: 모임. 떼. 무리. 동아리. 한통속. 무더기. '집단(集團)'은 왜말임.
1098 한허리: 한가운데. 가운데. 복판. 사북. 줏대. 고갱이. 뼈대. 안. 속마음. 알맹이. 알속. 알짜. 사자어금니. 범어금니. 노른자. 한바닥. 중심(中心). '중앙(中央)'은 왜말임.
1099 목대잡이: 여러 사람을 도맡아 거느리고 일을 시키는 이.
1100 입김: 힘. 그늘. 손길. '영향(影響)'은 왜말임.
1101 엄장(嚴壯): 풍채 있게 큰 허위대.
1102 거쿨지다: 우람스럽다.

수(李光洙, 1892~1950)가 한 말이다.

조선의 지도자로는 북에는 안도산 선생이요, 남에는 여 선생이다. 두 분이 친하니 좋은 일이다. 주밀한 설계와 조직력으로 단체를 결속하여 부하를 영도하는 두뇌를 쓰는 데는 몽양이 도산만 못하고, 마른 나무에 꽃이 피고 한천에 비가 오게 하며 청년과 대중을 일으키는 데는 안(安)이 여(呂)만 못하다. 두 분이 협력하면 조선의 장래는 잘될 것이다.

리기형(李基炯, 1917~2013)이 쓴 『몽양 여운형』에 「원동피압박민족대회」 뒤 여운형 이야기가 나온다.

1924, 5년 이후로 임시정부는 무력하여지고 별로 활동할 일이 없게 되었다. 그때에 몽양은 중국혁명이 곧 조선해방이라는 소신을 가지고 중국의 혁명운동에 적극적으로 협력하였다.

당시 손중산(孫中山)은 남방혁명을 위하여 연로용공(聯露容共) 정책을 쓰기 시작했다. 몽양은 소련사람 카라한한테 "장작림(張作霖)은 일본과 결탁하려 하고 오패부(吳佩孚)는 완미하고 풍옥상(馮玉祥)이 공산당과 합세할 심산이 있는 듯하니 그와 제휴하고 중국 공산당은 국민당과 악수케 하고 소련은 이들에게 무기를 주어야 한다."고 하였다. 구추백은 몽양더러 "그대를 중국공산당 당원으로 대우하겠노라."하며 원조를 청하는 것이었다.

(…) 몽양은 중국공산당원의 대우를 받으면서도 중국국민당원의

원동민족노동자대회(극동피압박민족대회) 의장단 모습.

한 사람이었다. 따라서 공산당원이나 국민당원에게 다같이 환대를 받았다. 이는 중국인 자체가 자국의 혁명을 위하여 각파가 유능한 인물을 흡수하려 했기 때문이며, 몽양 자신도 국민당이나 공산당이 제국주의 외래 침략세력을 몰아내는 데 그 이념을 같이하고 있다고 보았기 때문이다. 이는 곧 조선에서 일본 제국주의 침략세력을 쫓아내는 것과 끊을 수 없는 깊은 연관을 가지고 있는 것은 두말할 것도 없다. 이리하여 몽양은 왕정위(王精衛)와 친교를 맺었고, 모택동(毛澤東)·장개석(蔣介石)과도 알게 되었다.

장개석에 대해서는 사석에서나 지면을 통해 "장개석은 가식인(假飾人)이며 위선자로서 중국을 통치할 인물이 못된다."고 평한 바 있다.

1929년 7월 상해 요동(遼東) 운동장에서 왜경에 붙잡혀 조선으로 끌려왔다. 서울 지방병원에서 3년 징역형을 받아 1932년 7월 26일까지 대전 감옥에 갇혀 있었다.

　"큰 인물이었지요. 아까운 분이었고, 누가 뭐래도 몽양은 민족주의자입니다."

　1983년 80살이 된 원로 언론인 김을한(金乙漢)이 한 말이다. 1960년 신태양사에서 나온 『여기 참사람이 있다』에서 1929년 조선일보 기자로 조선총독부를 드나들던 김을한 기자가 쓴 글이다.

　몽양의 성격은 대담 호협하고 너그러워서 누구에게든지 좋은 인상을 주었으며 용모로나 체격으로나 어디에 내놓더라도 부끄럽지 않은 남자다운 남자였다. 따라서 나는 그를 대할 때마다 여기 '미스터 코리아'가 있다고 생각하였다. 하루는 몽양과 어깨를 나란히 하여 동경에서 제일 번화하다는 은좌거리를 산보하는데 지나가는 사람마다 놀라고 감탄하는 표정으로 이편을 돌아다 보아서 나까지 어깨가 으쓱해졌다. 일본에도 남자는 많지만 몽양만큼 잘생긴 사람은 처음 보기 때문이었으며 나도 아는 사람은 어지간히 많지만 그같이 준수한 인물은 아직까지 보지 못했다는 것을 단언할 수가 있다.

　제3대 조선총독 우가키[宇垣一成]가 '고문이 되어 달라'며 충청도에 있는 백 석짜리 국유토지와 옆에 있는 백 석짜리 개간지를 주겠다는 것을 자빡놓은[1103] 몽양이 <중앙일보> 사장이 된 것은 1933년 3월 16일이었다. <중앙일보>를 <조선중앙일보>로 바꾼 몽양은 소설가 리태준(李泰俊)·조각가 김복진(金復鎭)·동시인 윤석중(尹石重)·독립운동가 고경흠(高敬欽)·소설가 김남천(金南天)·시인 노천명(盧天命)·화가 리승만(李承萬)·시인 박팔양(朴八陽)으로 편집국을 짰고, 리관구(李寬求)·김동성(金東成)·홍기문(洪起文)한테 사설을 맡기었다. 몽양을 사장으로 모셔온 사람은 주필 리관구·편집국장 김동성·영업국장 홍증식(洪增植)·출자주 최선익(崔善益)·윤희중(尹希重) 5명이었다.

"그 카이젤 수염에 준수한 풍채, 몽양 선생은 언제나 싱싱했지요. 운동 좋아하구 연설 잘하구…."

리기형이 전하는 성재(誠齋) 리관구(1898~1991) 되돌아봄이다.

"사장 시절도 반물빛[1104] 레인코트를 즐겨 입으셨던가요?"

"그럼요. 밴드를 질끈 매고, 한번 나서면 종로바닥이 훤했지."

이철경(李喆卿, 1914~1989) 여사 회고담이 생각났다. 당시 이화여전 음악과 3학년생이던 이철경 학생은 여름방학 어느 날 몽양을 따라 종로를 걸은 일이 있었다. 아담한 고전적 미모에 흰 모시적삼에다 반물빛치마를 입은 산뜻한 차림이었다.

몽양은 베이지색 레인코트에 연한 청색 헬맷을 약간 재껴 쓰고 스틱을 들고 걸었다. 풍채며 용모가 그렇게도 뛰어날 수가 없었다.

"사람들이 자꾸만 쳐다보잖아요. 참 멋지고 차밍했던 모양이

1103 자빡놓다: 못박아 딱지놓다.
1104 반물(빛): 짙은 검은빛을 띤 남(藍)빛. 쪽빛.

죠. 덕택에 나마저 어깨가 우쭐해지더라니까요."

성재 선생은 몽양이 즐기지 않는 운동이 없고 관여하지 않은 운동이 없었다고 전하며, "그 멋장이 사장의 사자후도 옛말이 되고…. 참 아까운 분이었어." 한다.

<조선중앙일보> 본사는 수위에서부터 직공·기자·부장에 이르기까지 독립운동 동지들을 발탁해 앉혔다. 운동선수도 많았다. 연희전문을 졸업한 축구선수 이영선과 정용수 그리고 권투에서 동양의 왕자 김창영은 대표적인 예다. 각 지국의 인사도 마찬가지였다. 채용한 사람들 중에는 정치범·전과자가 본사에만도 20명 이상이나 되었다. 그러므로 당국의 감시와 탄압은 심할 수밖에 없었다.

1933년 5월이었다. 연희전문학교 3학년이던 농구선수 리성구(李性求, 1911~2002)는 학교에서 아현동 쪽을 향해 속칭 아리랑고개로 불리우는 금화산 고개를 오르고 있었다. 고개 마루턱에 거의 오를 무렵 저쪽에서 올라오는 한 이색적인 광경에 멈칫 섰다. 웬 멋장이 중년 신사가 시골 부엌데기 아줌마 비슷한 여자와 함께 나란히 올라오는데 점심 보자기 같은 것을 단장에 꿰어서 끝과 끝을 맞잡고 휘휘 저으며 걸어오는 것이 아닌가.

한번 만나 뵈었으면 하고 마음속으로 늘 그리던 '여 선생'을 이런 뜻하지 않은 장소에서 뵐 줄은 꿈에도 몰랐다. 선생은 반물빛 상의에 잿빛 양복바지를 입고 청년모(요새 등산모 비슷한 것)를 쓰고 있었다.

546

"(…) 지금(1983년)으로부터 50년 전 그때에 남녀가 그렇게 산놀이를 나선다는 것은 거의 찾아볼 수 없었지요. 더우기 한쪽은 그 풍채, 그 얼굴이 최고의 멋장이인데 반해 다른 한쪽은 서울 중류가정의 식모라고밖에 볼 수 없는 모습이니 정말 이색적이고 놀랐지요."

부인 진씨는 충남 대전 태생으로 몽양이 17세 때 상처한 후, 19세 때 재취해 얻은 분이다. 몽양이 조선에 있을 때는 구국운동과 독립운동을 하느라 서울로 들락날락하는 바람에 하루도 다정하게 지낼 날이 없었고 상해 망명시절에는 그 많은 망명 식객에 밥을 지어 대며 뒷바라지를 하랴, 아이들을 키우랴, 정말 눈코 뜰새 없는 나날이었다. 남편의 옥중 3년간 진씨의 그 험한 세월의 생활고투야 어찌 필설로 다하리오. 몽양은 오늘 하루만이라도 반평생 고생만 시킨 부인을 위로해 주고 싶어 그 귀여워하는 아이들마저 떼어 놓고 나선 나들이길이 아니었던가 추측이 된다.

역시 1933년 어느 일요일이었다. 몽양은 이만규 등 세 명과 함께 참으로 오래간만에 고향 묘꼴 앞 남한강에 뱃놀이를 갔다. 소년 시절 망국의 울분을 못참아 발을 구르고 달에 주먹질하던 바로 그 백사장을 다시 밟는 몽양의 감회는 컸다. 이야기에 꽃을 피우며 한참 놀던 중 누군가가 잘못해서 배가 그만 뒤집혔다. 몽양은 날쌔게 이만규를 끌어내 모래밭에 밀어붙이고 다시 헤엄쳐 들어가 다른 사람을 끼고 나왔다. 다행히 사고현장은 물가에서 그리 멀지 않았고 물살도 세지 않았다. 몽양은 순식간에 세 사람을 다 구출해 냈다. 그는 마치 물에 빠진 호랑이 넋이 되살아난 사람처

럼 날렵하고 매서웠다. 젊은날 바로 이 강에서 익혀 둔 수영 솜씨
가 남김없이 발휘되었던 것이다. 만일 몽양이 없었더라면 돌이킬
수 없는 참사가 빚어졌을지도 모를 아찔했던 날이었다.

그 후 몽양은 이만규 집에 들렀을 때 "그날 자네 아버지가 만에
하나라도 잘못되었더라면 내 무슨 면목으로 이렇게 찾아올 수 있
겠는가?"고 새삼 안도의 숨을 내쉬더라고 금란여고 교장을 역임
한 이철경은 50년 전 그날의 회상에 잠기는 것이었다.

몽양은 우리나라 역대 인물 중에서 문무를 겸한 이순신 장군을
가장 좋아했다. 1935년 봄에 현직 신문사 사장이라는 이점을 가
지고 그 누구도 감히 선뜻 손을 댈 수 없었던 그 무렵 이충무공 묘
역정화에 나섰다. 황폐한 산소 토역을 말끔히 마치고 나무를 심고
이각경(李珏卿, 1897~? 리만규 선생 맏따님) 글씨로 된 장군 송덕비를 세워 장
군 위업을 기리고 후손들을 위로하였다.

待望의 制霸完成

半島山河歡聲漲溢

永遠히 記念할 孫君의 壯擧

朝鮮靑年의 意氣衝天

中歐의 蒼天에 聳立하는 孫君의 銅像

半島男兒의 意氣의 象徵

조선중앙일보 1936년 8월 11일 1면에 대문짝만 하게 실린 기사
이름이었다. 2시간 29분 19초 2라는 올림픽대회 신기록으로 우승

하였다는 손기정(孫基禎, 1912~2002) 선수 가슴에는 아무것도 없었다. 일장기(日章旗)가 흐리마리하게1105 지워져 있었던 것이다. 남승룡(南昇龍, 1912~2003) 선수가 2시간 31분 42초 2로 3위를 하였다는 기사도 달려 있었다. 『몽양 여운형』에 나오는 대문이다.

신문은 정간되고 사장·주필·편집국장·사진기자·체육기자 등 많은 관계자들이 당국에 불려가고 혹은 구금되었다. 결국 사장을 성원경·이범익·고원훈 세 사람 중 한 사람으로 바꾸면 속간시키겠다는 총독부 당국의 통고가 왔다. 그러나 주주들은 "이는 종래에 지켜온 사시에 어긋나는 일이므로 차라리 옥쇄주의를 택해 회사를 해산한다"는 폐간을 선언하였다.

「마라톤의 制霸, 孫南兩君의 偉功」이라는 사설 어섯1106이다.

마라톤의 霸權이 끝끝내 朝鮮이 낳은 靑年의 手中에 把持되었다는 消息이 한번 朝鮮에 傳해지자마자 새벽하늘에 울리는 鐘소리와 같이 朝鮮民族의 귀를 쳤다. 이리하여 너무도 오랜 동안 勝利의 榮譽와는 緣分이 멀어졌던 朝鮮人民이 最初의 茫然한 驚愕에서 지금은 疑心없이 勝利의 旗가 우리들에게 돌아온 것을 確信할 때, 이 偉大한 歡喜의 暴風은 寂寞한 三千里江山을 氾濫하고 震撼시킴에 充分하였다.(철자와 띄어쓰기만 고침)

1105 흐리마리하다: 그것이 무엇인지 뚜렷하지 않고 희미하다.
1106 어섯: 몬 한켠에 지나지 않는 만큼.

여기서 한 가지 밝혀둘 것이 있으니. <조선중앙일보>라는 신문 이름이다. 개성(個性), 곧 제빛내기를 좋아하는 신문 이름으로는 무언가 길고 거렁맞지 않은가. 한마디로 딱떨어지는 이름이 아닌 것이다.

여기에는 까닭이 있으니, 왜제이다. 왜제가 쓴 식민지배전략인 '문화통치' 때문이다. 사람들은 손쉽게 3·1 운동 뒤인 1920년부터 벌어진 왜제통치를 그 앞서 벌어졌던 이른바 '무단통치'와 빗대어 '문화통치'라 부른다. 그런데 이 '문화'라는 말은 양말 컬쳐 'culture'가 아니다. 똑바르게 말해서 '문치교화(文治敎化)' 줄임말인 것이다. '문치교화'라는 것은 조선인을 무력이 아닌 문(文), 곧 교육과 선전을 통해 머릿속을 바꿔 왜노로 만들자는 고도의 식민지배전략이었던 것이다. 사람들은 이른바 '문화통치'라면 1920년대 첫 때 왜국에서 일어난 이른바 '다이쇼데모크라시' 때 있었던 '문화운동' 입김을 받은 것으로 알고 있는데, 그것과는 아무런 이음고리가 없었다는 말이다. 한마디로 왜노들 능갈맞은 식민지배전략이었다는 말이다.

3·1 운동에 놀란 왜제가 문화통치, 아니 '문치교화'라는 능갈맞은 꾐수로 3개 민간신문을 만들게 하였으니, <조선일보>와 <동아일보>와 <시사신문>이었다. 그런데 <시사신문>이 이듬해 달으면서 1924년 첫 번치를 낸 것이 <시대일보>였다. 그러나 꾸려나가기가 어려워져 1926년 <중외일보>라는 이름으로 태어나 조선·동아와 함께 3대 민간지가 된다. 이 <중외일보>가 <중앙일보>로 이름 바꾼 것이 1931년이다.

일장기를 지운 손기정 사진을 맨 처음 보도한 1936년 8월 13일치 <조선중앙일보>(왼쪽). <동아일보>(오른쪽)는 이보다 열이틀 뒤인 1936년 8월 25일에 실었다.

1933년 4월 48살 여운형이 사장이 되면서 맨 처음 했던 일이 신문 이름을 바꾸는 것이었다. 중국에 같은 이름 신문이 있는데다가 무엇보다도 먼저 조선 얼을 불어 넣겠다는 다짐에서 '조선'을 덧붙였으니, <조선중앙일보>가 된 까닭이다.

1936년 8월 13일치에 일장기를 지운 손기정 선수 사진으로 <조선중앙일보>는 문을 닫았으나, 그 열이틀 뒤인 1936년 8월 25일치에 <조선중앙일보>를 본따 일장기를 지운 손기정 사진 실었다가 정간당한 <동아일보>는 복간되었다. 그런데도 사람들은 <조선중앙일보>는 모르고 <동아일보>만 안다. 남조선 역사에서 몽양 여운형이라는 민족사 큰별을 지워 버렸기 때문이라는 것을 사람들은 모른다.

"란구야, 갈아입을 옷 마련해 놓거라"

1946년 2월 12일 미군정 사령관 하지 중장 정치고문 굿펠로우가 의장 리승만 부의장 김구·김규식으로 미군정 앞잡이 정치 동아리인 '남조선 국민대표 민주의원'을 세웠고, 김규식이 떨어져 나와 '남조선 과도 입법의원'을 세운 사흘 뒤인, 1946년 2월 15일이었다. 우파를 뺀 중도와 좌익 쪽 정당·사회단체 29개가 한데 뭉쳐 정치 동아리를 얽어 냈으니, <민주주의민족전선>이었다. 몽양은 박헌영(朴憲永)·김원봉(金元鳳)·허헌(許憲)·백남운(白南雲)과 함께 5인 의장단 한 사람이 되었다.

해방되던 해인 1945년 12월 22일 모스크바에서 제2차 세계 대전 전승국인 미국·소련·영국 외상이 모여 조선을 미·소·영·중 네 나라가 최고 5년간 신탁통치를 한다는 것이 알려졌다. 좌익은 찬탁, 우익은 반탁으로 나뉘어 아수라장이 되었을 때 여운형이 조선인민당 선전국장 김오성(金午星, 1908~?)한테 한 말이다.

김국장, 자라 보고 놀란 가슴 솥뚜껑 보고도 놀란다는 속담이 생각나는구면. 신탁통치라는 글자에 얽매어서 왜제 식민지 쓰라림과 관련시켜서는 안되오. 결정 자체의 정신을 봐야 하거든. 침소봉대도 유만부득이지, 우리 조선 사람 심정 같아서야 지금 당장 독립정부를 세우고 싶소. 허나 정치세계는 냉혹한 현실이오. 미·영·소 세 나라는 왜제를 격파했단 말이오. 그 3국이 우리가 어려서 걸음마를 시켜 주겠다는데 싫다니 웬말이오. 고마우면 고마웠지. 이번 3상회의 결정을 반대하는 것은 논리상으로 따지면 임시정부를 세우지 않겠다는 말과 다름이 없지 않소? 원색적인 감정은 눌러 두고 냉철해야지. 임시정부 수립에 천재일우의 좋은 기회요. 우리는 이 기회를 놓쳐서는 안 되오.

옛살라비 사람들이 차려 주는 회갑잔치를 마치고 서울로 돌아왔을 때였다. 1946년 6월. 덕수궁에서 몽양을 만난 크리스찬 사이언스 모니터·뉴욕타임스·AP·UP 통신사 등 미국 기자 4명이 물었다.

기자: 사람들이 당신을 공산주의자라고 하는데 본인 소감은?
몽양: 당신들은 중국 손문을 아는가?
기자: 안다.
몽양: 손문이 공산주의자인가?
기자: 아니다.
몽양: 그렇다면 문제는 간단하다. 손문은 당시 외래 침략세력에 짓

밝혀 있는 중국을 구제하기 위해서는 부득불 연로용공(連露容共) 정책을 쓰지 않으면 안되었다. 우리 조선은 현재 두 사람 외국 손님이 안방과 사랑방을 각각 차지하고 있다. 그들은 두말할 것도 없이 우리의 해방자요, 은인인 것이다. 미국을 끼고 소련은 나쁘다, 소련을 끼고 미국은 나쁘다고 말한다면 되겠는가? 고마운 두 손님을 잘 모시다가 하루바삐 두 손님은 모셔 보내고 우리 손으로 우리 살림을 꾸려 나가야 한다. 내가 소련에 대해서 말하면 미국을 좋아하는 사람들은 나를 공산주의자라고 말하고, 내가 미국 사람과 말했다 하면 소련을 좋아하는 사람들은 친미주의자니 우익이니 말한다. 우리는 두 손님의 좋은 의견을 적절히 받아들여 오천 년 면면히 이어내려 온 아름다운 강산에 이상적인 신생국가를 건설하는 것이 급선무다.

몽양이 기자회견을 할 때 황진남과 같이 곁에 있었던 <해방통신사> 사장 김진기(金鎭琪)가 뒷날 한 말이다.

"네 기자는 몽양 답변을 들을 적마다 위대한 민주주의자라는 찬사를 아끼지 않았다. 그들은 여 선생의 명쾌한 대답으로 조선 사정을 정확하게 알게 됐다면서 여간 기뻐들 하지 않았다. 그들이 본국에 돌아가 쓴 기사 제목이다. 「조선의 위대한 민주주의자」, 「조선의 진보적 실력자」"

몽양이 평양에 다녀온 것은 '공식적으로' 두 차례였다. 1946년

4월과 9월. 그러나 '비공식적으로'는 몇 차례 더 다녀왔던 것으로 보이니, 불세출(不世出)의 민주주의자 몽양 여운형 선생한테는 어떤 지레느낌 같은 것이 들었던 것일까? 만 년 넘게 이어져 내려온 배달겨레가 가웃[1107]으로 찢어져 서로 총질할 듯한 지레짐작 말이다. 몽양이 서둘러 평양으로 올라갔던 것은 청년장군이 채잡는[1108] 북조선림시인민위원회에서 단군 이래 처음, 아니 신돈(辛旽) 다음 처음으로 토지개혁을 해 마친 다음인 4월 첫 때였다. 평양을 다녀온 다음이면 조선중앙일보 사장을 그만두었을 때 회사에서 사드린 계동댁에 모인 사람들이 바라보는 몽양 입에서 나오는 것은 한숨 소리 밖에 없었다고 한다. 이마에 깊은 골을 파면서 한숨만 뿜어 대는 입에서는 사람들이 그렇게 듣고 싶어하는 '청년장군'에 대해서는 구린입도 떼지 않았다고 한다. 1972년 4월 13일치 <동아일보>에 실린 「남북의 대화」에 나오는 두 사람 증언이다.

김단야(金丹冶)가 있었으면 이렇지는 않을 텐데

이연필(李衍弼) 씨(53, 현 내외문제연구소장 예비역 준장): 몽양 선생은 1946년 4월 19일부터 25일까지 평양을 방문하였는데 그때 제가 북에서 그를 안내하였읍니다. 몽양 선생이 평양에 갔던 것은 이미 미·소 양국에 의해 갈라진 한반도를 어떻게 하면 통일시킬 수 있을까 하는 것과 김일성이가 어떤 자며 소련군정의 정책은 무엇인가를 알아

1107 가웃: 반. 절반(折半).
1108 채잡다: 어떤 일을 하는 데 주장이 되어 그 일을 다루다.

보기 위한 것이었읍니다. 4월 20일쯤이었지요. 저는 신막에서부터 몽양 선생을 안내했는데 몽양 선생은 일제 트럭을 타고 하루종일 달려 오후 늦게 평양에 닿았읍니다. 도착 즉시 저는 몽양 선생을 고려호텔로 모시려 했으나 당간부들이 쓰는 4호집으로 모시라고 해서 그곳에 모셨읍니다. 온통 먼지를 뒤집어쓴 몽양 선생이 세수를 하려고 수도로 나가니 세숫대야도 없고 수건도 없어 몽양 선생은 불쾌하게 생각하시더군요. 또 안내된 방도 다다미방으로 먼지가 뿌옇게 쌓여있었고요. 처음부터 몽양 선생은 김일성과 김의 관저에서 만났는데 저는 물론 참석지 못하였고, 그 이튿날 몽양 선생에게 회담내용에 대해 여쭈어 보았더니 몽양 선생은 '김단야(金丹冶)가 있었으면 이렇지는 않을 텐데…'라고 말씀하셨읍니다. 김일성과는 얘기가 안된다는 뜻이었지요. 몽양 선생은 조만식 선생과 무정(武亭)을 만나려 했으나 못 만나고 아무 소득도 없이 그대로 귀경하셨지요. 결국 서울로 온 후 아무 발표가 없었지 않았읍니까. 여운형 선생은 남에서 하나가 되고 북에서 하나가 되어 남북이 합치면 통일정부가 이루어지리라 생각했으나, 김일성이나 공산당은 그렇게 생각지 않았던 것이지요.

홍순태(洪淳泰)씨(71, 몽양 운전기사): 저는 몽양 선생을 46년 4월과 9월 두 차례에 걸쳐 38선까지 모셔다 드렸읍니다. 몽양 선생은 처음은 서대문, 문산, 개성, 배천을 거쳐 평양을 방문한 뒤 일동, 포천을 돌아 귀경했으며 두 번째 갈 때는 처음과 반대 코스를 거쳐 평양을 다녀오셨던 것으로 기억합니다. 몽양 선생은 스튜드 베카라는 미제 승용차를 타고 38선까지 가셨는데, 처음에는 혼자 가셨으며 두 번째는 1, 2명의 수행원을 동행하였던 것으로 기억합니다. 처음 다녀오셔서는 별 말씀이 없으셨습니다. 그런데 두번째인 9월 하순에는 처음 가실 때보다 상당히 조심을 하셨습니다. 왜냐하면 이때는 이미 미군정이 5월 23일 38선 월경을 금지시킨 후였고, 또 남한 당국이 좌익간부 검거선풍으로 어수선해졌기 때문이었습니다. 그때의 몽양 선생은 늘 기르고 다니시던 콧수염도 전부 깎고 옷도 농군바지 저고리를 입고 밀짚모자를 쓴 뒤 운동화까지 신고 떠났습니다. 몽양 선생은 떠나는 날 아침 10시경 명륜동 정무묵 씨 집으로 저를 오라고 하시더군요. 그래서 아침 제 시간에 차를 갔다 댔더니 선생 이하 이영선(연전 축구선수, 월북) 등 2명의 비서들이 함께 타고 일동을 향해 떠났습니다. 일동에 닿자 몽양 선생은 이영선을 데리고 북쪽 다리를 건너 산으로 올라가셨습니다. 몽양 선생은 산을 오르기 전 1주일 뒤 배천에 차를 갖다 대라고 말씀하시더군요. 그래서 저는 1주일 후 배천 못 미쳐 느티나무 있는 곳에 차를 갖다 대었더니 오후 1시경 산에서 가실 때 입었던 복장 그대로 걸어내려 오시더군요. 우리는 곧 명륜동 정무묵 씨 집으로 돌아와서 몽양 선생으로부터 이북에 다녀온 얘기를 들었지요. 이때 몽양 선생은 우리에게 좌우합작이나 3당 통합 등 정치적인 얘기는 않고 주로 비정치적인 얘기를 하시더군요. 몽양 선생은 자기가 김일성을 만났더니 김일성은 내가 아는 것이 무엇이 있겠느냐면서 통일이 되면 국방부장관이나 시켜달라고 말하더라더군요. 그리고 북에서는 벌써부터 군대훈련이 엄격하게 실시되어 아랫바지에 모래주머니를 달고 훈련 중이며 또 만주에서 온 장교들은 서울 종로거리를 걷고 싶다고 말하더라고 몽양 선생은 전하더군요. 결국 이때 김일성으로부터 좌우합작이나 3당통합에 대한 협조를 얻지 못했던 것 같았습니다. 물론 중요한 문제이니 우리에게까지 말할 수는 없었겠지만 제가 받은 인상이 그랬습니다.

1946년 11월 24일 조선인민당·남조선신민당·조선공산당 3당이 박헌영 조선공산당을 한허리로 하는 <남조선노동당>이 짜여졌을 때 한 인사말이다.

나는 여러분과 같은 배를 타고 출범하지 못하는 것을 유감으로 생각한다. 그러나 이것은 여러분과 이별을 의미하는 것은 아니다. 왜냐하면 지금 여러분과 같은 배를 타지 않고 남아 있는 사람들이 있기 때문이다. 나는 그 사람들도 배에 태워 여러분 뒤를 따라가려고 하고 있다. 내 마음은 항상 여러분과 같이 있다는 것을 이 마당에서 다시 한번 명백히 하며 여러분의 새출발을 축하한다.

1947년 2월 하순 어느날 계동 집으로 찾아온 홍승만(洪承萬)·오승근(吳承根) 두 소장 변호사가 '삼당합당과 정국 앞날'에 대해서 궁금해 했을 때, 몽양이 한 말이다.

공산당 사람들이 정치를 몰라서 탈이다. 미군정과 정면대결을 하려고 드니⋯ 미국은 막대한 금액과 인명이 피해를 입고 2차대전을 승리로 종결시켰다. 남조선에 진주한 미군이 그렇게 호락호락 물러갈 사람들이 아니다. 미국은 조선을 포기하고 38선 이남마저 소련세력권에 넘겨주지 않는다. 현재 공산당은 실력으로 미군을 몰아내려고 꿈꾸고 있다. 따라서 새로된 남로당 책임을 맡으라는 것을 거절했다. 현재 우리가 나아갈 길은 민족적 민주주의 복지국가 건설이지 독재국가나 공산국가는 아니다. 현재 상태로 나간다면 통일정부 수립의 길은 험난하다. 해방된 오늘날 다시 남북으로 나뉜다면 어떻게 되겠는가. 미소공위를 성공시켜 통일적 임시정부를 기필코 수립해야 한다.

서울 주재 미국공사 랭던한테서 장거리 전화가 걸려온 것은 1947년 3월 첫 때쯤이었다. 대구 달성공원에서 제1차 강연회를 마쳤을 때였다. 인도에서 열리는 국제회의에 몽양을 조선대표단 단장으로 밀었다는 것이었다.

서울로 올라온 몽양을 맞은 것은 '몽양 인도행 절대반대!'였다. 좌우익이 다 똑같았다. 우익에서 반대하는 까닭은 국제회의를 통해 더욱 높아질 몽양 자리높이에 대한 시새움이었다. 좌익에서 반대하는 것은 미군정 가리킴바늘1109을 좇을 수 없다는 명분론이었다. 더구나 위원장으로 모셔 준 근로인민당까지 반대하는 데는 어쩔 수가 없었다. 많은 사람들 뜻을 따라가겠다는 '민주주의자 여운형'으로서는 뜻을 접을 수밖에 없었다.

1109 가리킴바늘: 길잡이. 잡이. 바늘. '지침(指針)'은 왜말임.

'근로勤勞'와 '노동勞動'은 다르다

여기서 잠깐, 몽양이 당수를 말았던 <근로인민당>에 대해서 생각해 본다. 이데올로기 또는 사상철학적인 곁꼴을 말하자는 것이 아니라, 당 이름 말이다.

<근로인민당>이라고 할 때 '근로'는 부지런히 일하는 것을 말한다. 고런데 이 '부지런히 일한다'는 말에는 부려쓰는 사람, 다시 말해서 사용자, 곧 '자본가' 놓인자리가 붙어 있다는 데 골칫거리가 있다. '노동자'라고 하면 될 것을 굳이 '근로자'라고 하는데, 여기에는 놀랍게도 자본주의 종주국인 미제국주의 앞잡이인 독재자들 냄새가 배어 있는 것이다. '대한민국'이라는 단독정권이 세워진 리승만 정권에서 박정희 → 전두환 → 리명박 → 박근혜 정권까지, 그러니까 1945년부터 2017년 촛불혁명까지 72년 동안 질기굳게 쓰여졌던 것이 '근로'와 '근로자'라는 말이었다. '노동'과 '노동자'라는 말은 입게 올려서는 안되는 '적성국가 용어'였다. '몸을 움직여 일하는' 노동'이 아니라 '부지런히 일하는' '근로'였던 것이다. '근로'가 자본주의 냄새가 나는 말이라면, '노동'은 사회주의 냄새가 나는가? 아니다. 그렇지 않다. 자본주의도 사회주의도 아닌 '노동'은 다만 가치중립적인 말일 뿐이다.

이른바 먹물들이 즐겨 쓰는 말로 하자면 '의식을 반영하는 것이 언어'이다. 어떤 말을 쓰는가를 보면 그 말을 하는 이 '가치관'과 그리고 '서 있는 자리'가 드러난다. 언어야말로 이데올로기인 것이다. 간추려 보자.

근로(勤勞) = 부지런히 일함.

노동(勞動) = 몸을 움직여 일함.

'노동인민당'이라고 하지 않고 '근로인민당'이라고 했다는 데
몽양 선생 세계관 또는 역사의식 테두리가 있다고 한다면 지나치
게 앞서 가는 것일까? <남조선근로당>이 아니라 <남로당>, 그러
니까 풀어 말해서 <남조선로동당>이었다. 평등조선 자유조선 해
방조선 민주조선을 세우자는 데는 뜻을 같이했으나 '박헌영' 선생
과는 결이 다르다는 것을 보여 주자는 것일까? 어쩔 수 없는 '시
대적 테두리'로 보아야 할까? <로동인민당>이 아니라 <근로인
민당>이었던 까닭 말이다.

스물여덟 살 나던 1936년부터 몽양을 우러르며 따르던 김문갑
(金文甲)씨가 한 말이다.

나는 아버지한테서는 충효를 배웠고 몽양 선생한테서는 민주주의
와 체력을 배웠다.

몽양이 듣는 이들 가슴을 후벼팠던 것은 정치연설만이 아니었
다. 장례식 자리에 나간 사람들 갈빗대 밑을 후벼 꽉 메운 자리
를 울음바다로 만드는 사람이었으니, 묵은이1110 노릇바치1111였

1110 묵은이: 원로(元老).
1111 노릇바치: 광대. 사니. '배우(俳優)'는 왜말임.

던 고 복혜숙(卜惠淑, 1904~1982) 되돌아본 이야기를 들어 보자.

나는 여 선생님 연설(굳이 '연설'이라고 그는 표현했다)을 꼭 한 번 들어 본
일이 있는데 그게 장례식에서 하신 연설이었지요. 여 선생이 조선
중앙일보 사장으로 계실 때 일인데 기자 한 사람이 세상을 떠나서
그 사람 장례영결식에서 하신 연설이지요. 까만 연미복을 입고 나
오셨는데 그 뛰어난 풍모에 어떻게 그렇게도 잘 어울리는지 몰랐
어요. 영결식장에 놓인 관 옆에서 조사를 하시다가 그 관을 손으로
감싸 쓰다듬으면서 눈물을 펑펑 쏟으시며 하시는 말씀에 모든 사
람들이 울음을 터뜨려 그 자리가 눈물바다가 되었었지요. 죽을 때
까지 잊을 수 없는 감명깊은 장면이었습니다.

그 무렵 몽양이 온몸과 마음을 기울여 이루고자 했던 것은 '좌
우합작'이었다. 그때 움직임을 김규식 비서였던 송남헌(宋南憲,
1914~2001)한테서 들어 보자. 『해방3년사』에 나온다.

…좌우합작위원회는 미·소공위의 성공적 추진에 의하여 통일임시
정부 수립을 위하여 중간파 세력의 보다 광범하고 강력한 결속이
요청되었던 것이다.
그리하여 1947년 6월 15일 김규식 박사를 위시해서 여운형·안재
홍·원세훈·홍명희·정구영 등 1백여 명은 보광동에 있는 민규식 별
장에 집합해서 시국대책협의회를 결성하고 중간파 세력의 기반을
공고히 하기 위해서 우익진영 여러 단체에 대해 강력한 흡수공작

을 전개하였으며, 유교·불교·천도교 등 종교단체와 노동단체 등을 비롯한 사회 각종 각계를 망라해서 그 핵심체인 합작위원회 보강을 도모해서 남조선 단정수립을 위한 정치세력과 격렬한 대립 항쟁을 전개하던 차 합작위원회 좌측 주석이며 근로인민당 당수인 여운형 선생이 7월 19일 테러에 피습, 절명을 하게 되어 공위를 추진하던 좌우합작위원회뿐 아니라 광범위한 정치세력은 형언할 수 없는 분격과 비통 앞에 서게 되었다.

자질구레한 것은 빼고 큰 것만 추려 봐도 모두 11차례 테러를 겪은 몽양 여운형 선생이다. 차례대로 적어 본다.

1945년 8월 18일 상오 1시쯤. 계동집 앞에서 몽둥이로 들이쳤음.

1945년 9월 7일 저녁. 원서동에서 계동집으로 넘어오다가 참모습을 알 수 없는 사람들한테 붙잡혀 밧줄로 묶이었음. 길가던 사람들이 살려내었음.

1945년 12월 상순(上旬). 황해도 배천온천에서 참모습을 알 수 없는 사람들이 덮쳐왔으나, 여관을 옮겨 벗어났음.

1946년 1월. 창신동 벗집에 참모습을 알 수 없는 사람들 5명이 덮쳐왔으나 나들이하였으므로 고비를 넘겼음.

1946년 4월 18일 하오 9시. 관수교(觀水橋)에서 참모습을 알 수 없는 사람들이 둘러쌌으나, 지나가던 사람들이 살려 냄.

1946년 5월 하순 상오 10시쯤. 종로에서 참모습을 알 수 없는 사람들한테 둘러싸였으나, 드잡이1112싸움 끝에 길가던 사람들이 건져줌.

1946년 7월 17일. 신당동 산에서 자리개미 당해 죽기 바로 앞, 벼랑으로 몸을 던져 살아남.

1946년 10월 7일 저녁. 계동집 문앞에서 보쌈되어 나무에 묶였으나 묶인 줄을 풀고 뺑소니침.

1947년 3월 17일 밤. 계동집 굴림방1113이 폭탄으로 부서졌으나, 집에 없어 살아났음.

1947년 4월 3일. 혜화동 둥근네거리1114에서 권총에 사람차가 덮쳐졌음.

1947년 7월 19일 하오 1시. 혜화동 둥근네거리에서 그 참모습을 알 수 없는 청년한테 권총 두 방을 맞고 돌아가셨음.

계동집에서 전화를 받은 것은 맏딸따니1115 여란구(呂鸞九, 1923~?)였다. 언제나 그렇듯이 따듯하고 곰살궂은1116 아버지 목소리였다.

"란구야, 내 돌아갈 테니 갈아입을 옷 마련해 놓거라. 지금 곧 들어가마."

1112　드잡이: ①서로 머리 또는 멱살을 거둬잡고 싸우는 짓. ②빚을 갚지 못해서 솥을 떼어가고 그릇 등을 가져가는 짓. ③교군 어깨를 쉬게 하고자 다른 두 사람이 들장대로 가마채를 받쳐들고 가는 짓.
1113　굴림방: 방. 안방. '침실(寢室)'은 왜말임.
1114　둥근네거리: 돌이판. 돌이네거리. 양말로 '로터리'.
1115　맏딸따니: 맏딸. 큰딸.
1116　곰살궂다: 곰살갑다. 살갑다. 따뜻하다. 사이 좋다. 다정(多情)하다.

항왜 혁명가들이 세운 〈조선인민공화국〉

1937년 중국 대륙에 쳐들어 가고자 꾸며 낸 쑹쑹이[1117]인 이른바 '노구교사건(蘆溝橋事件)'이 터졌을 때 몽양이 어떤 밥집에서 리만규한데 했다는 말이다.

"여보 야자, 인제 왜국은 망하오. 전쟁은 장기전으로 들어갈 터이고, 망할 것은 시간문제일 뿐이오. 우리도 채비하여아 하겠지요."

몽양이 조선중앙일보 사장이었을 때 사람들이 했다는 말이다.

"조선일보 광산왕은 자가용으로 납시고, 동아일보 송진우는 인력거로 꺼떡꺼떡, 조선중앙일보 여운형은 걸어서 뚜벅뚜벅."

1940년 2일 창씨개명을 뿌리쳤을 때였다. 리기형 되돌아봄이다.

남차랑(南次浪) 조선총독 밑에 염원(鹽原)이라는 자가 비서로 있었다. 이자는 친왜 아첨배들과 장단이 맞아 회유와 협박으로 몽양을 일

1117　쑹쑹이: 꿍꿍이. 꿍꿍이셈. 짝짜꿍이. 못된 꾀. 나쁜 꾀. '음모(陰謀)'는 왜말임.

선에 끌어내리려고 무진 애를 썼다. 즉 거물급 친왜파인 윤치호·한상룡·최린·박영철 등을 동원, '시국연구간담회'라는 것을 조직했고 이들을 통해 몽양을 구슬려 삶으려고 했다. 그들은 처음엔 명월관에서, 다음엔 박영철 집에서, 세 번째는 현상룡 집에서 각각 회합을 열어 중국 사정을 듣자면서 몽양을 청했는데 몽양은 번번이 거절했다. 염원은 김연수·윤치호·최린 세 사람을 칙임참의(勅任參議)로 추천하고, 몽양도 추전하려고 중추원 참의 김사연(金思演)을 시켜 몽양을 조선호텔로 오라고 했지만 이것도 거절했다. 뿐만 아니라 몽양은 시국강연희와 방송 등의 연사 요청에도 수십 차례나 거절했다.

한번은 <매일신보> 주최로 회람판 공고까지 미리 돌려 놓고 몽양에게 강연을 강요했지만 이것도 거부했다. 또 한번은 대화숙(大和塾) 주최로 「여운형·장덕수가 강연한다」고 강제광고까지 신문에 내놓고 보호관찰소장 장기[長崎祐三]가 몽양에게 강요했지만 그가 이것을 단연 거절하는 바람에 장덕수 혼자서 강연하기도 했다.

리기형이 함흥고보를 마친 1938년 가을이었다. 경성부 계동 140번지 8호 몽양댁을 찾았을 때였다. 그 흔한 사진틀·그림틀 한 점 없는 벽에 꽉차 있는 양서(洋書) 사이로 붙어 있는 글씨가 있었다. 한글 궁체로 이름난 이만규 선생 따님 이각경·이철경 쌍둥이 자매가 쓴 고리와 조선조 충신 렬사·장군들 시조였다. 걸개그림이 아니라 그냥 여늬 종이장에 씌여진 것들이었으니 —

가마귀 사호는 골에 백로야 가디마라
성낸 가마귀 흰 비츨 새오나니
창파에 조히 시슨 몸 더러일가 하노라

이몸이 주거주거 일백번 고쳐 주거
백골이 진토되야 넉시라도 잇고업고
님향한 일편단심이야 가실줄이 이시랴

삭풍은 나모긋테 불고 명월은 눈속에 찬듸
만리변성에 일장검 집고서서
긴파람 큰 한소리에 거칠거시 업세라

한산섬 달발근 밤에 수루에 혼자안자
큰갈 엽헤차고 깁흔시름 하는적에
어디서 일성호가는 남의애를 끈나니

1942년 빨리 와 달라는 고이소 구니아키[小磯國昭] 총독 전보받고 경성으로 와 총독의 협조 요청을 자빡놓고 나오던 1942년 12월 21일 밤 경성헌병대로 끌려갔으니, '유언비어 유포혐의'였다. 1년 징역에 3년 집행유예를 받고 풀려난 것은 1943년 6월이었다.

저만큼 마재가 바라보이는 한강 백사장에 모인 독립투사들이었다. 몽양과 조동호·현우현 같은 노장 7~8명이었다. 천렵을 한다는 핑계로 모인 이들은 오랫동안 궁굴려 왔던 뜻을 모았으니

-〈조선건국동맹〉이었다. 1944년 8월 첫 때였다. 비밀결사인 〈조선 건국동맹〉이 정식으로 세워진 것은 며칠 뒤인 8월 10일 현우현(玄 又玹) 집인 경성 경운정 삼광한의원에서였다. 그때 세운 '삼불맹 서(三不盟誓)'가 있다.

불명(不名): 이름을 말하지 않는다.
불거(不居): 거처를 말하지 않는다.
불문(不文): 문서를 남기지 않는다.

위원장인 몽양 여운형이 밀어 주어 조선건국동맹 맹원이 된 이 들이다.
리걸소(李傑笑)·최병철(崔秉喆)·김세용(金世鎔)·리여성(李如星)·박승환(朴 承煥)·김문갑(金文甲)·리상백(李相佰)·허규(許珪)·리만규(李萬珪)·리수목(李秀 穆)·정재철(鄭載轍).
부서와 강령을 정한 것은 10월쯤이었다.

내무부에 조동호·현우현
외무부에 리걸소·리석구·황운
재무부에 김진우·리수목

〈강령〉
1. 각인 각파를 대동단결해서 거국일치로 왜국 제국주의 세력을 구축하고 조선민족의 자유와 독립을 희복할 일.

568

2. 반추축 제국과 협력해서 연합전선을 형성하고 조선의 완전한 독립을 저해하는 일체 반동세력을 박멸할 일.
3. 건설부면에 있어서 일체 시위(施爲)를 민주주의 원칙에 의거하고 특히 노농대중의 해방에 치중할 일.

허공만 올려다보았던 정다산

벼가 될 것인가? 피가 될 것인가? 귓청을 두드리는 할아버지 성음이었다. 책을 읽으면 논에 벼가 될 것이고 책을 읽지 않으면 논에 피가 될 것이라고 하시었다. 그러면서 들려 주시던 역사 이야기였으니, 몽양 나이 다섯 살 때였다. 할아버지 여규신(呂圭信)은 한학과 수리에 밝고 대쪽처럼 꼬장꼬장한 선비였다. 치마폭으로 해를 싸안는 꿈을 꾸었다는 며느리 태몽(胎夢) 듣고 손자 아호를 '몽양(夢陽)'이라고 지었다는 할아버지였다. 효종대왕 때 영의정을 지낸 운포(雲浦) 여성제(呂聖齊, 1625~1691) 때부터 소론(少論)이었던 함양(咸陽)여씨 집안은 잡도리1118가 호되기로 호가 난 곳이었다. 몽양이 남한테는 봄바람처럼 너그러웠으나 스스로는 칼날처럼 매서웠던 성품이었던 것은 할아버지 가르침이 컸다. 뜻을 같이 하는 동무들과 〈건국동맹〉을 짤 것을 다짐하던 몽양이 10리가 채 못되는 곳에 있는 다산(茶山)이 태어나서 자라다 묻힌 곳인 마재를 바라보며 잠깐 아득해졌던 것은, 할아버지한데 들었던 이야기가 떠올

1118 잡도리: ① 잘못되지 않게끔 단단히 잡죄는 일. ② 어떤 일에 대하여 미리 잘 맞설 꾀를 갖추는 일. '단도리'는 왜말임.

랐던 때문이었다.

　일송1천(日誰一千)으로 조선 왕조 500년을 빛낸 세 번째 천재였던 정약용(丁若鏞) 해적이를 보면 놀라운 사실을 알 수 있으니, 전라도 강진(康津)땅에 유배되어 있던 1811년 섣달이었다고 했던가. 유배생활 10년째로 49살 때였다. 그때 홍경래(洪景來) 장군이 잘못된 세상을 둘러엎고 새 세상을 열고자 서북에서 농군과 굿군과 떠돌이 부보상(負褓商), 곧 등짐장수·봇짐장수와 떠돌뱅이 중들에 스러진1119 먹물들 모아 맞싸움을 일으켰는데, "폭도를 토벌해야 된다."면서 호남 언저리 사는 양반사대부계급한데 수결(手決) 받고자 연판장 들고 돌아다녔다고 한다. 일송3천(日訟三千)하던 죽도(竹島)와 일송2천(日訟二千)하던 화담(花潭) 다음 천재 사상가였던 일송1천짜리 다산이 그렸던 가장 아름다운 세상이란 것은 그러니까 정말 있었던 것인지 알 수 없는 요순이 다스리던 세상, 그러니까 다시 말해서 꿈에 그리던 왕조사회였음을 알 수 있지 않은가. 정약용 개인의 못미침이 아니라 그 시대가 지니고 있던 이른바 '시대적 한계'였다고 해야 할 것이니, 아! 무계급의 평등사회, 그러니까 풀어 말해서 함께 일해서 함께 먹는 무계급의 공산사회까지는 그려 보지 못한 사상이었던 것인가. 다산보다 800년 전 궁예(弓裔)가 세웠고 고 200년 뒤 정심(淨心)이 세웠으며, 그 200년 뒤 변조(遍照)가 세우려 했던 고루살이세상에서 반동이었던 다산사상을 어떻게 봐야 할 것인가?

1119　스러지다: 나타난 모습이 차츰 희미하여지면서 없어지다. 망하다. 지워지다. 사그라지다. '몰락(沒落)하다'는 왜말임.

다산이 19년 귀양살이가 풀려 옛살라비 마재로 돌아갈 때였다. 다산을 따라가는 두 사람 모녀가 있었으니, 조촐한 아낙과 그 딸따니인 8살짜리 홍님이라는 어린년이었다. 다산과 속살 이음고리1120 맺고 8년 위로 살던 모녀였다. 아랫방 한 칸이라도 얻어 소실 새살림 꿈에 부풀어 있던 홍님 모녀는, 어마뜨거라! 남녘땅으로 발길을 돌려야만 했으니, 다산 조강지처 냉갈령1121에 부쩌지1122를 할 수 없었던 것이다. 발길 돌리는 두 모녀 눈에 이슬이 맺혔으니, 때리는 시어미보다 말리는 시누이가 더 밉다는 말은 이럴 때 쓰라고 생겨난 것인가. 당장 물러가라는 마재 안방마님 고래고함에 쓰다달다 말 없어 아무것도 없는 허공이나 올려다보는 다산이었던 것이다. 이 기막힌 이야기를 듣게 된 강진땅 어떤 먹물이 「남당사(南塘詞)」라는 운문으로 지어 알려지게 된 것이었다.

정약용이 꿈꿔 보지 못했던 꿈나라로 가고자 하는 용트림이 제대로 한판을 벌렸던 것은 그로부터 134년이 지난 1945년 8월 15일 가짜 해방을 맞으면서였는데, 미군정과 그 앞잡이 사냥개인 한민당이 쳐 놓은 올가미인 '조선 정판사사건'으로 가림천1123을 내렸고, 그래도 차마 버리지 못한 그 꿈을 쫄딱 접을 수밖에 없었던 것은 '해방 8년사'가 끝장난 1953년 7월 27일었다. 그로부터 어언 65년이 지난 오늘, '동비(東匪)' 뒷자손들은 무슨 생각을 하고 있

1120 속살 이음고리: 정식으로 혼인하지 않았으나 내외(內外)로 사는 것. '내연(內緣)'은 왜말임
1121 냉갈령: 몹시 매몰차고 쌀쌀한 낌새.
1122 부쩌지: ① 가까이 붙어 있음. ② 한곳에 오래 배겨 있음. 옴짝달싹. 좌정(坐定).
1123 가림천: 막이천. 막(幕).

을까?

"폭도를 토벌하라!"

이른바 집권당 사무총장이라는 전 육군 대령 권 아무개가 소리 쳤으니, '건대항쟁'이 일어났을 때였다. 운동권 대학생들이 건국 대학교 옥상에 올라가 5·17 군사 반란세력을 쳐서 각을 뜨자고 아우성치는 모습과 함께 텔레비전 9시 뉴스에 나왔던 그림이다. 일송일천, 그러니까 하루에 일 천 자, 곧 책 한 권을 외우는 하늘이 낸 사람으로 조선 왕조 500년을 빛낸 세 번째 대천재였다는 정다산 말이나 그보다 200여년 뒷사람인 군사깡패 앞잡이 말이나 똑같으니, 그 까닭을 밝혀내는 것이 이른바 인문학일 것이다. 왜양 150년과 해방 8년사를 거치며 우리 겨레 가운데 가장 빼어났던 난사람들이 왜 가뭇없이 사라져 갔는가 하는 물음과 대꾸가 여기에 있을 것 아닌가. 이 세상에서 일어나는 역사적인 일에 대해서 스스로 묻고 스스로 대꾸할 수 있어야만 마침내 사람일 수 있다. 예전 어른들은 이처럼 올바르게 역사를 볼 수 있는 이만을 가리켜 비로소 '사람(史覽)'이라고 불렀던 것이다.

집강소執綱所 이어받은 〈인민위원회〉

8·15가 터지면서 두 달 반 만에 남조선 7도 12시 131군에 짜여 졌던 '인민위원회'는 무엇을 말해 주는가? 51년 앞서 이루어졌던

집강소(執綱所) 내림줄기1124 이어받은 인민위원회는 농군평의회를 말하니, 프랑스 말로 '꼬뮨'이고 러시아 말로 '쏘비에뜨'였고, 그 것에 겁을 먹었던 미제국주의자들이 썼던 엄평소니1125가 바로 '조선정판사사건'이었던 것이다. '인민위원회'를 만들면서부터 몽양 살매1126는 이미 정해졌던 것이라고 봐야 한다. 리필형(李弼炯)이 란 스물한 살 먹은 청년 시켜 몽양을 암살한 리승만이나 장택상 이는 사냥개에 지나지 않고, 못된 놈들 우두머리는 미제이다. 정 경모(鄭敬謨, 1924~2021)가 쓴 『찢겨진 산하』에 그때 일됨새1127가 나 온다.

미국 점령지구의 정치세력을 대표하는 나와(여운형) 김규식의 '좌우 협작위'가 소련의 점령지구를 대표하는 김일성의 '북조선 임시인 민위'와 손을 잡고 이 사실을 재개된 미소공동위가 인정한다면, 통 일과도정부의 탄생을 통해 민족 분단의 비극은 피할 수 있었을 것 입니다. 충분히 승산이 있었지요.

이와같은 통일과도정부가 이를테면 유엔 같은 곳에서 미소 양군 의 단계적 철수를 요구하면 아마 쌍방 모두 응하지 않을 수 없었을 터이고, 삼상회의에서 결성한 5년의 신탁통치도 설사 실시되더라 도 거의 맹목적인 것에 머물렀을 가능성도 충분히 있었습니다. 이 제야 길이 열렸다고 전인민이 안도의 한숨을 내쉰 것도 사실입니

1124 내림줄기: 전통(傳統).
1125 엄평소니: 엉큼하게 남을 후리는 솜씨나 짓.
1126 살매: 명운(命運).
1127 일됨새: 꼴. 셈평. 앞뒤. 움직임. '상황(狀況)'은 왜말임.

다. 다만 이승만은 속이 뒤집힐 듯 해서 머리를 짜내다 '옳거니' 하고 이것을 단숨에 쳐부술 묘안을 떠올린 겁니다. 바로 내 몸에 권총 탄알을 쏘아 박는 것이었지요.

그 전에도 계동의 내 집에 시한폭탄을 장치한 적이 있었고(1947년 3월 17일), 또 서울 시내 한복판에서 차를 세우고 목을 졸라 죽이려던 차에 구사일생으로 빠져나온 적도 있었습니다(1946년 7월 17일). 이 두 번의 암살기도를 지휘한 것은 이승만의 수석비서 윤치영이고, 실세 하수인은 이승만을 하느님처럼 떠받들면서 숭배하던 머리가 좀 이상한 정치깡패 김두한이었습니다. 만일 윤치영 같은 인간을 개 같은 놈이라 부른다면 그건 개에게도 실례가 되겠지요.

<건국동맹>을 짠 다음 양평 용문면에 있는 용문산에서 또 하나 비밀결사체를 얽었으니, <농민동맹>이었다. 김용기(金容基, 1912~1988)(양주)·여운혁(呂運赫)(양주)·리장호(李章浩)·최용근(崔龍根)·문의룡(文宜龍)·권중훈(權重勳)·신재익(申在翼)·최용순(崔龍淳)(이상 양평)·신홍진(辛弘鎭)(여주)·박성복(朴性復)(고양)·주한점(朱翰潮)(홍천). 이들은 용문산 깊은 산속을 근터구1128 삼아 철도 파괴, 항일 애국투사들 도피, 강제 징용자 보호, 관공서 서류 파괴 등 왜제에 앙버티는1129 운동을 벌여 나갔다. 이때 몽양은 용문산에 자주 들어갔다고 한다. 중원폭포에서 3킬로 쯤 중원산 쪽으로 들어가면 싸리재 가는 길 먹뱅이라

1128 근터구: 터. 터전. 본바닥. 제바닥. 밑바탕. 기틀. 자리. 바탕. '근거지(根據地)'는 왜말임.
1129 앙버티다: 기를 쓰고 우겨대서 끝까지 덤벼들다.

는 곳에 여씨(呂氏)들이 살았다고 한다. 아마도 농민동맹 사람들과 운동 방법을 짬짜미1130하는 틈에 여씨 길카리1131들과 만나 문중 사이 정을 나누었던 것으로 보이니, 조국광복이라는 큰일을 하면서도 집안 사이 정분 또한 놓치지 않았던 것으로 보인다. "대인(大人)일수록 다다1132 마음이 잔(찬찬함) 법"이라던 옛사람 말이 떠오르는 대목이다.

8·15를 맞아 〈건국준비위원회〉를 얽어 위원장이 되었고, 9월 6일 하오 7시 경기고녀(이제 헌법재판소 청사 자리) 강당에서 1천 명 가까운 이들이 모여 〈전국인민대표자대회〉가 열렸을 때 임시 의장을 맡은 몽양이 한 말이다.

비상한 때에는 비상한 인물만이 비상한 일을 할 수 있는 것이다. 전후문제의 국제적 해결에 따라 우리 조선에도 해방의 날은 왔다. 그러나 우리 민족의 완전 해방을 위한 허다한 투쟁은 아직 남아 있다. 우리의 새 국가는 노동자·농민 일체 인민대중을 위한 국가가 아니면 안된다. 우리의 새 정권은 전 인민의 정치적·경제적·사회적 기본요구를 완전히 실현할 수 있는 진정한 민주주의 정권이 아니면 안된다. 그러므로 우리는 다만 왜국 제국주의의 잔자1133세력

1130 짬짜미: 남모르게 저희들끼리만 짜고 하는 언약(言約). 뒷흥정. '묵계(默契)'는 왜말임.
1131 길카리: 먼촌 일가붙이. 가깝지 않은 동성(同姓)이나 이성(異姓) 겨레붙이.
1132 다다: 아무쪼록 힘 닿는 데까지. 될 수 있는대로 가장.
1133 잔자(殘滓): 찌기. 찌꺼기. 쓰레기. 자국. 얼룩. 8·15 바로 뒤 좌익에서는 본디 소리인 '자'를 우익에서는 '재'를 내대었는데, 좌익이 죄 북으로 올라가거나 죽임당하거나 형무소에 갇히고 우익들이 남조선을 다스리게 되면서 '재'로 굳어졌음.

건국준비위원회에서의 여운형 모습.

을 일소할 뿐만 아니라 모든 봉건적 잔자세력과 반동적·반민주주의적 세력과 또 과감한 투쟁을 전개하지 않으면 안된다. 오늘 이곳에 모인 여러분은 과거 왜국 제국주의의 야수적 폭압 아래에서도 백절불굴하고 싸워 온 투사들이다. 우리가 서로 손을 잡고 나아갈 때에 우리는 우리의 앞길에 가로 놓여 있는 여하한 곤란도 능히 극복할 수 있을 것이다.

기자들과 했던 일문일답 어섯1134이다.

기자: 어째서 〈조선인민공화국〉이라 이름하였는가?
여운형: '조선'은 단군 이래 고유명사요 '인민'이란 문자에 변론이

1134 어섯: 몬(물건) 한 켠에 지나지 않는 만큼.

많은 듯하나, 나라의 주권이 인민한테 있다는 것은 100년 전에 북미 합중국은 인민을 주권의 본위로 보지 않았는가?

대체 조선독립이 단순한 연합국의 선물이 아니다. 우리 동포는 과거 36년간 유혈의 항쟁을 계속하여 온 투쟁으로 인해 오늘날 자주독립을 획득한 것이다. 혁명가는 먼저 정부를 조직하고 인민의 승인을 받을 수 있다. 급격한 조치가 있을 때에 비상조치로 생긴 것이 인민공화국이다. 약체이면 보강해서 난국에 처할 수 있게 하였다. 혁명 초에 혁명단체가 조각하는 것이지 인민이 조각하는 것이 아님은 손문을 보아 알 것이다.

기자: 미군 당국이 〈인공〉을 정당으로밖에 아니 보는데?

여운형: 〈인공〉뿐 아니라 〈임정〉도 승인하지 않는다. 이것이 미군으로서는 당연한 일이다. 페어플레이를 해야 한다. 미군정 당국은 조선인 정당이 파울을 하는 경우에는 간섭을 할지라도 그외에 모든 것은 일체 간섭하지 말아 달라고 요청하고 싶다. 더티 플레이를 하지 말라. 정치게임에서도 남의 머리를 까는 짓은 하지 말라. 나는 절대로 외국 의존을 반대한다.

기자: 인공은 붉다고 보는데?

여운형: 포복절도할 일이다. 왜국한데서 해방된 오늘날 민주주의 조선을 건설하는 데 있어서 조선에 적색이 어디 있느냐. 대체 공산주의자를 배제할 필요가 어디 있느냐. 다같이 되어 가지고 민주주의 국가를 건설하면 그만이 아니냐. 많고 적은 것은 결국 인민투표로 결정할 것이다. 영국을 보라. 6, 7년간의 전쟁공로자 처칠이 물러나고 노동당이 승리했다. 그러나 적색은 아니다. 영내각에 공산

당이 3인밖에 없다. 노동자·농민·일반대중을 위하는 것이 공산주의냐. 우익이 만일 반동적 탄압을 한다면 오히려 공산주의 혁명을 촉진시킬 뿐이다. 나는 공산주의자를 겁내지 않는다. 그러나 급진적 좌익이론을 나는 정당하다고 보지 않는다. 〈인공〉을 적색으로 아는 사람은 소학교 1년생과 같은 사람이라 하겠다. 나누면 무너지고 합하면 이룬다.

한민당·국민당·〈건준〉이 모두 인민총력을 집결해야 할 터인데 이것을 인민이 하여야 한다. 사대주의 배외사상은 절대 배격하여야한다.

새조선, 자유조선, 평등조선, 민주조선

여운형을 위원장으로 하는 조선인민당이 창당된 것은 1945년 11월 12일 경운동에 있는 천도교 회당에서였다. 박헌영이 조선공산당을 다시 세우고, 김성수가 한국민주당을 세운 다음이었다. 리승만과 김구를 만나 새조선 자유조선 평등조선 민주조선을 세워야 된다고 힘주어 말했다가 냉갈령 받고 발길 돌린 뒤끝이었으니, 중도통합론 비롯됨이었다. 몽양이 부르짖는 우렁찬 목소리에 천도교 회당 안은 물을 뿌린 것 같았다.

(…) 해방된 오늘, 지주와 자본가만으로 나라를 세우겠다고 생각하는 사람이 있으면 어디 손을 들어 보시오. 지식인과 사무원과 소시민만으로 나라를 세우고자 하는 사람이 있다면 역시 손을 들어 보

시오. 노동자와 농민만으로 나라를 세우겠다고 우기는 사람이 있으면 어디 한번 손을 들어보시오. 손을 드는 사람이 하나도 없구만요. 그렇습니다. 왜제통치 36년 동안 우리 민족한테 씻을 수 없는 반역적 죄악을 저지른 극소수만을 제외하고 우리는 다같이 굳게 손을 잡고 건국대업에 매진해야 합니다. 우리 조상은 일찌기 압록강 두만강 저쪽 광활한 만주땅에 용맹을 떨치고 웅지를 펴지 않았습니까. 만주 집안현에 있는 호태왕비는 이를 잘 증명해 주고 있습니다. 또 문화적으로는 금속활자, 훈민정음 등 세계에 자랑할 뛰어난 민족유산을 간직하고 있습니다. 이러한 민족적 문화적 긍지를 가지고 세계사적 흐름에 발맞춰서 우리는 건국대업에 임해야 합니다. (…)

당 이론가들이 몽양 여운형 당수 생각을 바탕삼아 쓴 〈당의 성격을 정확하게 파악하자〉어섯이다.

(…) (우리 조선이 나가야 할) 그 궁극의 목표는 무계급의 평등사회 실현에 있으나 현실에 있어서는 애국적인 자본가나 지주까지도 손을 잡아서 완전한 자주독립 민주주의국가를 건설하자는 것이다. 조선에는 진보적 계급의식 계열의 일 경향이 있는 것을 우리가 인정하는 것과 같이, 민족의식 계열의 보수적인 일 경향이 있는 것도 솔직히 시인해야 될 것이다. 이 양자는 반민주주의적 일제잔자의 반동분자만을 제외하고는 상호 제휴할 수 있는 것이오, 또 제휴해야만 된다. 이것이 현재 조선이 이러한 역사적 단계에 처하여 있기 때문이

다. 어느 기성사회 범주에서 비약하자면 이에 필요한 모든 조건 특히 경제적 조건이 필요한 것이다. 그러나 조선에는 이러한 조건이 구비되어 있지 않다. 이 역사적 단계를 우리는 정시하지 않으면 안 된다. 그러므로 한국민주당이 자산계급을 대표한 계급당이요 조선공산당이 무산계급을 대표한 계급당임에 비하여 아당은 반동분자만을 제외하고 노동자·농민·근로인텔리·소시민·양심적 자본가와 지주까지를 포괄한 전인민을 대표하는 대중정당인 것이다.

위원장: 여운형(呂運亨)

부위원장: 장건상(張建相)

서기상: 리만규(李萬珪)

사무국장: 리림수(李林洙)

정치국장: 리여성(李如星)

조직국장: 김세용(金世鎔)

선전국장: 김오성(金午星)

기획국장: 송을수(宋乙洙)

중앙정치위원: 여운형 장건상 리만규 리여성 조한용(趙漢用) 리림수 황진남(黃鎭南) 김세용 송을수 신철(申鐵) 리석구(李錫玖) 리기석(李基錫) 현우현(玄又玄) 김양하(金良瑕)

<강령>

1. 조선민족의 총역량을 집결하여 진정한 민주주의 국가의 건설을 기함.

2. 계획경제 제도를 확립해서 전민족의 완전한 해방을 기함.

3. 진보적 민족문화를 건설하고 전 인류문화 향상에 공헌함을 기함.

'장덕수張德秀들'이 판치는 세상

1919년 12월 27일 동경 제국호텔에 안팎 신문기자와 왜국 여러쪽, 이름난 이들 500여 명이 모여 있었다. 왜 조선 독립이 되어야 하는가를 부르짖는 몽양 여운형 연설은 두 시간 넘어 이어지고 있다. 장강대하(長江大河)로 흘러가는 물너울처럼 거침없는 웅변이었다. 듣는 이들 귓청을 꿰뚫는 멱찬말1135이었으니, 그야말로 동경 시내를 들었다 놓는 사자후1136였던 것이다.

주린 자는 먹을 것을 찾고 목마른 자는 마실 것을 찾는 것은 저마다 생존을 위해서 당연한 요구다. 이것을 막을 자가 있겠는가? 당신네 일본인들한테 생존권이 있다면 우리 조선족만이 홀로 생존권이 없을 것인가? 생존권이 없다는 것이 도대체 말이 되는가? 과거의 약탈살륙을 중지하고 세계를 개척하고 개조로 달려나가 평화

1135 멱찬말: 목숨 걸고 하는 웅변.
1136 사자후(獅子吼): 크게 부르짖어 열변을 토하는 연설을 '부처님 설법'에 빗댄 말.

적 대지로 만드는 것이 우리 사명이다. 우리들 조선(祖先)은 칼과 총으로 서로 죽였으나 이다음부터 우리는 서로 붙들고 돕지 아니하면 아니 된다. 신(神)은, 아니 하늘님은 세계에 장벽을 허락하지 않았다. 우리는 꼭 전쟁을 해야만 평화를 얻을 수 있는가? 싸우지 아니하고는 인류가 누릴 자유와 평화를 못 얻을 것인가? 당신네 일본인들은 깊이 생각하라.

대일본제국 척식국장 코가[古賀]는 몽양한테 이런 말을 하였다.

"그대의 의지에 나는 동의한다. 내가 만일 조선에 태어났다면 나도 그대와 같이 하겠다. 만일 뜻대로 되지 아니하면 총독부에 불을 지르겠다. 내 계책이 성공되지 않은 데서 그대한테 가장 높은 경의를 가지고 있다."

몽양이 동경을 떠날 때 배웅 나온 코가는 '몽양 만세!'를 불렀다고 한다. 조선총독부 2인자인 정무총감 미즈노[水野]가 동경에 와 있었는데, 몽양이 악수하자고 손을 내밀며 한 말이다.

"경성역에서 강우규 의사 폭탄에 얼마나 무서웠는가?"

다짜고짜로 찌르고 들어오는 몽양 덮치기1137에 놀란 미즈노는 얼굴이 시뻘개졌다고 한다.

"그대는 조선을 독립시킬 자신이 있는가?"

미즈노가 묻자 곧바로 몽양이 되물었다.

"그대는 일본이 조선을 통치할 자신이 있다고 보는가?"

1137 덮치기: 몰래 덮치다. 몰래 쳐들어가다. 갑자기 쳐들어가다. '기습(奇襲)'은 왜말임.

체신대신으로 있던 노다(野田)는 그때 왜제 각료들 가운데 머리가 좋기로 이름난 사람이었다. 몽양 일행을 모셔들여 점심을 함께한 다음 노다가 말하였다.

"그대한테 솔직히 말하면 그대의 하는 일은 쓸데없는 일이다. 일본이 조선을 병합한 것은 일본이 살려고 한 것이다. 살려고 먹었다는 말이다. 조선을 내놓으면 일본은 죽는다. 일본의 생사가 달린 조선을 일본은 절대 그대로 내놓을 수 없다. 그대의 일은 망상이다. 그대의 연설이 얼마나 웅변이요 그대의 연설이 얼마나 철저하여도 일본은 할 수 없다. 조선이 독립을 하려거든 실력으로 싸워라. 생명을 희생해서 찾아라. 거저는 안 내준다."

노다 말을 듣고 난 몽양이 천천히 말하였다.

"내가 동경 와서 오늘까지 낙망하였다. 아무것도 볼 만한 것이 없어서 허행을 하게 된다고 하였더니 오늘 이 자리에서 인물을 하나 발견한 것이 내가 동경에 온 소득이다. 그대는 과연 인물이다. 일본인 중에 오직 그대가 인간적이요 양심적인 거짓 없는 참말을 하였다."

노다가 기가 막혀서 "내가 밑졌다"며 머리를 흔들었다고 한다.

대일본제국 천황폐하 별서로 아카사카 별궁(赤坂離宮)이라는 곳이 있었다. 외국인은 이른바 국빈(國賓), 곧 나랏손님이 아니면 조금도 보여 주지 않고 왜국사람 가운데도 대신급이 아니면 보여 주지 않는 이른바 성지(聖地)와도 같은 곳이었다. 그런데 몽양한테 이곳을 둘러보게 한 것은 몽양을 나랏손님으로 모신다는 뜻이었다. 궁성 안에서 점심까지 대접받고 돌아오는데 기자가 느낌을 물었다. 그때 몽양이 했다는 말이다.

맹자에 보면 예전에 주문왕(周文王)이 70방리 동산이 있었는데 꼴 베
는 이가 들어가고 꿩 잡는 이가 들어가서 백성과 함께 즐거워하니
백성들이 말하기를 동산이 작다고 하였다. 그런데 제선왕(齊宣王)이
40방리에 동산을 가졌는데 사슴 죽인 사람을 살인죄와 같이 벌하
며 임금 혼자서 즐겨하니 백성들이 말하기를 동산이 너무 크다고
하였다. 만일 일본에 성군정치(聖君政治)가 있다면 이런 것을 다 백
성한테 개장해야 할 것이다.

몽양을 구슬러 독립 뜻을 꺾으려던 왜제는 다짐하였던 총리대
신 하라(原敬)와 천황 만나 보는 것을 푸지위[1138]하였다. 몽양을 모
시고 다녔던 최근우는 이렇게 꿇아매기었다.

몽양 당시 연령이 34세였다. 전중(田中, 다나카) 육상(陸相)과 만나는 자
리는 군사령관 회의 중이었기 때문에 우도궁(宇都宮, 우쓰노미야) 조선
군사령관을 비롯해서 관동, 청도, 대만 각지 군사령관과 수야(미즈
노) 정무총감과 아전(노다) 체신대신 등, 고하(코가) 척식국장 등 정계
군계 거두들이 열석하였다. 내가 전중이와 몽양을 속으로 견주어
보니 저편은 연장자요 주권국 대신이요 군국 권위의 배경이 있는

1138 푸지위: 어떤 자리에 있는 사람이 아랫사람한테 무엇을 하라고 분부하는 것을
'지위하다'라고 말하는데, 만일 한번 지위하였던 것을 다시 무르고 하지말라 함을 '푸
지위하다'라고 함.

이요, 여기는 나이 젊고 식민지 한민(寒民)이요 피압박민이었다. 그
럼에도 무릅쓰고 그 자리는 몽양 혼자 압도적으로 압력을 내어 내
리누르며 정의로 싸우는데 나는 처음 느끼는 통쾌감이었고, 정의
가 무섭다는 것을 그때 목도하며 깨달았다. 수야가 강우규 의사 폭
탄 인사를 받을 때에 수야 꼴은 지금 생각해도 웃음이 나오고 통쾌
하다. 그때 수야 거동은 몽양 앞에 어린애 같았다.

서울에서 나고 자란 최근우(崔謹愚, 1892~1961)는 히도츠 바시[一橋]
대학 앞몸인 도쿄고등사범에 다닐 때 3·1 운동 불심지1139가 된
2·8 운동에 이름을 올린 유학생 11명 가운데 하나였다. 상해임정
초대 경무국장을 지냈고, 프랑스와 독일에서 궁구1140했다. 여운
형과 함께 <건국동맹>을 짜는 데 들었고, 해방 뒤 건준 총무부장
이 되었다. 리승만 시대에 리승만 구슬림을 윈고개쳐1141 여러 차
례 동여지는1142 괴로움 겪으면서도 겨레 본마음을 지켰다. 4·19
혁명 뒤 혁신세력을 모아 사회당을 얽어 냈다가 박정희 군사반란
군한테 붙잡혀 70이 되던 1961년 서대문 형무소에서 눈을 감았
다. 같이 가서 통역을 하였던 장덕수(張德秀, 1894~1947)는 상해에 있
는 동지한테 이런 편지를 보냈다.
"여운형 씨 투쟁은 극도로 만족하였다. 씨는 진실로 우리나라

1139 불심지: 심지. 빌미. 부싯깃. '도화선(導火線)'은 왜말임.
1140 궁구(窮究): 알아냄. 파고듦. 깊이 생각함. '공부(工夫)'는 왜말임.
1141 윈고개치다: 물리치다. 퇴짜놓다. 딱지놓다. 박차다. 내치다. 차다. 뿌리치다. 자
빠대다. '거부(拒否)'하다는 왜말임.
1142 동여지다: 매이다. 묶이다. 잡히다. 얽매이다. 솜잠기다. '구속(拘束)'되다는 왜
말임.

의 국사(國土)이다. 여러 벗들도 만족히 알고 건투하기를 바란다."

정경모(鄭敬謨)가 쓴『찢겨진 산하』에서 여운형이 하는 말이다.

장덕수(1894~1947)는 황해도 재령에서 태어나 와세다대학 정치과
를 나온, 두뇌가 명석한 청년이었소. 3·1 운동 바로 전 해에 내가 상
하이에서 케말 파샤가 거느리는 터키 청년당 강령을 본떠 '신한청
년당'을 조직했을 때 발기인으로 위촉한 여섯 사람 중 하나였지요.
그때 장덕수 나이 스물넷, 내 나이 서른셋이었습니다.
3·1 운동을 두 달 앞둔 1919년 1월, 조직한 신한청년당 명의로 우
사 김규식(1881~1956) 형님을 베르사이유 회의에 민족대표로 파견
하는 동시에 이 사실을 손병희(1861~1922)·이상재(1850~1929) 선생
등 국내 분들한테 알리기 위한 연락책으로 서울에 잠입시키려 했
던 사람이 장덕수였습니다. 그런데 장덕수는 기무라[木村]라는 가
명으로 인천에 상륙하려다 경찰에 잡혀 가엾게도 하의도(荷衣島)에
유배되고 말았지요.
그해 11월 하라 다카시[原敬] 내각 초청을 받았을 때 - 고려공산당
상하이파 영수이자 임시정부 국무총리이던 이동휘(1873~1935) 선
생께서도 반대하시면서 내 도쿄행을 두고 '마치 호박을 쓰고 돼지
우리로 들어가는 격'이라고까지 말씀하셨습니다.
하지만 저는 저대로 생각이 있어 반대를 무릅쓰고 도쿄행을 강행
했지요. 그때 제가 왜국 정부에 내건 조건 하나는 하의도에 유배되
어 있는 장덕수를 통역으로 데리고 가게 해 달라는 것이었습니다.

그 조건을 왜국 정부는 받아들였던 것이지요. 실제로 그곳에 가서 총독부 정무총감 미즈노 렌타로, 조선군 사령관 우쓰노미야 다로[宇都宮太郎] 대장 등이 배석한 자리에서 다나카 기이치[田中義一] 육군 대신과 회담할 때 통역을 한 사람이 장덕수였습니다. 그래요. 도쿄에 머무는 동안 줄곧 장덕수가 곁에 있었습니다. 11월 27일(1919년) 제국호텔에서 공개연설회를 열 때는 각계 인사와 신문기자 합해서 500여 명 청중이 모였었지요. 나는 조선민족이 새로운 세계 역사에 창조적인 한 페이지를 장식할 날이 반드시 오리라는 것. 조선독립이야말로 왜국 안전과 번영을 지키는 가장 분명한 길이라는 것을 강력하게 주장했습니다. 그 통역도 장덕수가 했어요. 명통역이었지요.

그로부터 10년쯤 지난 1929년에 나는 3년 동안 옥살이도 치렀습니다. 한편 장덕수는 김성수(1891~1955) 밑에서 잠시 <동아일보> 주필로 있다가 미국 유학을 하고 돌아와서는 김성수의 보성전문(고리대학 전신)에서 교편을 잡고 지내던 중에 '해방'을 맞게 되지요. '해방의 날'은 장덕수한테는 당혹과 고뇌와 공포의 날이었을 겁니다. 그는 시모노세키에서 나와 작별한 후 미국 유학(컬럼비아대학) 때를 포함해 줄곧 김성수한테 신세를 지고 살았다는 연유도 있고 해서 왜제 말기 조선인들 시련이 절정에 달했던 시기에 김성수와 함께 왜제 총대를 메게 된 것이지요.

(장덕수 맏언니 장덕준(張德俊,1892~1920)은 3·1 운동 이듬해 <동아일보> 특파원으로, 간도 훈춘(琿春)에서 일어난 왜군의 조선인 대량학살(불탄 가옥 4,800채, 살륙된 조선인 3만 8,000명)을 취재하다가 왜국 경

찰한테 총살당했다.)

그런 개인적인 이유 때문에라도 장덕수한테는 왜제에 대한 증오와 저항의식이 남달랐을 법한데 세상살이에 급급한 소심한 인텔리 특유의 나약함이 죄라고나 할까. 아니면 김성수한테 입은 은혜에 보답하려는 빗나간 의리 탓이랄까. 왜제를 위해 총대를 메는 일에는 누구보다도 더 열심이었어요.

상전인 김성수가 학도병 지원을 권유하는 지방순회 강연회에 동원돼서 춘천에서인가 강단에 서게 됐을 때 "저는 말주변이 없어서 여러 사람 앞에서 강연하는 것은 딱 질색이지만 다음에 나오는 사람 얘기는 내가 하고 싶은 말과 똑같은 것이니 그런 셈치고 들어 주기 바란다."는 말을 남기고 연단에서 내려왔는데, 그 다음에 장덕수가 올라가 "나는 제군에게 폐하의 적자(赤子)로서 팔굉일우(八紘一宇)의 정신을 구현하는 숭고한 임무를 다하기 위해 자진해서 황군의 일원이 되어 총을 멜 결의를 촉구하는 바이다." 어쩌고 하며 열변을 토했다고 합니다.

또 그가 부민관에서 "우리 조선인은 자본가든 노동자든 모두 천황 폐하의 적자(赤子)로서 본분을 다하고, 적심보국(赤心報國)의 정열에 불타서 황운(皇運)을 부익(扶翼)해 받들고 신동아 건설의 기초를 공고히 해야 합니다."라고 한 연설은 왜인한테 강요당한 것이라기보다는 대자본가 김성수의 본심에서 우러나온 말이었을 것이며, 그것을 장덕수가 대변한 것이라고 볼 수도 있지요.

나중에 나를 가장 먼저 '제2의 왕징웨이[汪精衛]'라고 매도하기 시작한 게 장덕수입니다만, 내게 왜군 참모부 제안을 받아들여 왕징웨이와 협력해 달라고 누구보다도 집요하게 권한 사람이 바로 장덕수였습니다.

내가 여기서 세세하게 장덕수를 논하는 것은 그가 일생을 살다 간 꼬락서니를 보면 오늘날 한국의 인텔리들이 되새겨 보아야 할 교훈이 있지 않나 하는 생각 때문입니다. 그는 원래 가난한 농민 출신으로 비록 와세다나 컬럼비아대학 같은 데서 하이칼라 바람을 조금 쐬었다 하더라도 결국은 자기 지식을 한 점 두 점 저며서 팔아먹고 사는 머슴에 지나지 않았던 것이지요.

군인·관료·재벌로 구성된 한국의 현재(1983년) 지배층은 전인구의 0.2퍼센트인 2만5천 명쯤으로 추산된다고 합니다. 이것은 찰스 1세가 길로틴[단두대]에 목이 잘린 청교도혁명 당시(1649년) 전체 영국 인구에 대한 왕후(王侯)·귀족·사제 등 지배계급의 비율과 맞먹습니다만. 0.2퍼센트 밖에 안되는 한국 지배층을 밑에서 떠받치고 있는 것이 저널리스트·기술행정가·종교인·대학교수 등 어쭙잖은 지식을 토막 내 팔아먹고 살아 가는 인텔리 머슴 계층이지요.

결국은 머슴에 불과한 신분이면서, 상주보다 복재기1143가 더 서럽다고나 할까. 초보다 병마개가 더 시다고나 할까. 외세에 기생하는 자기나라의 매판 독재체제를 옹호하는 데는 오히려 지배층 당사자들보다 더욱 열을 올리거든요. 그리고 이 잔인한 체제에 짓눌려 몸부림치는 인민은 자기와는 상관없는 존재처럼 행동합니다. 그렇다고 해서 그들한테 양심의 가책이 없느냐면 그렇지도 않습

1143 복재기: 상주 대신 울어 주던 계집종.

니다. 그 지울 수 없는 양심의 가책이 거꾸로 작용해서 자기보다는
그래도 덜 썩고 약간은 양심을 지키려고 하는 자들에 대한 적의로
변하는 것입니다. 헐뜯고 욕하고 비웃고, 빨갱이니까 가까이 하지
말라는 등…. 오늘 한국에는 이러한 장덕수가 너무나도 많습니다.

몽양夢陽 선생은 누가 죽였는가?

몽양은 이뉘1144를 떠날 때까지 수없이 죽여 버리겠다는 울골질
1145에 시달렸으니, 큰 것만 골라도 열두 번이다. 겨레 큰 별이 떨
어진 그날 하오 1시. 몽양이 탄 차가 혜화동 둥근네거리1146에 이
르렀을 때였다. 경찰관 파출소 앞에 서 있던 트럭 한 대가 갑자기
달려나와 몽양 차를 가로막았고, 급하게 멈출 수밖에 없는 차 속에
서 몽양과 신변보호인 박성복(朴性復) 그리고 『독립신보』 주필로 건
준 긴한이1147였던 고경흠(高景欽, 1910~?)과 운전수가 어리둥절해 하
는 순간, 두 방 총소리가 나면서 풀썩 쓰러지는 몽양이었다. 한지
근(韓智根)이라는 19살짜리 모진놈1148이 몽양이 탄 자동차 앞뚜껑
위로 올라가 권총 두 방을 쏘았다고 발표되었는데, 범인은 21살짜

1144 이뉘: 이승. 이세상.
1145 울골질: 지긋지긋하게 으르며 덤비는 일.
1146 둥근네거리: 돌이네거리. 돌이판. 양말로 '로터리'.
1147 긴한이: 종요로운 이. '요인(要人)'은 왜말임.
1148 모진놈: 나쁜놈. 몹쓸놈. 막된놈. 만무방. 악인(惡人).

리 테러단 <백의사(白衣社)> 단원 리필형(李弼炯)이었다. 정경모(鄭敬謨)가 쓴 『찢겨진 산하』에 그때 일됨새[1149]가 저승에서 나온 몽양 입을 빌려 나온다.

여운형: 마침내 7월 19일인데, 이날의 암살극을 조종한 사람은 조병옥과 장택상입니다.

그날(7월 19일) 하오 1시가 지나 내가 탄 차(뷰익 30년형)가 혜화동 로터리에 다다르자 그때까지 근처 파출소 앞에 세워져 있던 대형 트럭이 갑자기 튀어나와 앞을 가로막는 것이었어요. 내 차가 급정거를 한 순간 어떤 괴한 한 놈이 뒷범퍼에 올라타더니 권총을 세 발 쏘아 냈습니다. 저는 즉사했지요.

동승하고 있던 내 경호원이 재빠르게 도망치는 범인을 쫓아가 막다른 골목에서 담을 넘어 옆집으로 뛰어내린 범인을 보고 담을 넘으려고 하자, 그 순간 뒤에서 쫓아온 자가 경호원의 발을 붙잡고 "범인이다. 범인이다"하고 고함을 치더랍니다. 내 경호원[朴性復]의 발을 붙잡아 범인이 도망가게 도운 그놈은 제복을 입은 경찰관이었습니다. 도리어 경호원이 경찰관에게 체포되어 성북서 유치장에 갇혔다니 더 무슨 말을 하겠습니까.

사건 후 120시간이 지나서 겨우 경찰은 한지근(韓智根)이라는 19세 소년을 범인으로 체포했다고 발표했는데, 체포되어 법정에 선 것은 그 한 사람이었어요. 단독범이란 것이지요. 재판 때 파출소 앞

1149 일됨새: 앞뒤. 셈평. 꼴. 움직임. '상황(狀況)'은 왜말임.

에 세워 둔 트럭이 갑자기 튀어나와 내 차를 급정거시킨 사실에 대해서는 일언반구 언급이 없었고요. 피고는 달리는 차를 뒤쫓으면서 권총을 쏘았다고 거짓말을 하고, 검찰 측이 내세운 증인들도 모두 피고의 진술을 그대로 긍정했습니다. 위증이지요. 현장을 실제로 목격한 시민 중에서 증인으로 채택된 사람은 한 명도 없었어요. 결론을 말하자면, 범행현장에는 범인인 제1저격수 한지근 말고도 제2저격수 겸 현장 지휘자 하나, 도피 확인자 둘, 함께 네 명의 공범이 있었는데, 경찰은 이 점에 관해서 아무것도 밝히지 않았습니다. '19세 소년 한지근'이라는 경찰 발표도 새빨간 거짓말이고, 범인 나이는 스물하나, 본명은 이필형(李弼炯)입니다. 범인들이 가지고 있던 세 자루 권총은 장택상이 지급한 것이고, 실제로 범인들한데 이것을 건네 준 사람은 김두한입니다. (암살을 목대잡이1150은 신동운이 대한에서 '韓'을, 안중근에서 '根'을 따다 이필형을 한지근(韓智根)으로 개명해 줬다고 함.)

범인 이필형은 좌익 세력의 제거를 위해 권력의 비호 아래 조직한 테러단 '백의사(白衣社)' 일원이고, 이 백의사를 윤치영·장택상·조병옥 그리고 이승만으로 연결하는 중간책이 김두한이었습니다. '백의사'에 대한 경찰의 지원을 직접 담당한 놈은 언젠가는 체계적으로 기술될 '한국의 국가 범죄사'에서 특이한 한 페이지를 장식하게 될 노덕술(盧德述, 1899~? 수도경찰청 수사과장)입니다. 정부 수립 후 '반민특위(반민족행위 특별조사위원회)'가 일제시대 때에 특별고등경찰이었고 해방 후에도 사람을 잡아서는 고문으로 죽이고 그 시체를 얼어붙

1150 **목대잡이**: 여러 사람을 도맡아 거느리고 일을 시키는 사람.

은 한강얼음 밑으로 밀어 넣는 등 악랄한 짓을 한 노덕술을 체포하려 했을 때 이승만이 기를 쓰고 그를 감싼 것은 7월 19일 내 암살극에 얽힌 더러운 인연 탓이었다고 보아도 틀림없을 겁니다.

범인은 일단 사형 판결을 받고 곧 무기로 감형이 됩니다. 그 후 경찰은 6·25 동란 때 범인이 개성 소년형무소에서 인민군한테 사살되었다고 발표했는데, 이것도 거짓말입니다. 그 일당의 두목이 한홍지라는 가명으로 버젓이 도쿄에서 살고 있는데, 권력의 비호를 받고 있던 한지근이 형무소에 갇힌 채 인민군한테 사살되었다는 걸 어떻게 믿을 수 있겠습니까.

7월 19일 나를 죽인 조병옥·장택상 일당은 해방 직후 한반도에 상륙한 미군한테 여운형은 소련 조종을 받는 빨갱이라느니 총독부에서 돈을 받은 일제 주구라느니 하는 중상모략으로 '인민공화국'을 소멸시킴으로써 나를 정치적으로 매장한 인물들입니다. 그들은 나를 두 번 죽인 셈이지요.

아무튼 제가 제거된 후 좌우합작위는 10월 6일 해산되고, 이로써 할 일을 잃어버린 꼴이 된 제2차 미소공동위도 10월 18일에 중단됐으며, 이어서 10월 4일 유엔총회 정치위에서 유엔임시조선위의 설치를 요구하는 미국안이 소련의 반대를 무릅쓰고 가결되기에 이르렀지요. 이리하여 이승만이 쾌재를 부르는 가운데 역사는 남쪽만의 단독선거를 향해 질주하게 됩니다.

쌍구슬이었던 여운형呂運亨과 박헌영朴憲永

몽양은 더없이 직수긋하고1151 너그러운 마음을 지닌 데다 또 더할 나위 없이 실살스러운1152 사람이었다. 박헌영과 쌍구슬을 이루는 '세계사적 개인'이었다. 『여운형론』을 쓴 김오성(金午星, 1908~?)은 말한다.

우리나라에 박헌영 씨와 같은 투사형 지도자와 여운형 씨와 같은 정치가형 지도자가 있음은 원칙과 정책, 전략과 전술의 쌍벽을 가진 것으로 민족적인 행복이라 아니할 수가 없는 것이다. 한 분이 들이친 뒤에 다른 한 분이 어루만져 수습할 수 있으니 그 얼마나 좋은 콤비냐? 두 지도자는 서로 상이한 부면을 담당하면서 원칙적인

1151 **직수긋하다**: 거스를 뜻이 없이 풀기가 죽어 수그러져 있다. 시키는 대로 순순히 따르는 데가 있다.

1152 **실살스럽다**: 알차다. 착실하다. 튼튼하다. 옹골지다. 옹골차다. 알배다. 단단하다. 공골차다. 알지다. 옹차다. 알차다. 알토란 같다. 충실(充實)하다.

일치를 얻어 행동할 수 있을 것이다.

김오성은 그러면서도 몽양이 타고난 자유주의적이고 민주주의적인 마음결을 높이 끊아매기며1153 몽양이 한 말을 든다.

내 주장이 정당한 줄 의식할 때에도 여러 사람이 반대하거나 또는 다른 주장에 찬동할 때에는 내 주장을 포기하고 그 여러 사람의 주장을 따르겠다.

1919년 4월 10일 밤 10시였다. 상해 불란서 조계 김신부로(金神父路) 허름한 셋집이었다. 조동호·리동녕·리시영·조완구·조성환·김동삼·조용은·신규식·신석우·여운홍·현순·최창식·리광수·신익희·류치진·리규홍 같은 수십 명과 함께 독립운동 방침들을 세우자는 뜻을 맞출 때였다. 몽양은 세 가지에 생각을 달리하였으나 수가 적어 맞설 수 없었다.

첫째, 사람들이 모두 '임시정부'를 세우자고 하였는데, 몽양은 '정부'는 안 되고 '정당'으로 해야 된다고 하였다. 아무리 임시정부라고 하여도 쳇것1154이 '정부'가 되면 정부 얼굴값을 지킬 수 있어야 하는데, 셈평이 그렇지 못하다는 것이었다. 그러나 다른 사람들은 백성들 뜻을 다지르고1155 일본에 내버티는1156 뜻이 크므로

1153 끊아매기다: 값 치다. 값 매기다. 끊다. '평가(平價)'하다는 왜말임.
1154 쳇것: 이름. 명색(名色).
1155 다지르다: 다짐받을 만한 일을 알고자 다지다.
1156 내버티다: 대서다. 맞서다. 대들어 번대다. 달려들다. 대지르다. 되받다. 번장대

'정부'로 해야 된다는 것이었으니 - 몽양 내댐은 '현실론'이고, 다른 이들 내댐1157은 추상론이었다.

둘째, 나라이름 '대한민국'의 '대한'에 대한 생각을 달리하였다. '대한'이라는 나라이름은 조선에서 오래 쓴 적이 없고 잠깐 있다가 곧 망해 버린 이름이므로(더구나 왜제가 대청제국과 맞먹는 제국 이름을 달게 함으로써 끼어들 명분을 찾고자 했던 것이므로) 되살려 쓸 수가 없다는 것이었다.

셋째, 몽양은 대한제국 황실을 잘 받들겠다는 것에 죽어도 안된다고 맞섰다. 그러나 다른 이들은 "이태왕(李太王)이 훙서(薨逝)한 뒤 대한문 앞에 인민들 곡성이 창일하였다. 이것을 보면 민심이 아직도 황실에 뭉쳐 있으니 민심수습상 황실을 우대하는 것이 쓸데 있다"며 대한민국 임시헌장 제8조에 '대한민국은 황실을 우대함'이라는 조문을 넣었다. 이처럼 천 년 넘게 내려온 봉건사상과 관료주의에 전통관념 껍질을 벗지 못한 상해 임정이었다. 그들은 대한문 앞 인민들 울음소리를 잘못 들었던 것이다. 망국의 울음도 아무때나 터뜨리면 잡혀가므로 참고 있다가 고종 인산(因山)이라는 때를 얻어 터져 나왔던 울음이었지, 이름뿐인 황실을 그리워한 울음이 아니었던 것이다.

여기서 반드시 적어 두어야 할 역사적 사실 한 가지가 있으니, 앞서 말한 <동제사(同濟社)>라는 모임이다. 신해혁명 일어나기 전 해인 1910년 중국 광동(廣東)을 찾아간 우국지사가 있었다.

다. 버티다. 앙버티다. 개개다. '저항(抵抗)'하다는 왜말임.
1157 내댐: 내세움. 내걺. 힘주어 말함. '주장(主張)'은 왜말임.

박헌영(왼쪽)과 여운형.

　충청북도 옥천(沃川) 출신으로 구한국 때 참봉(參奉)을 지낸 김규흥 (金奎興, 1872~1936) 선생이다. 신해혁명에 들었다가 혁명이 허방짚은 1158 다음 백암(白巖) 박은식(朴殷植, 1859~1926)들과 홍콩 거쳐 상해에서 박은식·리상설·류동렬·신규식·여운형들 시켜 짜게 된 것이 '신한 청년당'이었다. 그리고 신한청년당에서 김규식을 파리강화회의 에 보내고, 장덕수를 서울로 보내어 3·1 운동이 일어나게 하였는 데, 이 모든 것을 읽고1159 추슬러 갔던 것이 <동제사(同濟社)>인데, 동제사를 꾸린 것은 범재 김규흥 선생이었다고 한다. 역사에서 사 라져버린 김규흥 선생 이야기는 김상구(金尙九)가 쓴 『범재 김규흥 과 3·1 혁명』에 나와 있다.

1158　허방짚다: 그르치다. 허방치다. 불쏘다. 끝장나다. 떨어지다. 물먹다. '실패(失 敗)'하다는 왜말임.
1159　읽다: 생각하다. 엮다. 얽어짜다. 짜다. 짜 보다. '구상(構想)'하다는 왜말임.

나라를 찾기도 전에 팔아먹은 리승만李承晚

임시정부를 꾸릴 때 이야기로 돌아가 보자.

리만규(李萬珪, 1882~1978)가 쓴 『여운형선생투쟁사』에 임정 엉망 진창이 나온다.

임시정부로 거두들이 모여들기 시작해서 안창호가 오고 이동휘가 오고 이승만이 왔다. 이승만이 오기 직전에 그이의 위임통치 문제 가 떠돌아 상해 여론이 물끓듯하였다. 그가 민주국민회의 명의로 조선을 위임통치하여 달라는 청원을 윌슨 대통령에게 제출하였다 는 것이다. 이 말이 나자 신채호는 적극적으로 반대하고 북경 기타 지역에서도 이승만 대통령을 반대하였다. 몽양은 이 일을 안창호 에게 물었다. 안창호는 "이승만의 하는 일을 나는 모른다"고 하였 다. 몽양은 다시 "듣건대 국민회의 명의로 보냈다면서 회장은 모르 느냐?"고 반문하니 안이 역시 "모른다"고 하였다. 몽양은 다시 안 더러 "그렇다면 이승만의 일은 오해를 풀 수가 없지 않은가. 민단 주최로 환영회를 할 터인데 그 석상에서 설명을 구하고 다시 재신임을 요청하여야 할 일"이라고 하였다. 그 후 이승만은 민단 주최 환영회에 출석을 거절하였다. 그러나 몽양이 손중산(孫中山) 혁명의 일로 광동에 간 동안 민단 총무 장붕(張鵬)이 주최한 민단 환영회에는 출석하여 화관 씌우는 영예를 받았다.

이때 일됨새를 알려 주는 글이 있다. 리기형(李基炯, 1917~2013)이 쓴 『몽양 여운형』이다.

이승만을 중심으로 한 이들이 독립 대신 위임통치 및 자치문제를 주장하고 있었다. 이 사실을 몇몇 사람은 잘 알고 있었다. 그런데 신석우가 이승만이 적임자(대통령에)라는 의견을 내놓았다. 이 순간 사학자 신채호가 천부당만부당이라고 소리치며,

"이승만은 이완용보다 더 큰 역적이다. 이완용은 있는 나라를 팔아먹었지만 이승만은 아직 나라를 찾기도 전에 팔아먹은 놈이다."라고 열기를 뿜었다. 옆에서 누군가 이에 응답했다.

"사실 여부를 잘 알아 보기도 전에 그렇게 단정지을 수 없지 않은가?"

신채호는 다시 큰 소리로 노호(怒號)했다.

"너희같은 더러운 자들과는 자리를 같이 하지 않겠다."

그는 자리를 차고 일어섰다. 여러 사람이 말렸으나 단재는 기어이 나가고 말았다. 혁명의 선비 단재다운 기개였다.

몽양은 모택동과 몇 차례 만났는데, 모택동혁명이 반드시 성공

할 것이라며 그 까닭을 다음과 같이 말하였다.

중국은 주대(周代) 800년간에 원시공산주의 유속으로 정전법(井田法)을 써서 농민의 생활을 풍유하게 하였다. 진(秦)이 흥하자 전환해서 정전법을 폐하고 지독한 세를 많이 받아 농민생활에 위협을 주다가 2세에 망하고 동한(東漢)에 와서 유수(劉秀)가 농민의 인심을 얻어 혁명을 하고 주원장(朱元璋)이 또한 농민의 아들로 농민의 마음을 얻어 혁명을 하였으니, 지나의 혁명은 농민의 마음을 잃고는 성공하지 못한다. 이제 모택동의 혁명이 그 기초가 농민에 있으니 반드시 성공할 것이다.

이러한 몽양 생각은 그로부터 반세기 뒤 왜국 먹물이 쓴 책에 나오는 대목과 놀라운 하나됨을 보여 주고 있으니, 빼어나게 앞날을 가늠하는 슬기인 것이다.

중화 인민공화국은 중국의 긴 역사에서 어떤 위치를 차지하며 어떤 의미를 가지는 것일까. 나의 생각으로는 1921년 소수의 당원으로 출발한 중국공산당이 국민당의 강압과 일본 제국주의의 침략을 물리치고 30년의 고투 끝에 마침내 중화 인민공화국의 성립에 이르는 역사는 두말할 것도 없이 중국 역사에서 미증유의 사건이다. 모택동의 중국공산당은 진승(陳勝)·오광(吳廣)의 봉기로 시작되는 중국 역대의 무수한 농민봉기의 전통을 계승하는 것으로 생각하고 있다. 특히 1851년 광서(廣西)의 한 귀퉁이에서 거병하여 53년 남경

(南京)을 점령하여 도(都)를 설(設)하고, 한때는 북경에까지 이르러 청조(清朝)에 대충격을 주고 64년까지 11년간 장강(長江) 이남의 지구를 지배했던 태평천국(太平天國)

블라디미르 레닌.

과는 직접적으로 피를 통하고 있다.

중국의 농민은 언제나 농민폭동으로 왕조를 쓰러트리기는 했으나 그 뒤에 농민 스스로의 힘에 의한 정권을 세우거나 중국을 영속적으로 통치하는 정부를 만드는 데는 언제나 실패했다. (…) 농민들은 언제나 얼마 안 가서 본래의 통치계급에 자리를 물려주고 말았다. 농민의 아들이며 중국의 사서(史書)를 애독한 모택동은 농민 정권을 지키고 그와 같은 역사를 다시는 되풀이해서는 안 된다고 깊이 믿고 있는 듯싶다.

- 具塚茂樹,『中國の歷史 下卷』, 岩波書店, 1970. 184면

몽양은 레닌과 두 번 만나 보았는데, 첫 번째는 일본공산당에서 손꼽히는 사람인 가타야마 센[片山潛]과 함께였고, 두 번째는 손문 몸받은 취추바이[瞿秋白]와 함께였다. 몽양이 본 레닌 느낌이다.

"관대한 덕량, 원만한 기질, 광박한 지식, 평범자약한 의표 그리고

혁명가의 열정 모두가 과연 고대(高大)한 인물이었다."

"동무는 조선독립을 위하여 생명을 희생해서 투쟁하겠는가?"

레닌이 가타야마 센한테 묻고 몽양한테도 물었다.

"동무는 일본혁명을 위하여 투쟁하겠는가?"

둘 다 "하겠다"고 대답하였다. 레닌이 기뻐하며 말하였다.

"소련과 핀란드 사이와 소련과 폴란드 사이에는 소련의 우월성으로 저편의 감정을 도발시키고 의구가 생기며 같은 공산당끼리도 원만치 못한 일이 더러 있다. 비록 혁명가라 할지라도 사람인 이상 감정을 무시할 수는 없는 것이다. 만일 일본과 조선이 악수를 한다면 양국의 혁명은 무난할 터이니 힘쓰라."

몽양이 소비에트식 프롤레타리아혁명을 조선에 일으켜야 한다고 할까 봐 걱정하고 있는데, 레닌이 말하였다.

"조선은 농민의 나라이니 공산당운동이 먹혀들기 어려울 것이다. 농민들이 지니고 있는 민족주의를 공명시켜 민족운동을 일으키는 것이 좋겠다. 그리고 임시정부를 그대로 지지할 게 아니라 개조시킬 필요가 있다."

트로츠키와도 회담하였으나 트로츠키 영어가 서툴러서 많은 이야기는 못하였다. 손문을 만난 몽양이 "선생 머리가 벌써 희어졌다"고 하자 손문이 말하였다.

"사람의 머리는 늙을수록 희어지고 혁명은 늙을수록 붉어진다."

사람무리1160가 다다르게 된 가장 높고 아름다운 꿈나라인 '공산주의'에 대한 몽양 생각이다. 1931년 경성부심법원에서 털어놓은 것이다.

맑스의 이론에는 찬성하나 그대로 실행하는 것은 불가능하다. 조선 같은 데는 노농독재를 실행하여서는 아니된다. 맑스주의는 소련에서는 레닌주의가 되고, 중국에서는 삼민주의가 되었으니 조선에서는 두 나라와 달리하여야 한다.

이상으로 공산주의를 찬성한다. 실행문제에 있어서는 조선에는 그대로 가져올 수 없다. 세계 각국 어디서든지 맑스주의는 그 형태를 변화시켜서 실행되고 있다. 소련까지도 신경제정책이니 5개년 계획이니 하며 시대와 처소에 적응시켜 고쳐가며 실행한다.

조선해방에는 시종일관 조선 전체의 이익을 위해서 나아갈 심산이다. 전체가 공산주의를 해야만 되게 되면 곧 공산주의를 실행할 것이요, 수정하여야 될 것이면 곧 수정해서 실행할 뿐이다. 결코 언제든지 일부 소수인을 위하는 운동자는 되지 않을 것이며 조선이 독립되면 나라 일을 인민 전체의 의사대로 해나갈 터이다.

1160 사람무리: 사람. '인류(人類)'는 왜말임.

리석태李錫台의『사회과학대사전』에 오른 여운형

祝詞

一. 靑春의 붉은피는 다같이 뜨거웠다
　　白髮의 새빛갈은 네오내오 왜다른고
　　오로지 임의영화를 빌어마지 안노라

二. 淸廉과 熱情으로 쌓은고생 얼마인고
　　머리가 히올수록 革命더욱 붉어졌다
　　아마도 임의갈길은 임만안다 하노라

三. 레닌과 孫中山이 새살림을 못마쳤다
　　그나라 동무들의 동무슬흠 어떠턴고
　　이슬흠 아예없고저 임의壽를 비노라

　　　　　　　　　　　　一九四六年 五月 二十五日 也自

　　　　　　　　　　　　回甲을 맞는 夢陽 벗에게

1946년 8월 15일 나온『여운형투쟁사』밑글월 앞에 나오는 글이다. 몽양보다 네 살 많은 동무였던 야자 리만규(李萬珪, 1882~1978)가 쓴 축사. 그리고 '공산당에 가입' 가닥 끝에 나오는 글이다.

몽양은 '막쓰'의 공산당선언문과 영국 노동당의 조합운동기 등을 번역한 최초의 사람이다.

몽양이 「공산당선언」을 조선말로 옮겼던 것은 모스크바에서 열리는 '원동피압박민족 노동자대회'에 나가기 전이니, 1920년 여름쯤이었을 것이다. 이 책의 부록으로 실린 <공산당선언>은 그때 몽양이 '최초로 옮겨 적었던 것'이 아니다. 그것을 가지고 있다는 이를 본 적이 없다. 몽양이 맨 처음 조선말로 옮겼다는 말만 전설처럼 들었을 뿐이다.

'광주학살' 바로 뒤였으니, 꼭 40년 전이었다. 광주를 한허리로 한 호남 얼안에서 열반하신 숱한 넋 앞에 한 점 향불 사뤄 올리는 속마음으로 붓 잡아, 나중 『염소』로 이름 바꿔 박아낸 동화 『죽고 싶지 않았던 빼빼』를 썼던, 1980년 초여름.

이른바 '오둘둘사건'으로 징역을 살고 나온 울대 출신 운동권 청년한테 무슨 '불온문서'처럼 받은 것이었다. 오카모토 미노루가 총살당하면서 꽃피었던 '서울의 봄' 때 울대 운동권에서 번역한 것이었다. 전설처럼 떠돌던 '역사적 문건'들을 찾아 밤새워 읽던 때가 죽비처럼 등짝을 후려치는 오늘이다. 혁명이 사라진 시대에 빼어난 혁명가가 조선말로 옮기었다는 글 다시 읽어 보는 마음 애잡짤하고녀. 옴 아모카 살바다라 사다야 시베훔. 삼설(三說).

1929년 8월 6일과 8일 「여운형신문조서급판결서」에 나오는 대문이다.

문　너는 맑스의 공산당선언문을 번역한 일이 있지.

답　있소.

문　원서를 어듸서 입수했는가.

답　상해 외국인 서점에서요.

문　간도, 만주 등지에 퍼진 공산당선언문은 네가 번역한 그것인가.

답　그것이라 생각하오.

문　그 선언문 이외에 어떤 것을 번역했는가.

답　부하린 저 『공산주의 ABC』 『직접행동』 두 가지였소.

문　『직접행동』이란 무슨 내용인가.

답　영국노동당의 노동운동에 관한 기사 즉 조합운동의 기사였소.

문　인쇄는 어디서 했는가.

답　상해 독립 인쇄소였소.

문　배포방법은.

답　리동휘(李東輝)가 자기 부하를 시켜 만주와 조선 내에 퍼치었소.

문　너는 그 외에도 『로국(露國)의 묘(墓)직이』 『물장수』 등을 번역하였지.

답　그런 것은 번역한 일 없소.

문　네가 오늘까지 맑쓰에 관해 읽은 문헌은 어떤 것들인가.

답 1. Marx's capital

2. A. B. C. communism

3. Leninism

4. Class Struggle, Kautsky

5. Socialism at work, Macdonald

6. 瞿秋白 저 『俄國革命史』

이런 책들이었소.

문 그 밖에는 애독서가 없었는가.

답 에취·지·웰스의 『세계사』『윌손 연설집』 등이오.

『사회과학대사전』이라는 책이 있다. 1948년 8월 20일 '문우인 서관(文友印書館)'에서 박아 낸 것으로, 리석태(李錫台)가 엮었다. 이 책에 나오는 글이다. (한자와 띄어쓰기만 손보았음) '원고 8천500매 중 약 4천 500매 창작'한 '57인 집필자 명단'이다. (한자에 우리말을 덧붙였음)

집필자[가나다순]

강병도(姜炳度) 강병창(姜炳昌) 강성호(姜聲鎬) 강리홍(姜利弘)

고경흠(高景欽) 김덕한(金德漢) 김상형(金相瀅) 김완직(金完稷)

김정홍(金正洪) 김종억(金鍾億) 김한주(金漢柱) 문일민(文一民)

백남운(白南雲) 송완순(宋完淳) 온락중(溫樂中) 윤형식(尹亨植)

리 광(李 珖) 리북만(李北滿) 리석태(李錫台) 리우적(李友狄)

리 철(李 哲) 인정식(印貞植) 림상준(林相俊) 전석담(全錫淡)

정종섭(鄭鍾燮) 정준섭(丁駿燮) 정해근(鄭海根) 정해진(鄭海進)

정희영(鄭禧永) 조동필(趙東弼) 주진경(朱鎭璟) 주진구(朱鎭球)

최익한(崔益翰) 최진순(崔鎭淳) 홍기무(洪起武) 홍순직(洪淳直)

홍순창(洪淳昶)

(보조집필자+八인은약함)

편집겸교정 리석태(李錫台)

(김수원 +三인은사정에의하여발표를략함)

아래는 『사회과학대사전』 여운형, 공산당선언 항목이다.

呂運亨 호는 몽양이니, 1886년 5월 27일에 경기도 양평군에서
출생하다. 17, 8세 때에 국사가 그릇되매 청운의 뜻을 품고, 향촌
과, 학교와, 예수교회 안에서, 애국사상과 배일사상을 고취하다가,
1914년에 중국으로 가서 금릉대학에서(영문과) 공부하는 일방으로,
상해에 있는 동포들과 교민회를 조직. 1918년에 신한청년당을 조
직 1919년에 파리강화회의에 김규식을 파견하고, 자신은 서북간
도, 시베리아로 순회하여, 망명동지를 상해로 집결하도록, 권유하
여, 동년 일에 상해임시정부를 조직케 하였다. 동년 11월에 일본
동경에 가서, 조야명사 500인과, 요로 대신에게 조선독립을 강경
히 주장한 후, 일본을 동양평화파괴자로 지적하여 이론으로 극복
시키었다. 1921년 11월에 모스코에서 열린 원동피압박민족대회
에 출석하여, 의장의 1인으로 추천되고, 레-닌과 조선독립문제를
토의하다. 1917년부터 중국 손문과 친교를 맺고, 중국혁명을 원조
하는 일방, 중국공산당과, 손문과를 연결시키고, 1921년에 양국

의 독립과 혁명을, 도웁기 위하여, 중한호조사를 조직하다. 1922년에 독립군을 양성하기 위하여 노농회를 조직하고, 1929년에 동방민족대회를 광동에 개최하려 남양에를 가서, 영미제국주의를 공격하고, 남방민족의 연방을 주장하여, 방축, 또는 잔류를 당하였다. 1927년, 상해에서 장개석이 국사를 같이 하자는 초빙을 받았으나, 일경에 피촉되어 입국하여 3년간 복역하였

리석태, 『사회과학대사전』 1987년 판 표지.

다. 출옥 후 일제에게는 절대의 반항주의를 취하고 지하로 민족사상을 고취하고 해외의 혁명동지와 연락하였고, 중앙일보를, 경영하다가 폐간을 당한 뒤로, 일제에 반항투쟁을 꾸준히 하였다. 제2대전 중에는 일인의 요청을 일체 거부하고, 1943년에 동경과 내지에서 청년의 지하운동을 일으켜 지도하고 1944년 8월에 비밀결사인 건국동맹을 조직하여 연안의 독립동맹과 연락을 취하다. 8 · 15 즉시, 건국동맹이 산파역이 되어, 전국적인 건국위원회를 조직하였고, 동회를 발전시켜, 인민위원회의 조직에 조력하다. 건국동맹은 인민당으로 발전시켰다. 1946년 9월에 공산당, 신민당, 인민당의 3당 합동에 노력하였으나, 예상과 같이 되지 아니하므로, 1947년 5월에 근민당을 조직하였다. 미소의 대표자들과 자유자재 하에 교제하여, 조선독립의 방책과 촉진을 역권하고, 외국 시찰인 각국

기자는 1인도 빼지않고 만나, 면담으로 혹은 장문으로 조선의 통일독립을 선전하고, 민주건국을 위하여, 불면불휴로 노력하였다. 이러는 동안에 테로는 12차나 당하였고, 그 중 5회는 위급하였는데, 1947년 7월 19일 경성에서, 테로에게 피살되다. 시에 62세, 그는 실로 위대한 정치혁명가로서 근대 희유의 외교가이며, 또는 웅변가였다.

공산당선언 1848년 1월 맑스와 엥겔스의 기초에 의해서 발표된 「공산주의동맹」의 강령이, 즉 공산당선언이다. 전부 4부로서 구성되었는데, 그 제1절에는 뿌르죠아 급 프로레타리아-트의 계급대립의 유래와 역사적 의의를 말하고, 제2절에는 프로레타리아와 공산주의자와의 관계를 말하고, 뿌르죠아사회를 과학적으로 해부하고, 그것에 대한 공산주의자의 실제적 정책을 제시하였다. 제3절에는 종래의 사회주의, 공산주의에 관한 제학설을 논평비판하고, 끝으로 제4절에는 공산주의자의 혁명적전술급 공산당과 다른 모든 정당과의 관계를 밝히었다. 이것을 요약해서 말하면, 엥겔스가 그 서문에서 말한 바와 같이, 그것은 「사상 각 시대의 경제적 생산 급 이것에 필연적으로 수반하는 사회조직은 그 시대의 정치적 급진적 역사의 기초를 형성하는 것」이라 하였다. 따라서(원시토지공유제의 소멸 이후) 일체의 역사는 계급투쟁의 역사, 즉 사회발달의 제계단에 있어서의 피착취계급과 착취계급, 피지배계급과 지배계급 간의 역사였다고 하였다. 그런데 이러한 투쟁은 이제는 피착취피억압계급(프로레타리아-트)이 그들을 착취억압하는 계급(뿌르죠아지-)으로부터,

해방되기 위해서는, 반드시 사회전체를 영구히 착취계급과 계급투쟁으로부터 해방하지 않으면 아니되는 계단에 이르고 있다는 것이다. 이 선언은 공산주의의 역사적 문헌이 되고 있을 뿐 아니라, 그 이후의 공산주의운동에 초석이 되고 있는 것인데 영, 불, 독, 로 등 각국어로 번역되고 있다. 1945년 8월 15일 일제 패망 이후, 그 야만적인 문화정책에서 해방된 조선에도, 수삼종류의 그 번역이 나오게 되었다.

『공산당선언』 독일어판 표지.

사바공산주의자[1161] 고준석(高峻石, 1910~?)이 쓴 『해방 1945~1950』이라는 책이 있다. 그 책에 나오는 대문이다.

〈이석태 동지〉

이석태는 1920년대부터 이미 고려공산주의 청년동맹 간부로 활동해 왔던 고참 공산주의자였다. 그는 해방 후, 장안파 공산당과 당내회 소집 운동에 관계한 일로 인해서 박헌영 일파에 의해 남로당

1161 **사바공산주의자:** '사바(娑婆)'라는 말은 군대·감옥·유곽 같은 데서 자유로운 바깥세상을 가리키는 변말로, 감옥맛을 본 공산주의자들이 그렇지 못한 공산주의자들을 나지리 여기는 속된 말이었음. 출가 승려들이 재가 신도들을 '속인(俗人)'이라고 하는 것과 비슷한 뜻임.

으로부터 배제되어 '정치낭인'으로 전락해 있었다. 그래서 나는 그를 우리 '권위있는 선' 서클로 '획득(獲得)'했고, 그는 중간·우익 정당에 대한 정치공작을 맡고 있었다. 이석태는 정치공작을 하는 한편으로, 『사회과학사전(社會科學辭典)』을 출판하기 위해서 열심히 자료를 모으고 있었다.

그런 이석태가 남한인민대표자대회의에 참가하기 위해서 38도선을 넘어서 평양으로 왔다. 그는 일반 남한인민대표자와는 달리, 이미 우리의 '권위있는 선'에 소속되어 있었으므로, 북로당 중앙본부로 그 '위대한 간부'를 찾아갔던 것이다. 그때 그는, 『사회과학사전』을 편집하고 있는데 김일성 장군의 빨치산 투쟁 기사를 거기에 넣고 싶으니, 김일성 장군을 만나게 해 달라고 건의했다. 그것에는 자신이 열렬히 지지하는 지도자인 김일성을 한번 만나고 싶다는 생각도 들어 있었을 것이다.

이 이석태의 건의에 대해서 그 '위대한 간부'는 그의 태도를 불손하다고 보았는지, 건방지다고 보았는지, '주제를 모르는 행동'으로 보았는지 이석태에게 우선 남한의 정세를 작성해서 제출하라고 명령했다. 그리고 그 '남조선의 정세'가 부당한 '비판'을 받고 그는 여관에 연금당한 채로 남한 인민대표자 회의에도 참가하지 못한 채 후에 남한으로 송환당했던 것이다. 그래도 이석태는 남한으로 돌아온 후에도 정치공작을 계속하고 있었으나, 결국 리승만정권의 특무대원들에게 체포되어 가혹한 고문에 의해 살해당하고 말았다. 한편 그의 『사회과학사전』은 살해당하기 직전인 1949년(1948년임)에 출판되었다.

이러한 일, 즉 남로당의 박현영 일파로부터는 '반동분자', '반혁명분자' 등의 낙인이 찍혀서 배제되었고, 북로당으로부터는 '불순분자', '부르조아사상분자'라는 굴욕을 받으면서도 계속해서 혁명적 정열을 불태우고 지하공작을 계속하다가 그것 때문에 살해당한 공산주의자의 죽음을 누가 슬퍼했을까? 아마도 그의 유가족 이외에는 아무도 슬퍼하지 않았던 것은 아닐까?

그렇다 하더라도 '위대한' 사람들이, "수많은 동지가 살해당했다. 그 동지만 죽은 게 아니다."하고 말하면서 한 사람의 슬픈 동지의 죽음을 무시하는 것은 나는 용서할 수 없는 것이다.

조선제일 남중일색 여운형 선생

　"남중일색(男中一色)이시더구먼.　그야말루　옥골슨풍(玉骨仙風)이셨어."

　어머니는 아득한 눈빛으로 허공중을 바라보셨으니, '민들레꽃반지'1162를 닦으시던 때였던가. 아니면 "워디 갔다가 인저 오셨대유? 평양 있다 오신규? 아니면 큰산1163 있다 오신규? 박동무1164 넌 펭안허시구, 리휜상 슨상님두 강릥허시쥬?" 사시랑이1165처럼 야윈 두 팔로 자식 바잣가랑이 잡고 울음 섞인 말만 되풀이 하시던 어느 날이었던가.

　충청남도 본부가 있던 한밭이었다고 하였다. 몽양 선생 일행이

1162　민들레꽃반지: 등허리에 민들레꽃 무늬가 새겨진 것으로 내외간이나 정인이 된 여성 손가락에 남성이 끼워 주던 한 돈이나 반 돈짜리 금반지로, 사회주의 운동에 몸과 마음을 던진 이들이 하였던 무슨 하냥다짐 같은 것이었음.

1163　큰산: 지리산 다른 이름.

1164　박동무: 조선공산당 당수였던 이정(而丁) 박헌영(朴憲永, 1900~1956) 선생이 '선생님'이나 '동지'라고 부르지 못하게 하면서, 쓰게 하였던 말로, "우리는 모두 똑같은 길을 가는 동무이다."

1165　사시랑이: 가늘고 약한 사람이나 몬(물건).

인민위원회를 얽는1166 일로 충남 본부에 들렀는데, 마중모꼬지
1167에서 꽃다발을 드리게 되었던 것이었다. 서둘러 집 뒤 오서산
(烏棲山)1168에서 꺾어 온 한다발 메꽃 부둥킨1169 스물네 살 새색시
는 군당에서 내어준 자동차로 도당까지 갔다고 하였다.

"승음(聲音)은 또 워쩌면 그렇긔 우렁차시던지… 똑 물떠러지1170
소리 같텨. 유성긔판서 나오넌 밍창덜 소리 같더라니께."

"그렇긔 잘생기셨더란 말씀유? 묑양 슨상이란 으른이."

"암 잘생기시다마다. 이 에믜두 일퉝(一統)1171 사업 헌다구 남성
동무덜두 숱허게 만나봤다만, 그렇긔 잘생귄 으른은 츰 봤다니께.
아, 일터1172 안 륀설대가 톡차더라니께."

망백(望百)이 된 늙은 여자 눈가에는 보슬이1173가 맺혀 있었다.

"늬 아부지만 혀두 칭칭지중 남중일색 소리 듣던 으른이셨지먼,
긔 앞이선 그러니께 거시기… 공자님 앞이서 문자 쓰넌 긕이더라
니께. 그때 븨서루 쪼처온 이두 당의서 꼽어주던 이였넌듸 그 으
른 앞이선 죅탈불급(足脫不及)여. 한참 츠겨."

데림사람, 그러니까 조선인민공화국 인민위원 대표 수행원으

1166 얽다: 만들다. 판짜다. 편짜다. 세우다. 꾸미다. 뭇다. '조직(組織)하다'는 왜말임.
1167 마중모꼬지: 마중모임. 마중잔치. 맞이잔치. '환영회(歡迎會)는 왜말임.
1168 오서산: 홍성군과 보령군에 걸친 791미터 산으로 충남에서 계룡산 다음으로
큰 산임.
1169 부둥키다: 안다. 껴안다. 그러안다. 얼싸안다. 보듬다. '포옹(抱擁)하다'는 왜말임.
1170 물떠러지: 작은 것은 '쏠'. '폭포'는 왜말임. 수포(水布).
1171 일퉁: '통일(統一)'은 왜말임.
1172 일터: '사무실(事務室)'은 왜말임.
1173 보슬이: 보슬비. 또는 보슬비처럼 눈자위에 보오얗게 어리는 눈물.

로 왔던 이는 건준 건설부 도꼭지1174였던 윤형식(尹亨植)이었다. 왜
제 때 조선청년동맹 중앙집행위원장이었고 <해방일보> 영업국
장과 <노력인민> 편집국에서 일했던 전북 출신으로 경성제국대
학 나온 수재였는데, 매우 잘생긴 사내였다. 그때 조선공산당에
는 3대 남중일색, 곧 3대 미남이 있었다고 하였다. 김광수(金光洙)·
윤형식(尹亨植)·안영달(安永達). 김광수(1903~?)는 전북 부안 출신 3동기
주의자 가운데 김철수(金綴洙, 1893~1986)·김창수(金昌洙, 1901~?) 아우로
남조선로동당 총무부장과 조선 민주주의 인민공화국 상업성 부
상을 지내다가 1953년 남로당 숙청 때 종파분자로 몰려 사라져버
린 사람이었다.

해방 20일 뒤 세워진 조선인민공화국 대표 인민위원 지체로 내
려온 몽양 선생을 맞조이1175 하는 자리에서 꽃다발을 바쳤던 어머
니도 충남도당 안에서 꼽아 주는 일색이었다. 1미터 67센티로 그
때에는 늘씬하게 근 키에 빼어난 생김새요 몸피로 어디에 내놓아
도 빠지지 않는 충청도 일색 소리 듣던 어른이었다. 그때에 조선
공산당에서 꼽아 주는 3대 일색, 곧 3대 미녀가 있었으니 - 주세죽
(朱世竹, 1901~1954)과 정칠성(丁七星, 1908~?)과 김수임(金壽任, 1911~1950) 이
었다. 3대 일색에 들지는 못하더라도 어머니 또한 면당 벗어나 군
당 넘고 도당에서도 꼽아 주는 일색이었으니 -

새서방님이 채 잡아 보내 주는 헌 신문지가 까매지도록 습자(習
字)해서 배운 글씨는 방정(方正)하였고, 맹원과 아이들 가르치고자

1174 도꼭지: 어떤 길에서 가장 으뜸이 되는 사람.
1175 맞조이: 맞이. 마중. '영접(迎接)'은 왜말임.

창가투쟁으로 익힌 노래솜씨 또한 사람들 귀를 모으게 하였는데, 어글하니 슬기롭고 날쌘 눈빛에 톡 찬 이마가 서늘하게 넓어 잘생긴 얼굴이었고 늘씬하게 고운 몸매였으니, 첫눈에 사내들 눈길을 확 끌어당겨 오금을 못쓰게 만들 만큼 빼어나게 아릿다운 맨드리1176로 왈 일색이었어라. 그처럼 어여쁘고 끼끗한1177 기상으로 잘생긴 얼굴과 몸매여서, 장 수수한 옷차림과 민낯1178으로 사람들 눈길을 비켰어라. 인공세상이 왔을 때 남조선민주여성동맹 청라면맹 위원장이 된 어머니께서는 더구나 옷깃을 여미였으니, 하늘같이 따르던 지아비 이름에 한낱 먼지라도 앉을까 두려워하는 마음에서였고녀. 칠흑처럼 까만 벨벳치마에 깨끗이 빨아 다려 눈처럼 흰 옥양목저고리 받쳐 입고 옥색고무신 꿴 아낙은 바른팔을 어깨 위로 들어올렸어라.

학대와 압박의 긴 밤에도
혁혁한 투쟁의 빛난 전통
청총의 깃발은 피에 젖어
우리들 진두에 나부낀다
우리는 젊은 친위대
인민조선의 젊은 친위대
청년의 자유가 없는 곳에

1176 멘드리: 몸매. 맵시. 몸가짐. 매무새. 몸맵시. 몸맨드리. 모습. 겉모습. 땟물. 자태(姿態).

1177 끼끗하다: ① 생기가 있고 깨끗하다. ② 상성하고 길차다.

1178 민낯: 단장하지 않은 여자 낯.

인민의 자유가 어딨느냐

인민의 자유가 없는 곳에

국가의 자유가 어딨느냐

음악가동맹원들이 청총가, 조선청년총동맹가 모뿌리1179하는
조공 충남본부 앞마당을 돌고 있는 것은 풍물패였다.

"저것이 무엇이오?"

몽양 선생이 젊은이를 바라보았다.

"무슨 말씀이신지…?"

29살 난 젊은이가 예순 살 대전배 혁명가가 묻는 말뜻을 몰라 눈
만 껌벅이는데, 살푸슴1180하는 대전배였다. 조선무용가동맹 젊은
이들이 치는 '풍물(風物)' 뜻을 몰라서가 아니었다. 젊은이 낯을 세
워 주자는 것이었다. 그것은 젊은이가 아버지뻘 스승으로 모시는
박동무 힘을 받든다는 뜻이었다. 몽양 선생 말뜻을 알게 된 젊은
이가 말하였는데, 조선혁명 엄지가락1181 박동무 몸받은 아랫사람
이 웃사람 대신으로 일을 받아 한다.

사람답게 매우 뜨거우면서 갈피잡아 일매진 그 말은 그리고 착
가라앉은 것이었다.

"잘 아시겠지만 저것은 풍물이올시다. 우리 겨레가 땅에 씨뿌려
거두는 농사를 짓기 비롯한 저 고조선 앞서부터 있어 왔던 놀이였

1179 모뿌리: 합창(合唱).
1180 실푸슴: 살풋웃음. '미소(微笑)'는 왜말임.
1181 엄지가락: 엄지손가락·엄지발가락 총칭. 엄지.

지요. 저것을 보고 '농악(農樂)'이라고 말하는 사람들이 있는데, 그것은 왜노들이 우리 조선 사람들이 만든 농촌고루살이 똑고르게 1182 얼개였던 '두레'1183를 뜯어헤쳐 버리면서 붙였던 이름이었습니다. 농사철에 한해서만 풍물을 놀도록 들어주는 왜제였습니다. 두레가 가지고 있는 그 본디 얼을 두려워했던 것이지요. 두레는 마을 농사일을 마을사람들이 더불어 함께 하면서 마을 안녕과 듬을 지켜 내었던 어기찬1184 얼개1185였습니다. 일과 놀이를 함께 아우르는 다리 구실을 하던 것이 풍물이었지요. 우리 배달겨레 얼이어받은 조선농군들은 평화시에는 농군이었고 마을 안녕이 바드러워1186졌을 때는 싸울아비어미1187가 되었으니, 외간것1188들이 범접을 못했던 까닭이올시다. 농사 농 자에 군사 군 자 쓰는 농군(農軍)이 된 까닭이고요."

조선인민공화국이 세워지기도 전인 8월 20일쯤 조선공산당 재건파에서 내려온 분부가 있었으니, 왜노들이 바꿔 버린 산천초목 이름을 본디 것으로 적어 보내라는 것이었다. 나중 남조선 노동당 문학부장으로 좌익쪽 문화정책 도꼭지였던 김태준(金台俊, 1905~1949)은 그때 이정(而丁) 선생 문화담당 특별보좌역 노릇을 하였는데 몽양 선생쪽 분부도 따르는 앞방석1189과도 같았다고 하였

1182 똑고르다: 평등한 삶. 화백(和白).
1183 두레: 농사꾼들이 농사철에 함께 힘을 모아 일하기 위한 마을 낱자리 모임.
1184 어기차다: 성질이 매우 굳세다.
1185 얼개: 짜임. 짜임새. 얽이. 틀. 꼴. 만듦새. '구조(構造)'는 왜말임.
1186 바드럽다: 아슬아슬하다. 간간하다. 위험(危險)하다'는 왜말임.
1187 싸울아비어미: 남녀전사(戰士).
1188 외간것: 외세(外勢).
1189 앞방석: 비서(祕書).

다. 그런 김태준 선생한테서 아버지한테 해야 할 일이 내려왔으니, 앞에서 말한 것이다.

청양군 비봉면에는 비봉산(飛鳳山)이라는 명산(名山)이 있다. 351미터 밖에 안되지만 봉황이 나는 형국이라고 하며 날아가는 봉이 알을 품었다는 이른바 비봉포란(飛鳳抱卵) 명당이 있다고 해서 꼽아 주는 명산이다. 이 중생 윗대 할아버지들 체백(體魄)이 묻혀 있는 선산(先山)이기도 하다. 그런 산 이름을 왜제는 비봉산(飛峰山)으로 바꿔 버렸던 것이다. 봉우리가 날아가 버리면 어떻게 되는가? 서울 인왕산(仁王山)을 인왕산(仁旺山)으로 바꿔 버린 왜제였다. 어진 일왕이 무릎 아래 엎드린 경복궁에 있는 조선왕을 굽어본다는 뜻이니, 벌어지는 입이 다물어지지 않을 뿐이다. 이런 식인 것이다. 계삼탕(鷄參湯)을 삼계탕(參鷄湯)으로, 부보상(負褓商)을 보부상(褓負商)으로, 장시(場市)를 시장(市場)으로, 물선(物膳)을 선물(膳物)로, 직숙(直宿)을 숙직(宿直)으로, 당해(當該)를 해당(該當)으로, 소약(少弱)을 약소(弱少)로, 납상(納上)을 상납(上納)으로, 란피(亂避)를 피란(避亂)으로… 한도 없고 끝도 없을 만큼이니, 이제 우리가 쓰고 있는 말 90퍼센트 위가 죄 왜말이다. 왜식 한자말인 것이다. 국어사전이 없는 것이 우리나라이니, 말해 무엇하는가. 서울에서는 동경 것을 베꼈고, 평양에서는 서울 것을 베꼈으며, 연변에서는 평양 것을 베꼈으니, 네 나라 국어사전이 죄 똑같은 것이다.

'련희(蓮姬)'라는 당호(堂號) 썼던 어머니한테 들었던 말이다. 조공 충남본부를 찾았던 그때 몽양 선생께서 하셨던 말씀이었다고 한다.

인민대중이 공산주의를 원하면 공산주의를 할 것이고, 자본주의를 원하면 자본주의를 할 것이다. 내 생각은 없다. 많은 사람들이 원하는 길을 좇아가는 것, 그것이 바로 민주주의일 것이다.

조선 맨 처음 인민장이 치뤄진 것은 1947년 8일 3일이었다. 상오 8시. 광화문에 있는 조선인민당 당사 앞마당이었다. 영결식장인 홍인지문(興仁之門) 밖 훈련원 운동장까지 가는 길은 사람바다였고 눈물바다였다. 수십만 인민대중은 땅을 치며 울부짖었다. 꽃다발을 들고 상여차를 미좇는[1190] 50명 조선인민당 여성 동무들 틈에는 남조선노동당 충청남도당에서 오서산 메꽃다발 꺾어 쥐고 올라온 련희동무도 있었다. 26살짜리 그 애동대동한[1191] 남로당원 귓청을 두드리는 것은 맏딸따니[1192]가 들려 준 몽양 선생 마지막 말씀 "조선…"이었다.

"왜놈도 못했거늘 어째 선생을 죽였느냐?"

"선생 피와 함께 인민은 살아 있다!"

"아! 우리의 지도자 몽양 선생. 위대한 지도자, 인민의 벗. 혁명에 흘리신 거룩한 피는 여기 인민의 가슴에 뭉쳐 있나니…. 반동의 총탄에 쓰러진 몽양 여운형 선생의 위대한 죽음을 슬퍼하는 이 노래! 몽양의 유해를 둘러싸고 젊은 청년들이 흐느껴 운다. 고이 잠드시라. 우리의 몽양 선생. 우리는 기어코 원수 갚으오리다. 몽

1190 미좇다: 뒤따르다.
1191 애동대동하다: 매우 젊다.
1192 맏딸따니: 맏따님.

양 선생 추모의 노래는 오고가는 사람을 슬프게 한다."

가신 님을 기리는 조선문학가동맹 사나운 장수 김광균(金光均, 1914~1993) 눈에도 눈물이 어려 있었다.

상여를 좇으며

김광균

1천 9백 4십 7년 8월 3일 하오 1시 15분

하늘에 조기를 올리고 종을 울려라

기적은 공중을 향하여 스스로의 비애를 뿜어라

이날! 한사람의 위대한 시민이 우리 곁을 떠난다

서울 한복판을 피로 물들인 7월 19일부터

우리는 얼마나 울어 왔더냐

계동을 지나

종로를 지나

동대문을 지나

끊어진 국토와

황폐한 제방에서 들려오는

통곡 속으로

지금은

한낱 침묵의 수레 위에 실려가는 그를 위하여

우리들은 다시 무슨 노래를 불러야 하랴

차라리

여운형의 장례식 모습.

진달래와 봉선화와 민족의 탄식으로

하나의 화환을 엮어

이 영원한 선구자의 이마를 에워싸라

민족의 수난과 더불어 걸어온

예순두 해의 발자국

원수의 모습 아울러 우리 가슴에 오래 간직하리니

두 발의 총알은 차라리 억센 신호이리니

눈물을 거두고 씩씩한 노래로 그를 보내라

깃발을 모아 그의 가는 길을 심심치 않게 하여라

다만 때 묻은 인민의 손으로 그의 관을 덮으라

日月과 파도가 고요한 그곳에 그를 쉬게 하라

김광균(金光均) 시인과 곡차일배(穀茶一杯)를 했던 인연이 떠오른

김광균 시인.

다. 이른바 '월북작가 해금'이 비롯되었을 때였으니, 1988년 뒷녘이었다. 중앙일보 편집국장과 논설위원 출신으로 도서출판 <심설당(尋雪堂)> 대표인 리종복(李宗馥) 선생 뒤스름으로 갖게 된 자리였다. 눈 오는 밤 모습을 '먼 데서 여인이 옷 벗는 소리'라는 기막히는 시어(詩語)로 그려 낸 '설야(雪夜)' 시인과 갖게 된 중화(中火) 자리는 그야말로 꿈 같은 것이었다.

전설로만 그리워하던 노시인과 이 중생은 그렇게 곡차잔을 부딪쳤던 것인데, 호사다마런가. 흥진비래(興盡悲來)는 자고(自古) 상사(常事)요 호사(好事)에 다마(多魔)는 짐짓 면키 어려운 것이라던 옛사람 말씀은 정녕 진언(眞言)인 것인가.

"이거 큰일 났습니다. 발강이들 시집이 다시 나오고… 팔일오 직후와 똑같아요. 창비라는 좌파집단을 그냥 둬서는 절대 안 됩니다."

들이단짝 입에 거품 물며 '좌익문인 박멸'을 부르짖는 물건이 있었다. '파이프 물고 베레모 쓴' 이름딱지로 유명짜한 이른바 '상업주의 모더니즘 시인' 조아무개라는 이였다. 해방이 되면서 기운차게 움직였던 림화(林和)와 리용악(李庸岳)과 오장환(吳章煥)과 권환(權煥) 같은 시인들 숨겨진 이야기를 여쭙고 대꾸하던 그야말로 '역사적인 문학사 회고자리'는 박살이 나고 말았으니, 『와사등(瓦斯燈)

』시인이 그만 입을 다물어 버렸던 것이다. "발강이 문인들을 때려잡아아 된다"며 조아무개라는 불치인류(不齒人類)가 길길이 뛰는 내내 지그시 눈을 감고 있던 <조선문학가동맹> 시분과 조직부장이었다. 조금 전까지 물기 어렸던 노시인 두 눈은 뽀송뽀송해져 있었다.

김광균 시인이 붓을 꺾어 버렸던 것은 몽양 선생이 돌아가시고 나서였다. 여기에 실리는 조시(弔詩)「상여를 좇으며」는 그러므로 시인 김광균 마지막 작품이 될 것이다. 집장사로 몸바꿔 문단과는 담을 쌓고 있던 선생이 남조선 단독정부가 세워지면서 평양으로 올라간 옛 동무시인들과 그 언저리 감춰진 이야기를 여쭙는 자식뻘 후래 문인한테 속마음 털어 놓던 부집존장(父執尊長) 전 시인은 그렇게 입을 다물어 버렸던 것이다.

김광균 선생과 곡차를 나누며 해방 바로 뒤 문단 이야기를 나누던 그 자리에는 「민전행진곡」이 흐르고 있었다. 림화·오장환·김광균·김기림(金起林)이 노랫말을 짓고 조선음악가동맹 중앙 집행위원이고 '음악의 집' 역원이였던 리건우(李建雨)가 곡을 쓴 것이었다.

김순남(金順男, 1917~1982)처럼 월북한 작곡가에 안기영(安基榮)과 리건우가 있다. 둘 다 <조선음악가동맹>에서 함께 일했던 일동무였다. 리건우는 6·25 때 서대문형무소를 나왔는데 리어카에 병든 안해와 자식 셋을 실어 친척집에 맡기고 북으로 갔다고 한다. 옥바라지 끝에 얻은 병으로 안해는 숨을 거두었고 한 살짜리 막내는 죽었는데 큰아들 종국은 70년대 첫 때쯤 머리 깎고 출가하였다고 한다. 림화가 쓴 시에 곡을 붙여 「의용군의 노래」를 만들었다. 또한 「민전행진곡」을 작곡한 리건우였는데 림화·오장환·김광균·김기림(金起林)이 나누어 쓴 노랫말이다. (김성동, 『꽃다발도 무덤도 없는 혁명가들』)

一. 日帝의남은뿌리
　　掃蕩의싸움이다
　　나가자民主主義
　　民族의戰線으로

二. 封建의남은자취
　　쓸어업새버리자
　　우리의民主主義
　　民族의戰線으로

三. 男女와老少없다
　　모도다달여와서
　　戰列에지체말자
　　民族의戰線으로

四. 愛國의가면을쓴
　　팟쇼를부시자
　　우리의民主主義
　　民族의戰線으로

(후렴) 人民이 가는곧가는곧마다

民戰은함께進軍한다

人民이가는곳있는곳마다

民戰은있다지키고있다

　제1회 전국문학자대회가 1946년 2월 8, 9일 이틀간 서울 종로2
정목 기독교회관에서 열렸는데 - 의장으로 뽑힌 리태준(李泰俊), 김
태준(金台俊), 림화(리기영(李箕永)·한설야(韓雪野)는 불참) 같은 저 밤
하늘 별 같은 문인들이며, 조선공산당 대표 박헌영(朴憲永) 축사를
리주하(李舟河)가 대독한 것이며, 둘째 날 여운형(呂運亨) 선생과 김원
봉(金元鳳) 장군이 축사를 한 것이며, '문학동맹'이 28표를 얻고 '문학
가동맹'이 43표를 얻어 '조선문학가동맹'으로 되었다는 김광균
선생 말씀이었다. '문학가동맹' 그러니까 '가'를 넣은 것이 글지
개인 이름을 내세우는 것이라면, '문학동맹'은 글지 또한 인민대중
가운데 한 사람이 되는 것이라는 조직부장 말씀이었다.

부록

「공산당선언」[1193]

금일 유령이 전유럽을 휩쓸고 있다. 공산주의라는 유령이다. 구유럽의 모든 강국들은 이 유령을 퇴치하기 위하여 또 하나의 신성동맹을 서로간에 맺고 있다. 로마교황과 러시아의 짜르, 오스트리아의 메테르니히와 프랑스의 기조, 프랑스의 급진파와 독일의 관헌, 반대당으로서 정부당으로부터 공산주의자라고 매도되지 않은 자 어디에 있겠는가? 반대당으로서 보다 급진적인 과격파로부터 또한 보다 보수적인 온건파로부터 공산주의자라는 낙인이 찍히면서 욕을 먹지 않은 자 어디에 있겠는가?

이러한 사실로부터 우리는 두 가지 점을 생각할 수 있다.

첫째, 공산주의자는 이미 전유럽의 강국들로부터 하나의 세력으로서 인정받고 있다는 것이다. 둘째, 따라서 공산주의자들이 항간에 그릇 인식되고 있는 유령 이야기에 대항하여 당자신의 기본적 사고·목적·경향을 밝히는 선언을 전세계 앞에 공표함에 있어

1193 공산당선언: 맑스·엥겔스 지음, 1979년 서울대 운동권에서 번역한 것으로 추정됨. 607쪽 참조.

서 지금이 아주 호기라는 것이다.

이 목적을 위해서 우리 각국의 공산주의자 대표들은 런던에 모여 다음의 선언을 기초하였다. 이 선언은 영어·불어·독어·이태리어·프랑스어·덴마크어로 동시에 발표된 것이다.

제1장 부르조아와 프롤레타리아

지금까지 모든 사회 역사는 계급투쟁의 역사였다.

자유민과 노예, 도시귀족과 평민, 영주와 농노, 길드의 장인과 직인 등 요컨대 압제자와 피압제자가 항상 서로 대립하면서 때로는 암암리에 때로는 공공연하게 끊임없이 투쟁하여 왔다. 이러한 투쟁은 항상 전사회의 혁명적 개조로서 끝났거나, 그렇지 않을 경우에는 서로 싸우는 계급들이 함께 멸망하는 것으로써 끝이 났다.

지나온 역사의 여러 시기에 있어서 우리는 거의 모든 곳에서 사회가 여러 가지 서로 다른 단계로 완전히 나뉘어져 있었다는 사실을 발견하게 된다. 고대로마에 있어서는 도시귀족·기병·평민·노예로, 중세에 있어서는 봉건군주·가신·길드조합원·직인·농노로 나뉘어져 있었다. 뿐만아니라 이들 각 계급 자체의 내부에 있어서도 여러 가지 서로 다른 계층으로 나뉘어져 있었다.

봉건사회의 몰락에서 생겨난 근대부르조아사회에 있어서도 계급대립은 폐지되지 않았다. 이 사회의 경우는 다만 새로운 계급을, 압제의 새로운 조건을, 투쟁의 새로운 형태를, 예전의 그것과 바꾸어 놓았을 뿐이다.

그러나 우리의 시대, 즉 부르조아계급의 시대는 계급대립을 단순화시키고 있다는 특징이 있다. 다시 말해서 전사회가 적대하는 2대 진영, 서로 직접적으로 대립하는 2대계급, 즉 부르조아계급과 프롤레타리아계급으로 점점 더 양분되어 가고 있는 것이다.

중세의 농노로부터 초기 제도시의 성외시민이 나타나고, 이 성외시민층으로부터 부르조아계급의 최초 요소가 발전되었다.

아메리카의 발견, 아프리카에서 회항은 대두 중인 부르조아계급에게 새로운 영역을 제공하였다. 동인도 및 중국의 시장, 아메리카로 식민, 제식민지와 무역, 교환수단 및 상품일반의 증대로 말미암아 상업·항해·공업은 전례없는 비약을 이루었으며, 이와 동시에 붕괴해 가는 봉건사회 내부의 혁명적 요소가 급격한 발전을 이룩하였다.

따라서 공업에 있어서 이제까지와 같은 봉건적 혹은 길드적 경영양식으로서는 새로운 시장과 함께 증대하는 수요를 이미 충족시킬 수 없게 되었다. 공장제수공업이 이것을 대신했다. 길드의 장인은 공업적 중산계급에 의하여 축출되고 여러 조합들 상호간의 분업관계는 그 모습을 감추었으며, 개개의 작업장 자체내에서 분업현상의 상승은 그칠 줄을 몰랐다. 그래서 공장제수공업 (manufacture)으로서도 그것을 감당할 수 없게 되었다. 바로 이 무렵 중기기관을 이용한 기계의 발명이 공업생산을 혁명적으로 변화시켰다. 이에 따라서 공장제수공업 대신에 근대적 대공업이, 공업적 중산층 대신에 공업적 백만장자와 전공업군의 사령관이 나타났는데, 이들이 바로 근대적 부르조아인 것이다.

대공업은 이미 아메리카의 발견으로 준비되고 있었던 세계시장을 만들어 냈다. 또한 세계시장은 상업·항해·육상교통에 끝없는 발전을 가져다주었다. 이 발전은 또다시 공업을 크게 신장시켰다. 그리고 공업·상업·항해·철도가 신장되면 될수록 부르조아계급도 그와 상응하여 발전을 거듭했는데, 그들은 자본을 증가시키면서 중세로부터 내려온 모든 계급을 뒤로 몰아부쳤다.

이렇게 우리는 근대부르조아계급 자체가 하나의 기다란 발전행정의 산물이며 생산양식 및 교역양식에 있어서 발생한 변혁의 산물임을 알 수 있다.

부르조아계급의 이러한 발전의 각단계에 따라 그것에 상응하는 정치적 진보가 있었다. 부르조아계급은 봉건군주의 지배하에서는 압박당하는 신분이었으며, 자유도시에 있어서는 스스로 무장하면서 조합을 통해 자치를 실시하였다. 그리고 후자 경우는 독립적인 도시공화국이었으며, 전자 경우에는 군주정체 아래서 납세의무를 지닌 제3신분이었다. 다음으로 공장제수공업 시대로 넘어오면, 그들은 신분제적 왕제 또는 절대적 왕제하에서 귀족에 못지않은 구실을 수행하면서 대군주제 일반의 주요한 기초를 이루었다. 그리고 마침내 대공업과 세계시장이 건설된 이래, 부르조아계급은 근대적 대의제국가에서 독립적 정치지배를 쟁취하였다. 근대적 국가권력은 단지 전부르조아계급의 공통업무를 관장하는 위원회에 불과한 것이다.

부르조아계급은 역사에 있어서 대단히 혁명적인 구실을 수행하였다.

부르조아계급은 자신들이 지배권을 장악한 곳에서는 봉건적·가부장적·목가적인 일체의 관계를 파괴시켰다. 그들은 인간을 그 혈연적인 장상자(長上者)에게 결부시키고 있던 각양각색의 봉건적인 유대관계를 가차없이 단절시키면서, 인간과 인간 사이의 관계에서 노골적인 이해 이외의, 다시 말해서 냉엄한 '현금감정' 이외의 어떠한 유대기반을 남겨 놓지 않았다. 그들은 신앙으로서 깊은 도취, 기사의 감격, 전정인(田丁人)의 애수 등과 같은 맑은 감정들을 얼음처럼 차가운 이기적 타산의 물 속에 익사시켜 버렸다. 그들은 인간의 가치를 교환가치로 환전시킴과 동시에, 전통적인 권위들이 보증하고 훌륭히 자기화 된 무수한 자유들을 단 하나의 자유, 즉 양심이라고는 털끝만큼도 없는 상업의 자유와 바꾸어 버리고 말았다. 요컨대 그들은 종교적·정치적 영향으로 포장하였던 이제까지 착취를, 노골적이고 수치심 모르는, 직접적이고 건조한 착취로 대체시켰던 것이다.

부르조아계급은 지금까지 존경시 되고 외경심으로 대해졌던 모든 직업으로부터 그 후광을 제거시켰다. 그들은 의사·법률가·승려·시인·학자 등을 자신들이 고용하는 임금노동자로 전락시켰다. 부르조아계급은 가족관계에서도 그 감동적인 감상의 베일을 제거시키고, 그것을 순전히 금전적인 관계로 바꾸어 놓았다.

부르조아계급은, 반동가들이 아무리 찬미한다 할지라도, 중세의 잔인한 폭력행사를 적당히 얼버무리는 것에 고작 나태하게 빈둥대는, 생활이었음을 분명히 밝혔다. 인간이 그 활동에 의해 무엇을 이룩할 수 있는가를 처음으로 증명한 자들이 바로 그들이었던 것이다. 그들은 이집트의 피라밋, 로마의 수도(水道), 고딕식 대사원과는 전혀 다른 경이를 이룩하였다. 그들은 민족이동이라든가 십자군과는 전혀 다른 원정을 실행하였다.

부르조아계급은 생산용구를, 따라서 생산관계를 끊임없이 혁명적으로 변화시켜 가지 않고는 생존할 수 없는 존재이다. 이에 반하여 이전의 모든 산업계급은 예전의 생산양식을 변화시킴이 없이 그대로 보지하는 것을 제일의 생존조건으로 삼았다.

생산의 끊임없는 변혁, 모든 사회상태의 쉼없는 동요, 영원한 불안정과 운동이 이전의 모든 시대와 구별되는 부르조아시대의 특색이다. 고정되고 응고된 모든 관계는 그에 따라 옛부터 존중되는 여러 관념이나 의견과 함께 해소되는 법이다. 그리고 그들은 새롭게 형성된다 할지라도, 그들은 모두 그것이 확고한 기반을 다지기 전에 진부해져 버린다. 일체의 신분적인 것과 상재적(常在的)인 것은 연기처럼 소멸되고 일체의 신성한 것은 더럽혀지며, 사람들은 마침내 자기의 생활상 지위, 자기들 간 상호관계를 차디찬 눈으로 바라보지 않을 수 없게 된다.

자기가 만든 생산물의 판로를 끊임없이 더욱 확대하고 싶은 욕망에 사로잡혀, 부르조아계급은 전지구의 구석구석 뛰어다닌다. 그리고 어떠한 곳에서도 그들은 보금자리를 마련하고, 어떠한 곳이라도 개척하며, 어떠한 곳과도 관계를 맺으려 한다.

부르조아계급은 세계시장의 착취를 통하여 세계각국의 생산과 소비를 세계주의적인 것으로 만들어 놓았다. 반동가한테는 몹시 유감스럽겠지만, 그들은 산업의 근저로부터 민족적인 토대를 붕괴시켰다. 먼 옛날부터 민족적 산업은 파괴되고 말았으며, 또한 시일이 흐를수록 더욱 파괴되고 있다. 이것을 축출한 것이 새로운 산업인데, 이 새로운 산업의 채용 여부는 모든 문명국인의 사활문제가 된다. 더우기 그것은 이제 국내의 원료뿐만 아니라 아주 멀리 떨어진 지대에서 나오는 원료까지도 가공하는 산업이며, 그리고 또한 그러한 산업제품은 국내에서만 소비되는 것이 아니라 동시에 모든 내륙에서도 소비되는 것이다. 국내의 생산물에 만족하였던 어제의 욕망 대신에 새로운 욕망이 생겨난다. 이 새로운 욕망을 만족시키기 위해서는 아주 멀리 떨어진 나라 또는 기후의 생산물이 필요해진다. 한 지방 또는 한 나라에서 자급자족이 완결되었던 어제와는 달리, 그것을 대신하여 모든 방면과 교역, 민족 상호 간 모든 면에 걸친 의존관계가 나타난다. 물질적 생산에서와 마찬가지 상황이 정신적 생산에서도 일어난다. 각국의 정신적 생산물이 공유재산화 하는 것이다. 민족적 일면성 또는 편협성은 점차로 불가능해지면서, 다수의 민족적·지방적 문이 모여 세계문학을 형성한다.

부르조아계급은 모든 생산용구의 급속한 개량에 의하여, 또한 거의 무제한하게 용이해진 교통에 의하여, 모든 민족을, 아무리 미개한 민족마저도 문명권 속으로 끌어들인다. 그들이 만든 상품의 값싼 가격은 말하자면 대포와 같은 병장기이기 때문에, 마음만 먹으면 만리장성도 파괴시킬 수 있으며, 상대 국가에서 아무리 완고하게 이국인을 배척한다 할지라도 항복을 받아낼 수 있다. 그들은 모든 민족에 대해 만약 멸망하고 싶지 않다면 자기들 부르조아계급의 생산양식을 채용하라고 강요한다. 또한 그들은 모든 민족에게 이른바 문명을 자국으로 수입할 것을, 다시 말해서 부르조아계급화 할 것을 강요한다. 한마디로 말해서 부르조아계급은 그들 자신의 모습을 틀로 해서 세계를 창조하고 있는 것이다.

부르조아계급은 농촌을 도시의 지배 아래 굴복시켰다. 그들은 거대한 도시를 건설하여 농촌인구에 비해 엄청나게 많은 숫자로 도시인구를 증가시켰으며, 이 과정에서 농촌인구의 상당한 부분을 도시로 이주시켰다. 그들은 또한 농촌을 도시로 의존시켰던 것과 마찬가지로, 미개국 또는 반미개국가들을 문명국들에게, 농경 민족들을 부르조아 민족들에게, 동양을 서양에 의존시켰다.

부르조아계급은 생산수단·소유－인구의 분산을 점차로 폐지시킨다. 그들은 인구를 응집시키고 생산수단을 집중시키며 재산을 소수의 수중으로 집적시켰다. 이에 따른 필연적 결과가 정치적 중앙집권이었다. 서로 다른 이익·법률·정부·관세를 지니면서 그저 연합한 것에 불과하였던 제주(諸州)가 한데 모여 하나의 인민이 되었다. 이러한 인민은 하나의 정부, 하나의 법률, 하나의 인민적 계급이익, 하나의 관세를 지닌다.

부르조아계급은 아직 백년도 채 못 되는 그들의 계급지배를 통하여 과거의 모든 세대들이 이룩한 합계보다도 더 많고 또 대규모적인 생산세력을 만들어 냈다. 자연력의 정복, 기계장치, 공업 및 농업에 대한 화학의 응용, 기선항해, 철도, 전선, 전대륙의 경지화, 하천의 운하화, 땅에서 솟듯 출현한 모든 인구 등등, 이 정도의 제

생산력이 사회적 노동속에서 그대로 잠자고 있었다는 것을 이전
어느 세기에서 예감했을 것인가?

그러나 우리가 아는 것은 부르조아계급의 성장 토대를 이루는
생산수단 및 교통수단이 봉건사회 속에서 만들어졌다는 사실이
다. 이 생산수단과 교통수단의 발전이 어느 단계에 도달하자, 봉
건사회의 생산 및 교환이 행해지던 제관계, 농업과 공장제수공업
의 봉건적 체제, 요컨대 봉건적 생산관계가 그때까지 발전한 제생
산력에 이미 적합하지 않게 되었다. 다시 말해서 생산관계가 생산
력을 촉진하는 것이 아니라 저해하게 되었던 것이다. 즉 그 구실
이 완전히 바뀌어 족쇄로서 작용했던 것이다. 따라서 그것은 분쇄
되지 않으면 안되었으며, 결국 분쇄되었던 것이다.

그것에 대신하여 자유경쟁이 나타났다. 이에 따라서 그것에 부
합되는 사회적·정치적 제도가 나타났으며, 부르조아계급의 경제
적·정치적 지배가 시작되었다.

지금 우리 눈앞에도 이와 똑같은 운동이 진행되고 있다. 부르조
아적 제생산관계 및 제교통관계 그리고 부르조아적 제소유관계,
이렇게 거대한 생산수단과 교통수단을 마법으로 불러낸 근대 부
르조아사회는 자기가 불러낸 지하의 마법을 마음대로 부릴 수 없
었던 마법사와 비슷하다. 왜냐하면 지금까지 수십 년 동안 진행된
공업 및 상업의 역사는 바로 근대적 제생산관계에 대한, 부르조아
계급과 그 지배의 생산조건인 제소유관계에 대한 근대적 제생산
력의 반역의 역사와 같기 때문이다. 이 점에 대해서는 저 상업공
황을 들면 충분할 것이다. 그것은 주기적으로 되풀이 되면서 점점

더 급박하게 전부르조아사회의 존립을 위협한다. 이 상업공황에서는 만들어 낸 생산물의 대부분뿐만 아니라 지금까지 만들어진 제생산력의 대부분까지도 파괴된다는 것이 통례이다. 공황에 있어서는 이전 그 어느 시대에서도 도저히 발생하리라고 생각할 수 없었던 사회적 역병, 즉 과잉생산이라는 역병이 일어난다. 사회가 갑자기 일순간 미개상태로 되돌아간 듯하게 된다. 기근 및 일반적인 파괴전쟁이 사회로부터 모든 생산수단을 탈취해 간 것처럼 보이게 된다. 공업도 상업도 모두 파괴된 것처럼 보이게 된다. 왜 이렇게 될까? 사회에 문명이 과도하고 생활수단이 과다하게 공업과 상업이 지나치게 발달했기 때문이다. 사회가 마음대로 할 수 있는 제생산력이 이미 부르조아적 문명과 부르조아적 소유관계의 촉진에는 도움이 되지 않는 것이다. 반대로 제생산력이 이 관계보다 지나치게 강대해져서 그 관계에 의해 제약을 받게 되는 것이다. 그리고 제생산력이 이 제동장치를 돌파하면 갑자기 전부르조아사회는 혼란에 빠져들며, 부르조아적 소유의 존재가 위협받는다. 부르조아적 제관계는 그것에 의해 형성된 부를 받아들이기에 거북해진 것이다. 계급은 공황을 무엇으로써 극복할 것인가? 그것은 한편으로는 일정량의 제생산력을 무리하게 파괴함으로써, 또 다른 한편으로는 새로운 시장의 획득과 기존 시장의 더욱 철저한 착취를 통해서이다. 그 결과는 어떠할 것인가? 결국 그들은 더욱 전면적이고 더욱 강대한 공황을 준비하는 것이며, 그리고 또한 공황을 예방하는 수단을 더욱 축소화시키는 것이다.

다시 말해서 부르조아계급이 봉건제를 타도하기 위해서 사용했던 무기가 이제는 거꾸로 부르조아계급 자신에게로 향해지고 있다는 것이다.

그러나 부르조아계급은 스스로 죽음을 자초하는 무기를 단련시킨 것만이 아니다. 그들은 또한 이 무기를 가지고 싸울 사람들도 만들어냈는데, 근대적 노동자, 즉 프롤레타리아계급이 바로 그들이다.

부르조아계급이, 즉 자본이 발전함에 따라서 바로 그만큼 프롤레타리아계급, 즉 근대 노동자계급도 발전한다. 그들은 노동을 참아내는 동안만 생존하고, 그들의 노동이 자본을 증식하는 동안만 노동을 발견한다. 이러한 노동자들은 자기의 육체를 조금씩 팔지 않으면 안 되기 때문에 다른 모든 파는 물건과 마찬가지로 하나의 상품이며, 따라서 한결같이 경쟁의 모든 변전에, 시장의 모든 동요에 노출되어 있다.

프롤레타리아 노동은 기계장치의 확장 및 분업에 의하여 모든 독립적 성격을, 따라서 또한 노동자에게 있어서 모든 매력을 상실하였다. 노동자는 기계의 단순한 부속물로 전락하여 이러한 부속물로서 그저 아주 단순하고 단조롭고 손쉬운 일만을 요구받을 뿐이다. 따라서 노동자들을 위하여 지출되는 경비는 거의 노동자 자신 생계와 종족 번식에 필요한 생활수단에만 국한된다. 그러나 하나의 상품 가격은, 따라서 노동의 가격도 그 생산비와 동일하다. 그러므로 노동의 불쾌감이 증대함에 따라서 그에 비하여 그 임금은 감소한다. 뿐만 아니라 기계장치와 분업이 발전함에 따라서 노동시간 증가를 통하든 일정시간에 요구되는 노동 증가라든가 기계 속도 중대를 통하든 간에, 그만큼 노동량이 증가한다.

근대적 공업은 가부장제적인 장인의 작은 작업장을 공업자본가의 대공장으로 변화시켰다. 공장으로 흡수되는 노동자군은 군대에서와 같이 조직된다. 그들 하급 산업병으로서 하사(下士)라든가, 사관(士官)의 완전한 계급조직 감시 하에 놓여진다. 그들은 부르조아계급, 부르조아국가의 노예일 뿐만 아니라, 매일 매시 기계에 의해, 감독자에 의해, 그리고 무엇보다도 제조가인 개개 부르조아 자신에 의해 노예화 된다. 이러한 전제(專制)는 영리가 자기 최종 목적이라고 분명히 공언될수록 더욱더 인색한, 더욱더 탐욕스러운, 더욱더 역겨운 것이 된다.

수노동(手勞動)에 필요한 수련과 육체적 힘이 작아질수록, 즉 근대적 공업이 발전할수록, 남자 노동은 점차 아녀자 노동에 의해 축출된다. 성이라든가 년령 차이는 노동자계급에 있어서는 이미 사회적 중요성을 지니고 있지 않다. 중요한 것은 노동용구일 뿐, 성이나 년령은 각기 가격이 다른 노동용구일 뿐이다.

노동자가 노동임금을 현금으로 받아 노동자에 대한 공장주의 착취가 끝나면, 이제는 다시 다른 부분 부르조아계급, 즉 집주인, 소매상인, 전당포 등등 착취가 시작된다.

지금까지는 하층 중산계급을 이루고 있었던 소공업자, 상인, 금리생활자, 수공업자, 농민 등 이들 모든 계급은 프롤레타리아계급으로 전락한다. 그 이유는 어떤 경우에 있어서는 그들 소자본이 대공업 경영에는 충분하지 못하여 보다 큰 자본가와 경쟁에서 지기 때문이며, 또 다른 경우에 있어서는 그들 숙련이 새로운 생산양식에 의해 그 가치를 박탈당하기 때문이다. 이렇게 프롤레타리아계급은 인구의 모든 계급으로부터 계속 보충된다.

프롤레타리아계급은 여러 발전단계를 거친다. 부르조아계급에 대한 그들 투쟁은 그들 존재와 함께 시작된다. 제일 먼저 노동자 개개인이, 다음에는 한공장 노동자들이 함께, 그다음에는 어떤 지역 동일업종 노동자들이 함께 그들을 직접 착취하는 부르조아 개개인에 대하여 투쟁을 시작한다. 그들은 그 공격을 부르조아적 제 생산관계에 향해서 뿐만 아니라 생산용구 자체에도 겨냥한다. 그들은 경쟁하는 외국상품을 파괴하고 기계를 때려부수며 시장을 태워 버리는 등, 중세적 노동자의 사라진 지위를 다시 되찾고자 시도한다.

이 단계에서는 노동자들이 통국에 흩어져 있는, 경쟁에 의하여 분열되어 있는 집단을 이룬다. 노동자들이 어느 정도 다수 결집을 이루었다 할지라도, 그것은 아직도 그들 자신이 단결한 결과가 아니라 부르조아계급이 단결한 결과이다. 왜냐하면 부르조아계급은 자기자신 정치적 목적을 달성하기 위해서 전프롤레타리아계급을 움직이지 않으면 안되며 당분간은 아직 그것을 움직일 수 있기 때문이다. 따라서 이 단계에서는 프롤레타리아는 그 적이 아니라 그 적의 적, 즉 절대왕제의 잔재, 토지 소유자, 비공업적 부르조아, 소시민 등과 싸운다. 따라서 전역사적인 운동은 집중되어 부르조아계급 수중에 쥐어져 있다. 이렇게 획득된 승리는 그 어느 것이나 모두 부르조아계급 승리이다.

그러나 공업 발전과 함께 프롤레타리아계급은 그 수가 증가할 뿐만 아니라, 더욱더 커다란 집단으로 모여들면서 그들 힘은 증대하고 또한 그들은 그 힘을 더욱더 강하게 느낀다. 기계장치가 점차 노동 차이를 소멸시키고 있음을 거의 모든 곳에서 한결같이 낮은 수준으로 끌어내리기 때문에, 프롤레타리아계급 내부에 있어서 이해 및 생활상태는 점점 평균화 된다. 부르조아 상호간 경쟁이 증대하고 그로 인해 상업공황이 일어나게 되면, 노동자 임금은 더욱더 동요한다. 기계장치 개량이 끊임없이 점점 더 급속하게 발전함에 따라서, 노동자의 전생활적 시장은 더욱 불안정하게 되며 노동자 개개인과 부르조아 개개인 사이 갈등은 더욱 첨예화 되어 양대 계급간 투쟁 성격을 띄게 된다. 이리하여 노동자들은 부르조아에 대항하는 동맹을 맺기 시작한다. 그들은 자기들 노동임금을 유지하기 위하여 집회를 개최한다. 그들은 스스로 계속 조합을 결성하면서 언제 터질지 모르는 불시의 반항에 대비하여 식량을 준비한다. 때때로 이 투쟁은 폭동화되기도 한다.

때때로 노동자들이 승리하는 경우도 있지만, 그것은 그저 일시적인 현상에 지나지 않는다. 그들 투쟁 본래 성과는 그 직접적인 성공이 아니라 노동자 단결이 더욱 확대되어 간다는 데 있다. 이러한 단결은 대공업이 만들어낸 교환수단 성장에 의하여 촉진되어 서로 다른 지방 노동자들이 더욱 밀접한 연락관계를 맺어 간다. 그리고 각지의 유사한 성격을 지닌 수개 지방적 투쟁을 결집하여 하나의 인민적 투쟁, 계급투쟁으로 전환시키기 위해서는 이러한 연락관계가 매우 긴요한 것이다. 그러나 모든 계급투쟁은 정치투쟁이다. 오랫동안 변변치 못했던 중세 시민에게 있어서는 수

세기나 걸리지 않을 수 없었던 단결도 철도를 이용하는 근대 프롤레타리아는 이것을 수년 안에 완수할 수 있게 된 것이다.

이렇게 프롤레타리아계급으로, 따라서 또한 정당으로 조직되지만, 그것은 노동자 자신들 사이 경쟁에 의하여 항상 되풀이하여 파괴된다. 그러나 이 조직은 그때마다 다시 부활되어 점차로 강화되고, 응고되고, 우세해진다. 그것은 부르조아계급 상호간 분열을 이용함으로써 노동자 개개인 이익을 법률로써 승인하도록 촉구한다. 영국에 있어서 10시간 노동법은 바로 그 한 예이다.

구사회 일반에서 일어난 투쟁은 여러 가지로 프롤레타리아계급 발전행정을 촉진한다. 부르조아계급은 끊임없이 싸움을 계속하지 않으면 안 된다. 제일 처음에는 귀족에 대해서, 그 다음은 부르조아계급 자신들 사이에서 그 이해가 공업의 진보와 모순되는 부분에 대하여, 또한 항상 모든 외국 부르조아계급에 대해서, 이들 모든 투쟁에 있어서, 그들은 프롤레타리아계급에게 호소하여 그 도움을 요청하지 않으면 안 되며, 이러한 과정에서 프롤레타리아계급은 스스로 자신 교육요소를, 즉 자기자신에게 향해진 무기를 프롤레타리아계급에게 공급케 되는 것이다.

더우기 이미 살펴본 바와 같이, 공업 진보에 의하여 지배계급 모든 조성분자들이 프롤레타리아계급에게 밀려나거나, 또는 적어도 그들 생활조건이 현저하게 위협받는다. 이러한 분자도 또한 프롤레타리아계급에게 교육을 위한 많은 요소들을 공급한다.

계급투쟁이 더욱 격화되어 마침내 매듭을 지을 만한 시기가 가까워지면, 지배계급 내부에 있어서, 구사회 전체 내부에 있어서 분해과정은 대단히 격렬하고 대단히 첨예한 성격을 띠며, 지배계급 소부분은 이 계급을 포기하고 혁명적 계급에, 미래를 그 손에 쥔 계급에 합세한다. 결국 예전에 귀족 일부와 부르조아계급을 편들었듯이, 이제는 부르조아계급 일부가, 특히 전역사운동의 이론적 이해에 정력을 쏟았던 부르조아 사상가 일부가 프롤레타리아계급을 편들게 된다.

현재 부르조아계급과 대립해 있는 모든 계급 가운데, 프롤레타리아계급만이 참으로 혁명적인 계급이다. 기타 계급은 대공업이 발흥함과 함께 쇠퇴하고 멸망한다. 프롤레타리아계급은 대공업의 가장 독자적인 생산물인 것이다.

중산계급, 즉 소공업자·소상인·수공업자·농민 등 이들 모두가 자기들 중산계급으로서 존재를 파괴로부터 지키기 위하여 부르조아계급과 투쟁한다. 따라서 그들은 혁명적이 아니라 보수적이다. 아니 그 이상으로 그들은 반동적이다. 왜냐하면 그들은 역사의 수레바퀴를 거꾸로 돌려 놓으려고 하기 때문이다. 그들이 혁명적인 경우에도 그것은 자기 몸에 박두해 있는 프롤레타리아계급으로 이행을 고려한 결과 그들 현재 이익이 아니라 미래 이익을 지키기 위하여 그들 자신 처지를 버리고 프롤레타리아계급 처지에 서는 것이다.

룸펜 프롤레타리아계급 구사회 최하층에서 나오는 소극적인 이 부패물은 프롤레타리아혁명에 의하여 때로는 운동에 투입되지만, 그 전반적 생활상태에서 본다면 반동적 책모에 이끌려 매수되는 경우가 많다.

구사회 생활조건은 프롤레타리아계급 생활조건 속에서는 이미 파괴되어 있다. 프롤레타리아는 무소유(無所有)이기 때문이다. 처자식에 대한 그들 관계로 부르조아적 가족관계와 공통되는 것을 이미 갖고 있지 않다. 근대적 공업노동, 즉 자본에게 근대적 압제를 받고 있는 상태는 영국에서도 프랑스에서도 아메리카에서도 독일에서도 동일하며, 프롤레타리아들에게서 모든 인민적 성격을 박탈하여 버렸다. 법률·도덕·종교는 프롤레타리아에게 있어서는 모두가 부르조아적 편견에 불과하며, 그들 모두 배후에는 부르조아적 이익이 감춰져 있는 것이다.

지금까지 모든 계급은 지배를 획득한 경우, 전사회를 자기들 생업 제조건에 복종시키고, 그럼으로써 그들이 이미 얻은 생활상 지위를 지키고자 진력하였던 프롤레타리아는 자기 자신 지금까지 획득양식을, 따라서 또한 지금까지 모든 획득양식을 폐기시키지 않고서는 사회적 제생산력을 탈취할 수 없다. 프롤레타리아는 확보해야 할 아무것도 갖고 있지 않으며 그들이 파괴하지 않으면 안 될 것은 지금까지 모든 사적 안전 및 사적 보장인 것이다.

이제까지 일체 운동은 소수자 운동, 혹은 소수자 이익을 위한 운동이었다. 반면에 프롤레타리아운동은 어쩔 수 없이 다수자 이익을 위한, 어쩔 수 없이 다수자 독립적 운동이다. 현대사회 최하층인 프롤레타리아계급이 일어서기 위해서는 공적 사회를 형성하는 모든 계층 전상부구조를 공중으로 산화시켜 버리지 않으면 안된다.

부르조아계급에 대한 프롤레타리아계급 투쟁은 내용상으로는 아니라고 할지라도 적어도 형식상으로는 무엇보다도 먼저 인민적 투쟁이다. 각국 프롤레타리아계급은 먼저 자기자신 부르조아계급을 처치하지 않으면 안된다.

지금까지 우리는 프롤레타리아계급 발전의 가장 일반적인 제 단계를 설명하면서 많든 적든 현존사회 내 내란을 추적하고 마침내 그것이 공연한 혁명으로 폭발하는 점까지 도달하였다. 이렇게 부르조아계급을 강력하게 파괴시키고 그럼으로써 프롤레타리아계급이 그 지배를 확립할 때가 온 것이다.

우리가 이미 살펴본 바와 같이, 지금까지 모든 사회는 압박하는 계급과 압박당하는 계급 간 대립 속에서 서 있었다. 그러나 하나의 계급을 압박할 수 있기 위해서는 그 압박당하는 계급에게 적어도 노예적 존재로 계속 살게 할 정도 조건이 확보되어 있지 않으면 안 된다. 소시민은 봉건제적 절대주의 억압 아래서 노력을 통해 부르조아가 되었다. 그와 마찬가지로 농노는 농노제 아래서 노력을 통해 자치제 성원이 되었다. 이것에 반하여 근대 노동자들은 공업 진보와 함께 향상하는 것이 아니라 그들 자신 계급 제조건을 더욱 더 하향적으로 조정하도록 강요받는다. 노동자는 빈궁자가 되며, 빈궁은 인구나 부보다 더욱 급속하게 발전한다. 여기서 분명히 알 수 있는 점은 부르조아계급은 더 이상 사회 지배계급으로서 머무를 능력은 갖고 있지 못하며 자기 계급 생존조건을 규제적 법칙으로서 사회에 강제하는 능력을 갖고 있지 못하다는 사실이다. 그들에게 지배능력이 없다고 하는 이유는 그들은 그 농노에게 노예제 내부에서조차도 생존을 보상할 능력이 없을 뿐만 아니라 또한 그들이 노예한테서 부양받는 대신으로 노예를 부양하지 않으면 안 될 상태에서조차도 그 노예를 추락시키지 않을 수 없기 때문이다. 사회는 이미 부르조아계급 지배아래서는 생존할 수 없는, 즉 부르조아계급 생존이 이미 사회와 상용(相容)할 수 없는 상태에 이르렀다.

부르조아계급 존재와 지배에 있어서 가상 본질적인 조건은 사인 수중으로 부의 집적, 즉 자본 형성과 증식이다. 자본 조건은 임금노동이다. 임금노동은 오로지 노동자 상호간 경쟁에 기초한다. 공업 진보에 대해 무의지하고 무저항하는 담당자는 부르조아계급이지만, 이 진보는 경쟁에 의한 노동자들 고립화를 만들어 내는 것이 아니라 결합에 의한 노동자들 혁명적 단결을 만들어 낸다. 따라서 대공업 발전과 함께 부르조아계급 근저로부터 그들에게 생산시키고 또한 생산물을 취득시키고 있었던 토대 자체가 제거된다. 그들은 무엇보다도 그들 자신 묘굴인(墓堀人)을 생산한다. 그들 몰락과 프롤레타리아계급 승리는 똑같이 불가피한 것이다.

제2장 프롤레타리아와 콤뮤니스트

콤뮤니스트는 프롤레타리아 일반에 대해서 어떠한 관계가 있는 것일까?

콤뮤니스트는 여타 노동자정당에 비하여 특수한 당이 아니다.

그들은 프롤레타리아계급 전체 이익에서 벗어난 이익을 갖고 있지 않다.

그들은 특별한 원칙을 내걸고 프롤레타리아운동을 그 틀에 끼워맞추고자 하는 자들이 아니다.

콤뮤니스트는 다른 프롤레타리아당으로부터 다음 점에서 구별될 뿐이다. 즉 한편으로 콤뮤니스트는 프롤레타리아 여러 인민적 투쟁에 있어서 국적과는 무관한 공통의 프롤레타리아계급 전체 이익을 강조하면서 그것을 관철시킨다. 다른 한편으로는 콤뮤니스트는 프롤레타리아계급과 부르조아계급 간 투쟁이 거치는 여러 발전단계에 있어서 항상 운동 전체 이익을 대표한다.

따라서 콤뮤니스트는 실천적으로는 각국 모든 노동자당 가운데 가장 단호하고 항상 추진력 있는 부분이며, 이론적으로는 프롤레타리아계급의 다른 집단보다 앞서서 프롤레타리아운동 조건과 진행 그리고 일반적 결과를 통찰할 수 있는 힘을 지니고 있다.

콤뮤니스트 당면 목적은 다른 모든 프롤레타리아당 목적과 동일하다. 즉, 계급으로서 프롤레타리아계급 형성, 부르조아 지배 타도, 프롤레타리아계급에 의한 정치권력 탈취이다.

콤뮤니스트 이론적 명제는 이러저러한 세계개조주의자들에 의해 발명되고 발견된 사상 및 원리에 기초하는 것이 결코 아니다.

그것은 단지 현존하는 계급투쟁, 즉 우리들 눈앞에서 일어나고 있는 역사적 운동의 실제적 제관계를 일반적으로 표현한 것일 따름이다.

종래 소유관계 폐기는 콤뮤니스트만이 갖고 있는 독특한 것이 아니다.

모든 소유관계는 끊임없이 역사적 변화를 거쳐왔다.

예를 들어 프랑스혁명은 부르조아적 소유를 위하여 봉건적 소유를 폐기시켰다.

콤뮤니스트 특징을 이루는 것은 소유 일반 폐기가 아니라, 부르조아적 소유 폐기이다.

그런데 근대 부르조아적 사유재산은 계급대립에 기초한, 즉 타방에 대한 일방 착취에 기초한 생산물 생산 및 취득에 대한 최후 가장 완전한 표현이다.

이러한 의미에서, 콤뮤니스트는 그 이름을 사유재산 폐지라는 한마디 말로 요약할 수 있다.

개인적으로 획득한 재산, 스스로 땀흘려 일해서 얻은 재산을, 즉 일체 개인적인 자유·활동 – 독립 기초를 이루는 재산을, 우리 콤뮤니스트들이 폐기하려고 한다는 비난이 우리들에게 퍼부어지고 있다. 일해서 얻은, 땀흘려서 얻은, 스스로 번 재산이라니! 제군은 부르조아적 재산 이전부터 있었던 소시민, 소농민 재산을 지금 말하고 있는가? 우리는 그러한 것을 폐기할 필요를 인정하지 않는다. 왜냐하면 공업 발전이 그것을 이미 폐기했으며, 지금도 계속해서 매일같이 폐기되고 있기 때문이다.

그렇다면 제군은 지금 근대 부르조아적 사유재산을 말하는 것인가?

그러면 임금노동, 프롤레타리아 노동은 프롤레타리아에게 재산을 가져다주는 것일까? 결코 그렇지 않다. 임금노동은 오히려 자본이라는 재산을 만들어 낼 뿐이다. 그것은 임금노동을 착취하는 것이며, 그리고 또한 그것은 새로운 임금노동을 생산하여 그것을 또다시 착취할 수 있는 조건이 없고서는 스스로 증가할 수 없는 재산이다. 오늘날과 같은 재산형태는 자본과 임금노동 대립 속을 움직이고 있는 것이다. 우리는 이 대립 양면을 모두 보지 않으면 안된다.

자본가라는 존재는 생산에 있어서 단지 순수하게 개인적인 지위를 차지하고 있는 자가 아니라, 사회적인 지위를 차지하고 있는 자이다. 자본이란 공동 생산물이기 때문에 오직 사회 다수 성원 공동 활동에 의해서만, 아니 한 걸음 더 나아가 구극에 일어서는 사회 모든 성원 공동생활에 의해서만 움직여질 수 있다.

따라서 자본이란 개인적인 힘이 아니라 사회적인 힘인 것이다.

따라서 자본이 사회 전성원에게 속한 공동재산으로 변해졌다 해서, 그럼으로써 개인적 재산이 사회적 재산으로 변한다는 의미가 아니다. 왜냐하면 변화되는 것은 재산의 사회적 성격 뿐이기 때문이다. 즉, 재산이 그 계급적 성격을 상실하는 것이다.

다음으로 임금노동에 대하여 살펴보자.

임금노동 평균가격은 노동임금 최저 한도 것이다. 다시 말해서 노동자가 노동자로서 생명을 유지해 나가는 데 있어서 없어서는 안될 생활수단 총계일 뿐이다. 결국 임금노동자가 그 활동에 의하여 획득하는 것은 단지 그 맨몸 상태 생명을 재생산하기에만 충분할 뿐이다. 우리는 생명 자체만을 재생산하는 데 불과한 노동생산물을 개인이 획득하는 것을 폐기시켜야 한다고는 결코 생각하지 않는다. 왜냐하면 그러한 취득은 타인 노동을 지배할 힘이 될 정도 순익을 남기지 않기 때문이다. 우리가 기필코 폐기하고자 하는 것은 다만 노동자는 자본을 증식시키기 위해서만 생활하고 그리고 지배계급 이익이 필요로 하지 않으면 생활할 수 없는, 그러한 취득의 비참한 성격일 뿐이다.

부르조아사회에 있어서 살아남은 노동은 축적된 노동을 증식시키는 수단에 불과하다. 반면 공산주의사회에 있어서는 축적된 노동은 노동자 생활과정을 확대시키고 풍요롭게 하며 촉진시키기 위한 수단일 뿐이다.

따라서 부르조아사회에 있어서는 과거가 현재를 지배하며, 공산주의사회에 있어서는 현재가 과거를 지배한다. 부르조아사회에 있어서는 독립이자 인격이며, 이에 반해 활동하는 개인은 비독립이자 비인격이다.

그럼에도 무릅쓰고 이러한 관계를 폐지하는 것을 부르조아계급은 인격과 자유 폐지라고 매도한다. 아닌게 아니라 바로 그대로일지도 모른다. 왜냐하면 그것은 분명 부르조아적 인격·자유독립 폐지일 터이니까 말이다.

오늘날과 같은 부르조아적 제생산관계 아래서는 자유란 자유로운 상업, 자유로운 매매를 의미한다.

그러나 장사(상매)가 사라지면, 자유로운 장사도 사라진다. 일반적으로 자유로운 장사라는 말은 지금 부르조아계급이 사용하는 다른 모든 호칭과 마찬가지로 중세 속박된 장사, 노예화된 시민에 대해서 말할 때에 한해서 의미가 있을 뿐이며, 장사 및 부르조아적 재생산관계 그리고 부르조아계급 자체를 공산주의적으로 폐지시킨다고 말할 때는 전혀 무의미하다.

제군은 우리가 사유재산을 폐지하고자 한다는 것에 놀라움을 나타낸다. 그러나 제군의 현존사회에서는 사유재산이 사회성원 10분의 9에 대해서 이미 폐지되어 있는 것이다. 그것은 10분의 9 사람들한테는 존재하지 않는다는 바로 그 사실에 의해서 존재하고 있는 것이다. 다시 말해서 제군은 사회 다수자가 재산을 갖고 있지 않은 것을 필연적 전제조건으로 하고 있는, 그러한 재산을 우리가 폐지시키고자 한다는 데 대해서 우리를 비난하고 있을 따름이다.

요컨대, 제군은 우리가 제군 재산을 폐지시키려 한다고 우리를 비난하는 것이다. 확실히 우리는 그것을 희망한다.

노동이 이미 자본·화폐·지대 등으로, 요컨대 독립 가능한 사회적 힘으로 변화되지 않게 되는 순간부터, 다시 말해서 개인적 재산이 이미 부르조아적 재산으로 전화될 수 없게 되는 순간부터, 바로 이 순간부터 제군은 개인이 폐지되었다고 선언한다.

그렇다면 제군이 이해하고 있는 개인이란 부르조아, 즉 부르조아적 소유자 이외 아무것도 아니라는 것을 제군 스스로가 고백하는 것이다. 그리고 이러한 개인은 확실히 폐지되는 것이 당연하다.

콤뮤니스트는 누구한테서도 사회적 생산물을 취득할 권리를 박탈하지 않는다. 다만 이러한 취득을 통해 타인 노동을 자기에게 예속시키는 권리를 박탈할 따름이다.

사유재산 폐지와 함께 모든 활동이 중지되고 일반적인 나태현상이 만연될 것이라는 이론(異論)이 있다.

이러한 사고방식에 따르면, 부르조아사회는 나태 때문에 이미 진작에 파멸해 버렸을 것이 틀림없다. 왜냐하면 이 사회에서는 일하는 사람은 벌지 않고 버는 사람은 일하지 않기 때문이다. 이러한 의식은 모두 자본이 없어지면 임금노동도 없어진다는 자명한 사실을 다른 말로 고쳐 말한 것에 지나지 않는다.

물질적 생산물의 공산주의적 취득양식 및 생산양식에 대해서 이야기되는 모든 비난은 마찬가지로 정신적 생산물 취득 및 생산에 대해서도 파급된다. 부르조아계급에게 계급적 재산 종말이 생산 자체 종말인 것과 마찬가지로, 계급적 교양 종말은 그들에게 교양 일반 종말과 동의어이다.

부르조아가 그 상실을 애석해 하는 교양이란 비상한 다수자한테는 기계가 되기 위한 수양이다.

그러나 자유·교양·법률 등등에 대한 제군의 부르조아적 관념을 척도로 하여 부르조아적 소유 폐기는 제멋대로 해석하여 우리와 다투는 것을 중지하기 바란다. 왜냐하면 제군 사고방식 자체가 부르조아적 제생산관계 및 제소유관계 산물이기 때문이다. 마찬가지로 제군이 말하는 법률 또한 단지 법으로까지 고양된 제군 계급적 의지에 불과하며, 그 의지 내용은 제군 계급 물질적 생활조건 속에 투입되어 있는 것에 불과하다.

제군 제생산관계 및 제소유관계는 생산 진행과 함께 소멸해 가는 역사적 제관계이기 때문에, 그것을 영원한 자연법칙, 이성법칙으로 변화시켜 버리는 제군 이기적 사고방식은 모든 쇠망한 지배계급 사고방식과 동일한 것이다. 제군이 고대 소유에 대하여 이해

했던 것은, 또한 봉건적 소유에 대하여 이해했던 것을, 제군은 부르조아적 소유에 대해서는 이해하고자 하지 않는 것이다.

가족 폐지! 가장 급진적인 사람들조차도 콤뮤니스트의 이 마땅히 부끄러워해야 할 의도에 대해서는 격노한다. 현재 가족, 부르조아적 가족은 무엇에 기초를 두고 있는가? 그것은 자본에, 사적 영리에 기초를 두고 있다. 완전히 발달한 가족은 부르조아계급 밖에는 존재하지 않는다. 그러나 그러한 가족을 더욱 더 보강하기 위해 프롤레타리아에게는 가족 상실과 공창(公娼) 제도가 강요된다.

부르조아가족은 이러한 보족(補足)이 없어짐과 함께 당연히 없어진다. 그리고 양자는 자본 소멸과 함께 소멸된다.

우리들이 어린아이에 대한 부모 착취를 폐지하려 한다고 제군은 우리를 비난하는가? 우리는 이러한 범의가 있음을 인정한다.

그러나 당신들은 가족교육을 사회교육으로 대치시킴으로써 가장 친밀한 관계까지도 폐지하고자 하는 것은 아닌가 하고 말할 것이다.

그런데 제군 교육도 또한 사회에 의하여 규정되는 것이 아닐까? 제군 교육을 둘러싸고 있는 제사회관계에 의하여, 학교 등을 통한 사회의 직접적 간섭에 의하여 그것은 결정되는 것이 아닐까? 교육에 대한 사회 영향은 콤뮤니스트 발명이 아니다. 콤뮤니스트는 이러한 영향 성격을 변화시키는 것에 불과하며, 교육을 지배계급 영향으로부터 떼어 놓는 것에 불과하다.

가족 및 교육에 대한, 또한 부모와 자식간 친밀한 관계에 대한 부르조아 상투적인 말은 대공업 결과로서 프롤레타리아에 대해 일체 가족적 유대가 점차로 끊어져서 자식이 단순한 상업 품목이라든가 노동용구로 전화함에 따라 더욱더 추잡해져 간다.

그러면서도 콤뮤니스트들이여, 당신네들은 부인 공유를 허용하고자 하는 것인가라고 전부르조아계급은 소리높여 우리들에게 외쳐댄다.

부르조아에게는 그 부인이 단순한 생산용구로 보인다. 때문에 생산용구는 공동으로 이용되어야 한다는 말을 들으면, 그들은 당연히 공유 운명이 마찬가지로 부인에게로 덮치는 것이라고밖에는 생각할 수 없는 것이다.

여기에서 문제되고 있는 것은 단순한 생산용구로서 부인 지위 폐지라고 하는 것에는 부르조아는 아예 생각도 미치지 못한다. 아무튼 간에 콤뮤니스트 이른바 공인된 부인 공유에 요란스럽게 떠들어 대는 부르조아 도덕가들 태도처럼 가소로운 것은 다시 없는 것이다. 콤뮤니스트는 부인 공유를 새롭게 받아들일 필요가 없다. 왜냐하면 그것은 거의 항상 존재해 왔기 때문이다.

우리 부르조아들은 그들 프롤레타리아 처와 딸을 자유롭게 하는 것만으로는 만족하지 않는다. 공창(公娼)에 대해서는 논외로 한다고 할지라도, 그들은 자기들 처를 서로 유혹하면서 그것을 최상 기쁨으로 삼고 있다.

부르조아 혼인은 실제로는 처 공유이다. 콤뮤니스트에게 비난을 퍼붓는다면, 기껏해야 콤뮤니스트들은 내밀히 행하는 위선적인 부인 공유 대신에 공공연하게 이루어지는 공인된 부인 공유를 받아들이려 한다고밖에는 말할 수 없을 것이다. 아무튼 현재 제생산관계 폐지와 함께, 이 관계에서 발생하는 부인 공유도 또한, 즉 공인·비공인 매음도 또한 소멸할 것이 자명하다.

또한 콤뮤니스트에 대하여 조국을, 인민성을 폐기하려 한다고 하는 비난이 가해지고 있다.

노동자에게는 조국도 없다. 그들이 갖고 있지 않은 것을 그들에게서 뺏을 수는 없는 노릇이다. 프롤레타리아계급은 먼저 처음으로 정치지배를 획득하고 인민적 계급으로까지 상승하여 스스로 인민이 되지 않으면 안 되기 때문이다. 부르조아계급 의미에 있어서는 결코 조국이 없지만, 그들 자신은 더욱 인민적이다.

제인민의 인민적 분리 및 대립은 부르조아계급 발전과 함께, 즉 상업 자유, 세계시장, 공업적 생산 및 그것에 상응하는 제생산관계 일양성과 함께 이미 점차 계속 소멸 중이다.

프롤레타리아계급 지배는 그것을 더욱더 소멸시킬 것이다. 적어도 문명제국이 단결적 행동을 취하는 것이 프롤레타리아계급 해방 제일조건 하나이다. 개인에 대한 개인 착취가 폐지됨에 따라서 마찬가지로 국가에 대한 국가 착취도 폐지된다.

인민 내부에 있어서 계급 대립이 소멸됨과 동시에, 인민 호상간 적대적 처지도 소멸된다.

종교적 철학적 견지, 그리고 일반적으로 사상적 견지에서 콤뮤니스트에 대해 가해지는 비난은 상세히 검토할 만한 가치도 없는 것들이다.

인간 생활관계, 사회적 인간관계, 인간 사회적 존재방식이 변화함과 동시에, 인간 관념·의견·개념도 또한, 변화한다는 것을 이해하는 데에도 깊은 통찰력이 필요하겠는가?

사상 역사가 증명하는 바가 정신적 생산은 물질적 생산과 함께 다시 만들어진다는 것 이외에 또 무엇이 있겠는가? 어떤 시대 지배적 사상은 항상 지배계급 사상에 불과한 것이다.

하나의 전사회를 혁명하는 사상이라는 것이 있다고 한다. 그러나 그것은 다만 구사회 내부에서 신사회 제요소가 형성되었다는 사실을, 옛 사상 해체는 옛 생활관계 해체와 동일한 보조를 취한다는 사실을 말하고 있을 뿐이다.

고대세계가 파멸 위기에 처했을 때, 고대 제종교는 기독교에 정복되었다. 18세기에 들어서 기독교적 사상은 계몽주의 사상에 패하였다. 그때 봉건사회는 당시 혁명적이었던 부르조아계급과 사투를 벌렸다. 양심 자유라든가 종교 자유라는 사상은 단지 지식 영역에서도 자유경쟁이 지배하고 있다는 것을 말하고 있을 따름이다.

사람들은 다음과 같이 말할 것이다.

"그러나 물론 종교·도덕·철학·정치·법률 등 역사적 사상이 역사적 발전과정 속에서 변화한다는 것은 분명하지만, 이렇게 변화하면서도 종교·도덕·철학·정치·법률은 항상 자기를 유지하여 왔다.

뿐만 아니라 자유·정의 등과 같은 영원한 진리가 있으며, 그것은 모두 사회상태에 공통하는 것이다. 그런데 콤뮤니스트는 이러한 영원한 진리들을 폐기시킨다. 종교를, 도덕을, 새롭게 재창조하지 않으면서도 폐기한다. 따라서 콤뮤니스트는 지금까지 모든 역사적 발전에 모순되는 것이다."

이러한 비난은 결국 무엇을 의미하는가? 지금까지 전사회 역사는 계급 대립 속을 움직였다는 것, 그리고 이 대립은 시대가 변함에 따라서 다른 모습을 취했다는 것이다.

그러나 이 대립 행태가 어떠하던 간에 사회 일부분에 의한 다른 부분 착취는 모든 세기에 공통되는 사실이다. 따라서 모든 세기 사회적 의식이 아무리 천차만별이라고 할지라도, 어떤 공통적인 형태 속을, 즉 계급대립이 전적으로 소멸되지 않고서는 완전히 해소될 수 없는 형태, 의식형태 속을 움직이고 있다는 것은 이상할 바가 없다.

공산주의혁명은 전통적 제소유관계와 가장 근본적인 결렬이다. 이 혁명의 발전행정 속에서 전통적 사상과 가장 근본적으로 결렬한다는 것은 이상할 바가 없다.

그러나 우리는 콤뮤니스트에 대한 부르조아계급 반론에 대해서는 이것으로 끝맺고자 한다.

이상과 같이 살펴본 바에 의하면, 노동자 혁명 제일보는 프롤레타리아계급을 지배계급으로까지 고양시키는 것, 민주주의를 쟁취하는 것이다.

프롤레타리아계급은 그 정치적 지배를 이용하여 부르조아계급으로부터 점차적으로 모든 자본을 탈취하여 모든 생산용구를 국가 손에 즉 지배계급으로서 조직된 프롤레타리아계급 손에 집중시킴으로서 제생산력 양을 가급적 급속하게 증대시킬 것이다.

이것은 물론 무엇보다도 소유권에 대한, 또한 부르조아적 제생산관계에 대한 전제적 감성이 없이는 가능할 리가 없다. 따라서 그 방책은 경제적으로는 불충분하고 불안정하게 보이지만, 운동이 진행함에 따라서, 자기자신을 뛰어넘어 나아가기 위해서는, 전 생산양식을 변혁시키는 수단으로서 불가피하게 된다.

이 방책은 물론 각국 사정이 서로 다르기 때문에 국가간에 다를 수밖에 없을 것이다.

그렇다고 할지라도 아주 진보적인 나라들에 있어서는 다음 제 방책이 상당히 일반적으로 적용될 수 있을 것이다.

1. 토지 소유를 수탈하여 지대를 국가지출에 충당시킨다.

2. 강도 높은 누진세.

3. 상속권 폐지.

4. 모든 망명자 및 반역자들 재산 몰수.

5, 국가자본 및 배타적인 독점을 지닌 국가은행에 의해서 신용을 국가 손에 집중시킨다.

6. 모든 운수기관은 국가 손에 집중시킨다.

7. 국유공장, 생산용구 증가, 공동계획에 의한 토지 경작지와 개량.

8. 모든 사람들에 대한 평등한 노동강제, 산업군 편성(특히 농업을 위한).

9. 농업과 공업 경영을 결합시켜 도시와 농촌 간 대립을 점차적으로 제거할 것을 목표한다.

10. 모든 어린이에 대한 공공적 무상교육. 오늘날과 같은 형태 어린이 공장 노동 철폐. 교육과 물질적 생산과 결합 등등.

발전 진행에 따라서 계급차별이 소멸되어 모든 생산이 결합된 개인들 손으로 집중되면, 공적 권력은 정치적 성격을 상실한다. 근본적 의미에서 정치적 권력이란 다른 계급을 억압하기 위한 한 계급의 조직된 권력을 말한다. 프롤레타리아계급이 부르조아계급과 투쟁을 통하여 필연적으로 계급으로까지 결집하여 혁명에 의하여 지배계급이 되고 피지배계급으로서 예전 재생산 관계를 폐지하게 되면, 이 재생산관계 폐지와 함께 프롤레타리아계급은 계급대립, 계급일반 존재조건을, 따라서 계급으로서 자기자신 지배를 폐지한다.

계급과 계급대립을 가진 구부르조아사회 대신으로 하나의 권력체가 나타난다. 여기에서는 개개인 자유로운 발전이 모든 인간의 자유로운 발전에 대한 조건이 되는 것이다.

제3장 사회주의 및 공산주의 문헌

1. 반동적 사회주의

a. 봉건적 사회주의

프랑스와 영국 귀족계급은 그 역사적 지위에서 볼 때, 근대 부르조아 사회에 반대하는 논란서를 써야 하는 사명을 지니고 있었다. 1830년 프랑스 7월혁명이나 영국 선거법개정운동에 있어서 그들은 다시 한 번 가증스러운 벼락부자들에게 패배하였다. 진정한 정치투쟁 같은 것은 이미 문제가 되지 않았다. 그들에게 남겨져 있었던 것은 단지 문필을 통한 싸움이었다. 그러나 그러한 문필 영역에서도 왕정복고시대 옛 표현은 불가능해지고 있었다. 동정을 끌기 위해서 귀족들은 자기 이익을 안중에 두지 않는 것처럼 겉으로 꾸미면서 오로지 착취당하는 노동자계급을 위하여 부르조아계급에 대한 공소장을 작성하지 않으면 안 되었다. 이렇게 그들은 새로운 지배자에 대한 모멸 노래를 부르면서 다소 불길한 예언까지도 구태여 지배자 귀에 중얼거린다는 분풀이를 행했던 것이다.

봉건적 사회주의는 바로 이렇게 나타났다. 그것은 거의 비가·풍자문·과거 메아리·미래에 대한 공포이며, 때로는 신랄하고 기지에 찬 격렬한 비평에 의하여 부르조아계급 심장을 후볐던 것이지만, 근대사 진행을 이해하는 능력을 완전히 결여했기 때문에, 항상 우스꽝스러운 효과만을 다 준다.

그들은 인민을 자기 배후로 불러모으기 위하여 그 기치로서 프롤레타리아 걸식대를 내걸었다. 그러나 인민은 그들 뒤를 쫓아갈 때마다 그들 배후에서 예전 봉건시대 문장(紋章)을 발견하고 버릇없이 큰소리로 웃으면서 사방으로 흩어졌던 것이다.

프랑스 왕통파 일부라든가 청년잉글랜드는 이 연극을 즐기게 해주었다.

봉건주의자들이 자기들 착취방식은 부르조아 착취와는 전혀 달랐다는 것을 증명할 때, 그들은 자기들이 전혀 달랐던, 오늘날에는 시대에 뒤떨어지게 된 사정과 조건 아래서 착취했다는 것을 망각하고 있는 것에 불과하다. 그들이 자기들 지배 아래서는 근대 프롤레타리아계급은 존재하지 않았다고 지적할 때, 그들은 바로 근대 부르조아계급이 자기들 사회질서에서 필연적으로 싹텄다는 것을 망각하고 있는 것에 불과하다.

다만 그들은 자기들 비판이 지닌 반동적 성격을 거의 감추지 않는다. 때문에 부르조아계급에 대한 그들 주요한 비난은 다름이 아니라 부르조아계급 지배가 계속되면 구질서를 통째로 공중에서 분해시키고자 하는 계급이 발전한다는 점이다.

그들은 부르조아계급에 대하여 부르조아계급이 대저 프롤레타리아계급이라는 것을 만들어낸 것을 비난하는 것이 아니라 그보다도 혁명적인 프롤레타리아계급을 만들어낸 것을 한층 더 많이 비난한다.

따라서 정치적 실천으로는 그들은 노동자계급에 대한 어떠한 강압수단에도 참가하며, 또한 그들 모든 고만(高漫)한 담의(談義)에도 불구하고 일상생활에서는 황금사과를 줏어모으는 것을 싫어하지 않으며, 또한 성실·사랑·명예를 양모와 사탕무우 또한 술을 통한 돈벌이와 바꾸는 것도 거부하지 않는다.

승려는 항상 봉건귀족과 손을 맞잡는 자이지만, 그것과 마찬가지로 승려적 사회주의는 봉건주의적 사회주의와 손을 맞잡는다.

기독교적 금욕주의에 사회주의 색채를 가미하는 것보다 쉬운 일은 없다. 기독교도 또한 사유재산을, 혼인을, 국가를, 몹시 매도하지 않았는가? 그러한 것들 대신에 기독교는 자선과 탁발을, 독신과 금욕을, 승방생활과 교회를 설교하지 않았는가? 기독교사회주의는 단지 승려가 귀족 분노를 축복하기 위하여 뿌리는 성수(聖水)에 불과하다.

b. 소시민적 사회주의

봉건귀족은 부르조아계급에 의해서 타도되어 근대 부르조아사회에 있어서 그 생활조건이 핍박받고 소실된 유일한 계급이 아니다. 중세 성외시민과 소농민은 근대 부르조아계급 선구자였다. 공업적으로도 상업적으로도 발전이 뒤진 나라들에서는 이 계급은 아직도 대두중인 부르조아계급에 못지 않는 생활을 계속하고 있다.

근대문명이 발달한 나라들에서는 새로운 소시민층이 형성되었다. 그들은 프롤레타리아계급과 부르조아계급 사이를 떠돌면서 부르조아사회 보충부분으로서 끊임없이 새롭게 형성되지만, 한편으로는 그 성원은 경쟁에 의해 끊임없이 프롤레타리아계급으로 전락한다. 뿐만 아니라 대공업 발전에 따라서 그들은 자기들이 근대사회 독립적 부분으로서는 완전히 소멸되고, 상업·공장제수공업·농업에 있어서는 노동감독과 고용인에 의해 교대될 시기가 가까워지고 있는 중이라는 사실을 스스로 깨닫고 있는 것이다.

프랑스 경우와 같이, 농민계급이 인구 반수를 훨씬 넘는 나라들에서는 프롤레타리아계급 편에 서서 부르조아계급에 반항하는 저술가들은 부르조아적 정치지배를 비판하기 위해 소시민적 또는 소농민적 척도를 사용하면서 소시민 처지에서 노동자를 편들었는데, 그것은 당연한 일이었다. 이리하여 소시민적 사회주의가 형성되었다. 시스몬디는 프랑스에서뿐만 아니라 영국에서도 이러한 문헌 수령이다.

이 사회주의는 근대적 제생산관계에 있어서 제모순을 매우 예리하게 분석하였다. 그것은 경제학자들 위선적인 꾸밈말을 폭로해 내었다. 기계장치와 분업 파괴적 영향, 자본과 토지소유 집중, 과잉생산, 공황, 소시민과 소농민 필연적 멸망, 프롤레타리아계급 빈궁, 생산에 있어서 무정부상태, 부 분배에 있어 극심한 불균형, 인민 호상간 공업적 파괴전쟁, 옛 관습, 옛 가족관계, 옛 민족성 해소 등을 반박 여지가 없게 철저히 지적했다.

그럼에도 무릅쓰고 그 적극적인 내용에서 살펴보면, 이 사회주의는 예전 생산수단과 교통수단을, 그와 함께 예전 제소유관계와 예전 사회를 재건하려고 하든가 혹은 근대적 생산수단과 교통수단을, 그것들에 의해 분쇄되고 또한 분쇄되지 않을 수 없었던 예전 제소유관계 틀 속에 또다시 억지로 끼워 넣으려고 한다. 이 두 가지 경우 모두에 있어서, 이 사회주의는 반동적이며 동시에 공상적이다.

공장제수공업에 있어서는 동직조합세, 농촌에 있어서는 가부장제적 경제, 이것이 이 사회주의 유언이다.

그 이후 발전에 있어서는 이 경향은 무기력한 2일취(二日醉)에 빠지고 말았다.

c. 독일사회주의 또는 '진정'사회주의

프랑스사회주의 및 공산주의 문헌은 지배권을 장악한 부르조아계급 압박 하에서 나타난 것으로, 이 지배에 대한 투쟁의 문헌적 표현이지만, 그것이 독일에 수입된 것은 독일 부르조아계급이 이세 막 봉건적 절대주의에 대한 투쟁을 시작했던 시대였다.

독일 철학자·반철학자·문학애호가들은 이 문헌을 탐독하였다. 다만 그들은 이들 저작이 프랑스로부터 건너왔을 때 프랑스 제생활 관계도 동시에 독일로 건너온 것이 아니었다는 사실을 망각하고 있었다. 독일 제관계에 대해서는 프랑스 문헌은 직접적으로 실제적인 의의를 모두 상실하고 순전히 문헌적인 외관을 지녔다. 그것은 참된 사회에 관한, 인간 본질 실현에 관한, 무용한 사변으로서 받아들여질 수밖에 없었다. 따라서 18세기 독일 철학자들에게는 프랑스 제1혁명 제요구는 일반적으로 '실천 이성' 요구라는 의미밖에 지니지 않았다. 그리고 혁명적 프랑스 부르조아계급 의지 표시는 그들 눈에는 순수의지 법칙, 그렇게 존재하지 않으면 안 되는 의지, 진실로 인간적인 의지법칙을 의미하였다.

독일 저술가들 한결같은 일은 프랑스 신사상을 자기들 예전 철학적 양식과 조화시키는 것, 혹은 오히려 자기들 철학적 처지에서 프랑스 사상을 습득하는 데에 있었다.

이 습득은 일반적으로 외국어를 습득하는 것과 마찬가지 방법으로, 즉 번역을 통해서 이루어졌다.

옛날 이교시대 고전적 저작이 씌여져 있는 자본(字本) 위에 수도사가 시시한 가톨릭 성도전을 썼다는 것은 누구나 알고 있다. 독일 저술가들은 프랑스 세속 문헌에 대해서 그 반대 것을 행하였다. 그들은 프랑스 원문 밑에 그들 철학적 우론(愚論)을 적었다. 이를테면 프랑스 제화폐관계 비판 밑에, 그들은 '인간적 본질의 외화(外化)'라고 썼으며, 프랑스 부르조아국가 비판 밑에 '추상적 보편자 지배 폐지'라고 썼다.

이와 같이 프랑스인 주장 밑에 그들 철학적 공어(空語)를 삽입한 것을 그들은 '행위의 철학', '진정한 사회주의', '독일 사회주의과학', '사회주의 철학적 기초 부여' 등이라고 명명하였다.

프랑스 사회주의 및 공산주의 문헌은 이렇게 완전히 거세되고 말았다. 그리고 그것이 독일인 수중에서는 어떤 계급에 대한 다른 계급의 투쟁을 더 이상 나타내지 않았기 때문에, 독일인들은 이것으로 '프랑스적 일면성'을 극복했다고 믿으면서 진실한 욕망이 아니라 진실에 다가가려는 욕망을, 또한 프롤레타리아계급 이익이 아니라 인간 본질, 인간 일반 이익을 대표했다고 믿어 의심치 않았다. 어떠한 계급에도 속해 있지 않은 그러한 인간이란 도무지 현실 인간이 아니라 그저 철학적 공상의 푸른 하늘 속에 사는 인간에 지나지 않는데도 말이다.

이 대단히 서투른 학교습작을 심각한 척하면서 거들먹거리며 다루고 있었던 대도상인(大道商人)처럼 꽤나 으시대던 독일사회주의는, 그러나 점차 그 현학적인 천진함을 잃어갔다.

봉건귀족과 절대왕제에 대한 독일 부르조아계급, 특히 프로이센 부르조아계급 투쟁, 한마디로 말해서 자유주의 운동은 점점 더 냉혹하여져 갔다.

'진정'사회주의는 정치운동에 대해서 사회주의적 요구를 들이밀어야 하는 원치 않았던 기회를 부여받았다. 즉 그들은 자유주의에, 부르조아적 출판 자유에, 부르조아적 법률에, 부르조아적 자유와 평등에, 구래(舊來) 저주를 퍼부으면서, 인민을 향해 이러한 부르조아적 운동으로부터는 얻는 것이 전혀 없으며 오히려 일체의 것을 상실할 뿐이라고 설교했던 것이다. 독일사회주의는 스스로는 프랑스적 비판 메아리로서 그 정신을 상실하고 있었기 때문에, 프랑스적 비판이 그것에 부합되는 물질적 제생활 조건과 그것에 적합한 정치조성을 지는 근대 부르조아사회를 전제로 하고 있는 것임을 이때 쉽게 망각하였다. 독일에서는 이들 모든 전제조건을 쟁취하는 것이 선결문제였음에도 말이다.

독일사회주의는 승려·학교교사·귀족·관료 등 가신들을 거느렸던 독일 절대제 제정부 때문에 가공할 세력을 가지고 향상하고 있었던 부르조아계급을 내쫓는 정도가 높은 안내자로서 구실을 담당하였다.

이 사회주의는 절대제 제정부가 독일 노동자 봉기를 때려눕히기 위한 매운 채찍과 철포탄, 달콤한 보족을 이루었던 것이다.

이렇게 '진정'사회주의는 정부가 독일 부르조아계급과 싸움에 있어서 수족으로 이용하는 병장기가 되었던 것이지만, 그것은 또한 직접적으로 하나의 반동적 이익을, 즉 독일 속인들 이익을 대표하였다. 독일에서는 16세기부터 계승되어 그때 이래 여러 형태로 변화해 온 모든 소시민들이 현존상태 본래 사회적 기초를 이루고 있었던 것이다.

이 소시민을 유지하는 것은 독일 현존 상태를 유지하는 것이다. 소시민은 한편으로는 자본 집적 결과, 다른 한편으로는 혁명적 프롤레타리아계급 대두 결과, 부르조아계급 산업적·정치적 지배로부터, 파멸이 자기에게 확실히 엄습해 오는 것이 두려워진다. '진정'사회주의는 이 계급으로부터 보면, 두 마리 파리를 한번에 휘

둘러 잡는 것으로 보였다. 이 사회주의는 역병처럼 확산되었다.

사변 거미줄로 짜고 미문 꽃으로 자수를 놓고 사랑이 덮힌 마을 이슬로 칠해진 옷, 독일사회주의가 몇 개 뼈만이 있는 '영원한 진리'를 포장한 이 사치스러운 옷은, 이러한 공중(公衆) 속에 그들이 만든 상품 판로를 늘렸을 뿐이다.

독일사회주의 쪽에서도 또한 이 속인들 양양된 대표자라고 하는 사명을 더욱더 깊이 인식하였다.

독일사회주의는 독일 인민을 표준 인간으로 선언하고 독일 속물을 표준 인간이라고 선언하였다. 그들은 독일 속물 모든 비열함에, 감추어진, 보다 높은 사회주의적 의미를 부여하고 그 비열함을 반대의미를 지닌 것으로 만들어 버렸다. 그들은 공산주의의 '조포하게 파괴적인' 경향에 직접적으로 반대하고 일체 계급투쟁을 초월하는 비당파적인 숭고함을 포고하고 이것으로 최후 결론을 끌어냈다. 현재 독일에서 행해지고 있는 사회주의와 공산주의라고 스스로 칭하는 저작들은 극소수 예외를 제외하고는 모두 이러한 불결한, 사람을 무기력하게 만드는 문헌 부류에 속한다.

2. 보수적 사회주의 또는 부르조아 사회주의

부르조아계급 일부는 부르조아사회 존립을 확보하기 위하여 사회적 폐해를 제거하기를 원한다.

여기에 속하는 사람들은 경제학자, 박애주의자, 인도주의자, 노동계급 상태 개량가, 자선사업가, 동물학대 방지론자, 금주협회 설립자 등 온갖 종류 서투른 개량가들이다. 그리고 이 부르조아사회주의도 또한 여러 종합적인 세계로 마무리되었다.

실례로서 프루동『빈곤의 철학』을 들어보자.

사회주의적 부르조아는 장래에 필연적으로 투쟁과 위험이 발생할 것을 염려하면서, 그것을 수반하지 않는 근대사회 생활조건을 마다하지 않는다. 그들은 사회를 혁명하거나 해체하거나 할 제 요소를 제거시킨 현존사회를 원한다. 그들은 프롤레타리아계급이 없는 부르조아계급을 원한다. 부르조아계급은 자기들이 지배하는 세계를 당연히 가장 좋은 세계라고 생각한다. 부르조아사회주의는 이러한 즐거운 생각을 반체계 또는 전체계로까지 완성시킨다. 그들이 프롤레타리아계급을 향하여, 이 체계를 실현하여 새로운 예루살렘으로 입성하자고 호소할 때, 그들은 결국 프롤레타리아계급이 현재 사회에 머물면서 그럼에도 무릅쓰고 현재 사회에 머물면서, 그럼에도 무릅쓰고 현재 사회에 대한 불길한 관념을 벗어던질 것을 요구하는 것에 불과하다.

이 사회주의의, 체계적으로는 열등하지만 실제적으로는 더 우수한 제2의 몇은 몇몇 정치적 변화가 아니라 단지 물질적 제생활관계 변화, 즉 경제적 제관계 변화만이 노동자계급에게 도움을 줄 수 있다는 것을 증명하면서 노동자계급에게 모든 혁명운동을 버리라고 하는 것이었다. 그러나 이 사회주의가 이해하는 물질적 제생활관계 변화란 혁명적인 방법으로만 가능한 부르조아적 제생활관계 폐기가 결코 아니라 이 제생산관계 토대 위에서 행해지는 행정적 개선, 따라서 자본과 임금노동 관계에는 전혀 변화를 가함이 없이 고작 부르조아계급에게 그 지배경비를 감소시키고 국가권력을 간단하게 만드는 행정적 개선일 뿐이다.

부르조아사회주의는 그것이 단순한 연설가 모양을 취할 때 비로소 그것에 어울리는 표현에 도달한다.

노동계급 이익을 위한 자유무역! 노동계급 이익을 위한 보호관세! 노동계급 이익을 위한 독방형무소! 이것이야말로 부르조아사회주의 최후, 그리고 진심으로 이야기되는 유일한 말인 것이다.

그들 사회주의는 바로 다음과 같은 주장, 즉 노동계급 이익을 위하여 부르조아는 부르조아다워야 한다는 주장 속에 잘 드러나고 있는 것이다.

3. 비판적·공상적 사회주의 및 공산주의

우리는 여기에서 모든 근대 대혁명에 있어서 프롤레타리아계급 요구를 서술한 문헌에 대해서 이야기하지 않기로 한다. (바뵈프 저작 등등)

일반적 소란시대, 봉건사회가 무너지는 시기에 직접적으로 자기 계급이익을 관철시키고자 한 프롤레타리아계급 최초 시도는 프롤레타리아계급 자신 박탈당한 모습 때문에, 또한 프롤레타리아 계급해방 물질적 제조건은 역시 무엇보다도 먼저 부르조아시대 생산물이지만, 그 제조건이 부족한 상태였기 때문에, 필연적으로 실패로 끝났다. 프롤레타리아계급 이러한 최초 제운동에 따른 혁명적 문헌은 그 내용에서 보면 필연적으로 반동적이다. 그것은 일반적인 금욕주의와 거친 평등주의를 가르친다.

본래 사회주의적·공산주의적 제체계, 즉 생시몽, 푸리에, 오웬 등등 체계는 우리가 앞에서 서술한, 프롤레타리아계급과 부르조아계급 투쟁 초기 미발달한 시기에 나타난다. (부르조아계급과 프롤레타리아계급 장을 참조)

이들 체계 창시자들은 과연 계급 대립을, 또한 지배계급 자신 속에 있는 해체적 요소 작용을 본다. 그러나 그들은 프롤레타리아계급 쪽에서 역사적 자발성을, 독자적인 정치운동을 전혀 인정하지 않는다.

계급대립 발전은 공업발전과 보조를 하나로 하는 것이기 때문에, 그 때문에 그들은 프롤레타리아계급 해방을 위한 물질적 제조건을 발견할 수 없었다. 그러나 그들은 이 제조건을 만들어 내고자 하면 하나의 사회과학을, 제사회법칙을 찾기 시작하였다.

사회적 활동 대신에 그들 개개인 보편적 활동이 나타나지 않을 수 없다. 해방의 역사적 제조건이 아니라 공상적 제조건이 나타나고, 프롤레타리아계급이 점차 계급으로 조직되어 가지 않은 상태에서, 사회조직을 스스로 안출하지 않을 수 없다. 도래해야 할 세계사는 그들에게 있어서는 그들 사회계획 선전 및 실제적 수행이 되고 만다.

그들은 물론 그들 계획에 있어서 주로 가장 고생이 심한 계급으로서 노동계급 이익을 대표해야 한다는 것을 의식하고 있다. 그들에게 있어서는 가장 고생이 심한 계급이라고 보는 자리에서만, 프롤레타리아계급이 존재한다.

그러나 계급투쟁이 미발달한 형태와 그들 자신 생활상태 때문에, 그들은 자기들은 저와 같은 계급대립 먼 발치에서 초연한 존재라고 믿어 버리게 된다. 그들은 일체 사회성원 생활상태를, 아무리 좋은 경우에 있는 사회성원 생활상태라도 개선하고자 한다. 때문에 그들은 끊임없이 무차별하게 전사회에, 아니 특히 지배계급에게 호소한다. (그들 체계를 군이 이해한다면, 그들 체계가 있을 수 있는 최선 사회, 있을 수 있는 최선 계획이라는 것을 알고도 남음이 있는 것이다.)

　때문에 그들은 모든 정치적인, 특히 모든 혁명적인 행동을 거부한다. 그들은 그들 목표에 평화적인 방향으로 도달하고자 하며, 물론 실패로 끝나지만, 작은 실험에 의해, 설계 힘에 의해, 새로운 사회적 복음에 길을 열고자 한다.

　미래사회에 대한 이러한 공상적 서술은 일정한 시대, 즉 프롤레타리아계급이 아직 몹시 미발달한 상태에서, 따라서 프롤레타리아계급 자신이 자기자신 지위를 아직 공상적으로 받아들이고 있는 시대에 나타나는 것이며, 사회 일반적 개조를 바라는 프롤레타리아계급 최초 예감에 찬 충동에 상응하는 것이다.

　그러나 또한 이러한 사회주의적·공상주의적 저작은 비판적 요소를 지니고 있다. 그것은 현존 사회 모든 기초를 공격한다. 따라서 이들 저작은 노동자 계몽을 위해 대단히 귀중한 재료를 제공하였다. 미래 사회에 관한 그 적극적인 제명제, 예를 들어 도시와 농촌간 대립 폐지, 가족적·사적영리·임금노동 폐지, 사회적 조화 고지, 국가를 단순한 생산관리에 전환시키는 것 등, 이들 명제는 모두 계급대립이 없어지는 것을 표현하고 있는 것에 지나지 않는다. 그러나 이 계급대립은 겨우 발전하기 시작했을 뿐이었기 때문에, 이들 저작은 아직도 제대로 형태를 갖추지 않은 최초 불명확한 계급대립 밖에 알지 못했다. 따라서 이들 명제 자신도 아직 순수하게 유토피아적인 의미밖에 지니고 있지 않다.

비판적·공상적 사회주의 및 공산주의 의의는 역사 발전에 반비례한다. 계급투쟁이 발전하고 형성됨에 따라서, 그만큼 계급투쟁에 대한 이 공상적 초극, 계급투쟁의 이 공상적 극복은 일체 실제적 가치를, 일체 이론적 정당성을 상실한다. 때문에 이들 체계 시조들이 설령 많은 점에서 혁명적이었다고 할지라도, 그 문하 제자들은 항상 반동적 종파를 형성한다. 그들은 프롤레타리아계급 그 이후 역사적 발전에 직면하면서도 스승 옛 견해만을 고집한다. 따라서 그들은 최후까지 계급투쟁을 또다시 둔화시키며, 대립을 조정하고자 한다. 그들은 의연히 그들 사회적 유토피아 실험적 실현, 개개 공산권 창설, 국내 이주자 건설, 소이카리아 설립(새로운 예루살렘 소형판)을 꿈꾸며, 그리고 이들 모두 공중누각을 건설하기 위하여 그들은 부르조아의 마음과 재보의 박애에 호소하지 않을 수 없다. 점점 그들은 앞에서 서술한 반동적 또는 보수적 사회주의자 범주에 빠져든다. 그리고 그와 다른 경우에도 기껏해야 보다 체계적인 현학, 자기들 사회적 학문의 기적적 작용에 열광적인 미신일 따름이다.

따라서 그들은 노동자의 모든 정치운동에 분노로써 반대한다. 이와 같은 운동은 새로운 복음에 대한 맹목적인 불신에서만 나타날 수 있는 것이기 때문이라는 것이다.

영국 오웬주의자, 프랑스 푸리에주의자는 전자는 챠티스트에 대하여, 후자는 '개혁파'에 대하여 반대 행동을 취한다.

제4장 여러 반대당에 대한 공산주의자 처지

이미 조직되어 있는 제노동자당 관계, 따라서 영국 챠티스트와 비아메리카 농업개혁당에 대한 공산주의 관계는 제2장에 의해 자연 명백하다.

공산주의자는 노동자계급이 직접 당면하는 목적과 이익을 달성하기 위하여 투쟁한다. 그러나 공산주의자는 현재 운동 속에 있음과 동시에 운동 미래를 대표한다. 프랑스에서는 공산주의자는 보수적·급진적 부르조아계급에 반대하며 사회주의·민주당과 제휴하고 있다. 그렇다고 해서 프랑스혁명 이래 전통에서 오는 공어(空語)와 환상에 대하여 비판적 태도를 취할 권리를 방기한다는 것은 아니다.

스위스에서는 공산주의자는 급진파를 지지한다. 그러나 이 파가 모순하는 제요소로부터, 즉 일부는 프랑스적 의미에서 민주주의적 사회주의자로부터, 일부는 급진적 부르조아로부터 성립하고 있다는 것을 간과해서는 안 된다.

프랑스인들 사이에서는, 공산주의자는 농업혁명이야말로 인민적 해방의 조건이라고 생각하는 정당을 지지한다. 이것은 1846년의 크라카우폭동을 야기시킨 정당이다.

독일에서는, 공산당은 부르조아계급이 혁명적으로 행동하는 한, 언제라도 부르조아계급과 공동해서 절대 왕제, 봉건적 토지소유 및 소시민파와 투쟁한다.

독일공산당은 그러나 한순간이라도 부르조아계급과 프롤레타리아계급 간 적대적 대립에 대하여 노동자들에게 가급적 명확한 의식을 심어 주는 노력을 게을리하지 않는다. 이것은 부르조아계급 지배와 함께 반드시 생겨나는 사회적·정치적 제조건을, 독일 노동자들이 바로 그대로 병장기로서 부르조아계급한테 향하게 할 수 있도록 하기 위해서이다. 또한 이것은 독일에 있어서 반동계급이 타도된 후, 즉각 부르조아계급 자신에 대한 투쟁이 시작될 수 있도록 하기 위해서이다.

공산주의자는 그 주요한 주의를 독일에 돌리고 있다. 그것은 독일이 부르조아혁명 전야에 있기 때문이며, 또한 독일은 17세기 영국 및 18세기 프랑스보다도 유럽문명 전반의 보다 진보한 제조건 하에서 그리고 상당히 발달한 프롤레타리아계급을 가지고 이 변혁을 수행하는 것이기 때문이며, 따라서 독일 부르조아혁명은 프롤레타리아혁명 직접적인 전주곡이 될 수 있다는 것을 보지 않으면 안되기 때문이다.

요컨대 공산주의자는 어디에 있어서도 현존 사회적·정치적 상태에 반대하는 모든 혁명운동을 지지한다.

이와 같은 모든 운동에 있어서, 공산주의자는 소유문제를, 그것이 많든 적든 간에 어느 정도 발전한 형태를 가지고 있다고 할지라도, 운동 기본문제로서 강조한다. 마지막으로, 공산주의자는 자기 견해와 의도를 비밀로 하는 것을 경멸한다. 공산주의자는 이제까지 일체 사회질서를 강력한 힘으로 전복함으로써만 자기 목적이 달성된다는 것을 공공연하게 선언한다. 지배계급들이여! 공산주의혁명 앞에서 전율할지어다. 프롤레타리아는 혁명에 있어서 잃을 것은 족쇄밖에 없다. 그러나 그들이 얻게 되는 것은 세계인 것이다.

만국의 프롤레타리아여, 단결하라!

뒷이야기

뒷이야기

1950년 9월 15일 새벽 인천 앞바다에 나타난 맥아더 침략군이 서울 중앙청 옥상에 꽂혀 있던 조선 민주주의 인민공화국 '오각별 빛나는 공화국기' 내리고 성조기를 꽂은 것은 9월 28일 새벽이었다. 세계 최강을 자랑하는 북미 합중국 해병대 4만 명이 한나절 길에 지나지 않는 경인가도 1백리 40킬로를 달려오는 데 두 이레가 걸렸던 것은 리승엽(1905~1953?)이 위원장으로 있던 남조선로동당 경기도 부천군당에 딸린 인민유격대 곧 싸울아비어미들이 벌인 결사항쟁 때문이었다.

'해방지구'에서 벌였던 조선 민주주의 인민공화국 활동 가운데 가장 컸던 것이 '인민위원회' 복구와 '토지개혁'이었다. 평양정권 쪽 정사(正史)인 『조선통사(하)』를 보자.

전쟁에서 조선인민의 승리는 명백하였으며 미제는 우리 조국 강토에서 구축될 최종적 위기에 직면하였다. 전쟁개시 후 불과 2개월 동안에 인민군대는 전 조선의 근 95%에 당해하는 광대한 지

역과 총인구의 약 97%를 해방시켰다. 이 기간에 적들은 유생역
량과 전투기술기재에 심대한 타격을 받았다. 미제 무력 침범자들
은 육군만 하여도 1,736명의 장병들을 포로당하였고 15,176명
을 살상당하였으며 4,500명을 부상당하였다.

조선인민군의 빛나는 전과는 조국의 자유와 독립을 위한 정의의
전쟁에 궐기한 조선인민과 그의 무장력인 인민군대의 힘이 얼마나
무진장한가를 전 세계에 시위하였다.

(…) 1950년 7일 4일 최고인민회의 상임위원회는 남반부 지역에서
토지개혁을 실시할 데[것에] 대한 정령을 발표하였다.

토지개혁을 실시한 결과 116만 3,000호의 고용농민, 토지 없는
농민, 토지 적은 농민이 52만여 정보의 토지를 무상으로 분여받
아 토지의 주인으로 되였으며 지주의 착취와 압박, 기아와 빈궁
에서 영원히 벗어날 수 있게 되였다.

조선로동당과 공화국정부는 1950년 8월 19일 공화국 남반부 지
역에서 노동법령을 실시할 것을 결정하였다. 이 결정에 의하여 남
반부의 노동자, 기술자, 사무원들은 북반부에서 실시한 것과 같
은 노동법령의 혜택을 받게 되였으며 그들의 세기적 소망이 달
성되였다.

(…) 미제 침략자들은 일시적 강점지역에서 민주건설의 성과를 말
살하고 남반부에 수립된 반동적 통치제도를 이곳에까지 연장하
려고 시도하였다. 그들은 강점 지역에서 인민정권을 파괴한 다
음 도청, 경찰서 등 일제식민지 통치체제를 재현시키고 친일파, 친
미파, 민족 반역자들로서 소위 도지사, 군수, 면장들을 임명하

여 그들의 강점정책의 지지기반으로 삼았다. 또한 그들은 북조선 인민들이 쟁취한 민주개혁을 무효로 선포하고 토지와 기업소들을 미국자본가들과 조선인지주, 예속자본가들에게 넘겨 주려고 하였다. 뿐만 아니라 그들은 친일파, 친미파들과 청산된 지주, 예속자본가 등을 사촉하여 '치안대', '멸공단', '서북청년회', '대한청년단' 등 반동태로단체를 조직하여 인민학살과 파괴약탈 행위의 적극적인 방조자로 삼았다. 미제 침략자들과 그 고용병들의 피묻은 손발이 이르는 곳마다 예외없이 로동당원을 비롯한 평화적 주민들의 고귀한 피가 흘렀고 아름다운 우리 조국강토를 인민들의 붉은 피로써 물들이게 하였다. 놈들에 의하여 무참히 학살당한 인민들의 수는 수십만에 달하였다. 강점 40여 일만에 평양시내에서만 1만 5,000여 명의 인민들이 무참히 학살되였다. 국제여맹 조사단의 보고에 의하여 보더라도 황해도 한 도에서 놈들에 의하여 학살 당한 수만 하여도 10월 17일부터 12월 7일까지 기간에 총인구의 약 4분지 1인 3만 5,000여 명을 학살하였다. 그중 1만 6,000여 명은 여성이였고 수다한 소년들과 유아들이 학살당하였다. 그중에서도 신천군 온선면 운봉리에서는 주민의 68%에 당해한 600여 명의 무고한 인민들이 학살되였다. 그 가운데는 5세 미만의 유아가 10여 명이고 6~15세 되는 소년소녀들이 150여 명이였으며 50세 이상되는 노인들이 80여 명이나 포함되여 있었다.

원쑤들의 학살방법은 인간의 이성으로서는 상상할 수 없으리만큼 잔인하였다. 놈들은 인민들을 집단적으로 생매장하였으며 집단적으로 건물 안에 감금하고 질식 혹은 굶겨 죽였으며 휘발유와 장작불로 태워 죽였다. 놈들은 눈알을 빼며 귀와 코를 도려내며 산채로 돌이나 칼로 사지를 자르며 피부를 벗기며 불에 달군 쇠로 지지며 산 사람을 땅크로 깔아 죽이며 임산부의 배를 갈라 죽이는 등 이루 형언할 수 없는 야수적 학살방법을 거리낌 없이 감행하였다. 미제 침략자들과 그 고용병들은 인민을 학살하는 인간백정인 동시에 도시와 농촌을 소각파괴하여 인민의 재산을 약탈하는 강도들이었다. 놈들에 의하여 파괴 소각된 주택은 전 북조선을 통하여 61만여 호에 달하였다. 놈들은 평안남도 한 개 도에서만도 강점 40여 일만에 1만 4,000여 톤의 국가 양곡을 약취하였으며 6만 4,000여 두의 소와 1만 5,000여 두의 돼지, 말 기타 수만 수의 가금을 잡아먹었다.

또한 미제 침략자들과 그 고용병들은 수천 수백 년간 우리 민족이 귀중하게 보존하여 온 고귀한 민족문화유산을 파괴 약탈하였고 학교, 도서관, 극장, 병원 등 문화 보건시설들을 닥치는 대로 파괴하였다.

맥아더 침략군을 실은 북미 합중국 병대들이 인천 앞바다로 밀려오는 것을 본 남조선 로동당 경기도당 딸린 부천군당으로 머리지은 싸울아비어미들이 인천 앞바다 목젖인 월미도로 달려갈 때 몸을 돌려 동남쪽으로 내려가는 싸울아비어미들이 있었으니, 미륵뫼에서 올라온 당취들이었다. 그들은 몰사주검이 분명한 '월미도항쟁'에서 벗어나 떠나왔던 옛살라비싸움터인 지평땅 미륵뫼로 숨어들어 맥아더 침략군과 그 고용병들이 개쏘대듯 하는 '적지(敵地)'에서 피어린 유격전을 벌였던 것이었다. 그들은 그렇게 이른바 휴전이 되고도 한 대여섯 해를 더 버텨 냈으니, 1959년까지 빨치산싸움을 이어 나갔던 것이다. 그때 남조선인민 유격대 가운데 최강으로 알려진 「남부군」이 무너지고도 여섯 해를 더 버텨 냈던 미륵뫼 빨치산이었다. 맥아더 침략군과 그 고용병들이 차고앉은 남조선에서 가장 사납게 그리고 가장 끈덕지게 앙버텼던 것이 미륵뫼 싸울아비어미들이었다고 한다.

미륵뫼 들머리에서 오른쪽으로 1.5킬로, 그러니까 한 5리 조금 못미쳐 들어가면 대낮에도 하늘이 잘 안보이게 후미진 골짜기가 나오니, 조개골이다. 그때 미륵뫼 당취들이 꾸려 나가던 병기창(兵器廠), 그러니까 싸움연장을 만들던 곳이다. 순창 회문산 가마골과 지리큰뫼며 광양 백운산과 태백산·일월산·신불산 같은 데 있던 것처럼 기백명 넘는 빨치산들이 둥지틀었던 곳에는 반드시 병기창이 있었다. 그것은 궁예미륵 때부터 비롯되어 고리 때 일어났던 숱한 농군봉기와 조선 왕조 때 여러 당취싸움 거쳐 갑신정변 좌절 뒤 벌어진 의병전쟁과 갑오봉기와 왜제 때부터 6·25 뒤까지 이어지는 인민유격대싸움까지 줄대어지던 것으로, 활·창·칼 같은 옛 병장기만이 아니라 화승대며 38식장총 같은 왜양식 병장기를 고치고 다듬는 풀무간이었던 것이다.

여기서 우리는 조개(造介)골이라는 땅 이름을 눈여겨볼 쓸데가 있다. 조(造) 자는 '만든다'는 뜻이고 개(介) 자는 '낄' '도울' '맬' 뜻이다. 그리고 '홀로' 또는 '작다'는 뜻이기도 하다. 경기도 양평군에는 개군면(介軍面)이라는 데가 있다. 면이름에 군사군(軍) 자가 들어가는 땅불숙한 곳으로, 여기에는 까닭이 있다. 대원제국 시절 한무리 몽골 병대가 머물렀던 데서 비롯된 것으로, 개군면에는 그때 머물렀던 몽골군대 뒷자손들이 있다고 한다. 여주군과 광주군에 닿는 220미터짜리 개군산(介軍山)에서 따온 것이니 군사적 긴한목이었던 것이다. 조개(造介)라는 것은 그러므로 속달뱅이 몬을 만드는 곳이라는 뜻이니, 소규모로 병장기를 만드는 데라는 말이다. 그때에 으뜸가는 병장기는 총과 총탄이었는데, 그것을 만들 수는 없었으니 탈나고 부서진 병장기를 고치고 손보았던 데였던 것이다.

9·28로 조선 인민군을 '철퇴투쟁'시킨 북미 합중국 공군이 펼쳤던 맨 첫 번째 '작전'은 경기도 양평군 양서면 신원리에 있는 몽양 여운형 선생이 태어나서 자랐던 곳에 폭탄을 퍼붓는 것이었으니, 이른바 융단폭격이었다. 넉넉잡아 30분이면 끝날 폭격이 대장 자리를 없애버리는 이른바 '융단(絨緞)폭격'으로 사흘간이나 이어졌던 데는 깊은 뜻이 있었으니, 들불처럼 번져가는 '조선공산주의 상징'을 없애자는 것이었다. 몽양 선생이 태어나서 자랐던 곳이야말로 공산주의라는 꿈나라를 만들고자 신 벗을 사이 없던 이들한테는 그야말로 성지(聖地)였던 것이다. 그리고 이 몽양 생가 폭격은 그 뒤 저질러진 평양에 퍼부어진 융단폭격을 알려주는 맛보기 같은 것이었으니, 조헌정 전 향린교회 목사가 쓴 글에 잘 나타나 있다.

(…) 미국은 UN 결의를 통해 전쟁 개시 3일 만에 참전한다. 이후 중국의 개입으로 1년이 경과한 즈음 전선은 원래의 38선에서 정체가된다. 그러나 휴전조약은 북조선의 재촉에도 불구하고 2년을 더지루하게 끌게 된다. 이 기간 동안 미국은 무수한 폭탄을 북조선 전역에 떨어뜨린다. 평양은 1제곱미터당 평균 세 발의 포탄이 떨어졌으며 국가산업시설은 거의 완전히 파괴되고 만다. 포탄을 싣고 평양 상공을 날아간 한 미군 조종사는 "There is no more target, roger"라고 관제탑에 보고하는가 하면 휴전 직후 한 미군 장성은 이세 북조선은 구석기 시대로 돌아섰다는 말을 한다.

한반도는 지정학적 위치상 미국과 일본의 해양세력과 소련과 중국의 대륙세력이 맞부딪히는 접점에 위치한다. 미국이 세계 패권을 유지하기 위해서는 러시아와 중국이 태평양으로 진출하는 것을 막는 것이 무엇보다도 중요하다. 미국은 국가안보상 절대로 한반도를 포기할 수 없다. 경제로만 보더라도 남한과 일본, 대만 이 세 나라의 무기 수입 또한 엄청나다. 이 때문에 '대북적대정책' 또한 변하지 않는다. 한국전쟁보다 훨씬 더 길고 혹독한 전쟁을 치른 베트남과도 평화조약을 체결했지만, 한반도에서는 평화조약은커녕 종전선언조차 이루어지지 않고 있는 근본 이유다. 9·11 음모설도 존재하지만, 중동의 모든 전쟁의 배후에는 이러한 경제 논리가 자리잡고 있다. 테러와의 전쟁이 아닌 경제 살리기 전쟁인 것이다. 이러한 전쟁광들을 네오콘(Neoconservatives)이라고 부르며 하노이 북미협정을 방해한 볼튼(John Robert Bolton) 이 대표적 인물이다.

(…) 필자는 북조선의 핵무기를 세계평화를 위한 일종의 겨자씨로

보고 있다. 정치적인 용어로는 brinkmanship[벼랑끝 전술]이다. 핵무기는 혼자만 갖고 있다면 위협이 되겠지만, 여럿이 소유하고 있다면 무용지물이 된다. 아니 강자에게는 별 의미가 없지만, 약자에게는 강자를 무릎 꿇게 할 최대의 무기가 된다. 핵무기는 경제봉쇄로는 결코 해결되지 않는다. 먹는 것은 줄이면 되고 나눠 먹으면 된다. 함께 굶는 일은 고통이 되지 않는다. 협상을 통해 쌍방이 동시에 폐기하는 방식 외에 다른 길은 없다. 남한의 몇 사람이 내 견해에 동의할는지는 알 수 없지만, 북조선은 세계 핵무기 폐기 운동에 기수 구실을 할 것이라고 본다. 가끔 북조선에서 김일성 주석의 유훈이 핵무기를 갖지 말라는 것이었다고 말을 하는 이유가 그것이다. 만약 북조선의 바람대로 세계 핵무기 해체가 일어난다면 이를 기점으로 미국은 물론 모든 나라들이 자신들의 군산복합체 구조를 조금씩 해체해 나가는 단서가 생길 것이다. 이제 코로나 이후 시대(Ac, After Corona)를 맞아 인류는 환경에 의한 집단몰살(Ecocide) 위기에 직면해 있다. 기존의 정상을 비정상으로 여기고, 새로운 정상(New Nomal)을 창출해야 하는 절체절명의 시대에 돌입하고 있다. 자국우선주의 정책만으로는 결코 살아날 수가 없다. 왜냐하면 바이러스는 국경선이 어디에 있는지를 모르기 때문이다. 대유행병(팬데믹)을 방어하기 위해 모든 나라가 국경을 폐쇄한다면 끝까지 살아남을 나라는 북조선밖에 없다. '앞선 자가 뒤에 서고 뒷선 자가 앞선다'는 예수의 말은 이를 두고 하는 말일까?

- 『무위당사람들』 2021.03, 74호

'조국해방전쟁' 때 '해방지구'를 다스렸던 것은 통국위원장을 아우른 시울시위원장 리승엽이었는데, 평양에서 내려온 인민군 목대잡이들은 물론하고 조선로동당 채잡이들이 가장 먼저 들르는 곳이 몽양 옛집이었다. 9·28과 함께 사흘 동안 융단폭격을 당한 몽양 옛집은 그렇게 반백년 넘게 풀 한 포기 자라지 못하는 붉은닥세리1194가 되었던 것이었다. 몽양 옛집 앞으로 예전처럼 황포돛대 단 배들이 두물머리로 오가고, 들머리 '신원역'이 '몽양역'으로 바뀌고, 양평군이 '몽양군' 또는 '몽양시'로 바뀌어 - 왜제가 가장 두려워했던 독립운동가와, 모든 사람들이 똑고르게 평등하고 자유로와 행복하게 살 수 있는 아름다운 새나라 세우고자 신 벗을 사이 없는 '세계사적 개인'이었던 '위대한 민주주의자' 몽양 여운형 선생이 참되게 살아난 것이라면, 지나치게 수꿈1195 꾸는 것일까? 미륵뫼사람들이 그리워했던 극락세계가 되는 것일까?

1194 **붉은닥세리**: 불모지(不毛地)
1195 **수꿈**: 상상.

긴짐승[1196]발

　조헌정 목사 글 가운데 몰록 송곳처럼 찔러오는 대목이 있어 다시 붓을 들었으니, '9·11 음모설'이다. 그러나 '9·11의 진실'을 여기서 톺아 보자는 것이 아니라, 궁금한 것이다. 죽음에 대한 궁금증 말이다. 문득 죽어 버리는 사람들이 많아지고 있다. 노아무개라는 싹수 있던 정치인도 그렇고, 무엇보다도 걸리는 것이 박원순(1956~2020) 전 서울시장이다. 그들이 왜 그리고 어떻게 죽어갔는지 그 까닭이 곱다라니 밝혀지지 않고 있다. 노아무개와 박아무개야 그래도 성명 삼자나마 남겨 뒀지만, 이름도 없이 죽어간 숱한 학살사건들. 광주학살, 1991년 학살당했으나 이른바 먹물들한테서 '아무것도 아닌 자들'인 '마이너리티의 죽음'으로 언구럭[1197]부림당한 숱한 노동자·인민열사·학생들…, 칼기학살, 천안함학살, 용산학살, 세월호학살…. 가짜 해방이었던 8·15 뒤부터 오늘까지 저질러진 숱한 학살과 학살들. 아아라해서 가없는 슬픔만을 자아낼

1196　긴짐승: '배암'을 가리켜 무속에서 일컫는 말. 여기서는 길게 덧대는 말의 뜻.
1197　언구럭: 놀림. 농락.

뿐인 저 '산내학살사건' 자식은 살아남아 이런 영험없는 글이나마 쓰고 있다는 것으로 그 하늘을 꿰뚫을 슬픔이 가셔질까.

박원순과 처음 만났던 것은 80년대 첫 때였다. 벼락처럼 5·17 군사반란을 맞았을 때였다. '오둘둘사건'으로 울대에서 잘리고 단국대학교를 나와 공안검사를 몇 달 하다가 변호사로 몸바뀌 인권의 강을 건너 서울특별시장이 된 사람이다. 80년대 가운데 때였을 것이다. 오카모토 미노루부터 비롯된 군사독재에 진저리치던 몇 사람이 모여 조출한 인문학연구소를 하나 묻었으니, '역사문제연구소'였다. 이제도 거쿨지게[1198] 움직이는 '민족문제 연구소' 앞 몸이 되겠는데, 이 많이 모자라는 중생이 무딘 붓으로 써보았던 보람판[1199]과 여러 가지 봉투에 박힌 이른바 제자(題字) 글씨가 있다.

박원순 서울특별시장이 이 중생이 망상번뇌하던 벗고개 '비사란야(非寺蘭若)'에 딸따니[1200]와 함께 동부인 해서 찾아왔던 것은 그러니까 한 예닐곱 해 전이었을 것이다. '역사문제연구소'를 묻을 무렵 옛생각에 잠겨 있다가 서울로 돌아가는 사람한테 이 중생이 건네었던 한통 글월이 있었으니, 이 중생을 '서울특별시 문학부시장'으로 써달라는 것이었다. 서울시 공무원 직제에 없는 '문학부시장'일 터이니 품삯은 한푼도 주지 않아도 되고, 이름만 걸어 달라는 것이었다. 이 중생이 무슨 벼슬자리에 게염[1201]을 내서가 아니라 박아무개를 일통된 나라 서울시장으로 만들어 주고자 함에서였다.

1198 거쿨지다: 씩씩하다.
1199 보람판: 현판.
1200 딸따니: 딸을 정겹게 일컫는 말.
1201 게염: 욕심.

무엇보다도 먼저 경평시장 회담, 그러니까 서울과 평양시장이 만나 남북 또는 북남일통 골칫거리에 머리를 맞대고, 두 번째로 한조·미·일·중·러 6개국 서울 시장이 모여, 그러니까 남북 또는 북남 6대 명산인 백두산과 한라산과 금강산과 지리산과 묘향산과 칠보산에서 만나 한반도 또는 조선반도 일통을 위한 회담을 갖게 하자는 것이었다. 일이 되고 안되고를 두고 찧고까불어쌀 쓸데가 없으니, 이렇게 깨끗하고 우람찬 일통구상을 박아무개 서울특별시장이 했다는 것만으로 지구 최후 분단국가에서 죽지못해 살아가는 풀잎사람들이 그립고 슬프고 안타까워 하는 마음을 세계만방에 보여 주자는 것이었으니, 꿈이었던가. 고 박원순 전 서울시장 유품 어딘가에 그때 써 주었던 이 중생 일통구상안이 있을 것이다.

말이 나온 김에 말하는데, 이 중생은 굴러들어온 '국회의원' 자리를 박차버린 사람이다. 박원순들과 만나던 때였으니 1985년이었을 것이다. 그때에 이 중생은 후농(後農) 김상현(金相賢, 1935-2018) 전 민추협 공동의장 권한대행과 매일같이 한 달포 넘게 만나 파란만장한 이 나라 현대정치사를 책으로 엮어 보기로 하고 이야기를 나누었는데, 책을 써 주는 보람으로 이 중생을 비례대표 그러니까 전국구로 밀어 준다는 것이었다. 그때에 이 중생은 한마디로 자빡놓았[1202]으니, '연좌제 공포'였다. 이중생이 국회의원이 되면, 반드시 할아버지와 큰삼촌과 어머니아버지 인공 때 이야기가 나올 터인데, 티없이 맑고 아름다웠던 그 어른들 얼굴에 튀기는 똥물을

1202 자빡놓다: 거절하다.

어떻게 할 것인가? 그래서이 중생 대신 밀어 주었던 것이 박원순과 하냥 '역사문제연구소' 일로 자주 만나던 울대 정치과 학생회장 출신 빵잽이 리아무개 전 의원이다.(김성동, 『한국정치 아리랑』)

그런데 안타까운 것은 여의도만 가면 사람이 바뀌어 버린다는 점이다. 개인적으로 만나 보면 그런대로 역사의식과 민족의식도 있는 똑똑한 사람들인데, 여의도로만 갔다 하면 사람이 바뀌어 버리는 것이다. 이른바 따논자리를 지켜 내려는 '기득권세력'이 되고마는 것이다. '영구혁명'을 부르짖었던 트로츠키와 마오쩌둥이 떠오르는 대목이다. 이미 테두리금1203을 넘은 지 오래인 '대의민주주의'로는 안되니, '심지뽑기 민주주의'에 대해서 깊은돌아봄이 있어야 할 것이다. 관세음보살.

이 중생이 살던 서울 불광동 '국민주택'에 적어도 이레마다 한 차례씩은 찾아왔던 사람이었다. 서른댓평쯤 되는 집에 꽉차 있던 오죽잖은 책들 보고 여간 부러워하지 않던 그였으니, 아마 그 어름부터였을 것이다. 서울 시내에 있는 헌책방들 돌며 인문사회과학과 역사관계 책들을 사모으기 비롯하는 그였으니, 그가 자주 들르던 서대문 둥근네거리1204지나 장시(場市) 안에 있던 이름없는 헌책방에 '골목책방'이라는 보람판을 두 시간 먹갈아 송판쪼가리에 써 주었던 것이 아련한 그리움으로 떠오른다.

'무유재(無有齋)'라고 이름하였던 집에 올 적마다 그는 꼭 한 보따리 깡통맥주를 들고 왔는데, 이 중생과 깡통을 부딪쳤던 것은 그

1203 테두리금: 한계선.
1204 둥근네거리: 양말 '로터리'.

어부인 강란희 보살이었다. 곡초(穀草)를 한 모금도 못하는 그와 이 중생은 우리나라 역사를 머리로 한 동서양 어제 오늘 역사와 흥망 성쇠며 그 정치현실을 놓고 이른바 '고담준론'을 나누었던 것이었다. 그를 통해 만나게 된 그의 케이에스 전배로 아무 대법관 집안이었던 사업가 리아무개 사장과 그 안해 림아무개 보살 또한 아련한 그리움으로 떠오르니, 남다르게 책을 좋아하며 그리고 이 많이 모자라는 중생이 쓴 오죽잖은 글들을 좋아하던 림보살이었다.

어즈버 반세기 가까이 흐른 이제도 화두(話頭)처럼 성성(惺惺)한 것은 오직 책이다. 아니, 수많은 책들을 책값 걱정 없이 사들일 수 있는 그 깜냥이 부러웠으니, 변호사라는 그 벌잇줄이었다. 이른바 '변호사 공화국'이 되어 버린 이 나라 오늘을 말하자는 것이 아니라, 아버지 생각이다. 저 70년 전 인공 때 이른바 법률가들인 판사·검사·변호사들을 끊어매기었던 '인공정책'이 떠올랐고, '목맹'이었다. 아버지가 딸렸던 직업동맹이 목수동맹이었던 것이다. 목철동맹, 그러니까 목수동맹과 철공동맹원들이 6·25 조국 해방전쟁에서 가장 오래까지 그리고 가장 씩씩하게 맞아더가 거느리는 북미 합중국 침략군한테 앙버틸 수 있었던 것은, 연장을 다루는 쟁이들이었기 때문이다. 그 연장이라는 것은 그러니까 새 세상을 만들고자 일떠섰던 숱한 농민폭동과 의병싸움이며 빨치산싸움에서 농민들이 들고 나섰던 곡괭이·낫·쇠스랑·쇠도리깨·식칼·도끼 같은 농사 연모들이었던 것이다.

박원순을 마지막으로 보았던 것은 이 중생 나이가 마흔아홉때였으니, 1995년이었을 것이다. 그때에 이 중생은 죽을 힘을 다해서 꾸려 보았던 처성자옥(妻城子獄)을 벗어나 저 아래로 아아라히 부산 시내 불빛이 내려다 보이는 김해 신어산(神魚山) 백룡암(白龍庵)이라는 잔암(殘庵)에서 재출가를 골똘히 생각하고 있었는데, 박변 내외가 찾아왔던 것이다. 부산에서 세계변호사대회가 열리는데 해운대 바닷가에 잡혀 있던 일류호텔 마다하고 허위단심 올라온 잔암에서 밤새워 '고담준론'을 나누었던 것이다. 입으로는 그 지어미와 곡차잔을 주고받으며 눈으로는 그 지아비를 바라보며 동서 고금 역사와 현실을 주고받았던 것이다. 찢겨지고 거덜난 조국이 바로 놓일 자리를 놓고 옥신각신하는 것이었는데, 그가 내대었던 것이 '시민운동'이었다. 이튿날 아침산을 내려가는 그한테 했던 말이다.

"시민운동 성공비결을 알려드릴까?"

"…?"

"박변 당신이 서대문으로 가시오. 서대문형무소로 들어가란 말이외다."

"저잣거리 말로 번역해 주시지요."

"청와대 쥔, 그러니까 정권 몸통을 잡고 흔들다 보면 징역을 가게 될 것이고… 그러면 그 운동은 성공할 것 아니겠소. 이 중생이 바라는 것은 이른바 중산층, 그러니까 부르조아계급을 특권화하는 시민운동이 아니라 프롤레타리아계급이 목대잡는 인민운동이외다만…"

그 뒤 일어난 낙선운동으로 바람을 일으킨 〈참여연대〉였고, 박 아무개라는 성명삼자는 단박 이 나라 정치권 중심으로 떠오르게 되었던 것이다. 그리고 북한산 어두운 숲속으로 사라진 박원순이다. 열반한 사람 이야기를 하다 보니 떠오르는 이름이 있는데, 아나키스트 류림(柳林, 1894~1961) 선생이다. 5·16 군사반란 때 '군사정권 진시황' 소리 듣던 그 아들 류원식(柳原植 , 1914~1987) 대령이었고, '의절(義絶)당한' 며느리가 죽었을 때 문상을 간 류림 선생이었다. 어떤 기자가 까닭을 묻자 이렇게 대답했다고 한다.

"죽고나면 사람은 다 똑같다."

잔암에서 고 박원순 안해1205와 나누었던 곡차 이야기를 하다보니, 떠오르는 그림이 있다. 군사깡패들이 미쳐날뛰던 5공 정권에서 이른바 '쓰리허'로 불리웠던 허문도(許文道, 1940~2016)라는 하늘 밑에 벌레1206이다.

부산고등학교와 서울대학교를 나와 1964년부터 1979년까지 조선일보 기자와 도쿄 특파원으로 있다가 주일대사관 공보관을 지내다 부산고등학교 동문인 허삼수(許三守, 1936~)인지 허화평(許和平, 1937~)인지가 밀어 주어 전두환(1937~2021) 중앙정보부장서리 비서실장으로 들어간 물건으로, 1985년 여름이니 아마도 청와대 정무수석 비서관으로 전아무개 앞방석1207 노릇을 할 때였을 것이다.

그 물건과 단둘이서 곡차잔을 주고받았던 것은 여의도에 있던 전옥숙(全玉淑, 1929~2015)씨 집에 들렀을 때였다. 그때에 이 중생은

1205 안해: 아내.
1206 하늘 밑에 벌레: 사람.
1207 앞방석: 비서.

김아무개(1941~)라는 유명짜한 시인과 자주 만나 문학과 역사와 현실을 놓고 죽이 맞을 때였는데, 당신 대신 술 상대가 되어 주라는 것이었다. 아는 이는 알겠지만 전옥숙이라는 이는 '제2의 배정자' 소리 듣던 이른바 '여걸'로 김아무개 시인과 의남매 사이였다. 전옥숙 씨는 영화감독 홍상수씨 어머니가 되는 이로 우리나라 최현대사를 이야기할 때 반드시 적어 두어야 할 여성이다. 전옥숙 씨가 얼마나 '문화계 숨은 거물'이었는가 하는 것은 아무아무하는 문화계 난사람들 따귀를 갈기고, 전화 한번에 득달같이 달려온 그 뒤 문화공보부장관이 된 리원홍(李元洪, 1929~) 케이비에스 사장을 봐도 알 수 있었는데, 리원홍 사장 빽으로 케이비에스 영사실에서 그 유명짜한 에이젠슈타인 <전함 포템킨>을 봤던 기억이 떠오른다.

"문단 짱이라고 들었는데… 술이 약하시구만."

허문도가 말하며 씩 웃었는데, 제 앞 술잔을 비운 뒤였다. 그때에 그 물건과 이 중생은 커다란 커피잔 가득 박아무개가 마시다가 총살당했다는 무슨 '시버스 리걸'인가 하는 양주를 부어 마셨는데, 석 잔을 비운 다음 이 중생은 그만 잔을 엎었던 것이다. 명색이 '국독자' 소리 듣던 사람으로 낯뜨거운 일이었으나 더 이만 먹다가는 열반할 것 같았는데, 즐겨 마시던 화학주로 치면 그 독한 양주를 한 3홉쯤은 마셨을 것이었고, 만세를 부르며 마음속으로 중얼거렸던 말이 있으니 -

"악인들은 몸이 좋구나!"

재미삼아 말하지만 그때에 이 중생한테는 별호가 있었는데, '국독자'였다. 그 어름 떠돌던 사회과학 쪽 쓰임말이었던 '국독자' 그러니까 '국가독점자본주의'가 아니라 '국가독점알콜중독자'라는 말이었으니, 김용태가 붙여 준 것이었다. 김용태(金勇泰, 1946~2014)는 민예총 그러니까 민족예술인총연맹 이사장을 지낸 환쟁이로 이 중생이 일삼는 '공포의 음주'를 걱정해 주다가 70수도 못 채우고 저뉘로 간 정 많던 부산 태생 동무였다.

그런데 순진했던 이 중생이 그만 속았다는 것을 알게 되었는데, 동무들은 웃었던 것이다. 이 중생이 커다란 커피잔 가득 채운 양주를 한 방울도 안 남기고 잇달아서 석 잔씩 비울 때, 허아무개라는 그 능글맞기1208 짝이 없는 군사깡패 사냥가히1209는 입술만 적신 술을 술 탁자 밑 휴지통에 쏟아부었던 것이었다. 그런 그가 열반했다는 신문기사를 보았던 것은 5년 전이었으니, 80수도 못 넘겨 그만 술잔을 길래1210 잡을 수 없게된 것이었다. 왜제 때 나온 「황국신민서사」와 「교육칙어」를 슬갑도적1211질 해서 「국민교육헌장」을 만들었던 박종홍(朴鍾鴻, 1903~1976)이라는 사냥가히 철학자도 그렇고 허아무개도 그렇고 천관우(千寬宇, 1925~1991)라는 괜찮았던 언론인·역사학자도 그렇고… 군사깡패 사냥가히 노릇을 했으나 그 댓가로 받은 '부귀공명'도 얼마 누리지 못하고 밥숟가락을 놓게 된 '불우한 민족 반역자들'도 많으니, 관세음보살. (大尾)

1208 능글맞다: 얄밉도록 능갈치다(능청스러운 수단으로 잘 둘러대는 태도가 있다).
1209 가히: '개'를 가리켜 갑오왜란 때까지 썼던 말로, '내포(內浦)'에서는 이제도 쓰고 있음. 가이.
1210 길래: 영원히.
1211 슬갑도적: '표절'은 왜말임.

『미륵뫼를 찾아서』를 마치며

붓을 빨다 말고

이 책을 쓰게 된 것은 순전히 할아버지 덕분이다. 핏덩어리 장손 앉혀 놓고 『맹자』를 가르치다 말고 아이오 파리똥이 데뎅이 진 보꾹 올려다보며 혼잣말처럼 뇌이시던 그 말씀.

"사긔(역사)를 볼 수 있넌 자만을 일러 왈 사람(史覽)이라구 칭했거늘…."

〈무쯩동맹〉을 만들고자 하였다. 〈남조선민족해방 무학력자총동맹〉이 그 옹근 이름이 되겠는데, 80년대 가운데 때였다. 그때에 이 많이 모자라는 하늘 밑에 벌레는 계간 문예지에 싣던 장편 소설이 첫 회만에 잘리고(2회분이 여섯 달만에 실렸으나 손톱발톱이 죄 빠진 채였음) 일간지 연재소설이 53회만에 잘림으로 모든 청탁이 끊겨 살아갈 길이 아득하던 때였고, 좋다! 뜻도 펼 수 없고 밥벌이가 안 되는 소설 접고 아버지처럼 독립운동을 하자고 이를 옥문 것이었는데, 어마뜨거라! '계급동맹'이라는 것이었다. 이 중생을 그림자처럼 뒤밟던 '기관 쪽' 사람들 타이름이었다.

"내란음모를 목적으로 결성된 '반국가단체'로 몰려 부선망(父先

700

ㄷ)꼴 되고 싶소?"

굽도젖도 할 수 없이 뇌세포 죽이는 싸구려 화학주나 마시며 막막해 하는 이 중생 얇은 등짝 후려치는 죽비소리가 있었으니, 나간이들이었다. 60년대 가운데 때 절집 뒷방에 구거박질려진 채로 푸대접 넘어 귀찮고 꺼림칙한 짐짝 다룸새 받던 극로비구(極老比丘)들. 한쪽 팔이 없거나 다리 한쪽이 떨어져 나갔거나 눈알 하나가 빠져나갔거나 마른버짐 많은 머리통 한쪽이 움푹 꺼지고 얼음박힌 손가락 발가락이 뭉턱뭉턱 떨어져 나간 그 늙고 병든 스님네는 10대 중후반 꿈 많던 꽃두루로 갑오년 멱치기 싸움 들었던 개남장(開南將) 그늘대 싸울아비들이었다.

갑오년 싸움 떠올릴 적마다 아득한 눈빛이 되던 그이들이었다.

"미륵뫼 당취가 젤 쎘지. 일금강(一金剛) 이지리(二智異) 삼용문(三龍門)이라고 했지만 진짜로는 용문산, 그러니까 미륵뫼서 온 당취들이 젤 무서웠다니까. 악양반 악지주 악공다리 가왜놈들한텐 말이지."

'큰 묏부리가 하늘을 꿰뚫어 동이를 엎은 것' 같은 용문산 본디 이름은 미륵뫼였다. 1,157미터인 이 산은 엄청난 역사를 품고 있으니 저 천 년 앞 궁예로 비롯해서 리항로, 양헌수, 유대치, 서장옥, 김백선, 김성숙, 여운형 같은 이들이(주송주의자 이항로만 빼고) 그 아름다운 이름이다. 여기에 반드시 그 이름을 올려야 될 어른들이 계시니, 이름 없이 돌아가신 의승병들이다. 세계 최강 관동군이 가장 두려워했던 것이 미륵뫼총댕이 출신 '노인부대'였다는 것을 아는 이는 거의 없다. 이른바 일류대학 나오고 도일유학·도미유

701

학·도구유학을 했다는 박사 역사학자라는 이들이 죄 입을 다물고 있기 때문이다. 알고도 힘부럼하는 물건들 무서워라기보다 밥그릇 뺏길까 두려워 입을 닫고 있는 것인지 정말 몰라서 말하지 못하는 것인지 알 수 없으나, 그들 불치(不齒) '사레기'(쓰레기역사가) 젖히고 이많이 모자라는 중생이 나선 까닭이다.

미륵이란 무엇인가? 한마디로 그리움이다. 그림을 그려 보는 것이다. 꿈. '그리움'이 줄어 '그림'이 되었으므로 사람들은 장 그림을 그린다. 마침내 이루어 내고자 하는 누리를 말이다. 평등과 자유와 넉넉살이가 남김없이 이루어진 옹골진 고루살이를 만들어 내야 된다는 겨레꿈을 담아 내려는 것이다.

이태 전 길고도 모진 97년 삶을 접은 당호(黨號) 련희(蓮姬)였던 어머니가 하셨던 말씀이 상기도 귀청을 두드린다. 8·15 앞뒤 이야기를 할 적마다 꼭 네둘레를 짯짯이 둘러보던 그 늙은 여자는 그리고 아무도 없음에도 무릅쓰고 목소리를 낮추시던 것이었다.

"민국중부 사람덜 중치 잘헌다고 혀. 죽으면 뭐 헌다네. 살구봐야지. 암, 살구 봐야구 말구. 늬 아부질 봐라. 서른 저우 넹겨 저생 간 늬 아부지란 사람 봐. 다다 살어서 새 시상 봐야지. 늬 아부지가 그렇긔 일구월심(日久月深) 창가 불러쌓던 새시상…."

긴짐승 발

깨끗이 빨아 꽂아 두었던 붓두껍 벗겨 내고 몇 자 적으려니 무슨 까닭으로 자꾸 손끝이 흔들려서 도련종이만 쌓여간다. 빨치산이다. 빨치산 이야기다. 인민유격대란 이름 걸고 항미투쟁 벌였던 인민의 영원한 동무 싸울아비어미들 이야기 말이다.

사람들은 빨치산이라면 '남부군'만 있었던 것으로 안다. 그런데 지리큰뫼 남부군보다 더 오래 그리고 더 알차게 앙버텼던 것이 미륵뫼 빨치산이었다는 것은 모른다. 살아남은 이들이 죄 북녘으로 올라갔기 때문이고, 그 남겨진 떼전들 입에다 시멘콘크리트를 치고 있는 탓이다.

할아버지와 어머니와 그리고 하늘에 사무치는 크나큰 원 품고 열반하신 '오여손잽이' 남겨진 자식들한테 들었던 그 이야기를 다시 듣게 된 것은 산문(山門)에서였다. 어언 반백년이 훨씬 넘었으니, 60년대 가운데 때였다. 남조선노동당 경상남도당 인민무력부 딸린 싸울아비였던 그 늙은 나간이스님은 아무도 없는 네둘레 둘러보며 목소리를 낮추던 것이었다. 마지막까지 앙버텼던 것이 미륵뫼 빨치산이었다고 하였다. 남부군이 절딴난 다음, 그러니까 이른바 휴전이 되고도 한 대엿 해 더 싸웠다고 하였으니, 그림표로 그려 보면 이렇게 되겠다.

궁예미륵 → 묘청미륵 → 신돈미륵 → 미륵뫼 당취 → 미륵뫼 승병 → 미륵뫼 빨치산….

2020년 12월 23일 밤
미륵뫼 아래서 김성동 손곧춤

고루살이를 향한 그리움의 진언眞言 *

김영호(문학평론가)

우리 곁을 떠난 작가 김성동

2022년 9월 25일 향년 75세로 우리 곁을 떠난 작가 김성동, 그와 마지막 만난 것은 그가 떠나기 나흘 전인 21일이었다. 유독 느리고 길게 늘이는 특성이 있는 충청도 말의 유장함을 치렁치렁한 만연체로 맛깔나게 구사하는 그의 소설은, 내포 지역이 간직해 온 아름다운 우리말을 발견하는 즐거움을 준다. 하지만 이제는 낯설기만 한, 우리 토박이말을 각주를 찾아가며 읽어야 하는 불편함도 크다. 그래서 작가의 아름다운 우리말 살리기 노력을 십분 살리면서도, 독자들이 자신의 언어생활 속에 그 우리말을 실제로 활용하는 데 중점을 둔『작가가 살려 쓰는 아름다운 우리말 365』를 그와 함께 엮은 게 1월이었다. 이를 시작으로 그의 각별한 기억력과 구수한 입담을 살려 '소설가 김성동과 함께 걷는 현대사 산책'을 그의 구술을 바탕으로 시리즈로 엮어 보자며 호기

---

* 이 글은 〈작가마당〉 42호(2023년 상반기)에 실린 글을 수정 보완하고 확장한 글임.

를 부린 건 여름이었다. 대략적인 내용은 이렇다. '국무총리를 지낸 김황식에게 묻는다, 김성동의 단편 「오막살이 집 한 채」를 재수록하며 한국 전쟁 전후의 시대상을 광주항쟁으로 오독한 문학과지성사의 해설 논란, 강감찬이 아닌 강한찬 장군 이야기, 문단 최고의 재담꾼인 작가 황석영에 얽힌 황구라 이야기로, 황구라가 북한의 김일성 수상을 속인 이야기와 이명박 대통령과 함께 북방을 개척하려 한 이야기, 미투의 올가미에 걸려 인생이 급전직하로 추락한 고은 시인에 대한 변명 등'을 열 띤 어조로 얘기하던 게 지금도 선하다. 다만 혼자 생활하며 심한 당뇨로 걷기조차 힘든 그에게, 독거노인으로 등록해 요양 보호사의 돌봄을 신청하자고 권하다 말다툼으로 끝난 게 못내 걸렸는데, 건강이 심각하단 소식을 들은 게 19일이었다.

여러 번의 전화 끝에 그의 누님과 어렵게 통화가 됐는데, 아무도 만나지 않으며, 설령 찾아오더라도 대화할 상태가 아닐 정도로 위중하단다. 오죽하면 그의 심각한 건강을 염려하던 신부님이 지난여름 원주 기독병원에 직접 입원시켜 치료받게 한 적이 있는데, 그 신부님도 몇 번 찾아왔으나 완강한 거절로 그냥 문 앞에서 발길을 돌렸다고 하니, 시간이 필요하다고 생각하고 기다려 보기로 했다. 그런데 다음날 그가 나를 찾는다는 전갈이 왔다. 누구 전화였냐고 확인한 그가 내 얘기를 듣고 한참 생각하더니 만나야겠다며 찾아오도록 연락하라 했단다.

외탁으로 하얀 피부에 외모가 곱상해서 여자애 같단 말을 들었던 예전의 그 단아하던 선비의 풍모는 간데없고 뼈만 남은 모습의 그가 나를 부른 것은, 마지막 남길 말이 있어서일 터다. 소파에 비스듬히 기댄 채 희미한 눈길로 입을 떼기도 힘들어하던 그가, 한참만에 유일한 동기인 누나에게 콜라 한 잔을 시켜 입술을 축이더니 안간힘을 모아 말했다. 유작이 될 세 권 책의 출판을 이장곤 시인의 출판사와 계약을 맺은 상태인데, 아무래도 출판이 쉽지 않은 상태이니 잘 살펴보라는 당부였다. 그가 자신의 이름을 박아 쓰는 200자 원고지 뒷면에 볼펜으로 쓴 세 권의 책 제목은 이랬다. 개정판 두 권에 신작 한 권인데, 광주항쟁 직후 쓴 동화 『죽고 싶지 않았던 빼빼』와 신라와 고리(고려)의 미륵 운동사를 살핀 산문집 『미륵세상 꿈나라』는 개정판이고, 용문산에서 활약한 스님들의 비밀결사조직 당취(黨聚) 이야기를 모은 역사 에세이 『미륵뫼를 찾아서』는 신간이다. 이장곤 시인의 <이서방>에서 출판이 여의치 않으면, 그의 피어린 가족사를 모은 앤솔로지 『눈물의 골짜기』를 펴낸 도서출판 <작은숲>의 강봉구 사장에게 부탁해 보겠다고 하니 고개를 끄덕였다. 곧바로 강봉구 사장과 통화해 출판 약속을 받았다. 다음으로 자신이 애써 모은 문학이나 불교 서적들 그리고 집안에서 대대로 전해온 한적(漢籍)과 붓글씨 등의 유품과 자신이 간직해 온 애장품들 일체를, 제2의 고향인 대전에 기증한다는 뜻을 밝혔다. 특히 명종 때에 북경에서 수입해 온 4서3경의 7서는 현재 누님 댁에 보관 중이고, 해방 직후 신문이나 각종 시국사건 판결문과 근현대 문학 희귀본 등은 오랫동안 청계천 등 고서점을 드나들며 사 모은 것들이니 후학들이 활용할 수 있게 하라고 당부했다.

그의 장례식에서 앞으로 한국문학관이 건립되면 김성동 코너를 만들어 그의 유품 일체를 보전하겠다는 제안도 있었지만, 일단 고인의 뜻이 대전임을 밝혔다. 그 뒤 대전문학관의 초석을 세운 박헌오 관장께 그 뜻을 전하며 도움을 요청했고, 함께 노력하기로 했다.

이렇게 말문이 터지자 예전의 달변이 두 시간을 넘겨 이어졌다. 오죽하면 몇 달 동안 그의 병간호를 해 오던 누님이 "나헌티는 살가운 한 마디 말도 아끼더만, 이렇게 말을 잘할 수 있었냐? 서운허다 서운혀!"라고 했겠는가. 그가 당부한 유작 3권 중, 첫 권인 『죽고 싶지 않았던 빼빼』가 42년 만인 2022년 12월 완전 개정판으로 출간됐다. 1980년 5월 말에 광주항쟁을 다룬 우의소설로 완성했다가 1981년에 출판됐고, 다시 21년 만에 『염소』라는 제목으로 개정판이 나왔다가, 또다시 21년 만에 원래 제목에 동양화가의 그림과 내용 중 끝부분을 뺀 개정판이 다시 나온 것이다. 첫 출판은 맨 끝에 붙인 작가의 말인 '개칠'에서 밝혔듯, 5월 광주항쟁의 피비린내가 남아 있던 상황에서 쓴 작품인지라 "사납고 억센 글을 쓰고 싶습니다. 사납고 억센 글을 써서 나쁜 사람들을 이 땅에서 몰아내고 싶습니다."라고 무도한 폭력에 대한 강한 저항 의지가 드러나 있었다. 그런 그의 바람처럼, 펜으로 그린 그림이 강렬하고 억센 느낌을 잘 살려주었다. 그런데 이번 개정판에서는 강철 펜촉의 강하고 억센 펜화가 애틋하면서도 아련한 느낌의 동양화로 바뀌면서, 작가가 말한 창자가 끊어질 듯 슬픈 '애훕한' 심정이면서도, 죽임이 없는 평화로운 세상에 대한 아스라한 꿈을 아련하게 느끼게 해 준다. 특히 내용 끝부분 일부를 빼면서 1980년 광주의 특정 사건에 대한 상징에서 벗어나 "이 온누리에 살아 숨 쉬고 있는 모든 것들을 사랑하는 이들을 위한" 이야기로 승화되었다.

그의 나머지 유작 중 『미륵 세상 꿈나라』는 1990년에 펴낸 『미륵의 세상 꿈의 나라』에, 원효의 관념론 비판을 덧붙인 것이다. 『미륵뫼를 찾아서』는 신간으로, 미륵뫼인 용문산을 중심으로 활약한 불교 비밀결사

조직 '당취' 이야기로, 우리가 사는 지금 이곳을 새롭게 바꾸어 꿈나라인 용화 세상을 만들자는 것이다. 이렇게 보면 그가 고치거나 새로 쓴 유작들 모두, 모든 사람이 평등하며 고르게 잘 사는 '고루살이'에 대한 그의 오랜 꿈이 담겼다.

더 산다면 공부할 게 참 많지!

실무적인 얘기를 아퀴지은 뒤엔 그가 오랫동안 궁구해 온 우리 역사의 참모습을 밝히고자 하는 데로 얘기가 모아졌다. 그는 자신의 고향인 옛 백제를 충청 전라와 경기 일원으로 보는 것은 중국 중심의 사대주의 역사관에서 비롯된 것으로, 백제는 대륙백제, 반도백제, 열도백제, 해상백제의 4곳으로 이루어져 중앙아시아까지 장악했던 웅대한 나라였음을 말하면서, 슬며시 덧붙였다. "더 산다면 공부할 게 참 많지!"

"조봉암을 통한 이승만의 농지개혁으로 김일성의 공산주의 남하를 막는 등 반공 정책의 밑바탕이 됐다고들 허는디, 아니여! 경성 트로이카의 한 사람인 박문규라는 이가 있어. 이강국이랑 경성제국대학 동기여. 이이가 북한 토지개혁의 얼개를 짠 거여. 나중에 월북해서 북한의 초대 농림상을 지냈는디, 남한의 농지개혁이, 1950년 10월에, 시작되기 전에 남반부의 토지개혁이 이미 90% 달성됐다는 이 사람의 기록이 있어. 왜 이런 것에 대한 학문적 연구가 없는지 몰러. 이것이 뭣이냐믄, 한국전쟁 발발 며칠 만에 낙동강 이북 전역을 점령한 북한이 7월부터 8월 사이에 무상분배로 토지개혁을 실시해 버린 것이여. 가구당 6천 평씩 받았다는 거. 그러니까 1950년대 후반에 마무리된 이승만의 농지개혁은 이미 무상으로 분배된 농지를 다시 유상분배로 바꾼 것이니께 농민들헌티는 영탐탁치 않았던 거여."

"우리 아버지 세대에 공산주의 운동헌 사람들은 성인들이여. 사적인 욕망이 없었당게. 순수하게 문자 그대로 공산주의를 추구혔어. 당시 문학계에선 영호 고향 사람 신석정이 그런 사람이여. 창씨개명 피할려고 고향에서 소작인을 혔잖여."

"이문구 선생의 문학은 어떤 의미에선 보신(保身) 문학이고 반공 문학이여. 집안이 좌익으로 박살 난 영향으로 그렇게 된 거여. 향토 언어를 되살리려는 것도 언니들처럼 위험허지 않게 사는 온건한 태도였다고 봐야지. 언니들이 어떤 세상을 꿈꾸었는지는 말 안 허잖여."

"김수영은 양심적인 먹물이고, 오히려 신동문 시인이나 박인환 시인을 재조명혀야 혀."

그의 누님이 서운하다고 할 정도로 긴 얘기를 할 때는 다시 기운을 차린 듯 보여서, 충주를 떠나올 때는 연말까지는 연명하지 않을까 싶었다. 그런데 뜻밖에도 나흘 후 그는 우리 곁을 떠났다. 그를 존경하던 신부님이 작년 6월 말 그를 원주 기독병원에 입원시킨 후, 위암 말기 판정을 받고 더 이상의 치료가 의미 없다며 퇴원을 한 그는, 곡기를 끊고 유작 3권의 마무리에 그의 마지막 기운을 모은 것이다. 어떤 위기 앞에서 곡기를 끊고 결기를 보이는 것은 그의 집안 내력인지도 모른다. 그의 증조부는 15세에 조선 왕조 마지막 과거시험인 갑오년 생진회시(生進會試)에서 진사 입격을 했는데, 갑오왜란에 절망해 술로 울분을 달래다가, 을사늑약을 당하자 목을 매었다 식구들에게 들켜 실패하고, 경술국치를 당했을 때 낟알기 끊기 달소수 만에 이뉘를 떠났다고 한다(「멧새 한 마리」). 김성동은, 무분별한 탐욕과 권력욕의 대립 속에서 고통의 나락을 헤매는 서민의 삶을 지탱해 줄 정신적 지주가 사라진, 정신의 대공황 시대에, 남은 목숨에 연연하지 않고 의연하게 사람답게 사는 길을 궁구하고자 곡기를 끊은 채 남은 유작의 마무리 작업에 몰입했으니, 증조부의 결기를 이어받음인가 싶다.

장례미사를 집전한 신부님

그의 마지막을 지켜 주고자 집을 찾았다가 문 앞에서 발길을 돌렸다는 신부님은, 정의구현사제단에서 대표와 통일위원장을 지낸 김인국 신부다. 일부에선 극렬분자 사제로 몰아가기도 하지만, 그는 예수의 제자로서 항상 낮은 곳을 지향하는 삶을 실천해 왔다. 그는 5·18의 상처가 남아있는 광주신학대학에서 공부하며 사회적인 고민을 하기 시작했다고 한다. 그는 예수의 가르침을 따르는 사제로서 정의를 지키고 불의에 저항하는 예언자의 직분을 기꺼이 감당하려 한다. 그는 성서를 새로운 눈으로 보고 새롭게 해석하는 열린 자세를 지녔다. 그는 유불선(儒佛仙)은 물론 동학까지 섭렵하여 종파나 사상의 벽을 허물고 넓게 회통한다. 그래서 좌익으로 매도되고 한때 승려였던 김성동 작가와 허심탄회하게 교유할 수 있었고, 그에게 치료의 길을 열어 주기도 했고 또 그의 화장터에 동행한 뒤 유골함을 묻을 때 마지막 장례미사를 집전했다.

그런데 원주 기독병원과 김성동은 인연이 있다. 박헌영이 1939년 대전형무소에서 출옥한 뒤 청주와 서울을 오가며 경성콤그룹의 아지트를 지키던 정순년(해방일보 주필 정태식의 오촌 조카)과 사랑이 싹터 태어난 아들 박병삼 즉 원경 스님의 회고이다(손석춘, 『박헌영 트라우마』). 1983년에 원경 스님과 박헌영의 복심 비선으로 활동하던 김봉한의 외아들 김성동이 원주에 있는 김지하 선생 집에 들러 식사하고 돌아오는 길에, 월정사에 들렀다 가자는 김성동의 제안으로 영동고속도로를 가던 중, 맞은편에서 앞지르기하며 차선을 넘어온 트럭을 피하다 낭떠러지로 떨어지는 교통사고가 났다. 이 사고로 운전하던 원경 스님은 갈비뼈 아홉 개가 부러지고, 김성동은 머리를 다쳐 뇌수가 흘러나올 정도의 중상을 입었다. 원경 스님은 피투성이가 된 김성동을 업고 길로 올라와 지나가는 화물차를 세워 원주 기독병원에 입원시킨 뒤, 김지하 선생 집을 찾아 김성동 입원 소식을 전한 뒤 정신을 잃었다고 한다. 이 사고에 대한 김성동의 단편적 기억이 『외로워야 한다』에 나온다.

나는 예전에 교통사고를 당하여 뇌를 반쯤 덜어 내었다. 나를 치료했던 의사는 나머지 뇌에서 10퍼센트만 제대로 써도 세상이 뒤집어지는 문장이 될 것이라며 절망에 빠진 나를 쓰다듬어 주었다. 그 뒤 대뇌생리학자인 칼 프리브람이 쓴 글을 보니, 뇌 일부를 교통사고 따위로 잃어버린 사람은 잠시 그 부분이 맡고 있던 뇌기능을 잃어버리지만, 얼마 안 지나서 나머지 부분이 없어진 뇌가 했던 기능을 대신하게 된다고 하였다. 요컨대 뇌라는 것은 감각 부분을 다만 기계적으로 모아 놓은 것이 아니라 전체로서 존재하며 저마다 부분이 전체를 알고 있기 때문에 서로가 가로맡을 수 있다는 것이다. 이것이야말로 법성게에서 읊은 것이 아닌가. 나 또한 세상이 뒤집어질 대문자(大文字)는 못되지만, 반쪽만 남은 뇌로써 이런 글이나마 쓰고 있다.

유자(儒者)이자 운명적 불자(佛子)

작가 김성동 하면 우리는 먼저 그의 출세작 『만다라』를 떠올린다. 『만다라』는 그의 실제적인 문단 데뷔작이면서, 가장 대중적인 인기를 누린 작품이고, 특히 가장 현대적인 예술 장르인 영화로 만들어져 그 대중적 영향력을 더욱 확산시켰기 때문으로 보인다. 그래서 혹 술자리에서 마주치게 된 선남선녀에게 그를 소개하면 그의 이름 앞에 예외 없이 '만다라의 작가'란 수식어가 붙게 마련인데, 한번은 문학에 문외한이라고 자신을 소개한 한 장년 남자는 이렇게 물어 왔다. "아니, 작가 선생님 세상에 머리가 파란 스님에게 불심검문하면서 불경을 외어 보란 장면이 영화에 나오던데, 그거 뻥이지요?"

이제는 '부처님 오신 날' 즈음이 되어도 영화 <만다라>가 안방극장에서 방영되지는 않는다. 하지만 소설 『만다라』는 기왕에 영어로 번역된 데 이어 프랑스어, 독일어, 러시아어, 그리고 스페인어(불가리아)로까지 번역 소개되었다 하니, '만다라의 작가 김성동'이란 호칭은 이제 세계적인 공인을 받은 셈이다.

그러나 불교소설 작가로 불리는 김성동의 참모습은 불자(佛子)라기보다는 유자(儒者)에 훨씬 가깝다. 내가 그를 처음 만난 것은, 그가 식장산을 마주 보는 대전시 산내면 구도리, 실개천을 옆에 낀 양옥집에 칩거할 때였다. 그때 그는 원주에서의 교통사고 후유증이 채 가시지 않은 채였는데, 별채로 지은 열 평 정도의 서재에 한복을 단정하게 입고 있는 모습은 그의 정교하고 치밀한 단편만큼이나 단아한 선비의 모습이었다. 나와 친구들이 어렵사리 만든 동인지 『삶의 문학』을 내밀며 문학 얘기를 나눴는데, 그는 헛된 이름과 인기에 집착하는 문학꾼에 대한 통렬한 질타와 함께 이 시대의 참된 문학인의 자세와 책무에 대한 자성의 필요성을 역설했다. 나직하면서도 열정이 배어 있는 그의 목소리는, 치밀한 짜임새와 섬세한 언어로 애틋한 그리움을 전해 주는 그의 단편소설들이 주는 숨막히는 탄식과 한데 어우러져 마음속에 깊이 새겨졌다.

이렇게 시작된 만남이 수십 년을 훌쩍 넘기면서 그의 여러 면모를 가까이에서 겪고 살필 수 있었는데, 그의 참모습이 유자(儒者)에 훨씬 가깝다는 생각이 더욱 분명해졌다. 그도 언젠가 술자리에서 이 사실을 인정한 적이 있다. "그래, 난 사실 유자지."

그의 작가 연보나 자전적 소설에서 드러나듯이, 그의 부친은 한학에 정통한 분이셨고, 다양한 예술적 재능 못지않게 사회운동에 헌신한 분이었으나 '눈물의 골짜기'에서 희생되었고, 그는 다섯 살 때부터 몰락한 유생인 조부로부터 한문과 반가의 법도에 대한 엄한 가르침을 받았다. 이런 가풍 속에서, 도덕적인 인격자(선비)로 갖추어야 할 끊임없는 자기 수양의 자세와 청빈의 생활 기풍이 그의 삶을 관통하는 정신적 지주로 자리잡게 된다. 사실 그의 삶 또는 문학을 통한 일관된 물음은 자신의 존재를 규정하고 있는 현실적 조건들에 대한 실증적 반문에서 출발한다. 그는 자신의 삶을 옥죄는 여러 가지 곤고함을 있는 그대로 응시하면서 그 속에서 가능한 해결책을 찾아가고자 한다. 결코 허허로운 자기 초월로 그 곤고함을 벗어나고자 하지 않는다. 그가 오직 전업 작가의 수입만으로 가계를 꾸려가며 다른 벌이판을 기웃거리지 않는 것도 그런 선비적 생활 기풍 탓일 게다. 그는 지금도 외출할 때 의관을 갖추는 것은 물론이고 꼭 용변까지 해결한 뒤에야 집을 나선다. 그런가 하면 한여름에도 그 흔한 피서 한 번 가지 않는다. 일찍이 조부로부터 배운 유가적 가르침인 동즉손(動則損)이기 때문이다. "괜시리 움직이면 동티나니, 집에 가만있음만 못하니라." 그러니까 매사에 불여튼튼인 셈이다. 대중적 인기를 누리는 승려들이 허황한 말장난과 상식을 초월한 기행(奇行)으로 자신의 일탈행위를 합리화하는 데 익숙해진 사람들에게 그의 이런 조신한 생활 태도는 자칫 낯선 것일 수도 있다. 그러나 그의 조신함은 상투적인 형식이 아니라 스스로 가다듬는 수기(修己)에서 비롯된다. 그와 만남은 대체로 술자리에서 시작되기 때문에 대개 다음날 새벽에야 집에 들어가게 된다. 이미 취해 버린 그를 부축하고 우리 집으로 올라치면 그는 늘 망설인다. "영호야, 이 근처 어디 육간(肉間) 없냐?" 그 시각까지 문을 연 정육점이 어디에 있겠는가. 그래도 그는 이리저리 찾아다닌다. 이것도 남의 집을 방문하려면 으레 고기 한 칼이라도 베어 가던 게 예의이던 유교적 격식인 듯하면서도, 그의 사뭇 진지한 모습을 보노라면 온화하면서도 단아한 기품마저 느끼게 된다.

그는 유자이지만 결국은 운명적인 불자이다. 그가 산에서 속세로 내려온 지 수십 년이 지났지만, 늘 다시 돌아갈 산을 그리워하며 산다. 그래서 농담처럼 자신의 작품들에 대한 인세가 가족들이 자립할 수 있는 정도만 된다면, 강원도 정선 어느 산자락에 토굴을 파고 은거하는 것이 꿈이라고 말한다. 이것이 일반인처럼 답답할 때 그냥 해 보는 충동적인 말이 아니라, 그의 지속적인 지향이란 점에서 그는 결국 정각(正覺) 수좌의 모습으로 되돌아간다. 그에게 인생의 최고 모습은 자신과 남을 동시에 구원하고자 진력하는 보살의 경지이다. 그리고 그의 문학은 보살도의 경지에 이르게 하는 진언(주문)이자 뗏목이며, 그 과정에서 순결한 영혼이 겪어야만 하는 방황의 기록이다.

어머니의 안식교와 기독교에 대한 회의

김성동의 어머니 한희전(韓熙傳)은, 스물한 살 꽃다운 나이에 이웃 고을의 인격이 훌륭하고 천재인 스물여섯의 새서방 김봉한(金鳳漢)을 만나 '노동자, 농민 등 인민대중이 똑 고르게 잘 살 수 있는 아름다운 새 세상을 만들자'는 일관된 생각을 함께 나누는 평생 동지가 되어, '가시덤불 우거진 외자욱길'을 걸었다. 그녀는 남편의 길을 좇아 조선공산당에 들어가 남조선노동당원이 되었으며, 인공시절 남조선민주여성동맹 청라면맹 위원장으로 선임되었다. 이때 새서방님이 오른손 약지에 끼워 준 금반지가 바로 민들레 꽃반지다. 등허리에 민들레꽃 무늬가 새겨진 것으로, 사회주의운동에 몸과 마음을 던진 남성이 아내나 정인에게 끼워 주며 평생 동지임을 다짐하던 정표였다. 그녀는 1950년 10월에 경찰에 체포되어 「여맹원 한희전 북괴 고무찬양 사건」으로 기소되고, 1950년 11월 대전지방법원에서 국가보안법 위반으로 징역 4년에 집행유예 7년을 선고받았다. 이는 김성동이 1969년 대검찰청 수사국에서 비매품으로 발간한 『좌익사건실록』에서 확인한 것이다. 그런데 어머니의 삶을 오롯이 형상화한 「멧새 한 마리」의 서장 격인 제망모가(祭亡母歌)에서 밝힌 '한희전'이 소설 본문에서는 '한전희'로 나타난다. 이는 「민들레꽃반지」에서도 마찬가지다. 소설 속에서는 실명을 그대로 쓰지 않으려는 의도로, 아버지 김봉한은 김일봉으로, 김성동은 김영복으로 호적 이름과 달리 집에서 부르는 이름을 쓰거나 아예 살짝 바꿔서 쓴다. 이는 고유명사인 학교명에서도 드러난다. 대전고등학교는 한밭제일고등학교로 이화여대는 삼화여대로 바꾸는 식이다.

그녀는 집행유예 외에 다시 1951년 3월 국가보안법 위반 등으로 기소되어 4월 말경 6년의 징역형을 선고받았다. 집행유예까지 합하면 10년이 넘는 형량이다. 그녀는 옥살이 중 민들레 꽃반지를 형무소 당국에 영치시키라는 요구를 삼칠일이 넘는 단식투쟁으로 거부하고 평생 동지의 다짐을 지켜 내 오른손 약지에 그 반지를 끼고 있었다고 한다.

그녀는 이렇게 모진 고문에도 굴하지 않고 자신과 남편의 새 세상에 대한 염원을 지켰으나, 남편의 억울한 죽음으로 얻은 울화병으로 평생 가슴앓이의 고통을 겪어야 했다. 그런 고통을 달래고 마음의 위안을 얻고자 고향 주변의 안식교회에서 세례를 받고 새벽기도와 안식일 준수 등 기독교인의 생활을 한다. 유생인 할아버지는 지아비를 잃은 아녀자가 예수에게 몸과 마음을 의탁함은 나름 용인할 수 있으나, 스스로 몸을 세워 난세를 바로잡고자 하는 장부의 사업이 아니며, 공자와 맹자의 도를 배우고 익히는 반가의 자손으로서는 가까이해서는 안 될 사악한 종교라며 손자의 교회 출입을 금한다. 자칫 시대착오적인 듯도 하지만, 나름의 근거가 있다. 종교의 이름을 앞세워 약소 민족의 강토를 짓밟고, 인륜의 근본인 제사를 거부하며, 남녀 간에 내외가 없어 미풍양속을 해친다는 것이다. 특히 기독교를 앞세운 영토 확장은 이미 서세동점의 세계사로 입증되어 수많은 폐해를 낳았음이 사실이다.

김성동 자신도 적은 수업료로 배울 수 있는 안식교 재단의 고등공민학교에 다니며 목사로부터 기독교 교리와 성경을 배운다. 그는 유대 민족의 역사 이야기인 구약성경을 나름 좋아하며 성경을 열심히 읽는다. 그러나 「요한계시록」을 배우는 과정에서 구름을 타고 내려오는 천사 이야기에 과학적 의문을 제기했다가 신성모독이라며 야단을 맞고 또 변소 청소의 벌을 받으며 기독교 교리에 깊은 회의를 느낀다. 그는 무조건적 믿음을 강요하고 엄청난 재앙과 심판을 예고하면서도 고통 가득한 세상을 방치하는 전지전능한 신을 어떻게 순순히 믿을 수 있는지 답답해한다. 무엇보다도 아버지를 죽게 한 거대한 힘에 대해 성경에는 어떤 명확한 답도 없기에 더욱 그렇다.

더 나은 삶에 관한 꿈

가난한 유대인 철도 노동자의 아들로 태어나 나치의 박해를 피해 40여 년 망명 생활을 하면서도 최악의 절망 속에서 『희망의 원리』를 쓴 백과사전적 철학자인 에른스트 블로흐는, 예수가 주도한 원시 기독교의 가르침을 '사랑의 공산주의'로 명명한다. 블로흐는 인류 역사의 거대한 두 정신사적 흐름으로, 혁명적인 기독교 사상과 마르크스 사상을 꼽는다. 그는 유럽에서 19세기 말 『자본론』이 나오기 전까지 오랫동안 혁명적 서적으로 작용한 것은 성서였으며, 『자본론』 이후는 마르크스주의가 혁명적 사상이 되었다고 본다. 그는 성서의 본질적 가치는 권력의 신에 저항과 반란을 일으키는 인간적 갈망의 외침이 오롯이 녹아 있는 데 있다고 평가한다. 따라서 모든 억압의 체제를 전복하고 진정한 인간해방을 위해서는, 기독교의 본질적 가치인 저항과 불복종 정신을 따르도록 해야 한다고 주장한다. 그런데 사도 바울은 교회의 번영과 기독교 전파를 위해 예수의 혁명적 묵시록 사상을 현실 개혁과는 무관한 내세 지향적이고 내면 지향적이며 체제 옹호적인 신앙체계로 변모시켰다. 사제들 또한 자신들의 권력 강화를 위해 독재자 신의 위상을 강화하며, 인간은 오로지 복종을 통해서만 천국에 계시는 주를 만날 수 있다고 가르쳤다. 특히 예수 본연의 정신을 완전히 왜곡하고, 로마 황제를 숭배하듯 예수를 권위주의적인 지배자의 위치로 높이며 무조건적 복종을 강조한다. 예수 스스로가 자신을 '사람의 아들'이라 부르는데도 굳이 이를 무시하고, 고통받는 자들에게 직접 찾아오는 '사람의 아들'이 아니라 세속적 지배자인 주님, 신의 아들로 고백한다. 예수 자신은 막강한 권력자로서의 신의 모습을 거부하고, 다정한 목자의 모습을 강조했다. 아람어에서 '사람의 아들'은 종으로서의 인간이 아닌, 두 발로 걷는 자주적인 존재를 뜻한다고 한다. 그래서 가난한 자들과 공동체를 이루며 자유로운 정신을 추구하는 수도사들은 여전히 '사람의 아들'을 중시한다. 독일의 종교개혁가인 토마스 뮌처는 '사람의 아들' 예수의 진정한 가르침을 이 세상에 구현하려 애썼다. 그는 천년왕국설에 기초한 새로운 나라에 대한 희망과 열망으로 경제적으로 평등한 사회를 이 땅에 이룰 수 있다고 믿으며, 영주의 압제에 저항하는 독일 농민전쟁을 주도했으나 좌절되었다. 그러나 그가 이루고자 한 '지상천국'의 꿈은 사회주의 혁명의 시발점으로 평가받는다.

블로흐는 마르크스주의를 인류 역사에서 끊임없이 이어져 온 '더 나은 삶에 대한 인간의 꿈'을 구체화한 사상으로 평가한다. 김성동의 선친이나 그와 함께한 박헌영, 이관술, 이현상 등이 꿈꾼 세상도 바로 그렇다. 「고추잠자리」의 서장인 제망부가(祭亡父歌)에 의하면, 김성동의 부친 김봉한은 박헌영의 이웃 마을에서 태어나 박동무의 발자취 들으며 자라나 열 살 전부터 박동무의 사상에 동의하고 동지가 되었으며, 고향 선배인 박동무가 추구하는 길을 걷고자 약관의 나이에 조선공산당에 들어갔고, 해방이 되면서 남조선노동당원이 되었다. 그럼 박헌영은 언제 어떻게 사회주의 사상가가 되었나. 그는 경성고보 졸업반이던 1919년 3·1독립운동에 참여하면서 사회주의 사상을 처음 접하고 혁명가의 길을 다짐했다. 그가 사회주의 사상을 적극적으로 받아들인 이유는, 당시 식민지 민족들의 해방을 지원하고 나선 유일한 나라가 소련이었으며, "그들의 이념이 독립과 정의, 민주주의와 진보를 호소하고 있다는 것을 이해하기 시작"해서였다고 그 시절을 회고했다(손석춘, 『박헌영 트라우마』). 그는 조선의 민족해방과 계급해방의 정의 실현을 당당하게 추구했으며, 수차례 검거되어 악명 높은 감옥의 잔인한 고문에도 굴하지 않고 불굴의 투지로 독립운동을 이어가, 해방 당시 한반도에서 가장 강력한 항일세력의 지도자이자 조선 공산주의운동의 최고 지도자가 되어, '조선의 레닌'으로 불렸다. 그는 완전한 자주독립을 이룬 나라에서 농민과 노동자가 주인이 되어 자유롭고 똑 고르게 살아가는 세상을 이루고자 했다. 박헌영을 따른 동지들도 모두 자유와 평등이 넘치는 고루살이 세상을 만드는데 기꺼이 신명을 바쳤다. 그들은 개인의 사적 이익이나 욕망을 절제하고 대의에 충실했던, 순결하고 강인한 영혼들이었다. 이런 그들의 노력은 인민대중들의 전폭적인 지지로 이어졌다. 1947년 3월에 작성된 미군정의 정보문서에 의하면 당시 총선거가 실시되면, 박헌영이 대통령에 당선될 가능성이 있다고 전망했다. 그의 사촌동생으로 그를 보좌했던

한산 스님은, 평생을 민족의 독립과 사회주의 혁명에 바친 박헌영이야
말로 우리 민족이 절대 잊어서는 안 될 분으로, 100년에 한 번 나올 만한
사람이라고 평가했다. 박헌영의 복심비선으로 활동하던 김봉한은 남조
선노동당 충남도당 문화부장과 대변인 및 전조선농민동맹충청남도총
본부 위원장으로 인민민주주의가 이루어지는 인민공화국 건설에 매진
하다가, 예비검속으로 대전형무소에 수감되었고 한국전쟁 발발 직후인
1950년 7월 초 눈물의 골짜기인 산내 뼈잿골에서 처형되었다.

  김성동은 10여 년의 승려 생활에서 환속한 뒤, 불교 관련 역사비평 에
세이에서 궁예, 묘청, 신돈으로 이어지는, 우리가 사는 지금 이곳을 새
롭게 바꾸어 꿈나라인 용화 세상을 만들자는 미륵불 신앙에 주목한다.
미륵 신앙은 석가모니불 입적 후 56억 7천만 년이 지나 미륵불이 하생
한다는 신앙으로, 생전에 공덕을 쌓아 죽은 뒤 미륵보살이 주재하는 도
솔천에 태어나기 바라는 미륵 상생신앙과는 달리, 현세에서 법을 깨치
고 지상낙원을 이루며 살기 바라는 미륵 하생신앙이 중심이 된다. 미륵
보살이 내려와 건설한다는 불교의 용화세계는 엄청난 재앙과 전쟁 끝
에 온다는 기독교의 천년왕국설과 달리 전쟁 없이 가능하다는 데 특징
이 있다. 이렇게 환생하는 미륵불이 바로 정감록에 예고된 진인의 원형
이고, 미륵하생경의 표현을 바꾼 것이 바로 강증산이 말하는 조화선경
이다. 미륵불의 용화사상에 뿌리를 둔 개벽사상이 조선시대의 지배 이
데올로기인 성리학에 맞선 평민 지식인들의 대항 이데올로기로서 새로
운 이상세계를 지향하는 정감록으로 이어지고, 이는 다시 동학, 증산교,
원불교의 신종교로 이어져 근대화를 위한 대안의 역할을 하게 된다. 『미
륵뫼를 찾아서』는 미륵뫼인 용문산을 중심으로 활약한 불교 비밀결사

조직 '당취' 이야기로, 우리가 사는 지금 이곳을 새롭게 바꾸어 꿈나라인 용화 세상을 만들자는 것이다.

이렇게 본다면, 몰락 유생인 할아버지의 정감록에 대한 천착이든, 어머니가 믿던 기독교의 본질적 가치든, 또 김성동이 지속적으로 추구하는 미륵불 신앙이든, 또 아버지와 그 동지들이 이루고자 하던 인민민주주의든 모두, 기존 기득권의 억압적 체제를 전복시키고 자주적이고 평화로우며 사회적 약자들이 고루 잘사는 그런 새로운 세상을 꿈꾼다는 점에서 서로 소통하며 융합할 수 있다.

아버지 세대 혁명가들의 헌걸찬 정신

2014년 김성동은 자신의 운명을 현재의 모습으로 떠다박지른 아버지에 대한 아득한 그리움에서 벗어나 아버지와 아버지 세대의 꿈과 좌절을 역사 속에 온전히 자리매김하는 작업을 『꽃다발도 무덤도 없는 혁명가들』로 마무리했다. 그가 필생의 화두로 삼았던 아버지 세대의 이야기를 모은 좌익 독립운동가 열전(列傳) 『현대사 아리랑』에서 빠진 스물한 분의 이야기를 덧붙여 일흔네 분 어르신의 이야기를, 새로운 자료를 보완해 200자 원고지 4,000매의 개정증보판을 낸 것이다. 그는 그 작업의 의미를 이렇게 말한다.

"난 '꽃무혁'이라고 줄여서 말하는데, '꽃무혁'을 쓰려고 내가 소설가 '짱'을 얻은 지도 몰라 사실은. 이걸 쓰기 위해서 이 책을 쓰기 위해서."

그러니까 '꽃무혁'의 출간이 김성동의 작가 생활 40년을 결산하는 작업인 셈이다. 그렇다고 그가 아버지 세대의 꿈을 일방적으로 미화하는 것은 아니다. 그간 남북의 현대사에서 잊힌 그들의 모습을 있는 그대로, 그들의 한계까지 엄정하게 보여 주는 태도를 시종 견지한다. 절에서 나와 40년 동안 헌책방에서 모은 자료를 바탕으로 현대사를 온몸으로 살아낸 어르신들의 모습을 담담하게 토박이 조선말로 보여 준다.

그는 충남 보령 출신이지만 어려서 대전으로 이사해 서대전초등학교와 삼육중학교를 다녔다. 또 경성콤그룹의 일원으로 대전·충남 야체이카로 활동하다 예비검속으로 대전형무소에 수감됐던 그의 부친이 눈물의 골짜기인 산내 뼈잿골에서 학살당한 아픔을 가슴에 품은 채『만다라』이후 한동안 산내 구도리에서 살았으니 그에게 대전은 고향이나 진배없다. 2014년 3월 4일부터 4월 20일까지 대전문학관에서 열린 대전작가회의 기획전에 그의 '꽃무혁' 육필원고 4,000매가 전시되었다. 사실 그는 컴맹이다. 물론 인터넷을 못하니 오로지 기억과 문헌자료에 의존해 200자 원고지에 세로로 글을 쓰는 가내수공업자다. 그래서 그의 검지 마디엔 굳은살이 박여 있다. 요즘 같은 자동화 시대에 그의 정갈한 육필원고를 확인해 보는 것도 당시 전시회의 알짬 볼거리의 하나가 되었다고 생각한다.

그는 '꽃무혁' 이후 계획을 이렇게 밝혔다.

이제는 특정인을 하나 전기처럼 쓰는 것이 아니라, 단편, 중편으로 그 사람을 넣고 당시의 상황 정황을 소설로 써 볼라고 합니다. 문학화, 역사의 문학화지. 대중화라는 것은 문학화요. 그 이상은 없잖습니까? '꽃무혁'은 그야말로 엄정한 역사라고 본다면, '꽃무혁'에서 다루지 못한, 이름이 남지 못한 어른들의 이야기를 문학으로 표현해서 많은 사람들이 볼 수 있게 해야지요. 소설가로서, 문학가로서 숙제지요. 우리 근현대사에서 '꽃무혁'의 어른들 만한 사람들 찾기가 어려워요. 그분들은 사(私)가 없었거든. 다 내놓고, 자식들 공부도 못 시키고 말이야.

 이번 기회에 확실히 말해 둘게요. 뭐, 참 어이없는 일인데, 박헌영이 간첩이니 뭐 이런 얘기는 그야말로 황당한 얘기야. 그게 원천적으로 불가능한 얘기에요. 놀라운 얘기 하나 해줄까. 내 아버님이 박헌영 선생에게 쓴 한문 편지가 남아 있어요. 아마 조직활동을 시작하기 전인 거 같애. 그때 당시 어른들이 혁명운동을 해야 하는데 철학의 근본 문제를 묻고 있거든. '너 어떻게 싸울 것이냐? 총이 몇 자루냐?' 묻는 건 촌스러운 일이죠. '사람은 무엇이냐? 이 세계는 무엇이냐?' 인심도심론(人心道心論). '인간의 욕망과 도의 마음은 뭐가 어떻게 다른 것이냐? 어느 때 나오는 것이냐?'하는 질문을 딱 던졌단 말야. 난 그런 게 놀라워. 그런 정신으로 산 그분들에게 어떻게 변절이니, 배신이니, 간첩이니 하는 말을 할 수 있냐고. 그런 게 있을 수 없지. 박동무(박헌영)가 참 대단한 사람이지만 너무 착해가지고 죽었지. 정치에는 맞지 않는 사람이야. 유일하게 이강국 선생이 가장 정치적 감각이 있는 분이라, 해방정국에서 '10년 후 대통령'이라고 했다니까. 이강국 선생이 박동무에게 '우리도 어떻게 해야 된다'고 그랬거든. 그걸 박동무가 계속 말려. 괜찮다고. 뭐가 괜찮어? 괜찮긴. 죽을라고? 박동무가 혁명을 하는 것은 개인이 아니잖아. 결국 오늘날까지 대를 물려서 고통받고. 참… 이 나라 역사가 어쩌다 이렇게 돼 가지고… 그들이 민족의 양심이고, 힘의 원천입니다."

『눈물의 골짜기』 70년 만에 헌정

김성동의 소설집 『눈물의 골짜기』는 그의 가족이 한국전쟁을 전후해 극한적 이념대립으로 풍비박산이 난 아픈 이야기를 모은 것이다. 특히 일제강점기의 좌익 독립운동가였던 아버지 김봉한과 남편의 순수한 이상에 동조해 남로당에 가입하고 인민공화국 시절 조선민주여성동맹 위원장을 했던 어머니가 겪은 감옥살이와 고문 후유증을 중심으로, 인민공화국 시절 애국자의 유가족으로 고향에서 토지분배위원장을 맡았던 조선 왕조 마지막 선비셨던 할아버지, 조선민주청년동맹위원장을 했던 큰삼촌 그리고 고향에서 면장을 하다가 인민군에게 처형당한 외삼촌을 곁가지로, 전쟁의 광기로 친가와 외가가 함께 몰락해 남은 가족이 평생을 찰가난 속에 살아야 했던 이야기들을 약간의 허구 또는 현실과 환상의 경계를 자유롭게 넘나드는 '마술적 사실주의'로 풀어내고 있다. 특히 연재하다 중단당한 「풍적(風笛)」의 경우 라틴아메리카의 작가 마르케스 류의 '마술적 리얼리즘'이라며 주목을 받았지만, 지주가 9할을 그리고 소작농이 1할을 먹는 토지문제를 비판하며 조선공산당 정강 정책에 담긴 소작농 7 지주 3을 담았다는 이유로 연재가 중단되기도 했다. 이 작품은 총살당한 아버지의 영혼이 삼도천과 흑백강을 건너 가족과 고향을 찾아가는 이야기로 환상과 현실을 자유롭게 오간다. 그러나 환상적 기법을 쓰고 있지만 작가의 아버지의 삶과 끝까지 지켰던 신념에 그 바탕을 두고 있다. 김성동은 자신의 소설을 사실상 문학성을 가

미한 '다큐'라고 부른다. 마치 마르케스가 "내 책에 쓰인 것 가운데 실제로 일어난 사건에서 비롯되지 않는 것은 단 한 줄도 없다."라고 말한 것과 유사하다.

좌익활동을 했다는 이유로 대전형무소에 수감됐던 김성동의 부친이 한국전쟁 발발 직후인 7월 초 희생당한 곳이, 바로 대전 산내 뼈잿골이다. 그는 남로당 부위원장을 지낸 박헌영의 비선으로 경성콤그룹 가운데서도 이관술 선생 동아리로 활동했으며 전국농민동맹 충남본부위원장을 지냈다.

선고는 박동무 비선(祕線)으로 한밭을 두리로 한 충청남도 옛살라비 고향 얼안 '야체이카'였으니, 어육이 되어 가는 농군들 삶을 똑바로 세우고자 두 주먹 부르쥐고 일떠섰던 것으로, 조선공산당 강령 좇아 3·7제를 이뤄내자는 것이었다. 뿐인가. 독궁구로 깨친 속힘으로 숙명여자전문학교에서 수학강사를 하였는데, 그 학교를 머리지은 몇몇 학교에서 독서회라는 이름으로 반제국주의동맹을 얽어냈던 것은 애오라지 경성콤 그룹 얼개를 넓혀나가자는 것이었어라.

－「고추잠자리」중에서

한국전쟁 70주년은 산내학살 희생자들이 희생된 지 70년이 되는 해이다. 하지만 50년을 숨죽이며 살던 유족들이 용기를 내어 이곳에서 산화한 희생자들의 넋을 함께 기리는 합동위령제는 21회다. 산내 희생자 유족인 작가 김성동이 합동위령제에 공식적으로는 딱 한 번 참석했다.

2016년 그의 선고(先考)의 출생 100년이 되던 해에 아버지께 올리는 제문인 제망부가(祭亡父歌)와 함께 덧붙여 쓴 중편소설「고추잠자리」를 헌정했다. 이번엔 피 맺힌 한국현대사를 온몸으로 겪은 그의 가족사를 그린 작품들을 모은 소설집『눈물의 골짜기』를 70년 만에 희생된 영령들께 올려드리니 그 의미가 자못 크다.

핏빛 역사의 복원과 문학적 신원

소설집『눈물의 골짜기』엔 김성동의 가족이 겪은 피 맺힌 현대사 이야기가 담겨 있다. 하지만 이는 단순한 가족사를 넘어서 그의 아버지나 할아버지 세대가 보여 준 '넉넉하고 너그러운 세상'에 대한 순수한 꿈, 그리고 일제나 봉건의 억압에서 벗어나 '고루 평등하고 자유롭게 살아가는 새 세상'을 이루려는 헌걸찬 정신의 기록이다. 작가가 당당하게 내세우는 가족사는 "삼절오장"이다. '삼절(三節)'은 나라의 안녕과 인민대중의 행복한 삶을 위하여 기꺼이 자신을 희생한 중시조 선원 김상용, 증조부 김창규, 아버지 김봉한이 보여 준 곧은 절개이고, '오장(五長)'은 인민공화국 시절 토지분배위원장이었던 할아버지, 전국농민동맹 충남본부위원장이었던 아버지, 조선민주여성동맹 위원장이었던 어머니, 조선민주청년동맹위원장이었던 큰삼촌, 진보문인 동아리인 <민족문학작가회의>에서 소설분과 위원장이었던 작가 자신을 말한다.

김성동의 선친 김봉한은 남로당 지도자인 박헌영의 복심비선(腹心祕線)으로 대전·충남의 야체이카(세포)로 활동했다. 남로당 외곽단체를 대상으로 당면과제를 제시하고 투쟁지침을 하달하거나 무장대 조직을 준비하는 등 비공식적 문화부장 역할을 하던 중견간부였다. 그는 풍채가 뛰어나고 도량이 넓었으며, 겉으로는 부드러우나 안으로는 굳센 외유내강의 조직운동가였다. 특히 타고난 명민함으로 보통학교를 마친 후, 일본 대학 강의록으로 독학하여 숙명여전 수학 강사를 역임했다.

김봉한은 경성 콤그룹 가운데서도 이관술 선생 동아리로 활동했는데, 이관술은 그를 혁명가의 길로 길라잡이 해 준 인물이다. 울산 출신 좌익 항일 운동가인 이관술은 미군정기에 이른바 '정판사 위조지폐 사건'으로 대전형무소에 수감되었다가 한국전쟁 발발 직후인 1950년 7월 초에 산내 골령골에서 총살당했다. 이관술은 해방 직후 잡지 〈선구〉의 최초 정치여론조사에서 여운형, 이승만, 김구, 박헌영에 이어 "가장 양심적이고 역량 있는 정치지도자" 5위에 선정됐는데, 김일성, 김규식은 2%의 지지밖에 얻지 못했다 하니 그의 정치적 위상을 알 만하다. 최근에 공개된 미군정청 자료에 의하면, 미군정에서도 정판사 사건의 재심을 요구하는 설명서를 작성했던 것으로 드러나는데, 실질적 증거 없이 정치적 고려에 따른 재판부의 편파적 판결임을 지적하고 있다. 냉전의 한국적 신호탄이 된 이 사건으로 무기형을 선고받은 이관술이 '사법절차를 거치지 않고 처형된 것'에 대해 그의 막내딸이 국가를 상대로 손해배상을 청구한 재판에서 승소함으로 해서 사형 65년 만에 일부 명예회복을 했다. 「멧새 한 마리」에도 이에 대한 평가가 나온다.

미군정에서 나치가 썼던 의사당방화사건을 슬갑도적질해서 조선 공산당을 없애 버린 것이 이른바 「조선정판사사건」이다. 조선공 산당을 불법단체로 금쳐버린 미군정에서 1946년 7월 한 여론조사에서도 사회주의 공산주의를 좋아하는 사람들이 80퍼센트였다. 좌익매체에서 「조선정판사사건」 전에 했던 여론조사에서는 90퍼센트 위로 절대적 지지를 받았던 조선공산당이다. 우익 여론조사 기관에서 한 조사에서도 대통령감으로 몽양과 이정이 압도적 일 이위를 하는 남조선 좌익을 깨뜨리고자 미군정에서 쓴 엄평소니가 「조선정판사사건」이니, 여덟 달 만에 좌익들은 캄캄한 땅 밑으로 들어가게 되었던 것이다.

작가 김성동은 아버지의 행적을 그린 중편소설 「고추잠자리」와 인민공화국 시절 어머니 이야기를 리얼하게 복원한 중편 「멧새 한 마리」로 부모의 한 많은 삶을 문학적으로 형상화함으로써 부모의 역사적 신원(伸寃)을 하고 있다.

김성동의 선친 김봉한은 박헌영과 동향 출신이고, 부모 세대부터 오랜 교분을 다져온 인연으로 박헌영의 복심비선(腹心祕線)으로 활동했다. 박헌영은 조선공산당의 실질적인 지도자로 굽히지 않는 견결함으로 일제의 억압에 맞섰으며, 계급혁명을 통한 민족해방운동을 펼쳤다. 박헌영과 동료들은 조국을 위해 헌신적인 활동을 했으나 민족보다 혁명을 우선시하고 자주적 국가 수립이 국제노선에 따라 자연스럽게 해결될 것으로 낙관하면서도, 극좌적 모험주의로 미 군정과 우익세력의 극심한 탄압을 초래하는 등 좌익의 입지를 좁히기도 했다. 특히 소련에 대한 지나친 믿음으로 남북 양쪽에서 철저히 외면당했다. 박헌영의 복심비선인 김봉한은 남로당 지도부의 북한행을 걱정스레 바라본다. 순결한 이상과 헌신적 활동에도 불구하고 권력의지의 부족으로 북로당에 예속될 것을 우려하는 것이다.

옛살라비 후배로 해방 전 조선공산당 때부터 비선(祕線)인 그 젊은
이는 안타까운 눈길로 박동무를 바라보았는데, 뒷말은 입 안으로
삼키었다.

"조선반도를 대소 방파제로 만들려는 미군정과 그 주구인 극우반
동 한민당 무리에게 죽임을 당하시겠지만, 그것이 옳은 노선이 아
닐까요. 그들과 멱치기를 벌이는 것이. 평양으로 간다한들 토지개
혁으로 이미 토대를 닦은 북로당 사람들, 그러니까 청년장군을 비
롯한 동만 빨치산 사람들이 조공 법통을 쥐고 계신 선생님을 부담
스러워하지 않겠는지요? 번버스름해진 지 이미 오래인 남로와 북
로 사이에서…."

- 「고추잠자리」

이런 우려는 한국전쟁 이후 전쟁책임론과 미제 앞잡이란 모함으로 남
로당 출신이 모두 숙청됨으로 해서 박헌영과 그 동료들은 남북 역사에
서 철저히 외면당하고 왜곡당한다.

산내 학살지는 행정안전부에서 평화공원 조성지로 선정되었으나 구
체적인 사업 추진은 지지부진하다. 지난 제20대 국회 마지막 본회의에
서 '진실·화해를 위한 과거사 정리 기본법(과거사법)' 개정안이 의결되었
다. 이로써 2010년, 기간 만료로 해산했던 진실화해위의 활동을 재개해
'한국전쟁 민간인 학살사건' 등과 같이 조사가 완료되지 못했거나 미진
했던 사건에 대한 진실규명의 길이 열리게 됐다. 이에 따라 대전 골령골

민간인 학살사건 진실규명에 대한 관심도 높아지고 있다. 대전 동구청
도 영국인 데이비드 밀러 박사를 국제특보로 채용하고 '산내 평화공원'
조성을 위한 해외 교류 업무와 진상규명 업무를 시작했다.

굴곡진 역사 속에서 우리 국토 어디인들 아픔 없는 곳이 있으랴만, 지
금도 우리 민족사와 강산을 관통하는 한(恨)으로, 한국전쟁 전후 겪은 '학
살의 상처'를 들 수 있다. 정확하진 않지만, 민간인 집단 학살 희생자가
어림잡아 100만은 될 것이라 하니, 이를 기억하고 기록하여 진상을 밝
히고 원혼들의 억울함을 달랜 뒤 유가족들의 아픔을 진심으로 위로하고
적절한 배상을 하며, 이런 만행이 되풀이되지 않도록 학살 현장을 평화
교육의 장으로 승화시키는 일이 필요하다. 물론 이런 학살의 기억을 문
학으로 형상화하는 작업은, 화석화된 역사를 김성동의 문학처럼 육화(肉
化)된 현실로 복원해 내는 작업이어야 할 것이다.

김성동의 1주기 추모식 이후

2023년 9월 23일 토요일 낮 12시, 김성동 작가를 기리는 1주기 추모
식이 고인의 묘소인 충북 충주시 산척면 석천리 산 62-1번지에서 열렸
다. 이 장지는 충주의 '고루살이' 모임 대표인 임종헌 한의사가 고인의 유
택(幽宅)으로 자신의 산 일부를 제공해서 마련한 곳이다. '고루살이'는 김
성동 작가가 양평에서 충주로 거처를 옮긴 뒤 '모든 사람이 고르게 잘 사
는' 해방 세상을 만들자는 자신의 꿈을 따르는 동지들에게 지어 준 역사
연구동아리 '해방동모'가 그 이름을 바꾼 것이다. 여기서 '동모'는 '늘 친
하게 어울리며 어떤 일을 짝이 되어 함께하는 사람'을 뜻하는 '동무'의 옛

말로, 16세기 『훈몽자회』에 그 모습이 나온다. 그간 반공 체제에서 남북 간의 대립을 구실로 없앤 우리 토박이말 '동무'는 60년대 중반까지 널리 쓰였다. 이제는 '어깨동무'나 '길동무'에 그 흔적만 남아 있고, 대신 한자어인 친구가 대중화되었다.

1주기 추모식이 열린 장지에는 '함께 간직한 기억은 역사에 새로운 길을 냅니다'라고 적힌 펼침막 아래, 글지(작가의 순우리말) 김성동을 기리는 마음을 이철수 판화가의 글씨로 새긴 '슬프고 막막한 사람들도 고루 잘사는 고루살이 꿈꾸고 우리말 우리글 갈고 닦아 밤하늘에 별같은 분들 빛내어 드리던 글지 김성동'이 적힌 둥근 비석을 세우고, 상석 앞에 소박한 제사상을 차렸다.

글지 김성동의 고루살이 꿈에 적극적으로 함께한 임종헌 한의사는, 전교조 해직교사 출신으로 해직 중 사서오경(四書五經) 등 제자백가서(諸子百家書)를 읽고, 마지막으로 주역(周易)을 읽은 뒤 문득 한의학을 공부해야겠다는 깨달음으로 뒤늦게 한의과대학에 입학했다. 그 뒤 복직했지만, 중학교 국어교사의 길을 접고 한의사의 길을 걷게 되었다. 이런 이력을 지닌 그였기에, 글지 김성동이 추구하는 미륵불 신앙, 또 그 아버지와 동지들이 이루고자 하던 ─ 기존 기득권의 억압적 체제를 전복시키고 자주적이고 평화로우며 사회적 약자들이 고루 잘사는 그런 새로운 세상을 꿈꾸는 '고루살이'의 꿈에 기꺼이 함께할 수 있었던 것이다.

김성동이 충주로 거처를 옮긴 뒤 그의 따뜻한 벗이 된 임종헌 한의사와 김인국 신부 그리고 신석준 희망사회당 대표와 작가 안재성과 최용탁이 가까이서 함께했기에, 힘을 내 용문사 아래에 있을 때부터 써 온 역사 에세이 『미륵뫼를 찾아서』를 탈고할 수 있었으리라. 『꽃다발도 무덤도 없는 혁명가들』을 펴낸 뒤 양평 비사난야(非寺蘭若)에서 그를 인터뷰했던 신석준 대표는 1주기 추모식 실무를 맡아 애썼고, 그의 유품과 책을 대전시로 옮겨갈 때도 함께했다. 그의 장례식에서 장례미사를 집전했던 김인국 신부는 글지 김성동을 기리는 글 「미륵뫼 총댕이들을 아십니까」를 <세종시마루> 11호에 발표했다. 김 신부는 이 글에서 임종헌 한 의원장과 함께 양평의 비사난야를 찾아 글지 김성동을 만났고, 충주에서 역사연구모임을 이어가면서 그와 가까워지고, 한길을 함께 가는 도반(道伴)이라는 '엄청난' 자격으로 선생이 남긴 유품 가운데 '돌미륵부처'를 모시게 되었다면서, 이렇게 추억한다.

물난리에 원고 천 매를 잃고 망연자실할 때 비몽사몽간에 "나 좀 꺼내 줘." 하는 소리가 들려서 뭐에 끌린 듯 개울을 따라가다가 진흙 속에서 만났다는 그 부처님이다. "미륵(彌勒)은 미래와 당대를 총괄하는 존재이자, 혁명의 부처야. 그러고 보니 내가 쓴 <신돈(辛旽)>과도 연결이 되는 거야. 그래서 잃어버린 원고를 아깝지 않게 생각하기로 했어. 미륵불(彌勒佛)이 내가 <신돈>을 다시 쓸 수 있도록 기억을 복원해줄 테니까." 가신 어른이 그리워 맡겠다고 했지만 이게 또 무슨 인연일까 하고 물으며 오늘 나의 명덕(明德)과 친민(親民)이 어떠해야 본분을 다하게 되는지 고민하게 된다.

1주기 추모식에 함께한 재야 사학자 김상구 선생은, 김성동 선생이 생전에 자신에게 극우 테러 집단 서북청년단의 역사적 뿌리를 찾아보라고 당부하셔서 그 작업을 계속하고 있다며, 최근 김구의 극우단체와 연결된 실마리를 찾아 구체적인 검토작업을 하고 있다고 밝혔다. 김상구 선생이 쓴 『김구 청문회』1, 2권을 읽고 충격을 받아, 대전민예총이 주관하는 문예아카데미에 강사로 초빙해 강의를 들었는데, 참여한 시민들이 감당하기 힘들어하던 기억을 떠올리며 귀담아들었다. 김 선생이 쓴 최근의 역작인 『정판사 조작 사건』은 미군정 시대 자행된 통한(痛恨)의 역사를 바로잡은 800여 쪽의 대작으로, 우리나라 진보운동의 싹을 자르기 위해 미군정과 우리나라 보수세력이 야합해 날조한 사건임을 밝히고 있다. 이 정판사 사건으로 대전형무소에 수감된 이관술 선생과 그의 길라잡이로 사회주의자가 되어 예비검속으로 대전형무소에 갇힌 김성동의 아버지 김봉한은 한국전쟁 발발 직후 대전 산내 뼈잿골에서 함께 희생되었다. 추모식 이후 김상구 선생의 후속 작업을 기다리던 중에 슬픈 소식을 들었다. 김 선생이 2024년 1월 31일 근현대사 공부를 같이하던 동료들과 길을 가다 쓰러진 뒤 국립의료원에서 심근경색으로 우리 곁을 떠났다. 역사 전공자도 아니면서, 방대한 자료조사와 빼어난 통찰력으로 '역사는 정직하게 기록되어야 하며 다음 순서로 해석되어야 한다'는 신념으로 우리나라 근현대사를 공부하던 선생은 추모식에서 말한 『서북청년단』의 5월 출간을 준비하고 있었다고 하니 더욱 애통하다. 이제 반짝이는 별이 되어 글지 김성동과 근현대사 바로 세우기 토론으로 밤의 어둠을 밝히고 있으리라.

1주기 추모식에 함께한 도서출판 <작은숲>의 강봉구 사장은 글지 김성동의 신작 『미륵뫼를 찾아서』의 조판작업을 마치고 관련 자료 사진과 교정을 거쳐 2024년에 출간하고, 그 뒤 『미륵세상 꿈나라』 개정판 출간을 이어 가겠다고 밝혔다. 그의 유언이 차근차근 진행되고 있는 셈이다.

그의 신작 『미륵뫼를 찾아서』는 700여 쪽의 대작으로 1차 교정을 보았으며 표지 작업이 진행 중이다. 그의 신작 출간을 준비하면서 도서출판 <이서방>에서 파일을 받지 못해 작가가 보관해 온 교정지를 찾아 다시 파일 작업과 편집을 하느라 시간이 걸렸다. 이 작업에, 컴맹인 김성동 작가의 페이스북을 개설해서 그의 미륵뫼 역사 에세이를 파일로 옮겨 공개한 갑장 동무(동갑내기 친구) 윤형로 양평경실련 대표와 이를 인테넷에 널리 소통시킨 하현주 민족문제연구소 양평지회장의 역할이 컸다. 덕분에 교정지에서 미심쩍은 부분은 페이스북을 찾아 대조할 수 있었기 때문이다. 윤형로 대표는 김성동의 양평 시절 마음을 나눈 단짝으로, 김성동의 장례식에서 작가의 누님과 함께 상주를 자청하며 장례식 내내 함께했다. 윤 대표는 또 유튜브 <김성동의 주묵>을 제작하기도 했는데, 김인국 신부는 주묵(朱墨)에 대해 이렇게 말한다.

"주묵이란 붉은 빛깔의 먹을 가리키지만 검은 먹으로 쓴 기록을 붉은 먹으로 새롭게 고쳐 쓴다는 말이다. 선생의 말과 글은 하나같이 지배자 중심의 역사를 민서(民庶) 중심의 역사로 새로 쓰고 싶었던 주묵의 결실이었다."

김성동의 유품은 유언대로 대전시에 기증되었다. 그의 서책과 그 선조의 유품은 2023년 7월 8일 충주를 떠나 그가 그리워하던 대전으로 돌아왔다. 그의 유품을 대전시에서 수용하는 데 가장 큰 역할을 한 대전문학관 박헌오 초대 관장은, 충주에 있는 김성동의 마지막 거처에서 서책과 선조들의 서화, 교지(教旨), 필사본 한적(漢籍), 간찰(簡札) 등을 두루 살펴본 뒤 이렇게 말했다.

"한마디로 운동권 계열 자료를 총망라한 것으로, 앞으로 이 분야를 연구하려면 그의 자료를 찾아야 할 듯하다."

다만 그의 할아버지가 애지중지 모아 전해준 집안의 귀한 근현대 한적과 두루마리 문서들이 책장 안에 무더기로 쌓여 있어 역사 자료로 보관하는 조치가 필요하다고 판단해, 유품을 옮겨 놓은 뒤 전문가 자문을 구하기로 했는데, 뜻밖에도 그가 선원 김상용의 13대손이고, 대전 출신으로 조선 후기 대표적 여류시인인 김호연재와 같은 가문임을 파악한 대전시립박물관 학예사의 빠른 대처로 그의 유품을 수장고가 넓은 대전근현대사박물관으로 옮긴 뒤, 2024년 말경 대전 제2문학관이 건립된 후 별도의 공간을 마련하기로 했다. 그리고 그의 선조들의 귀중한 유품들은 고증을 거쳐 대전근현대사전시관에 전시될 예정이다.

그의 유고 신작 『미륵뫼를 찾아서』에 부록으로 덧붙인 <공산당 선언>은, 여운형 선생이 조선말로 옮긴 것을 60년 후 운동권에서 새 판본으로 엮은 것으로, 그동안 번역된 몇 개의 판본 중 가장 오래된 것을 되살렸다는 데 그 가치가 있다. 어학 천재로 불리던 여운형 선생의 번역에 바탕을 두고 있지만, 세계사 관련 부분이 많은 2장과 3장에서 관련 사건에 대한 구체적 각주가 없어서 다소 지루한 느낌이 들 수 있다. 중요한 것은 170여 년 전 혁명의 기운이 불길처럼 번지던 유럽의 노동자들을 위해 쓰인 문헌임을 참고로 하되, 오늘의 다양하게 분화된 우리 현실에서 힘써 일하는 사람들이 역사적 객체가 아닌 주체로 바로 서고자 하는 데 큰 각성의 계기로 삼아 오늘에 맞게 적용하는 것이다. 보수적인 <중앙일보>가 2000년 1월, 지난 2천5백 년 동안 인간에게 가장 지대한 사상적 영향을 끼친 인물로, 예수가 아닌 칼 마르크스를 지목한 것을 보아도 이를 알 수 있다.

1990년대에 현실 사회주의권이 붕괴하면서, 이른바 세계화로 표현되는 자본시장의 지구화로 삶이 자본에 종속되고 첨단산업 중심으로 산업구조가 재편되면서, 노동자나 농민 등 이른바 민중의 에너지를 결집하는 대규모 투쟁의 시대가 불가능하게 되었다. 특히 1990년대 중반 노동계 총파업 이후 노동운동이 점차 쇠퇴하기 시작하다가, 1998년 외환위기 이후 안정적인 노동 지위가 크게 위축되면서 역사적 주체로서의 민중의식 또한 크게 퇴색했다. 흔히 얘기하는 '민중이 사라진 시대'가 된 것이다. 이렇게 민중의 역사적 변혁 에너지가 위축되면서 '민족민중문학' 또한 서서히 사라져가게 되었다.

　　그렇다면 오늘날 우리에게 문학이란 무엇인가. 역사적 주체로서의 민중이 사라진 시대에 문학은 어떻게 진화해야 하는가. 시장사회에서 사물화되고 상품화된 개인들로 파편화된 채 소비주의에 물들어 살아가는 현대인들에게 문학은 무엇인가. 이렇게 어려운 때일수록 근본을 되돌아보는 법고창신(法古創新)의 자세가 필요하다. 조선시대 최고의 사상가이자 시인인 다산 정약용은 그 아들에게 주는 편지에서, '나라를 근심하고 시대를 아파하며 세속에 분개하는' 시가 참된 시이며, '백성에게 혜택을 주려는 마음가짐을 지니지 못한 사람은 시를 지을 수가 없다'고 가르쳤다. 지나치게 문학의 공리적 기능에 치우쳤다는 비판이 가능하지만, 아파하는 이웃의 고통에 민감하게 반응하며, 그런 아픔이 극복된 세상을 꿈꾸는 것이 바로 시(문학)라는 것이다. 지금 이곳에서 파편화된 채 이웃의 고통에 둔감한 사람들에게 그 아픔을 함께 느끼도록 자극을 주고, 아파하는 사람들에게 연민의 정으로 공감하는 것이 바로 문학의 원래 모습인 셈이다. 그러니까 역사적 주체로서의 민중이 존재하지 않는다 하더라도, 삶의 아픔이 있는 곳이라면 언제나 문학은 존재할 수 있는 것이다. 모두가 고르게 함께 평화롭게 사는 '고루살이'에 대한 꿈이 바로 문학의 존재 이유이고, 김성동 문학의 존재 근거이다. 고은 선생이 2022년 실천문학 겨울호에 김성동을 추모하며 쓴 조시(弔詩)로 그에 대한 그리움을 달래 보자.

김성동을 곡함

고 은

내 뒷 스승 김성동을 곡하나니
앞스승 결코 두지 않은
오직 한 분이신
술에 지는
술에 지는 김성동을 곡하나니

내 고어(古語)
내 향어(鄕語)
내 근대어 하나하나
새삼 익히는
저 내포의 느리고 빠른 선천(先天)으로
혹은 동이(東夷) 비운으로
개울 삼아
내 90년의 허공으로 곡하나니

보름 터울로
달포 터울로
명작 '국수' 전 5권 무궁무진 속
알딸딸하여라

벽초 임거정의 넉넉한 말살이 넘어
김학철의 꼬장꼬장한 말살이 넘어
시시콜콜히
층층층의 말 다 휘저어
저 난바다 파도 소리에 이르도록
오랜 강물 사연으로 떠내려가노니

곡하나니
곡하나니
곡하나니

살아 있는 듯 복받쳐
빈 잔 들어
곡하나니

염불처럼 서러워서

김성동 글 |396쪽 | 17,000원

작가 김성동이 역사를 잊어가는 시대에게 건네는 역사 이야기. 패배했지만 웅장했던 우리 역사, 그 속에서 이름도 꽃도 없이 사라져 간 이들(대륙백제, 궁예, 신돈, 이징옥, 김개남, 김백선, 최서해, 이현상 등)의 이야기를 담았다.

눈물의 골짜기

김성동 글 | 568쪽 | 20,000원

한국 현대사를 꿰뚫는 김성동 작가의 아픈 집안 이야기를 담은 중단편 소설집. 1979년에 발표된 〈엄마와 개구리〉를 비롯하여 발표될 때마다 큰 화제를 불러일으켰던 11편의 중단편이 실려 있다.

세상에서 가장 긴 무덤

김영호 엮음 | 248쪽 | 15,000원

대전 산내 민간인 학살사건 현장문학 앤솔로지. 대전 산내 골령골 민간인 학살사건 취재기사, 평론, 고은 시인과 서정춘 시인의 시, 김성동 작가 인터뷰, 안재성, 최용탁 소설가의 소설, 제주 4\3항쟁 추모극 〈협상〉, 시나리오 〈무저갱〉 등을 싣고 있다.

작가가 살려쓴 아름다운 우리말 365

김성동 지음, 김영호 엮음 | 412쪽 | 18,000원 | 양장

김성동 작가 소설에 등장하는, 충청 사투리를 포함하여 모두 365개의 우리말이 담긴 이 책을 읽다 보면, '작가'라는 이름을 가진 사람들에게 고개가 숙여진다. 독자를 다소 불편하게 할지라도 그 불편이 독자를 한 단계 성숙시킨다는 것, 우리말과 우리의 얼을 지키고 우리 문화의 우수성을 세계에 알리는 역할을 한다는 것에 자긍심을 갖게 한다.